1st Edition

관리회계

Management accounting

머 리 말

의사결정을 위해서는 원가정보가 필요하다. 원가정보 없이 의사결정을 하다보면 판매량이 증가하면 할수록 오히려 손실이 더 많이 발생하는 경우도 있다. 이런 맥락에서 제품이나 서비스의 원가를 계산하는 원가회계와 이를 기초로 의사결정을 하는 관리회계는 따로 떼서 생각할 수 없다. 그래서 그동안 원가회계와 관리회계를 구분하지 않고 '원가관리회계' 한 권으로 출간하여 왔다. 그러나 학부 교육과정상 원가회계와 관리회계가 구분되어 있고, 한 학기에 모든 내용을 강의하기도 어려워서 이번에 별권으로 출간하게 되었다.

전작인 원가회계에서는 제품이나 서비스의 원가를 계산하는 방법과 원가를 관리적인 목적에 사용하기 위해 활용하는 내용 중 일부를 다루었다. 한편, 이번에 출간하는 관리회계에서는 원가를 관리적인 목적에 사용하기 위해 활용하는 내용을 먼저 다루고, 원가정보를 이용하여 계획수립, 의사결정 및 성과평가 하는 것에 대해 설명한다. 본 교재는 관리회계를 처음 접하는 학부생들뿐만 아니라 각종 시험을 준비하는 분들에게도 많은 도움이 될 것이다. 최대한 체계적으로 설명하려고 노력하였으며, 많은 예제를 통해 이해도를 높이고자 하였다. 기초적인 개념의 이해와 전체적인 흐름 파악에 주안점을 두고 집필하였다.

본 교재의 특징은 다음과 같다.

첫째, 전체 내용을 12장으로 구성하여 중간 · 기말시험 등을 고려할 때 1학기 동안 강의하기에 적합하도록 하였다. 둘째, 가능하면 전체적인 개념의 틀 내에서 근본 취지와 개념을 바탕으로 일관성 있게 접근하려고 노력하였으며, 문제 풀이에 있어서도 단순히 공식을 적용하는 것보다는 기본개념을 바탕으로 적용하고 응용하는 것에 초점을 두었다. 셋째, 최근 기출문제를 분석하여 그 출제경향을 충분히 반영하였고, 다양한 문제를 통해 응용력을 배양할 수 있도록 하였다. 특히, 주관식 문제뿐만 아니라 단답형 문제를 포함하여 각종 시험에 대비할 수 있도록 하였다.

본 교재가 독자들이 회계를 공부하는데 많은 도움이 되길 바란다. 본 교재를 출간할 수 있도록 도와준 ㈜샘앤북스 출판사의 이낙규 사장과 편집과 디자인 작업을 해준 이정희 차장 이하 직원들에게 감사한다. 끝으로 단짝 패밀리, 돌멩이 친구들, 다락방 친구들, 그리고 나와 삶을 함께 해왔고 앞으로도 함께 해갈 고마운 분들에게 사랑한다는 말을 전하고 싶다.

2021년 12월

저자 임태종

목 차

제1장 관리회계 학습을 시작하며

제2장 표준원가계산

제3장 변동원가계산

제4장 원가추정

제5장 CVP분석1_기본

제6장 CVP분석2_확장

제7장 단기특수의사결정

제8장 | 불확실성하의 의사결정

제9장 | 종합예산

제10장 책임회계와 성과평가

제11장 대체가격

제12장 기타문제와 신이론

PART 01 관리회계 학습을 시작하며

제1장

관리회계 학습을 시작하며

제 1 절 경영과 회계

1. 경영

회계도 경영의 한 분야이므로 먼저 경영에서부터 출발해 보자. 경영을 나타내는 영어 단어 중에서 가장 쉬운 것은 아마도 management일 것이다. 이렇게 두 단어, 경영과 management를 연결해 보면 한마디로 경영은 관리이다. 그렇다면 경영은 무엇을 관리하는가? 경영은 조직이 조직목표를 잘 달성하도록 관리하는 것을 말한다. 좀 더 자세히 표현하면 경영은 조직이 조직의 목표를 잘 달성할 수 있도록 체계적으로 관리하는 과정이나 활동을 말한다. 수많은 조직 중에서 현대사회에서 관심을 가장 많이 받고 있는 조직은 기업이고, 기업의 많은 목표 중에서 가장 대표적인 것은 이익창출이다. 따라서 좁은 의미로 경영을 정의하면 경영은 기업이 이익을 창출할 수 있도록 체계적으로 관리하는 과정이나 활동이라 할 수 있다.

기업이 이익을 많이 내기 위해서는 계획(plan)하고 실행(do)하며 평가(see)하는 과정(P−D−S)이 필요하다. 그리고 기업을 운영하기 위해서는 사람, 생산, 판매, 자금조달과 투자, 정보생산과 제공 등의 활동이 필요하다. 경영학에서는 사람과 관련된 분야를 인적자원관리, 생산과 관련된 분야를 생산운영관리, 판매와 관련된 분야를 마케팅, 자금조달 및 투자와 관련된 분야를 재무관리, 정보생산 및 제공과 관련된 분야를 회계라고 한다. 회계는 경영의 주요 활동 중 하나로 의사결정에 필요한 경제적 정보를 생산하고 제공하는 역할을 한다. 경영의 요소에는 목적, 인적자본, 물적자본 및 정보가 있다. 회계는 의사결정에 필요한 정보를 생산 및 제공하는 분야로서 경영에 있어서 매우 중요한 요소이다.

2. 회계의 의의

회계(accounting)란 정보이용자들이 합리적인 의사결정을 할 수 있도록 경제실체(예를 들어 기업)에 관한 유용한 경제적 정보를 식별 · 측정 · 기록하여 정보이용자에게 전달하는 과정을 말한다. 여기서 정보이용자란 주주, 채권자, 경영자 등과 같이 의사결정을 위하여 회계정보를 필요로 하는 기업의 이해관계자를 말하며, 유용한 경제적 정보란 화폐단위로 계량화할 수 있는 정보로서 의사결정에 도움이 되는 정보를 의미한다. 그리고 회계는 단순히 회계정보를 생산하는 과정만을 의미하는 것이 아니라 회계정보를 전달하는 과정까지를 포함하는 하나의 정보시스템이다. 과거에는 단순히 회계정보의 생산측면만을 중요시 여겼으나, 최근에는 회계정보의 전달 및 이용측면을 강조하고 있다. 회계를 한마디로 정의하면 의사결정에 도움이 되는 경제적 정보를 측정 · 기록 · 전달하는 과정이다.

제 2 절 회계의 분류

1. 회계의 분류

회계는 정보이용자에 따라 크게 재무회계와 관리회계로 구분할 수 있다. 재무회계(financial accounting)는 주주, 채권자, 정부기관과 같은 기업의 외부정보이용자들의 의사결정에 유용한 정보를 제공하는 것을 목적으로 하는 회계이고, 관리회계(managerial accounting)는 기업의 내부정보이용자인 경영자의 의사결정에 유용한 정보를 제공하는 것을 목적으로 하는 회계이다.

재무회계와 관리회계의 구분

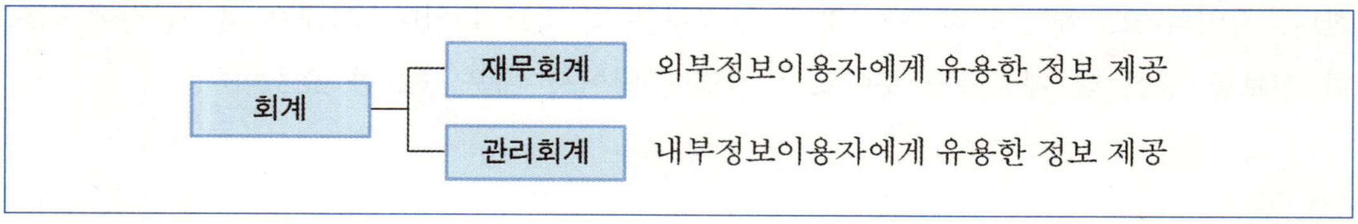

재무회계는 기업의 외부정보이용자들이 투자나 신용제공 등의 의사결정을 할 때 필요로 하는 특정 기업의 재무상태, 경영성과 및 현금흐름의 변동에 관한 정보를 제공하는 것을 목적으로 하는 회계이다. 따라서 재무회계에서는 다양한 정보이용자들이 공통으로 필요로 하는 정보를 제공하기 위하여 모든 기업에 적용되는 통일된 기준(일반적으로 인정된 회계원칙 : GAAP)에 의하여 작성된 재무제표를 보고수단으로 하며, 정보의 신뢰성을 강조한다. 반면, 관리회계는 기업의 내부정보이용자인 경영자가 계획수립, 의사결정 및 성과평가를 할 때 필요로 하는 정보를 제공하는 것을 목적으로 하는 회계이다. 따라서 관리회계에서는 경영자의 의사결정 목적에 맞는 정보를 제공하면 되므로 모든 기업에 공통적으로 적용되는 통일된 기준을 둘 필요도 없고, 이를 따를 필요도 없다. 관리회계에서는 정보의 신뢰성도 중요하지만 그보다는 목적적합성이 더 중요하다. 재무회계와 관리회계의 차이점을 비교하면 다음과 같다.

재무회계와 관리회계의 차이점

	재 무 회 계	관 리 회 계
목 적	외부정보이용자인 주주나 채권자 등에게 유용한 정보제공	내부정보이용자인 경영자에게 유용한 정보제공
준 거 기 준	일반적으로 인정된 회계원칙	일반적인 준거기준이 없음
보 고 수 단	외부공시용 재무제표	내부보고용 특수목적 보고서
정보내용과 속성	과거지향적, 신뢰성 강조	미래지향적, 목적적합성 강조
보 고 주 기	정 기 적	수 시
행 동 적 사 고	중요시하지 않음	중요시함

관리회계는 경영자의 의사결정목적에 맞는 특수목적의 보고서가 보고수단이 되고, 경영자의 의사결정에 도움이 되어야 하므로 정보의 내용은 과거와 현재의 정보를 기초로 미래지향적으로 작성되며, 정보의 속성은 목적적합성을 띠어야 한다. 또한 관리회계는 경영자의 의사결정이 있을 때 마다 수시로 보고되고, 종업원의 사기, 동기부여와 같은 행동적인 사고를 중요시 한다.

2. 원가회계

앞에서 회계를 정보이용자에 따라 크게 재무회계와 관리회계로 구분하여 그 차이점을 정리해 보았다. 그런데 외부정보이용자들을 위한 재무제표를 작성하거나, 내부정보이용자들을 위한 특수목적 보고서를 작성하기 위해서는 공통적으로 원가정보가 필요하다. 예를 들어, 외부보고목적용 손익계산서를 작성하기 위해서는 기업이 판매한 제품의 원가(매출원가)를 알아야 하고, 재무상태표를 작성하기 위해서는 기말 재고자산의 원가를 알아야 한다. 그리고 기업 내부적으로 경영자가 신제품의 판매가격을 결정하기 위해서는 적어도 생산한 제품의 원가는 알아야 하고, 경쟁에서 이기려면 제품의 원가를 얼마나 줄여야 하는지에 대한 정보도 필요하다. 재무회계와 관리회계에서 요구하는 원가정보의 성격은 상이할 수 있으나 원가정보를 산출해야 하는 것은 필수적이다.

원가회계(cost accounting)는 재무회계보고서(재무제표)와 관리회계보고서(특수목적 보고서)를 작성하기 위해 필요한 원가정보를 제공하는 역할을 한다. 원가회계에서는 원가자료를 집계 · 측정 · 배분 및 평가하여 제품원가나 서비스원가를 계산한다. 원가정보는 재무상태표 작성을 위한 재고자산금액과 손익계산서 작성을 위한 매출원가를 결정하는데 사용되고, 또한 경영자의 다양한 의사결정에도 활용된다. 원가회계에서 산출된 원가정보는 외부보고용 재무제표를 작성할 때 활용되므로 원가회계는 재무회계의 일부분을 차지한다. 한편, 원가회계에서 얻어진 여러 가지 원가정보는 의사결정, 계획수립 및 성과평가에 필요한 자료를 제공하므로 관리회계의 일부분을 차지한다. 따라서 원가회계는 재무회계의 일부와 관리회계의 일부에 중복된다고 할 수 있다. 이는 다음과 같이 나타낼 수 있다.

재무회계, 관리회계 및 원가회계 간의 관계

제 3 절 원가관리회계의 영역과 본 교재의 구성

1. 원가관리회계의 영역

원가회계와 관리회계는 엄격하게 구분하지 않고 보통 원가관리회계라고 한다. 왜냐하면 원가회계와 관리회계의 구분은 개념상 또는 학습 과정상 필요한 것이고 현실적으로는 두 영역이 함께 사용되기 때문이다.

원가관리회계는 기업이 생산한 제품의 원가를 계산하고, 이를 관리적 측면에서 활용할 수 있도록 정보를 제공하는 회계분야이다. 즉, 원가관리회계란 외부보고용 재무제표를 작성하기 위하여 필요한 제품원가를 계산하고, 내부적으로 의사결정, 계획수립 및 성과평가를 하는데 필요한 정보를 제공하는 서비스 활동을 말한다. 원가관리회계에서 다루는 내용은 아래 표와 같이 나타낼 수 있다.

원가관리회계의 내용

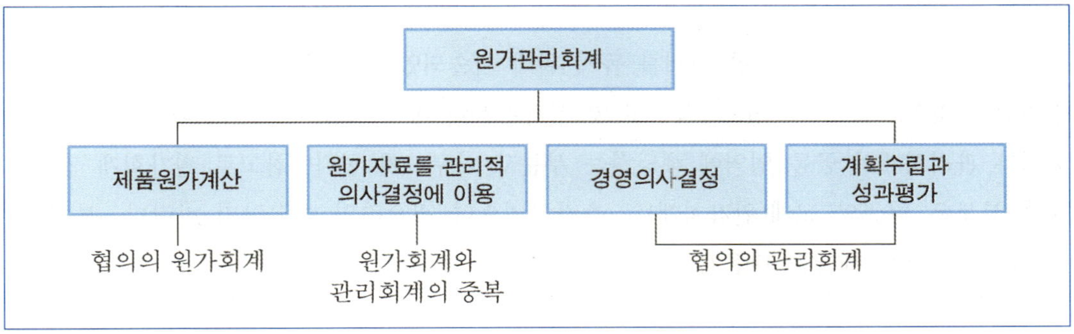

표에서 보는 바와 같이 협의의 원가회계는 재무상태표에 계상할 재고자산금액과 손익계산서에 계상할 매출원가를 결정하기 위해서 역사적 원가자료를 집계 · 측정 · 배분 및 평가하는 회계 영역이다. 원가회계에서는 주로 제품이나 서비스의 원가를 산정한다. 이때 기업의 생산 환경이 어떠하냐에 따라 원가계산방식이 달라진다. 예를 들어 다양한 제품을 소량으로 주문생산 하는지 아니면 동일한 제품을 대량으로 시장생산 하는지에 따라 원가계산방식(개별원가계산, 종합원가계산 등)이 달라질 수 있을 것이다. 한편, 협의의 관리회계는 원가자료를 이용하여 경영의사결정, 계획수립 및 성과평가에 필요한 정보를 제공하는 회계 영역이다. 예를 들어 관리회계 영역에서는 그동안 거래가 없던 기업으로부터 저가의 대량

특별주문을 받았을 때 이것을 수락해야 하는지 거절해야 하는지, 현재 손실이 발생하고 있는 제품 생산을 중단해야 하는지 계속해야 하는지, 예산은 어떻게 편성하고 이에 기초하여 성과는 어떻게 평가할지 등을 다룬다.

그리고 원가회계와 관리회계에 모두 포함될 수 있는 공통 영역이 존재한다. 공통 영역은 원가계산에 사용하는 동시에 관리적인 목적으로 활용하는 영역이다. 예를 들어 실제로 발생한 원가를 기준으로 제품원가를 계산하는 것이 일반적이지만 이렇게 실제원가를 일일이 집계하고 배분하여 제품원가를 계산하다보면 시간이 지체되어 월말이나 기말이 되어서야 제품원가를 산정하게 된다. 그리고 이렇게 실제원가를 기준으로 제품원가를 결정하면 실제로 원가가 ₩1,000,000이 발생한 경우, 실제 발생한 원가를 그대로 제품원가 ₩1,000,000으로 결정하다보니 이 원가가 기업이 효율적으로 생산한 결과에 의한 것인지 아닌지를 알 수가 없다. 따라서 제품원가를 신속하게 계산하면서 동시에 기업이 설정한 원가표준을 달성했는지를 관리하기 위하여 표준원가계산을 적용하는데, 표준원가계산은 원가회계(제품원가계산)와 관리회계(성과평가)의 공통 영역에 해당한다.

2. 본 교재의 구성

본 교재는 관리회계에 대한 이해를 돕기 위해 저술되었다. 따라서 본 교재에서는 협의의 관리회계 영역, 즉 의사결정, 계획수립 및 성과평가에 대한 것을 주로 다룬다. 그리고 원가회계와 관리회계의 공통 영역에 해당하는 부분도 다루고자 한다. 참고로 원가회계 영역에 대한 부분은 별권의 교재(원가회계)로 출간하였으니 필요하면 참고하기 바란다. 본 교재 관리회계의 구성 체계는 다음과 같다.

본 교재의 구성

기본 사항	제1장	관리회계 학습을 시작하며
관리적 목적에 이용	제2장	표준원가계산
	제3장	변동원가계산
	제4장	원가추정
	제5장	CVP분석1_기본
	제6장	CVP분석2_확장
의사결정과 성과평가	제7장	단기특수의사결정
	제8장	불확실성하의 의사결정
	제9장	종합예산
	제10장	책임회계와 성과평가
	제11장	대체가격
기타 사항	제12장	기타문제와 신이론

제1장에서는 관리회계 학습을 위한 기본개념을 설명하고, 제2장~제6장에서는 원가정보를 관리적 목적에 이용하는 것과 관련된 내용을 설명하고, 제7장~제11장에서는 의사결정, 계획수립 및 성과평가와 관련된 내용을 설명하며, 끝으로 제12장에서는 관리회계의 기타문제와 신이론에 대해 설명하고자 한다.

제 4 절 원가의 개념과 분류

1. 원가의 개념

원가(cost)란 특정한 목적을 달성하기 위하여 희생된 경제적 자원을 말한다. 목적은 여러 가지가 있을 수 있지만 제조기업에 한정한다면 제조기업의 경영목적은 제품의 생산 및 판매를 통해 이익을 얻는 것이다. 따라서 제조기업에 있어서 원가는 제품을 생산하기 위하여 소비한 경제적 자원이라 할 수 있다.

기업이 경영활동을 수행함에 따라 소비되는 경제적 자원을 원가라 하고, 원가는 소멸여부에 따라 미소멸원가와 소멸원가로 나눌 수 있다. 미소멸원가는 자산으로 계상되며, 소멸원가는 비용 또는 손실로 구분된다. 제품의 생산과정에서 소비한 경제적 자원은 자산이 된다. 이는 미래 경제적 효익을 제공할 수 있을 것으로 기대되는 미소멸원가이므로 재무상태표에 자산으로 계상된다. 한편, 자산이 소멸하게 되면 미래 경제적 효익을 더 이상 제공할 수 없을 것으로 기대되므로 이는 손익계산서에 비용 또는 손실로 계상된다. 비용은 수익창출에 기여하면서 소멸된 것을 말하고, 손실은 수익창출에 기여하지 못하고 소멸된 것을 말한다. 예를 들어 원재료나 노무비를 투입하여 제품을 생산한 경우 이를 자산(미소멸원가)으로 계상하였다가 판매한 경우에는 수익창출에 기여하면서 소멸되었으므로 비용(매출원가)으로 처리하고, 재해 등으로 소멸한 경우에는 수익창출에 기여하지 못하였으므로 손실(재해손실)로 처리한다.

미소멸원가와 소멸원가

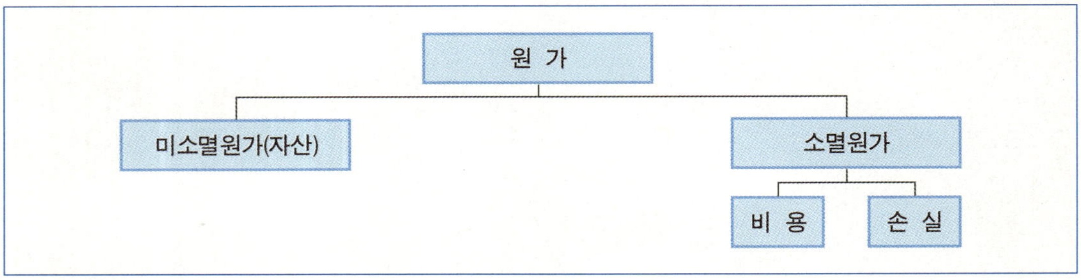

(1) 원가의 특성

원가는 제조기업의 경영목적인 제품을 생산하기 위하여 소비된 경제적 자원으로서 다음과 같은 특성이 있다.

첫째, 원가는 제품 생산을 위하여 소비된 경제적 자원이므로 제품의 생산과 관련이 없는 화재나 도난 등으로 인한 손실이나 영업사원의 급여 등은 원가에 포함하지 않는다.

둘째, 원가는 정상적으로 소비되는 경제적 자원이므로 비정상적으로 소비되는 재고자산감모손실이나 재해손실 등은 원가가 아니다.

셋째, 원가는 경제적 자원의 소비 여부에 따라 결정되는 것이므로 반드시 금전적 지출을 요건으로 하지는 않는다. 따라서 증여받은 건물이라 할지라도 생산을 위하여 소비된 것이면 원가가 되는 반면, 구입한 토지는 공장용 부지로 사용된다 하더라도 소비된 것이 아니므로 원가가 아니다.

(2) 원가의 측정

원가는 일반적으로 화폐액으로 측정된다. 그러나 원가관리회계에서는 제품원가계산, 의사결정 및 성과평가 등 여러 가지 목적에 원가개념이 사용되므로 원가자료도 의사결정목적에 따라 상이하게 측정되어야 한다. 즉, 상이한 목적에 따라 상이한 원가를 적용하여야 한다(Different costs are used for different purposes). 따라서 의사결정목적에 따라 기회원가나 관련원가와 같은 특수원가를 다양하게 측정할 수 있다.

2. 원가회계와 관련된 여러 가지 기본개념

(1) 원가대상

원가대상(cost object)이란 원가를 집계할 수 있는 대상이 되는 원가측정의 객체를 말한다. 다시 말하면 원가를 직접대응시키거나 원가배분을 통하여 간접대응시킬 수 있는 부문이나 제품 또는 활동을 원가대상이라 한다. 가장 전형적인 원가대상에는 부문과 제품이 있다. 부문을 원가대상으로 선정하는 이유는 부문의 효율성과 경영성과에 대한 평가를 통해 하위조직을 통제하기 위함이고 제품을 원가대상으로 선정하는 이유는 외부보고목적으로 제품원가를 결정하기 위해서이다.

최근에는 경쟁이 심화되고 컴퓨터를 이용하여 낮은 비용으로 자료를 처리할 수 있게 됨에 따라 보다 정확한 원가계산과 다양한 원가정보를 수집하기 위하여 원가대상이 다양해지고 있다.

원가대상의 예

부 문	기계부문, 조립부문, 전력부문, 식당부문
제 품	비행기, 선박, 모터사이클
활 동	제품구매활동, 작업준비활동, 품질검사활동
프 로 젝 트	신제품개발프로젝트, 천연가스탐사프로젝트

(2) 원가집계

원가집계(cost accumulation)란 여러 가지 조직적인 방법과 활동을 통해 원가자료를 모으는 것으로 보통 회계시스템을 통해 이루어지고 있다.

(3) 원가집합

원가집합(cost pool)이란 원가대상에 인과관계에 따라 직접적으로 추적할 수 없는 간접원가들을 모아둔 것이다. 원가집합에 집계된 원가는 둘 이상의 원가대상 때문에 발생된 것으로 둘 이상의 원가대상에 배분되어야 할 공통원가이다.

(4) 원가배분

원가배분(cost allocation)이란 원가집합(cost pool), 즉 공통원가를 가장 합리적인 배분기준에 따라 원가대상에 할당하는 과정이다. 참고로 원가집합을 제품에 할당하는 과정을 특별히 원가배부(cost application)라 한다. 따라서 원가배분의 원가대상은 제한이 없으나 원가배부의 원가대상은 제품으로 한정된다.

(5) 원가동인

원가동인(cost drivers)이란 원가대상의 총원가에 변화를 야기시키는 요소로서 원가유발요인 혹은 원가요인이라고도 한다.

원가동인의 예

원가대상	원 가 동 인
제 품	생산량, 직접노동시간, 작업준비횟수, 부품수, 품질검사시간
세 무 상 담	상담시간, 자료준비시간, 내용의 복잡성
광 고 활 동	작업시간, 광고시간, 출연모델수, 출연모델의 유명도

(6) 조업도

협의의 개념에서의 조업도(production volume)란 일정한 기간 동안의 생산설비의 이용정도를 의미하며 광의의 개념으로서의 조업도는 일정기간 동안의 원가대상의 총원가변동에 가장 큰 영향을 주는 원가동인, 즉 가장 대표적인 원가동인을 의미한다. 한편 조업도는 가장 대표적인 원가동인이 무엇이냐에 따라 생산량, 직접노동시간, 기계시간 등 다양하게 표시될 수 있다.

(7) 원가행태

원가행태(cost behavior)란 일정기간 동안 조업도 수준의 변화에 따른 총원가발생액의 변동양상(변동하는 모습)을 말한다, 즉, 조업도 수준이 증감함에 따라 원가발생액이 일정한 양상으로 변화할 때 그 변화하는 모습을 원가행태라고 한다. 원가는 원가행태에 따라 변동원가와 고정원가, 준변동원가와 준고정원가 등으로 분류할 수 있다.

예 제 1 원가대상

다음의 원가대상에 해당하는 예를 들어보시오.

원가대상		예
① 제 품	→	( )
② 부 문	→	( )
③ 프로젝트	→	( )
④ 프로그램	→	( )
⑤ 활 동	→	( )

해답

원가대상		예
① 제 품	→	책상, 의자, TV, 비디오
② 부 문	→	가공부문, 조립부문, 도색부문
③ 프로젝트	→	주택건축 프로젝트, 선박건조 프로젝트, 위성설계 프로젝트
④ 프로그램	→	체력단련 프로그램, 교육훈련 프로그램
⑤ 활 동	→	재료처리활동, 조립활동, 품질검사활동

3. 원가의 분류

원가는 다음과 같이 여러 가지 기준에 의하여 다양하게 분류할 수 있다.

(1) 추적가능성에 따른 분류 : 직접원가와 간접원가

직접원가란 원가대상에 대한 원가측정을 인과관계에 따라 직접 추적할 수 있는 원가를 말한다. 즉, 특정 원가대상에 추적가능한 원가를 직접원가라고 한다. 한편, 간접원가란 원가대상에 대한 원가측정을 인과관계에 따라 직접 추적할 수 없는 원가를 말한다. 직접원가와 간접원가를 분류할 때는 다음 사항에 주의하여야 한다.

첫째, 특정 원가대상과 관련을 맺고 있다 하더라도 그 원가대상에 실질적으로 또는 경제적으로 추적할 수 없는 원가는 간접원가로 분류한다. 예를 들어 책상을 제조하는 회사에서 못(nail)의 원가는 책상별로 집계할 수 있으나 이는 경제적이지 아니 하므로 간접원가로 분류한다.

둘째, 직접원가와 간접원가의 분류는 원가대상의 선택에 따라 달라진다. 똑같은 원가일지라도 원가대상의 범위가 넓어지면 직접원가가 되고 원가대상의 범위가 좁아지면 간접원가가 되는 것이 일반적이다.

예 제 2 직접원가와 간접원가

1. ㈜유진전자는 수원과 목포에 각각 공장을 두고 있으며 각 공장에서는 각각 냉장고, 세탁기, 에어컨 등의 제품을 생산하고 있다. 수원공장 조립부문의 감독자급여를 다음 각각의 경우에 직접원가 또는 간접원가로 분류해 보시오.
   ① 원가대상이 제품일 때
   ② 원가대상이 부문일 때
   ③ 원가대상이 공장일 때

2. 수원공장의 공장장급여를 다음 각각의 경우에 직접원가 또는 간접원가로 분류해 보시오.
   ① 원가대상이 제품일 때
   ② 원가대상이 부문일 때
   ③ 원가대상이 공장일 때

해답

1. 조립부문의 감독자급여
   ① 간접원가
   ② 직접원가
   ③ 직접원가

2. 공장장의 급여
   ① 간접원가
   ② 간접원가
   ③ 직접원가

(2) 원가행태에 따른 분류 : 변동원가, 고정원가, 준변동원가, 준고정원가

원가행태란 조업도 수준의 증감에 따라 원가발생액이 일정한 양상으로 변화할 때 그 변화양상을 의미하며 기본적인 원가행태에는 변동원가, 고정원가, 준변동원가, 준고정원가 등이 있다. 일반적으로 고정원가는 최고경영층에 의해 결정되고 장기에 걸쳐서 관리되는데 반해 변동원가는 하위관리자에 의해 통제되며 단기간에 걸쳐서 관리된다.

① 변동원가

변동원가(variable costs)란 조업도의 변동에 정비례하여 총원가가 변동하는 원가를 말한다. 예를 들어 제품 1개를 생산하는데 재료가 ₩100어치 투입된다면 1개 생산하면 ₩100, 2개 생산하면 ₩200, 10개 생산하면 ₩1,000의 재료비가 발생된다. 따라서 변동원가는 조업도 수준의 증감에 따라 총원가가 증감하고 단위당 원가는 일정하다. 이를 그래프로 나타내면 다음과 같다.

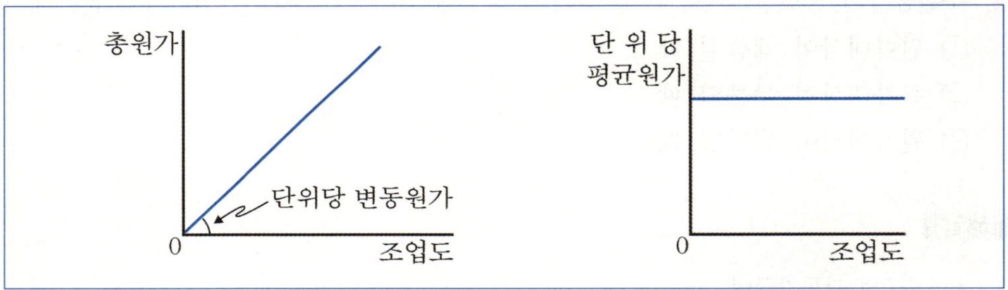

변동원가의 예에는 직접재료비, 직접노무비 및 변동제조간접비 등이 있다.

② 고정원가

고정원가(fixed costs)란 일정기간 동안 조업도의 변동에도 불구하고 총원가가 일정한 원가를 말한다. 예를 들어 월 임차료가 ₩10,000인 경우에 월간 총임차료는 제품 생산량에 관계없이 ₩10,000이나, 1개를 생산하면 단가가 ₩10,000이고 2개를 생산하면 단가가 ₩5,000이고 10개를 생산하면 단가가 ₩1,000이다. 따라서 고정원가는 조업도 수준의 증감에 따라 총원가는 일정하고 단위당 원가는 감소한다. 고정비는 일정한 관련범위가 유지되는 일정기간을 전제로 분석한 것이다. 여기서 관련범위(relevant range)란 현실적으로 달성 가능한 최저조업도와 최대조업도 사이의 범위를 의미한다. 고정비를 그래프로 나타내면 다음과 같다.

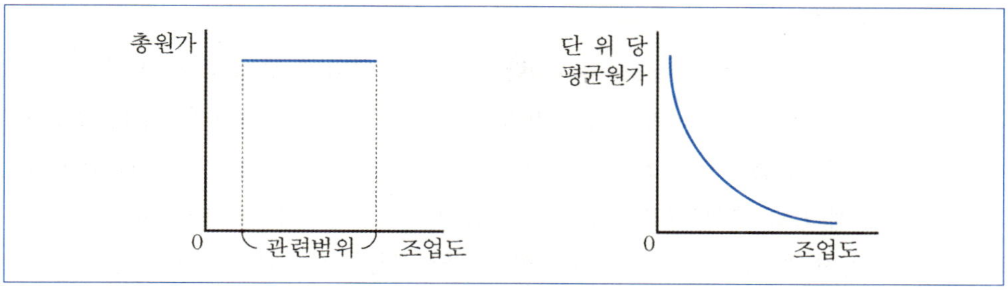

한편, 고정원가는 원가 발생액에 대한 통제 가능성에 따라 기초고정원가와 재량고정원가로 구분할 수 있다. 기초고정원가(committed fixed costs)란 현재의 조업도를 계속 유지하려면 반드시 발생하는 원가로서 설비원가라고도 하며 이에는 감가상각비, 제세공과금 등이 포함된다. 이러한 기초고정원가는 일시적 휴업시에도 계속 발생된다.

재량고정원가(discretionary fixed costs)란 현재의 조업도 수준과는 아무런 인과관계가 없고, 다만 그 총액이 경영자의 재량에 의해 고정되어 있는 원가를 말한다. 따라서 재량고정원가는 특정기간 동안 그 금액이 고정되어 있지만 경영자의 의사결정에 의해서 각 연도별로는 그 금액이 쉽게 변동될 수 있다. 재량고정원가의 예에는 광고선전비, 연구개발비, 기부금, 임원급여 등이 있다.

예 제 3 변동원가와 고정원가

㈜유나는 냉장고 1대를 만들기 위해서 철판 직접재료비가 ₩80,000 발생하며 냉장고 생산라인을 감독하기 위한 감독자 급여가 ₩1,000,000 발생한다. 냉장고를 2대 생산하는 경우와 5대 생산하는 경우의 직접재료비 총원가와 감독자급여 총원가를 계산하시오. 단, 조업도는 생산량이다.

해답

생산량	직접재료비 총원가	감독자급여 총원가
2대	2 × 80,000 = ₩160,000	₩1,000,000
5대	5 × 80,000 = ₩400,000	₩1,000,000

③ 준변동원가

준변동원가(semi-variable costs)란 조업도의 변화에 관계 없이 총원가가 일정한 고정원가와 조업도의 변화에 총원가가 정비례하는 변동원가의 두 부분으로 구성된 원가를 말하며 혼합원가(mixed costs)라고도 한다. 준변동원가에는 기본금이 있는 전화요금, 전기료, 수선유지비, 판매수당 등이 있으며 그래프로 나타내면 다음과 같다.

한 가지 주의할 점은 준변동원가의 단위당 평균원가는 계속 감소하지는 않는다는 것이다. 즉, 일정한 수준에 이르면 더 이상 단위당 평균원가가 감소하지 않는다. 왜냐하면 조업도 수준이 증가함에 따라 단위당 고정원가는 감소하나 단위당 변동원가는 일정하므로 단위당 변동원가 이하로는 평균원가가 감소하지 않기 때문이다. 앞의 고정원가의 그림과 비교해 보기 바란다.

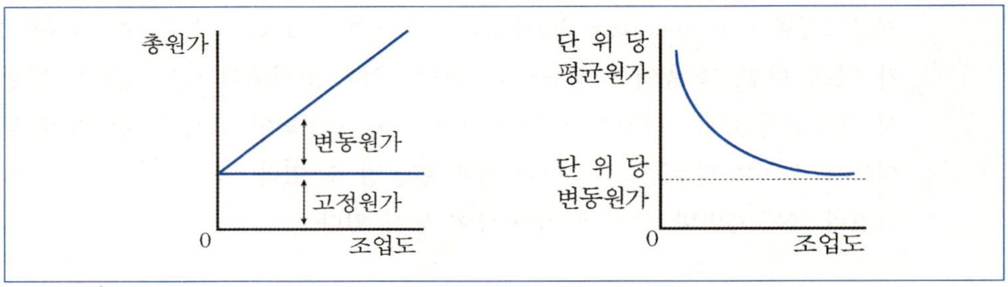

④ 준고정원가

준고정원가(semi-fixed costs)란 특정범위의 조업도내에서는 총원가가 일정하지만 조업도가 특정범위를 벗어나면 일정액만큼 증가 또는 감소하는 원가를 말한다. 원가가 일정시점에 증가 또는 감소하는 이유는 투입요소의 불가분성, 즉 원가투입요소를 필요한 양만큼 분할하여 구입할 수가 없기 때문이다. 준고정원가는 계단형의 형태를 취하기 때문에 계단원가, 일시에 증가하기 때문에 비약원가라고도 한다. 준고정원가의 예에는 1인당 100개의 생산품을 검사할 수 있는 품질검사요원의 급여, 1인당 10명의 종업원을 감독할 수 있는 생산감독자의 급여 등이 있으며 그래프로 나타나면 다음과 같다.

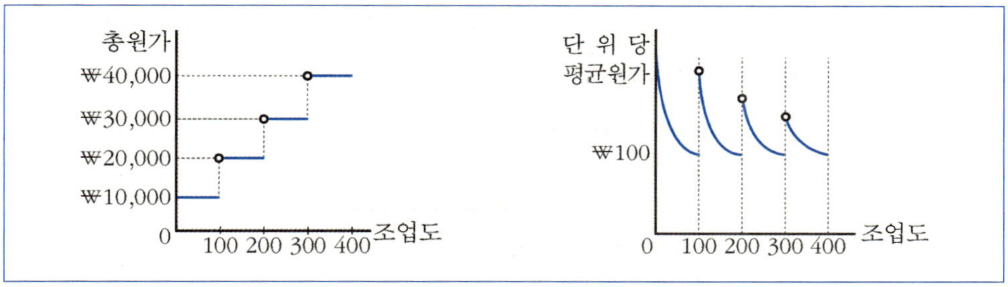

(3) 제조원가의 형태별 분류 : 직접재료비, 직접노무비 및 제조간접비

제조(manufacture)란 노동력과 공장의 재반설비를 이용하여 재료를 다른 형태의 재화로 바꾸는 것으로 이러한 제조활동에서 소요되는 모든 원가를 제조원가라 한다. 제조원가는 다음과 같이 구분하는 것이 일반적이다.

① 직접재료비

직접재료비(direct material costs)는 특정제품에 직접적으로 추적할 수 있는 원재료의 사용액을 말하며 사소한 항목은 효익 및 비용 차원에서 제외된다. 즉, 소모품비나 간접재료비는 제조간접비에 포함된다.

② 직접노무비

직접노무비(direct labor costs)는 특정제품에 직접적으로 추적할 수 있는 노동력의 사용액을 말한다. 특정제품에 직접적으로 추적할 수 없는 노동력의 사용액은 제조간접비에 해당한다.

③ 제조간접비

제조간접비(factory overhead costs)란 특정제품에 인과관계에 따라 추적할 수 없거나 추적할 수 있더라도 효익보다 비용이 큰 모든 생산요소의 사용액으로서 생산활동과 관련하여 발생한 원가를 말한다. 직접재료비와 직접노무비를 제외한 모든 제조원가 즉, 간접재료비, 간접노무비, 공장소모품비, 공장감가상각비 등이 제조간접비에 속한다. 단, 판매관리비는 생산활동과 관련된 것이 아니므로 제조간접비가 아니라는 점에 주의하여야 한다.

한편, 제조원가에 속하는 원가요소를 편의상 몇 개씩 짝을 지어 별도의 이름을 붙이는 경우가 있는데 그 대표적인 것이 기초원가(prime cost)와 전환원가(conversion cost)로서 이를 요약하면 다음과 같다.

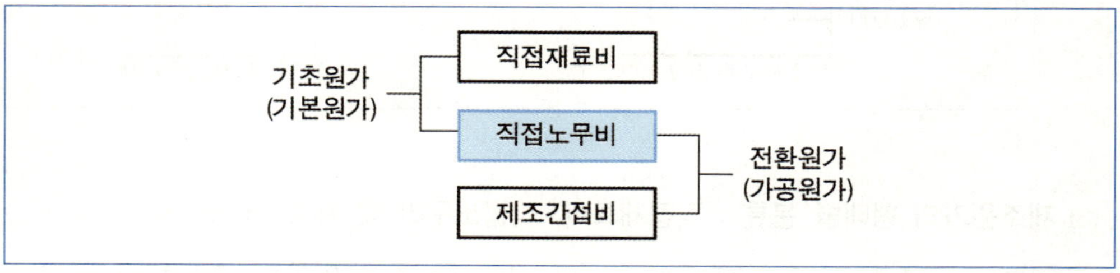

참 고 **제조원가의 형태별 분류방법**

제조원가를 직접재료비, 직접노무비, 제조간접비로 분류할 수도 있으나, 제조원가의 형태를 보다 더 강조하는 관점에서 제조원가를 재료비, 노무비, 경비로 분류할 수도 있다. 재료비에는 직접재료비와 간접재료비가 포함되고, 노무비에는 직접노무비와 간접노무비가 포함되며 경비는 재료비와 노무비를 제외한 모든 제조원가를 말한다. 제조원가요소는 재료비, 노무비 및 경비로 분류하거나 회사가 채택하고 있는 원가계산방법에 따라 직접재료비, 직접노무비, 제조간접비 등으로 분류할 수 있다.

(4) 제조활동과의 관련성에 따른 분류 : 제조원가와 비제조원가

① 제조원가

제조원가(manufacturing costs)란 제품을 제조하기 위하여 소비된 모든 경제적 자원을 말한다. 제조원가는 직접재료비, 직접노무비 및 제조간접비로 구성되어 있다. 이는 주로 생산과정과 관련된 원가로 협의의 원가에 해당한다.

② 비제조원가

비제조원가(nonmanufacturing costs)란 판매원에게 지급한 판매수수료나 사무직원의 급여 등과 같이 제품의 제조와는 직접적인 관련 없이 발생하는 원가이다. 비제조원가에는 판매수수료, 광고비, 일반 사무직 급여, 관리부서가 사용하고 있는 건물에서 발생하는 비용 등이 있다.

예 제 4 제조원가와 비제조원가

다음은 ㈜유현의 원가와 관련된 항목들이다. 다음 항목을 제조원가와 비제조원가로 구분하시오.

① 소비한 재료에 대한 매입운임
② 생산직 종업원의 임금
③ 판매원에 대한 보수
④ 공장 소모품비
⑤ 공장설비에 대한 감가상각비
⑥ 이자비용
⑦ 공장설비에 대한 보험료
⑧ 영업부 건물에 대한 수선유지비
⑨ 생산감독자의 급여
⑩ 본사 건물에 대한 감가상각비
⑪ 사무용 소모품비
⑫ 판매부서의 운영비

해답

(1) 제조원가 : ①, ②, ④, ⑤, ⑦, ⑨
(2) 비제조원가 : ③, ⑥, ⑧, ⑩, ⑪, ⑫

(5) 자산화에 따른 분류 : 제품원가와 기간비용

① 제품원가

제품원가(product costs)란 판매목적으로 제조하거나 취득한 제품에 대해 부과할 수 있는 원가로서 특정생산물에 부착된(attached tc) 또는 흡수된(absorbed by)원가이다. 제품원가는 원가가 발생한 기간에 비용으로 처리되는 것이 아니라 제품이 판매 또는 처분되는 기간에 매출원가의 형태로 비용이 되며, 팔리지 않은 것은 재고자산으로 재무제표에 표시된다. 따라서 제품원가는 판매 또는 처분시점까지 이연된다는 점에서 재고가능원가(inventoriable costs)라고도 한다.

② 기간비용

기간비용(period costs)이란 제품원가, 즉 재고가능원가 이외의 원가로서 생산과 관련 없이 소멸하며 자산화할 수 없다. 기간비용은 발생한 기간에 비용으로 처리되는 원가를 말하며 판매관리비가 여기에 속한다. 즉, 이와 같은 원가는 그 지출과 관련해서 미래에 발생할지도 모르는 경제적 효익을 객관적으로 측정하기 어렵고 특정제품과 직접대응 하는 것이 거의 불가능하기 때문에 실무적 편의상 발생과 동시에 비용으로 처리한다.

상기업과 제조기업의 재고가능원가와 기간비용

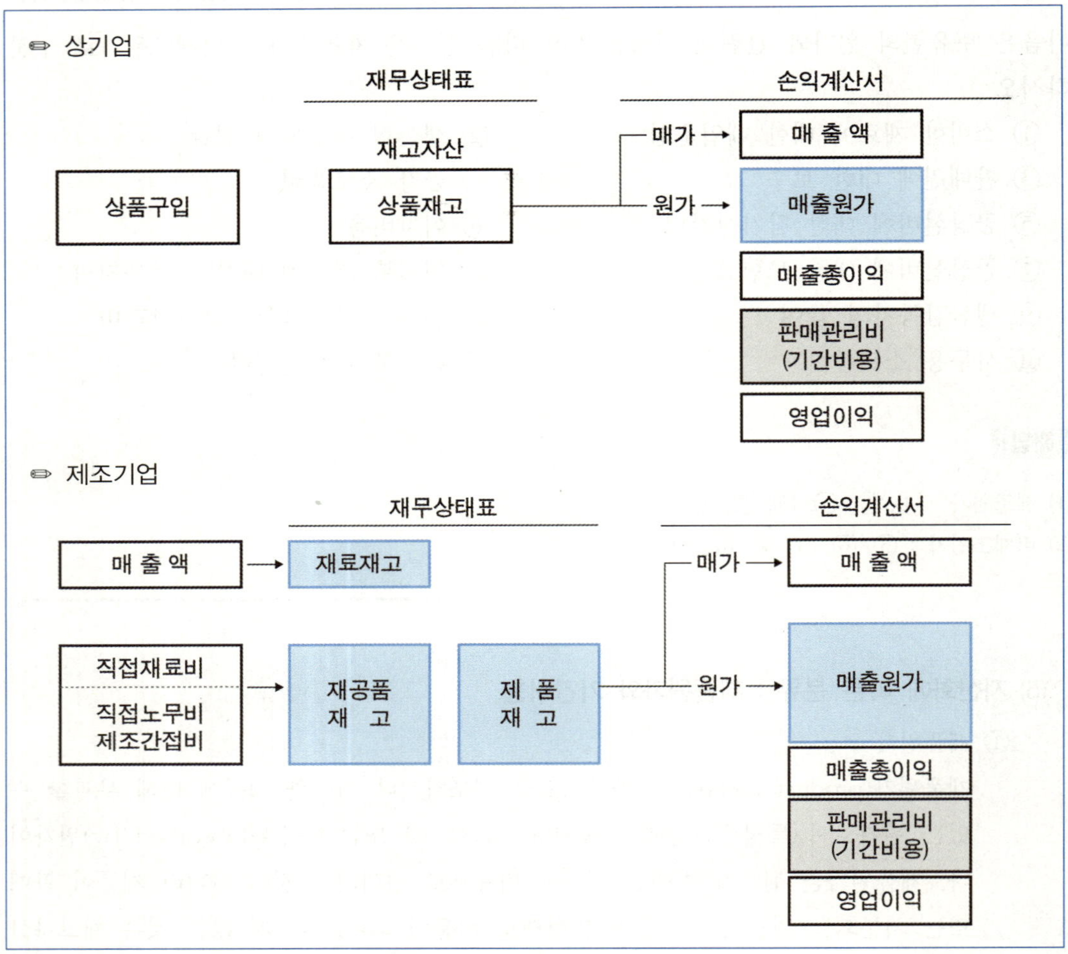

4. 원가의 구성

제품의 원가를 구성하는 각 원가요소는 다음과 같은 단계를 거쳐 판매가격을 결정하는 기초가 된다.

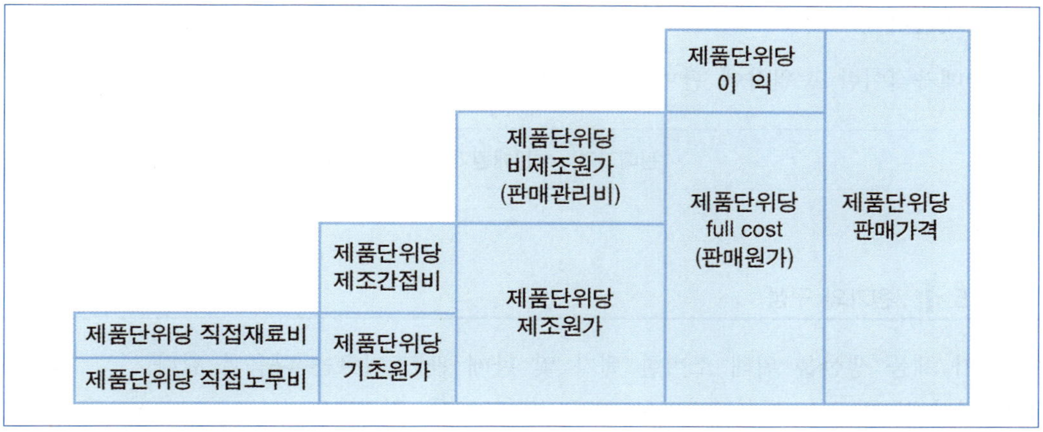

(1) 기초원가

기초원가란 직접비로만 구성된 것으로 특정제품의 제조를 위하여 소비된 직접재료비와 직접노무비의 합계액이다. 기초원가는 원가 구성의 기본을 이룬다는 점에서 기본원가라고도 한다.

기초원가 = 직접재료비 + 직접노무비

(2) 제조원가

제조원가란 기초원가에 일정한 배부기준에 따라서 배부된 제조간접비를 가산한 것으로 제조과정에 소비된 모든 원가요소를 포함한다. 이 원가는 공장의 비용이라는 의미에서 공장원가 또는 생산원가라고도 하며, 일반적으로 원가라 할 때는 이 제조원가를 가리킨다.

제조원가 = 기초원가 + 제조간접비

(3) 판매원가(총원가)

판매원가(full cost)란 제조원가에 판매관리비를 합한 것으로 제품의 제조 및 판매를 위하여 발생한 모든 원가를 포함한다. 판매원가는 제품의 판매가격을 결정하는 기초가 되는 원가로서, 이것을 총원가라고도 한다.

판매원가(총원가) = 제조원가 + 판매관리비

(4) 판매가격

판매가격이란 총원가에 판매이익을 가산한 것으로서 제품이 판매되는 가격이다.

판매가격 = 판매원가 + 판매이익

예 제 5 원가의 구성

㈜현희가 제품 생산을 위해 소비한 원가 및 판매 관련 자료는 다음과 같다.

① 직접재료비	₩60,000	② 직접노무비	₩100,000
③ 공장건물의 감가상각비	30,000	④ 생산감독자 급여	15,000
⑤ 영업부 사원 급여	10,000	⑥ 공장경비	20,000
⑦ 영업부장의 급여	15,000	⑧ 판매이익 판매원가의	20%

[요구사항]

다음을 계산하시오.

1. 기초원가
2. 제조원가
3. 판매원가(full cost)
4. 판매가격

해답

1. 기초원가 : 60,000 + 100,000 = ₩160,000
2. 제조원가 : 160,000 + 30,000 + 15,000 + 20,000 = ₩225,000
3. 판매원가 : 225,000 + 10,000 + 15,000 = ₩250,000
4. 판매가격 : 250,000 + 250,000 × 20% = ₩300,000

제 5 절 제조기업의 원가흐름

1. 제조기업의 의의와 경영활동과정

제조기업은 원재료를 구입한 후 노동력과 공장의 제반 생산설비를 이용하여 원재료를 가공하여 제품을 생산하고, 생산한 제품을 판매하여 이익을 얻는 것을 목적으로 하는 기업조직이다. 제조기업은 매입한 상품을 추가적인 가공 없이 그대로 외부에 판매하는 상기업(예를 들어 유통기업)과 대비된다. 제조기업이 제조한 완성품을 제품이라 하고, 상기업이 판매를 목적으로 외부에서 구입한 것을 상품이라 한다.

제조기업은 직접 제품이나 서비스를 생산하는 활동을 하기 때문에 생산하는 제품이나 서비스의 원가가 얼마인지를 계산하는 과정이 매우 복잡하고 또한 중요하다. 그러나 상기업은 외부에서 상품을 구입한 후에 이를 유통망을 이용하여 그대로 판매하기 때문에 상품의 원가가 얼마인지를 계산하는 것은 그리 복잡하지 않다. 상기업에서는 오히려 판매에 따른 비용이 얼마인지를 산정하는 것이 더 복잡하고 중요할 수 있다.

한편, 제조기업의 경영활동은 구매활동, 제조활동 및 판매활동으로 이루어져 있으며, 이를 요약하면 다음과 같다.

구매활동	기업외부로부터 제품제조에 필요한 각종 생산요소(원재료, 노동력, 생산설비 등)를 구입하는 과정으로서 기업외부와 거래가 이루어지는 외부활동이다.
제조활동	구매과정에서 구입된 생산요소를 노동력과 공장의 제반 생산설비와 결합하여 제품을 제조하는 과정으로서 기업내부에서 거래가 이루어지는 내부활동이다.
판매활동	제조활동을 통하여 완성된 제품을 외부에 판매하는 과정으로서 기업외부와 거래가 이루어지는 외부활동이다.

제조기업의 경영활동은 구매활동, 제조활동 및 판매활동으로 이루어져 있다. 제품을 제조하기 위해서는 원재료, 노동력, 생산설비 등의 생산요소가 필요하기 때문에 기업은 외부로부터 원재료를 매입하고 종업원을 고용하며, 기계설비 등을 구입하게 된다. 이러한 생산요소는 제조과정을 거치면서 제품으로 전환되고 기업은 그 제품을 판매함으로써 투자자본을 회수하고 이익을 획득하게 된다. 제조기업의 경영활동은 다음과 같이 나타낼 수 있다.

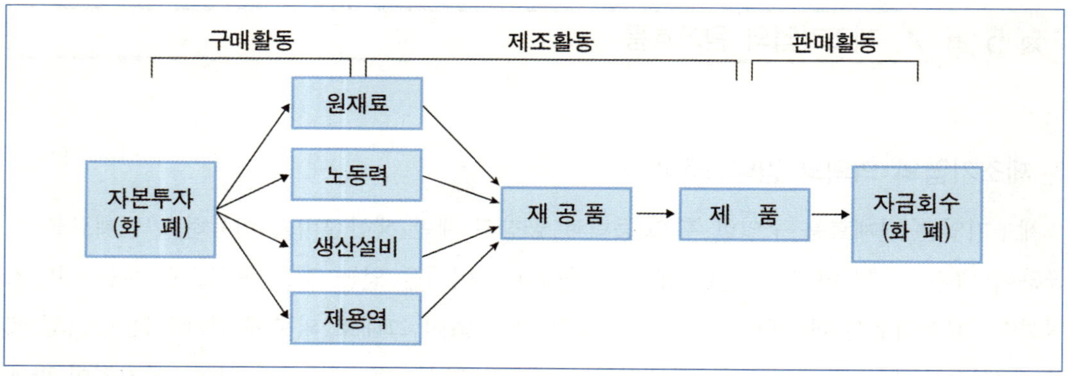

위 도표에서 재공품(WIP : work in process)은 제조공정에 있는 미완성된 제품을 의미하고, 제품은 완성되어 판매할 수 있는 완제품(finished goods)을 의미한다.

2. 제조원가의 구분

제조원가란 제품을 생산하는 과정에서 발생되는 모든 원가를 의미하며 크게 직접재료비, 직접노무비 및 제조간접비로 분류된다. 직접재료비(direct materials cost)는 특정제품을 생산하기 위하여 소비한 원재료 중에서 특정제품에 직접적으로 추적할 수 있는 원가를 말하며, 이는 변동원가에 해당한다. 직접노무비(direct labor cost)란 특정제품을 생산하기 위하여 생산직 직원에게 지불하는 노동의 대가 중에서 특정제품에 직접적으로 추적할 수 있는 원가를 말하며, 이는 변동원가에 해당한다. 직접재료비와 직접노무비를 제외한 모든 제조원가를 제조간접비(manufacturing overhead cost)라 한다. 제조간접비에는 간접재료비, 간접노무비, 전력비, 감가상각비, 보험료 등이 포함된다. 제조간접비는 원가행태에 따라 변동제조간접비와 고정제조간접비로 나눌 수 있다.

3. 제조원가의 흐름

경영활동에 따른 제조기업의 원가흐름을 계정의 흐름으로 나타내면 다음과 같다.

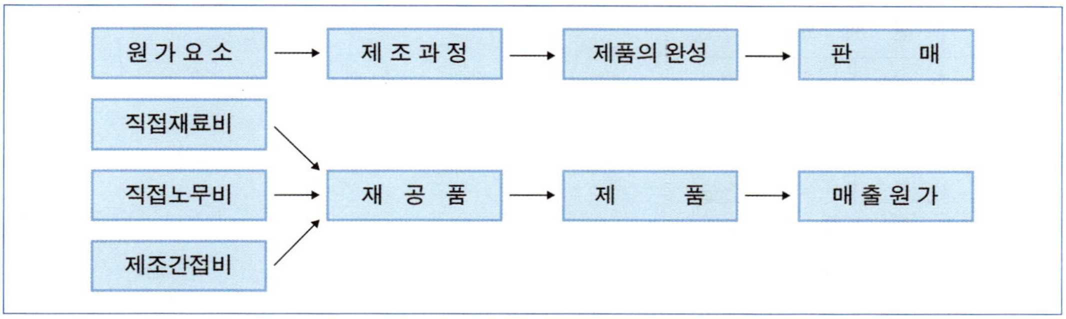

제조기업의 원가흐름을 나타내는 대표적인 계정은 5개이다. 직접재료비, 직접노무비, 제조간접비, 재공품 및 제품이다. 이들 계정 중에서 핵심은 재공품계정이다. 왜냐하면 재공품계정에 모든 제조원가가 집계되고 당기에 완성된 제품의 제조원가가 기록되기 때문이다.

위 도표에서 볼 수 있듯이 제조기업은 원재료를 가공하여 제품을 만들어서 판매한다. 이때 제품을 완성하기 위하여 제조과정 중에 발생하는 모든 원가(직접재료비, 직접노무비, 제조간접비)는 재공품계정에 집계되고, 재공품 중에서 완성된 것은 재공품계정에서 제품계정으로 대체되며, 제품 중에서 판매된 것은 제품계정에서 매출원가계정으로 대체된다. 즉, 제조과정에서 3가지 원가요소(직접재료비, 직접노무비, 제조간접비)가 발생하면 재공품계정으로, 재공품이 완성되면 제품계정으로, 제품이 판매되면 매출원가계정으로 대체된다.

4. 제조기업의 계정흐름 요약

제조기업의 원가흐름을 계정으로 표시하면 다음과 같다.

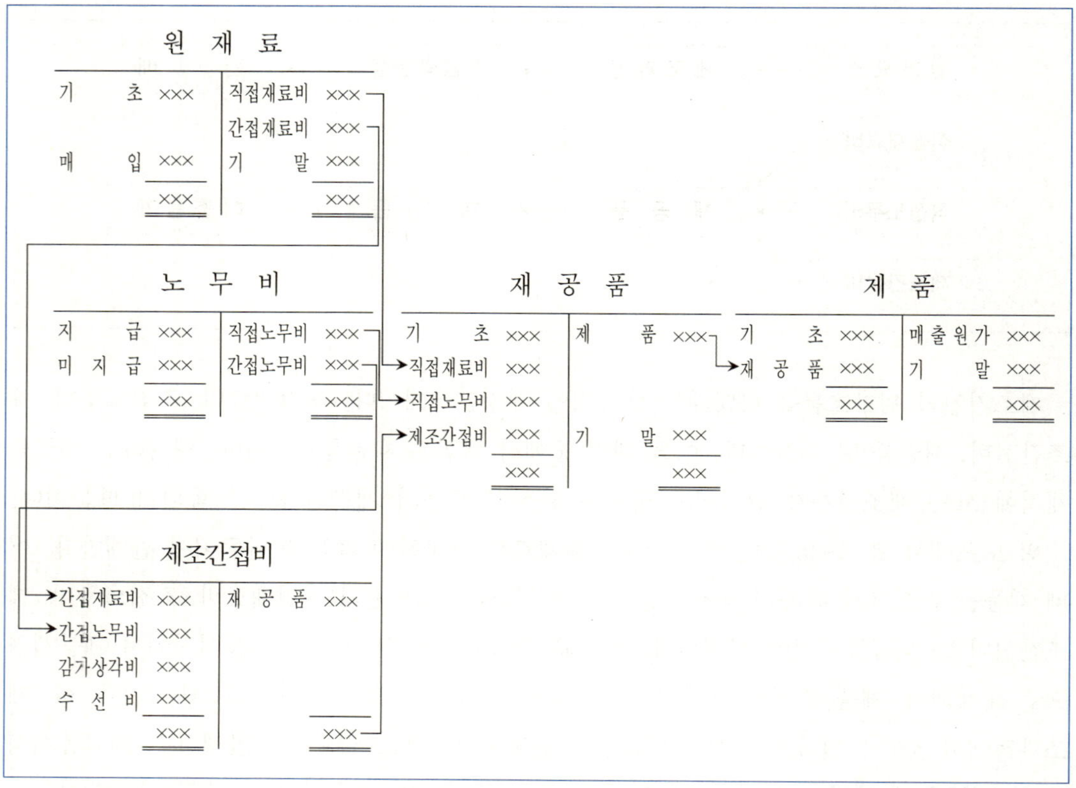

예 제 6 재공품계정과 제품계정

㈜성준의 당기 중 발생한 직접재료비는 ₩1,000, 직접노무비는 ₩2,000, 제조간접비는 ₩2,400이며, 기초재공품은 ₩2,500, 기말재공품은 ₩2,200이다. 기초제품은 ₩3,000이고, 당기에 원가 ₩6,400인 제품을 ₩8,000에 외상으로 판매하였다. 재공품계정과 제품계정을 완성하시오.

해답

재 공 품

차변	금액	대변	금액
기 초	2,500	제 품	5,700
직접재료비	1,000		
직접노무비	2,000		
제조간접비	2,400	기 말	2,200
	7,900		7,900

제 품

차변	금액	대변	금액
기 초	3,000	매출원가	6,400
당기제품제조원가	5,700		
		기 말	2,300
	8,700		8,700

제 6 절 제조원가명세서와 재무제표

1. 제조원가명세서

제조원가명세서(schedule of cost of goods manufactured)는 손익계산서에 기재되는 제조원가의 명세를 표시한 것으로, 재무제표 부속명세서의 일종이다. 제조기업의 재무제표는 상기업에서 작성하는 것과 마찬가지이나, 제조활동의 결과를 보고하기 위하여 특히 제조원가명세서를 추가로 작성한다. 제조원가명세서는 재공품계정에서 발생한 원가의 변동사항을 요약한 표이므로 재공품계정을 연상하면 작성하기가 쉽다.

재 공 품

	차변	금액	대변	금액	
	기초	×××	제품	×××	(당기제품제조원가)
(당기총제조원가)	직접재료비	×××	기말	×××	
(당기총제조원가)	직접노무비	×××			
(당기총제조원가)	제조간접비	×××			
		×××		×××	

제조원가명세서

과목	금액	금액
Ⅰ. 직접재료비		
1. 기초원재료재고액	×××	
2. 당기원재료매입액	×××	
3. 합계	×××	
4. 기말원재료재고액	(×××)	×××
Ⅱ. 직접노무비		×××
Ⅲ. 제조간접비		
1. 감가상각비	×××	
2. 동력비	×××	
3. 보험료	×××	
⋮	⋮	×××
Ⅳ. 당기총제조원가		×××
Ⅴ. 기초재공품재고액		×××
Ⅵ. 합계		×××
Ⅶ. 기말재공품재고액		(×××)
Ⅷ. 당기제품제조원가		×××

(1) 당기총제조원가

당기총제조원가는 당기에 제조과정에 투입된 모든 제조원가를 의미하며 재공품계정에 집계된 당기 발생 직접재료비, 직접노무비 및 제조간접비의 합계액이다.

당기총제조원가 = 직접재료비 + 직접노무비 + 제조간접비

(2) 당기제품제조원가

당기제품제조원가는 당기에 완성된 제품의 제조원가를 의미하며 재공품 중에서 완성되어 제품으로 대체된 부분을 말한다.

당기제품제조원가 = 기초재공품원가 + 당기총제조원가 − 기말재공품원가

2. 재무제표의 작성

상기업은 외부에서 완성된 상품을 구입하여 판매하는 회사이고, 제조기업은 외부에서 원재료를 구입하여 이를 가공하여 제품을 완성하여 판매하는 회사이다. 상기업이나 제조기업이나 재무제표는 기본적으로 동일하나 일부 계정의 명칭이 상이하고 재고자산의 구성요소가 다르다. 즉, 상기업은 상품이란 용어를 사용하고 재고자산은 상품뿐이나 제조기업은 제품이란 용어를 사용하고 재고자산에는 제품뿐만 아니라 재공품, 원재료도 포함된다. 그리고 제조기업의 경우에는 제품의 제조원가를 상세히 나타내 주는 제조원가명세서를 반드시 작성하여야 한다.

상기업

매 출 액		×××
매 출 원 가		
기초상품재고액	×××	
당기상품매입액	×××	
계	×××	
기말상품재고액	×××	×××
매출총이익		×××
판매비와 관리비		×××
영 업 이 익		×××

제조기업

매 출 액		×××
매 출 원 가		
기초제품재고액	×××	
당기제품제조원가	×××	
계	×××	
기말제품재고액	×××	×××
매출총이익		×××
판매비와 관리비		×××
영 업 이 익		×××

제조기업에서의 제조원가명세서와 손익계산서, 재무상태표와의 관계를 나타내면 다음과 같다.

제조원가명세서

직접재료비		
기초원재료재고액	×××	
당기원재료매입액	×××	
합　계	×××	
기말원재료재고액	×××	×××
직접노무비		×××
제조간접비		×××
당기총제조원가		×××
기초재공품원가		×××
합　계		×××
기말재공품원가		×××
당기제품제조원가		×××

손익계산서

매　출　액		×××
매 출 원 가		
기초제품재고액	×××	
당기제품제조원가	×××	
계	×××	
기말제품재고액	×××	×××
매출총이익		×××
⋮		

재무상태표

재고자산	
제　품	×××
재공품	×××
원재료	×××

예 제 7 당기제품제조원가

㈜승우는 제품을 제조하여 판매하는 회사이다. 20×1년 3월 1일의 재공품재고액은 ₩100,000이며 20×1년 3월 31일의 재공품재고액은 ₩200,000이다. 그리고 3월 동안에 발생한 원가자료는 다음과 같다.

직접재료 소비액	850,000	직접노무자의 임금	900,000
공장기계의 수선유지비	120,000	공장감독자 급여	320,000
공장기계의 감가상각비	45,000	영업부의 사무비	120,000
공장건물의 감가상각비	100,000	공장경비	65,000
영업사원의 급여	500,000	판매수수료	90,000

[요구사항]

1. 3월 동안에 발생한 총제조간접비는 얼마인가?
2. 3월의 재공품계정을 작성하고 당기제품제조원가를 구하시오.
3. 3월의 제조원가명세서를 작성하고 당기제품제조원가를 구하시오.

해답

1. 3월의 총제조간접비

공장기계의 수선유지비	120,000
공장감독자 급여	320,000
공장기계의 감가상각비	45,000
공장건물의 감가상각비	100,000
공장경비	65,000
합　　계	650,000

2. 재공품계정

기　　초	100,000	당기제품	2,300,000
직접재료비	850,000	제조원가	
직접노무비	900,000		
제조간접비	650,000	기　　말	200,000
	2,500,000		2,500,000

3. 제조원가명세서

Ⅰ. 직접재료비		850,000
Ⅱ. 직접노무비		900,000
Ⅲ. 제조간접비		
공장기계의 수선유지비	120,000	
공장감독자 급여	320,000	
공장기계의 감가상각비	45,000	
공장건물의 감가상각비	100,000	
공장경비	65,000	650,000
Ⅳ. 당기총제조원가		2,400,000
Ⅴ. 기초재공품재고액		100,000
Ⅵ. 합계		2,500,000
Ⅶ. 기말재공품재고액		(200,000)
Ⅷ. 당기제품제조원가		2,300,000

연습문제

COST ACCOUNTING

문 1 원가의 개념

'원가란 특정목적을 달성하기 위하여 희생된 경제적 자원'이라고 정의된다. 이러한 원가는 보기와 같이 여러 가지로 분류할 수 있다.

재 료 비	기 본 원 가	변 동 비	제 조 원 가
노 무 비	가 공 원 가	고 정 비	제 품 원 가
제 조 경 비	준 변 동 비	미소멸원가	기 간 비 용
직 접 비	준 고 정 비	비제조원가	
간 접 비	소 멸 원 가	판 매 원 가	

[요구사항]

다음은 다양한 원가의 개념을 정의한 것이다. 각 항목에 해당되는 사항을 보기에서 고르시오.

1. (　　　) 제품을 제조하기 위해 투입되는 재료의 소비로 인하여 발생하는 원가요소
2. (　　　) 특정제품의 제조를 위해서만 소비되어 직접 그 제품에 포함(관련)시킬 수 있는 원가
3. (　　　) 직접재료비와 직접노무비를 합한 금액
4. (　　　) 제품을 제조하기 위해 노동력을 소비함으로 인하여 발생하는 원가요소
5. (　　　) 고정비와 변동비가 혼합되어 있는 원가
6. (　　　) 원가 중에서 재료비와 노무비를 제외한 일체의 것을 소비함으로 인하여 발생하는 원가요소
7. (　　　) 특정범위의 조업도에서는 고정비가 일정하게 발생하지만 조업도가 이 범위를 벗어나면 일정액만큼 증가 또는 감소하는 원가
8. (　　　) 용역잠재력이 소멸되어 미래에 더 이상의 경제적 효익을 제공할 수 없으리라고 예상되어지는 원가
9. (　　　) 조업도수준이 변동함에 따라 총액이 직접적으로 비례하여 변동하는 원가
10. (　　　) 여러 종류의 제품제조를 위해서 공통적으로 소비되어 특정제품에 직접 부과(관련)시킬 수 없는 원가
11. (　　　) 용역잠재력이 소멸되지 않고 남아 있어 미래에 경제적 효익을 제공할 수 있으리라고 예상되어지는 원가
12. (　　　) 조업도가 증가하거나 감소하더라도 이에 영향을 받지 않고 총원가가 일정하게 발생하는 원가

13. ( ) 재료를 직접 가공하는데 또는 재료를 제품으로 전환시키는데 소비된 원가
14. ( ) 제조원가에 판매비 및 관리활동과 관련하여 발생한 원가를 가산한 원가
15. ( ) 제품원가 이외의 모든 원가로서 그것이 발생한 기간에 비용으로 처리되는 원가
16. ( ) 제품의 제조와는 관련이 없이 소비된 경제적 가치
17. ( ) 제품을 제조하기 위하여 소비된 경제적 가치로서 직접재료비, 직접노무비 및 제조간접비로 구성되어 있는 원가

해답

1. 재료비	2. 직접비	3. 기본원가	4. 노무비	5. 준변동비
6. 제조경비	7. 준고정비	8. 소멸원가	9. 변동비	10. 간접비
11. 미소멸원가	12. 고정비	13. 가공원가	14. 판매원가	15. 기간비용
16. 비제조원가	17. 제조원가			

문 2 원가행태와 그래프1

다음은 조업도에 따른 원가행태를 그래프로 표시한 것이다. 단, X축은 조업도를 나타내고, Y축은 총수익 또는 총원가를 나타낸다.

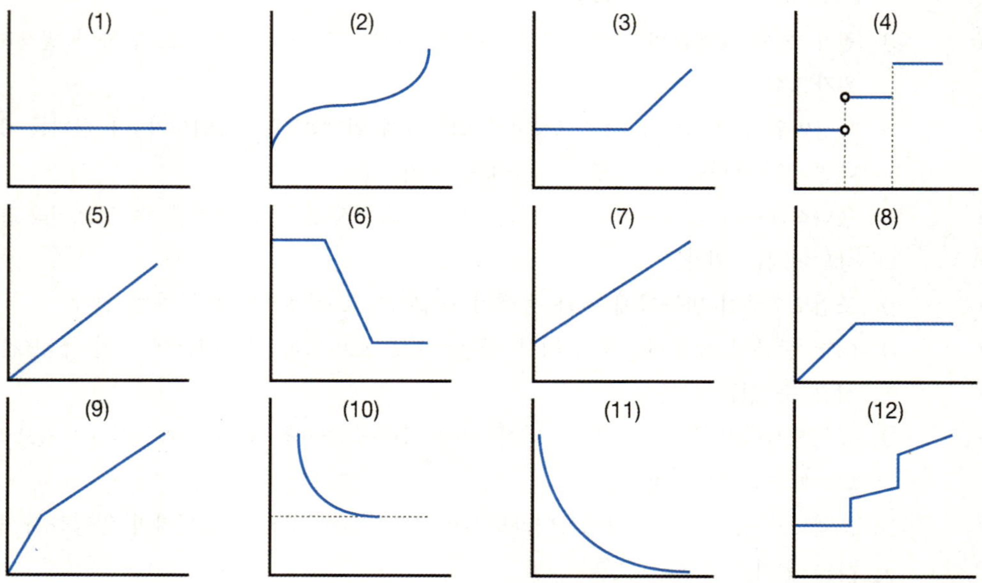

[요구사항]

다음에 해당하는 그래프를 보기에서 고르시오. 단, 요구상항 8~10에 해당되는 그래프는 X축은 조업도, Y축은 단위당 원가를 나타낸다.

1. 제품제조에 사용된 직접재료비
2. 일정 사용량까지는 기본요금을 내고, 일정량을 초과하여 사용하는 경우에는 초과사용량에 대해서만 단위당 일정하게 가산되는 전력비
3. 생산량 1,000개마다 품질검사요원이 한 사람씩 증원되는 경우 품질검사요원의 급여
4. 정액법에 의한 건물의 감가상각비
5. 생산량을 500개 증가시킬 때마다 고정급의 감독자를 증원해야 하는 경우의 감독자 급여
6. 복사기를 임차하여 사용할 때 일정한 고정비에 사용시간에 비례하여 가산되는 요금을 합하여 지급하는 경우의 총원가
7. 완전경쟁시장에서 생산량이 전량 판매된다고 가정할 때 생산량의 증가에 따라 비례적으로 증가하는 매출액
8. 조업도 단위당 평균변동비
9. 조업도 단위당 평균고정비
10. 조업도 단위당 평균원가(혼합원가)

해답

1. (5)	2. (3)	3. (4)	4. (1)	5. (4)
6. (7)	7. (5)	8. (1)	9. (11)	10. (10)

문 3 객관식 및 단답형 문제1

1. 다음 중 가장 옳지 않은 것은?
   ① 고정원가는 총원가가 일정하다.
   ② 변동원가는 단위당 원가가 일정하다.
   ③ 직접노무원가는 기초원가와 전환원가에 공통으로 포함된다.
   ④ 직접원가와 간접원가는 원가행태에 따라 분류한 것이다.
   ⑤ 원가대상이 좁아지면 많은 원가가 간접원가로 분류된다.

2. ㈜유나의 총제조원가(Y)와 생산량(X)의 관계가 다음과 같다고 가정한다. 다음 중 가장 옳지 않은 것은?

$$Y = ₩120,000 + ₩500X$$

① 총고정제조원가는 ₩120,000이다.
② 생산량이 1,000단위인 경우 총변동제조원가는 ₩500,000이다.
③ 생산량이 1,000단위인 경우 단위당 제조원가는 ₩620이다
④ 생산량이 증가할수록 단위당 제조원가는 감소한다.
⑤ 생산량이 증가할수록 단위당 변동제조원가는 감소한다.

3. ㈜유현의 20×1년 3월의 원가 및 비용 관련 자료이다. 20×1년 3월에 발생한 가공원가는 얼마인가?

직접재료원가	₩1,000	직접노무원가	₩1,500
영업부서 승용차 감가상각비	500	공장 감독자 급여	300
생산 기계장치 감가상각비	400	기타 제조간접원가	200
관리사무실 비품 감가상각비	100		

4. 다음은 ㈜유진의 20×1년 1월 원가와 관련된 자료이다. 20×1년 1월의 제조간접비는 얼마인가?

20×1년 공장 재산세	₩72,000
20×1년 1월 공장 사무용품비	11,000
20×1년 1분기(1~3월) 공장 기계 수선비	24,000
20×1년 상반기(1~6월) 공장 보험료	18,000
20×1년 1분기(1~3월) 영업부 소모품비	15,000
20×1년 상반기(1~6월) 공장 기계 감가상각비	12,000

해답

1. ④

직접원가와 간접원가는 원가대상에 대한 추적가능성에 의해 원가를 분류한 것이다.

2. ⑤

총고정제조원가는 ₩120,000이고 단위당 변동제조원가는 ₩500이다. 따라서 1,000단위 생산하는 경우 총제조원가는 ₩620,000(120,000+500×1,000)이고, 단위당 제조원가는 ₩620(620,000÷1,000)이다. 생산량이 증가하는 경우, 단위당 변동제조원가는 일정하나 단위당 고정제조원가는 감소하므로 단위당 총제조원가는 감소한다.

3. 가공원가 = 직접노무원가 + 제조간접원가
= 1,500 + (300+400+200) = ₩2,400

4. 1월 제조간접비
(72,000÷12) + 11,000 + (24,000÷3) + (18,000÷6) + (12,000÷6) = ₩30,000
☞ 1월의 제조간접비를 구하는 문제이므로 필요한 경우 월별로 안분 계산한다. 영업부 소모품비는 판매활동과 관련하여 발생한 원가이므로 제조간접비가 아니고 판매관리비이다.

문 4 객관식 및 단답형 문제2

1. ㈜태종의 당기 발생 원가 및 비용에 관련된 자료는 다음과 같다. 다음 중 가장 옳은 것은?

직접재료비	₩10,000	공장설비 보험료	₩1,600
직접노무비	14,000	본사 건물 감가상각비	9,000
판매원 보수	7,000	생산 감독자 급여	2,500
공장 소모품비	2,000	영업부 소모품비	2,800
공장설비 감가상각비	5,000	이자비용	1,200

① 기초원가는 ₩24,200
② 제조간접비는 ₩10,200이다.
③ 전환원가는 ₩25,100이다.
④ 제조원가는 ₩35,000이다.
⑤ 비제조원가는 ₩19,000이다.

2. 원가가산 가격결정방법에 의해서 판매가격을 결정하는 경우, 다음 도표의 a~f에 들어갈 금액은 각각 얼마인가? 단, 영업이익은 총원가의 30%이고, 판매관리비는 제조원가의 50%이다.

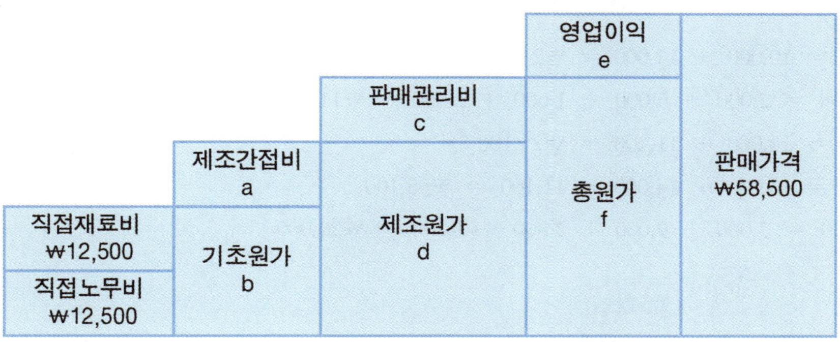

3. 다음 그래프의 종축은 총원가를 나타내며, 횡축은 1년간의 생산량을 나타낸다. 다음 중 그래프를 적정하게 설명하지 못한 것을 고르시오.

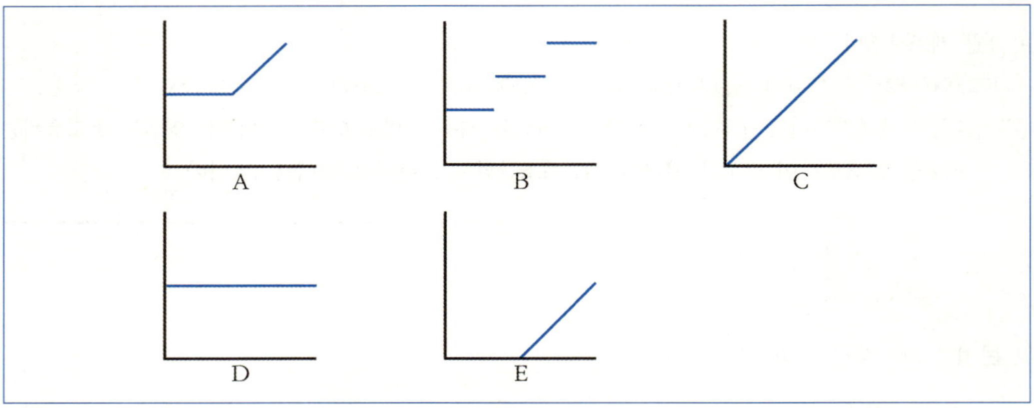

① A : 일정량의 kwh까지는 기본요금을 내고 그것을 초과하는 경우에는 변동원가가 추가된다 (kwh는 생산량에 비례하여 증가).

② B : 수도요금 청구액은 다음과 같이 계산된다.

100,000 갤런이하	기본요금	₩100,000
추가 10,000갤런	추가 사용된 갤런당	₩3
추가 10,000갤런	추가 사용된 갤런당	₩6

③ C : 기계사용시간(생산량에 비례)을 기준으로 계산되는 설비의 감가상각비

④ D : 정액법에 의한 설비의 연간 감가상각비

⑤ E : 어떤 조업도 수준 이상으로 생산되는 매 생산단위마다 ₩100을 관리자에게 지급하는 상여금 제도

해답

1. ③

기초원가 = 10,000 + 14,000 = ₩24,000

제조간접비 = 2,000 + 5,000 + 1,600 + 2,500 = ₩11,100

전환원가 = 14,000 + 11,100 = ₩25,100

제조원가 = 10,000 + 14,000 + 11,100 = ₩35,100

비제조원가 = 7,000 + 9,000 + 2,800 + 1,200 = ₩20,000

2.

- 총원가와 영업이익

  $0.3f + f = 58{,}500 \therefore f = 45{,}000$

  $e = 0.3f = 45{,}000 \times 0.3 = 13{,}500$

- 제조원가와 판매관리비

  $0.5d + d = 45{,}000 \therefore d = 30{,}000$

  $c = 0.5d = 30{,}000 \times 0.5 = 15{,}000$

- 기초원가와 제조간접비

  $b = 12{,}500 + 12{,}500 = 25{,}000$

  $a + 25{,}000 = 30{,}000 \therefore a = 5{,}000$

3. ②

수도요금은 100,000갤런까지는 고정비이고 그 이후 10,000갤런 추가시에는 기울기 ₩3의 변동비이고 그 이후 10,000갤런 추가시에는 기울기 ₩6의 변동비이다. 따라서 다음과 같다.

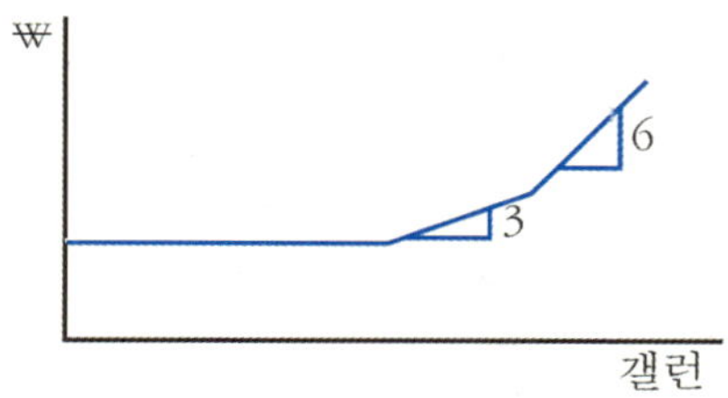

문 5 당기제품제조원가와 매출원가

㈜정화의 원가계산을 위한 자료는 다음과 같다. 단, 간접재료비는 없다.

기초 원재료재고	₩10,000	기초 재공품재고	₩30,000
당기구입 원재료	50,000	기말 재공품재고	23,000
기말 원재료재고	12,000	기초 제품재고	20,000
직접노무비 발생액	50,000	기말 제품재고	70,000
제조간접비 발생액	45,000		

[요구사항]

1. 직접재료비는 얼마인가?
2. 당기제품제조원가는 얼마인가?
3. 매출원가는 얼마인가?
4. 재공품과 제품 계정을 작성하시오.
5. 제조원가명세서를 작성하시오.

해답

1. 직접재료비 = 10,000 + 50,000 − 12,000 = ₩48,000

〈참고〉 원재료 계정

기 초	10,000	사 용	48,000
당 기 구 입	50,000	기 말	12,000
	60,000		60,000

2. 당기제품제조원가 = 30,000 + (48,000 + 50,000 + 45,000) − 23,000 = ₩150,000

3. 매출원가 = 20,000 + 150,000 − 70,000 = ₩100,000

4.

재공품

기 초	30,000	제 품	150,000
직접재료비	48,000		
직접노무비	50,000		
제조간접비	45,000	기 말	23,000
	173,000		173,000

제품

기 초	20,000	매출원가	100,000
당기제품제조원가	150,000		
		기 말	70,000
	170,000		170,000

5. 제조원가명세서

Ⅰ. 직접재료비	48,000
Ⅱ. 직접노무비	50,000
Ⅲ. 제조간접비	45,000
Ⅳ. 당기총제조원가	143,000
Ⅴ. 기초재공품재고액	30,000
Ⅵ. 합계	173,000
Ⅶ. 기말재공품재고액	(23,000)
Ⅷ. 당기제품제조원가	150,000

문 6 단답형 기출문제

1. ㈜성준은 20×1년도 5월중 ₩43,000의 직접재료를 구입하였다. 5월중 제조간접비의 합은 ₩27,000이었고 총제조원가는 ₩106,000이었다. 직접재료의 5월초 재고가 ₩8,000이었고 5월말 재고가 ₩6,000이었다면 5월중 직접노무비는 얼마인가?

2. ㈜정화의 다음 자료를 이용하여 계산한 매출원가는 얼마인가?

기초재공품	₩60,000	기초제품	₩45,000
기말재공품	30,000	기말제품	60,000
직접재료원가	45,000	직접노무원가	35,000
제조간접원가	26,000		

3. ㈜승우의 20×1년도 기초와 기말재고에 관련된 자료는 다음과 같다.

	기초	기말
원 재 료	₩50,000	₩60,000
재 공 품	70,000	50,000
제 품	55,000	35,000

한편, 20×1년 동안 원가와 비용은 다음과 같을 때, 당기의 매출원가는 얼마인가?

원재료 구입액	₩500,000
직접노무비	250,000
공장 간접노무비	100,000
공장건물 감가상각비	70,000
영업부사무원 급료	50,000

4. 20×1년 1월 5일에 영업을 시작한 ㈜승우는 20×1년 12월 31일에 직접재료 재고 ₩5,000, 재공품 재고 ₩10,000 제품재고를 ₩20,000 가지고 있었다. 20×2년에 영업실적이 부진하자 이 회사는 동년 6월말에 재료와 재공품 재고를 남겨두지 않고 전량 제품으로 생산한 뒤 싼 가격으로 처분하고 공장을 폐쇄하였다. 이 회사의 20×2년 당기총제조원가, 당기제품제조원가, 매출원가를 큰 순서대로 정리하면?

5. ㈜태종의 20×1년도 1월중 발생한 비용과 월초 및 월말 재고자산이 다음과 같을 때, 회사의 1월 당기제품제조원가는 얼마인가? 단, 1월중 직접재료의 매입은 발생하지 않았다.

1월중 발생비용		재고자산	1월초	1월말
직접노무비	₩300	재공품재고	₩1,000	₩800
감가상각비－공장	50	직접재료재고	300	100
감가상각비－영업점포	50			
감가상각비－본부사옥	100			
공장감독자급여	100			
그밖의 제조간접비	200			

해답

1. • 직접재료비 ＝ 8,000 ＋ 43,000 － 6,000 ＝ ₩45,000
   • 직접노무비 ＝ 106,000 － (45,000＋27,000) ＝ ₩34,000

2. 매출원가 ＝ 당기제품제조원가 ＋ 기초제품 － 기말제품
   ＝ (60,000＋45,000＋35,000＋26,000－30,000) ＋ 45,000 － 60,000
   ＝ ₩121,000

3.

직접재료비	50,000＋500,000－60,000＝	490,000	
직접노무비		250,000	
제조간접비	100,000＋70,000＝	170,000	910,000
기초재공품			70,000
기말재공품			(50,000)
기초제품			55,000
기말제품			(35,000)
매출원가			₩950,000

4. 당기총제조원가를 P라 하면
   당기제품제조원가는 P ＋ 10,000이고, 매출원가는 P ＋ 10,000 ＋ 20,000이다.
   ∴ 원가 크기 순서 : 매출원가 ＞ 당기제품제조원가 ＞ 당기총제조원가

5. • 직접재료비 ＝ 300 ＋ 0 － 100 ＝ ₩200
   • 제조간접비 ＝ 50 ＋ 100 ＋ 200 ＝ ₩350
   • 당기제품제조원가 ＝ 1,000 ＋ (200＋300＋350) － 800 ＝ ₩1,050
   ☞ 영업점포 및 본부사옥의 감가상각비는 판매관리비에 속한다.

문 7 제조원가명세서와 손익계산서 작성

㈜정화는 제품을 제조하여 판매하는 회사이다. 회사는 제조원가에 30%의 이익을 가산하여 판매가격을 결정하고 있다. 20×1년 12월 한 달 동안의 원가와 관련된 자료는 다음과 같다.

1. 기초 및 기말재고자산

재고자산	12월 1일	12월 31일
원재료	9,600	10,800
재공품	44,600	50,000
제　품	83,000	48,000

2. 12월의 발생자료

① 기계감가상각비	1,500	② 수도광열비(30% 사무실용)	7,000
③ 감독자 급여(간접비)	34,500	④ 판매원 급여	20,000
⑤ 직접노무비	72,000	⑥ 광고선전비	6,750
⑦ 원재료매입액	85,000	⑧ 기계수선유지비	14,500
⑨ 판매수수료	4,500	⑩ 건물의 재산세(40% 공장용)	8,000
⑪ 매출액	?	⑫ 여비교통비(30% 공장용)	20,000

[요구사항]

1. 제조원가명세서를 작성하시오. 단, 간접재료비는 없다.
2. 손익계산서를 작성하시오.
3. 20×1년 12월 31일 재무상태표의 재고자산을 나타내시오.

해답

1. 제조원가명세서 작성

제조원가명세서

Ⅰ. 제조원가명세서		
1. 기초원재료재고액	9,600	
2. 당기원재료매입액	85,000	
3. 기말원재료재고액	(10,800)	83,800
Ⅱ. 직접노무비		72,000
Ⅲ. 제조간접비		
1. 기계감가상각비	1,500	
2. 수도광열비	7,000 × 0.7 = 4,900	
3. 감독자급여	34,500	

4. 기계수선유지비	14,500	
5. 건물의 재산세	8,000 × 0.4 = 3,200	
6. 여비교통비	20,000 × 0.3 = 6,000	64,600
Ⅳ. 당기총제조원가		220,400
Ⅴ. 기초재공품재고액		44,600
Ⅵ. 합 계		265,000
Ⅶ. 기말재공품재고액		(50,000)
Ⅷ. 당기제품제조원가		215,000

2. 손익계산서 작성

손익계산서

Ⅰ. 매출액(250,000×130%)		325,000
Ⅱ. 매출원가		
1. 기초제품재고액	83,000	
2. 당기제품제조원가	215,000	
3. 기말제품재고액	(48,000)	250,000
Ⅲ. 매출총이익		75,000
Ⅳ. 판매비와관리비		
1. 수도광열비	7,000 × 0.3 = 2,100	
2. 판매원급여	20,000	
3. 광고선전비	6,750	
4. 판매수수료	4,500	
5. 건물의 재산세	8,000 × 0.6 = 4,800	
6. 여비교통비	20,000 × 0.3 = 14,000	52,150
Ⅴ. 당기순이익		22,850

3. 부분 재무상태표 작성

재무상태표

⋮		
재 고 자 산		108,800
1. 제 품	48,000	
2. 재 공 품	50,000	
3. 원 재 료	10,800	

PART

02 표준원가계산

제1절 표준원가계산의 기초
제2절 표준원가의 설정
제3절 원가차이분석
제4절 표준원가계산의 회계처리
제5절 원가차이의 조정

제2장

표준원가계산

제 1 절 표준원가계산의 기초

1. 의 의

표준원가(standard costs)란 효율적인 작업조건하에서 제품을 생산할 때 달성 가능한 원가를 말한다. 따라서 표준원가는 단순한 예정원가가 아니라, 사전에 객관적이고 합리적인 방법에 의하여 산정한 원가로서, 생산현장에서 실제원가가 발생하는 경우에 원가통제나 성과평가의 기준이 되는 원가를 말한다. 표준원가계산(standard costing system)에서는 직접재료비, 직접노무비, 제조간접비 등의 원가요소에 대하여 과학적인 방법에 의해 산정된 표준원가를 미리 정해 놓고, 그 표준원가를 기초로 제품원가를 계산하고 성과평가를 하므로 신속한 원가계산이 가능하고 통제와 관리를 할 수 있다.

2. 표준원가계산의 절차

표준원가계산은 미리 설정된 표준원가를 기초로 원가계산을 하고, 표준원가와 실제원가를 비교하여 생산부문의 성과를 평가하며, 이를 통하여 원가를 관리 · 통제하는 시스템이다. 표준원가계산은 다음과 같은 절차를 밟는다.

1단계 : 표준원가의 설정
과학적인 통계기법을 이용해서 비교대상이 되는 표준원가를 설정한다.

2단계 : 차이분석
미리 설정된 표준원가와 실제 발생한 원가를 비교하여 원가차이를 분석한다.

3단계 : 차이의 조정
차이분석의 결과를 성과평가에 반영하고 표준원가와 실제원가와의 차이를 조정한다.

세부적인 내용은 절과 장을 달리하여 자세히 살펴볼 것이다.

3. 유용성과 한계점

(1) 유용성

표준원가계산에서는 사전에 설정한 표준원가를 기초로 원가를 산정하기 때문에 다음과 같은 유용성이 있다.

① 표준원가를 사용하므로 생산된 제품의 수량만 파악되면 제품원가계산을 신속하고 간편하게 할 수 있다.

② 표준원가를 사용하므로 원가흐름에 대한 가정이 불필요하여 기장업무가 간편해진다.

③ 표준원가를 이용하여 제품의 가격을 쉽고 신속하게 결정할 수 있다.

④ 제품 단위당 개념으로 설정된 표준원가에 생산수량 또는 판매수량을 적용하여 예산편성을 쉽게 할 수 있다.

⑤ 표준에서 벗어난 것을 집중적으로 관리하므로 예외에 의한 관리를 가능케 한다.

⑥ 표준이 사전에 설정되므로 종업원의 동기부여에 기여하고 책임회계를 가능케 한다.

(2) 한계점

표준원가계산을 적용하기 위해서는 원가를 추정하여 사전에 표준원가를 설정하고, 차이분석의 결과를 통하여 예외에 의한 관리를 하여야 한다. 이 같은 과정으로 인하여 표준원가계산을 하는 경우에는 다음과 같은 한계점이 있다.

① 표준의 설정이 잘못되면 차이분석 자체가 무의미해 진다.

② 표준의 설정과 원가차이 분석에 시간과 비용이 많이 든다.

③ 유리한 차이를 만들기 위하여 과다 생산할 우려가 있다.

④ 예외에 의한 관리에 중점을 두게 되면 하급자들이 불리한 차이를 감추거나 보고하지 않을 가능성이 있다.

⑤ 재무적 측정치(원가절감)만을 강조하다 보면 비재무적 측정치(품질, 인력)를 도외시할 가능성이 있다.

참 고 예외에 의한 관리(management by exception)

경영자가 관리통제를 위하여 투입할 수 있는 시간과 노력은 제한되어 있으므로 경영자가 모든 것을 통제하고 관리하는 것은 불가능하다. 그래서 경영자는 사전에 미리 표준원가를 설정하고 그 표준원가에 비하여 중요한 차이를 보이는 사항을 중점적으로 관리하는 것을 통하여 조직 전체를 관리하고자 한다. 이를 예외에 의한 관리라 한다.

4. 표준의 분류

표준(standard)이란 원가통제나 기업구성원들의 성과측정을 위한 기준이 되는 것으로서, 어떤 작업이 효율적으로 수행될 경우 마땅히 달성되어야 할 수준에 대한 측정치이다. 즉, 표준은 목표를 의미한다. 따라서 표준원가는 효율적으로 수행될 경우 달성되어야 하는 원가로서 직무를 어떻게 수행하여야 하며, 이때 그 직무를 수행하는데 얼마만큼의 비용이 소요되어야 할 것인가를 나타내 준다. 표준은 다음과 같이 분류할 수 있다.

(1) 이상적 표준

이상적 표준은 최적의 이상적인 환경에서만 달성될 수 있는 표준이다. 이는 기계 고장이나 작업 중단이 없는 상황에서, 가장 고도로 숙련된 종업원이 일정한 시간에 자신의 능력을 100% 발휘하여 능률적으로 작업하는 경우에 달성 가능한 수준을 말한다. 이상적 표준에서는 비효율적인 요소는 전혀 허용되지 않는다.

(2) 현실적인 표준

현실적인 표준은 능률적인 작업조건하에서 평균적인 근로자가 합리적인 노력을 통하여 달성 가능한 수준을 말한다. 이는 정상적인 감손이나 공손, 정상적인 기계고장과 작업자들의 정상적인 여유시간 등을 고려하여 설정된 표준으로 보통의 근로자가 열심히 노력한다면 일반적으로 달성 가능한 수준을 의미한다.

제 2 절 표준원가의 설정

표준원가계산을 실시하기 위해서는 먼저 표준원가를 설정하여야 하는데 여기서 표준원가란 효율적인 작업조건하에서 제품을 생산할 때 달성 가능한 원가 또는 발생할 것으로 예상되는 원가를 말한다. 표준을 설정할 때는 과거의 자료뿐만 아니라 미래의 기대치도 반영하여야 한다. 그리고 설정된 표준은 종업원의 원가의식을 고취시켜 기업의 장기이익과 능률을 재고하는데 활용될 수 있어야 한다. 제품단위당 표준원가는 아래식과 같이 표준수량과 표준가격을 사용하여 설정하며, 원가요소별로 각각 설정하는 것이 일반적이다.

표준원가 = 표준수량(SQ) × 표준가격(SP)

1. 표준직접재료비

표준직접재료비 = 표준수량(SQ) × 재료의 표준가격(SP)

① 표준수량(SQ)

한 단위의 제품을 생산하는데 허용된 원재료의 표준투입량을 의미하며, 정상적인 공손이나 감손 등을 고려하여 설정한다.

② 표준가격(SP)

한 단위의 표준원재료에 대하여 허용된 단위당 가격으로 원재료의 구입가격 뿐만 아니라 운반, 하역 등과 관련된 부대비용 및 수량할인 등을 고려하여 설정한다.

2. 표준직접노무비

표준직접노무비 = 표준작업시간(SQ) × 시간당 표준임률(SP)

① 표준수량(SQ)

한 단위의 제품을 생산하는데 허용되는 표준직접노동시간을 의미하는 것으로 실질적인 작업시간뿐만 아니라 기계고장시간, 기계수선시간, 휴식시간 등을 고려하여 설정한다.

② 표준가격(SP)

한 시간의 표준직접노동시간에 대하여 허용된 표준임률을 의미하는 것으로 근로자들에게 지급되는 임금뿐만 아니라 기타 노무 관련 비용을 고려하여 설정한다.

3. 표준변동제조간접비

표준변동제조간접비 = 표준조업도(SQ) × 변동제조간접비 표준배부율(SP)

① 표준수량(SQ)

한 단위의 제품을 생산하는데 허용되는 표준조업도를 의미하는 것으로 표준조업도에는 직접노동시간, 기계작업시간, 직접재료 투입량 등이 사용될 수 있는데 일반적으로 직접노동시간이 가장 많이 사용된다.

② 표준가격(SP)

한 단위의 표준조업도에 대한 변동제조간접비 표준배부율을 말한다. 이는 회귀분석 등을 통하여 추정한 조업도 단위당 예상 변동제조간접비를 의미한다.

4. 표준고정제조간접비

표준고정제조간접비 = 표준조업도(SQ) × 고정제조간접비 표준배부율(SP)

① 표준수량(SQ)

한 단위의 제품을 생산하는데 허용되는 표준조업도를 의미하는 것으로 표준조업도에는 직접노동시간, 기계작업시간, 직접재료 투입량 등이 사용될 수 있는데 일반적으로 직접노동시간이 가장 많이 사용된다.

② 표준가격(SP)

제품원가계산목적으로 한 단위의 표준조업도에 대하여 허용한 고정제조간접비 표준배부율을 의미한다. 고정제조간접비 표준배부율은 고정제조간접비예산을 기준조업도로 나누어서 구하는데, 이것은 표준원가로 산정된 제품원가를 계산하기 위하여 필요한 것이다.

$$\text{고정제조간접비 표준배부율} = \frac{\text{고정제조간접비 예산}}{\text{기준조업도}}$$

위 산식의 분자인 고정제조간접비 예산은 총액이 일정하다. 고정비는 원가행태의 특성상 수량이 변하더라도 총원가는 변하지 않기 때문에 고정제조간접비 표준배부율은 기준조업도에 따라 달라진다. 즉, 기준조업도를 높게 설정하면 고정제조간접비 표준배부율은 낮아지고 기준조업도를 낮게 설정하면 고정제조간접비 표준배부율은 높아진다.

③ 기준조업도의 종류

기준조업도의 종류에는 이론적 최대조업도, 실제적 최대조업도, 정상조업도 및 연간 기대조업도 등이 있다. 이론적 최대조업도는 최상의 작업환경에서 최고의 능률로 달성할 수 있는 조업도를 말하고, 실제적 최대조업도는 정상적인 기계고장, 종업원의 휴식시간 등을 허용할 경우에 달성 가능한 조업도를 말한다. 그리고 정상조업도는 수요의 계절적 · 주기적 변동 및 추세변동을 평준화시킨 3~5년간의 평균조업도를 말하고, 연간 기대조업도는 당기 동안에 예상되는 종합예산조업도를 말한다.

제 3 절 원가차이분석

원가차이분석은 표준원가와 실제원가를 비교하여 그 차이를 식별하고 각 차이의 원인을 규명하는 것이다. 즉, 일정한 기간 동안 실제 발생된 원가와 그 기간 동안 효율적으로 작업이 수행되었을 때 발생하였어야 할 원가(생산에 허용된 표준원가)를 비교하여 그 차이를 분석하는 기법을 원가차이분석이라고 한다.

이하에서는 원가요소별로 원가차이분석에 대하여 살펴보고자 한다.

1. 직접재료비 차이분석

직접재료비 총차이란 실제발생된 직접재료비와 실제산출량에 허용된 표준직접재료비와 차이를 말하며, 총차이는 직접재료비 가격차이와 능률차이로 구분한다. 총차이를 가격차이와 능률차이로 구분하는 이유는 각각의 차이에 대하여 책임지는 부서가 다르기 때문에 성과평가와 원가통제를 적절히 하기 위해서이다. 이를 모형으로 나타내면 다음과 같다.

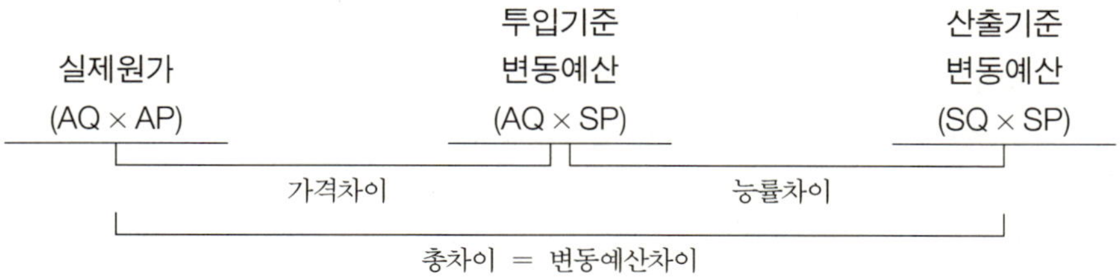

AQ(actual quantity) : 실제투입량

AP(actual price) : 실제가격

SQ(standard quantity) : 표준수량(실제산출량에 허용된 표준투입량)

SP(standard price) : 표준가격

위의 차이분석모형에서 투입기준 변동예산과 산출기준 변동예산의 의미를 정확히 익히는 것이 표준원가에서는 매우 중요한 점이다. 위 내용을 풀어서 쓰면 다음과 같은데 이 식에는 중요한 차이가 있다.

- **투입기준 변동예산(AQ×SP) = 실제 투입된 원재료량 × 표준가격**
- **산출기준 변동예산(SQ×SP) = 실제 산출된 제품수량 × 단위당 표준수량 × 표준가격**

투입기준 변동예산(AQ×SP)은 산출량과는 관계없이 실제로 투입된 원재료량을 기준으로 산정한다. 그러나 산출기준 변동예산(SQ×SP)은 실제로 산출된(생산된) 제품에 대하여 표준치로 허용한 원재료량을 기준으로 산정한다. 즉, 차이분석에서 산출기준 변동예산은 실제로 생산된 제품을 만들기 위해서는 얼마의 원가가 허용될 수 있는가를 나타내는 것이다.

(1) 가격차이

직접재료비 가격차이는 실제원가와 실제투입량을 기초로 산정한 변동예산상의 원가와의 차이를 말한다. 직접재료비 가격차이는 아래 산식에서 보는 바와 같이 직접재료의 실제가격과 표준가격의 차이로 인하여 발생한다.

가격차이 = (AQ×AP) − (AQ×SP) = AQ × (AP−SP)

한편, 직접재료비 가격차이는 재료구입시점에서 분석할 수도 있고, 재료사용시점에서 분석할 수도 있다. 재료구입시점에서 가격차이를 분석하면 가격차이에 대한 원인을 신속하게 규명하여 대책을 마련할 수 있고, 원재료계정이 항상 표준원가로 기록되므로 원가계산이 신속하고 간편하다는 장점이 있다. 재료구입시점에서 가격차이를 분석하는 경우에도 가격차이는 구입한 수량을 기준으로 분석하나 능률차이는 사용한 수량을 기준으로 분석한다는 것에 주의하여야 한다.

(2) 능률차이

직접재료비 능률차이는 수량차이라고도 하는데, 이는 실제투입량을 기초로 산정한 변동예산상의 원가와 실제산출량에 허용된 표준수량을 기초로 산정한 변동예산상의 원가와의 차이를 말한다. 직접재료비 능률차이는 아래 산식에서 보는 바와 같이 직접재료의 실제투입량과 실제산출량에 허용된 표준투입량의 차이로 인하여 발생한다.

$$\text{능률차이} = (AQ \times SP) - (SQ \times SP) = (AQ - SQ) \times SP$$

(3) 원가차이의 의미

원가차이는 유리한 차이와 불리한 차이로 나누어지는데 '유리' 또는 '불리' 한 차이라는 용어는 실제원가와 표준원가와의 차이가 이익에 미치는 영향을 말한다. 유리한 차이(favorable variance : F)는 실제원가가 표준원가보다 적게 발생하여 표준원가로 계산된 원가를 실제원가로 전환하면 원가가 감소하여 이익을 증가시키는 차이를 말하고, 불리한 차이(unfavorable variance : U)는 실제원가가 표준원가보다 많이 발생하여 표준원가로 계산된 원가를 실제원가로 전환하면 원가가 증가하여 이익을 감소시키는 차이를 말한다. 하지만 원가차이 분석모형에서 유리한 차이인지 불리한 차이인지를 빨리 파악하려면 분석모형에서 좌측값(실제원가)과 우측값(표준원가)을 비교하여 좌측값(실제원가)이 크면 불리한 차이라고 판단하면 된다.

참 고 | 회계처리

차이분석이 완료되면 원가차이별로 계정을 설정하여 회계처리를 하여야 한다. 원가차이계정은 손익계정이므로 불리한 차이는 비용의 성격으로 보아 차변에 기록하고, 유리한 차이는 수익의 성격으로 보아 대변에 기록한다.

(4) 직접재료 가격차이의 발생원인

① 가격차이는 원재료 공급시장의 수요와 공급의 상황에 따라 발생할 수 있다. 즉, 수요가공급을 초과하게 되면 가격이 상승하여 불리한 가격차이가 발생할 수 있으며, 수요가 공급보다 적다면 가격이 하락하여 유리한 가격차이가 발생할 수 있다.

② 표준이 설정될 당시에 비해 전반적인 경기변동으로 인하여 재료가격이 상승하거나 하락하는 경우 가격차이가 발생할 수 있다. 이 때 새로운 가격이 계속 지속된다면 재료의 가격표준을 수정하여야 한다.

③ 갑작스러운 재료의 수요증가로 인하여 갑자기 구입처를 변경하여 재료를 구입하는 경우에도 가격차이가 발생할 수 있다. 이와 같은 경우에는 구매담당가 공급업자를 신중히 선택할만한 시간적 여유를 갖지 못하기 때문에 재료를 높은 가격에 구입하여 가격차이가 발생할 수 있다.

④ 구매담당자가 재료를 표준원가보다 저렴한 가격으로 구입하거나 고가로 구입하는 경우에 가격차이가 발생할 수 있다.

⑤ 표준 설정시 고려한 품질수준과 상이한 품질의 재료를 구입하는 경우에 가격차이가 발생할 수 있다. 예를 들어서 저품질의 저렴한 재료를 구입하면 유리한 가격차이가 발생한다.

(5) 직접재료 능률차이의 발생원인

① 재료를 효율적으로 사용했느냐의 여부에 따라 능률차이가 발생할 수 있다.

② 표준 설정시 가정한 재료의 질과 상이한 질의 재료를 사용하는 경우에도 능률차이가 발생할 수 있다. 예를 들어서 고품질의 재료를 구입하면 유리한 능률차이가 발생할 수 있다.

③ 기술혁신에 의해서도 능률차이가 발생할 수 있다. 이 경우에는 점진적으로 새로운 표준을 설정하여 생산기술의 변화에 대응하여야 한다.

(6) 직접재료차이에 대한 책임

일반적으로 직접재료비 가격차이는 구매담당자가 책임지고, 직접재료비 능률차이는 생산담당자가 책임을 진다. 그러나 가격차이와 능률차이 사이에는 상호작용이 존재하므로 차이분석의 내용을 해석하는 경우에는 주의를 요한다. 예를 들면 저품질의 저렴한 재료를 구입하면 가격차이는 유리하게 되나 사용량은 늘어나게 되어 능률차이는 불리하게 될 수 있다.

예 제 1 직접재료비 차이분석

㈜유진은 표준원가계산제도를 채택하고 있으며, 20×1년 1월 실제생산량 1,000개에 대한 실제원가와 표준원가에 대한 자료는 다음과 같다.

① 직접재료 4,000kg을 ₩88,000에 외상으로 구입하였다.
② 직접재료의 기초재고는 없으며, 당기에 2,800kg을 제품제조에 사용하였다.
③ 제품 단위당 재료의 표준수량은 3kg이고, kg당 표준가격은 ₩20이다.

[요구사항]

1. 직접재료비 가격차이를 사용시점에서의 분리할 경우
   (1) 직접재료비에 대한 원가차이분석을 하시오.
   (2) 필요한 분개를 제시하시오.
2. 직접재료비 가격차이를 구입시점에서 분리할 경우
   (1) 직접재료비에 대한 원가차이분석을 하시오.
   (2) 필요한 분개를 제시하시오.

해답

1. 가격차이를 사용시점에서 분리
   (1) 원가차이분석

$AQ_u \times AP$	$AQ_u \times SP$	$SQ \times SP$
2,800 × ₩22*	2,800 × ₩20	1,000개 × 3 × ₩20
= ₩61,600	= ₩56,000	= ₩60,000
가격차이 ₩5,600 불리	능률차이 ₩4,000 유리	
총차이 ₩1,600 불리		

* 88,000/4,000kg = ₩22

(2) 분개

① 직접재료 구입시

(차) 직접재료($AQ_P \times AP$)	88,000	(대) 매입채무($AQ_P \times AP$)	88,000

② 직접재료 사용시

(차) 재공품($SQ \times SP$)	60,000	(대) 직접재료($AQ_u \times AP$)	61,600
가격차이	5,600	능률차이	4,000

2. 가격차이를 구입시점에 분리

(1) 원가차이분석

$AQ_P \times AP$	$AQ_P \times SP$
4,000 × ₩22	4,000 × ₩20
= ₩88,000	= ₩80,000

구입가격차이 ₩8,000 불리

$AQ_u \times SP$	$SQ \times AP$
2,800 × ₩20	1,000개 × 3 × ₩20
= ₩56,000	= ₩60,000

능률차이 ₩4,000 유리

(2) 분 개

① 직접재료 구입시

(차)	직접재료($AQ_P \times SP$)	80,000	(대) 매입채무($AQ_P \times AP$)	88,000
	구입가격차이	8,000		

② 직접재료 사용시

(차)	재공품($SQ \times SP$)	60,000	(대) 직접재료($AQ_U \times SP$)	56,000
			능률차이	4,000

해설

1. 직접재료를 구입시점에 분리하는 경우와 사용시점에 분리하는 경우를 비교해 보면 가격차이는 달라지지만 능률차이는 언제나 같다.

	구입시점분리	사용시점 분리
가격차이	₩8,000U	₩5,600U
능률차이	4,000F	4,000F

2. 분개할 때 불리한 차이는 차변에 기입되고, 유리한 차이는 대변에 기입된다. 그리고 나중에 원가차이를 조정하는 경우 차변에 기입된 불리한 차이는 대변으로 제거되고 차변에는 그 금액만큼 매출원가 등이 기입되어 결국 이익이 감소한다. 마찬가지로 대변에 기입된 유리한 차이는 차변으로 제거되고 대변에는 그 금액만큼 매출원가 등이 기입되어 결국 이익이 증가한다.
3. 표준원가계산에서는 제품원가를 일단 표준원가로 계산하기 때문에 재공품계정은 항상 표준원가(SQ×SP)로 기록된다. 그런데 재료구입시점에 가격차이를 분석하면 구입가격차이가 별도로 기록되면서 직접재료도 표준원가(AQ_P×SP)로 기록된다. 따라서 원재료계정도 항상 표준원가로 기록되어 기장이 간편하게 된다.

2. 직접노무비 차이분석

직접노무비 총차이란 실제발생된 직접노무비와 실제산출량에 허용된 표준직접노무비와의 차이를 말하며, 총차이는 직접노무비 가격차이와 능률차이로 구분한다. 가격차이(임률차이)는 직접노동시간을 실제시간으로 고정시킨 상태에서 임률변화가 원가에 미치는 영향을 나타내는 것이다. 이에 비해서 능률차이(시간차이)는 표준임률로 고정시킨 상태에서 실제시간과 실제산출량에 허용된 표준시간과의 차이가 원가에 미치는 영향을 나타내는 것이다.

이를 모형으로 나타내면 다음과 같다.

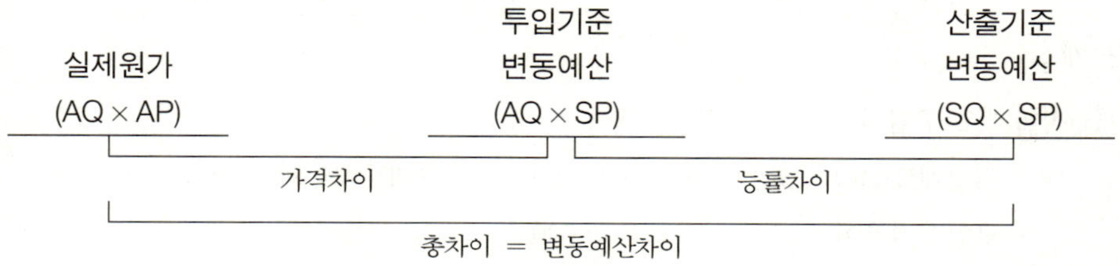

(1) 직접노무비 가격차이(임률차이)의 발생원인

① 생산작업을 위하여 사용된 노동력의 등급에 따라서 임률차이가 발생할 수 있다. 즉, 저임률의 비숙련 노동자를 사용해야 하는 곳에 고임률의 숙련 노동자를 투입하면 가격차이가 불리하게 발생한다.

② 초과근무수당을 지급하게 되면 임률차이가 불리하게 발생한다.

③ 노동시장에서 노동수요나 공급이 증대하여 임률차이가 불리 또는 유리하게 발생한다.

(2) 직접노무비 능률차이(시간차이)의 발생원인

① 노동 인력의 등급에 따라 능률차이가 발생한다. 즉, 기술수준이 낮은 근로자는 기술 수준이 높은 근로자에게 비해서 생산성이 낮아 능률차이가 불리하게 발생한다.

② 투입되는 재료나 사용되는 설비의 정도에 따라서 작업수행시간이 많이 투입되거나 조업중단이 발생하는 경우에는 직접노동시간이 증가하게 되어 능률차이가 불리하게 발생한다.

③ 생산부문 관리자의 감독소홀, 일정계획의 차질로 능률차이가 발생한다.

(3) 직접노무비 차이에 대한 책임

일반적으로 임률차이는 인사부서가 책임지고, 능률차이는 생산부서가 책임을 진다. 그러나 임률차이가 노동의 비효율적인 사용에 의해 발생하는 경우에는 생산부문 관리자의 통제가능영역에 해당되므로 생산부문 관리자가 책임을 져야 한다. 한편, 직접노무비 임률차이가 시장에서의 노동수요증대에 따른 임금상승 때문에 발생한 것이라면, 이는 생산부문 관리자가 통제할 수 없는 요소이므로 그에게 책임을 물을 수 없다. 이에 비해 능률차이는 생산부문 관리자가 책임지는 것이 일반적이다. 그러나 특정부문에서 작업이 늦어져 일정계획에 차질이 있었다면 그 부문에서 책임을 져야 하고, 저질의 노동력 공급으로 인하여 능률차이가 발생하였다면 인사부서도 책임을 분담해야 한다.

예 제 2 직접노무비 차이분석

㈜유나는 20×1년 1월 동안 특정제품을 1,000단위 생산하였다. 제품 한 단위를 생산하는데는 2시간의 직접노동시간이 소요되며, 시간당 표준임률은 ₩100이다. 그러나 실제로 제품 1,000개를 생산하는데 1,900시간이 소요되었으며, 실제로 발생한 직접노무비는 ₩209,000이다.

[요구사항]

1. 직접노무비에 대한 원가차이를 분석하시오.
2. 필요한 분개를 제시하시오.

해답

1. 원가차이분석

AQ × AP	AQ × SP	SQ × SP
1,900 × ₩110*	1,900 × ₩100	1,000개 × 2 × ₩100
= ₩209,000	= ₩190,000	= ₩200,000

가격차이 ₩19,000 불리	능률차이 ₩10,000 유리
총차이 ₩9,000 불리	

* 209,000/1,900시간 = ₩110

2. 분개

(차)	재공품(SQ × SP)	200,000	(대) 직접노무비(AQ × AP)	209,000
	가격차이	19,000	능률차이	10,000

3. 변동제조간접비 차이분석

변동제조간접비 총차이란 실제발생된 변동제조간접비와 실제산출량에 허용된 표준변동제조간접비와의 차이를 말하며, 이는 변동제조간접비 소비차이와 능률차이로 구분한다. 소비차이는 변동제조간접비 실제발생액과 실제조업도에 기초하여 산정한 변동예산상의 변동제조간접비와의 차이를 말하고, 능률차이는 실제조업도에 기초하여 산정한 변동예산상의 변동제조간접비와 실제산출량에 허용된 표준변동제조간접비와의 차이를 말한다. 이를 모형으로 나타내면 다음과 같다.

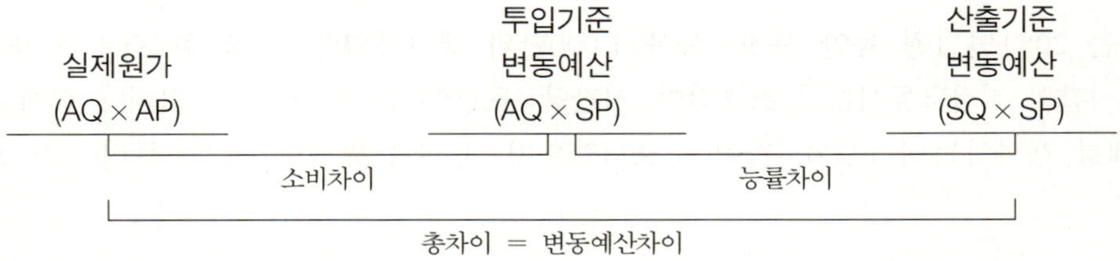

(1) 변동제조간접비 차이의 발생원인

① 물가변동이나 예산편성의 오류로 인하여 변동제조간접비 차이가 발생한다.

② 작업방법이나 작업조건 변경으로 인하여 변동제조간접비 차이가 발생한다.

③ 변동제조간접비에 해당하는 항목들이 능률 또는 비능률적으로 사용된 경우에 발생한다.

(2) 직접노무비 능률차이와 변동제조간접비 능률차이의 관계

변동제조간접비가 직접노동시간을 기준으로 배부되는 경우에는 직접노무비 차이분석에 사용된 실제투입량과 표준투입량이 변동제조간접비 차이분석에도 그대로 사용된다. 그러므로 실제투입량과 표준투입량의 차이에 의하여 발생하는 능률차이도 표준가격에 비례해서 발생한다. 즉, 직접노무비의 표준가격이 직접노동시간당 ₩20이고 변동제조간접비의 직접노동시간당 표준배부율이 ₩12일 때, 직접노무비의 능률차이가 ₩1,000불리하다면 변동제조간접비 능률차이는 ₩600불리하다. 왜냐하면 직접노무비 차이분석에 사용되는 AQ, SQ와 변동제조간접비 차이분석에 사용되는 AQ, SQ가 같은 경우 SP의 크기에 비례하여 능률차이가 결정되기 때문이다[1]. 다만 이런 관계는 변동제조간접비가 직접노동시간을 기준으로 배부되는 경우에 능률차이에 한하여 성립한다. 만약 변동제조간접비가 직접재료량을 기준으로 배부되는 경우라면 직접재료 능률차이와 변동제조간접비 능률차이는 비례관계에 있을 것이다.

참 고 차이분석에 사용되는 다양한 용어

원가요소	가격차이	능률차이
직접재료비	가격차이	수량차이(사용차이)
직접노무비	임률차이	능률차이(효율차이)
변동제조간접비	소비차이	능률차이(효율차이)

예 제 3 변동제조간접비 차이분석

㈜유현은 표준원가계산을 채택하고 있으며, 변동제조간접비 표준원가를 제품 단위당 ₩100(2직접노동시간, ₩50/시간)으로 설정하였다. 20×1년에 이 회사가 생산한 제품은 1,000개이고 변동제조간접비 실제발생액은 ₩94,500이며, 실제 직접노동시간은 2,100시간이다.

[요구사항]

1. 변동제조간접비에 대한 원가차이를 분석하시오.
2. 필요한 분개를 제시하시오.
3. 변동제조간접비예산, 배부액, 원가차이 등을 그래프에 표시해 보시오.

1) 직접노무비 능률차이 : (AQ−SQ) × 20 = 1,000불리
변동제조간접비 능률차이 : (AQ−SQ) × 12 = 600불리

해답

1. 원가차이분석

AQ × AP	AQ × SP	SQ × SP
	2,100 × ₩50	1,000개 × 2 × ₩50
₩94,500	= ₩105,000	= ₩100,000

소비차이 ₩10,500 유리 | 능률차이 ₩5,000 불리

총차이 ₩5,500 유리

2. 분 개

예정배부	(차)	재공품($SQ\times SP$)	100,000	(대)	변동제조간접비	100,000
실제발생	(차)	변동제조간접비	94,500	(대)	전기료 등	94,500
기말	(차)	능률차이	5,000	(대)	변동제조간접비	5,000
	(차)	변동제조간접비	10,500	(대)	소비차이	10,500

수험목적상 다음과 같이 요약하여 분개[2)]할 수도 있다.

요약	(차)	재공품($SQ\times SP$)	100,000	(대)	변동제조간접배($AQ\times AP$)	94,500
		능률차이	5,000		소비차이	10,500

3. 그래프에 도시

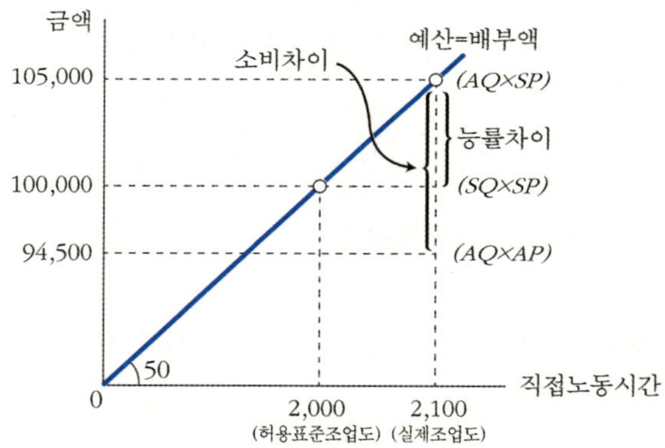

2) 변동제조간접비 실제발생액에 대한 회계처리를 제외하고 나머지 분개를 한꺼번에 한 것이다.

4. 고정제조간접비 차이분석

고정제조간접비 총차이란 고정제조간접비 실제발생액과 고정제조간접비 배부액과의 차이를 말하며, 이는 고정제조간접비 예산(소비)차이와 생산조업도차이로 구분한다. 예산차이는 고정제조간접비 실제발생액과 예산의 차이를 말하며, 생산조업도차이는 고정제조간접비 예산과 고정제조간접비 배부액의 차이를 말한다. 생산조업도 차이는 기준조업도와 실제산출량에 허용된 표준조업도의 차이로 인하여 발생하는 것이므로 단기적으로는 통제 불가능한 경우가 대부분이다. 이를 모형으로 나타내면 다음과 같다.

실제원가	예산	표준배부액
(AQ × AP)	(기준조업도 × SP)	(SQ × SP)

소비차이(변동예산차이) | 생산조업도차이

총차이 = 배부차이

(1) 능률차이

고정제조간접비는 고정비라는 원가행태의 특성으로 인하여 조업도와 관계없이 관련범위 내에서는 총액이 일정하다. 즉, 조업도 수준이 변하는 경우에도 예산상의 고정제조간접비 총액은 변하지 않는다. 이 같은 고정제조간접비의 특성으로 인하여 고정제조간접비는 변동제조원가와 달리 효율적으로 작업한다고 해서 총원가가 절감되지는 않는다. 따라서 고정제조간접비 원가차이분석에는 능률차이가 존재하지 않는다. 다른 측면에서 설명하면 고정제조간접비는 고정비라는 원가행태의 특성으로 인하여 직접노동시간이나 기계작업시간 등의 투입이 변하는 경우에도 예산상의 총액이 변하지 않기 때문에 투입기준예산(AQ×SP)이라는 개념이 별도로 존재하지 않는다. 즉, 고정제조간접비는 투입기준예산이든 산출기준예산이든 어떤 종류의 예산에서도 예산상의 총액은 일정하므로 능률차이가 발생하지 않는다.

한편 위 모형에서 다음 사항에 주의하여야 한다. 첫째, 고정제조간접비는 능률차이가 없으므로 소비차이가 곧 변동예산차이가 된다. 둘째, 고정제조간접비 예산은 총액으로 일정하기 때문에 수량에 단가를 곱하여 산출되지 않는다. 위 모형에서 예산 밑에 '기준조업도×SP'라고 표시된 부분은 이 같은 방법으로 예산을 결정했다는 뜻이 아니라, 총액개념의 고정제조간접비를 기준조업도로 나누면 단가 개념으로 변환된다는 의미이다. 셋째, 기준조업도에 의하여 단가 개념으로 변환된 고정제조간접비는 원가계산목적의 배부액을 결정할 때 사용된다.

(2) 생산조업도차이

조업도차이는 실제 생산된 제품에 배부된 고정제조간접비와 고정제조간접비예산과의 차이를 말한다. 조업도차이는 실제 생산량에 허용된 수량이 목표수량인 기준조업도와 다른 경우에 발생한다. 예를 들어 예산상의 기준조업도가 1,000개인데 실제 생산량이 900개라면 목표수량을 달성하지 못했으므로 불리한 조업도차이가 발생한다.

기준조업도 〉 실제생산량에 허용된 표준투입량(SQ) ⇒ 불리한 차이 기준조업도 〈 실제생산량에 허용된 표준투입량(SQ) ⇒ 유리한 차이

목표생산량은 최고경영자에 의해 결정되기 때문에 본질적으로 생산조업도차이는 제조부문의 관리자가 통제할 수 없는 요소이다. 그러므로 생산조업도차이는 원가관리 및 통제목적상 중요한 의미가 없다. 이러한 이유 때문에 제조부문에 대한 성과평가를 할 때 생산조업도차이를 제외시키는 것이 일반적이다.

(3) 고정제조간접비 표준배부율

고정제조간접비 표준배부율(predetermined fixed overhead rate)이란 표준원가계산제도를 채택하고 있는 경우 제품에 고정제조간접비를 배부하기 위해 사용되는 것으로서 이를 식으로 나타내면 다음과 같다.

$$\text{고정제조간접비 표준배부율} = \frac{\text{고정제조간접비 예산}}{\text{기준조업도}}$$

① 고정제조간접비 예산

고정제조간접비는 고정비의 성격상 관련범위 내에서 조업도와 무관하게 일정액으로 발생하므로 투입과 산출간에 비례관계가 존재하지 않는다. 그러므로 투입기준예산이든 산출기준예산이든 예산상의 금액은 총액으로 동일하다.

② 기준조업도

총액개념으로 주어진 예산상의 금액을 제품원가계산을 위해서 단가개념으로 변환시켜야 하는데 이때 필요한 것이 기준조업도다. 기준조업도(denominator volume)란 표준원가계산에서 제조간접비 표준배부율을 계산하기 위하여 미리 설정해 놓은 조업도를 말한다. 이러한 기준조업도가 어느 수준에서 결정되느냐에 따라 고정제조간접비 표준배부율이 달라지며 그 결과 각 제품의 원가도 달라진다.

예 제 4 고정제조간접비 차이분석

㈜태종은 표준원가계산을 채택하고 있다. 20×1년의 고정제조간접비 예산은 ₩150,000이고 기준조업도는 2,500 직접노동시간이다. 제품을 한 단위 생산하는 데 소요되는 표준직접노동시간은 2시간이며, 20×1년 동안 실제 생산된 제품은 1,000개이고 고정제조간접비 실제발생액은 ₩147,000이다.

[요구사항]

1. 고정제조간접비 예산차이와 생산조업도차이를 계산하시오.
2. 고정제조간접비와 관련하여 필요한 분개를 제시하시오.
3. 고정제조간접비 예산, 배부액, 원가차이 등을 그래프에 표시해 보시오.

해답

1. 원가차이분석

실제원가	예 산	배부액($SQ \times SP$)
	₩150,000	1,000개 × 2 × ₩60*
₩147,000	(2,500×₩60)	= ₩120,000

예산차이 ₩3,000 유리 　　 생산조업도차이 ₩30,000 불리

총차이 ₩27,000 불리

$$* \text{ 고정제조간접비 표준배부율} = \frac{₩150{,}000}{2{,}500\text{시간}} = ₩60$$

해설

원가차이분석 모형에서 예산은 총액으로 ₩150,000이 먼저 결정된다. 그리고 나서 표준배부율을 구하기 위하여 기준조업도를 결정한다. 기준조업도가 2,500 직접노동시간으로 결정되자 표준배부율은 직접노동시간당 ₩60으로 결정되고, 이에 따라 원가계산목적으로 실제생산량 1,000개에 대하여 고정제조간접비 ₩120,000(1,000개×2×₩60)이 배분된다.

2. 분　개

예정배부	(차)	재공품($SQ\times SP$)	120,000	(대)	고정제조간접비	120,000
실제발생	(차)	고정제조간접비	147,000	(대)	감가상각비 등	147,000
기말	(차)	고정제조간접비	3,000	(대)	예산차이	3,000
	(차)	조업도차이	30,000	(대)	고정제조간접비	30,000

수험목적상 다음과 같이 요약하여 분개[3]할 수도 있다.

요약	(차)	재공품($SQ\times SP$)	120,000	(대)	고정제조간접비($AQ\times AP$)	147,000
		조업도차이	30,000		예산차이	3,000

3. 그래프에 도시

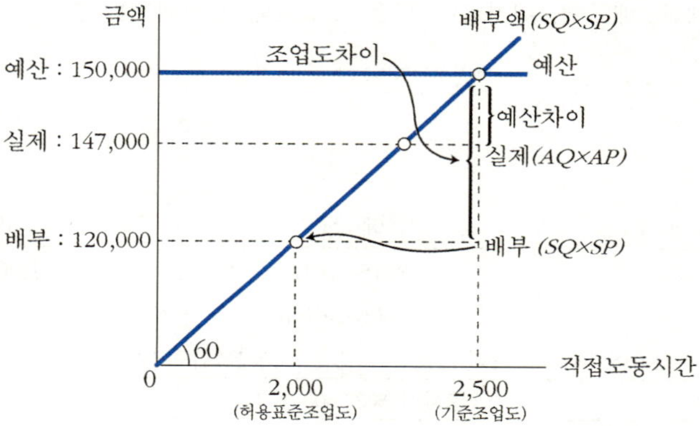

5. 제조간접비의 다양한 분석방법

지금까지는 제조간접비를 변동제조간접비와 고정제조간접비로 구분하여 차이분석을 하였다. 이를 한꺼번에 나타내면 다음과 같다. 이 모형에서 실제원가와 변동예산을 비교하는 것은 성과평가를 위한 것이고, 배부액을 결정하는 것은 원가계산목적 때문이다.

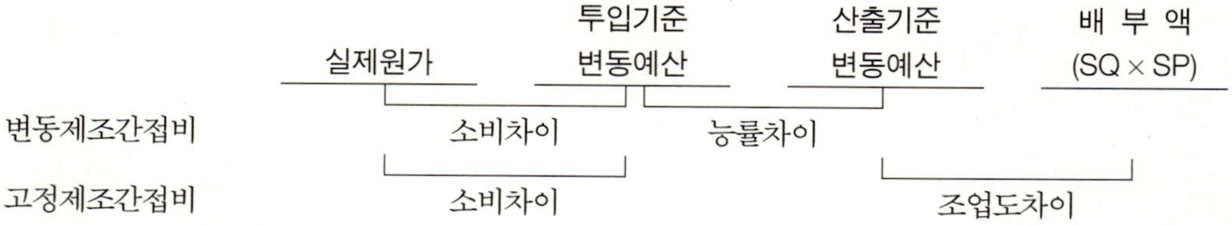

3) 고정제조간접비 실제발생액에 대한 회계처리를 제외하고 나머지 분개를 한꺼번에 한 것이다.

위 모형에서 보는 것처럼 변동제조간접비는 조업도차이가 없고 고정제조간접비는 능률차이가 없다. 변동제조간접비는 변동비이기 때문에 산출기준의 변동예산상 원가와 배부액이 항상 같으므로 조업도차이가 없고, 고정제조간접비는 관련범위 내에서 일정액으로 주어져 투입 · 산출관계가 없으므로 능률차이가 없다.

그런데 현실적으로는 제조간접비의 대부분이 혼합원가이므로 실제발생원가를 변동비 요소와 고정비 요소로 구분하는 것이 쉽지 않다. 따라서 제조간접비는 다음과 같이 다양한 방법으로 분석할 수 있다. 4분법은 제조간접비를 변동비와 고정비로 구분하여 4가지 원가차이를 모두 분석하는 방법이고, 3분법은 소비차이를 하나로 묶고 나머지 능률차이와 조업도차이를 분석하는 방법이며, 2분법은 변동예산에 해당하는 부분(소비차이+능률차이)을 하나로 묶고 나머지 조업도차이를 분석하는 방법이다.

4분법	변동제조간접비	소비차이	능률차이	
	고정제조간접비	소비차이		조업도차이
3분법	제조간접비	소비차이	능률차이	조업도차이
2분법	제조간접비	예산차이		조업도차이
1분법	제조간접비	배부차이		

능률차이는 변동제조간접비에서만 발생하며, 조업도차이는 고정제조간접비에서만 발생한다. 따라서 제조간접비 능률차이는 변동제조간접비 능률차이를 의미하고 제조간접비 조업도차이는 고정제조간접비 조업도차이를 의미한다.

예 제 5 제조간접비의 다양한 분석

㈜현희는 표준원가계산제도를 채택하고 있는데, 원가관리를 위해 연간 ₩1,500,000에 기계시간당 ₩10을 가산한 제조간접비 변동예산을 설정하였다. 기준조업도는 50,000시간이고 당기에 실제발생한 제조간접비는 ₩2,010,000이다. 실제생산량에 허용된 표준기계시간은 60,000시간이고, 실제기계시간은 58,000시간이다. 제조간접비차이를 3분법, 2법 및 1분법으로 분석하시오.

해답

	실제액	실제시간의 변동예산	표준시간의 변동예산	배부액
변 동 비	–	58,000 × ₩10	60,000 × ₩10	60,000 × ₩10
고 정 비	–	1,500,000	1,500,000	60,000 × 30*
합 계	₩2,010,000	₩2,080,000	₩2,100,000	₩2,400,000

3 분 법	소비차이 = ₩70,000F	능률차이 = ₩20,000F	조업도차이 = ₩300,000F
2 분 법	예산차이 = ₩90,000F		조업도차이 = ₩300,000F
1 분 법	제조간접비 총차이 = ₩390,000F		

* 1,500,000 ÷ 50,000 = 30

예 제 6 변동제조간접비와 고정제조간접비의 연계

1. ㈜연이는 내부관리목적으로 표준원가시스템을 채택하고 있다. 다음은 당기의 예산자료이다. 조업도는 직접노무시간으로 측정하며, 기준조업도는 5,000직접노무시간이다.

변동제조간접원가	₩2,500,000
고정제조간접원가	4,000,000
	₩6,500,000

당기 실제 투입된 직접노무시간은 4,000시간이다. 변동제조간접원가 능률차이는 ₩100,000(불리)으로 계산되었다.

(1) SQ(실제생산량에 허용된 표준직접노무시간)은 몇 시간인가?

(2) 고정제조간접원가 조업도차이는 얼마인가?

2. 표준원가계산제도를 사용하는 ㈜태기는 직접노무시간을 기준으로 제조간접원가를 배부한다. 20×1년도 기준조업도는 20,000직접노무시간이나 실제 발생한 직접노무시간은 22,500시간이다. 직접노무시간당 표준배부율(SP)은 변동제조간접원가는 ₩6이고, 고정제조간접원가는 ₩9이다. 다음은 20×1년도의 제조간접원가와 관련된 자료이다.

- 변동제조간접원가 능률차이는 ₩3,000(유리)이다.
- 고정제조간접원가 소비차이는 ₩30,000(불리)이고, 조업도차이는 ₩27,000(유리)이다.

(1) SQ(실제생산량에 허용된 표준직접노무시간)은 몇 시간인가?

(2) 20×1년도의 고정제조간접원가 실제 발생액은 얼마인가?

해답

1.

(1) 변동제조간접원가 능률차이

AQ × SP	SQ × SP = 배부
4,000×500* = 2,000,000	3,800×500 = 1,900,000

₩100,000 불리

* 2,500,000÷5,000 = ₩500

∴ SQ = 3,800시간

(2) 고정제조간접원가 조업도차이

예산	배부(SQ × SP)
4,000,000 = 5,000×800	3,800×800 = 3,040,000

₩960,000 불리

∴ ₩960,000(불리)

☞ 변동제조간접원가 SQ × SP는 변동제조간접원가 배부액과 같으며, 이때 사용되는 SQ는 고정제조간접원가 배부를 위한 SQ와 같다.

2.

(1) 변동제조간접원가 능률차이

AQ × SP	SQ × SP = 배부
22,500×6 = 135,000	23,000×6 = 138,000
₩3,000 유리	

∴ SQ = 23,000시간

(2) 고정제조간접원가 차이분석

실제원가	예 산	배부액($SQ \times SP$)
210,000	180,000	23,000×9 = 207,000
소비차이 ₩30,000 불리	조업도차이 ₩27,000 유리	

∴ 고정제조간접원가 실제 발생액 : ₩210,000

제 4 절 표준원가계산의 회계처리

기업에서 표준원가계산제도를 채택하면 실제원가흐름을 추적할 필요가 없다. 왜냐하면 개별원가계산의 경우에는 각 제품별로 사전에 설정되어 있는 표준원가를 이용하여 개별제품의 원가를 계산하면 되고 종합원가계산의 경우에도 다른 공정으로 대체되는 생산량에 대해서 표준원가로 평가하므로 역시 실제원가흐름을 추적할 필요가 없다.

표준원가계산제도를 채택하게 되면 원가차이가 발생하는 것이 보통이다. 원가차이(cost variance)란 특정제품이나 특정부문에서 실제로 발생한 원가와 표준원가와의 차이를 말한다. 이러한 원가차이가 발생하는 이유는 표준을 설정하는 단계에서 고려하지 못했던 많은 외부요인이 제조활동이 수행되는 과정에 개입되기 때문이다. 실제원가가 표준원가보다 크면 그 차이는 불리한 것이므로 비용처럼 차변에 기록하고, 실제원가가 표준원가보다 작으면 그 차이는 유리한 것이므로 수익처럼 대변에 기록한다. 그러므로 원가차이계정은 수익과 비용을 나타내는 계정, 즉 손익계정이라 할 수 있다.

불리한 차이 : 비용의 성격으로 보아 차변에 기록
유리한 차이 : 수익의 성격으로 보아 대변에 기록

1. 회계처리

표준원가계산 회계처리의 핵심은 재공품계정을 표준원가로 기록한다는 것이다. 이를 계정으로 간단히 나타내면 다음과 같다.

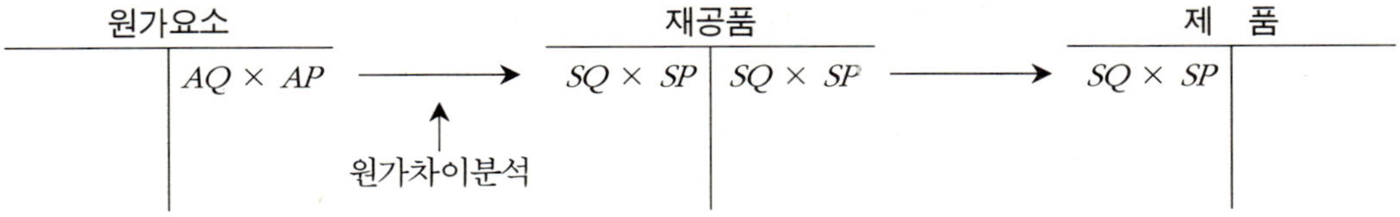

원가차이분석을 할 때 살펴본 내용을 한꺼번에 정리하면 다음과 같다. 단, 원가차이는 불리한 차이로 가정한다.

① 직접재료비

㉠ 원재료의 매입시

(차)	원재료($AQ_P \times SP$)	×××	(대)	매입채무($AQ_P \times AP$)	×××
	구입가격차이	×××			

㉡ 원재료 사용시

(차)	재공품($SQ \times SP$)	×××	(대)	원재료($AQ_u \times SP$)	×××
	능률차이	×××			

② 직접노무비

(차)	재공품($SQ \times SP$)	×××	(대)	노무비($AQ \times AP$)	×××
	가격차이	×××			
	능률차이	×××			

③ 변동제조간접비

(차)	재공품($SQ \times SP$)	×××	(대)	변동제조간접비(실제)	×××
	소비차이	×××			
	능률차이	×××			

④ 고정제조간접비

(차)	재공품($SQ \times SP$)	×××	(대)	고정제조간접비(실제)	×××
	예산차이	×××			
	조업도차이	×××			

⑤ 완성품 대체시

(차)	제 품($SQ \times SP$)	×××	(대)	재공품($SQ \times SP$)	×××

2. 원가흐름

표준원가계산의 원가흐름은 다음과 같다. 재공품계정이 표준원가로 기록된다는 점에 유의하여야 한다. 그리고 여러 원가차이는 원가차이계정에 기록되었다가 원가차이조정을 통하여 제거한다. 원가차이조정에 대해서는 제10장에서 자세히 설명할 것이다.

원가흐름

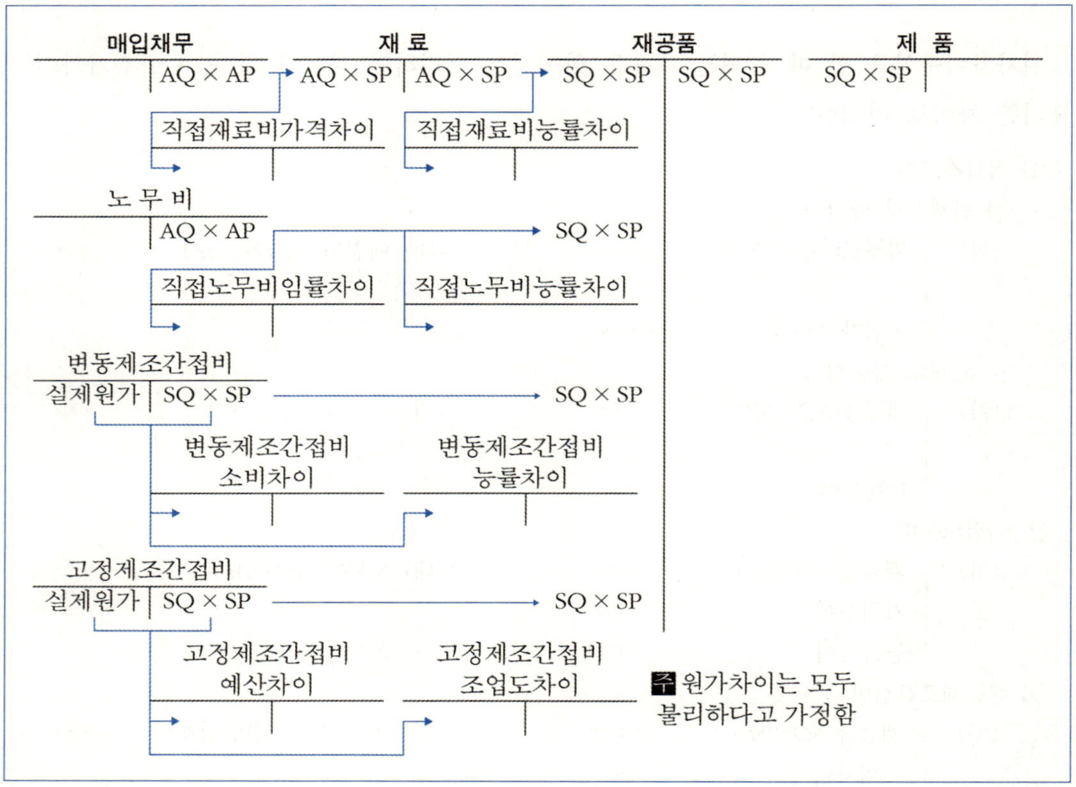

제 5 절 원가차이의 조정

표준원가계산에서 원재료 가격차이를 구입시점에서 분리하면 원재료재고, 재공품재고, 제품재고 및 매출원가가 모두 표준원가로 기록된다. 이 때 실제발생한 원가와 표준원가가 다른 경우에는 실제원가로 조정하는 과정이 필요하다. 왜냐하면 일반적으로 외부보고용 재무제표는 실제원가로 기록되기 때문이다. 물론 한국채택국제회계기준(K-IFRS)에 의할 때, 표준원가에 의하여 재고자산을 평가한 결과가 실제원가와 유사한 경우에는 표준원가를 사용할 수도 있다. 그러나 이 규정은 표준원가와 실제원가가 유사한 경우에 국한된 방법이므로 원가회계를 공부하는 입장에서는 표준원가로 기록된 금액을 실제원가로 조정하는 방법을 익혀 두어야 한다.

표준원가로 계산된 기말재고자산 및 매출원가를 실제원가로 전환하기 위해서는 모든 원가차이를 조정하는 과정이 필요하다. 원가차이를 조정하는 방법에는 영업외손익법, 매출원가조정법, 총원가비례법, 원가요소비례법 등이 있다. 〈기본자료〉를 이용하여 각각의 방법을 설명하고자 한다.

〈기본자료〉

W회사는 표준원가계산을 사용하고 있다. 원가차이를 분석한 결과 직접재료비 능률차이 ₩5,000(불리)과 직접노무비 가격차이 ₩1,000(유리)만이 발생하였다. 원가차이를 조정하기 전의 기말재고자산과 매출원가를 분석한 결과는 다음과 같다. 단, 원재료 기말재고는 없는 것으로 가정한다.

	재공품	제 품	매출원가	계
직접재료비	20%	20%	60%	100%
직접노무비	10%	30%	60%	100%
총제조원가	20%	30%	50%	100%

1. 영업외손익법

원가차이가 비정상적인 경우에 사용하는 방법이다. 불리한 차이는 영업외비용으로, 유리한 차이는 영업외수익으로 처리한다. 따라서 이 방법에서는 재고자산과 매출원가는 표준원가로 계속 기록된다. 〈기본자료〉에 적용하면 다음과 같다.

(차) 직접노무비 가격차이	1,000	(대) 직접재료비 능률차이	5,000
영업외비용	4,000		

차변에 있던 불리한 차이(능률차이 ₩5,000)을 대변으로 제거하고 대변에 있던 유리한 차이(가격차이 ₩1,000)를 차변으로 제거했다. 그리고 불리한 차이 순액에 해당하는 ₩4,000을 영업외비용으로 처리한 것이다. 유리 또는 불리는 이익에 대한 영향을 의미하는 것이므로 불리한 차이는 비용증가를 통하여 이익을 감소시킨다.

2. 매출원가조정법

원가차이가 정상적이고 그 금액이 중요하지 않을 때 사용하는 방법이다. 불리한 차이는 매출원가에 가산하고, 유리한 차이는 매출원가에 차감한다. 따라서 이 방법에서는 재고자산은 계속 표준원가로 기록되나 매출원가는 실제원가에 가깝게 수정된다. 〈기본자료〉에 적용하면 다음과 같다.

(차)	직접노무비 가격차이	1,000	(대) 직접재료비 능률차이	5,000
	영업외비용	4,000		

차변에 있던 불리한 차이를 대변으로 제거하고 대변에 있던 유리한 차이를 차변으로 제거했다. 그리고 그 차이(순액)를 매출원가로 처리한 것이다. 즉, 불리한 차이 순액 ₩4,000만큼 매출원가가 증가하여 이익이 감소하였다.

3. 총원가비례법

원가차이가 정상적이며 그 금액이 중요한 경우에 사용하는 방법이다. 이 방법은 각 계정의 총원가의 비율에 따라 원가차이를 배분하는 방법이다. 불리한 차이만큼 기말재고자산과 매출원가를 증가시키고, 유리한 차이만큼 기말재고자산과 매출원가를 감소시킨다. 따라서 조정 후에는 재고자산과 매출원가는 표준원가로 기록되지 않고 모두 실제원가에 가까운 금액으로 수정된다. 〈기본자료〉에 적용하면 다음과 같다.

	재공품	제　품	매출원가
직접재료비 능률차이	5,000 × 0.2 = 1,000	5,000 × 0.3 = 1,500	5,000 × 0.5 = 2,500
직접노무비 가격차이	(1,000) × 0.2 = (200)	(1,000) × 0.3 = (300)	(1,000) × 0.5 = (500)
	₩800	₩1,200	₩2,000

원가차이를 조정하는 분개를 하면 다음과 같다.

(차)	직접노무비 가격차이	1,000	(대) 직접재료비 능률차이	5,000
	재공품	800		
	제품	1,200		
	매출원가	2,000		

차변에 있던 불리한 차이를 대변으로 제거하고 대변에 있던 유리한 차이를 제거했다. 그리고 직접재료비 능률차이와 직접노무비 가격차이를 기말재공품, 제품 및 매출원가의 총액을 기준으로 안분하였다. 불리한 차이 순액만큼 기말재고자산과 매출원가가 증가하였다. 불리한 차이는 표준원가보다 실제원가가 크다는 뜻이므로 표준원가를 실제원가로 전환시키려면 기말재고사산과 매출원가를 증가시켜야 한다.

4. 원가요소비례법

원가차이가 정상적이며 그 금액이 중요한 경우에 사용하는 방법이다. 이 방법은 각 계정에 포함된 원가요소의 비율에 따라 원가차이를 안분하는 방법이다. 원가요소비례법을 적용하면 결국 실제원가와 같아진다. 가장 이론적으로 우수하나 계산과정이 복잡하다는 단점이 있다. 〈기본자료〉에 적용하면 다음과 같다.

	재공품	제 품	매출원가
직접재료비 능률차이	5,000 × 0.2 = 1,000	5,000 × 0.2 = 1,000	5,000 × 0.6 = 3,000
직접노무비 가격차이	(1,000) × 0.1 = (100)	(1,000) × 0.3 = (300)	(1,000) × 0.6 = (600)
	₩900	₩700	₩2,400

원가요소비례법을 적용하면 각각의 원가차이에 대하여 적용하는 비율이 다르다. 직접재료비의 원가차이는 직접재료비의 비율로 직접노무비의 원가차이는 직접노무비의 비율로 배분한다. 원가차이를 조정하는 분개를 하면 다음과 같다.

(차)		(대)	
직접노무비 가격차이	1,000	직접재료비 능률차이	5,000
재공품	900		
제품	700		
매출원가	2,400		

차변에 있던 직접재료비 능률차이(불리)를 대변으로 제거하고 그 금액을 기말재공품, 제품 및 매출원가에 포함되어 있는 원가요소(직접재료비)의 비율로 배분한다. 그리고 대변에 있던 직접노무비 가격차이(유리)를 차변으로 제거하고 그 금액을 기말재공품, 제품 및 매출원가에 포함되어 있는 원가요소(직접노무비)의 비율로 배분한다. 원가요소비례법은 총원가비례법과는 달리 원가차이를 배분할 때 기말재고자산과 매출원가 총액을 기준으로 배분하지 않고, 기말재고자산과 매출원가에 포함되어 있는 각 원가요소의 비율을 기준으로 배분한다.

직접재료비 가격차이를 구입시점에서 분리하고 원가요소비례법을 적용하여 원가차이를 조정하는 경우에는 주의가 필요하다. 직접재료비 가격차이를 구입시점에서 분리한 경우에는 그 차이를 기말재공품, 제품, 매출원가 뿐만 아니라 기말원재료와 직접재료비 능률차이에도 배분하여야 한다. 구입시점에서 가격차이를 분리하면 원재료는 항상 표준원가로 기록되기 때문에 원재료를 실제가격으로 전환하려면 가격차이를 원재료에도 배분하여야 한다. 그리고 직접재료비 능률차이는 원재료 표준사용량과 실제사용량과의 차이를 기록한 계정이므로 실제원가로 수정하기 위해서는 가격차이를 직접재료비 능률차이에도 배분한 뒤 기존의 직접재료비 능률차이와 배분받은 직접재료비 가격차이를 합하여 재공품, 제품, 매출원가에 배분하여야 한다.

단, 총원가비례법인 경우에는 직접재료비 가격차이를 직접재료비 능률차이에 배분하지 않는 것이 일반적이다. 왜냐하면 총원가비례법은 해당계정의 원가요소를 무시하는 간편법이기 때문이다.

원가차이 조정방법

	원가차이	조정방법
매출원가 조정법	모든 원가차이	매출원가에서 조정
총원가 비례법	직접재료비 구입가격차이	기말원재료, 기말재공품, 기말제품, 매출원가에 포함된 총원가비율로 조정
	그 밖의 차이	기말재공품, 기말제품, 매출원가에 포함된 총원가비율로 조정
원가요소 비례법	직접재료비 구입가격차이	기말원재료, 직접재료비 능률차이, 기말재공품, 기말제품, 매출원가에 포함된 직접재료비 비율로 조정
	직접재료비 능률차이	기말재공품, 기말제품, 매출원가에 포함된 직접재료비 비율로 조정
	그 밖의 차이	기말재공품, 기말제품, 매출원가에 포함된 직접노무비 또는 제조간접비 비율로 조정

직접재료비 가격차이를 사용시점에서 분석하는 경우에는 원재료는 이미 실제원가로 기록되어 있으므로 원재료에는 배분할 필요가 없다. 그리고 직접재료비 가격차이를 구입시점에서 분석하고 원가요소비례법을 적용하는 경우에만 구입가격차이를 직접재료비 능률차이에도 배분한다.

5. 표준원가계산 관련 한국채택국제회계기준 내용[4)]

한국채택국제회계기준(K-IFRS)에서는 표준원가에 의하여 재고자산을 평가한 결과가 실제 원가와 유사한 경우에 표준원가를 사용할 수 있도록 규정하고 있다. 따라서 표준원가와 실제원가가 유사한 경우 앞에서 설명한 것과 같은 표준원가와 실제원가의 원가차이를 조정하기 위한 절차(원가차이의 안분)는 필요하지 않다. 다만 K-IFRS에는 '유사한 경우'의 판단 기준이 제시되어 있지 않으며 유사한 경우의 원가차이를 어떻게 처리할지, 유사하지 않은 경우의 원가차이를 어떻게 조정할 지에 대한 규정도 제시되어 있지 않다. 따라서 실무적으로는 기업이 표준원가와 실제원가가 유사하다고 판단하는 경우 표준원가로 외부공시용 재무제표에 보고할 수 있고, 유사하지 않다고 판단하는 경우에는 앞에서 설명한 것과 같이 표준원가와 실제원가의 원가차이를 조정한 후 외부공시용 재무제표에 보고해야 할 것이다.

참 고 K-IFRS 제1002호 재고자산 문단 21

21 표준원가법이나 소매재고법 등의 원가측정방법은 그러한 방법으로 평가한 결과가 실제 원가와 유사한 경우에 편의상 사용할 수 있다. 표준원가는 정상적인 재료원가, 소모품원가, 노무원가 및 효율성과 생산능력 활용도를 반영한다. 표준원가는 정기적으로 검토하여야 하며 필요한 경우 현재 상황에 맞게 조정하여야 한다.

예 제 7 원가차이의 조정

W회사는 당기에 영업을 개시하였으며, 표준원가계산제도를 사용하고 있다. 다음은 표준원가로 기록된 재고자산과 매출원가에 대한 자료이다.

	원재료	재공품	제 품	매출원가
직접재료비	₩10,000	₩20,000	₩30,000	₩50,000
가 공 비	-	30,000	20,000	50,000
총제조원가	₩10,000	₩50,000	₩50,000	₩100,000

이 회사는 재료 사용시점에 직접재료 가격차이를 분리하며, 제조간접비는 직접노무시간에 비례하여 발생하는 것으로 가정한다. 당기 중 발생한 원가차이는 다음과 같다.

4) 김순기 · 황국재 · 임태종, 2015, 원가관리회계, 홍문사. 인용

직접재료비 능률차이	₩5,000(유리)
직접노무비 가격차이	4,000(유리)
제조간접비 차이	5,000(불리)
	₩4,000(유리)

[요구사항]

다음 각 방법으로 원가차이를 조정하는 경우 조정후 각 계정은 얼마인가?

1. 영업외손익법
2. 매출원가조정법
3. 총원가비례법
4. 원가요소비례법

해답

1. 총원가차이 ₩4,000(유리)을 모두 영업외수익으로 처리한다.
   따라서 원재료, 재공품, 제품 및 매출원가는 조정전 금액과 동일하다.

	원재료	재공품	제 품	매출원가
조정전 금액	10,000	50,000	50,000	100,000
조정액	0	0	0	0
조정후 금액	10,000	50,000	50,000	100,000

2. 총원가차이 ₩4,000(유리)을 모두 매출원가에서 차감한다.

	원재료	재공품	제 품	매출원가
조정전 금액	10,000	50,000	50,000	100,000
조정액	0	0	0	−4,000
조정후 금액	10,000	50,000	50,000	96,000

3. (1) 총원가비례법을 적용하기 위한 총원가비율

원재료	재공품	제 품	매출원가
0	0.25*	0.25	0.5

* 50,000÷200,000 = 0.25

☞ 직접재료 능률차이는 직접재료 사용에 따라 발생하는 차이이므로 미사용된 직접재료를 나타내는 원재료계정은 직접재료 능률차이를 배분받을 자격이 없다.

(2) 원가차이 조정

	원재료	재공품	제 품	매출원가
조정전 금액	10,000	50,000	50,000	100,000
직접재료비 능률차이		−5,000×0.25 = −1,250	−5,000×0.25 = −1,250	−5,000×0.5 = −2,500
직접노무비 가격차이		−4,000×0.25 = −1,000	−4,000×0.25 = −1,000	−4,000×0.5 = −2,000
제조간접비 차이		+5,000×0.25 = +1,250	+5,000×0.25 = +1,250	+5,000×0.5 = +2,500
조정후 금액	10,000	49,000	49,000	98,000

4. (1) 원가요소비례법을 적용하기 위한 원가요소 비율

	원재료	재공품	제 품	매출원가
직접재료비	0	0.2*1	0.3	0.5
가 공 비	0	0.3*2	0.2	0.5

*1 20,000÷100,000 = 0.2

*2 30,000÷100,000 = 0.3

(2) 원가차이 조정

	원재료	재공품	제 품	매출원가
조정전 금액	10,000	50,000	50,000	100,000
직접재료비 능률차이		−5,000×0.2 = −1,000	−5,000×0.3 = −1,500	−5,000×0.5 = −2,500
직접노무비 가격차이		−4,000×0.3 = −1,200	−4,000×0.2 = −800	−4,000×0.5 = −2,000
제조간접비 차이		+5,000×0.3 = +1,500	+5,000×0.2 = +1,000	+5,000×0.5 = +2,500
조정후 금액	10,000	49,300	48,700	98,000

연습문제

COST ACCOUNTING

문 1 직접재료비 차이분석

㈜유진은 표준원가계산제도를 채택하고 있다. 20×1년의 예산생산량은 600개나 실제생산량은 500개이다. 직접재료와 관련된 자료는 다음과 같다.

① 직접재료의 기초재고는 없고, 당기 중에 직접재료 2,500kg을 ₩41,000에 외상으로 구입하여 이 중 1,425kg을 사용하였다.

② 제품 한 단위당 직접재료비 표준원가는 ₩48(3kg×16)이다.

[요구사항]

1. 가격차이를 사용시점에 분리하는 경우 가격차이와 수량차이를 구하시오.
2. 가격차이를 구입시점에 분리하는 경우 가격차이와 수량차이를 구하시오.
3. 직접재료비 가격차이와 수량차이는 일반적으로 어느 부서에서 책임을 지는가?

해답

1. 사용시점에 분리하는 경우

AQU × AP	AQU × SP	SQ × SP
1,425 × ₩16.4*	1,425 × ₩16	500 × 3 × ₩16
= ₩23,370	= ₩22,800	= ₩24,000

가격차이 ₩570 불리 | 수량차이 ₩1,200 유리

변동예산차이 ₩630 유리

* ₩41,000/2,500kg = ₩16.4

2. 구입시점에 분리하는 경우

AQ × AP	AQ × SP	SQ × SP
	2,500 × ₩16	
= ₩41,000	= ₩40,000	
	1,425 × ₩16	500개 × 3 × ₩16
	= ₩22,800	= ₩24,000

구입가격차이 ₩1,000 불리

수량차이 ₩1,200 유리

3. 직접재료비 가격차이와 수량차이에 대한 책임

일반적으로 직접재료비 가격차이는 구매부서에서 책임지고, 수량차이는 생산부서에서 책임진다.

해설

직접재료비차이를 사용시점에 분리하는 경우에는 가격차이나 수량차이 모두 실제사용량을 기준으로 분석한다. 그러나 구입시점에 분리하는 경우에 구입가격차이는 실제구입량, 수량차이는 실제사용량을 기준으로 분석하며, 직접재료계정은 표준원가로 기록된다. 따라서 문제에서 직접재료계정을 표준원가로 기록한다는 언급이 있는 경우에는 직접재료비 가격차이를 구입시점에 분리한다고 이해해야 한다.

문 2 직접재료비 및 직접노무비 차이분석

㈜유나의 20×1년 7월의 원가자료는 다음과 같다.

	직접재료비	직접노무비
kg당 표준가격 및 시간당 표준임률	₩2,000	₩3,000
제품 단위당 표준투입량	1.2kg	2시간
실제투입량	14,000kg	19,000시간
실제 제품생산량	10,000단위	10,000단위
실제 원가발생액	₩29,400,000	₩58,900,000

[요구사항]

1. 직접재료비 가격차이, 능률차이 및 변동예산차이를 구하시오.
2. 직접노무비 가격차이, 능률차이 및 변동예산차이를 구하시오.

해답

1. 직접재료비 차이분석

AQ × AP	AQ × SP	SQ × SP
	14,000 × ₩2,000	10,000 × 1.2 × 2,000
₩29,400,000	= ₩28,000,000	= ₩24,000,000

가격차이 ₩1,400,000 불리 | 능률차이 ₩4,000,000 불리

변동예산차이 ₩5,400,000 불리

2. 직접노무비 차이분석

AQ × AP	AQ × SP	SQ × SP
	19,000 × 3,000	10,000 × 2 × 3,000
₩58,900,000	= ₩57,000,000	= ₩60,000,000

가격차이 ₩1,900,000 불리 | 능률차이 ₩3,000,000 유리

변동예산차이 ₩1,100,000 유리

문 3 제조간접비 차이분석 : 4분법

㈜유현의 20×1년의 제조간접비와 관련된 예산자료는 다음과 같다.

변동제조간접비 예산	₩96,000
고정제조간접비 예산	160,000
기준조업도(직접노동시간)	1,600시간
제품 단위당 표준투입시간	3시간

한편, 20×1년에 발생한 실제원가 자료는 다음과 같다.

변동제조간접비 실제발생액	₩89,000
고정제조간접비 실제발생액	165,000
제품 생산량	500단위
직접노동시간	1,520시간

[요구사항]

1. 변동제조간접비 소비차이, 능률차이 및 변동예산차이를 구하시오.
2. 고정제조간접비 예산차이와 생산조업도차이를 구하시오.
3. 고정제조간접비 생산조업도차이는 생산부서 관리자 입장에서 통제가능한 차이인지 설명하시오.

해답

• 제조간접비 예정배부율

변동제조간접비 : $\frac{₩96,000}{1,600시간} = ₩60$

고정제조간접비 : $\frac{₩160,000}{1,600시간} = ₩100$

1. 변동제조간접비 차이분석

AQ × AP	AQ × SP	SQ × SP
	1,520 × ₩60	500개 × 3 × ₩60
₩89,000	= ₩91,200	= ₩90,000
소비차이 ₩2,200 유리	능률차이 ₩1,200 불리	
변동예산차이 ₩1,000 유리		

2. 고정제조간접비 차이분석

실제원가	예산	배부액(SQ × SP)
	₩160,000	500개 × 3 × ₩100
₩165,000	= 1,600 × 100	= ₩150,000
예산차이 ₩5,000 불리	생산조업도차이 ₩10,000 불리	

3. 고정제조간접비 생산조업도차이의 통제가능성

고정제조간접비 생산조업도차이는 기준조업도와 실제산출량에 허용된 표준조업도와의 차이로 인하여 발생하는 것이다. 그런데 생산조업도차이는 실제생산량에 따라 달라지기도 하지만 기준조업도를 무엇으로 정하느냐에 따라 달라지기도 한다. 따라서 생산부서의 관리자 입장에서 생산조업도차이는 통제하기 어렵다.

해설

1. 위에 분석한 내용을 보면 알겠지만 고정제조간접비 예산은 조업도에 관계없이 연초에 설정한 ₩160,000이다. 그러나 변동제조간접비 예산은 실제투입량이나 실제생산량에 따라 변한다. 즉, 연초에는 1,600시간을 기준으로 ₩96,000이 발생할 것으로 예상하였으나 실제 투입된 1,520시간을 기준으로 예산을 짜면 ₩91,200이 되고, 실제생산량에 허용된 1,500시간(500개×3)을 기준으로 예산을 짜면 ₩90,000이 된다.

2. 고정제조간접비는 변동제조원가인 직접재료비, 직접노무비, 변동제조간접비의 차이분석과는 다르게 접근하여야 한다. 변동제조원가는 조업도에 따라서 비례적으로 증감하는 원가이므로 실제발생액과 실제산출량에 허용된 표준원가인 변동예산을 비교하여 차이를 분석한다. 그러나 고정비는 조업도에 따라 증감하는 원가가 아니라 관련범위 내에서는 총액이 일정한 원가이기 때문에 고정제조간접비는 실제발생액과 당초의 고정제조간접비 예산을 비교하여 예산차이를 구한다.

문 4 제조간접비 차이분석 : 3분법, 2분법 및 1분법

㈜현희의 20×1년의 연간 생산능력은 600,000단위이다. 제품 단위당 표준배부율은 다음과 같다.

변동제조간접비(2시간, @₩100)	₩200
고정제조간접비(2시간, @₩120)	240

20×1년 5월의 제품생산량은 45,000단위이고, 실제발생한 직접노동시간은 95,000시간이다. 당월에 발생한 실제제조간접비는 ₩21,700,000이다.

[요구사항]

1. 제조간접비 차이분석을 3분법, 2분법 및 1분법을 사용하여 분석하시오.
2. 이 문제에서 제조간접비 차이분석을 4분법으로 할 수 없는 이유는 무엇인가?

해답

1. 제조간접비 차이분석

	실제액	실제시간의 변동예산	표준시간의 변동예산	배부액
변동제조간접비	–	95,000 × ₩100	45,000 × 2 × 100	45,000 × 2 × 100
고정제조간접비	–	*50,000 × 2 × ₩120	50,000 × 2 × 120	45,000 × 2 × 120
	₩21,700,000	₩21,500,000	₩21,000,000	₩19,800,000

3 분 법	소비차이 ₩200,000U	능률차이 ₩500,000U	조업도차이 ₩1,200,000U
2 분 법	예산차이 ₩700,000U		조업도차이 ₩1,200,000U
1 분 법	제조간접비 배부차이 ₩1,900,000U(과소배부)		

* 월간 기준조업도 = 600,000/12개월 = 50,000단위

2. 4분법으로 분석할 수 없는 이유
   실제제조간접비 발생액을 변동제조간접비와 고정제조간접비로 구분할 수 없기 때문이다.

문 5 단답형 기출문제1

1. ㈜태종은 표준원가제도를 채택하고 있다. 20×1년 직접재료원가와 관련된 표준 및 실제원가 자료가 다음과 같을 때, 20×1년의 실제 제품 생산량은 몇 단위인가?

• 실제 발생 직접재료원가	₩28,000	• 직접재료단위당 실제구입원가	₩35
• 직접재료원가 가격차이	₩4,000 불리	• 직접재료원가 수량차이	₩3,000 유리
• 제품단위당 표준재료투입량	9개		

2. ㈜유진은 표준원가계산시스템을 사용하고 있다. 다음은 제품 단위당 원가요소별 표준원가 자료이다.

• 직접재료비	₩100	• 직접노무비	₩200
• 변동제조간접비	₩50	• 고정제조간접비	₩100

제조간접비 배부기준은 직접노무시간이다. 20×1년 6월에 기초재고는 없고, 총 500개의 제품을 생산하였다. 직접재료비 가격차이는 ₩1,000(불리), 수량차이는 ₩2,000(유리)이고, 직접노무비 임률차이는 ₩500(유리), 능률차이는 ₩1,500(불리)이었다. 6월중 직접재료비 실제발생액과 직접노무비 실제발생액은 각각 얼마인가?

3. ㈜유나의 당기 초 생산활동과 관련된 예산자료는 다음과 같다.

구분	예산
생산량(기준조업도)	1,000단위
고정제조간접원가 총액	₩200,000
단위당 변동제조간접원가	₩125

당기의 실제생산량은 1,100단위이었고 실제제조간접원가 총액은 ₩355,000이었다. 제조간접원가 총차이를 통제가능차이와 조업도차이로 나누어 분석할 때 통제가능차이와 조업도차이는 각각 얼마인가?

4. ㈜유현은 제조간접원가를 직접노무시간에 따라 배부하며, 기준조업도(직접노무시간)는 350,000시간이다. 제품 1단위를 생산하는데 표준직접노무시간은 3시간이다. 20×1년 9월의 발생 자료가 다음과 같을 때, ㈜유현의 20×1년 9월 실제 제품생산량은 몇 단위인가?

- 실제 직접노무시간 28,000시간
- 변동제조간접원가 실제 발생액 ₩37,800
- 변동제조간접원가 소비차이 4,200(유리)
- 변동제조간접원가 능률차이 3,000(유리)

해답

1.

AQ × AP	AQ × SP	SQ × SP
*1 800×35 = 28,000	800×30*2 = 24,000	*3 100×9×30 = 27,000

4,000 불리 (AQ×AP – AQ×SP), 3,000 유리 (AQ×SP – SQ×SP)

*1 28,000÷35 = 800

*2 24,000÷800 = 30

*3 (27,000÷30)÷9 = 100

2. • 직접재료비 실제발생액 : 500×100+1,000−2,000 = 49,000
   • 직접노무비 실제발생액 : 500×200−500+1,500 = 101,000

3. • 고정제조간접비 배부율 : 200,000÷1,000 = 200
 • 차이분석

실제	변동예산	배부
355,000	1,100×125+200,000 = 337,500	1,100×(125+200) = 357,500

통제가능차이 17,500 불리　　조업도차이 20,000 유리

4.

AQ×AP	AQ×SP	SQ×SP
37,800	28,000×1.5 = 42,000	10,000×3×1.5 = 45,000

4,200 유리　　3,000 유리

문 6 단답형 기출문제2

1. ㈜연이는 표준원가제도를 도입하고 있다. 20×1년의 변동제조간접원가 예산은 ₩300,000이고, 고정제조간접원가 예산은 ₩800,000이다. 이 회사는 제조간접원가 배부기준으로 직접노무시간을 사용하고 있다. 기준조업도는 직접노무시간 1,000시간이고, 20×1년에 실제 투입된 직접노무시간은 850시간이다. 20×1년의 고정제조간접원가 조업도차이가 ₩80,000 불리한 경우 변동제조간접원가 능률차이는 얼마인가?

2. ㈜태기는 표준원가계산제도를 채택하고 있다. 회사는 20×1년 2월과 3월 동일한 표준을 적용하고 있다. 20×1년 2월 중 실제로 생산된 제품수량은 1,000단위였으며, 고정제조간접원가의 조업도차이는 ₩750만큼 불리하며, 소비차이(예산차이)도 ₩400만큼 불리한 것으로 나타났다. 20×1년 3월 중 실제로 생산된 제품수량은 1,250단위였으며, 고정제조간접원가의 조업도차이는 ₩500만큼 유리하며, 소비차이(예산차이)도 ₩300만큼 유리한 것으로 나타났다. ㈜태기의 20×1년 3월 중 실제로 발생한 고정제조간접원가는 얼마인가?

3. 표준원가계산제도를 사용하는 ㈜신혜는 직접노무시간을 기준으로 제조간접원가를 배부한다. 20×1년도 기준조업도는 20,000 직접노무시간이나 실제 발생한 직접노무시간은 22,500시간이다. 변동제조간접원가의 표준배부율은 직접노무시간당 ₩6이다. 다음은 20×1년도의 제조간접원가와 관련된 자료이다. 20×1년도의 고정제조간접원가 실제 발생액은 얼마인가?

 • 변동제조간접원가 실제 발생액은 ₩110,000이고, 배부액은 ₩138,000이다.
 • 고정제조간접원가 소비차이는 ₩30,000(불리)이고, 조업도차이는 ₩27,000(유리)이다.

해답

1. • 직접노동시간당 변동제조간접원가 표준배부율(SP) : 300,000÷1,000 = 300

• 고정제조간접원가

예산	배부(SQ×SP)
800,000 = 1,000×800	720,000 = 900×800

80,000 불리

• 변동제조간접원가

AQ × SP	SQ × SP = 배부
850×300 = 255,000	900×300 = 270,000

15,000 유리

2.

• 2월

실제	예산	배부
		1,000×5* = 5,000

400 불리 / 750 불리

• 3월

실제	예산	배부
5,450	5,750	1,250×5* = 6,250

300 유리 / 500 유리

* 250개×SP = 1,250 유리 ∴ SP = 5

☞ 조업도가 250개(1,250개−1,000개) 증가할 때 조업도차이가 ₩1,250(₩750+₩500) 증가하므로 개당 배부율은 ₩5(₩1,250÷250개)이다.

3. • 변동제조간접원가 SQ : 138,000÷6 = 23,000시간

• 고정제조간접원가 조업도차이

예산	배부
20,000×SP	23,000×SP

27,000 유리

∴ 20,000×SP − 23,000×SP = −27,000

∴ SP = 9

• 고정제조간접원가 차이분석

실제원가	예 산	배부액($SQ \times SP$)
210,000	180,000	23,000×9 = 207,000
소비차이 30,000 불리		조업도차이 27,000 유리

∴ 고정제조간접원가 실제 발생액 : ₩210,000

문 7 제조원가 차이분석

㈜태종은 단일제품을 생산하고 있으며, 제품 단위당 표준원가는 다음과 같다.

	표준수량	표준가격	표준원가
직접재료비	2kg	₩25/kg	₩50
직접노무비	3시간	3/시간	9
변동제조간접비	3시간	2/시간	6
고정제조간접비	3시간	4/시간	12
제품단위당 표준원가			₩77

고정제조간접비예산은 연간 ₩80,000이고, 고정제조간접비 예정배부율을 산정하는데 사용된 기준조업도는 20,000직접노동시간이다. 회사는 2014년 중 제품 5,000개를 생산하였으며, 실제 발생된 제조원가는 다음과 같다. 단, 변동제조간접비는 직접노동시간을 기준으로 배부한다.

직접재료비	12,000kg × ₩27 =	₩324,000
직접노무비	16,000시간 × ₩2.5 =	40,000
변동제조간접비		29,000
고정제조간접비		85,000
		₩478,000

당기의 원재료구입량은 16,000kg이며, kg당 구입가격은 ₩27이었다.

[요구사항]

다음 물음에 답하시오. 단, 불리한 차이는 (U), 유리한 차이는 (F)로 표시하시오.

1. 직접재료비의 구입가격차이와 능률차이를 구하시오.
2. 직접노무비의 가격차이와 능률차이를 구하시오.
3. 변동제조간접비의 소비차이와 능률차이를 구하시오.
4. 고정제조간접비의 소비차이와 조업도차이를 구하시오.
5. 이 문제에서 조업도차이의 의미를 간략히 설명하시오.

해답

1. 직접재료비

AQ × AP	AQ × SP	SQ × SP
16,000 × 27 = 432,000	16,000 × 25 = 400,000	
	12,000 × 25 = 300,000	5,000 × 2 × 25 = 250,000

구입가격차이 32,000(U)

능률차이 50,000(U)

2. 직접노무비

AQ × AP	AQ × SP	SQ × SP
16,000 × 2.5 = 40,000	16,000 × 3 = 48,000	5,000 × 3 × 3 = 45,000

가격차이 8,000(F)　　능률차이 3,000(U)

3. 변동제조간접비

AQ × AP	AQ × SP	SQ × SP
29,000	16,000 × 2 = 32,000	5,000 × 3 × 2 = 30,000

소비차이 3,000(F)　　능률차이 2,000(U)

4. 고정제조간접비

실　제	예　산	배　부
85,000	20,000 × 4 = 80,000	5,000 × 3 × 4 = 60,000

소비차이 5,000(U)　　조업도차이 20,000(U)

5. 이 문제에서 조업도차이가 ₩20,000불리한 것으로 분석되었다. 조업도차이가 ₩20,000불리하다는 것은 기준조업도(20,000직접노동시간)보다 실제생산량에 허용된 조업도(15,000직접노동시간)가 작다는 것을 의미한다. 즉, 예산상의 목표조업도를 달성하지 못했다는 의미이다.

참 고 직접노무비 능률차이와 변동제조간접비 능률차이의 관계

이 문제에서는 직접노동시간에 의해서 변동제조간접비가 배부되고 있다. 직접노무비의 표준가격은 ₩3이고 능률차이는 ₩3,000(U)이다. 변동제조간접비의 표준가격은 ₩2이고 능률차이는 ₩2,000(U)이다. 차이분석을 할 때 직접노무비나 변동제조간접비의 AQ나 SQ가 직접노동시간이므로 직접노무비의 AQ, SQ와 변동제조간접비의 AQ, SQ는 동일하다. 따라서 다음에서 보는 바와 같이 표준가격의 비율이 능률차이의 비율과 같다.

- 직접노무비와 변동제조간접비의 표준가격 비율 ₩3 : ₩2
- 직접노무비와 변동제조간접비의 능률차이 비율 ₩3,000(U) : ₩2,000(U)

문 8 기준조업도의 선택과 차이분석

㈜유진의 제조간접비에 대한 예산은 다음과 같다.

- 고정제조간접비 : 연간 ₩400,000
- 변동제조간접비 : 직접노동시간당 ₩100

이 회사는 단일 제품을 생산하는데 한 단위 생산에 소요되는 원재료 표준소요량은 3kg이며, 원재료 1kg당 표준가격은 ₩500이다. 한 단위 생산에 소요되는 표준직접노동시간은 4시간이며, 평균 임률은 시간당 ₩200이다. 이 회사제품의 수요는 연도별로 크게 변동한다. 당해연도 예산조업수준은 4,000직접노동시간이며, 정상조업도는 2,500직접노동시간이다.

[요구사항]

다음 물음은 각각 독립적이다. 계산근거와 함께 답하시오.

1. 정상조업도(2,500직접노동시간)를 기준조업도로 사용할 때, 제품단위당 표준원가를 계산하시오.
2. 정상조업도를 기준조업도로 사용한다. 이 회사는 당해연도에 700단위를 생산(완성)하였으며, 기초 및 기말재공품은 없었다. 직접노동시간은 3,000시간을 사용하였다. 이 때, 발생된 연간 실제 제조간접비는 다음과 같다.

변동제조간접비	₩285,000
고정제조간접비	408,000
	₩693,000

   제조간접비와 관련된 4가지 차이를 분석하시오. 단, 유리 · 불리를 표시하시오.
3. 요구사항2와 달리 당해연도에 700단위를 생산(완성)하였다. 기말재공품은 100단위이며, 재료비 완성도는 100%, 가공비 완성도는 80%이다. 기초재공품은 없었다. 기타자료는 질문2와 동일할 때 제조간접비와 관련된 4가지 차이를 분석하시오. 단, 유리 · 불리를 표시하시오.
4. 요구사항2와 동일한 상황에서 당해연도 예산조업도수준을 기준조업도로 사용한다고 가정한다. 제조간접비와 관련된 4가지 차이를 분석하시오. 단, 유리 · 불리를 표시하시오.

해답

1.

		단위당 표준원가
직접재료비	3kg × 500	₩1,500
직접노무비	4시간 × 200	800
변동제조간접비	4시간 × 100	400
고정제조간접비	4시간 × 160	640
		₩3,340

2. (1) 변동제조간접비

AQ × AP	AQ × SP	SQ × SP
	3,000시간 × 100	700단위 × 4시간 × 100
285,000	= 300,000	= 280,000

소비차이 15,000 유리　　능률차이 20,000 불리

(2) 고정제조간접비

실제	예산	SQ × SP
		700단위 × 4시간 × 160
408,000	400,000	= 448,000

소비차이 8,000 불리　　조업도차이 48,000 유리

3. 가공비 완성품환산량 = 700 + 100 × 0.8 = 780

(1) 변동제조간접비

AQ × AP	AQ × SP	SQ × SP
285,000	3,000시간 × 100 = 300,000	780단위 × 4시간 × 100 = 312,000

소비차이 15,000 유리　　능률차이 12,000 유리

(2) 고정제조간접비

실제	예산	SQ × SP
		780단위 × 4시간 × 160
408,000	400,000	= 499,200

소비차이 8,000 불리　　조업도차이 99,200 유리

4. (1) 변동제조간접비

AQ × AP	AQ × SP	SQ × SP
285,000	3,000시간 × 100 = 300,000	700단위 × 4시간 × 100 = 280,000

소비차이 15,000 유리　　능률차이 20,000 불리

(2) 고정제조간접비

실제	예산	SQ × SP
408,000	400,000	700단위 × 4시간 × 100* = 280,000

소비차이 8,000 불리　　조업도차이 120,000 불리

* 400,000 ÷ 4,000 = 100

해설

1. 기준조업도를 높게 설정하면 조업도차이는 불리한 차이가 된다. 기준조업도를 2,500직접노동시간으로 설정한 요구사항2에서는 조업도 차이가 유리하게 나왔으나 기준조업도를 4,000직접노동시간으로 설정한 요구사항4에서는 조업도차이가 불리하게 나왔다.
2. 재공품이 있는 경우에는 완성품환산량을 기준으로 차이분석을 한다. AQ × AP는 실제투입량이며 투입된 것 중에 완성된 것도 있고 기말재공품으로 남은 것도 있다. 따라서 실제투입량과 실제산출량에 허용된 표준을 비교하기 위해서는 완성품뿐만 아니라 기말재공품도 포함하는 개념인 완성품환산량을 적용하여야 한다.
3. 제조간접비는 다음과 같이 분석할 수 있다.

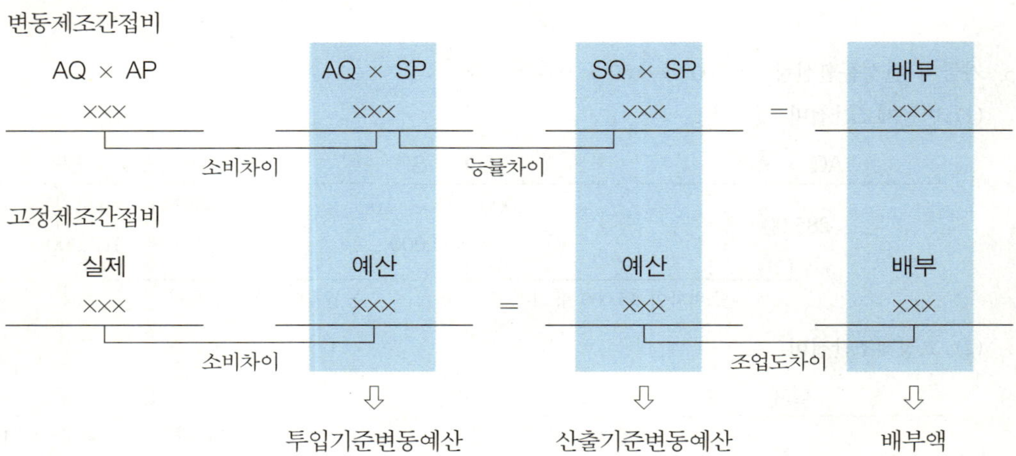

(1) 변동제조간접비는 조업도차이가 없고 고정제조간접비는 능률차이가 없다.
(2) 고정제조간접비예산은 총액의 개념이므로 수량에 관계없이 예산상의 금액은 동일하다.
(3) 산출기준변동예산을 실제생산량에 허용된 표준수량을 기준으로 한 제조간접비 변동예산이라고도 한다.

문 9 표준원가계산 : 추정과 그래프작성

㈜유나는 표준원가계산시스템을 사용하고 있으며, 변동제조간접비와 고정제조간접비를 통제하기 위하여 표준기계시간에 근거한 변동예산을 사용한다. 제조활동과 관련한 일부자료는 다음과 같다.

1. 실제발생한 변동제조간접비는 ₩8,000이다.
2. 표준배부액은 고정제조간접비와 변동제조간접비가 각각 ₩10,000, ₩7,500이다.
3. 기준조업도 시간은 500시간이다.
4. 고정제조간접예산은 ₩20,000이다.
5. 변동제조간접비 소비차이는 ₩940(유리)하다.
6. 고정제조간접비 소비차이는 ₩600(불리)하다.

[요구사항]

1. 다음을 구하시오.
   ① 실제생산량에 허용된 표준시간
   ② 시간당 표준변동제조간접비 배부액
   ③ 실제생산량에 허용된 표준시간을 기준으로 산정한 변동제조간접비예산
   ④ 실제생산량에 허용된 표준시간을 기준으로 산정한 제조간접비예산
   ⑤ 변동제조간접비 능률차이
   ⑥ 실제시간
2. 고정제조간접비에 대한 원가차이를 그래프로 도시하면 다음과 같다. 다음 그래프의 ①~⑥에 들어갈 금액을 결정하고 ④와 ⑤는 어떤 차이인지도 밝히시오.

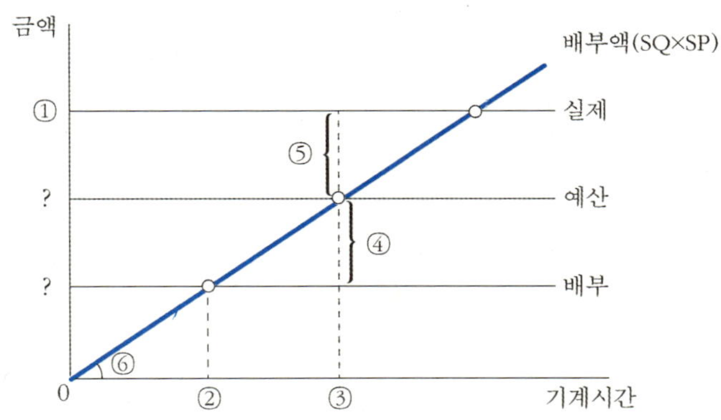

해답

- 변동제조간접비

AQ × AP	AQ × SP	SQ × SP
8,000	8,940	7,500

소비차이 940 유리　　능률차이 1,440 불리

- 고정제조간접비

실제	예산	배부
20,600	500 × 40 = 20,000	10,000

소비차이 600 불리　　조업도차이 10,000 불리

1.

① 10,000 ÷ 40 = 250시간

② 7,500 ÷ 250 = ₩30

③ ₩7,500

④ 7,500 + 20,000 = ₩27,500

⑤ ₩1,440(불리)

⑥ 8,940 ÷ 30 = 298시간

2.

① 20,600

② 250

③ 500

④ 조업도차이 10,000(불리)

⑤ 소비차이 600(불리)

⑥ 40(SP)

문 10 표준원가계산 : 추정(1)

다음의 두 회사는 표준원가계산제도를 사용하고 있다. 이들 회사는 직접노동시간을 기준으로 하여 제조간접비를 배부하고 있으며, 변동예산은 직접노동시간을 기준으로 하여 작성된다. 다음은 이들 회사의 10월 자료이다.

	㈜유나	㈜유현
(1) 실제생산량(제품)	6,500개	6,500개
(2) 실제변동제조간접비	(①)	(①)
(3) 실제고정제조간접비	(②)	95,000
(4) 실제직접노동시간	(③)	50,000
(5) 제품 1단위 생산에 허용된 표준직접노동시간	(④)	8시간
(6) 실제생산량에 허용된 표준직접노동시간	26,000시간	(②)
(7) 기준조업도(직접노동시간)	(⑤)	(③)
(8) 변동제조간접비 배부율	₩35/시간	(④)
(9) 고정제조간접비 배부율	(⑥)	(⑤)
(10) 변동제조간접비 배부액	(⑦)	(⑥)
(11) 고정제조간접비 배부액	(⑧)	(⑦)
(12) 제조간접비 배부차이	(⑨)	(⑧)
(13) 변동제조간접비 소비차이	52,000불리	5,000유리
(14) 변동제조간접비 능률차이	0	6,000유리
(15) 고정제조간접비 소비차이	27,000불리	5,000불리
(16) 고정제조간접비 조업도차이	39,000불리	14,000유리
(17) 고정제조간접비예산	(⑩)	(⑨)
(18) 변동제조간접비예산*	(⑪)	(⑩)
(19) 제조간접비예산합계*	₩1,963,000	(⑪)

* 실제생산량에 허용된 표준직접노동시간을 기준으로 함

[요구사항]

위의 빈칸에 적절한 숫자를 기입하시오.

해답

1. ㈜유나

• 변동제조간접비

AQ × AP	AQ × SP	SQ × SP
26,000 × @37	26,000 × @35	6,500 × 4시간 × 35
= 962,000	= 910,000	= 910,000

소비차이 52,000 불리　　　능률차이 0

• 고정제조간접비

실제	예산	배부
	27,000시간 × @39	6,500 × 4시간[*1] × @39
1,080,000	= 1,053,000[*2]	= 1,014,000

소비차이 27,000 불리　　　조업도차이 ₩39,000 불리

*1 26,000 ÷ 6,500 = 4

*2 1,963,000 − 910,000 = 1,053,000

① ₩962,000
② ₩1,080,000
③ 26,000시간
④ 4시간
⑤ 27,000시간
⑥ ₩39/시간
⑦ ₩910,000
⑧ ₩1,014,000
⑨ ₩118,000과소배부
⑩ ₩1,053,000
⑪ ₩910,000

2. ㈜유현

• 변동제조간접비

AQ × AP	AQ × SP	SQ × SP
	50,000 × @3[*1]	6,500×8시간 × @3[*1]
145,000	= 150,000	= 156,000

소비차이 5,000 유리　　　능률차이 6,000 유리

*1 50,000 × SP − 6,500 × 8 × SP = −6,000

50,000 × SP − 52,000 × SP = −6,000

−2,000SP = −6,000

∴ SP = 3

• 고정제조간접비

실제	예산	배부
	45,000 × @2	6,500 × 8시간 × @2
95,000	= 90,000	= 104,000

소비차이 5,000 불리 / 조업도차이 14,000 유리

① ₩145,000 ⑤ ₩2/시간 ⑨ ₩90,000
② 52,000시간 ⑥ ₩156,000 ⑩ ₩156,000
③ 45,000시간 ⑦ ₩104,000 ⑪ ₩246,000
④ ₩3/시간 ⑧ ₩20,000과대배부*2

*2 실제발생액 : 145,000 + 95,000 = 240,000
배 부 액 : 156,000 + 104,000 = 260,000
과대배부액 : 20,000

문 11 표준원가계산 : 추정(2)

㈜연이는 변동예산과 표준원가를 사용하여 원가계산 및 원가통제를 수행한다. 당기초에 5,000 직접노동시간의 기준조업도 수준에서 설정된 제조간접비예산은 ₩110,000이고 직접노무비 예산은 ₩150,000이다. 당기에는 기초재공품과 기말재공품재고는 없고 실제판매량은 5,000단위(단위당 판매가격은 ₩150), 실제생산량은 6,000단위이다. 기타 원가자료는 다음과 같다.

직 접 재 료 비 :	구입가격차이	₩10,000	(불리)
	수량차이	10,000	(불리)
직 접 노 무 비 :	실제 발생액	264,000	
변동제조간접비 :	소비차이	5,000	(유리)
고정제조간접비 :	실제발생액	50,000	
	소비차이	10,000	(유리)

① 직접재료의 kg단위당 표준원가는 ₩5이고, 완성된 제품 1단위에 대한 원재료 표준투입수량은 2kg이며, kg단위당 구입가격차이는 ₩0.5이다.
② 직접노무비와 제조간접비의 완성품 1단위에 대한 표준투입시간은 제품 단위당 1.5시간이다.
③ 실제 시간당 노무비는 예상된 (시간당)표준원가보다 10% 높게 지급되었다.
④ 당기 발생한 판매비와 관리비는 ₩200,000이며 모두 고정비이다.

[요구사항]

1. 직접재료 구입량(kg)은 얼마인가?
2. 예산보다 초과사용된 원재료량(kg)은 얼마인가?
3. 실제로 사용된 직접노동시간은 얼마인가?
4. 변동제조간접비 능률차이와 고정제조간접비 조업도차이를 구하시오.
5. 총배부차이를 매출원가에 반영한다면 당기의 영업이익은 얼마인가?

해답

- 배부차이

(1) 직접재료비

AQ × AP	AQ × SP	SQ × SP
20,000kg*1 × ₩5.5 = 110,000	20,000kg × ₩5 = 100,000	
	14,000kg × ₩5 = 70,000	6,000단위 × 2kg × ₩5 = 60,000

구입가격차이 ₩10,000(U)

수량차이 ₩10,000(U)

*1 $AQ \times 5.5 - AQ \times 5 = 10,000$

$0.5AQ = 10,000$

$\therefore AQ = 20,000$

(2) 직접노무비

AQ × AP	AQ × SP	SQ × SP
8,000시간 × ₩33 = 264,000	8,000시간 × ₩30*2 = 240,000	6,000단위 × 1.5시간 × ₩30 = 270,000

임률차이 ₩24,000(U) 능률차이 ₩30,000(F)

*2 $\frac{150,000}{5,000} = ₩30$

(3) 변동제조간접비

AQ × AP	AQ × SP	SQ × SP
75,000	8,000시간 × ₩10 = 80,000	6,000단위 × 1.5시간 × ₩10*3 = 90,000

소비차이 ₩5,000(F)　　능률차이 ₩10,000(F)

*3 제조간접비배부율 = $\frac{₩110,000}{5,000시간}$ = ₩22/시간

변동제조간접비배부율 = $\frac{₩50,000}{5,000시간}$ = ₩10/시간(해설참조)

■ **별해** : 제조간접비배부율(₩22) − 고정제조간접비배부율(₩12) = ₩10

(4) 고정제조간접비

실제	예산	배부액
50,000	5,000 × ₩12 = 60,000	6,000단위 × 1.5시간 × ₩12 = 108,000

소비차이 ₩10,000(F)　　조업도차이 ₩48,000(F)

1. 20,000kg
2. 14,000 − (6,000×2) = 2,000kg
3. 8,000시간
4. 변동제조간접비 능률차이 ₩10,000 유리
   고정제조간접비 조업도차이 ₩48,000 유리
5. 영업이익
   = 5,000단위 × (₩150−10−45−15−18) + ₩59,000F − ₩200,000
   = ₩169,000

해설

1. 변동제조간접비나 직접노무비의 예산에서 총액은 의미가 없다. 왜냐하면 이들은 변동비이므로 수량에 따라 총액은 언제든지 변하기 때문이다. 따라서 변동비에 대한 예산이 주어지면 예산상의 총액에서 단가(SP)를 산정하여야 한다.
   차이분석은 실제원가와 투입기준변동예산 및 산출기준변동예산을 분석하는 것인데 반하여 자료에서 제시된 예산은 단일조업도(5,000직접노동시간)를 기준으로 한 고정예산이다. 그러므로 변동비의 경우에는 제시된 고정예산 자체에 의미가 있는 것이 아니고 이를 이용하여 변동예산에 적용할 단가를 산정하는 것에 의미가 있다.

2. 5,000직접노동시간을 기준으로 한 제조간접비 예산이 ₩110,000이다. 이중 일부는 고정제조간접비이고 나머지는 변동제조간접비이다. 고정제조간접비 예산은 총액의 개념이며 그 금액은 ₩50,000(실제발생액) + ₩10,000(유리한 소비차이) = ₩60,000이다. 따라서 변동제조간접비 예산(5,000직접노동시간기준)은 ₩110,000 − ₩60,000 = ₩50,000이다. 변동제조간접비 예산은 수량에 따라 변동하므로 단가(SP)가 중요하다. 변동제조간접비 단가(SP) = 50,000 ÷ 5,000 = ₩10이다.

3. 표준원가계산이므로 모든 원가는 일단 표준원가로 산정되어 있다. 요구사항5에서 모든 차이를 매출원가에서 조정하라고 했으므로 총차이를 상계하여 순액으로 가감조정하면 된다. 총차이를 상계한 후 순액이 ₩59,000유리하다. 유리한 원가차이는 매출원가를 감소시켜 결국 영업이익을 증가시킨다.

문 12 표준원가계산 : 원가차이의 배분

㈜서강은 표준전부원가계산 시스템을 사용하고 있다. 다음은 20×1년 12월 31일의 수정전 계정잔액이다.

기말 직접재료재고	₩90,000
기말 재공품	200,000
기말 제품	300,000
매출원가	500,000
직접재료비 가격차이	20,000 (불리)
직접재료비 능률차이	10,000 (불리)
직접노무비 가격차이	15,000 (불리)
직접노무비 능률차이	8,000 (불리)
제조간접비표준배부액	250,000

회사는 직접재료비 가격차이를 재료가 구입되었을 때 분리한다. 재공품, 제품 및 매출원가에는 같은 비율의 직접재료비, 직접노무비, 제조간접비의 표준원가가 포함되어있다. 직접재료비는 재공품, 제품, 매출원가의 40%를 차지하고 있으며 기초재고자산은 없다. 제조간접비 실제발생액은 ₩280,000이다. 원가요소비례법으로 원가차이를 배분한다.

[요구사항]

1. 모든 원가차이를 배부하는 표를 작성하시오.
2. 원가차이를 배분하는 분개를 제시하시오.
3. 원가차이를 배분한 후의 재공품, 제품, 매출원가는 얼마인가?
4. 재공품, 제품, 매출원가의 수정전 계정잔액에 포함된 직접노무비는 각각 얼마인가?

해답

1.

(1) 배분비율

	원재료	직접재료비 능률차이	재 공 품	제품	매출원가	합계
직접재료비 가격차이	₩90,000	₩10,000	₩80,000*1	₩120,000	₩200,000	₩500,000
	18%	2%	16%	24%	40%	100%
직접재료비 능률차이			₩80,000*2	₩120,000	₩200,000	₩400,000
			20%	30%	50%	100%
가공비차이			₩120,000*3	₩180,000	₩300,000	₩600,000
			20%	30%	50%	100%

*1 200,000 × 0.4 = 80,000

직접재료비는 재공품, 제품, 매출원가의 40%라고 제시되어 있다.

직접재료비 가격차이를 구입시점에서 분석하고 원가요소비례법에 의하여 원가차이를 조정하는 경우에 직접재료비 구입가격차이는 원재료, 직접재료비능률차이, 재공품, 제품, 매출원가에 배분하여야 한다. 다만, 재공품, 제품, 매출원가의 경우에는 직접재료비 포함액 만을 산출하여야 한다(원가요소비례법).

*2 직접재료비 능률차이는 재료의 사용으로 인하여 발생한 것이므로 재공품, 제품, 매출원가에만 배분한다.

*3 200,000 × 0.6 = 120,000

가공비는 재공품, 제품, 매출원가에 포함된 가공비의 비율에 의하여 배분한다. 직접재료비의 포함 비율이 40%이므로 가공비의 포함비율은 60%이다.

(2) 원가차이배분

	원재료	직접재료비 능률차이	재공품	제 품	매출원가	합 계
DM가격차이	₩3,600	₩400	₩3,200	₩4,800	₩8,000	₩20,000
DM능률차이		(400)	2,080	3,120	5,200	10,000
DL가격차이			3,000	4,500	7,500	15,000
DL능률차이			1,600	2,400	4,000	8,000
OH배부차이			6,000	9,000	15,000	30,000
합 계	₩3,600	₩0	₩15,880	₩23,820	₩39,700	₩83,000

2.

(차)	원 재 료	3,600	(대) 직접재료비 가격차이	20,000
	재 공 품	15,880	직접재료비 능률차이	10,000
	제 품	23,820	직접노무비 가격차이	15,000
	매출원가	39,700	직접노무비 능률차이	8,000
			제조간접비 부족배부	30,000

3.

	원재료	재공품	제 품	매출원가
조정 전 금액	90,000	200,000	300,000	500,000
원가차이 배분액	3,600	15,880	23,820	39,700
조정 후 금액	93,600	215,880	323,820	539,700

4.

	재공품	제품	매출원가	합계	
직 접 재 료 비	② ₩80,000	₩120,000	₩200,000	₩400,000	(40%)
직 접 노 무 비	⑤ 70,000	105,000	175,000	④ 350,000	(35%)
제 조 간 접 비	50,000	75,000	125,000	③ 250,000	(25%)
합 계	① ₩200,000	₩300,000	₩500,000	₩1,000,000	

해설

요구사항4는 다음과 같은 방법으로 접근하여야 한다.

재공품, 제품, 매출원가계정이 모두 같은 비율의 원가요소를 포함하고 있으며, 제조원가중 직접재료비의 비율이 40%이라고 문제상에 주어져 있다. 이와 같은 문제를 풀이하려면 전체 표를 작성한 후에 아는 정보부터 적어 넣어야 한다.

① 각 계정금액은 주어졌으므로 합계를 먼저 작성하고 ② 합계의 40%가 직접재료비이므로 각 계정의 직접재료비를 결정한다. ③ 제조간접비표준배부액이 ₩250,000이므로 합계의 제조간접비란에 ₩250,000을 기입하면 ④ 직접노무비 합계 ₩350,000이 도출된다. ⑤ ₩350,000을 계정합계를 기준으로 각 계정에 배분한다. ₩350,000 × (200,000÷1,000,000) = ₩70,000

한편, 직접노무비를 산정할 때 ₩350,000을 배분하지 않고 구성요소 비율을 이용해서 구할 수도 있다. ₩200,000 × 0.35 = ₩70,000

PART 03 변동원가계산

제3장

변동원가계산

제 1 절 전부원가계산과 변동원가계산의 기초

어떠한 원가요소가 제품원가를 구성하느냐에 따라 원가계산은 전부원가계산과 변동원가계산으로 구분할 수 있다. 전부원가계산에서는 제조활동과 관련성이 있는 원가(직접재료비, 직접노무비, 변동제조간접비 및 고정제조간접비)는 전부 다 제품원가로 취급한다. 그러나 변동원가계산에서는 제조활동과 관련된 원가 중에서 조업도에 비례해서 발생하는 변동제조원가(직접재료비, 직접노무비, 변동제조간접비)만 제품원가로 취급하고 고정제조간접비는 기간비용으로 처리한다. 제품원가로 취급한다는 것은 원가요소가 소비되었을 때 일단 자산으로 처리했다가 제품이 판매될 때 비용처리 한다는 뜻이고, 기간비용으로 처리한다는 것은 자본화하지 않고 바로 비용처리 한다는 뜻이다.

1. 전부원가계산(absorption costing)

전부원가계산은 원가행태와 관계없이 제조활동과 관련된 모든 원가를 제품원가에 포함시키는 원가계산 방법이다. 전부원가계산은 흡수원가계산이라고도 하는데 이 같은 명칭을 사용하는 이유는, 제조활동과 관련된 원가는 전부 다 제품원가로 취급한다 또는 제조활동과 관련된 원가는 모두 제품원가에 흡수된다는 의미를 담고 있기 때문이다. 전부원가계산에서는 원가나 비용을 제조원가, 판매관리비 등과 같이 그 기능에 따라 분류하여 자원이 어느 기능을 위해 소멸되었는가를 파악하여 손익계산서를 작성한다. 전부원가계산에 의한 손익계산서를 기능적 손익계산서라고 하며 외부보고목적(재무제표작성 및 법인세 결정)으로 이용된다.

전부원가계산의 이론적 근거는 특정기간의 제품생산과 관련하여 발생한 모든 원가는 미래 이익획득에 공헌하기 때문에 원가행태에 불문하고 그 기간의 제품원가에 포함되어야 한다는 것이다. 즉, 고정제조간접비도 제품생산을 위하여 필수적으로 발생하는 원가이므로 제품원가에 포함되어야 한다. 이를 원가부착개념(cost-attach concept)이라 한다.

2. 변동원가계산(variable costing)

변동원가계산은 제조활동과 관련하여 발생한 원가 중에서 변동비만을 제품원가에 포함시키는 원가계산 방법이다. 따라서 변동원가계산에서는 생산량 변화에도 불구하고 총원가가 일정한 고정제조간접비는 설사 제조활동과 관련하여 발생한 원가라 하더라도 변동비가 아니기 때문에 제품원가에 포함하지 않는다. 변동원가계산을 이용하여 작성되는 손익계산서를 공헌이익 손익계산서라 하는데, 이는 예산편성, 계획수립 및 성과평가 등의 내부의사결정목적에 이용된다.

변동원가계산의 이론적 근거는 고정제조간접비는 조업도 변화에 따라 총원가가 변동되지 않으며 특정제품의 생산과도 관계없이 단지 시간의 경과에 따라 비용으로 처리되는 원가이므로 기간비용으로 처리하고 제품원가에 포함시키지 말아야 한다는 것이다. 이를 원가회피개념(cost−avoidance concept)이라 한다.

참 고 | **원가회피개념**

미래원가를 회피할 수 있는 능력을 가진 원가만이 미래의 용역잠재력을 갖고 있으므로 이러한 원가만을 자산으로 보는 개념이다. 따라서 변동제조원가는 한번 발생하면 미래에 동일한 원가를 회피할 수 있으므로 제조원가로 취급하나, 고정제조간접비는 미래에 생산을 중지하더라도 과거와 동일하게 계속 발생하여 회피할 수 없으므로 제조원가로 취급하지 않고 기간비용으로 처리해야 한다.

3. 양방법의 비교

(1) 근본적인 차이점

전부원가계산과 변동원가계산의 가장 근본적인 차이점은 고정제조간접비에 대한 비용인식시점이 다르다는 것이다. 즉 전부원가계산은 고정제조간접비를 발생시점에는 재고가능원가로 처리하고, 재고자산이 판매되었을 때 매출원가에 포함시켜 비용으로 처리한다. 그러므로 전부원가계산에서는 판매되지 않는 재고자산에 포함되어 있는 고정제조간접비는 비용처리되지 않고 자산으로 이연된다. 이에 반해 변동원가계산에서는 고정제조간접비가 발생하는 즉시 기간비용으로 처리한다.

① 제품원가의 구성요소

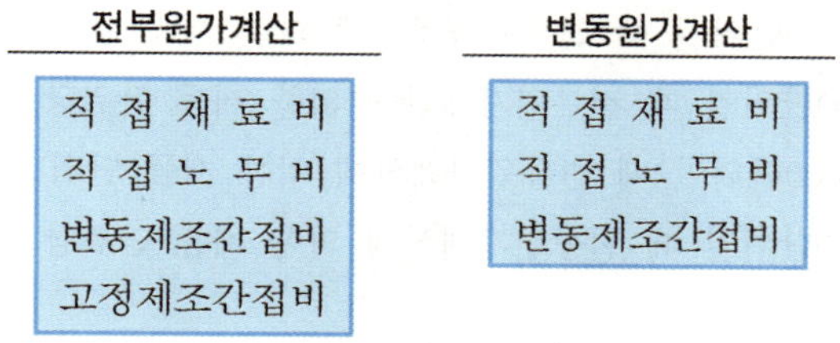

② 제품원가의 구성요소와 비용화되는 과정

• 전부원가계산

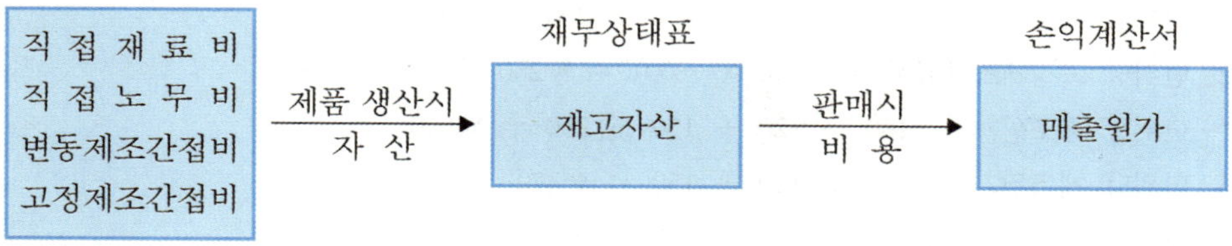

• 변동원가계산

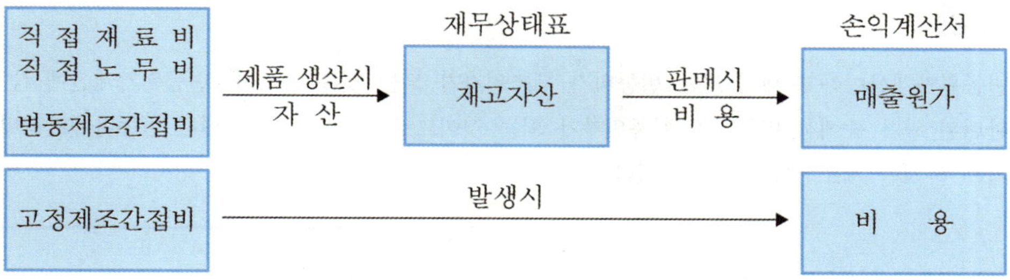

예 제 1 단위당 제조원가 산정

㈜다락의 당기 발생 원가는 다음과 같다.

제품 단위당 직접재료비	₩100
제품 단위당 직접노무비	₩120
제품 단위당 변동제조간접비	₩150
당기 발생 고정제조간접비	₩200,000
당기 발생 판매관리비	₩80,000

기초 및 기말 재공품은 없으며, 판매관리비 중 변동비는 ₩50,000이다.

[요구사항]

1. 당기 생산량이 1,000단위일 때 전부원가계산에 의한 제품 단위당 제조원가는 얼마인가?
2. 당기 생산량이 800단위일 때 전부원가계산에 의한 제품 단위당 제조원가는 얼마인가?
3. 당기 생산량이 1,000단위일 때 변동원가계산에 의한 제품 단위당 제조원가는 얼마인가?
4. 당기 생산량이 800단위일 때 변동원가계산에 의한 제품 단위당 제조원가는 얼마인가?

해답

1. 단위당 고정제즈간접비 = (200,000÷1,000) = ₩200
   단위당 제조원가 = 100 + 120 + 150 + 200 = ₩570
2. 단위당 고정제조간접비 = (200,000÷800) = ₩250
   단위당 제조원가 = 100 + 120 + 150 + 250 = ₩620
3. 단위당 제조원가 = 100 + 120 + 150 = ₩370
4. 단위당 제조원가 = 100 + 120 + 150 = ₩370

해설

변동원가계산이라고 해서 모든 변동비가 제조원가가 되는 것은 아니다. 변동원가계산에서는 제조활동과 관련된 원가 중에서 변동비만 제품원가가 되는 것이므로 판매활동과 관련된 변동판매관리비는 변동비이기는 하지만 제조원가가 될 수 없다.

(2) 손익계산서양식의 비교

전부원가계산의 손익계산서양식에서는 원가가 제품원가와 기간비용으로 분류된다. 즉, 매출에서 먼저 매출원가를 차감하여 매출총이익을 산출하고 매출총이익에서 판매관리비를 차감하여 순이익을 산출하는데 여기서 매출원가는 판매된 제품의 제조원가를 의미하고 판매관리비는 기간비용을 의미한다. 전부원가계산에서는 원가의 기능적 분류를 강조하기 때문에 원가를 제조와 관련된 제품원가와 제조와 관련 없는 기간비용으로 구분한다.

변동원가계산의 손익계산서양식에서는 원가가 변동비와 고정비로 분류된다. 즉, 매출에서 먼저 변동비를 차감하여 공헌이익을 산출하고 공헌이익에서 고정비를 차감하여 순이익을 산출한다. 변동원가계산은 전부원가계산과 달리 원가의 행태적 분류를 강조한다. 여기서 주의 할 점은 변동비와 고정비는 제조원가만을 의미하는 것이 아니라 판매관리비도 포함하고 있다는 것이다. 즉, 변동비는 변동제조원가뿐 아니라 변동판매관리비를 포함한 것이며, 고정비는 고정제조간접비뿐 아니라 고정판매관리비도 포함하고 있다는 것이다. 변동원가계산 손익계산서를 공헌이익 손익계산서라고 한다.

(3) 이익에 미치는 영향 비교

전부원가계산에서는 고정제조간접비 중에서 판매된 것에 포함된 것은 매출원가로 비용화 되지만 판매되지 않은 것에 포함된 것은 비용화되지 않고 기말재고자산으로 남게 된다. 따라서 기말재고자산에 포함된 고정제조간접비 만큼 전부원가계산에 의한 이익이 변동원가계산에 의한 이익보다 크다. 한편, 기말재고자산은 다음 기에 기초재고자산이 된다. 당기 말에 기말재고자산에 포함된 고정제조간접비는 다음 기에 기초재고자산이 되어 판매되므로 다음 기에 비용화 된다. 즉, 변동원가계산에 의한 영업이익과 비교하여 보면 전부원가계산에서는 기말재고자산에 포함된 고정제조간접비만큼 영업이익이 크고, 기초재고자산에 포함된 고정제조간접비만큼 영업이익이 작다.

간단하게 정리해 보면 단위당 고정제조간접비가 일정한 경우 생산량이 판매량보다 커서 기초재고자산에 포함된 고정제조간접비보다 기말재고자산에 포함된 고정제조간접비가 더 많으면 전부원가계산에 의한 이익이 변동원가계산에 의한 이익보다 크다. 더 간단하게 정리하면 재고가 증가하면 전부원가계산에 의한 이익이 변동원가계산에 의한 이익보다 더 크다.

전부원가계산과 변동원가계산의 손익계산서양식

전부원가계산 손익계산서			변동원가계산 손익계산서		
Ⅰ. 매출액		×××	Ⅰ. 매출액		×××
Ⅱ. 매출원가			Ⅱ. 변동비		
기초제품재고액	×××		1. 변동매출원가		
당기제품제조원가	×××		기초제품재고액	×××	
기말제품재고액	×××	×××	당기제품재고액	×××	
Ⅲ. 매출총이익		×××	기말제품재고액	×××	×××
Ⅳ. 판매관리비			2. 변동판매관리비	×××	×××
1. 변동판매관리비	×××		Ⅲ. 공헌이익		×××
2. 고정판매관리비	×××	×××	Ⅳ. 고 정 비		
Ⅴ. 영업이익		×××	1. 고정제조간접비	×××	
			2. 고정판매관리비	×××	×××
			Ⅴ. 영업이익		×××

예 제 2 손익계산서 작성

㈜경애는 제품 단위당 변동제조원가는 ₩200이고, 매월 고정제조간접비는 ₩150,000이다. 변동판매관리비는 발생하지 않고, 매월 고정판매관리비는 ₩120,000이다. 제품 단위당 판매가격은 ₩500이고, 20×1년 1월에서 3월 생산량과 판매량은 다음과 같으며, 1월초의 재고자산은 없다.

	1월	2월	3월	합 계
생산량	1,000개	1,500개	500개	3,000개
판매량	1,000개	1,000개	1,000개	3,000개

[요구사항]

1. 위의 자료를 기초로 전부원가계산에 의한 손익계산서를 월별로 작성하시오.
2. 위의 자료를 기초로 변동원가계산에 의한 손익계산서를 월별로 작성하시오.

해답

1. 월별 손익계산서

	1월	2월	3월
I. 매 출 액	₩500,000①	₩500,000	₩500,000
II. 매출원가			
월초제품재고액	0	0	150,000
당월제품제조원가	350,000②	450,000③	250,000⑤
월말제품재고액	0	150,000④	0
III. 매출총이익	₩150,000	₩200,000	₩100,000
IV. 판매관리비	120,000	120,000	120,000
V. 영업이익(손실)	₩30,000	₩80,000	₩(20,000)

① 1,000단위 × 500 = ₩500,000

② 1,000단위 × 200 + 150,000 = 350,000

③ 1,500단위 × 200 + 150,000 = 450,000

④ 450,000 × 500/1,500 = 150,000

⑤ 500단위 × 200 + 150,000 = 250,000

2. 월별 손익계산서

	1월	2월	3월
Ⅰ. 매 출 액	₩500,000	₩500,000	₩500,000
Ⅱ. 변동매출원가			
월초제품재고액	0	0	100,000
당월제품제조원가*	200,000	300,000	100,000
월말제품재고액	0	100,000	0
Ⅲ. 공헌이익	₩300,000	₩300,000	₩300,000
Ⅳ. 고 정 비			
고정제조간접비	150,000	150,000	150,000
고정판매관리비	120,000	120,000	120,000
Ⅴ. 영업이익(손실)	₩30,000	₩30,000	₩30,000

* 생산량 × ₩200

해설

1. 해답1을 보면 단위당 변동비, 총고정비 및 판매량이 매월 동일한데도 2월의 이익이 크다. 왜냐하면 전부원가계산에서는 고정제조간접비가 제품원가를 구성하므로 생산량이 증가하면 제품 단위당 원가가 감소하여 이익이 증가하기 때문이다. 결국 전부원가계산에서는 판매량뿐만 아니라 생산량도 이익에 영향을 미친다.

2. 해답2를 보면 생산량에 무관하게 월별 영업이익은 동일하다. 왜냐하면 변동원가계산에서는 고정제조간접비가 기간비용으로 처리되기 때문에 판매량만 영업이익에 영향을 미치기 때문이다.

제 2 절 원가계산제도별 영업이익의 차이조정

일반적으로 인정된 회계원칙에서는 전부원가계산만을 인정한다. 그러므로 기중에 경영관리목적으로 변동원가계산을 적용하던 기업들은 외부보고 및 세무목적을 위하여 전부원가계산으로 전환하여야 한다. 전부원가계산과 변동원가계산의 유일한 차이는 고정제조간접비의 처리이다. 즉, 전부원가계산에서는 고정제조간접비를 제품원가에 포함시키나 변동원가계산에서는 기간비용으로 처리한다. 따라서 두 방법은 재고자산평가액에서 차이를 보이게 된다. 재고자산 평가방법의 차이는 결국 기간이익에 영향을 미쳐 두 방법에 따른 영업이익도 차이가 나타난다. 그러므로 두 방법의 영업이익 차이의 조정은 기초 및 기말재고자산에 포함되어 있는 고정제조간접비 차이를 가감해 주면 된다.

이하에서는 원가측정방법(실제, 정상, 표준)에 따라 전부원가계산 영업이익과 변동원가계산 영업이익의 차이를 조정하는 방법에 대하여 설명하고자 한다.

1. 실제원가계산에서의 이익차이 조정

실제원가계산에서는 모든 원가가 실제원가로 측정되기 때문에 유리하거나 불리한 원가차이는 발생하지 않는다. 즉, 정상원가계산에서 발생할 수 있는 제조간접비 배부차이나 표준원가계산에서 발생할 수 있는 직접재료비, 직접노무비, 변동제조간접비, 고정제조간접비에 대한 각종 차이는 발생하지 않는다. 그러므로 전부원가계산하의 이익과 변동원가계산하의 이익은 실제원가에 기초하여 산출된 것이다.

원가요소	실제전부원가계산		실제변동원가계산
직접재료비	실제투입량 × 실제가격		실제투입량 × 실제가격
직접노무비	실제투입량 × 실제임률		실제투입량 × 실제임률
변동제조간접비	실제투입량 × 실제배부율		실제투입량 × 실제배부율
고정제조간접비	실제투입량 × 실제배부율	⟷	기간비용

양 방법하의 이익을 조정할 때는 기말과 기초재고자산에 포함되어 있는 고정제조간접비만 조정하면 된다. 양 방법하의 이익을 조정하는 방법은 다음과 같다.

	변동원가계산하의 영업이익	×××
+	기말재고자산에 포함된 고정제조간접비	×××
−	기초재고자산에 포함된 고정제조간접비	×××
	전부원가계산하의 영업이익	×××

변동원가계산에서는 당기에 발생한 고정제조간접비는 기간비용으로 처리되고, 전부원가계산에서는 당기에 발생한 고정제조간접비 중에서 판매된 것만 매출원가에 포함되어 비용으로 처리된다. 그러므로 전부원가계산에서는 변동원가계산에 비하여 미판매분에 포함된 고정제조간접비만큼 비용이 적게 계상되어 이익이 커지게 된다. 따라서 변동원가계산하의 이익에서 전부원가계산하의 이익으로 조정하려면 기말재고자산에 포함된 고정제조간접비만큼 이익을 증가시켜야 한다. 기초재고재산에 포함된 고정제조간접비는 반대 작용을 한다. 여기서 기말재고자산에 포함된 고정제조간접비라는 것은 당기 발생한 고정제조간접비 중에서 미판매되어 비용화되지 않은 것을 의미하며, 기초재고자산에 포함된 고정제조간접비라는 것은 전기에 발생한 고정제조간접비 중에서 당기에 판매되어 비용화된 것을 의미한다.

참 고 이익 차이를 조정할 때 기말재고자산은 무엇을 의미하는가?

기말재고자산이라는 것은 제품재고만을 의미하는 것이 아니라 재공품재고도 포함한다. 왜냐하면 재공품에도 고정제조간접비가 포함되어 있으므로 기간비용으로 처리한 경우와 비교하면 이익에 영향을 미치기 때문이다. 물론 원재료재고는 포함되지 않는다. 왜냐하면 원재료재고는 아직 가공을 받지 않은 상태이므로 고정제조간접비가 전혀 포함되어 있지 않기 때문이다.

예 제 3 실제원가계산하의 이익차이 조정

20×1년초 ㈜신혜는 단위당 판매가격과 변동비가 다음과 같은 제품을 생산하기 시작하였다.

판매가격		₩500
변동제조원가	₩250	
변동판매관리비	50	300
공헌이익		₩200

월간 고정제조간접비는 ₩180,000이고, 고정판매관리비는 ₩120,000이다. 1월에서 3월의 생산량과 판매량은 다음과 같다.

	1월	2월	3월
생 산 량	3,000개	3,000개	3,000개
판 매 량	2,500	3,000	3,500

[요구사항]

1. 실제전부원가계산에 의한 영업이익을 계산하시오.
2. 실제변동원가계산에 의한 영업이익을 계산하시오.
3. 실제전부원가계산하의 영업이익을 실제변동원가계산하의 영업이익으로 전환하시오.

해답

• 단위당 제조원가

변동원가계산 : ₩250

전부원가계산 : ₩250 + $\frac{₩180,000}{3,000개}$ = ₩310

1. 실제전부원가계산

	1월	2월	3월
매 출 액	₩1,250,000	₩1,500,000	₩1,750,000
매출원가(@310)	775,000	930,000	1,085,000
매출총이익	₩475,000	₩570,000	₩665,000
판매관리비*	245,000	270,000	295,000
영업이익	₩230,000	₩300,000	₩370,000

* 판매량 × 단위당 변동판매관리비 + 고정판매관리비

2. 실제변동원가계산

	1월	2월	3월
매 출 액	₩1,250,000	₩1,500,000	₩1,750,000
변 동 비			
변동매출원가(@250)	625,000	750,000	875,000
변동판매관리비(@50)	125,000	150,000	175,000
공헌이익	₩500,000	₩600,000	₩700,000
고 정 비			
고정제조간접비	180,000	180,000	180,000
고정판매관리비	120,000	120,000	120,000
영업이익	₩200,000	₩300,000	₩400,000

3. 영업이익의 차이조정

	1월	2월	3월
전부원가계산하의 영업이익	₩230,000	₩300,000	₩370,000
+ 기초제품에 포함된 고정제조간접비	0	30,000	30,000
− 기말제품에 포함된 고정제조간접비	(30,000*)	(30,000)	(0)
변동원가계산하의 영업이익	₩200,000	₩300,000	₩400,000

* (3,000−2,500) × 60 = 30,000
기말재고수량 고정제조간접비 배부율

2. 정상원가계산에서의 이익차이 조정

정상원가계산은 직접재료비와 직접노무비는 실제발생액으로 집계하고, 제조간접비는 예정배부액으로 집계하는 원가계산방법이다.

원가요소	정상전부원가계산		정상변동원가계산
직접재료비	실제투입량 × 실제가격		실제투입량 × 실제가격
직접노무비	실제투입량 × 실제임률		실제투입량 × 실제임률
변동제조간접비	실제투입량 × 예정배부율		실제투입량 × 예정배부율
고정제조간접비	실제투입량 × 예정배부율	⟷	기간비용

정상원가계산에서는 제조간접비를 예정배부한다. 정상전부원가계산에서는 변동제조간접비뿐만 아니라 고정제조간접비도 예정배부하기 때문에 변동제조간접비뿐만 아니라 고정제조간접비에서도 배부차이가 발생한다. 그러나 정상변동원가계산에서는 변동제조간접비만 예정배부하고 고정제조간접비는 실제발생한 원가를 기간비용으로 처리하기 때문에 고정제조간접비에서 배부차이가 발생하지 않는다. 전부원가계산에서 고정제조간접비 배부차이를 매출원가에서 전액 조정하는 경우라면 기말재고자산에 포함되어 있는 고정제조간접비 배부액을 제외한 모든 고정제조간접비가 당기에 비용화되기 때문에 기말재고자산에 배부되어 있는 고정제조간접비만 조정하면 변동원가계산 이익과 전부원가계산 이익의 차이가 조정된다. 그러나 배부차이를 매출원가에서 전액 조정하지 않고 비례배분법을 사용하는 경우에는 배부차이 중에서 재고자산에 재배분된 부분은 비용화되지 않고 재고자산으로 남게 되므로 당초 기말재고에 포함된 고정제조간접비 배부액과 고정제조간접비 배부차이 중 기말재고에 재배분된 고정제조간접비 배부차이를 조정하여야 전부원가계산이익이 변동원가계산이익으로 전환된다. 이상의 내용을 정리하면 다음과 같다.

(1) 배부차이를 매출원가에 전액 배분하는 경우(매출원가조정법)

	변동원가계산하의 영업이익	×××
+	기말재고자산에 원래 포함된 고정제조간접비 배부액	×××
−	기초재고자산에 원래 포함된 고정제조간접비 배부액	×××
	전부원가계산하의 영업이익	×××

배부차이를 매출원가에서 전액조정하기 때문에 배부차이가 이미 매출원가를 통하여 각각의 순이익을 계산하는 과정에 반영되어 있다. 그러므로 기말과 기초재고자산에 포함되어 있는 고정제조간접비 배부액만 조정하면 된다.

(2) 배부차이를 매출원가와 기말재고자산에 비례배분하는 경우(비례배분법)

	변동원가계산하의 영업이익	×××
+	기말재고자산에 원래 포함된 고정제조간접비 배부액	×××
+	기말재고자산에 재배분된 고정제조간접비 배부차이*	×××
−	기초재고자산에 원래 포함된 고정제조간접비 배부액	×××
−	기초재고산에 재배분된 고정제조간접비 배부차이*	×××
	전부원가계산하의 영업이익	×××

* 불리한 차이(과소배부)를 가정 함.

배부차이 중에서 매출원가에 재배분된 부분은 이미 각각의 순이익을 계산하는 과정에 반영되어 있다. 그러므로 기말과 기초재고자산에 포함되어 있는 고정제조간접비 배부액은 당연히 조정하고 또한 기말과 기초재고자산에 재배분된 고정제조간접비 배부차이도 조정하여야 한다. 위의 영업이익 조정표에서 재배분된 고정제조간접비를 별도로 고려하면 가감조정할 때 부호(+, −)를 결정하기가 난해하다. 따라서 실제 문제를 풀이할 때는 다음과 같이 재배분된 고정제조간접비를 기말재고자산에 포함시켜서 한꺼번에 조정하면 쉽다.

	변동원가계산하의 영업이익
+	(기말재고에 포함된 FOH 배부액 + 재배분된 FOH 불리한 차이 − 유리한 차이)
−	(기초재고에 포함된 FOH 배부액 + 재배분된 FOH 불리한 차이 − 유리한 차이)
	전부원가계산하의 영업이익

* FOH는 고정제조간접비를 의미한다.

예를 들어 고정제조간접비에서 불리한 차이(과소배부)가 발생한 경우 비례배분법을 적용하면 기말재고자산에 재배분된 금액만큼 기말재고자산이 증가된다. 따라서 불리한 차이를 가산한 금액을 기준으로 영업이익을 조정하면 된다.

참 고 | 기말재고자산에 포함되어 있는 고정제조간접비 배부액의 조정과 배부차이의 조정

전부원가계산과 변동원가계산 순이익 차이를 조정하기 위해서는 기말재고자산에 포함되어 있는 고정제조간접비 배부액은 당연히 조정하여야 한다. 그러나 고정제조간접비 배부차이는 회사에서 어떻게 회계처리(재배부)하느냐에 따라 조정방법이 달라진다. 매출원가에서 전액 배분하는 경우에는 고정제조간접비 배부차이가 모두 매출원가에 반영되어 비용처리되므로 이 부분은 별도로 조정할 필요가 없다. 그러나 비례배분법에 의하여 재배분하는 경우에는 매출원가에 재배분된 부분은 비용으로 처리되나 기말재고자산에 재배분된 부분은 비용처리되지 않고 이연되기 때문에 이 부분도 조정하여야 한다.

예 제 4 정상원가계산하의 이익차이 조정

㈜신혜는 정상원가계산제도를 채택하고 있으며 기초재고자산은 없다. 연간 고정제조간접비 ₩180,000, 연간 예산생산량은 3,000개를 기준으로 제조간접비를 예정배부하고 있다. 20×1년 중 회사의 영업활동에 관한 단위당 자료는 다음과 같다.

판매가격		₩500
변동제조원가	₩250	
변동판매관리비	50	300
공헌이익		₩200

20×1년 제품 생산량은 2,600개이며 판매량은 2,500개이다. 실제 발생한 연간 고정제조간접비는 ₩170,000이며, 고정판매관리비는 ₩180,000이다. 회사는 제조간접비 배부차이를 매출원가에서 가감하고 있다. 변동제조간접비 배부차이는 전혀 발생하지 않았다.

[요구사항]

1. 정상전부원가계산에 의한 손익계산서를 작성하시오.
2. 정상변동원가계산에 의한 손익계산서를 작성하시오.
3. 정상전부원가계산하의 영업이익을 정상변동원가계산하의 영업이익으로 전환하시오.
4. 위 자료와 달리 이 회사는 고정제조간접비 배부차이를 기말재고자산과 매출원가에 비례배분 한다. 배부차이 중에서 기말재고자산에 배분되는 금액이 ₩1,000이라고 가정하고 물음1~3에 다시 답하시오.

해답

- 고정제조간접비 배부율 : $\frac{180,000}{3,000}$ = ₩60
- 전부원가계산의 제품 단위당 제조원가 : 250 + 60 = ₩310
- 원가차이

실제발생액	배부액
170,000	2,600개 × 60 = 156,000

배부차이 ₩14,000 불리

1. 정상전부원가계산

손익계산서

매 출 액(2,500개)		₩1,250,000
매출원가		
정상매출원가(@310)	₩775,000	
고정제조간접비 과소배부액	14,000	789,000
매출총이익		461,000
판매관리비		305,000
영업이익		₩156,000

2. 정상변동원가계산

공헌이익 손익계산서

매 출 액(2,500개)		₩1,250,000
변 동 비		
정상변동매출원가(@250)	₩625,000	
변동판매관리비(@50)	125,000	750,000
공헌이익		500,000
고 정 비		
고정제조간접비		170,000
고정판매관리비		180,000
영업이익		₩150,000

해설

정상변동원가계산에서는 고정제조간접비 실제발생액을 전액 비용처리하므로 고정제조간접비 배부차이는 발생하지 않는다.

3. 영업이익의 차이조정

	정상전부원가계산하의 영업이익	₩156,000
+	기초제품에 포함된 고정제조간접비(예정배부액)	0
−	기말제품에 포함된 고정제조간접비(예정배부액) 100개 × 60 =	(6,000)
	정상변동원가계산하의 영업이익	₩150,000

4.

(1) 정상전부원가계산

손익계산서

매 출 액(2,500개)		₩1,250,000
매출원가		
정상매출원가(@310)	₩775,000	
고정제조간접비 과소배부액	13,000	788,000
매출총이익		462,000
판매관리비		305,000
영업이익		₩157,000

(2) 정상변동원가계산

공헌이익 손익계산서

매 출 액(2,500개)		₩1,250,000
변 동 비		
정상변동매출원가(@250)	₩625,000	
변동판매관리비(@50)	125,000	750,000
공헌이익		500,000
고 정 비		
고정제조간접비		170,000
고정판매관리비		180,000
영업이익		₩150,000

해설

변동원가계산에서는 고정제조간접비 실제발생액을 기간비용으로 처리하므로 영업이익은 여전히 ₩150,000이다.

(3) 영업이익의 차이조정

	정상전부원가계산하의 영업이익	₩157,000
+	(기초제품에 포함된 고정제조간접비 예정배부액+과소배부액)	0
−	(기말제품에 포함된 고정제조간접비 예정배부액+과소배부액)	(6,000+1,000)
	정상변동원가계산하의 영업이익	₩150,000

3. 표준원가계산에서의 이익차이 조정

표준원가계산에서는 사전에 설정한 표준원가를 이용하여 제품원가계산을 한다. 표준전부원가계산에서는 직접재료비, 직접노무비, 변동제조간접비, 고정제조간접비에서 원가차이가 발생 할 수 있고, 표준변동원가계산에서는 직접재료비, 직접노무비, 변동제조간접비에서 원가차이가 발생할 수 있다. 변동원가계산에서 고정제조간접비는 발생하는 즉시 기간비용으로 처리되기 때문에 원가차이가 발생하지 않는다.

원가요소	표준전부원가계산		표준변동원가계산
직접재료비	표준투입량 × 표준가격		표준투입량 × 표준가격
직접노무비	표준투입량 × 표준임률		표준투입량 × 표준임률
변동제조간접비	표준투입량 × 표준배부율		표준투입량 × 표준배부율
고정제조간접비	표준투입량 × 표준배부율	⟷	기간비용

표준원가계산에서 전부원가계산과 변동원가계산의 이익에 차이를 발생시키는 원인은 기말재고자산에 포함되어 있는 고정제조간접비 배부액과 고정제조간접비 원가차이이다. 양 방법의 순이익을 조정하기 위해서는 기말재고자산에 포함되어 있는 고정제조간접비는 당연히 조정하여야 하고, 고정제조간접비 원가차이는 원가차이를 어떻게 처리하느냐에 따라 조정방법이 달라진다.

(1) 원가차이를 매출원가에 전액 배분하는 경우(매출원가조정법)

	변동원가계산하의 영업이익	×××
+	기말재고자산에 원래 포함된 고정제조간접비 배부액	×××
−	기초재고자산에 원래 포함된 고정제조간접비 배부액	×××
	전부원가계산하의 영업이익	×××

원가차이를 매출원가에서 전액조정하기 때문에 원가차이가 이미 매출원가를 통하여 각각의 순이익을 계산하는 과정에 반영되어 있다. 그러므로 기말과 기초재고자산에 포함되어 있는 고정제조간접비 배부액만 조정하면 된다.

(2) 원가차이를 매출원가와 기말재고자산에 비례배분하는 경우(비례배분법)

	변동원가계산하의 영업이익	×××
+	기말재고자산에 원래 포함된 고정제조간접비 배부액	×××
+	기말재고자산에 재배분된 고정제조간접비 원가차이	×××
−	기초재고자산에 원래 포함된 고정제조간접비 배부액	×××
−	기초재고산에 재배분된 고정제조간접비 원가차이	×××
	전부원가계산하의 영업이익	×××

원가차이 중에서 매출원가에 재배분된 부분은 이미 매출원가를 통하여 각각의 순이익을 계산하는 과정에 반영되어 있다. 그러므로 기말과 기초재고자산에 포함되어 있는 고정제조간접비 배부액은 당연히 조정하여야 하고 또한 기말과 기초재고자산에 재배분된 고정제조간접비 원가차이도 조정하여야 한다. 기본적인 조정방법은 정상원가계산에서 설명한 것과 동일하다. 다만, 고정제조간접비 원가차이를 제외한 나머지 원가차이(직접재료비, 직접노무비, 변동제조간접비)는 전부원가계산이든 변동원가계산이든 제품원가에 모두 포함되기 때문에 이익조정할 때는 별도로 고려할 필요가 없다.

예 제 5 표준원가계산하의 이익차이 조정

㈜신혜는 표준원가계산제도를 채택하고 있다. 회사가 생산하는 제품 단위당 표준원가는 다음과 같다.

	표준수량	표준가격	표준원가
직접재료비	2kg	₩10/kg	₩20
직접노무비	3시간	5/시간	15
변동제조간접비	2시간	4/시간	8
고정제조간접비	2시간	5/시간	10
합　　계			₩53

고정제조간접비 예산은 연간 ₩60,000이고 고정제조간접비 표준배부율을 산정하는데 사용된 기준조업도는 12,000시간이다. 20×1년 제품생산량은 5,000개이며, 이 중 4,500개를 단위당 ₩120에 판매하였다. 변동판매관리비는 단위당 ₩10이고 고정판매관리비는 ₩30,000이며, 고정제조간접비 실제발생액은 ₩58,000이다. 20×1년 중 변동비 원가차이는 발생하지 않았으며 원가차이는 매출원가에서 가감한다. 기초재고자산은 없다.

[요구사항]

1. 표준전부원가계산에 의한 손익계산서를 작성하시오.
2. 표준변동원가계산에 의한 손익계산서를 작성하시오.
3. 표준전부원가계산하의 영업이익을 표준변동원가계산하의 영업이익으로 전환하시오.

해답

1. 표준전부원가계산

(1) 고정제조간접비 차이

실제	예산	배부액
₩58,000	₩60,000	₩50,000*
예산차이 ₩2,000 유리	생산조업도차이 ₩10,000 불리	
총차이 ₩8,000 불리		

* 5,000개 × 2 × 5 = ₩50,000

(2) 표준전부원가계산 손익계산서 작성

손익계산서

매 출 액(4,500×120)		₩540,000
매출원가		
표준매출원가(@53)	₩238,500	
원가차이(불리)	8,000	246,500
매출총이익		₩293,500
판매관리비(4,500×10+30,000)		75,000
영업이익		₩218,500

2. 표준변동원가계산

공헌이익 손익계산서

매 출 액(4,500×120)		₩540,000
변 동 비		
표준변동매출원가(4,500×43)	₩193,500	
변동판매관리비(4,500×10)	45,000	238,500
공헌이익		₩301,500
고 정 비		
고정제조간접비	58,000	
고정판매관리비	30,000	88,000
영업이익		₩213,500

해설

정상변동원가계산에서와 마찬가지로 표준변동원가계산에서도 고정제조간접비는 실제발생액을 전액 비용처리하므로 고정제조간접비 원가차이는 발생하지 않는다.

3. 영업이익의 전환

	표준전부원가계산하의 영업이익		₩218,500
+	기초제품에 포함된 고정제조간접비(표준배부액)		0
−	기말제품에 포함된 고정제조간접비(표준배부액)	500개 × 2 × 5 =	(5,000)
	표준변동원가계산하의 영업이익		₩213,500

전부원가계산과 변동원가계산의 비교

	전부원가계산	변동원가계산
주요목적	외부보고목적	내부보고목적
제품원가	직접재료비 직접노무비 변동제조간접비 고정제조간접비	직접재료비 직접노무비 변동제조간접비 −
이익함수	순이익 = f(판매량, 생산량)	순이익 = f(판매량)
이익의 크기	전기와 당기의 단위당 고정제조간접비가 동일할 때 재고수량이 증가하면 전부원가계산의 이익이 변동원가계산의 이익보다 더 크다.	
원가차이 변동제조원가 고정제조간접비	 원가차이 발생 원가차이 발생	 원가차이 발생 −
손익계산서양식	매 출 액 ××× 매출원가 ××× 매출총이익 ××× 판매관리비 ××× 영업이익 ×××	매 출 액 ××× 변 동 비 ××× 공헌이익 ××× 고 정 비 ××× 영업이익 ×××
이익차이 조정	변동원가계산하의 이익 + 기말재고자산에 포함된 고정제조간접비 − 기초재고자산에 포함된 고정제조간접비 전부원가계산하의 이익	

제 3 절 변동원가계산의 유용성과 한계점

1. 유용성

① 변동원가계산의 경우 변동제조원가만을 제품원가에 포함시킨다. 따라서 생산량이 변동해도 제품 단위당 원가가 불변이므로 재고자산의 변동이 이익에 미치는 영향을 제거할 수 있고, 재고자산평가방법에 따라 영업이익이 변동하는 것을 방지할 수 있다.

② 변동원가계산을 적용하기 위해서는 원가를 원가형태에 따라 변동비와 고정비로 분류해야 하므로 제품 단위당 변동비와 고정비 총액을 알아야 한다. 따라서 변동원가계산은 제품단위당 변동비와 고정비 총액에 대한 요약된 정보를 제공하므로 목표이익을 달성하기 위한 판매량과 매출액을 손쉽게 예측할 수 있어 원가관리, 이익관리 및 계획수립과 같은 단기적 의사결정에 유용하게 이용할 수 있다.

③ 변동원가계산은 원가를 원가형태에 따라 변동비와 고정비로 분류하므로 변동예산을 쉽게 작성할 수 있어 원가관리 및 통제에 유용하고, 조업도의 변화에 따라 원가가 얼마나 민감하게 변하는지를 예측할 수 있다.

④ 변동원가계산은 공통고정비를 임의적으로 배분하지 않기 때문에 각 부문, 지역 또는 제품과 직접 관련된 주요의사결정을 오도하지 않는다.

2. 한계점

① 모든 원가를 고정비와 변동비로 구분하기가 현실적으로 대단히 어렵고, 일반적으로 인정된 회계원칙이 아니므로 외부보고목적으로 사용될 수 없다.

② 고정제조간접비의 자산성을 무시하고 고정제조간접비를 기간비용으로 처리하므로 수익비용대응의 원칙에 어긋난다.

③ 변동원가계산은 설비원가와 관련 있는 고정제조간접비의 중요성을 간과하기 쉬워 가격정책과 장기적인 이익계획을 오도할 수 있다. 변동원가계산을 적용하는 경우 고정제조간접비를 무시하고 변동비에 일정한 이익을 가산한 정도에서 가격이 결정되어 고정제조간접비가 충분히 보상되지 않을 가능성이 크다.

④ 현대기업은 대규모 시설투자와 자동화를 특징으로 하고 있다. 계속기업으로서의 생존을 위해 이러한 추세는 더욱 더 심화될 것으로 예측됨에 따라 고정제조간접비의 중요성이 오히려 더욱 부각되고 있다.

⑤ 장기적인 관점에서 모든 원가는 변동비이므로 전부원가계산에 의해 평가된 재고자산 원가가 장기적인 관점에서 올바른 재고자산원가이다. 그러나 변동원가계산에서는 고정제조간접비를 기간비용으로 처리하기 때문에 재고자산원가가 전부원가계산에 비해 항상 낮게 평가된다.

제 4 절 초변동원가계산

1. 의의

초변동원가계산(super－variable costing)은 스루풋원가계산(throughput costing)이라고도 한다. 초변동원가계산에서는 직접재료비만을 제품원가에 포함시키고 나머지 직접노무비와 변동제조간접비 및 고정제조간접비는 발생한 기간에 기간비용으로 처리한다. 즉, 초변동원가계산은 변동원가계산에서 한 발짝 더 나아가서 변동제조원가 중에서도 직접재료비만 제품원가에 포함시키고 나머지 원가는 모두 기간비용으로 처리한다. 초변동원가계산에서는 직접재료비를 제외한 모든 비용을 운영비용이라 하여 고정비로 간주한다. 왜냐하면 생산방식이 노동에 의존하는 방식에서 자동화 설비에 의존하는 방식으로 전환되면서 일정 설비를 유지하기 위한 노무비와 제조간접비는 생산량의 변동에 크게 영향을 받지 않고 고정비적인 성격을 가지게 되었으므로 직접재료비 이외의 원가는 진정한 의미의 변동비가 아니기 때문이다.

지금까지 공부한 것을 종합해서 정리해 보면 전부원가계산, 변동원가계산, 초변동원가계산의 제품원가와 기간비용 구성요소는 다음과 같다.

각 원가계산에서의 제품원가와 기간비용 구성요소의 비교

	전부원가계산	변동원가계산	초변동원가계산
• 제품원가	직 접 재 료 비 직 접 노 무 비 변동제조간접비 고정제조간접비	직 접 재 료 비 직 접 노 무 비 변동제조간접비	직 접 재 료 비
• 기간비용	변동판매관리비 고정판매관리비	고정제조간접비 변동판매관리비 고정판매관리비	직 접 노 무 비 변동제조간접비 고정제조간접비 변동판매관리비 고정판매관리비

2. 손익계산서 양식

초변동원가계산의 경우 직접재료비만을 진정한 변동제조원가로 간주하여 제품원가로 처리하고 나머지 원가는 모두 기간비용으로 처리한다.

(1) 양 식

초변동원가계산에 의한 손익계산서 양식은 다음과 같다.

초변동원가계산 손익계산서

Ⅰ. 매 출 액	×××
Ⅱ. 직접재료비	×××
Ⅲ. 재료처리량공헌이익(현금창출공헌이익)	×××
Ⅳ. 운영비용	×××
Ⅴ. 영업이익	×××

운영비용에는 당기에 발생한 직접노무비, 변동제조간접비, 고정제조간접비, 변동판매관리비 및 고정판매관리비가 포함된다.

(2) 손익계산서 작성시 주의할 점

단위당 가액이 일정하다고 가정할 때 다음에 주의 하여야 한다.

① 직접재료비는 단위당 가액에 판매수량을 곱하여 산정한다. 왜냐하면 초변동원가계산에서는 직접재료비는 제품원가에 포함되기 때문에 판매된 것만 비용이 되고, 미판매된 것은 재고로 남기 때문이다.

② 운영비용 중에서 직접노무비와 변동제조간접비는 단위당 가액에 생산수량을 곱하여 산정한다. 즉, 초변동원가계산에서는 직접노무비와 변동제조간접비를 고정비로 간주하기 때문에 당기에 발생한(생산수량 만큼) 금액을 모두 기간비용으로 처리한다.

③ 운영비용 중에서 고정제조간접비와 고정판매관리비는 당기 발생액을 모두 기간비용으로 처리한다.

④ 운영비용 중에서 변동판매관리는 단위당 가액에 판매수량을 곱하여 산정한다. 변동판매관리비는 판매와 관련하여 발생하는 비용이므로 생산수량을 적용할 수 없음에 주의하여야 한다.

3. 이익차이의 조정

초변동원가계산과 변동원가계산의 차이는 변동가공비(직접노무비와 변동제조간접비)를 제품원가로 볼 것인가 기간비용으로 볼 것인가에 있으므로 기말과 기초재고자산에 포함되어 있는 변동가공비를 조정하면 된다. 한편, 변동원가계산과 전부원가계산의 차이는 고정제조간접비를 제품원가로 볼 것인가 기간비용으로 볼 것인가에 있으므로 기말과 기초재고자산에 포함되어 있는 고정제조간접비를 조정하면 된다.

초변동원가계산, 변동원가계산 및 전부원가계산의 이익차이 조정하는 것을 정리하면 다음과 같다.

	초변동원가계산의 영업이익	×××
+	기말재고자산에 포함된 변동가공비(직접노무비와 변등제조간접비)	×××
−	기초재고자산에 포함된 변동가공비(직접노무비와 변등제조간접비)	×××
	변동원가계산의 영업이익	×××
+	기말재고자산에 포함된 고정제조간접비	×××
−	기초재고자산에 포함된 고정제조간접비	×××
	전부원가계산의 영업이익	×××

4. 각 방법 비교

(1) 재고자산금액

각 원가계산방법하에서 제품원가와 기간비용으로 처리하는 원가요소항목은 다음과 같다.

원가요소	전부원가계산	변동원가계산	초변동원가계산
직접재료비	제품원가	제품원가	제품원가
직접노무비	제품원가	제품원가	기간비용
변동제조간접비	제품원가	제품원가	기간비용
고정제조간접비	제품원가	기간비용	기간비용

각 원가계산방법하에서 제품원가와 기간비용으로 처리되는 금액이 다르기 때문에 재고수준이 변동하게 되면 재고자산 금액과 영업이익은 달라지게 된다. 그러나 일정시점에서 재고자산의 크기는 다음과 같다.

> 전부원가계산 〉 변동원가계산 〉 초변동원가계산

(2) 영업이익

기말재고자산을 높이 평가하면 상대적으로 매출원가는 낮게 평가되고 영업이익이 높게 평가된다. 상황별로 영업이익의 크기는 다음과 같다.

> ① 재고가 증가하는 경우 : 전부원가계산 〉 변동원가계산 〉 초변동원가계산
> ② 재고변동이 없는 경우 : 전부원가계산 = 변동원가계산 = 초변동원가계산
> ③ 재고가 감소하는 경우 : 전부원가계산 〈 변동원가계산 〈 초변동원가계산

(3) 손익계산서

전부원가계산에서는 비용을 제조활동과 관련된 매출원가와 비제조활동과 관련된 판매관리비로 구분한다. 변동원가계산에서는 비용을 원가행태에 따라 변동비와 고정비로 구분한다. 그리고 초변동원가계산에서는 비용을 직접재료비와 나머지(운영비용)로 구분한다. 각 방법에서의 손익계산서를 요약하면 다음과 같다.

전부원가계산		변동원가계산		초변동원가계산	
Ⅰ. 매출액	×××	Ⅰ. 매출액	×××	Ⅰ. 매출액	×××
Ⅱ. 매출원가	×××	Ⅱ. 변동비	×××	Ⅱ. 직접재료비	×××
Ⅲ. 매출총이익	×××	Ⅲ. 공헌이익	×××	Ⅲ. 재료처리량공헌이익	×××
Ⅳ. 판매관리비	×××	Ⅳ. 고정비	×××	Ⅳ. 운영비용	×××
Ⅴ. 영업이익	×××	Ⅴ. 영업이익	×××	Ⅴ. 영업이익	×××

위 손익계산서의 공통점을 찾아보면 Ⅱ에 기록된 원가는 판매된 부분만 비용화 되고, Ⅳ에 기록된 원가는 발생한 원가 전액이 비용화 된다는 것이다.

5. 초변동원가계산의 유용성과 한계점

(1) 유용성

① 재고자산을 보유하고자 하는 유인을 줄여주기 때문에 경영자로 하여금 생산량보다는 판매량을 증가시키도록 유도한다.

② 직접재료비만을 변동비로 보기 때문에 제조원가를 자의적으로 변동비와 고정비로 구분해야 하는 문제가 발생하지 않는다.

③ 직접재료비 이외에는 모두 운영비용으로 처리하기 때문에 적용하기가 간편하다.

(2) 한계점

① 고정비의 성격이 조금이라도 있는 것은 당기 비용으로 처리하기 때문에 장기적인 의사결정에 적합한 정보를 제공하지 못한다.

② 재고누적을 방지하는 데에만 관심을 갖기 때문에 재고부족으로 인한 기회비용을 간과 할 수 있다.

③ 현금창출공헌이익에 관심을 집중하다보면 판매량을 증가시키기 위해 판매가격을 부당하게 인하할 가능성이 있다. 이것은 기업전체의 영업이익에는 악영향을 미칠 수 있다.

④ 재고원가가 낮으면 재고원가에 이익을 가산하는 방식으로 판매가격을 결정하는 경우에 판매가격이 낮게 설정될 가능성이 있다.

⑤ 운영비용을 발생즉시 비용처리하기 때문에 수익 · 비용 대응의 원칙에 위배된다.

예 제 6 초변동원가계산

㈜경애는 20×1년 초에 단위당 판매가격과 변동비가 다음과 같은 제품을 생산하기 시작하였다.

판매가격		₩500
직접재료비	₩100	
변동가공비	150	
변동판매관리비	50	300
공헌이익		₩200

월간 고정제조간접비는 ₩180,000이고, 고정판매관리비는 ₩120,000이며, 1월에서 3월의 생산량과 판매량은 다음과 같다.

	1월	2월	3월
생 산 량	3,000개	3,000개	3,000개
판 매 량	2,500개	3,000개	3,500개

[요구사항]

1. 다음 각 원가계산방법하에서의 제품의 단위당 원가를 계산하시오.
   (1) 초변동원가계산
   (2) 변동원가계산
   (3) 전부원가계산
2. 월별로 전부원가계산에 의한 손익계산서를 작성하시오.
3. 월별로 변동원가계산에 의한 손익계산서를 작성하시오.
4. 월별로 초변동원가계산에 의한 손익계산서를 작성하시오.
5. 월별로 초변동원가계산에 의한 영업이익을 변동원가계산에 의한 영업이익으로 전환하시오.
6. 월별로 초변동원가계산에 의한 영업이익을 전부원가계산에 의한 영업이익으로 전환하시오.

해답

1. 각 방법하의 제품 단위당 원가

	초변동원가계산	변동원가계산	전부원가계산
직접재료비	₩100	₩100	₩100
변동가공비	—	150	150
고정제조간접비	—	—	60*
단위당 원가	₩100	₩250	₩310

* 180,000 ÷ 3,000 = 60

2. 전부원가계산 손익계산서

	1월	2월	3월
매 출 액(판매량×₩500)	₩1,250,000	₩1,500,000	₩1,750,000
매출원가(판매량×₩310)	775,000	930,000	1,085,000
매출총이익	₩475,000	₩570,000	₩665,000
판매관리비*	245,000	270,000	295,000
영업이익	₩230,000	₩300,000	₩370,000

* 판매량 × 단위당 변동판매관리비 + 고정판매관리비

3. 변동원가계산 손익계산서

	1월	2월	3월
매 출 액(판매량×₩500)	₩1,250,000	₩1,500,000	₩1,750,000
변 동 비			
변동매출원가(판매량×₩250)	625,000	750,000	875,000
변동판매관리비(판매량×₩50)	125,000	150,000	175,000
공헌이익	₩500,000	₩600,000	₩700,000
고 정 비			
고정제조간접비	180,000	180,000	180,000
고정판매관리비	120,000	120,000	120,000
영업이익	₩200,000	₩300,000	₩400,000

4. 초변동원가계산 손익계산서

	1월	2월	3월
매출액(판매량×₩500)	₩1,250,000	₩1,500,000	₩1,750,000
직접재료비(판매량×₩100)	250,000	300,000	350,000
재료처리량 공헌이익	₩1,000,000	₩1,200,000	₩1,400,000
운용비용			
변동가공비(생산량×₩150)	450,000	450,000	450,000
고정제조간접비	180,000	180,000	180,000
변동판매관리비(판매량×₩50)	125,000	150,000	175,000
고정판매관리비	120,000	120,000	120,000
영업이익	₩125,000	₩300,000	₩475,000

5. 초변동원가계산과 변동원가계산에 의한 이익차이의 조정

	1월	2월	3월
초변동원가계산하의 영업이익	₩125,000	₩300,000	₩475,000
+ 기말재고에 포함된 변동가공비*[1]	75,000	75,000	0
− 기초재고에 포함된 변동가공비*[2]	0	(75,000)	(75,000)
변동원가계산하의 영업이익	₩200,000	₩300,000	₩400,000

*[1] 기말재고량 × ₩150

*[2] 기초재고량 × ₩150

6. 초변동원가계산과 전부원가계산에 의한 이익차이의 조정

	1월	2월	3월
초변동원가계산하의 영업이익	₩125,000	₩300,000	₩475,000
+ 기말재고에 포함된 변동가공비	75,000	75,000	0
+ 기말재고에 포함된 고정제조간접비*[1]	30,000	30,000	0
− 기초재고에 포함된 변동가공비	0	(75,000)	(75,000)
− 기초재고에 포함된 고정제조간접비*[2]	0	(30,000)	(30,000)
전부원가계산하의 영업이익	₩230,000	₩300,000	₩370,000

*[1] 기말재고량 × ₩60

*[2] 기초재고량 × ₩60

연 습 문 제

COST ACCOUNTING

문 1 생산량이 영업이익에 미치는 영향

㈜경은의 20×1년 영업활동에 관한 자료는 다음과 같으며 기초제품재고는 없다.

- 제품 단위당 변동제조원가 : ₩200
- 당기의 실제고정제조간접비 : ₩100,000
- 당기판매량 : 200단위

[요구사항]

1. 생산량이 400단위와 800단위일 때 전부원가계산하의 매출원가를 계산하시오.
2. 생산량이 400단위의 800단위일 때 변동원가계산하의 매출원가를 계산하시오.
3. 생산량이 400단위와 800단위일 때 전부원가계산하에서 비용처리된 고정제조간접비와 자산으로 이연된 고정제조간접비를 계산하시오.
4. 생산량이 400단위와 800단위일 때 변동원가계산하에서 비용처리된 고정제조간접비와 자산으로 이연된 고정제조간접비를 계산하시오.

해답

1. 전부원가계산하의 매출원가
   (1) 단위당 고정제조간접비
   생산량 400단위 : 100,000÷400 = ₩250
   생산량 800단위 : 100,000÷800 = ₩125
   (2) 전부원가계산하의 단위당 원가

	400단위	800단위
단위당 변동제조원가	₩200	₩200
단위당 고정제조간접비	250	125
단위당 원가	₩450	₩325

   (3) 전부원가계산하의 매출원가
   생산량 400단위 : 200단위×450 = ₩90,000
   생산량 800단위 : 200단위×325 = ₩65,000

2. 변동원가계산하의 매출원가

 생산량 400단위 : 200단위×200 = ₩40,000

 생산량 800단위 : 200단위×200 = ₩40,000

3. 전부원가계산하의 고정제조간접비

	400단위	800단위
비용처리된 고정제조간접비(매출원가)	₩50,000*1	₩25,000*2
자산으로 이연된 고정제조간접비(재고자산)	₩50,000	75,000
합 계	₩100,000	₩100,000

*1 200단위×250 = ₩50,000

*2 200단위×125 = ₩25,000

4. 변동원가계산하의 고정제조간접비

 생산량 400단위 : ₩100,000 비용처리

 생산량 800단위 : ₩100,000 비용처리

 ☞ 변동원가계산에서는 고정제조간접비가 기간비용으로 처리되기 때문에 생산량에 관계없이 ₩100,000 전액이 발생한 기간에 비용으로 처리된다.

해설

1. 판매량이 일정한 상태에서 생산량이 증가하면 전부원가계산하의 매출원가는 점점 작아진다. 왜냐하면 400단위를 생산한 경우에는 1단위 ₩250이 비용으로 처리되는 반면, 800단위를 생산한 경우에는 ₩125이 비용으로 처리되기 때문이다. 그러므로 전부원가계산하의 영업이익은 판매량뿐만 아니라 생산량에 의해서도 영향을 받게 된다.

2. 변동원가계산에서는 고정제조간접비를 생산량을 기준으로 배분하는 것이 아니라 발생한 기간에 전액 기간비용으로 처리하기 때문에 판매량이 일정하다면 생산량의 변동에도 불구하고 매출원가는 일정하게 나타난다. 따라서 변동원가계산하의 영업이익은 생산량과는 관계없이 오직 판매량에 의해서만 영향을 받게 된다.

문 2 실제전부원가계산과 실제변동원가계산 : 선입선출법

㈜은미는 선입선출법에 의한 실제원가계산을 실시한다. 단위당 판매가격은 ₩1,000이고, 최근 2년 동안의 영업실적은 다음과 같다. 20×1년 기초재고는 없는 것으로 가정한다.

	20×1년	20×2년
판 매 량	5,000단위	6,000단위
생 산 량	7,000단위	5,000단위
제조원가		
변동비	₩700,000	₩500,000
고정비	700,000	700,000
판매관리비		
변동비	100,000	120,000
고정비	400,000	400,000

[요구사항]

1. 전부원가계산에 의한 각 연도별 손익계산서를 작성하시오.
2. 변동원가계산에 의한 각 연도별 손익계산서를 작성하시오.
3. 손익계산서에 나타난 이익차이에 대해 설명하시오.
4. 두 방법하의 영업이익 차이를 조정하시오.

해답

1. 전부원가계산 손익계산서

	20×1년	20×2년
매 출 액	₩5,000,000	₩6,000,000
매출원가	1,000,000	1,360,000
기초제품재고액	0	400,000
당기제품제조원가	1,400,000	1,200,000
기말제품재고액	(400,000)*1	(240,000)*2
매출총이익	₩4,000,000	₩4,640,000
판매관리비	500,000	520,000
영업이익	₩3,500,000	₩4,120,000

*1 1,400,000 × 2,000개/7,000개 = ₩400,000

*2 1,200,000 × 1,000개/5,000개 = ₩240,000

2. 변동원가계산 손익계산서

	20×1년	20×2년
매 출 액	₩5,000,000	₩6,000,000
변 동 비		
1. 변동매출원가		
기초제품재고액	0	200,000
당기제품제조원가	700,000	500,000
기말제품재고액	(200,000)*1	(100,000)*2
2. 변동판매관리비	100,000	120,000
소 계	600,000	720,000
공헌이익	₩4,400,000	₩5,280,000
고 정 비		
1. 고정제조간접비	700,000	700,000
2. 고정판매관리비	400,000	400,000
Ⅶ. 영업이익	₩3,300,000	₩4,180,000

*1 700,000 × 2,000개/7,000개 = ₩200,000

*2 500,000 × 1,000개/5,000개 = ₩100,000

3. 이익차이의 발생원인

두 방법간에 이익차이가 나는 이유는 고정제조간접비의 처리방법이 다르기 때문이다. 전부원가계산에서는 고정제조간접비를 제품원가로 처리하였다가 판매되는 시점에서 판매량에 포함된 고정제조간접비만큼만 비용처리한다. 그러나 변동원가계산에서는 고정제조간접비를 발생한 기간에 전액 비용으로 처리한다. 따라서 생산량과 판매량이 다른 경우에는 이익차이가 발생하게 된다. 두 방법하에서 비용처리 되는 고정제조간접비는 다음과 같다.

	20×1년	20×2년
전부원가계산	₩500,000*1	₩760,000*2
변동원가계산	700,000	700,000
비용차이	₩(200,000)	₩60,000

*1 5,000개 × 100 = ₩500,000

*2 2,000개 × 100 + 4,000개 × 140 = ₩760,000

4. 이익차이의 조정

	20×1년	20×2년
전부원가계산에 의한 영업이익	₩3,500,000	₩4,120,000
+ 기초제품에 포함된 고정제조간접비	0	200,000
− 기말제품에 포함된 고정제조간접비	(200,000)*1	(140,000)*2
변동원가계산에 의한 영업이익	₩3,300,000	₩4,120,000

*1 700,000 × 2,000개/7,000개 = ₩200,000

*2 700,000 × 1,000개/5,000개 = ₩140,000

해설

1. 회사의 원가계산방법이 선입선출법이므로 20×2년의 기말재고량 1,000단위는 20×2년에 생산된 것이다. 따라서 20×2년의 기말재고는 20×2년도의 제품제조원가로 평가해야 한다.
2. 20×1년과 20×2년의 제품 단위당 변동제조원가가 변동이 없으므로, 변동매출원가를 계산할 때에는 '판매량 × 단위당 변동제조원가'를 이용하여 변동매출원가를 구해도 된다. 그러나 단위당 변동제조원가가 연도별로 상이할 때에는 반드시 상기와 같은 방법으로 변동매출원가를 구해야 한다.

문 3 실제원가계산에서 전부 · 변동 · 원가계산의 비교

㈜국세의 전부원가계산에 의한 3년간의 손익계산서는 다음과 같다.

	1차연도	2차연도	3차연도
매출액	₩704,000	₩528,000	₩704,000
매출원가	520,000	330,000	680,000
기초재고	0	0	220,000
당기생산	520,000	550,000	460,000
판매가능	520,000	550,000	680,000
기말재고	0	220,000	0
매출총이익	184,000	198,000	24,000
판매관리비	180,000	160,000	180,000
영업이익	₩4,000	₩38,000	(₩156,000)

〈추가자료〉

1. 원가자료

   단위당 변동제조원가 : ₩3

   고정제조간접비 : ₩400,000

   고정판매관리비 : ₩100,000

2. 3년 동안의 생산량 및 판매량

	1차연도	2차연도	3차연도
생 산 량	40,000개	50,000개	20,000개
판 매 량	40,000개	30,000개	40,000개

[요구사항]

1. 변동원가계산에 의하여 각 연도의 손익계산서를 작성하시오.
2. 2차연도 전부원가계산 영업이익을 변동원가계산 영업이익으로 전환하는 과정을 보이시오.
3. 3차연도 변동원가계산 영업이익을 전부원가계산 영업이익으로 전환하는 과정을 보이시오.
4. 전부원가계산에 의한 1차연도와 3차연도의 손익계산서를 보면, 비록 동일한 수량을 판매하였으나, 순이익(손실)에 있어서 큰 차이를 보이고 있다. 그 이유를 설명하시오.

해답

1.

	1차연도	2차연도	3차연도
매 출 액	₩704,000	₩528,000	₩704,000
변 동 비	200,000*1	150,000*2	200,000*3
공헌이익	504,000	378,000	504,000
고 정 비	500,000	500,000	500,000
영업이익	₩4,000	(₩122,000)	₩4,000

단위당 변동판매관리비 = (180,000－100,000) ÷ 40,000 = ₩2

*1 40,000 × (3+2) = 200,000

*2 30,000 × (3+2) = 150,000

*3 40,000 × (3+2) = 200,000

2.

전부원가계산 영업이익	38,000
＋ 기초재고자산에 포함된 고정제조간접비	0
－ 기말재고자산에 포함된 고정제조간접비 20,000 × 8* =	160,000
변동원가계산영업이익	(122,000)

* 400,000 ÷ 50,000 = 8

3.

변동원가계산 영업이익		4,000
+ 기말재고자산에 포함된 고정제조간접비		0
− 기초재고자산에 포함된 고정제조간접비	20,000 × 8 =	160,000
전부원가계산영업이익		(156,000)

4. 1차연도에는 고정제조간접비 ₩400,000이 비용처리 되었으나 3차연도에는 고정제조간접비 ₩560,000* (400,000+20,000×8)이 비용처리 되었으므로 동일한 판매량에도 불구하고 순이익에 차이가 발생하였다.

* 3차연도 발생분 ₩400,000과 2차연도 발생분 중 3차연도에 비용처리된 것의 합계액이다.

문 4 단답형 기출문제

1. 다음은 ㈜영선의 원가자료이다. 전부원가계산방법에 의한 당기순이익이 변동원가계산(직접원가계산) 방법에 의한 당기순이익보다 ₩200이 많은 경우 당기의 재고 증감량은 몇 개인가?

당기생산량	:	1,000개	기초재고수량	:	?
기말재고수량	:	100개	판매가	:	단위당 ₩15
변동제조간접비	:	단위당 ₩5	고정제조간접비	:	₩2,000
변동판매비	:	단위당 ₩2	고정판매비	:	₩300

2. ㈜원재는 20×1년초에 영업을 개시하여 무선전화기를 생산·판매하고 있다. 20×1년에 3,000개를 생산하였으며, 제품 단위당 판매가격은 ₩150,000이다. 관련 자료는 다음과 같다.

	고정원가	제품 단위당 변동원가
직접재료원가		₩30,000
직접노무원가		25,000
제조간접원가	₩45,000,000	15,000
판매관리비	60,000,000	20,000

전부원가계산에 의한 20×1년의 영업이익이 변동원가계산에 의한 영업이익에 비하여 ₩15,000,000이 많을 경우, 20×1년의 판매량은 몇 개인가?

3. 20×1년 3월에 영업을 시작한 ㈜연희는 선입선출법에 의한 실제원가계산제도를 채택하고 있으며, 20×1년 3월과 4월의 생산과 판매에 관한 자료는 다음과 같다.

	3월	4월
생산량	8,000단위	9,000단위
판매량	7,000단위	10,000단위
고정제조간접원가	₩1,600,000	₩1,620,000
고정판매비용	₩800,000	₩900,000

20×1년 4월 중 변동원가계산에 의한 영업이익이 ₩1,200,000이라고 할 때, 전부원가계산에 의한 영업이익은 얼마인가?

4. ㈜준희의 당기 제품제조 및 영업활동과 관련한 다음의 자료를 토대로 하여 변동제조원가 발생액과 고정판매관리비 발생액을 구하면 각각 얼마인가?

- 매 출 액 : ₩2,000,000
- 고정제조원가 당기발생액 : ₩600,000
- 변동판매관리비 당기발생액 : ₩200,000
- 당기 제품 생산량 : 70,000개
- 당기 제품 판매량 : 65,000개
- 변동매출원가 : ₩780,000
- 변동원가계산에 의한 영업이익 : ₩300,000
- 기초제품 재고와 기초 및 기말재공품 재고는 없다.

5. ㈜아라는 실제원가로 제품원가를 계산하고 있다. ㈜아라는 20×1년 1월초에 개업하였으며, 20×1년과 20×2년의 제품 생산량과 판매량, 원가자료는 다음과 같다.

구 분	20×1년	20×2년
생산량	10,000개	14,000개
판매량	8,000개	15,000개
고정제조간접원가	₩240,000	?
고정판매관리비	₩180,000	₩23,000

20×2년의 전부원가계산에 의한 이익은 ₩500,000이고, 변동원가계산에 의한 이익은 ₩528,000이었다. 20×2년에 발생된 고정제조간접원가는 얼마인가? 단, 20×1년과 20×2년의 기초재공품 및 기말재공품은 없으며, 물량 및 원가흐름은 선입선출법을 가정한다.

해답

1. 고정제조간접비배부율 = ₩2,000÷1,000개 = ₩2
   ₩200 = 2×재고증가량
   ∴ 재고증가량 = 100개

2. • 단위당 고정제조간접원가 : 45,000,000÷3,000 = ₩15,000
   • 기말재고수량(A) : A×15,000 = 15,000,000
     ∴ A = 1,000개
   • 20×1년 판매량 : 3,000−1,000 = 2,000개

3. • 3월의 기말재고(= 4월의 기초재고) : 0+8,000−7,000 = 1,000단위
   • 4월의 기말재고 : 1,000+9,000−10,000 = 0
   • 고정제조간접원가배부율
     3월 ₩1,600,00÷8,000 = ₩200
     4월 ₩1,620,000÷9,000 = ₩180
   • 전부원가계산의 영업이익
     =변동원가계산의 영업이익+기말재고의 고정제조간접원가−기초재고의 고정제조간접원가
     = 1,200,000+(180×0)−200×1,000 = ₩1,000,000

4. • 변동제조원가 발생액 : (780,000÷65,000)×70,000 = 840,000
   • 변동원가계산 손익계산서

매 출		2,000,000
변 동 비	780,000+200,000 =	980,000
고 정 비		600,000+FS
영 업 이 익		300,000

   ∴ 고정판매관리비(FS) = 120,000

5. • 20×1년 고정제조간접원가 단가 : 240,000÷10,000 = 24
   • 20×2년 기말재고에 포함된 고정제조간접원가

변동원가계산이익		528,000
+ 기말재고에 포함된 고정제조간접원가		20,000
− 기초재고에 포함된 고정제조간접원가	2,000×24 =	48,000
전부원가계산이익		500,000

   • 20×2년 고정제조간접원가 단가 : (10,000−8,000+14,000−15,000)×20 = 20,000
   • 20×2년 고정제조간접원가 발생액 : 14,000×20 = 280,000

문 5 전부 · 변동 · 초변동원가계산

SH모터스의 공장에서는 신형자동차 제네시스를 조립하고 있으며, 20×1년 대당 표준제조원가는 다음과 같다.

직접재료비	₩6,000
직접노무비	1,800
변동제조간접비	2,000
고정제조간접비	?

공장은 고도로 자동화되어 있으며, 월간 최대생산능력은 4,000대이다. 변동제조간접비는 생산라인의 조립시간을 기준으로 차량에 배부되며, 대당 표준조립시간은 20시간이다. 20×1년 고정제조간접비는 이 공장의 예산정상조업도의 표준조립시간을 기준으로 배부되며, 예산정상조업도는 월간 3,000대이고, 월간 고정제조간접비 예산은 ₩7,500,000이다. 20×1년 이 공장의 제네시스 기초재고는 없으며, 첫 2개월간의 실제 생산수량 및 판매수량은 다음과 같다.

	1월	2월
생산량	3,200대	2,400대
판매량	2,000대	2,900대

20×1년 첫 2개월간 변동제조원가(직접재료비, 직접노무비 및 변동제조간접비)에서 발생한 원가차이는 전혀 없으며, 고정제조간접비 월간 실제발생액은 월간 예산상의 금액과 일치하였다. 원가차이는 월별로 분석하여 그 달의 매출원가를 산정할 때 조정한다. SH모터스 공장의 경영자는 월간 영업이익(경영자 상여금 반영전)의 1%에 해당하는 금액을 상여금으로 받는다. 한편, 공장은 SH모터스의 판매계열회사에 제네시스를 대당 ₩16,000에 판매하고 있으며, 판매관리비는 발생하지 않는다.

[요구사항]

1. 전부원가계산에 의할 때 20×1년 1월과 2월의 월별 경영자 상여금을 계산하시오.
2. 영업이익에 적용되는 상여금 지급비율 1%가 변동원가계산에도 적용된다면 변동원가계산에 의할 때 20×1년 1월과 2월의 월별 경영자 상여금을 계산하시오.
3. 영업이익에 적용되는 상여금 지급비율 1%가 초변동원가계산에도 적용된다면 초변동원가계산에 의할 때 20×1년 1월과 2월의 월별 경영자 상여금을 계산하시오.

해답

1. 전부원가계산

   제품 단위당 고정제조간접비배부율 : 7,500,000 ÷ 3,000 = 2,500

   제품 단위당 총제조원가 : 6,000 + 1,800 + 2,000 + 2,500 = 12,300

고정제조간접비 조업도차이 :

1월	실제	예 산	배 부
	7,500,000	7,500,000	3,200 × 2,500 = 8,000,000
	소비차이 0		조업도차이 500,000 유리

2월	실제	예 산	배 부
	7,500,000	7,500,000	2,400 × 2,500 = 6,000,000
	소비차이 0		조업도차이 1,500,000 불리

	1월		2월	
매 출	2,000 × 16,000 =	32,000,000	2,900 × 16,000 =	46,400,000
매출원가	2,000 × 12,300 − 500,000 =	24,100,000	2,900 × 12,300 + 1,500,000 =	37,170,000
영업이익		7,900,000		9,230,000
상 여 금	7,900,000 × 1% =	79,000	9,230,000 × 1% =	92,300

2. 변동원가계산

	1월		2월	
매 출	2,000 × 16,000 =	32,000,000	2,900 × 16,000 =	46,400,000
변 동 비	2,000 × 9,800* =	19,600,000	2,900 × 9,800 =	28,420,000
고 정 비		7,500,000		7,500,000
영업이익		4,900,000		10,480,000
상 여 금	4,900,000 × 1% =	49,000	10,480,000 × 1% =	104,800

* 변동원가계산의 제품 단위당 총제조원가 : 6,000 + 1,800 + 2,000 = 9,800

3. 초변동원가계산

	1월		2월	
매 출	2,000 × 16,000 =	32,000,000	2,900 × 16,000 =	46,400,000
직접재료비	2,000 × 6,000 =	12,000,000	2,900 × 6,000 =	17,400,000
운 영 비		19,660,000*1		16,620,000*2
영 업 이 익		340,000		12,380,000
상 여 금	340,000 × 1% =	34,000	12,380,000 × 1% =	123,800

*1 1월에 발생한 운영비 : 3,200 × (1,800+2,000) + 7,500,000 = 19,660,000

*2 2월에 발생한 운영비 : 2,400 × (1,800+2,000) + 7,500,000 = 16,620,000

문 6 정상원가계산에서 전부 · 변동 · 초변동원가계산의 비교

㈜미숙의 전기와 당기 제조간접비 예정배부율은 동일하며, 전기와 당기에 실제발생한 단위당 직접재료비와 직접노무비도 동일하다. 고정제조간접비에 대한 배부차이 이외에 발생한 차이는 없으며, 배부차이는 매출원가에서 전액 조정한다. 단, 고정제조간접비 실제발생액과 예산은 동일하다. 당기 동안의 영업활동과 관련된 자료는 다음과 같다.

판매단가	단위당 ₩10	변동제조원가	단위당 ₩6
변동판매비	단위당 ₩2	기준조업도	6,000시간
배부기준	₩10/시간당	예산 고정제조간접비	₩60,000
고정판매비	₩35,000	기초재고량	3,000단위
기말재고량	4,000단위	판매량	48,000단위

〈추가자료〉

1. 1시간동안에 제품 10단위를 생산한다.
2. 변동제조원가는 직접재료비 ₩1.5, 직접노무비 ₩2.8, 변동제조간접비 ₩1.7으로 구성되어 있다.

[요구사항]

1. 변동원가계산에 의한 영업이익을 구하시오.
2. 전부원가계산에 의한 영업이익을 구하시오.
3. 변동원가계산하의 영업이익을 전부원가계산하의 영업이익으로 전환하시오.
4. 초변동원가계산하의 영업이익을 구하시오.
5. 초변동원가계산하의 영업이익을 변동원가계산하의 영업이익으로 전환하시오.

해답

• 자료정리

당기생산량 = 48,000 + 4,000 − 3,000 = 49,000

실 제 = 예 산	배 부
60,000	49,000 × 0.1* × 10 = 49,000

배부차이 11,000 불리

* 1시간 ÷ 10단위 = 0.1시간/단위

1. 변동원가계산 영업이익

매 출	48,000 × 10	=	480,000
변 동 비	48,000 × (6+2)	=	384,000
고 정 비	60,000 + 35,000	=	95,000
영 업 이 익			1,000

2. 전부원가계산 영업이익

매 출	48,000 × 10	=	480,000
매 출 원 가	48,000 × (6+1*) + 11,000(불리)	=	347,000
판 관 비	48,000 × 2 + 35,000	=	131,000
영 업 이 익			2,000

* 고정제조간접비 단위당 배부율

3. 영업이익 조정

변동원가계산 영업이익		1,000
+ 기말재고자산에 포함된 고정제조간접비	4,000 × 1 =	4,000
− 기초재고자산에 포함된 고정제조간접비	3,000 × 1 =	3,000
전부원가계산 영업이익		2,000

4. 초변동원가계산 영업이익(손실)

매 출	48,000 × 10		=	480,000
직 접 재 료 비	48,000 × 1.5		=	72,000
운 영 비	① 49,000 × (2.8+1.7) =	220,500		
	② 48,000 × 2 =	96,000		
	③ 60,000 + 35,000 =	95,000		411,500
영 업 손 실				(3,500)

5. 영업이익 조정

초변동원가계산 영업이익(손실)			(3,500)
+ 기말재고자산에 포함된 직접노무비, 변동제조간접비	4,000 × 4.5	=	18,000
− 기초재고자산에 포함된 직접노무비, 변동제조간접비	3,000 × 4.5	=	13,500
변동원가계산 영업이익			1,000

해설

1. 영업이익의 조정은 다음과 같이한다.
   Ⅰ. 초변동원가계산 영업이익
      + 기말재고자산에 포함된 직접노무비, 변동제조간접비
      − 기초재고자산에 포함된 직접노무비, 변동제조간접비
   Ⅱ. 변동원가계산 영업이익
      + 기말재고자산에 포함된 고정제조간접비
      − 기초재고자산에 포함된 고정제조간접비
   Ⅲ. 전부원가계산 영업이익

2. 정상원가계산에서 제조간접비 배부차이나 표준원가계산에서 각종 원가차이를 매출원가에서 전액 조정하는 경우에는 기말 또는 기초재고자산에 포함되어 있는 고정제조간접비(예정배부된 원가 또는 표준원가)만 조정하면 된다. 왜냐하면 원가차이는 이미 영업이익에 반영되어 있기 때문이다.

문 7 표준원가계산에서 비교

1. ㈜진영이 20×1년 초에 예측한 예산자료는 다음과 같다.

기준조업도	: 50,000개	단위당 판매가격	: ₩100
단위당변동제조원가	: ₩50*	고정제조간접비	: ₩250,000
단위당 변동판매관리비	: ₩10	고정판매관리비	: ₩120,000

* @직접재료비 = ₩25, @직접노무비 = ₩15, @변동제조간접비 = ₩10

2. 20×1년의 기초제품수량은 10,000개, 생산량은 48,000개, 판매량은 50,000개이다. 전기와 당기의 단위당 표준원가는 동일하고 기초와 기말의 재공품 재고는 없다.

3. 20×1년도 변동제조원가에 대한 원가차이는 다음과 같다.

직접재료비 차이	: ₩19,000(유리)
직접노무비 차이	: ₩8,000(불리)
변동제조간접비 차이	: ₩12,000(유리)

4. 20×1년에 고정제조간접비 실제발생액은 ₩250,000이다. 고정판매관리비는 예산과 동일하게 발생되었으며, 단위당 변동판매관리비와 단위당 판매가격도 예산과 같았다. 이 회사는 모든 원가차이를 매출원가에서 조정한다.

[요구사항]

1. 전부원가계산에 의한 20×1년의 영업이익을 산정하시오.
2. 변동원가계산에 의한 20×1년의 영업이익을 산정하시오.
3. 전부원가계산에 의한 영업이익을 변동원가계산에 의한 영업이익으로 전환하는 과정을 보이시오.
4. 초변동원가계산에 의한 20×1년의 영업이익을 산정하시오.
5. 기본자료와 달리 원가차이를 이연하기로 하였다면 전부원가계산에 의한 20×1년의 영업이익은 얼마인가?

해답

• 자료정리

실 제	예 산	배 부
250,000	250,000	48,000 × 5* = 240,000
소비차이 0	조업도차이 10,000 불리	

* 250,000 ÷ 50,000 = 5

1. 전부원가계산

I. 매출액	50,000 × 100 =	₩5,000,000
II. 매출원가	50,000 × 55 − 23,000* + 10,000 =	2,737,000
III. 매출총이익		2,263,000
IV. 판매관리비	50,000개 × 10 + 120,000 =	620,000
V. 영업이익		₩1,643,000

* 19,000 − 8,000 + 12,000 = ₩23,000

2. 변동원가계산

I. 매 출 액	50,000개 × 100 =	₩5,000,000
II. 변 동 비	50,000개 × (50+10) − 23,000 =	2,977,000
III. 공헌이익		2,023,000
IV. 고 정 비	250,000 + 120,000 =	370,000
V. 영업이익		₩1,653,000

3. 영업이익의 전환

전부원가계산의 영업이익	₩1,643,000
＋　기초제품에 포함된 고정제조간접비(10,000단위×₩5)	50,000
－　기말제품에 포함된 고정제조간접비 (8,000단위×₩5)	40,000
변동원가계산의 영업이익	₩1,653,000

4. 초변동원가계산

Ⅰ. 매 출 액	50,000개 × 100 =		₩5,000,000
Ⅱ. 직접재료비	50,000개 × 25 － 19,000 =		1,231,000
Ⅲ. 재료처리량공헌이익			3,769,000
Ⅳ. 운 영 비			
1. 직접노무비		728,000*1	
2. 변동제조간접비		468,000*2	
3. 변동판매관리비		500,000	
4. 고 정 비	250,000 ＋ 120,000 =	370,000	2,066,000
Ⅴ. 영업이익			₩1,703,000

*1 48,000개 × 15 ＋ 8,000 ＝ ₩728,000

*2 48,000개 × 10 － 12,000 ＝ ₩468,000

☞ 초변동원가계산에서는 직접노무비와 변동제조간접비의 실제발생액을 차감하여야 한다.

5. 원가차이의 이연

Ⅰ. 매출액	50,000 × 100 =	₩5,000,000
Ⅱ. 매출원가	50,000 × 55 =	2,750,000
Ⅲ. 매출총이익		2,250,000
Ⅳ. 판매관리비	50,000개 × 10 ＋ 120,000 =	620,000
Ⅴ. 영업이익		₩1,630,000

문 8 여러 가지 손익계산서의 비교

㈜정선의 회계담당자는 20×1년 영업 자료로부터 다양한 원가계산방법을 적용하여 다음과 같은 여러 가지 손익계산서를 작성하였다. 단, 모든 원가차이는 불리한 차이이며, 고정제조간접비 소비차이는 없다.

	A	B	C	D
Ⅰ. 매　　출	₩1,000,000	₩1,000,000	₩1,000,000	₩1,000,000
Ⅱ. 매출원가	375,000	250,000	420,000	395,000
Ⅲ. 원가차이				
1. 직접재료비	15,000	15,000	–	–
2. 직접노무비	5,000	5,000	–	–
3. 제조간접비	25,000	–	–	25,000
Ⅳ. 고정비	350,000	475,000	350,000	350,000
Ⅴ. 영업이익	₩230,000	₩255,000	₩230,000	₩230,000

[요구사항]

1. 회계담당자는 다음과 같은 원가계산방법을 사용하였다.

㉮실제원가계산	㉯정상원가계산	㉰표준전부원가계산	㉱표준변동원가계산

위의 각 손익계산서(A～D)와 각 원가계산방법(㉮～㉱)을 연결시키시오. 어떤 이유로 각 손익계산서가 해당 원가계산방법으로 작성되었다고 생각하는가?

2. 20×1년 동안 재고자산은 어떻게 변동하였는가? 그 이유는 무엇인가?
3. 20×1년 동안 변동제조간접비는 예산보다 많이 발생했나, 적게 발생했나 아니면 같은가? 그 이유는 무엇인가?
4. 20×1년 동안 생산수량은 회사의 기준조업도보다 많은가, 적은가? 그 이유는 무엇인가?
5. 고정제조간접비 실제발생액은 얼마인가? 그 이유는 무엇인가?

해답

1.

(1) 연결

손익계산서A – ㉰표준전부원가계산,　　손익계산서B – ㉱표준변동원가계산

손익계산서C – ㉮실제원가계산,　　손익계산서D – ㉯정상원가계산

(2) 이유

① 손익계산서A

3가지 원가요소에서 모두 원가차이가 발생하였으므로 표준전부원가계산이다.

② 손익계산서B

다른 손익계산서상의 고정비는 모두 ₩350,000인데 손익계산서B의 고정비는 ₩475,000이다. 이는 고정비에 고정제조간접비가 포함되어 있기 때문이므로 손익계산서B는 변동원가계산이고, 직접재료비와 직접노무비에서 원가차이가 발생하였으므로 표준원가계산이다. 따라서 손익계산서B는 표준변동원가계산이다.

③ 손익계산서C

어떠한 원가차이도 발생하지 않았으므로 실제원가계산이다.

④ 손익계산서D

직접재료비와 직접노무비에서는 원가차이가 없고 제조간접비 원가차이만 발생하였으므로 정상원가계산이다.

2. 재고자산은 ₩25,000만큼 감소하였다.

이유 : 표준변동원가계산에 의한 영업이익 ₩255,000이 표준전부원가계산에 의한 영업이익 ₩230,000보다 ₩25,000 크기 때문이다.

3. 변동제조간접비 발생액은 예산과 같다.

이유 : 손익계산서B(표준변동원가계산)에서 제조간접비 원가차이가 발생하지 않았다. 변동원가계산에서는 고정제조간접비는 기간비용으로 처리하므로 제조간접비 원가차이는 변동제조간접비를 의미한다. 따라서 변동제조간접비 원가차이가 발생하지 않았으므로 변동제조간접비 실제발생액과 예산은 일치하였다.

4. 생산수량은 기준조업도보다 적다.

이유 : 변동제조간접비 원가차이가 발생하지 않았고 고정제조간접비 소비차이는 없으므로, ₩25,000의 불리한 제조간접비 원가차이는 모두 고정제조간접비 조업도차이이다. 조업도차이가 불리한 차이므로 생산수량이 기준조업도보다 적다.

5. 고정제조간접비 실제발생액 : ₩475,000−350,000 = ₩125,000

이유 : 표준변동원가계산하의 고정비 ₩475,000은 실제발생한 판매관리비와 실제발생한 고정제조간접비의 합계이다. 표준전부원가계산에서는 판매수량에 포함된 고정제조간접비는 매출원가로 처리되므로 손익계산서상의 고정비 ₩350,000은 실제발생한 판매관리비를 의미한다.

문 9 개념차이의 이해

㈜정선의 20×2년의 손익계산서 및 기초 · 기말 재고자산 내역은 다음과 같다.

	변동원가계산	전부원가계산
매출액	₩7,000,000	₩7,000,000
표준매출원가	3,660,000	4,575,000
고정제조간접비	1,100,000	–
제조원가차이(모두 불리)		
직접재료원가 가격 및 능률차이	50,000	50,000
직접노무원가 가격 및 능률차이	60,000	60,000
변동제조간접비 소비 및 능률 차이	30,000	30,000
고정제조간접비		
소비차이	–	100,000
생산조업도차이	–	400,000
광고비 합계(모두 고정원가)	1,000,000	1,000,000
일반관리비 합계(모두 고정원가)	500,000	500,000
총원가	6,400,000	6,715,000
영업이익	₩600,000	₩285,000

표준원가로 표시된 재고자산은 다음과 같다.

	변동원가계산	전부원가계산
20×1년 12월 31일	₩1,320,000	₩1,650,000
20×2년 12월 31일	60,000	75,000

[요구사항]

1. 20×2년에 공장은 기준조업도의 몇 %수준에서 가동되었는가?
2. 전부원가계산과 변동원가계산에서의 영업이익의 차이를 조정하시오.
3. 회사에서 사용하고 있는 회계시스템이 무엇이냐에 따라 재고자산의 양이 달라질 수 있다고 한다. 부당한 재고자산의 누적에 대처할 수 있는 방안을 3가지만 제시하시오.

해답

1.

실제	예산	배부
1,100,000	② 1,000,000	④ 600,000

소비차이 ① 100,000 불리　　　　조업도차이 ③ 400,000 불리

$$\text{가동률} = \frac{600,000}{1,000,000} = 60\%$$

2.

전부원가계산 영업이익			285,000
(+)기초재고자산에 포함된 FOH	1,650,000 − 1,320,000	=	330,000
(−)기말재고자산에 포함된 FOH	75,000 − 60,000	=	15,000
변동원가계산 영업이익			600,000

3. 부당한 재고누적을 방지하기 위해서는 다음과 같은 방법을 쓸 수 있다.
   ① 구체적인 재고수준을 정하여 이를 유지하게 한다.
   ② 내부 성과평가를 위해서 변동원가계산을 사용한다.
   ③ 재고누적으로 인하여 묶인 자금의 기회비용을 성과평가시 고려한다.

해설

1. 변동원가계산에서 고정제조간접비에 대한 차이가 전혀 없으므로 변동원가계산에 기록된 ₩1,100,000은 고정제조간접비 실제 발생액을 의미한다. 그러므로 실제 발생액에서 출발하여 소비차이와 조업도차이를 조정하면 고정제조간접비 예산액과 배부액을 구할 수 있다. 한편, 예산과 배부액의 차이원인은 기준조업도와 SQ(실제생산량에 허용된 표준량)의 차이이다. 본 문제에서 수량은 제시되어있지 않으나 배부액이 예산의 60%이므로 가동률을 60%로 볼 수 있다.

2. 전부원가계산과 변동원가계산의 기초나 기말재고자산의 금액이 다른 이유는 전부원가계산은 고정제조간접비를 제품원가에 포함시키고 변동원가계산은 포함시키지 않았기 때문이다. 그러므로 두 방법에서의 기초나 기말재고자산의 금액 차이는 고정제조간접비를 의미한다.

문 10 전부 · 변동 · 초변동원가계산의 비교

㈜태종은 20×1년 처음 사업을 개시하였으며 정상원가계산을 채택하고 있다.
20×1년과 20×2년의 관련 자료는 다음과 같다.

	20×1년	20×2년
판 매 량	5,000개	5,000개
기말재고	1,000개	–

	20×1년	20×2년
단위당 판매가격	₩100	₩100
단위당 직접재료비	20	20
단위당 직접노무비	10	10
변동제조간접비예산	100,000	125,000
고정제조간접비예산	120,000	125,000
단위당 변동판관비	5	5
고정판관비	30,000	30,000
실제변동제조간접비	110,000	110,000
실제고정제조간접비	125,000	120,000
기준조업도	4,000개	5,000개

제품의 제조과정에서 발생하는 원가차이는 매출원가에서 조정하기로 한다.

[요구사항]

1. 20×1년 초변동원가계산에 의한 손익계산서를 작성하시오.
2. 20×1년, 20×2년의 변동제조간접비와 고정제조간접비 배부차이를 계산하시오.
3. 20×1년, 20×2년 변동원가계산에 의한 영업이익을 구하시오.
4. 20×2년 전부원가계산방법에 의한 손익계산서를 작성하시오.
5. 20×1년 변동원가계산과 전부원가계산의 이익차이를 조정하시오.
6. 20×1년 초변동원가계산과 변동원가계산의 이익차이를 조정하시오.
7. 원가차이를 재고자산으로 이연시킬 경우 20×1년 변동원가계산과 전부원가계산하의 영업이익은 얼마인가?

해답

1. 초변동원가계산

매출액	5,000 × 100	=	₩500,000
직접재료비	5,000 × 20	=	(100,000)
현금창출공헌이익			400,000
운영비			
직접노무비	6,000 × 10	=	(60,000)
제조간접비	110,000 + 125,000	=	(235,000)
판매비와관리비	5,000 × 5 + 30,000	=	(55,000)
영업이익			₩50,000

2.

	변동제조간접비 단위당 배부액	고정제조간접비 단위당 배부액
20×1년	100,000 ÷ 4,000 = 25	120,000 ÷ 4,000 = 30
20×2년	125,000 ÷ 5,000 = 25	125,000 ÷ 5,000 = 25

① 변동제조간접비

	실제발생액	배 부 액	초과배부(부족배부)
20×1년	110,000	6,000 × 25 = 150,000	40,000
20×2년	110,000	4,000 × 25 = 100,000	(10,000)

② 고정제조간접비

	실제발생액	배 부 액	초과배부(부족배부)
20×1년	125,000	6,000 × 30 = 180,000	55,000
20×2년	120,000	4,000 × 25 = 100,000	(20,000)

3. 단위당 변동비 20 + 10 + 25* + 5 = 60

* 단위당 변동제조간접비 배부액

① 20×1년 변동원가계산에 의한 영업이익
= 5,000개 × (₩100−60) + 40,000 − (30,000+125,000) = ₩85,000
(40,000: 초과배부, (30,000+125,000): 실제고정비)

② 20×2년 변동원가계산에 의한 영업이익
= 5,000개 × (₩100−60) − 10,000 − (30,000+120,000) = ₩40,000
(10,000: 부족배부, (30,000+120,000): 실제고정비)

4. 20×1년 단위당 전부원가 = 20 + 10 + 25 + 30 = ₩85
   20×2년 단위당 전부원가 = 20 + 10 + 25 + 25 = ₩80

매 출 액	5,000 × 100 =		₩500,000
매출원가			
기초재고	1,000 × 85 =	85,000	
당기생산	4,000 × 80 =	320,000	
기말재고		0	(405,000)
배부차이조정			
변동제조간접비 부족배부			(10,000)
고정제조간접비 부족배부			(20,000)
매출총이익			65,000
판매비와관리비			(55,000)
영업이익			₩10,000

5. 영업이익 차이조정

변동원가계산하의 영업이익		₩85,000
(+)기말재고자산에 포함된 고정제조간접비	1,000개 × 30 =	30,000
(−)기초재고자산에 포함된 고정제조간접비		0
전부원가계산하의 영업이익		₩115,000

6. 영업이익 차이조정

초변동원가계산하의 영업이익	₩50,000
(+)기말재고자산에 포함된 직접노무비와 변동제조간접비*	35,000
(−)기초재고자산에 포함된 직접노무비와 변동제조간접비	0
변동원가계산하의 영업이익	₩85,000

* 1,000개 × 35 = 35,000

7. 원가차이를 이연시킬 경우 영업이익

① 변동원가계산하의 영업이익 = 5,000개 × (100−60) − 155,000(실제고정비) = ₩45,000

② 전부원가계산하의 영업이익 = 5,000개 × (100−85) − 55,000(판관비) = ₩20,000

PART 04 원가추정

제4장

원가추정

제 1 절 원가추정의 의의와 원가함수

1. 원가추정의 의의

기업활동과 관련된 의사결정을 하기 위해서는 미래원가에 대한 추정이 필요하다. 그러나 미래의 활동과 관련된 완전한 원가정보를 얻는다는 것은 실질적으로 불가능하다. 따라서 경영자는 과거의 역사적 원가를 분석하여 미래원가를 추정한다. 즉, 미래에도 과거와 동일한 영업활동을 수행하고 특별한 환경변화가 없는 한 과거에 고정비나 변동비였던 것은 미래에도 고정비나 변동비가 될 가능성이 크므로 이미 발생한 역사적 원가를 분석하여 미래에 발생될 것으로 기대되는 원가를 추정할 수 있다.

원가추정(cost estimation)이란 원가가 어떠한 형태로 발생할 것인가를 추정하는 것이다. 즉, 원가추정이란 조업도와 원가 사이의 관계를 규명하는 것을 말한다. 원가추정의 목적은 과거의 역사적 원가자료를 분석하여 미래원가를 예측하고, 예측된 원가자료를 이용하여 계획수립 및 의사결정에 유용한 정보를 제공하는 것이다.

2. 원가함수

(1) 원가함수의 의의

조업도수준이 변할 때 원가발생액이 변하는 양상을 원가행태(cost behavior) 또는 원가함수(cost function)라고 한다. 즉, 독립변수(x)인 조업도와 종속변수(y)인 원가의 일정한 관계를 원가함수라 한다. 원가함수는 크게 선형함수와 비선형함수로 분류한다. 선형함수란 하나 또는 둘 이상의 독립변수인 원가동인이 변동함에 따라 종속변수인 원가가 선형을 이루는 관계를 말한다. 선형함수는 조업도의 변동에 따라 종속변수인 원가가 선형을 이루는 관계를 말한다. 다만 선형의 원가행태는 모든 구간에서 유효한 것이 아니라 단지 일정 범위의 조업도 구간에서만 유효한데 이와 같이 선형의 원가행태가 유지되는 조업도 구간을 관련범위(relevant range)라 한다. 선형함수는 조업도의 변동에 따라 원가가 어떠한 모습으로 변화하는가에 따라 원가를 크게 변동비, 고정비, 준변동비, 준고정비로 구분한다.

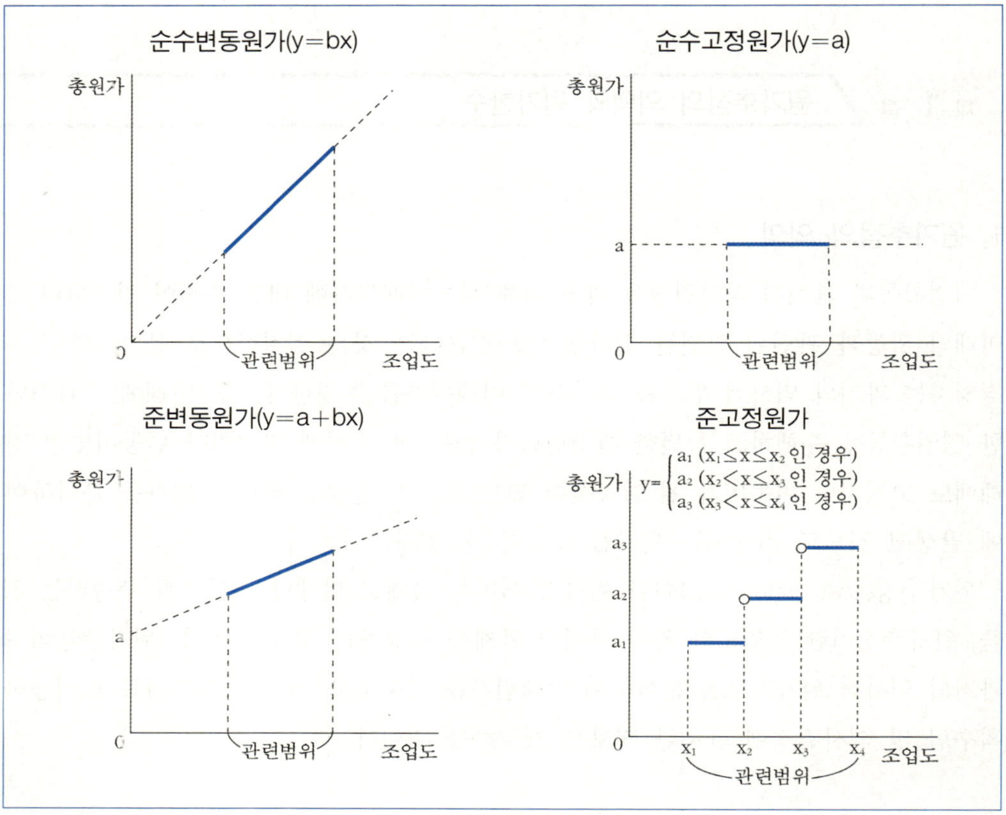

(2) 원가함수의 가정

현실적으로는 앞에서 살펴본 원가행태대로 원가가 발생하지는 않는다. 통상 경제학에서는 원가함수를 3차함수 형태의 비선형함수를 가정하고 있다. 그러나 회계학에서는 원가함수 추정의 편의를 위해 우리의 관심이 되는 관련범위 내에서는 선형인 것으로 가정한다. 경제학과 회계학의 원가함수를 비교하면 다음과 같다.

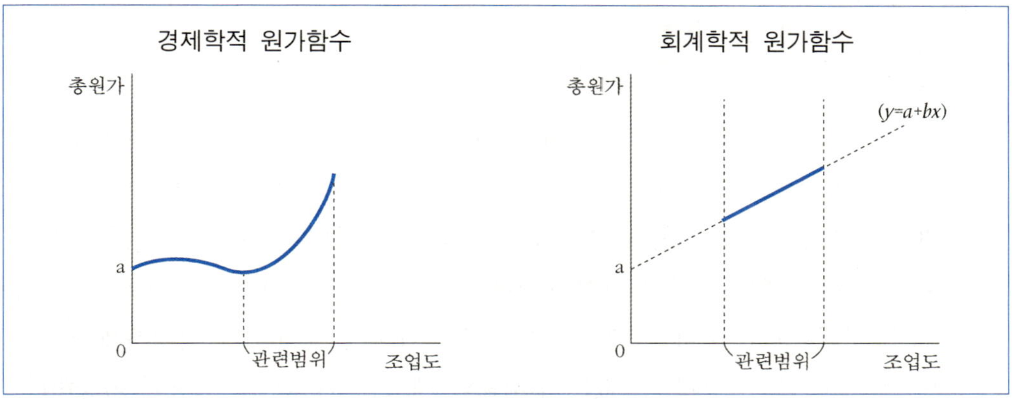

제 2 절 원가추정방법

원가함수를 추정한다는 것은 "y = a + bx"와 같은 원가방정식에서 a값과 b값을 추정하는 것이다. 그러나 원가추정의 목적은 단순히 a값과 b값의 추정에 있는 것이 아니고 독립변수(x)가 증가할 때 종속변수(y)의 변화량에 미치는 영향을 추정하는 것이다. 원가추정방법은 다음과 같이 분류할 수 있다.

- 원가추정방법
  - 선형함수
    - 산업공학적방법
    - 원가자료분석법
      - 계정분석법
      - 산포도법
      - 고저점법
      - 회귀분석법
  - 비선형함수 : 학습곡선

본 절에서는 선형함수를 가정한 5가지 추정방법에 대하여 설명하고, 학습곡선은 제4절에서 살펴보기로 한다.

1. 산업공학적 방법

(1) 의의

산업공학적 방법(industrial engineering method)은 과거의 원가자료에 의존하지 않고 효율적인 상태에서의 투입물과 산출물의 물리적 관계를 기술적으로 분석하여 원가를 추정하는 방법이다. 이 방법은 시간연구, 동작연구, 재료소요량의 평가 등과 같이 세밀한 작업측정에 의하여 원가를 추정하므로 작업측정법(work measurement method)이라고도 한다. 산업공학적 방법은 단위당 표준원가 산정시에 널리 이용되며, 과거자료를 이용할 수 없는 신제품의 제조원가추정에도 적용이 가능하다.

(2) 장점과 단점

산업공학적 방법은 과거의 원가자료가 없어도 원가표준을 설정하거나 원가를 추정할 수 있고 비교적 정확한 원가추정이 가능하다는 장점이 있으나 실행하는 데 비용이 많이 소요되고 투입과 산출 간에 물량적 관계가 명확하지 못한 제조간접비에 대해서는 적용하기가 어렵다는 단점이 있다. 그리고 최적의 상황을 가정하여 원가를 추정하므로 이를 성과평가에 사용하면 종업원의 사기가 저하되고, 계약체결을 위한 원가추정치로 사용하면 손실이 발생할 가능성이 커진다는 단점이 있다.

2. 계정분석법

(1) 의의

계정분석법(accounts analysis method)이란 회계담당자의 전문가적 판단에 따라 각 계정과목을 분석하여 원가를 먼저 변동비, 고정비 및 혼합원가로 분류하고, 혼합원가를 다시 변동비와 고정비로 분류한다. 그러므로 모든 원가를 주관적 판단에 의해 변동비와 고정비로 구분하여 원가함수를 추정하는 방법이다.

(2) 장점과 단점

계정분석법은 회계전문가의 식견에 의하여 원가함수를 추정하기 때문에 원가추정이 비교적 간편하고, 원가추정비용이 적게 들며, 상황변화에 따라 원가구조가 변경되는 경우에도 추정원가를 신속하게 수정할 수 있다는 장점이 있다. 그러나 계정분석법은 회계전문가의 주관적 판단에 의존하여 원가함수를 추정하기 때문에 과학적 논리성 및 객관성이 결여되고, 과거자료에 비효율적 · 비경상인 요소가 포함되어 있는 경우에 원가추정이 왜곡될 수 있다는 단점이 있다.

3. 산포도법

(1) 의의

산포도법(scatter diagram method)은 조업도와 원가를 두 축으로 하는 좌표(모눈종이) 위에 각 조업도에서 발생한 원가들을 점으로 표시한 뒤 분석가의 전문적인 판단에 의하여 표시된 점들의 중앙을 지나는 직선(regression line)을 눈대중(visual−fit)으로 찾아내어 원가를 추정하는 방법이다.

(2) 장점과 단점

산포도법은 이해하기 쉽고, 시간이 절약되므로 비용이 적게 발생한다. 그리고 비정상적 상황에서 발생한 이상치를 쉽게 발견할 수 있고, 원가추정의 초기 단계에서 전반적인 상황을 분석하는데 유용하다는 장점이 있다. 그러나 좌표에 찍힌 많은 점에 대하여 눈대중으로 원가를 추정하기 때문에 누가 추정하느냐에 따라 원가함수가 달라질 수 있으므로 객관성이 떨어진다는 단점이 있다.

4. 고저점법

(1) 의의

고저점법(high−low method)은 관련범위내의 원가자료 중에서 가장 높은 조업도의 원가자료와 가장 낮은 조업도의 원가자료를 직선으로 연결하여 원가방정식을 추정하는 방법이다. 이 방법에서는 고정비를 순수고정비라고 보고 가장 낮은 조업도에서의 원가와 가장 높은 조업도에서의 원가와의 차이를 전부 변동비에 의한 차이로 간주한다. 고저점법에서 단위당 변동비와 고정비는 다음과 같이 추정된다.

- 단위당 변동비(b) $= \dfrac{\text{최고조업도에서의 총원가}(y_2) - \text{최저조업도에서의 총원가}(y_1)}{\text{최고조업도}(x_2) - \text{최저조업도}(x_1)}$
- 고정비(a) = 최고(저)조업도에서의 총원가 − 단위당 변동비(b) × 최고(저)조업도

고저점법에 의한 원가추정은 다음 그림과 같이 정리할 수 있다.

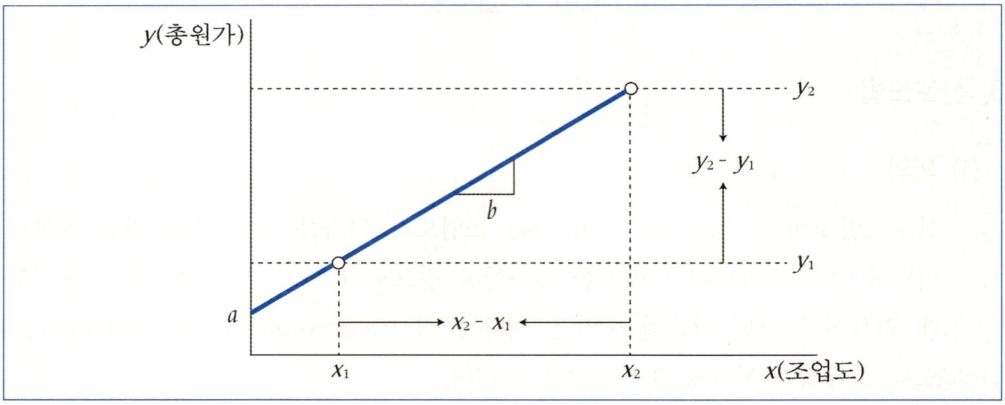

고저점법을 적용할 때 한 가지 주의할 점은 고저점법에서 말하는 고(high), 저(low)는 독립변수인 조업도에 의하여 판단하는 것이지 종속변수인 총원가에 의하여 판단하는 것이 아니라는 것이다. 즉, 고점은 조업도가 최고인 점이고 저점은 조업도가 최저인 점이다. 따라서 그림상으로는 최우측점이 고점에 해당하고 최좌측점이 저점에 해당한다.

(2) 장점과 단점

고저점법은 비교적 계산절차가 간단하고, 계정분석법이나 산포도법과 달리 주관적 판단이 개입되지 않으므로 객관적이며, 표본이 제한된 경우에도 사용할 수 있다는 장점이 있다. 그러나 두 점이 집단을 대표할 수 없으며, 주어진 모든 자료가 활용되지 못하기 때문에 정확한 원가함수도출이 어렵다는 단점이 있다. 또한 비정상적인 조업도가 대표치로 선정될 경우 원가추정이 왜곡된다는 단점도 있다.

예 제 1 고저점법

㈜유진의 20×1년도 지난 5개월간의 월별 생산량과 총제조원가는 다음과 같다.

기 간	생산량	총제조원가
1월	2,000	₩92,000
2월	1,500	80,000
3월	2,400	102,000
4월	2,500	100,000
5월	1,900	75,000

[요구사항]

1. 고저점법을 사용하여 원가함수를 추정하시오.
2. 6월의 생산량이 2,800단위일 경우와 3,000단위일 경우의 예상되는 총제조원가는 얼마인가?

해답

1.

고점(x_2, y_2) = (2,500, 100,000)

저점(x_1, y_1) = (1,500, 80,000)

$$b = \frac{y_2 - y_1}{x_2 - x_1} = \frac{100,000 - 80,000}{2,500 - 1,500} = \frac{20,000}{1,000} = 20$$

$100,000 = a + 20 \times 2,500 \quad \therefore a = 50,000$

$\therefore y = 50,000 + 20x$

2.

생산량이 2,800단위 일 때 : $y = 50,000 + 20 \times 2,800 =$ ₩106,000

생산량이 3,000단위 일 때 : $y = 50,000 + 20 \times 3,000 =$ ₩110,000

해설

3월의 총제조원가가 가장 많다고 할지라도 4월의 조업도가 가장 크기 때문에 4월의 자료가 고점으로 선택된다. 또한 5월의 총제조원가가 가장 적다고 할지라도 2월의 조업도가 가장 작기 때문에 2월의 자료가 저점으로 선택된다. 왜냐하면 고저점법에서 고(high), 저(low)는 독립변수인 조업도에 의하여 결정되기 때문이다.

5. 회귀분석법

(1) 의 의

회귀분석법(regression analysis method)은 하나 또는 그 이상의 독립변수 한 단위 변화가 종속변수의 평균변화량에 미치는 영향을 측정하여 원가를 추정하는 방법이다. 회귀분석에 의한 추정치는 관찰 자료를 모두 이용하므로 고저점만을 이용한 추정치보다 추정오차가 작아지게 된다. 또한 다수의 추가적인 통계량을 제시하므로 추정된 회귀식이 얼마나 원가와 조업도간의 관계를 잘 나타내는지 판단할 수 있다. 회귀분석법에서는 원가와 조업도간의 관계를 선형방정식으로 표시하기 위하여 최소자승법을 이용한다. 최소자승법이란 실제원가와 원가함수에 의해 추정한 원가의 차이(잔차)의 제곱의 합을 최소화하고자 하는 방법이다.

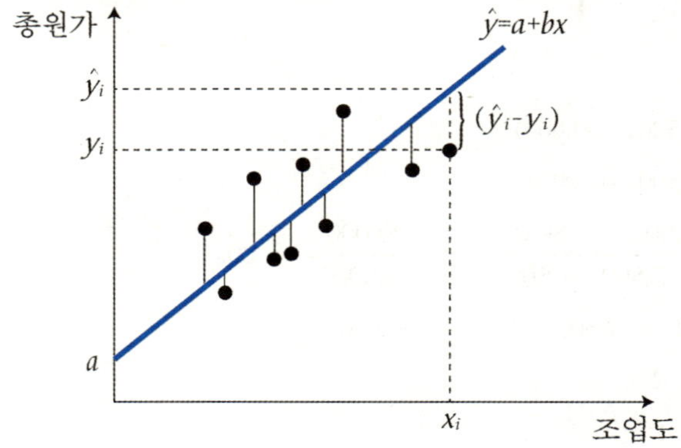

원가를 추정하는데 독립변수를 하나만 사용하면 단순회귀분석(simple regression analysis)이라 하고, 두 개 이상의 독립변수를 사용하면 다중회귀분석(multiple regression analysis)이라 한다.

(2) 단순회귀분석

단순회귀분석은 하나의 독립변수와 하나의 종속변수간의 관계를 분석하여 원가함수를 결정하는 것이다. 단순회귀식은 "$\hat{y}= a+bx$"로 표시되며 최소자승법을 이용하여 a 값과 b값을 추정한다. 최소자승법에서는 실제값을 y라 하고 회귀식에 의한 추정값을 $\hat{y}$ 라 할 때 잔차$(e)=y-\hat{y}$ 의 자승의 합이 최소가 되도록 a, b를 결정한다. 이는 다음과 같이 표시할 수 있다.

$$q = Min\sum_{i=1}^{n}(y_i - \hat{y_i})^2 = Min_{a,\,b}\sum_{i=1}^{n}(y_i - a - bx_i)^2$$

y_i : i 번째 관측치의 실제원가
$\hat{y}$: i 번째 관측치에 대한 추정원가
n : 자료의 수

이를 a와 b로 각각 편미분하여 편미분 값을 0으로 놓아 정리하면 다음과 같은 식을 얻을 수 있다.

$$\sum_{i=1}^{n} y_i = na + b\sum_{i=1}^{n} x_i$$

$$\sum_{i=1}^{n} x_i y_i = a\sum_{i=1}^{n} x_i + b\sum_{i=1}^{n} x_i^2$$

(3) 장점과 단점

회귀분석법은 계정분석법이나 산포도법과 달리 객관적이고, 고저점법과 달리 모든 원가자료를 사용한다는 장점이 있다. 그리고 원가함수 뿐만 아니라 추가적인 통계자료를 제공해 주며, 독립변수가 두 개 이상일 때도 사용할 수 있다는 장점이 있다. 그러나 계산과정이 복잡하고 엄격한 통계적 가정이 만족되지 않으면 그 결과가 무의미한 것이 될 수도 있다는 단점이 있다.

예 제 2 원가함수의 추정–회귀분석법

㈜유나가 20×1년 4개월 동안 작업한 실제기계시간과 실제발생한 제조간접비는 다음과 같다.

	제조간접비(y)	기계시간(x)
1월	₩350	800
2월	350	1,200
3월	150	400
4월	550	1,600

[요구사항]

회귀분석법에 의해 원가함수를 추정하시오.

해답

	x	y	x2	xy
1월	800	350	640,000	280,000
2월	1,200	350	1,440,000	420,000
3월	400	150	160,000	60,000
4월	1,600	550	2,560,000	880,000
	Σx = 4,000	Σy = 1,400	Σx^2 = 4,800,000	Σxy = 1,640,000

$\Sigma y = na + b\Sigma x$

$\Sigma xy = a\Sigma x + b\Sigma x^2$

$\therefore$ 1,400 = 4a + 4,000b ······························ ①

1,640,000 = 4,000a + 4,800,000b ········ ②

①식과 ②식을 연립하여 풀면 $\therefore$ a = 50, b = 0.3

$\therefore \ \hat{y}$ = 50 + 0.3x

6. 원가함수 추정에 있어서 a 값의 의미

원가함수를 y = a + bx라고 가정할 때, a값이 고정비로 간주되는 것은 아니다. 단지 a값은 주어진 자료에 의해 나온 추정치로서 조업도가 0일 때 나오는 y의 절편에 불과하다. 즉, 관련범위내의 원가자료에 의해 추정된 원가함수에 의해 계산된 상수로서 그 자체는 아무런 의미를 갖지 못한다. 분석자는 조업을 하기 위해서 원가함수를 추정하므로 분석자가 관심을 갖고 있는 관련범위는 0의 조업도가 포함될 수가 없다. 따라서 a값이 관련범위 내의 고정비로 간주되지 않는다.

전통적인 원가함수 추정방법

	의 미	장 · 단점
산업공학법	투입 · 산출관계를 계량적으로 분석하여 원가함수를 추정	• 과거자료에 의존하지 않음 • 비용과다, 최적상황 가정
계정분석법	전문가의 판단에 의하여 원가함수를 추정	• 신속하고, 수정이 쉬움 • 주관적 판단, 객관성 결여
산포도법	과거자료를 모눈종이에 표시한 후 눈대중으로 추정	• 간단하고 이해하기 쉬움 • 주관적 판단, 객관성 결여
고저점법	최고 · 최저조업도의 자료를 이용하여 원가함수 추정	• 객관적, 제한된 표본으로 적용가능 • 대표성 결여
회귀분석법	x의 변화가 y의 평균변화량에 미치는 영향을 통계적으로 분석	• 객관적, 다양한 분석가능 • 복잡하고 이해하기 어려움

제 3 절 활동기준원가계산에서의 원가추정

지금까지는 단일의 원가동인(조업도)을 가정하고 원가함수를 추정하였다. 즉, 원가발생에 영향을 미치는 요인이 하나만 존재하는 것으로 가정하고 원가를 추정하였다. 그러나 기업환경이 복잡하게 변화되면서 원가의 발생에 영향을 미치는 요인은 다양화되고 있다.

활동기준원가계산에서는 활동별로 원가동인을 파악하고 다양한 원가동인을 독립변수로 하여 보다 정확한 원가함수를 추정한다. 활동기준원가계산에서는 통계프로그램을 이용하여 다중회귀분석을 통하여 원가를 추정하는 것이 일반적이다. 다중회귀분석은 단순회귀분석을 확장한 개념으로 두 개 이상의 독립변수(원가동인)를 사용하여 종속변수(원가)를 추정하는 기법이다.

전통적인 원가함수	$y = a + b \cdot x$ ⇨ 원가자료를 이용하여 a, b값을 추정하고 이를 이용하여 총원가를 예측한다. 총원가에 영향을 미치는 요소는 조업도뿐이다.
ABC의 원가함수	$y = a + b_1 \cdot x_1 + b_2 \cdot x_2 + b_3 \cdot x_3 + b_4 \cdot x_4$ ⇨ 생산량(조업도)에 비례하는 단위수준변동원가도 있고, 생산량(조업도)에 비례하지 않는 비단위수준변동원가도 있다.

예 제 3 ABC의 원가추정

㈜유현은 신경영방침을 세우고 활동기준원가시스템을 도입하려 하고 있다. 기존 시스템하에서는 제조간접비를 직접노동시간당 ₩55으로 책정하고 있었다. 그러나 한국컨설팅에 외주를 주어 조사한 바에 의하면 다음과 같은 제조간접비 원가함수가 나타났다.

제조간접비 = ₩40 × 직접노동시간 + ₩200 × 품질검사횟수 + ₩800 × 생산뱃치수

11월과 12월의 월조업도 수준은 다음과 같을 것으로 예측된다.

월	직접노동시간	품질검사횟수	생산뱃치수
11월	20,000시간	200회	200뱃치
12월	18,000시간	500회	250뱃치

[요구사항]

1. 기존의 방법으로 11월과 12월의 제조간접비를 예측하시오.
2. 새로 추정한 원가함수를 이용하여 11월과 12월의 제조간접비를 예측하시오.
3. 물음1과 2의 예측치에 차이가 나는 이유는 무엇인가?

해답

1. 기존의 방법에 의한 제조간접비 예측액
   (1) 11월 : 20,000 × ₩55 = ₩1,100,000
   (2) 12월 : 18,000 × ₩55 = ₩990,000

2. ABC방법에 의한 제조간접비 예측액
   (1) 11월 : ₩40 × 20,000 + ₩200 × 200 + ₩800 × 200 = ₩1,000,000
   (2) 12월 : ₩40 × 18,000 + ₩200 × 500 + ₩800 × 250 = ₩1,020,000

3. 두 가지의 원가계산방법에 의한 원가추정액이 다른 이유
   기존의 방법은 단일 조업도인 직접노동시간만을 고려하여 제조간접비를 추정하였으나, ABC에 의한 방법은 기존의 단일조업도인 직접노동시간 이외에 직접노동시간에 비례하지 않는 2가지의 원가동인까지 고려하여 원가를 추정하였기 때문에 양자의 원가추정액에 차이가 발생하였다.

제 4 절 학습곡선

1. 학습곡선의 기초

지금까지는 독립변수와 종속변수가 선형이라는 가정하에 원가함수를 추정해 보았다. 그러나 독립변수와 종속변수간의 관계가 선형이 아닌 경우가 일반적이며, 이러한 비선형원가함수의 대표적인 예가 학습효과에 따른 원가행태이다.

(1) 학습효과

일반적으로 누적생산량이 증가함에 따라 누적평균시간이 체계적으로 감소할 때 학습효과가 있다고 한다. 이러한 효과는 생산과정에서 많은 직접노동시간을 필요로 하는 복잡한 작업의 경우에 크게 나타난다. 학습효과(learning effect)란 동일한 작업을 반복 수행함에 따라 숙련도가 증가되어 단위당 노동시간 및 단위당 원가가 감소하는 현상을 말한다. 이와 같이 학습효과가 존재하는 경우에는 학습효과로 인한 원가절감액을 반드시 고려하여 의사결정 하여야 한다. 학습효과에 영향을 미치는 요인으로는 작업능률의 향상, 생산의 표준화, 공정방법의 개선, 생산 공정의 재설계 등이 있다.

(2) 학습곡선

학습곡선(learning curve)이란 학습효과의 작용으로 인하여 조업도(독립변수)가 증가함에 따라 단위당 노동시간(종속변수)이 체계적으로 감소하는 비선형 원가함수를 의미한다. 학습곡선의 형태는 다음과 같다.

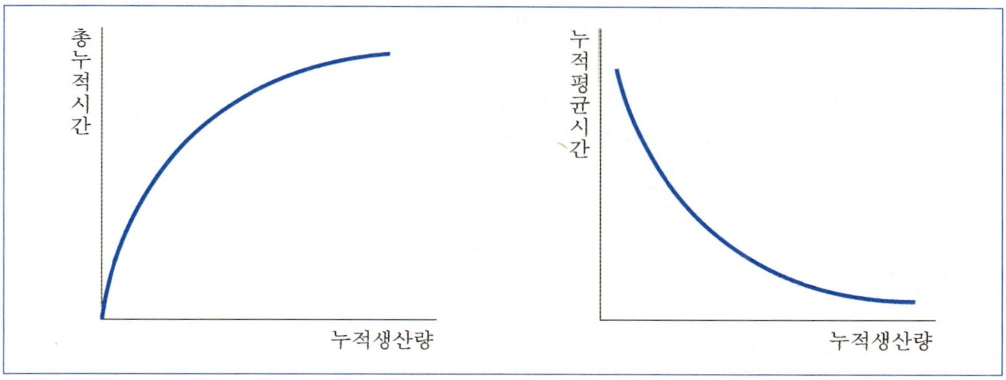

학습곡선을 추정하기 위해서는 먼저 학습률(learning curve percentage)을 이해하여야 한다. 누적생산량이 두 배가 될 때마다 제품 단위당 평균시간이 x%만큼 감소할 때 학습률은 (100－x)%라 한다. 학습률은 전단계에 비하여 감소되는 비율을 의미하는 것이 아니고 전단계에 비하여 발생하는 비율을 의미한다. 예를 들면 1단위를 생산하는데 100시간이 소요되었고 학습률이 80%라면, 누적생산량이 2단위가 되면 단위당 평균시간은 100 × 0.8 = 80시간이 된다. 즉, 전단계에 비하여 학습률에 해당하는 만큼 평균시간이 발생한다. 따라서 학습률이 높다는 것을 노동시간이나 원가가 많이 감소되는 것으로 이해하면 안 된다. 노동시간이나 원가가 많이 감소하는 경우에는 학습률이 아니고 학습효과가 크다고 한다. 학습곡선은 생산개시단계의 총원가

추정, 생산일정계획의 수립, 단위당 표준원가의 설정, 종합예산의 편성 등과 같은 의사결정에 이용할 수 있다.

(3) 학습효과가 있는 원가

제품제조에 종사하는 종업원들이 같은 작업을 반복 수행하다 보면 경험이 쌓이게 되고, 점차로 생산성이 향상됨에 따라 제품 단위당 작업시간이 감소하는 현상을 종종 볼 수 있다. 제품 단위당 작업시간이 감소하게 되면 직접노무비가 감소되고 직접노동시간이나 직접노무비를 기준으로 배부하는 변동제조간접비도 감소하게 된다. 그러나 직접재료비, 포장비, 고정제조간접비, 판매관리비 등은 일반적으로 학습효과를 기대할 수 없는 원가이다. 다만 경험이 축적됨에 따라 공손이 체계적으로 감소하는 경우에는 직접재료비에도 학습효과가 있을 수 있다.

(4) 학습곡선모형의 한계

오늘날 자동화된 생산이 이루어지고, 경영환경이 급변하면서 반복생산으로 인하여 발생되는 학습효과는 점점 미미해지고 있다.

- 종업원의 이직률 증가로 인하여 학습효과가 미미하다.
- 다품종 소량생산체제에서 학습효과가 미미하다.
- 생산자동화로 인하여 직접노무비의 비중이 감소하여 학습효과가 미미하다.

2. 학습곡선의 유형

학습곡선모형은 종속변수를 단위당 누적평균시간을 사용하느냐 또는 증분단위시간을 사용하느냐에 따라 누적평균시간 학습모형과 증분단위시간 학습모형으로 구분된다.

(1) 누적평균시간 학습모형

누적평균시간 학습모형(cumulative average learning model)에서는 누적생산량이 두 배로 증가될 때마다 단위당 누적평균시간이 전단계 누적생산량의 단위당 평균시간에 대하여 일정율로 감소한다. 감소하는 일정율이란 (1−학습률)을 의미하므로 발생하는 비율은 학습률이 된다.

예를 들어 누적평균시간모형에서 학습률이 80%이고 최초 1단위 생산에 100시간이 소요되었다고 가정해 보자. 이 때 누적생산량(X)과 누적생산량 단위당 평균시간(Y) 및 총누적시간(X, Y)의 관계를 표로 나타내면 다음과 같다.

X(누적생산량)		Y(누적생산량 단위당 평균시간)		X · Y(총누적시간)	
1		100		100	
	2배		80%		△60
2		100 × 0.8 = 80		80 × 2 = 160	
3	2배	?	80%	?	△96
4		80 × 0.8 = 64		64 × 4 = 256	

누적생산량이 1단위에서 2단위로 2배 증가하면 누적생산량 단위당 평균시간은 학습률만큼만 발생한다. 즉 100시간에서 80시간으로 감소한다. 이 때 80시간은 누적생산량에 대한 단위당 평균시간을 의미하는 것이기 때문에 두 번째 단위를 생산할 때 발생한 시간이 80시간이라는 것을 의미하는 것이 아니다. 누적생산량 단위당 평균시간이 80시간이므로 총누적시간은 80 × 2 = 160시간이고, 첫 번째 단위를 생산할 때 100시간이 발생하였으므로 두 번째 단위를 추가로 생산할 때 발생한 시간은 160 − 100 = 60시간이다.

누적생산량이 2단위에서 4단위로 2배 증가하면 누적생산량 단위당 평균시간이 80시간에서 64시간으로 감소한다. 누적생산량 단위당 평균시간이 64시간이므로 총누적시간은 64 × 4 = 256시간이고, 두 번째 단위까지 생산할 때 160시간이 발생하였으므로 세 번째 단위와 네 번째 단위를 생산할 때 추가로 발생한 시간은 256 − 160 = 96시간이다.

누적생산량이 증가함에 따른 누적평균시간(누적평균원가)과 총누적시간(총원가)은 다음과 같이 표시된다.

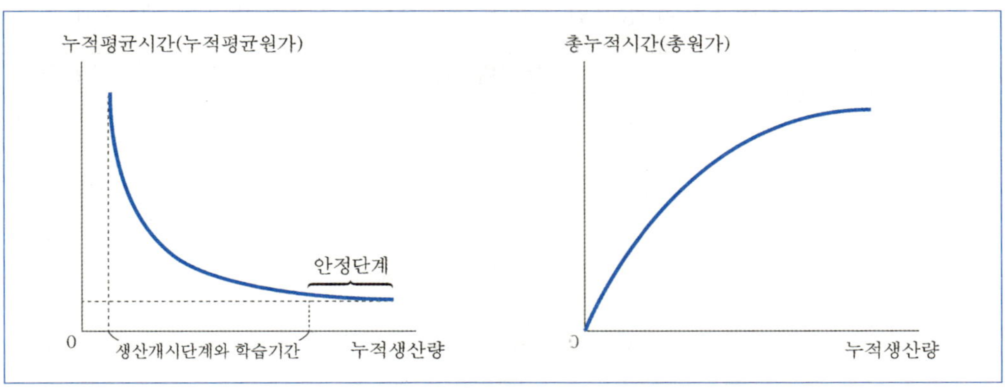

그림에서 보듯이 학습효과가 나타나면 누적생산량이 증가함에 따라 누적생산량 단위당 평균노동시간과 단위당 원가는 감소한다. 그러나 일정한 단계를 지나면 학습효과는 나타나지 않는데 이를 안정단계라고 하며, 안정단계에 돌입했을 때 학습곡선은 어떠한 정보적 효과도 주지 못한다. 따라서 학습곡선은 생산개시단계나 학습기간 중에만 이용이 가능하다. 누적평균시간 학습모형식은 다음과 같다.

$$Y = a \cdot X^{-b}$$

Y : 누적 생산량이 x단위일 때 소요되는 단위당 누적평균시간
a : 첫 번째 단위를 생산하는데 소요되는 시간
X : 누적생산량
b : 학습지수 $\left(-\dfrac{\log 학습률}{\log 2}\right)$

누적생산량이 2배로 증가하는 경우에는 위 예에서 설명한 방법(이배수법)으로 산출이 가능하나 위 예에서 세 번째 단위의 누적생산량 단위당 평균시간을 구하려 하는 경우에는 학습모형식을 사용하여야 한다.

(2) 증분단위시간 학습모형

증분단위시간 학습모형(incremental unit－time leaning model)이란 누적생산량이 두 배가 될 때마다 증분단위시간이 일정한 비율로 감소하는 것을 나타내는 모형을 말한다. 누적평균시간 학습모형에서는 종속변수로 누적평균시간을 사용하는데 반해 증분단위시간학습모형에서는 종속변수로 증분단위시간을 사용한다. 증분단위시간이란 맨 마지막단위를 생산하는데 소요되는 시간을 의미한다. 따라서 평균의 의미가 아니므로 제품 단위당 증분시간을 일일이 계산해서 모두 더해야 총누적시간을 구할 수 있다. 앞의 예를 이용하여 증분단위시간 학습모형을 설명하면 다음과 같다.

X(누적생산량)		m(증분단위시간)		Σm(총누적시간)	
1	2배	100	80%	100	△80
2		100 × 0.8 = 80		100 + 80 = 180	△?
3	2배	?	80%	100 + 80 + ?	△64
4		80 × 0.8 = 64		100 + 80 + ? + 64	

누적생산량이 1단위에서 2단위로 2배 증가할 때 증분단위에 대한 증분단위시간은 100 × 0.8 = 80시간이다. 그리고 누적생산량이 2단위에서 4단위로 2배 증가하면 증분단위에 대한 증분단위시간은 80 × 0.8 = 64시간이다.

증분단위시간 학습모형은 맨 마지막 단위에만 적용되기 때문에 증분단위에 대한 증분단위시간(m)을 일일이 계산하지 않으면 총누적시간을 산출할 수 없다. 세 번째 단위와 같이 누적생산량이 두 배에 해당하지 않는 경우에는 학습모형식에 대입하여 산출하여야 한다.

증분단위시간 학습모형식은 다음과 같다.

$$m = a \cdot X^{-b}$$

m : x번째 단위 생산시 증분단위시간
a : 최초 한 단위 생산시 소요되는 시간
X : 누적생산량
b : 학습지수 $\left(-\frac{\log 학습률}{\log 2}\right)$

예 제 4 학습곡선모형

㈜유진은 20×1년 초에 처음으로 영업을 시작하였다. 첫 번째 제품 한 단위를 생산하는데 직접노동시간이 125시간 소요되었다. 학습률은 80%이며, 학습률이 80%인 경우 학습지수(b)는 0.3219이라고 가정한다.

[요구사항]

1. 누적평균시간 학습모형이 적용되는 경우 3단위를 추가로 생산하는데 추가로 소요될 직접노동시간은 얼마인가?
2. 증분단위시간 학습모형이 적용되는 경우 3단위를 추가로 생산하는데 추가로 소요될 직접노동시간은 얼마인가?

해답

1.

X(누적생산량)		Y(누적생산량 단위당 평균시간)		X · Y(총누적시간)	
1	2배	125	80%	125	△75
2	2배	125 × 0.8 = 100	80%	100 × 2 = 200	△120
4		100 × 0.8 = 80		80 × 4 = 320	

∴ 3단위를 추가생산하면 195시간(75+120)이 추가로 소요된다.

2.

X(누적생산량)		m(증분단위시간)		Σm(총누적시간)	
1	2배	125	80%	125.00	△100
2	2배	125 × 0.8 = 100	80%	125 + 100 = 225.00	△87.76
3		87.76[1]		225 + 87.76 = 312.76	△80
4		100 × 0.8 = 80		312.76 + 80 = 392.76	

[1] $125 \times 3^{-0.3219} = 87.76$

∴ 3단위를 추가생산하면 267.76* 시간이 추가로 소요된다.

* 392.76 − 125 = 267.76 또는 100 + 87.76 + 80 = 267.76

해설

증분단위시간은 제품의 단위당 증분시간을 일일이 계산해야 하므로 증분단위시간을 계산하기 위해서는 학습지수(b) 등의 추가 자료가 주어져야 한다. 실제시험에서는 3−0.3219이라는 값을 계산할 수 없으므로 미리 계산된 값을 표로 알려주는 것이 일반적이다.

연습문제

COST ACCOUNTING

문 1 고저점법과 제조간접비 예정배부율의 산출

㈜유진의 20×1년 1월에서 6월까지 직접노동시간과 총제조간접비 자료는 다음과 같다

월	직접노동시간(x)	총제조간접비(y)
1	1,750시간	₩270,000
2	2,100	354,000
3	1,875	310,000
4	2,400	398,000
5	2,650	405,000
6	2,700	403,000

[요구사항]

1. 고저점법에 의하여 총제조간접비 원가함수를 추정하시오.
2. 7월의 직접노동시간이 3,000시간이라고 할 때, 제조간접비는 얼마라고 추정할 수 있는가?
3. 고저점법에 의한 추정한 원가함수가 y = 25,000 + 140x 이라고 가정하자. 이 때 고정제조간접비는 ₩25,000이라고 말할 수 있는가?
4. 이 회사는 직접노동시간을 기준으로 제조간접비를 배부하고 있으며 고저점법에 의해 제조간접비 예산을 편성하고 있다. 20×2년의 예산조업도가 20,000직접노동시간으로 예측될 경우 20×2년의 직접노동시간당 제조간접비 예정배부율은 얼마가 되겠는가?

해답

1. $b = \left(\dfrac{403{,}000 - 270{,}000}{2{,}700\text{시간} - 1{,}750\text{시간}}\right) = 140$

   $270{,}000 = a + 140 \times 1{,}750\text{시간}$ ∴ $a = ₩25{,}000$

   ∴ 원가함수 : $y = 25{,}000 + 140x$

   단, x = 직접노동시간

> ■ **별해** : $403{,}000 = a + 2{,}700b$ …… ①
>
> $270{,}000 = a + 1{,}750b$ …… ②
>
> ①식과 ②식을 연립하여 풀면 다음과 같다
>
> $a = ₩25{,}000,\ b = ₩140$
>
> ∴ $y = ₩25{,}000 + 140x$

2. y = 25,000 + 140 × 3,000시간 = ₩445,000

3. 고정제조간접비를 ₩25,000이라고 말할 수 없다. 왜냐하면 ₩250,000은 단지 주어진 자료에 의해 계산된 추정치로서 x = 0일 때 나오는 y의 절편 값에 불과하다. 제시된 자료에는 조업도가 0인 점은 없으므로 ₩25,000은 제시된 자료에 의해 추정한 값에 불과할 뿐이므로 고정제조간접비라고 할 수는 없다.

4. (1) 20×2년 제조간접비 예산(y)

   y = 25,000 × 12개월 + 140 × 20,000시간 = ₩3,100,000

   (2) 제조간접비 예정배부율 $= \left(\frac{\text{연간제조간접비예산}}{\text{연간예산조업도}}\right) = \left(\frac{3,100,000}{20,000\text{시간}}\right) =$ ₩155/직접노동시간

해설

1. 고저점법에서 총제조간접비(종속변수)는 5월이 가장 높으나, 직접노동시간(독립변수)은 6월이 가장 높다. 즉, 종속변수로는 5월이 가장 높으나 독립변수로는 6월이 가장 높다. 고저점법에서 고저는 독립변수인 조업도에 의해 선택되는 것이므로 6월이 대표점(고점)이 된다.

2. 고저점법에 의해 추정된 원가함수는 월별 추정치이므로, 연간예산을 구하기 위해서는 월간 고정비 추정치(₩25,000)에 12개월을 곱하여 연 단위로 환산하여야 한다.

문 2 계정분석법

서강주유소에서는 터널식 자동세차장을 운영하고 있다. 자동차를 자동연속 컨베이어 벨트에 올려놓으면, 자동으로 세차의 전과정이 이루어진다. 작업자들은 자동차의 내부청소를 하며 작업시간에 따라 임금을 지급한다. 한편, 세차장 감독자 한 명이 작업자들을 모두 관리한다. 20×1년 동안 8,000대의 자동차를 세차하였으며 관련 원가는 다음과 같다.

계 정	원 가
작업자 노무원가	2,400,000
세제 및 용수	600,000
전기요금	800,000*[1]
감가상각비	560,000
감독자 급여	300,000
출납직원 급여	?*[2]

*[1] 전기요금중 ₩80,000은 사용량과 관계없이 발생하는 기본료이다.

*[2] 출납직원은 주유와 관련된 출납과 세차와 관련된 출납을 동시에 수행하고 있으며 2014년 동안 급여는 ₩400,000이다. 전체 출납업무에서 세차와 관련된 출납업무가 차지하는 비율은 40%라고 판단된다.

[요구사항]

1. 각 계정의 원가를 변동비와 고정비로 분류하시오.
2. 계정분석법을 이용하여 원가함수를 추정하시오.
3. 20×2년에 10,000대의 차를 세차할 것으로 예상된다. 계정분석법을 이용하여 20×2년에 세차장에서 발생할 총원가를 추정하시오.
4. 20×1년과 20×2년의 한 대당 평균세차원가를 계산하시오. 단, 20×2년에 대해서는 10,000대의 예상세차수량을 사용한다.
5. 물음4에서 20×1년과 20×2년의 대당 평균세차원가가 다른 이유는 무엇인가?

해답

1.

변동비		
작업자 노무원가		₩2,400,000
세제 및 용수		600,000
전기요금	800,000−80,000 =	720,000
		₩3,720,000
고정비		
전기요금		₩80,000
감가상각비		560,000
감독자 급여		300,000
출납직원 급여	400,000×0.4 =	160,000
		₩1,100,000

2. 대당 변동비 = ₩3,720,000 ÷ 8,000 = ₩465/자동차
   총원가(y) = 1,100,000 + 465x

3. 총원가(y) = ₩1,100,000 + (₩465×10,000) = ₩5,750,000

4. 20×1년 평균원가 $= \frac{3,720,000+1,100,000}{8,000} = \frac{4,820,000}{8,000} =$ ₩602.5

   20×2년 평균원가 $= \frac{5,750,000}{10,000} =$ ₩575

5. 고정비는 관련범위 내에서 일정액이 발생하기 때문에 조업도가 증가하면 단위당 고정비는 감소한다. 20×2년에 조업도 수준이 10,000단위로 증가하면 단위당 고정비의 감소로 인하여 단위당 평균원가는 감소한다.

문 3 누적평균시간 학습모형

㈜파랑은 항공기부품 제조회사이며, 지난달에 50단위의 부품을 처음으로 생산하여 판매하였는데 그 원가자료는 다음과 같다.

직접재료비		400,000
직접노무비	5,000시간 × @40 =	200,000
변동제조간접비		50,000*1
기타제조간접비		80,000*2
합계		₩730,000

*1 변동제조간접비는 직접노무비에 비례하여 발생한다.

*2 기타제조간접비는 계약입찰 목적으로 직접노무비의 40%를 일정하게 배부한다.

[요구사항]

1. 이번 달에 150단위의 부품계약에 입찰하려 한다. 150단위의 부품계약에 입찰하기 위하여 예상되는 총원가를 추정하시오. 단, 75%의 누적평균시간 학습곡선을 가정한다.
2. 물음1과 같이 150단위를 납품한 후에 추가로 100단위를 더 생산하려 한다. 100단위 추가 생산시 필요한 직접노동시간은 얼마인가? 단, 75% 학습곡선하에서 X^{-b}의 값은 다음과 같다(X는 누적생산량을 의미함).

X	X^{-b}	X	X^{-b}
1	1.0000	5	0.5130
2	0.7500	6	0.4750
3	0.6340	7	0.4460
4	0.5625	8	0.4219

3. 한편 ㈜바람도 ㈜파랑과 동일한 부품을 생산하고 있는데 100단위를 하나의 롯트(묶음)로 생산하고 있다. 처음 100단위를 생산하는데 8,000 직접노동시간이 소요되었다. ㈜바람의 생산량 및 증분직접노동시간이 다음과 같을 때 누적평균시간 학습곡선모형에 의한 학습률은 얼마이겠는가?

누적생산량	증분직접노동시간
100 → 200	4,800
200 → 400	7,680

해답

1.

X	Y	X · Y	△X · Y
50	100	5,000	0
↓ 2배	↓ 0.75		
100	75	7,500	2,500
↓ 2배	↓ 0.75		
200	56.25	11,250	3,750
			6,250

직접재료비	(400,000÷50) × 150	=	1,200,000
직접누무비	6,250 × 40	=	250,000
변동제조간접비	250,000 × (50,000÷200,000)	=	62,500
기타제조간접비	250,000 × 0.4	=	100,000
			₩1,612,500

2.

X	Y	X · Y	△X · Y
50(1)	100	5,000	0
100(2)			
150(3)			
200(4)	100 × 0.5625 = 56.25	11,250	0
250(5)	100 × 0.5130 = 51.30	12,825	1,575
300(6)	100 × 0.4750 = 47.50	14,250	1,425
			3,000

3.

X	Y	X · Y	△X · Y
100	② 80	① 8,000	0
200	⑤ 64	④ 12,800	③ 4,800
400	⑧ 51.2	⑦ 20,480	⑥ 7,680

∴ 64 ÷ 80 = 80%

또는 51.2 ÷ 64 = 80%

문 4 단답형 기출문제

1. ㈜유진의 지난 6개월간 전력비는 다음과 같다. 기계시간이 전력비에 대한 원가동인이라면 32,375 기계시간이 예상되는 7월의 전력비는 고저점법에 의할 때 얼마로 추정되는가?

월별	기계시간	전력비
1월	34,000	₩610,000
2월	31,000	586,000
3월	33,150	507,000
4월	32,000	598,000
5월	33,750	650,000
6월	31,250	575,000

2. 다음은 ㈜유나의 조업도수준에 따른 자료이다.

	조업도수준	
	낮음	높음
생산수량	25,000단위	30,000단위
총제조원가	₩575,000	₩680,000
단위당 직접재료비	₩5	₩5
단위당 직접노무비	₩6	₩6

고저점법을 사용하여 제조간접비 원가함수(y = a + bx)를 추정하시오.

3. 다음은 ㈜유현이 생산하는 A제품의 20×1년과 20×2년의 생산 관련 자료이며, 총고정원가와 단위당 변동원가는 일정하다.

구분	생산량(개)	총제조원가
20×1년	1,000개	₩50,000,000
20×2년	2,000개	₩70,000,000

20×3년도에는 전년도에 비해 총고정원가는 20% 증가하고, 단위당 변동원가는 30% 감소한다면, 생산량이 3,000개일 때 총제조원가는 얼마인가?

4. ㈜현희는 고급시계를 생산 판매한다. 20×1년 회사의 원가추정자료는 다음과 같다.

예정생산량	10,000개	개당 소요 직접노동시간	2시간
시간당 임률	₩100	뱃치당 소요 기계가동시간	3시간

생산은 200개를 한 뱃치(batch)로 이루어지며, 다음은 제조원가의 항목별 자료이다.

직접재료비	생산량 개당	₩1,000
직접노무비		?
제조간접비		
작업준비비	뱃치당	₩30,000
동　력　비	기계가동시간당	₩1,500
조립작업비	직접노동시간당	₩200
기　　　타	월정액	₩200,000

위의 자료에 기초할 때 20×1년의 제조원가는 얼마로 추정되는가?

5. ㈜태종은 신제품을 본격적으로 생산하기로 하였다. 타사의 유사제품과 경쟁이 격심한 관계로 변동비만 회수하여도 신제품의 입찰을 고려하여야 할 상황이다. 이 제품의 작업에는 누적평균시간 학습곡선모형이 적용된다. 지금까지의 시험생산 결과 처음 8단위에 대한 제품생산과 관련된 직접노동시간은 다음과 같다.

• 처음 4단위 생산시 소요된 직접노동시간	800시간
• 두 번째 4단위 생산시 추가로 소요된 직접노동시간	480시간

시간당 임률이 ₩100인 경우, 시험생산량 8단위를 포함하여 총 32단위를 생산할 경우 예상되는 총직접노무비는 얼마인가?

해답

1. • 고점(34,000시간, ₩610,000)
   저점(31,000시간, ₩586,000)
   • $b = \frac{610,000-586,000}{34,000-31,000} = 8$
   • $a = 610,000 - 34,000 \times 8 = 338,000$
   • $y = 338,000 + 8 \times 32,375 = 597,000$

2. • 제조간접비 총액 :
   낮은 경우 ₩575,000−25,000×(₩5+6) = ₩300,000
   높은 경우 ₩680,000−30,000×(₩5+6) = ₩350,000
   • 고저점법에서 $b = \frac{350,000-300,000}{30,000-25,000}$ = ₩10
   • 고점에 대입하면 a = ₩350,000−10×30,000 = ₩50,000
   • $\therefore y = 50,000 + 10x$

3. • $b = \frac{70,000,000-50,000,000}{2,000-1,000} = 20,000$

• $50,000,000 = a + 1,000 \times 20,000 \therefore a = 30,000,000$

• $y = 30,000,000 + 20,000x$

• $y' = 30,000,000 \times 1.2 + 20,000 \times 0.7 \times 3,000 = 78,000,000$

4.

직접재료비	₩1,000×10,000개	=	₩10,000,000
직접노무비	10,000개×2시간×₩100	=	2,000,000
제조간접비			
작업준비비	10,000개÷200개×₩30,000	=	1,500,000
동력비	50회×3시간×₩1,500	=	225,000
조립작업비	20,000시간×₩200	=	4,000,000
기타	₩200,000×12	=	2,400,000
			₩20,125,000

5. • 학습률 추정

누적생산량(X)	누적평균단위당 노동시간(Y)	총노동시간(X · Y)
4	① 200	800
8	③ 160	② 1,280

① 800시간 ÷ 4단위 = 200시간/단위

② 800시간 + 480시간 = 1,280시간

③ 1,280시간 ÷ 8단위 = 160시간/단위

∴ 학습률 : 160시간 ÷ 200시간 = 80%

• 누적생산량이 32단위인 경우 누적평균단위당 노동시간

32×(200×0.8×0.8×0.8) = 3,276.8시간

• 예상 총직접노무비 : 3,276.8시간×₩100 = ₩327,680

참고 누적생산량에 따른 누적평균단위당 노동시간과 총노동시간

누적생산량		누적평균단위당 노동시간		총노동시간
4		200		800
	2배		0.8	
8		160		1,280
	2배		0.8	
16		128		2,048
	2배		0.8	
32		102.4		3,276.8

문 5 원가추정 종합 및 의사결정

㈜유현은 복잡한 항공기부품을 생산하고 있다. 20×1년에 최초 100단위를 생산하였으며, 발생한 원가자료는 다음과 같다.

Ⅰ. 직접재료비	100단위 × 10kg × ₩1,000	=	₩1,000,000
Ⅱ. 직접노무비	100단위 × 20시간 × ₩400	=	800,000
Ⅲ. 제조간접비			
감가상각비	60,000		
간접노무비	40,000		
전 력 비	50,000		
작업준비비	15,000		165,000
Ⅳ. 합 계			₩1,965,000

[요구사항]

다음 물음은 가정이 없는 한 각각 독립적이다.

1. 20×2년에 300단위를 생산하는데 발생한 제조간접비가 ₩261,000이다. 20×3년에 400단위를 생산한다면 제조간접비 발생액은 얼마가 되겠는가? 단, 고저점법에 의하여 제조간접비를 추정한다.
2. ㈜유현이 이 부품을 생산하는 데는 90% 누적평균시간 학습곡선이 적용된다고 가정한다. 20×2년에 300단위를 생산할 경우 표준직접노무비(총액)를 구하시오.
3. 요구사항2와 동일한 상황에서 20×2년에 300단위를 생산하는데 실제로 4,500시간이 소요되고 직접노무비는 ₩1,790,000이 발생하였다. 직접노무비에 대하여 임률차이와 능률차이를 구하시오. 단, 유리 · 불리를 반드시 밝히시오.

해답

1. (100, 165,000) (300, 261,000)

$$b = \frac{261,000 - 165,000}{300 - 100} = 480$$

$165,000 = a + 480 \times 100$

$\therefore a = 117,000$

$\therefore y = 117,000 + 480 \times 400 = 309,000$

2.

X	Y	X · Y	△(X · Y)
100 ⌉ 2배	20 ⌉ 0.9	2,000	0
200 ⌉ 2배	18 ⌉ 0.9	3,600	1,600
400	16.2	6,480	2,880
			4,480

∴ 4,480 × 400 = 1,792,000

3.

AQ × AP	AQ × SP	SQ × SP
1,790,000	4,500 × 400 = 1,800,000	4,480 × 400 = 1,792,000

임률차이 10,000 유리　　능률차이 8,000 불리

문 6 활동기준원가계산에서의 원가추정

㈜태기는 제설장비A, B, C를 제조하여 판매하는 회사다. 세 가지 제품에 대한 20×1년의 연간 생산량과 단위당 직접노동시간의 추정치는 다음과 같다.

제　품	연간 생산량	단위당 노동시간
제품A	15,000단위	2시간
제품B	20,000단위	1시간
제품C	10,000단위	5시간

20×1년의 변동제조간접비는 직접노동시간당 ₩7의 원가동인배부율을 사용하여 추정하였으며, 고정제조간접비는 연간 ₩300,000으로 추정하였다. 한편, 회사는 활동기준원가계산으로 보다 정확한 원가추정을 하려고 한다. 이를 위하여 과거의 자료를 분석한 결과 제조간접비에 대한 세 가지의 활동원가동인을 찾아냈으며 이에 근거하여 20×1년의 활동별 변동활동원가를 다음과 같이 추정하였다. 한편, 고정활동원가는 연간 ₩240,000으로 추정되었다.

활동	활동원가동인	추정활동수준	추정원가
기계작업활동	기계시간	30,000시간	₩270,000
작업준비활동	작업준비횟수	5,000회	310,000
품질검사활동	검사횟수	4,000회	180,000
합　계			₩760,000

20×1년 1월의 원가동인에 대한 예상수준은 다음과 같다.

기계시간	직접노동시간	작업준비횟수	검사횟수
3,500시간	9,400시간	480회	320회

[요구사항]

1. 직접노동시간을 기준으로 20×1년 제조간접비의 원가함수를 추정하고, 이에 근거하여 20×1년 1월의 제조간접비를 추정하시오.
2. 세 가지 활동원가동인을 기준으로 20×1년 제조간접비의 원가함수를 추정하고, 이에 근거하여 20×1년 1월의 제조간접비를 추정하시오.

해답

1. 전통적인 방법
   (1) 원가함수

   Y = ₩300,000 + ₩7 × 직접노동시간

   (2) 1월의 제조간접비 추정액

   $$Y = \frac{300,000}{12} + 7 \times 9,400 = ₩90,800$$

2. 활동기준
   (1) 활동별 원가동인당 추정원가

활동	추정원가	추정활동수준	원가동인당 추정원가
기계작업활동	₩270,000	30,000시간	₩9/기계시간
작업준비활동	310,000	5,000회	₩62/작업준비횟수
품질검사활동	180,000	4,000회	₩45/검사횟수

   (2) 원가함수

   Y = ₩240,000 + ₩9 × 기계시간 + ₩62 × 작업준비횟수 + ₩45 × 검사횟수

   (3) 1월의 제조간접비 추정액

   $$Y = \frac{240,000}{12} + 9 \times 3,500 + 62 \times 480 + 45 \times 320 = ₩95,660$$

PART 05 CVP분석1_기본

제5장

CVP분석1_기본

제 1 절 CVP분석의 기초

1. 의 의

새로운 사업을 시작하려는 사람들이나 현재 기업을 경영하고 있는 사람들은 손해를 보지 않으려면 제품을 몇 개나 팔아야 하는지와 목표이익을 달성하려면 제품을 몇 개나 팔아야 하는지에 관심이 있다. 그리고 조업도와 원가의 변화가 이익에 어떠한 영향을 미치는 지에도 관심이 있다. 이 같은 경영자의 관심사를 해결해 줄 수 있는 유용한 도구가 바로 원가 · 조업도 · 이익분석이다. 원가 · 조업도 · 이익분석(cost−volume−profit analysis : CVP analysis)은 조업도와 원가의 변화가 이익에 어떠한 영향을 미치는 지를 분석하는 것이다. CVP분석의 주요 목적은 조업도와 원가 및 이익의 관계를 체계적으로 분석하여 단기적인 이익계획 및 단기의사결정에 필요한 정보를 제공하는 것이다. 즉, 경영자들은 CVP분석을 통하여 조업도수준의 증감에 따라 원가가 어떻게 결정되는지와 수익이 어떻게 결정되는지를 파악할 수 있고, 궁극적으로는 이익의 결정을 사전에 예측할 수 있다. 따라서 CVP분석은 이익과 관련된 계획수립에 유용한 기법이다.

2. CVP분석의 기본가정

모형은 현실세계를 단순화시킨 것이기 때문에 가정을 필요로 한다. CVP분석도 몇 가지 중요한 가정에 기초하고 있다. CVP분석의 주요 가정은 다음과 같다.

① 모든 원가는 고정비와 변동비로 구분 가능하다.
순수고정비와 순수변동비뿐만 아니라 준변동원가도 구성요소를 고정비와 변동비로 구분할 수 있다고 가정한다.

② 관련범위 내에서 원가와 수익의 행태는 결정되어 있고 선형이다.
판매가격과 변동비는 단가가 일정하고 고정비는 총원가가 일정하다. 따라서 수익과 비용은 모두 선형이라고 가정한다.

③ 생산요소의 가격이나 생산성이 일정하다.

원재료의 단위당 원가, 노무비의 시간당 임률 및 변동제조간접비의 단위당 원가 등이 일정하고 생산성이나 능률도 일정하다고 가정한다.

④ 원가와 수익에 영향을 미치는 요인은 단지 조업도뿐이다.

실제에 있어서 원가나 수익에 영향을 미치는 요소는 수없이 많으나 가장 대표적인 원가동인인 조업도만이 원가와 수익에 영향을 미친다고 가정한다.

⑤ 발생주의에 의한 분석이다.

CVP분석은 기본적으로 단기간을 대상으로 실시한다. 따라서 단기간 내에서는 발생주의에 의한 수익·비용과 현금주의에 의한 현금유출입간에 큰 차이가 없을 것으로 가정하고 손익계산서상의 자료를 이용하여 분석을 한다.

⑥ 단일 제품만 생산하거나 복수제품을 생산하는 경우에는 매출배합이 일정하다고 가정한다.

현실적으로 복수제품을 생산하는 경우에는 매출배합이 수시로 바뀌겠지만 분석의 단순화를 위하여 매출배합이 일정한 것으로 가정한다. 매출배합이 일정한 것으로 가정하면 단일제품에 대하여 분석하는 것과 동일한 방법을 적용할 수 있다.

⑦ 기간별로 생산량과 판매량이 같다.

생산량은 당기에 모두 판매되므로 재고가 없거나 기초재고가 있는 경우에는 생산량과 판매량이 같아서 기간별 재고수준은 일정하다고 가정한다.

⑧ 화폐의 시간가치를 고려하지 않는다.

분석기간이 단기간이므로 화폐의 시간가치는 고려하지 않는다고 가정한다.

제 2 절 CVP분석의 기본모형

1. 기본개념

CVP분석은 모든 원가를 변동비와 고정비로 구분가능하고, 생산량과 판매량이 동일하다고 가정하고 있으므로 변동원가계산 손익계산서 즉, 공헌이익손익계산서를 이용하여 분석한다. 구체적인 설명을 하기에 앞서 먼저 당부하고 싶은 것은 이후 설명에서 여러 가지 산식이 나오는데 산식을 외우려고 하지 말라는 것이다. 중요한 것은 산식을 외우는 것이 아니라 흐름과 가정을 이해하는 것이다. 필요하다면 기본 산식 하나만 외우면 된다. 나머지는 기본 산식에 기초하여 이렇게 저렇게 응용하면 된다. 공헌이익손익계산서는 다음과 같이 표현할 수 있는데 이것만 이해하면 거의 모든 문제는 해결된다.

	매 출 액(S)		P × Q
−	변 동 비	−	b × Q
	공헌이익(CM)		(p−b) × Q
−	고 정 비	−	a
	영업이익(π)		(p−b) × Q − a

단, p : 단위당 판매가격, b : 단위당 변동비, Q : 판매량, a : 고정비

(1) 손익분기점수량

손익분기점수량(Q)이란 총수익(매출액)과 총원가가 일치하여 이익이 '0'인 상태가 되는 판매량을 말한다. 따라서 손익분기점수량은 다음과 같이 구할 수 있다.

$$\text{매출액} = \text{총원가}$$
$$\text{매출액} = \text{변동비} + \text{고정비}$$
$$p \times Q = b \times Q + a$$
$$(p - b) \times Q = a$$
$$(p - b) \times Q - a = 0$$
$$Q = \frac{a}{p-b} = \frac{\text{고정비}}{\text{단위당 공헌이익}}$$

위의 최종 산식을 구태여 외울 필요는 없다. 이미 앞에서 본 공헌이익손익계산서만 이해하면 저절로 해결된다. 공헌이익손익계산서에서 영업이익이 '0'이 되도록 하는 수량이 손익분기점수량이므로 제시된 자료를 공헌이익손익계산서에 대입하면 손익분기점수량은 저절로 산출된다. 다만 공헌이익손익계산서를 작성하는데 시간이 많이 소요된다고 생각하면 영업이익을 계산하는 산식 'π = (p−b) × Q − a'만 알고 있으면 된다. 앞으로 모든 문제는 기본적으로 공헌이익손익계산서 또는 영업이익을 계산하는 산식 'π = (p−b) × Q − a'을 이용하여 해결할 것이다.

먼저 몇 가지 개념을 설명하고자 한다. 첫째, 단위당 판매가격에서 단위당 변동비를 차감한 금액을 단위당 공헌이익이라 하는데 이는 제품 한 단위를 판매하는 것이 고정비를 회수하고 영업이익을 창출하는데 얼마나 공헌하는지를 나타내는 금액이다. 둘째, 손익분기점수량은 총수익과 총비용이 같아지는 조업도수준을 의미하는데 이는 달리 표현하면 총공헌이익과 고정비가 같아지는 조업도수준을 의미한다. 즉, 공헌이익이 고정비를 커버하면 손익분기점이 되고 고정비를 초과하면 공헌이익은 곧 이익이 된다.

(2) 손익분기점 매출액

손익분기점 매출액(S)이란 총수익(매출액)과 총원가가 일치하여 이익이 '0'인 상태가 되는 매출액을 말한다. 손익분기점 매출액은 손익분기점수량에 단위당 판매가격을 곱하여 구할 수 있다. 손익분기점수량이 $Q = \frac{a}{p - b}$이므로 손익분기점 매출액은 $p \times Q = \frac{a}{p - b} \times p$이다. 이를 정리하면 다음과 같다.

$$\text{손익분기점매출액}(S) = \frac{a}{\frac{p-b}{p}} = \frac{\text{고정비}}{\text{공헌이익률}}$$

위 산식에서 공헌이익률이란 단위당 공헌이익(p−b)이 단위당 판매가격(p)에 대하여 차지하는 비율을 의미한다. 그런데 위 산식도 별도로 외울 필요는 없다. 공헌이익손익계산서에서 손익분기점수량을 산출한 후 거기에 단위당 판매가격을 곱하여 산출하던지 아니면 공헌이익손익계산서에서 매출액에서 총공헌이익이 차지하는 비율(공헌이익률)을 이용하여 상식적인 수준에서 풀이할 수 있다.

참 고

공헌이익률은 판매가격에 대하여 공헌이익이 차지하는 비율 즉, $\frac{p - b}{p}$이고, 변동비율은 판매가격에 대하여 변동비가 차지하는 비율 즉, $\frac{b}{p}$ 이다. 공헌이익률과 변동비율을 합하면 항상 1이다.

예 제 1 CVP분석의 기초

다음 각각의 독립된 물음에 답하시오.

1. A회사는 단위당 판매가격이 ₩800이고 단위당 변동비가 ₩500인 단일제품을 생산하여 1,000개 판매하였다. 연간 고정비가 ₩200,000인 경우 영업이익은 얼마인가?
2. B회사는 단위당 판매가격이 ₩500이고 단위당 변동비가 ₩300인 단일제품을 생산 · 판매하고 있다. 연간 고정비가 ₩400,000인 경우 손익분기점수량은 얼마인가?
3. C회사는 단위당 판매가격이 ₩1,000이고 단위당 변동비가 ₩600인 단일제품을 생산 · 판매하고 있다. 연간 고정비가 ₩800,000인 경우 손익분기점 매출액은 얼마인가?

4. D회사는 단위당 판매가격이 ₩1,000이고 단위당 변동비가 ₩800인 단일제품을 생산·판매하고 있는데 손익분기점수량이 2,500개라고 한다. 연간 고정비는 얼마인가?
5. E회사는 단일제품을 생산하여 판매하고 있는데 매출액이 ₩1,000,000이고 변동비는 ₩800,000일 때 이익도 손실도 발생하지 않는다고 한다. 연간 고정비는 얼마인가?
6. F회사는 단위당 판매가격이 ₩500이고 변동비율이 60%인 단일제품을 생산·판매하고 있다. 연간 고정비가 ₩500,000인 경우 손익분기점수량은 얼마인가?
7. 단일제품을 생산·판매하는 G회사의 당기 현재까지 매출액은 ₩1,000,000이고 변동비는 ₩800,000이다. 연간 고정비가 ₩300,000인 경우 매출을 얼마만큼 더 하여야 손익분기점에 도달하는가?

해답

1. 1법 : 손익계산서

매 출 액	800 × 1,000 =	₩800,000
변 동 비	500 × 1,000 =	500,000
공헌이익	(800−500) × 1,000 =	₩300,000
고 정 비		200,000
영업이익		₩100,000

2법 : 공헌이익 − 고정비 = 영업이익

(800−500) × 1,000 − 200,000 = ₩100,000

2. 1법 : 손익계산서

매 출 액	500Q
변 동 비	300Q
공헌이익	200Q
고 정 비	400,000
영업이익	0

∴ 200Q − 400,000 = 0

∴ Q = 2,000개

2법 : 공헌이익 − 고정비 = 영업이익

(500−300) × Q − 400,000 = 0

∴ Q = 2,000개

3. 1법 :

	수량기준	매출액기준	
매 출 액	1,000Q	S	
변 동 비	600Q	0.6S	$\leftarrow 0.6 = \frac{600}{1,000}$ (변동비율)
공헌이익	400Q	0.4S	$\leftarrow 0.4 = \frac{400}{1,000}$ (공헌이익률)
고 정 비	800,000	800,000	
영업이익	0	0	

(1) 수량기준 접근법 : 400Q − 800,000 = 0

∴ Q = 2,000개

∴ S = 1,000 × 2,000 = ₩2,000,000

(2) 매출액기준 접근법 : 0.4S − 800,000 = 0

∴ S = ₩2,000,000

2법 : 공헌이익 − 고정비 = 영업이익

0.4S − 800,000 = 0

∴ S = ₩2,000,000

4. 1법 : 손익계산서

매 출 액	1,000 × 2,500
변 동 비	800 × 2,500
공헌이익	200 × 2,500
고 정 비	a
영업이익	0

∴ 200 × 2,500 − a = 0

∴ a = ₩500,000

2법 : 공헌이익 − 고정비 = 영업이익

(1,000−800) × 2,500 − a = 0

∴ a = ₩500,000

5. 1법 : 손익계산서

매 출 액	1,000,000
변 동 비	800,000
공헌이익	200,000
고 정 비	a
영업이익	0

∴ 200,000 − a = 0

∴ a = ₩200,000

2법 : 공헌이익 − 고정비 = 영업이익

(1,000,000−800,000) − a = 0

∴ a = ₩200,000

6. 1법 : 손익계산서

매 출 액	500 × Q	0.6 / 0.4
변 동 비	500 × 0.6 × Q	
공헌이익	500 × 0.4 × Q	
고 정 비	500,000	
영업이익	0	

∴ 200Q − 500,000 = 0

∴ Q = 2,500개

2법 : 공헌이익 − 고정비 = 영업이익

(500×0.4*) × Q − 500,000 = 0 ← * 공헌이익률 = 1 − 0.6 = 0.4

∴ Q = 2,500개

7. 1법 : 손익계산서

매 출 액	S	$\frac{800,000}{1,000,000} = 0.8$
변 동 비	0.8S	
공헌이익	0.2S	
고 정 비	300,000	
영업이익	0	

∴ 0.2S − 300,000 = 0

∴ S = ₩1,500,000

∴ △S = 1,500,000 − 1,000,000 = ₩500,000

2법 : 공헌이익 − 고정비 = 영업이익

* 0.2S − 300,000 = 0 ← * 공헌이익률 = $\frac{1,000,000 - 800,000}{1,000,000}$ = 0.2

∴ S = ₩1,500,000

∴ △S = 1,500,000 − 1,000,000 = ₩500,000

2. 이익계획

(1) 법인세가 없는 경우

경영자들은 단순히 손익분기점을 달성하는 것에만 관심을 갖는 것이 아니고, 원하는 목표이익을 달성할 수 있는 활동수준에 대한 계획을 수립하길 원한다. 목표이익(π)을 달성하기 위하여 판매량이 얼마나 되어야 하는지를 다음 산식을 통하여 파악할 수 있다.

$$(p-b) \times Q - a = \pi$$
$$(p-b) \times Q = a + \pi$$
$$\therefore Q = \frac{a + \pi}{p - b}$$

위 산식은 세로로 작성된 공헌이익손익계산서를 가로로 옮겨 놓은 것에 불과하다. 따라서 최종 산식을 외우려하지 말고 공헌이익손익계산서를 연상하면 문제를 쉽게 해결할 수 있다.

(2) 법인세가 있는 경우

손익분기점에서는 이익이 없기 때문에 법인세를 납부하지 않는다. 따라서 손익분기점수량을 계산할 때는 법인세의 영향을 고려하지 않아도 된다. 그러나 이익이 발생하면 이에 대해서 법인세를 납부하여야 하므로 세후 이익계획을 수립하려면 법인세 효과를 반드시 고려하여야 한다. 세후 목표이익(π')을 달성하기 위하여 판매량이 얼마나 되어야 하는지를 다음 산식을 통하여 파악할 수 있다.

$$[(p-b) \times Q - a] \times (1-t) = \pi'$$
$$(p-b) \times Q - a = \frac{\pi'}{1 - t}$$
$$(p-b) \times Q = a + \frac{\pi'}{1 - t}$$
$$\therefore Q = \frac{a + \frac{\pi'}{1 - t}}{p - b} \quad \text{단, } t = \text{법인세율}$$

위 산식도 세로로 작성된 공헌이익손익계산서를 가로로 옮겨 놓은 것에 불과하다. 따라서 최종 산식을 외우려하지 말고 공헌이익손익계산서를 연상하면 문제를 쉽게 해결할 수 있다. 하나만 기억하자.

공헌이익 − 고정비 − 법인세 = 세후이익

$$\{(p-b)\times Q - a\}(1-t) = \pi'$$

예 제 2 이익계획

㈜유나는 단일제품을 생산하고 있다. 이 제품과 관련된 자료는 다음과 같다.

단위당 판매가격	₩10
단위당 변동제조원가	4
단위당 변동판매관리비	2
연간 고정제조간접비	7,000
연간 고정판매관리비	3,000

[요구사항]

1. 목표이익 ₩2,000을 달성하기 위해 몇 단위를 생산·판매하여야 하는가?
2. 법인세율이 40%인 경우 세후목표이익 ₩1,800을 달성하기 위해 몇 단위를 생산·판매하여야 하는가?

해답

• 자료정리

단위당 판매가격 (p) = ₩10, 단위당 변동비 = 4 + 2 = ₩6, 연간 고정비 = ₩10,000

1.

1법 : 손익계산서

매 출 액	10Q
변 동 비	6Q
공헌이익	4Q
고 정 비	10,000
영업이익	2,000

∴ 4Q − 10,000 = 2,000

∴ Q = 3,000개

2법 : 공헌이익 − 고정비 = 영업이익

(10−6) × Q − 10,000 = 2,000

∴ Q = 3,000개

2.

1법 : 손익계산서

매 출 액	10Q
변 동 비	6Q
공헌이익	4Q
고 정 비	10,000
영업이익	4Q − 10,000
법 인 세	(4Q−10,000) × 0.4
세후이익	(4Q−10,000) × (1−0.4)

∴ (4Q−10,000) × (1−0.4) = 1,800

∴ Q = 3,250개

2법 : (공헌이익−고정비)(1−법인세율) = 세후이익

[(10−6)×Q−10,000] × (1−0.4) = 1,800

∴ Q = 3,250개

3. 도표의 활용

(1) CVP도표

CVP도표(cost−volume−profit graph)는 조업도(독립변수)가 변함에 따라 수익 및 원가가 어떻게 변하는지를 나타내주고 결과적으로 수익과 원가의 차이인 이익이 조업수준에 따라 어떻게 움직이는지를 보여준다.

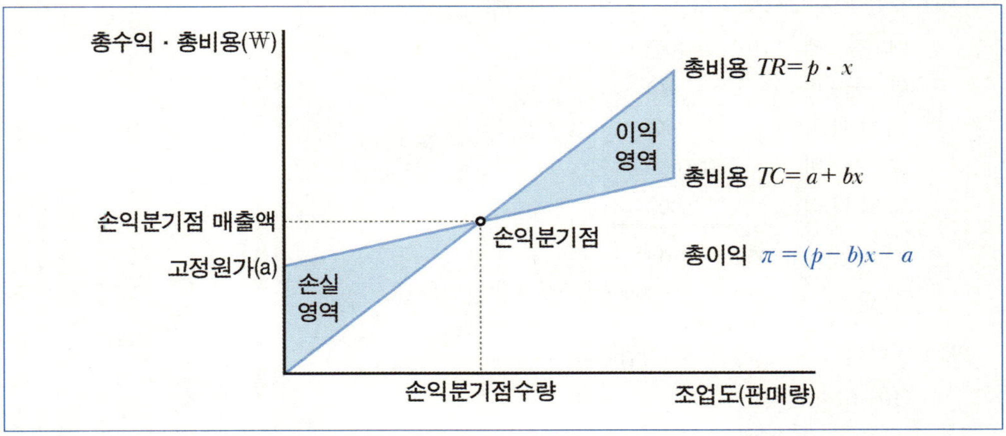

총수익을 나타내는 선은 원점을 지나는 직선이고 기울기는 단위당 판매가격(p)이다. 총비용을 나타내는 선은 고정비를 y축 절편으로 하는 직선이고 기울기는 단위당 변동비(b)이다. 총수익과 총비용이 같아지는 점 즉, 손익이 '0'인 점이 손익분기점수량이고 손익분기점수량보다 조업도 수준이 낮으면 총비용이 더 크므로 손실이 발생하고 손익분기점수량보다 조업도 수준이 높으면 총수익이 더 크므로 이익이 발생한다.

(2) 이익 · 조업도 도표(PV도표)

이익 · 조업도 도표(PV도표 : profit－volume graph)는 CVP도표를 단순화하여 조업도가 변함에 따라 이익이 어떻게 변하는지를 보여준다.

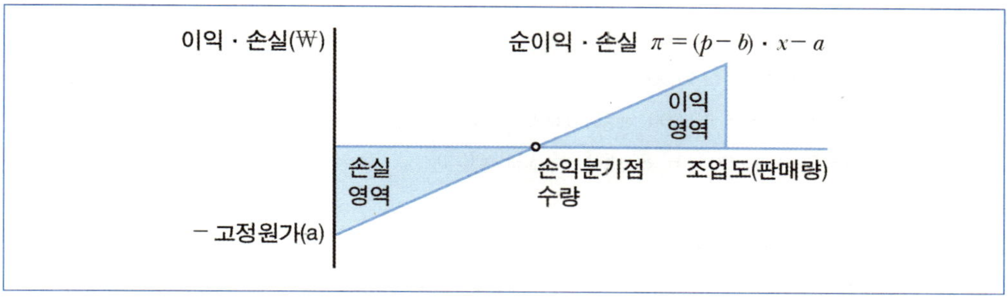

CVP도표와 달리 y축이 이익 · 손실을 나타낸다. 조업도가 '0'인 경우에는 고정비만큼 손실이 발생하므로 이익 · 손실을 나타내는 선은 고정비에 해당하는 손실을 출발점으로 하는 직선이며 직선의 기울기는 단위당 공헌이익을 의미한다. 조업도가 증가함에 따라 손실이 감소하며, 직선이 x축과 만난 점이 이익 · 손실이 '0'인 점이므로 손익분기점이 된다.

예 제 3 CVP도표와 PV도표

1. ㈜유나의 올해 예산에 기초한 원가 · 조업도 · 이익(CVP)도표는 다음과 같다. 도표의 ㉠ ~㉢에 들어갈 올바른 수치는 각각 얼마인가? 단, 법인세는 없다.

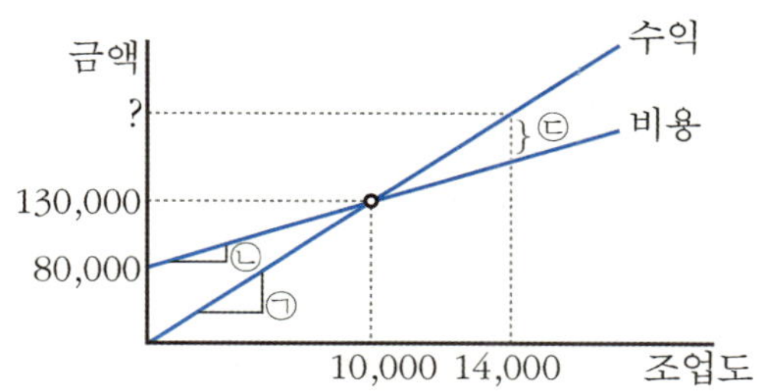

2. ㈜유현의 올해 예산에 기초한 이익 · 조업도(PV)도표는 다음과 같다. 도표의 ㉠, ㉡에 들어갈 올바른 수치는 각각 얼마인가? 단, 법인세는 없다.

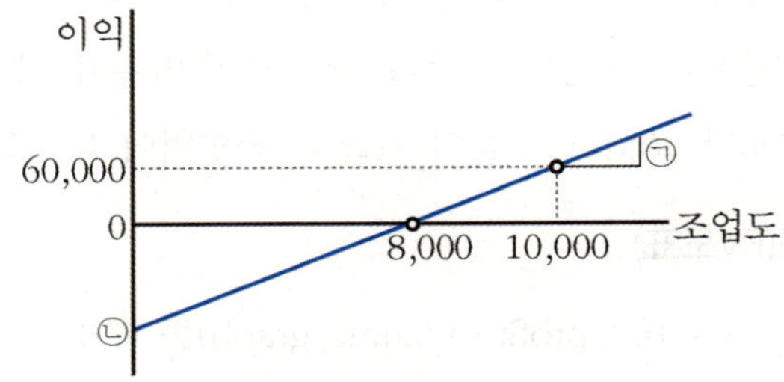

해답

1. • 수익 : p × 10,000 = 130,000　　∴ p = 13(㉠)
   • 비용 : 80,000 + b × 10,000 = 130,000　　∴ b = 5(㉡)
   • 이익 : (13−5) × 14,000 − 80,000 = 32,000(㉢)

2. • (10,000개−8,000개) × cm = 60,000　　∴ cm = 30(㉠)
   • a + 8,000개 × 30 = 0　　∴ a = −240,000(㉡)

   손익분기점판매량에서는 공헌이익과 고정비가 같기 때문에 손익분기점판매량을 초과한 수량에 대한 공헌이익은 곧바로 이익이 된다. 한편, PV도표에 이익선의 기울기는 공헌이익을 나타내며, y축 절편은 총고정비를 나타낸다.

제 3 절 안전한계율과 영업레버리지

1. 안전한계와 안전한계율

(1) 안전한계

안전한계(margin of safety)는 실제매출액(또는 예상매출액)이 손익분기점 매출액을 초과하는 정도를 나타낸다. 바꾸어 말하면 손실을 발생시키지 않으면서 허용할 수 있는 매출액의 최대감소폭을 말한다. 즉, 매출액이 감소하여도 손실이 나지 않을 수 있는 안전지대가 얼마인지를 나타내는 금액이다. 안전한계가 낮은 경우에는 매출액(판매량)이 감소하면 쉽게 손실이 발생할 수 있으므로 기업의 안정성이 낮다는 것을 의미한다.

$$\text{안전한계} = \text{실제매출액} - \text{손익분기점 매출액}$$

(2) 안전한계율

안전한계율(margin of safety ratio)은 실제매출액에 대하여 안전한계가 차지하는 비율을 말한다. 안전한계는 손실을 보지 않는 범위 내에서 허용할 수 있는 매출액의 감소분을 의미하고, 안전한계율은 이를 비율로 나타낸 개념이다. 즉, 현재매출액 수준에서 매출액이 몇 퍼센트(%)나 감소해도 손실이 발생하지 않는 지를 나타내는 개념이다. 안전한계율은 다음과 같은 산식으로 나타낼 수 있다.

$$\text{안전한계율} = \frac{\text{실제매출액} - \text{손익분기점 매출액}}{\text{실제매출액}} = \frac{\text{실제판매량} - \text{손익분기점 판매량}}{\text{실제판매량}}$$

안전한계와 안전한계율

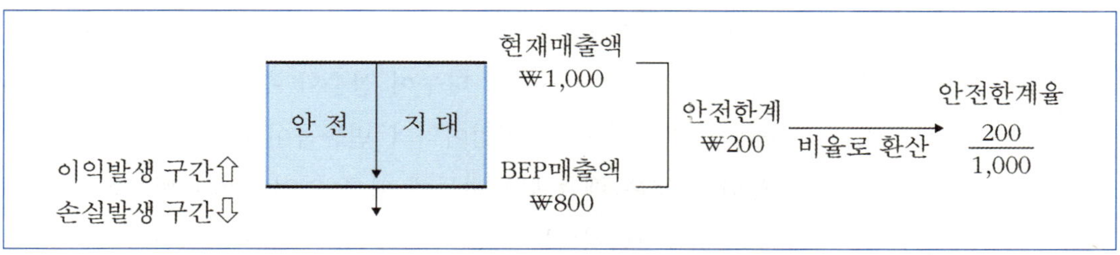

2. 원가구조와 영업레버리지

(1) 원가구조

원가구조(cost structure)란 특정 조직에서 변동비와 고정비의 관계 또는 변동비와 고정비의 상대적 비율을 나타내는 개념이다. 일반적으로 노동집약적인 생산형태의 기업은 총원가 중에서 직접노무비(변동비)가 차지하는 비중이 높아서 변동비율은 높고 공헌이익률은 낮다. 반면에 자본집약적인 생산형태의 기업은 총원가 중에서 고정제조간접비가 차지하는 비중이 높아서 상대적으로 변동비율은 낮고 공헌이익률은 높다. 원가구조는 공헌이익에 직접적으로 영향을 미치기 때문에 기업의 손익에 중대한 영향을 미친다. 예를 들어 자본집약적인 기업은 고정비가 많지만 경기가 호황이 되면 판매량이 증가함에 따라 총공헌이익이 크게 증가하므로 고정비를 회수 하고도 많은 이익을 얻을 수 있다. 그러나 불황의 경우에는 판매량이 감소함에 따라 공헌이익이 적어지므로 고정비를 회수하는데 어려움을 겪게 된다.

기업은 상황에 맞게 고정비와 변동비간의 비율을 적절히 조정하여야 한다. 가령 생산방식에 있어서 수작업에 의존하는 대신 자동화로 변경한다면 고정비의 비중은 점점 높아지게 될 것이다. 고정비의 비중이 큰 원가구조가 좋은지 아니면 변동비의 비중이 큰 원가구조가 좋은지는 일률적으로 말할 수는 없으며 상황에 따라서 적정한 원가구조는 다르다. 어떤 기업이 최적의 원가구조를 지니고 있는지는 장기적인 판매추세, 연도별 판매변화, 경영자의 위험에 대한 태도 등 여러 요인에 의해 결정된다.

(2) 영업레버리지도

영업레버리지(operating leverage)는 고정비가 지렛대 역할을 하여 매출액이 조금만 변해도 영업이익이 크게 변하는 효과를 말한다. 원가구조에서 고정비의 비중이 크게 되면 영업레버리지가 크고, 고정비의 비중이 낮으면 영업레버리지가 작다.

영업레버리지의 측정치를 영업레버리지도(DOL : degree of operating leverage)라 한다. 영업레버리지도는 현재 영업수준에서 매출액의 변화율에 대한 영업이익의 변화율을 뜻하는 것으로 공헌이익을 영업이익으로 나누어 산출할 수 있다. 영업레버리지도가 낮다는 것은 매출액의 변동에 따른 영업이익의 변동폭이 작다는 것을 의미하며, 영업레버리지도가 높다는 것은 매출액의 변동에 따른 영업이익의 변동폭이 크다는 것을 뜻한다. 따라서 영업레버리지도는 매출액이 변함에 따라 영업이익이 얼마나 변동하는가를 신속하게 경영자에게 알려준다는 점에서 매우 유용한 도구가 된다.

$$\text{영업레버리지도(DOL)} = \frac{\text{영업이익 증가율}}{\text{매출액 증가율}} = \frac{\text{공헌이익}}{\text{영업이익}}$$

위 산식에 의하면 영업레버리지도는 매출액과 영업이익의 변화율에 대한 개념이지만 이를 정리하여 영업이익에 대한 공헌이익의 비율로도 산정할 수 있다. 이는 다음과 같은 과정을 통하여 도출된 것이다.

$$\text{영업레버리지도(DOL)} = \frac{\triangle\pi/\pi}{\triangle S/S} = \frac{\triangle\pi \times S}{\pi \times \triangle S} = \frac{(p-b) \times \triangle Q \times p \times Q}{[(p-b)\times Q-a] \times p \times \triangle Q}$$

$$= \frac{(p-b) \times Q}{(p-b) \times Q - a}$$

예 제 4 안전한계와 영업레버리지도

㈜유현의 20×1년도 공헌이익 손익계산서는 다음과 같다.

매 출 액	₩5,000,000
변 동 비	3,000,000
공 헌 이 익	2,000,000
고 정 비	1,200,000
영 업 이 익	₩800,000

[요구사항]

1. 20×1년의 손익분기점 매출액은 얼마인가?
2. 20×1년의 안전한계율은 얼마인가?
3. 20×1년의 영업레버리지도는 얼마인가?
4. 20×2년에 매출액이 30% 증가한다면, 영업이익은 몇 % 증가하겠는가?
5. 물음4를 20×2년 공헌이익 손익계산서를 작성하여 확인해 보시오.

해답

1. 손익분기점 매출액

(1) 공헌이익률 $= \dfrac{2,000,000}{5,000,000} = 40\%$

(2) 공헌이익 − 고정비 = 영업이익

$\therefore$ 0.4S − 1,200,000 = 0

$\therefore$ S = ₩3,000,000

2. 안전한계율

$\dfrac{\text{안전한계}}{\text{매출액}} = \dfrac{₩5,000,000 - ₩3,000,000}{₩5,000,000} = 40\%$

3. 영업레버리지도

$\dfrac{\text{공헌이익}}{\text{영업이익}} = \dfrac{₩2,000,000}{₩800,000} = 2.5$

4. 20×2년 영업이익 증가율

$\dfrac{\text{영업이익 증가율}}{\text{매출액 증가율}} =$ 영업레버리지도

$\therefore$ 영업이익 증가율 = 영업레버리지도 × 매출액 증가율 = 2.5 × 30% = 75%

5. 20×2년 공헌이익 손익계산서

매출액	5,000,000 × 1.3 =	₩6,500,000
변동비	3,000,000 × 1.3 =	3,900,000
공헌이익	2,000,000 × 1.3 =	2,600,000
고정비		1,200,000
영업이익	800,000 × 1.75 =	₩1,400,000

연 습 문 제

COST ACCOUNTING

문 1 CVP분석 : 법인세 존재

㈜유진은 파이프를 제조하여 판매하는 회사로서, 지난 3년간의 매출액은 계속 증가하였다. 그런데 최근 들어 경쟁이 심해지자 경영진은 현재의 성장세를 유지하기 위하여 광고를 강화하려고 한다. 경영진은 20×2년의 매출액을 ₩11,000,000로 계획하고 있으며, 파이프당 판매가격은 현재와 같은 ₩5,000으로 예상하고 있다. 20×1년도의 매출액은 ₩10,000,000이며, 법인세율은 40%이다. 내년도의 광고계획을 수립하기 위하여 회계담당자는 금년도(20×1년)의 다음과 같은 자료를 경영진에게 제출하였다.

단위당 변동비 :	
직 접 재 료 비	₩650
직 접 노 무 비	1,600
변동제조간접비	500
	₩2,750
총고정비 :	
제 조 간 접 비	₩500,000
판 매 비	800,000
관 리 비	1,400,000
	₩2,700,000

[요구사항]

1. 20×1년의 법인세차감후 순이익은 얼마인가?
2. 20×1년의 손익분기점 판매량은 몇 단위인가?
3. 사장은 20×2년의 판매목표를 달성하기 위하여 ₩225,000의 광고비가 추가로 필요하다고 믿고 있다. 만일 광고비로 ₩225,000이 지출된다면 20×2년의 법인세차감후 순이익은 얼마인가?
4. 만일 ₩225,000이 광고를 위하여 지출된다면 20×2년의 손익분기점 매출액은 얼마인가?
5. 만일 20×2년에 광고비로 ₩225,000이 지출된다면, 20×1년의 법인세차감후 순이익과 동일한 이익을 얻기 위하여 필요한 매출액은 얼마인가?
6. 만일 법인세차감후 목표순이익이 ₩1,200,000이라면, 판매량이 2,200개일 경우에 지출할 수 있는 최대광고비는 얼마인가?

해답

1. 법인세차감후 순이익

   단위당 공헌이익 : 5,000 − 2,750 = ₩2,250

   (1) 공헌이익률 : $\frac{₩2,250}{₩5,000}$ = 45%

   (2) 세후순이익 : (₩10,000,000×45%−2,700,000) × (1−0.4) = ₩1,080,000

2. 손익분기점 판매량

   2,250×Q − 2,700,000 = 0

   ∴ Q = 1,200단위

3. 광고비 지출 후의 법인세차감후 순이익

   (1) 고정비 : 2,700,000 + 225,000 = ₩2,925,000

   (2) 세후순이익 : (11,000,000×45%−2,925,000) × (1−0.4) = ₩1,215,000

4. 광고비 지출후의 손익분기점 매출액

   0.45S − 2,925,000 = 0

   ∴ S = ₩6,500,000

5. 20×1년과 동일한 이익을 얻기 위한 매출액(S)

   (0.45S−2,925,000) × (1−0.4) = ₩1,080,000

   ∴ S = ₩10,500,000

   • 검산

공헌이익 손익계산서

매 출 액	₩10,500,000
변 동 비(0.55)	5,775,000
공 헌 이 익(0.45)	₩4,725,000
고 정 비	2,925,000
세 전 이 익	₩1,800,000
법 인 세(0.4)	720,000
세 후 순 이 익	₩1,080,000

6. 지출할 수 있는 최대광고비(P)

   (2,200단위×2,250−2,700,000−P) × (1−0.4) = ₩1,200,000

   ∴ P = ₩250,000

해설

1. 법인세가 존재한다 할지라도 손익분기점 계산시에는 법인세를 별도로 고려할 필요가 없다. 왜냐하면 손익분기점에서는 이익이 0이므로 법인세도 0이기 때문이다. 그러나 특정수준의 법인세차감후 순이익을 달성하기 위한 판매량이나 매출액을 구하는 경우에는 법인세를 반드시 고려하여야 한다.

2. 광고비는 조업도와 관계없이 일정하게 발생하므로 고정비로 분류된다. 광고비 지출후의 고정비는 현재의 고정비 ₩2,700,000에 추가로 지출할 광고비 ₩225,000을 가산한 ₩2,925,000이 된다.

3. 20×2년에 20×1년과 동일한 이익을 얻기 위한 매출액을 구하기 위해서는 목표매출액(S)을 미지수로 놓고 총변동비와 총고정비 및 법인세차감전 목표이익을 달성할 수 있는 수준의 매출액을 구하면 된다.

문 2 목표가격, 목표판매량, 목표영업이익 및 민감도분석

㈜유나는 영업 첫해인 제1기에 제품 단위당 판매가격을 ₩200으로 결정하였다. 한편, 제품 단위당 변동비는 ₩50이고, 고정비는 ₩18,000,000이 될 것으로 예측하였다.

[요구사항]

1. 첫해에 200,000단위를 판매하였고 원가는 예측대로 발생하였다. 제1기 영업이익은 얼마인가?
2. 단위당 변동비가 예측보다 10% 낮게, 고정비는 예측보다 15% 높게 발생하였다. 200,000단위를 판매하였을 경우 제1기 영업이익은 얼마인가?
3. 제2기 목표영업이익을 ₩18,000,000으로 설정하였다. 단위당 변동비, 총변동비 및 고정비가 요구사항1과 같을 때 제2기 제품 단위당 판매가격은 얼마이어야 하는가?
4. 제3기 고정비가 판매촉진비로 인하여 제2기보다 20% 증가하였다. 단위당 판매가격 및 변동비는 요구사항3과 같고 영업이익은 요구사항3보다 30% 증가하였다면 제3기 판매수량은 몇 단위인가?
5. 제4기에 제품 단위당 변동비가 제3기보다 10% 인상되고 고정비는 제3기와 같으며, 판매수량은 제3기보다 20% 증가될 것으로 예측되고 있다. 목표영업이익이 제3기보다 2배 증가하기 위해서는 제4기의 제품 단위당 판매가격이 얼마나 인상되어야 하는가?

해답

1. 제1기 영업이익

   200,000단위 × (200−50) − 18,000,000 = ₩12,000,000

2. 제1기 영업이익

   200,000단위 × [200−(50×0.9)] − 18,000,000 × 1.15 = ₩10,300,000

3. 제2기 제품의 단위당 판매가격

총변동비가 변동이 없으므로 제2기 판매량은 제1기와 같은 200,000단위이다. 따라서 제2기 제품 단위당 판매가격을 P라 하면 다음과 같은 식이 성립된다.

(P−50) × 200,000단위 − 18,000,000 = ₩18,000,000

∴ P = ₩230

4. 제3기 제품 판매수량(Q)

(230−50) × Q − 18,000,000 × 1.2 = ₩18,000,000 × 1.3

∴ Q = 250,000단위

5. 제4기 판매가격 인상액

판 매 량 : ₩250,000단위 × 1.2 = 300,000단위

단위당 변동비 : ₩50 × 1.1 = ₩55

고 정 비 : ₩18,000,000 × 1.2 = ₩21,600,000

영 업 이 익 : ₩18,000,000 × 1.3 × 2 = ₩46,800,000

∴ 300,000단위 × (P−55) − 21,600,000 = ₩46,800,000

∴ P = ₩283

∴ 단위당 판매가격이 ₩53 인상되어야 한다.

■ **별해** :

매 출 액 (250,000×1.2×P)		300,000P
변 동 비 (250,000×1.2×50×1.1)		16,500,000
공 헌 이 익	300,000P	− 16,500,000
고 정 비 (18,000,000×1.2)		21,600,000
영 업 이 익	300,000P	− 38,100,000

∴ 300,000P − 38,100,000 = ₩18,000,000 × 1.3 × 2

∴ P = ₩283

∴ 단위당 판매가격이 ₩53 인상되어야 한다.

문 3 단답형 기출문제

1. ㈜다락은 단일제품을 생산·판매한다. 지난 기간에 제품 3,000단위를 판매하여 ₩200,000의 이익을 보았는데 그 때의 손익분기점은 2,500단위이었다. 만약 판매가격을 단위당 ₩150씩 인하한다면 새로운 손익분기점은?

2. ㈜경애의 손익분기점 매출액은 ₩360,000이고 공헌이익률은 30%이다. 이 회사가 ₩84,000의 영업이익을 달성하고자 한다면 총매출액은 얼마이어야 하는가?

3. ㈜정선의 내년 예상손익자료는 다음과 같다.

단위당 판매가		₩20
단위당 변동비		₩8
총고정비		
임 차 료	₩15,000	
급 여	44,000	
광고비 및 기타	10,000	₩69,000

만약 현재 예상된 고정급여를 연간 ₩30,000으로 삭감하고 그 대신 매출액의 5%를 성과급으로 판매사원에게 지급한다면, (1) 손익분기판매량은 어떻게 변화하는가? (2) 급여방식의 변화 전과 후에 기업의 이익이 같아지게 하는 판매량은 얼마인가?

4. ㈜신혜는 변동비가 매출액의 70%이고, 판매액이 S, 연간 총고정비가 FC이다. 총판매액의 20%를 목표이익으로 얻으려고 하는 경우 목표판매액(S)은 얼마인가? 수식으로 답하시오.

5. ㈜정화의 3월 매출액은 ₩700,000이고, 공헌이익률은 54%이며, 영업레버리지도는 3이다. 4월에 고정원가인 광고비를 3월보다 ₩30,000 증가시키면 매출이 3월보다 10% 증가하며 공헌이익률의 변화는 없다.
   (1) 3월의 고정원가는 얼마인가?
   (2) 이 회사가 광고비를 ₩30,000 증가시킬 때, 4월의 영업이익은 얼마인가?

6. ㈜성준은 단일 제품을 제조하는 회사이다. 공장의 연간 생산능력은 50,000단위이다. 회사는 판매가격 ₩21,000에 40,000단위를 판매하고 있다. 제품의 원가구조는 다음과 같다.

단위당 변동제조원가	₩9,000	고정제조원가	₩160,000,000
단위당 변동마케팅원가	2,000	고정마케팅원가	120,000,000

제조부서에서는 새로운 사양을 추가하기 위해서 제조공정을 변화시킬 것을 제안했다. 제조공정을 변화시키면 고정제조원가는 ₩20,000,000 증가 되고, 단위당 변동제조원가는 ₩400 증가 된다. 현재 판매량인 40,000단위를 기준으로 할 때, 회사가 제조공정의 변화 후에도 최소한 기존의 영업이익을 유지하기 위해서는 단위당 판매가격을 얼마로 해야 하는가?

해답

1. • $(3,000-2,500) \times CM = 200,000$ ∴ $CM = 400$
   • $400 \times 2,500 - a = 0$ ∴ $a = 1,000,000$
   • 새로운 BEP(Q)
   $(400-150) \times Q - 1,000,000 = 0$ ∴ $Q = 4,000$

2. • $a = 360,000 \times 0.3 = 108,000$
   • $0.3S - 108,000 = 84,000$ ∴ $S = 640,000$
   ☞ 손익분기점에서는 공헌이익과 고정비가 같다.

3. • 변경 전 BEP(Q)
   $(20-8) \times Q - 69,000 = 0$ ∴ $Q = 5,750$
   • 변경 후 BEP(Q)
   $(20-8-20\times5\%) \times Q - 55,000 = 0$ ∴ $Q = 5,000$
   • $12Q - 69,000 = 11Q - 55,000$ ∴ $Q = 14,000$

4. $S - 0.7S - FC = 0.2S$

$$\therefore S = \frac{FC}{0.1}$$

5.

(1) • 공헌이익 = $700,000 \times 0.54 = 378,000$

$$\bullet\ DOL = \frac{\text{공헌이익}}{\text{영업이익}} = \frac{378,000}{378,000 - X} = 3$$

∴ 3월의 고정원가(X) = 252,000

(2) 4월 영업이익 = 공헌이익 − 고정원가

= ₩700,000×1.1×0.54 − (252,000+30,000) = ₩133,800

6. • 변경 전 단위당 변동비(b)와 총고정비(a)
   b : ₩9,000 + 2,000 = ₩11,000
   a : ₩160,000,000 + 120,000,000 = ₩280,000,000
   • 변경 전 영업이익 : 40,000 × (₩21,000−11,000) − 280,000,000 = ₩120,000,000
   • 변경 후 단위당 변동비(b)와 총고정비(a)
   b : ₩11,000 + 400 = ₩11,400
   a : ₩280,000,000 + 20,000,000 = ₩300,000,000

- 변경 후 판매가격(p)

  40,000 × (p−11,400) − 300,000,000 = ₩120,000,000

  ∴ p = ₩21,900

문 4 CVP분석 : 2단계 초과누진세율

㈜승우의 20×1년 손익계산서는 다음과 같다.

매 출 액(10,000×₩150)		₩1,500,000
변동원가(10,000×₩90)		900,000
공헌이익		600,000
고 정 비		
고정제조간접비	₩200,000	
고정판매관리비	150,000	350,000
법인세차감전순이익		250,000
법인세비용(법인세율 20%)		50,000
법인세차감후순이익		₩200,000

㈜승우의 법인세율은 법인세차감전순이익이 ₩300,000까지는 20%이며, ₩300,000을 초과하는 금액에 대해서는 40%이다.

[요구사항]

1. 법인세차감후순이익 ₩160,000을 달성하기 위한 매출액은 얼마인가?
2. 법인세차감후순이익 ₩300,000을 달성하기 위한 매출액은 얼마인가?

해답

- 단위당 공헌이익 = 150 − 90 = 60
- 공헌이익률 $= \dfrac{60}{150} = 40\%$

1. 법인세차감후순이익 ₩160,000을 달성하기 위한 매출액

   법인세차감전순이익이 ₩300,000인 경우 법인세차감후순이익이 ₩240,000(₩300,000×0.8)이므로, 법인세차감후순이익이 ₩160,000인 경우 법인세율은 20%의 세율만 적용된다.

   (0.4S−350,000) × (1−0.2) = 160,000

   ∴ S = ₩1,375,000

2. 법인세차감후 순이익 ₩300,000을 달성하기 위한 매출액

법인세차감전순이익이 ₩300,000인 경우 법인세차감후순이익이 ₩240,000(₩300,000×0.8)이므로, 법인세차감후순이익이 ₩300,000인 경우 법인세율은 20%와 40%의 세율이 적용된다.

(1) 세전이익 산정

세전 ₩300,000	⇒	세후 ₩300,000 × 0.8 =	₩240,000
세전 ☐	⇒	세후 ☐ × 0.6 =	₩60,000
			₩300,000

∴ ☐ = ₩100,000

∴ 세전이익 = 300,000 + 100,000 = ₩400,000

(2) 목표매출액 산정

0.4S − 350,000 = 400,000

∴ S = ₩1,875,000

해설

법인세율이 2단계 초과누진세율인 경우에도 세후목표순이익을 얻기 위한 판매량은 세전목표순이익을 구하여 접근하면 된다. 다만, 세전목표순이익을 구할 때 법인세율 변경구간의 초과여부에 따라서 적용할 법인세율이 달라지므로 세율변경시점의 세후순이익을 먼저 산출한 다음에 구한다.

문 5 세금효과와 의사결정

세무사 K씨의 고객인 L사는 여러 가지 등산용품을 만드는 회사이다. L사는 한동안 인기를 누리다가 최근들어 판매가 부진한 '간편버너'를 내년에도 계속 생산하여 판매할 것인지의 여부를 결정하기 위해 K씨를 방문했다. 즉, 통상적으로 원가 · 조업도 · 이익 분석(CVP분석)이라는 방법에 대해 자문을 구하러 온 것이다. L사의 간편버너 연간 생산가능대수는 1,000대이다. L사가 제시한 간편버너의 대당 생산원가는 다음과 같다.

직접재료비	₩25
직접노무비	10
단위관련활동원가	8
묶음관련활동원가	12
제품유지활동원가	20
시설유지활동원가	30

L사는 이들 원가항목 중에서 제품유지와 시설유지 활동을 제외한 나머지는 변동원가라고 구분했다. L사의 세율은 30%이다. 간편버너의 대당 판매가는 ₩155이다. 분석의 편의를 위해 판매비 등은 없는 것으로 가정한다. 단, 소수점 이하는 절사하시오.

[요구사항]

1. L사가 간편버너로부터 세후순이익 ₩14,000을 얻으려면 몇 대를 팔아야하는가?
2. L사의 담당자와 토의하던 중, 위의 대당 원가외에 L사는 간편버너 한 대당 위 대당원가 자료에 근거하여 계산된 이익의 10%를 제휴사에 기술료로 지불해야 한다는 사실이 밝혀졌다. 이 경우 세후순이익 ₩14,000을 얻으려면 몇 대를 팔아야 하는가?
3. 위 물음2와 달리 특수한 사정 때문에 이 기술료가 세법상 비용으로 인정될 수 없다고 한다. 이 경우 세후 순이익 ₩14,000을 얻으려면 몇 대를 팔아야 하는가?
4. L사의 시장분석 자료에 의하면 내년의 판매수량은 700대가 될 것이라고 한다. 한편, 중소업체 S사에 간편버너의 외주제작을 대당 ₩125에 L사가 원하는 수량만큼 맡길 수 있다고 한다. 이 경우, L사 입장에서 선택가능한 3가지 방안을 열거하고, 이 중 어느 것이 가장 유리한지 밝혀라. 원가발생구조에 대해서는 통상적 CVP분석에서 가정되는 내용을 따르도록 하라. 단. 세금과 기술료를 고려하지 마시오.

해답

〈자료분석〉

- 대당 변동비 : 25 + 10 + 8 + 12 = ₩55
- 총고정비 : 1,000대 × (20+30) = ₩50,000
- 법인세율 30%, 판관비 없음
- 대당 판매가격 : ₩155

1. {(155－55)×Q－50,000} × (1－0.3) = 14,000
   ∴ Q = 700대

2. ① 대당 기술료 : {155－(55+20+30)} × 10% = ₩5
   ② 새로운 대당 변동비 : 55 + 5 = ₩60
   ③ 세후이익 ₩14,000 달성을 위한 판매량(Q)
   {(155－60)×Q－50,000} × (1－0.3) = 14,000
   ∴ Q = 736대

3. {(155−55)Q−50,000} × (1−0.3) − 5Q = 14,000 ∴ Q = 753대

기술료는 세법상 비용으로 인정될 수 없다고 했으므로 기술료에 대하여는 법인세 효과가 없다. 따라서 기술료에 대하여는 세후개념으로 접근해야 한다(해설참조).

4. 간편버너의 자가 제조 · 외부구입 의사결정

(1) L사가 선택가능한 대안

① 700대 전량을 자가제조하는 안

② 700대 전량을 외주를 주는 안

③ 생산을 포기하는 안

(2) 각 대안별 영업이익을 계산하면 다음과 같다.

① 700대 전량을 자가제조하는 안

영업이익 = 700 × (₩155−55) − ₩50,000 = ₩20,000

② 700대 전량을 외주를 주는 안

영업이익 = 700 × (₩155−125) − ₩50,000 = (₩29,000)

③ 생산을 포기하는 안

고정비만 발생 ∴ 영업이익 = (₩50,000)

∴ 대안 ①, ②, ③ 중에서 이익이 가장 큰 ①안을 선택해야 한다.

해설

물음3은 다음과 같이 이해할 수 있다.

공헌이익 − 고정비 − 법인세 = 세후이익

(155−60*)Q − 50,000 − [(155−55*)Q−50,000] × 0.3 = 14,000

{(155−55)Q − 50,000}(1−0.3) − 5Q = 14,000

∴ Q = 753대

* 공헌이익을 계산할 때는 기술료를 포함한 변동비 전액이 차감되나 법인세를 계산할 때는 기술료는 비용으로 인정되지 않는다.

문 6 PV - Chart와 DOL

A회사와 B회사는 김포공항에서 리무진서비스를 제공하는 경쟁업체이다. A회사는 운전기사의 급료를 운행횟수에 근거하여 지급하고, B회사는 운전기사의 급료를 고정급으로 지급한다. 두 회사의 관련 자료는 다음과 같다.

	A회사	B회사
운행당 매출액	₩30	₩30
운행당 변동원가	24	15
연간 고정원가	₩300,000	₩1,200,000

[요구사항]

1. 두 회사의 손익분기점 운행횟수를 구하시오.
2. 두 회사의 운행횟수에 따른 이익을 나타내는 그래프를 그리시오. 또한 B회사가 더 많은 영업이익을 얻는 운행횟수 구간을 구하시오. 단, 그래프의 X축은 운행횟수이고, Y축은 이익으로 나타내시오(pv−chart).
3. 현재 두 회사는 각각 90,000회 운행하고 있다고 가정하자. 이때 각 회사의 영업레버리지도(DOL)를 구하시오.
4. 물음3과 같은 상황에서 각 회사의 매출액이 20% 증가하면 영업이익은 각각 얼마나 증가하겠는가? 두 회사에 대하여 영업이익의 증가율과 증가액을 구하시오.

해답

1. A회사 : 6Q − 300,000 = 0 ∴ Q = 50,000회
   B회사 : 15Q − 1,200,000 = 0 ∴ Q = 80,000회

2.
   (1) pv−chart

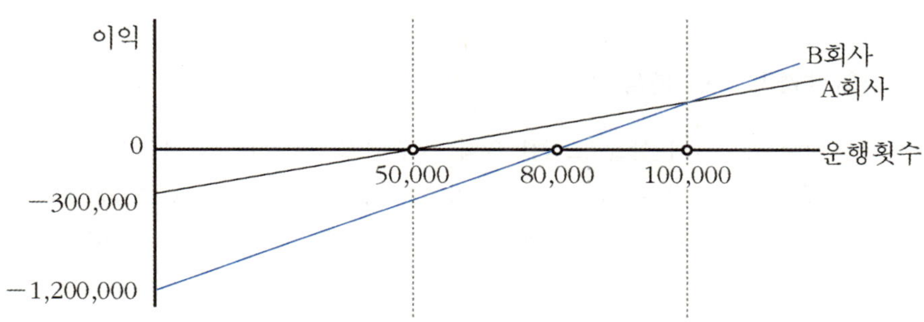

(2) 영업이익이 무차별해지는 운행횟수 : $6Q - 300,000 = 15Q - 1,200,000$

$\therefore Q = 100,000$

∴ 운행횟수가 100,000회를 초과하면 B회사의 영업이익이 더 크다.

3.

A회사 DOL : $\dfrac{6 \times 90,000}{6 \times 90,000 - 300,000} = \dfrac{540,000}{240,000} = 2.25$

B회사 DOL : $\dfrac{15 \times 90,000}{15 \times 90,000 - 1,200,000} = \dfrac{1,350,000}{150,000} = 9$

4.

(1) A회사

$\dfrac{\triangle X/240,000}{0.2} = 2.25$

∴ 영업이익 증가율 = 45%

영업이익 증가액($\triangle$X) = ₩108,000

참 고

매출액 20% 증가할 때의 영업이익 : $90,000 \times 1.2 \times 6 - 300,000 = 348,000$
영업이익 증가액 : $348,000 - 240,000 = 108,000$
영업이익 증가율 : $108,000/240,000 = 45\%$

(2) B회사

$\dfrac{\triangle X/150,000}{0.2} = 9$

∴ 영업이익 증가율 = 180%

영업이익 증가액($\triangle$X) = ₩270,000

문 7 영화산업의 CVP분석

한강 영화사는 조선시대 예술가의 삶을 조명한 영화 '장승업'을 제작하기로 하였다. 한강 영화사는 새 영화 '장승업'에 대하여 감독과 주연 배우에게 지급할 금액은 제외하고 ₩15,000,000의 예산을 편성하였다. 새 영화의 감독과 주연 배우를 대신하여 교섭을 진행하고 있는 대리인은 다음과 같은 두 가지 방안을 제시하였다.

〈방안1〉 영화의 흥행 성공에 따른 추가보상을 전혀 하지 않는 조건으로 감독과 주연 배우에게 고정급으로 총 ₩6,000,000을 지급한다.
〈방안2〉 감독과 주연배우에게 고정급 총 ₩1,200,000을 지급하고, 영화흥행에서 얻게 되는 영화사 총수익의 10%를 추가로 지급한다.

한강 영화사는 조은마케팅사에 새 영화 '장승업'의 배급권을 위임하였다. 조은마케팅사는 자신의 자금 ₩1,000,000을 마케팅에 투입하는 조건으로 영화사 총수익의 30%를 흥행료로 받게 된다. 한강 영화사는 이 영화로부터 벌어들이는 총관람료 수입 중 60%를 수익으로 받을 예정이다. 1인당 관람료는 조조할인 등에 관계없이 항상 ₩5,000이다.

[요구사항]

1. 한강 영화사 입장에서 두 방안에 대한 관객 1인당 공헌이익을 각각 산출하시오.
2. 새 영화 '장승업'의 두 방안에 대하여 한강 영화사의 손익분기점을 달성하기 위한 관객수를 각각 산출하시오.
3. 새 영화 '장승업'의 영화 출시기간 동안에 총 10,000명의 관객이 영화를 관람하였다고 가정하자. 한강 영화사가 이 영화로부터 얻게 되는 영업이익을 두 방안에 대하여 각각 구하시오.
4. 새 영화 '장승업'에서 〈방안1〉이 〈방안2〉보다 더 많은 영업이익을 영화사측에 제공하는 관객수의 범위를 구하시오.

해답

1. 관객 1인당 공헌이익

	방안1		방안2	
p	5,000 × 0.6 =	3,000	5,000 × 0.6 =	3,000
b	3,000 × 0.3 =	900	3,000 × (0.3+0.1) =	1,200
cm		2,100		1,800

2. 손익분기점 관객수

방안1 : 2,100 × Q − (15,000,000+6,000,000) = 0 ∴ Q = 10,000명

방안2 : 1,800 × Q − (15,000,000+1,200,000) = 0 ∴ Q = 9,000명

3. 방안1 = 2,100 × 10,000 − 21,000,000 = 0

방안2 = 1,800 × 10,000 − 16,200,000 = 1,800,000

4. 2,100 × Q − 21,000,000 〉 1,800 × Q − 16,200,000

∴ Q 〉 16,000명

해설

1. 이 문제의 핵심은 누구의 입장에서 의사결정 하느냐이다. 요구사항에서 제시한 주체는 영화사이다. 따라서 영화사 입장에서 고정비와 변동비를 분석하여야 한다. 〈방안1〉의 경우 제작비(₩15,000,000), 감독 등 고정급(₩6,000,000)이 고정비이다. 그리고 영화사가 관객수에 따라 지급할 금액이 변동비이다. 마케팅회사에 지급하는 금액은 영화사 수입의 30%이므로 변동비이다.

2. 방안1과 방안2의 비교

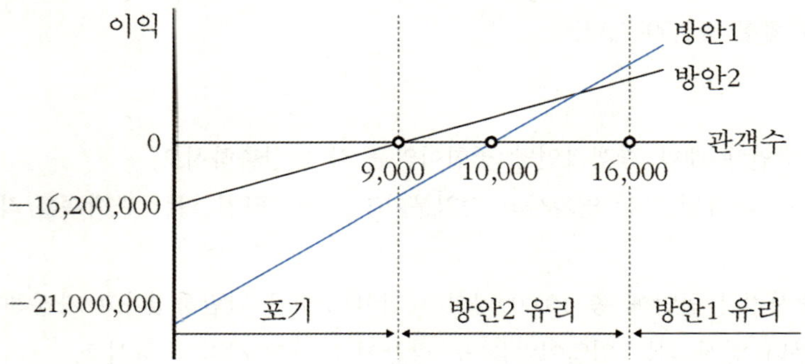

PART 06 CVP분석2_확장

제1절 현금흐름분기점 분석
제2절 복수제품의 CVP분석
제3절 비선형함수의 CVP분석
제4절 전부원가계산의 CVP분석

제6장

CVP분석2_확장

앞의 제5장에서 설명한 CVP기본모형은 현실 세계와는 달리 매우 엄격한 가정을 하고 있다. 이번 절에서는 기본모형의 가정을 완화한 확장모형에 대하여 설명하고자 한다. 확장모형에서 다룰 내용은 다음과 같다.

① 발생주의 가정을 완화한 현금흐름분기점 분석

② 단일제품의 가정을 완화한 복수제품의 CVP분석

③ 선형함수의 가정을 완화한 비선형함수의 CVP분석

④ 생산량과 판매량이 같다는 가정을 완화한 전부원가계산하의 CVP분석

제 1 절 현금흐름분기점 분석

1. 의 의

현금흐름분기점(cash break－even point)은 현금유입액과 현금유출액이 같아서 순현금흐름이 '0'이 되는 판매량이나 매출액을 말한다. 현금흐름분기점 분석을 할 때는 특별한 단서가 없는 한 감가상각비를 제외한 모든 수익과 비용은 현금흐름을 수반한다고 가정한다. 따라서 현금흐름분기점 분석의 핵심은 현금유출이 없는 비용인 감가상각비를 파악하여 분석에 반영하는 것이다. 발생주의하에서는 공헌이익과 고정비가 같은 판매량 또는 매출액을 손익분기점이라 하고 현금주의하에서는 공헌이익과 현금지출 고정비가 같은 판매량 또는 매출액을 현금흐름분기점이라 한다. 손익분기점에서는 공헌이익이 모든 고정비의 합계와 같다. 그러나 현금흐름분기점에서는 공헌이익이 고정비에서 감가상각비를 차감한 현금지출 고정비와 같다. 따라서 공헌이익이 커버해야할 고정비가 작아지기 때문에 현금흐름분기점이 손익분기점보다 낮다. 한편, 법인세가 있는 경우에는 고정비에서 감가상각비를 차감할 뿐만 아니라 감가상각비에 대한 법인세효과를 다시 고려하여야 하기 때문에 다소 복잡하다.

2. 현금흐름분기점 판매량

법인세가 있는 경우의 현금흐름분기점은 다음과 같이 유도할 수 있다. 다만, 법인세가 없다고 한다면 세율(t)에 '0'을 대입하면 되며, 다음 산식에서 d는 현금지출이 없는 고정비인 감가상각비를 뜻한다.

> **현금유입액 = 현금유출액**
> **매출액 = 변동비 + 현금유출 고정비 + 법인세**
> $pQ = bQ + (a-d) + [(p-b)Q-a]t$
> $(p-b)Q - a + d - [(p-b)Q-a]t = 0$
> $[(p-b)Q-a](1-t) + d = 0$
>
> $$\therefore Q_{현금} = \frac{a - \dfrac{d}{1-t}}{p-b}$$

위 산식을 외울 것이냐는 개인적인 판단에 맡기겠다. 그러나 처음에 얘기한 것처럼 case별로 공식을 일일이 외우는 것은 응용력을 배양하는데 전혀 도움이 되지 않는다. 따라서 위 산식의 도출과정의 출발점 즉 현금유입액과 현금유출액이 같아지는 판매량이 현금흐름분기점이라는 것만 알고 나머지는 상식적인 수준에서 접근하면 된다. 정말 외우고 싶다면 기본모형과의 차이점만 이해하면 된다. 즉, 현금주의 모형은 기본적으로 발생주의 모형과 동일한데, 현금주의 모형에서 감가상각비는 현금지출이 아니므로 이를 고정비에 포함하여 차감한 경우에는 이를 다시 가산한다고 이해하면 된다.

> • **발생주의 모형** : $[(p-b)Q-a](1-t)$
> • **현금주의 모형** : $[(p-b)Q-a](1-t) + d$

현금흐름분기점 분석에서 주의할 점은 다음과 같다.

① 현금흐름분기점을 산정할 때도 법인세는 발생주의에 의하여 산정한다. 즉, 법인세로 유출될 현금은 발생주의에 의하여 산정한 이익에 법인세율을 적용하여 계산한다.

② 손익분기점에서는 이익이 '0'이기 때문에 법인세율에 관계없이 손익분기점이 같다. 그러나 현금흐름분기점 분석에서는 법인세율에 따라 감가상각비의 법인세효과가 다르기 때문에 법인세율에 따라 현금흐름분기점이 다르다.

③ 현금흐름분기점을 산출할 때는 이익이 발생하면 법인세를 납부하나 손실이 발생하면 법인세를 환급받는 것으로 가정한다.

예 제 1 현금흐름분기점

㈜유나는 단일제품을 생산하고 있다. 이 제품의 단위당 판매가격은 ₩10이고 단위당 변동비는 ₩6이며 연간고정비는 ₩10,000이다. 고정비 가운데 ₩2,000은 감가상각비이다.

[요구사항]

다음 각각 독립된 물음에 답하시오.

1. 손익분기점 판매량은 얼마인가?
2. 법인세가 없는 경우 현금흐름분기점 판매량은 얼마인가?
3. 법인세율이 20%인 경우 현금흐름분기점 판매량은 얼마인가?
4. 법인세율이 50%인 경우 현금흐름분기점 판매량은 얼마인가?

해답

1. 공헌이익 − 고정비 = 영업이익

   (10−6)Q − 10,000 = 0

   ∴ Q = 2,500개

2. 현금유출액 = 현금유입액

   매출액 = 변동비 + 현금유출 고정비

   10Q = 6Q + 8,000

   ∴ Q = 2,000개

> ■ **별해**
> 현금흐름분기점 판매수량(Q)
>
> [(p−b)Q−a](1−t) + d = 0
>
> [(10−6)Q − 10,000](1−0) + 2,000 = 0
>
> ∴ Q = 2,000개

3. 현금유출액 = 현금유입액

   매출액 = 변동비 + 현금유출 고정비 + 법인세

   10Q = 6Q + 8,000 + [(10−6)Q−10,000] × (0.2)

   ∴ Q = 1,875개

■ **별해**

현금흐름분기점 판매수량(Q)

$[(p-b)Q-a](1-t) + d = 0$

$[(10-6)Q - 10{,}000](1-0.2) + 2{,}000 = 0$

∴ Q = 1,875개

4. 현금유출액 = 현금유입액

매출액 = 변동비 + 현금유출 고정비 + 법인세

$10Q = 6Q + 8{,}000 + [(10-6)Q-10{,}000] \times (0.5)$

∴ Q = 1,500개

■ **별해**

현금흐름분기점 판매수량(Q)

$[(p-b)Q-a](1-t) + d = 0$

$[(10-6)Q-10{,}000](1-0.5) + 2{,}000 = 0$

∴ Q = 1,500개

해설

법인세율과 현금흐름분기점 판매량

법인세율이 높을수록 감가상각비가 비용으로 처리됨으로 인하여 발생하는 법인세절감효과가 점점 더 커지기 때문에 즉, 법인세로 인한 현금유출액이 작아지기 때문에 현금흐름분기점은 낮아진다. 위 문제에서 법인세율에 따른 현금흐름분기점을 정리하면 다음과 같다.

법인세율	현금흐름분기점
0%	2,000개
20%	1,875개
50%	1,500개

제 2 절 복수제품의 CVP분석

1. 의 의

지금까지는 단일 제품을 생산하여 판매하는 것으로 가정하였으나 현실적으로는 한 기업이 두 가지 이상의 제품을 생산하여 판매하는 것이 일반적이다. 이와 같이 두 가지 이상의 제품을 동시에 생산하여 판매하는 경우의 손익분기점 분석을 복수제품의 CVP분석이라 한다. 생산·판매하는 제품이 두 가지 이상인 경우에는 제품마다 판매가격, 변동비, 공헌이익이 상이하기 때문에 제품배합이 일정하다는 가정을 하고 손익분기점 분석을 한다. 왜냐하면 공헌이익이 큰 제품이 차지하는 비율이 높아지면 손익분기점 판매량은 작아지고 공헌이익이 낮은 제품이 차지하는 비율이 높아지면 손익분기점 판매량이 커지기 때문이다. 즉, 복수제품의 경우 어떤 제품이 얼마만큼 판매되느냐에 따라 손익분기점수량이 계속 변하기 때문에 복수제품을 생산·판매하는 경우에는 제품배합이 일정하다고 가정한다.

2. 복수제품 CVP분석 방법

복수제품의 손익분기점을 구하는 방법은 다양하다. 그러나 그 다양한 방법이라는 것은 적용상의 차이 일뿐 본질은 이미 앞에서 설명한 것과 동일하다. 따라서 이 부분을 학습할 때도 산식을 외우려 하지 말고, 앞에서 이미 설명한 기본적인 내용을 염두에 두고 응용력을 배양해야 한다.

복수제품의 CVP분석에 가장 많이 사용하는 방법으로는 꾸러미법과 가중평균공헌이익률법이 있다. 그러나 이 두 가지 방법은 서로 별개의 방법이 아니라 제시된 자료에 따라 적용하는 방법상의 차이 일뿐 본질은 같다. 제시된 자료를 상호 전환(수량기준 ⇆ 매출액기준)하여 양 방법을 모두 사용할 수 있다. 다만, 수량기준으로 자료가 제시되고 손익분기점 판매량을 구하는 경우에는 꾸러미법을 적용하는 것이 편리하고, 매출액기준으로 자료가 제시되고 손익분기점 매출액을 요구하는 경우에는 가중평균공헌이익률법을 적용하는 것이 편리하다.

(1) 꾸러미법

꾸러미법(package method)에서는 매출수량배합을 반영하여 여러 개별 제품을 꾸러미(set)로 묶어서 마치 단일제품일 때처럼 손익분기점을 구한다. 그리고 나서 손익분기점 꾸러미수를 매출수량배합에 따라 각 제품수량으로 환산한다. 즉, 이미 앞에서 설명한 손익분기점 분석을 일정한 배합비율에 따라 만들어진 꾸러미(set) 기준으로 적용하면 된다.

$$\text{영업이익} = [(p-b)^{set} \times Q^{set} - a]$$

위 산식이 기본모형과 다른 것은 꾸러미 기준으로 공헌이익을 산정하고, 위 산식에서 도출된 수량은 개별 제품수량을 의미하는 것이 아니라 꾸러미수를 의미한다는 것이다. 따라서 최종 답을 산출할 때는 꾸러미수를 개별 제품수량으로 환산하면 된다.

(2) 가중평균공헌이익률법

가중평균공헌이익률법(weighted average contribution margin ratio method)은 매출액배합비율에 따라 가중평균공헌이익률을 산정하여 마치 단일제품일 때처럼 CVP분석을 한 후에 산출된 손익분기점 매출액을 매출액배합비율에 따라 각 제품 매출액으로 환산한다.

$$\text{영업이익} = \text{가중평균공헌이익률} \times S - a$$

위 산식은 기본모형과 동일한데 단지 복수제품에 대하여 CVP분석을 하는 것이기 때문에 단일제품의 공헌이익률이 아니라 복수제품의 공헌이익률을 가중평균하여 적용한다는 것만 차이가 있다. 가중평균공헌이익률은 각 제품의 공헌이익률을 매출액기준으로 가중평균하여 산정할 수도 있고, 매출배합에 따라 결정된 꾸러미당 공헌이익률을 그대로 적용할 수도 있다. 한 가지 주의할 점은 공헌이익률은 가격에 대한 공헌이익의 비율을 뜻하는 것이므로 이를 가중평균할 때는 수량이 아니라 매출액을 가중치로 적용한다는 것이다.

예 제 2 복수제품의 CVP분석

㈜유나는 두 종류의 제품을 생산하고 있으며 관련 자료는 다음과 같다.

	A제품	B제품
단위당 판매가격	₩200	₩400
단위당 변동비	150	200
단위당 공헌이익	50	200
공헌이익률	25%	50%

연간 고정비 예상액은 ₩1,800,000이다.

[요구사항]

1. A제품과 B제품의 매출수량배합비율이 2 : 1인 경우에 손익분기점 판매량은 얼마인가?
2. A제품과 B제품의 매출액배합비율이 1 : 1인 경우에 손익분기점 매출액은 얼마인가?

해답

1. set당 공헌이익 = 50 × 2 + 200 × 1 = ₩300

   공헌이익 − 고정비 = 영업이익

   $300Q^{set} - 1,800,000 = 0$

   ∴ Q^{set} = 6,000세트

   ∴ 제품A 판매수량 = 6,000 × 2 = 12,000개

   제품B 판매수량 = 6,000 × 1 = 6,000개

2. 가중평균공헌이익률 = 0.25 × 1/2 + 0.5 × 1/2 = 0.375

   공헌이익 − 고정비 = 영업이익

   $0.375S - 1,800,000 = 0$

   ∴ S = ₩4,800,000

   ∴ 제품A 매출액 = 4,800,000 × 1/2 = ₩2,400,000

   제품B 매출액 = 4,800,000 × 1/2 = ₩2,400,000

해설

매출액배합비율로 문제가 주어진 경우라도 가중평균공헌이익률법을 적용하지 않고 꾸러미법을 적용할 수도 있다. 위 물음2에서 매출액배합비율이 1:1이라는 것은 B제품 매출액이 ₩400일 때 A제품 매출액도 ₩400이라는 의미이므로 매출수량배합비율은 다음과 같이 2 : 1이 된다.

A제품 : 400 ÷ 200 = 2,　B제품 : 400 ÷ 400 = 1

따라서 꾸러미당 공헌이익은 ₩300(50×2+200×1)이고, 이를 적용하여 손익분기점꾸러미수를 구하면 '$300Q^{set} - 1,800,000 = 0$'에서 Q^{set}는 6,000세트이다. 이를 개별 제품의 수량과 매출액으로 환산하면 다음과 같다.

		판매수량	매출액
6,000세트	A제품	6,000 × 2 = 12,000개	12,000 × 200 = ₩2,400,000
	B제품	6,000 × 1 = 6,000개	6,000 × 400 = ₩2,400,000

제 3 절 비선형함수의 CVP분석

기본모형에서는 수익과 원가함수를 선형이라 가정하였다. 그러나 현실적으로 단위당 판매가격, 단위당 변동비 및 총고정비는 조업도에 따라 변동할 수 있다. 단위당 판매가격, 단위당 변동비가 변하는 경우에는 조업도 구간별로 단위당 공헌이익이 변하게 되므로, 구간별로 해(손익분기점)가 달라질 수 있다. 또한 단위당 판매가격과 단위당 변동비가 변하지 않아서 단위당 공헌이익이 일정하더라도 고정비가 조업도 구간별로 변하는 경우에는 해가 달라질 수 있다. 이와 같이 조업도 구간별로 해가 달라지는 경우에는 단위당 판매가격, 단위당 변동비 및 총고정비가 달라지는 구간을 중심으로 조업도를 세분시킨 후 각 구간별로 시행착오법으로 손익분기점을 구한다. 이렇게 구한 손익분기점이 해당 조업도 구간 내에 포함되면 실제 존재하는 손익분기점이 되지만, 해당 조업도 구간 내에 포함되지 않으면 실제 존재하지 않는 손익분기점이 된다. 비선형함수의 CVP분석에서는 판매가격, 변동비, 고정비의 행태에 따라 여러 개의 손익분기점이 존재 할 수 있으며, 경우에 따라서는 손익분기점이 존재하지 않을 수도 있다.

이하에서는 수익함수가 불연속일 때 CVP분석, 원가함수가 불연속일 때 CVP분석, 그리고 수익함수와 원가함수가 모두 불연속일 때 CVP분석에 대하여 차례로 살펴보고자 한다.

1. 수익함수가 불연속일 때 CVP분석

수익함수가 불연속이라는 것은 조업도(판매량)에 따라 단위당 판매가격이 변하는 경우를 뜻한다. 이런 경우에는 단위당 공헌이익이 조업도 구간별로 달라진다. 그러므로 판매가격이 변하는 구간을 중심으로 조업도를 세분한 후에 각 조업도 구간별로 손익분기점을 계산한다. 그리고 이렇게 구한 손익분기점이 해당 조업도 구간 내에 포함되는지를 검토하여 해의 존재여부를 확인한다.

예 제 3 비선형함수의 CVP분석 : 수익이 비선형

㈜유나는 장난감을 생산 · 판매하는 회사이다. 연간 최대조업도는 5,000개, 단위당 변동비는 ₩120, 연간 고정비는 ₩250,000이다. 3,000개 이하의 판매량에 대하여는 단위당 판매가격이 ₩200이고, 3,000개 초과 판매량에 대하여는 단위당 판매가격이 ₩170이다.

[요구사항]

1. 손익분기점 판매량은 얼마인가?
2. ₩20,000의 영업이익을 얻으려면 몇 개를 판매하여야 하는가?

해답

1.

조업도	CM	도표수량(Q)	적합
1~3,000	200 − 120 = 80	80Q − 250,000 = 0 ∴ Q = 3,125개	×
3,001~5,000	170 − 120 = 50	80 × 3,000 + 50 × △Q − 250,000 = 0 ∴△Q = 200, Q = 3,000* + 200 = 3,200개	O

* 앞 구간의 수량을 의미 함

∴ 손익분기점 판매량(Q)은 3,200개이다.

해설

구간별로 판매단가가 변동하므로 구간별로 단위당 공헌이익이 상이하다. 이 경우에는 누적공헌이익을 산출하여 누적공헌이익에서 고정비를 차감하여 영업이익을 산정한다.

2.

조업도	CM	목표수량(Q)	적합
1~3,000	200 − 120 = 80	80Q − 250,000 = 20,000 ∴ Q = 3,375개	×
3,001~5,000	170 − 120 = 50	80 × 3,000 + 50 × △Q − 250,000 = 20,000 ∴△Q = 600, Q = 3,000 + 600 = 3,600개	O

∴ 목표이익 달성하기 위한 수량(Q)은 3,600개이다.

2. 원가함수가 불연속일 때 CVP분석

원가함수가 불연속이라는 것은 조업도에 따라 변동비가 변하거나 고정비가 변하는 경우를 뜻한다.

(1) 단위당 변동비가 변하는 경우

단위당 변동비가 변하는 경우에는 단위당 공헌이익이 변하게 된다. 그러므로 단위당 변동비가 변하는 구간을 중심으로 조업도를 세분한 후에 세분된 조업도 구간별로 해가 있는지 계산한다.

(2) 총고정비가 변하는 경우

특정 조업구간 내에서는 총고정비가 일정하다가 조업구간이 바뀌면 일정 금액만큼 총고정비가 증가 또는 감소하는 경우가 있다. 이와 같은 행태를 보이는 고정비를 준고정비 또는 계단식원가(step cost)라고 한다. 총고정비가 조업구간에 따라 변하는 경우에는 총고정비가 변하는 구간을 중심으로 조업도를 세분한 후에 세분된 조업도 구간별로 해가 있는지를 계산한다.

예 제 4 비선형함수의 CVP분석 : 변동비가 비선형

㈜유나는 단일제품을 생산하여 단위당 ₩20에 판매하고 있는데, 연간 총고정비는 ₩25,000이다. 단위당 변동비는 조업구간별로 다음과 같을 것으로 추정된다.

조업도	단위당 변동비
1~2,000	₩10
2,001~4,000	12
4,000 초과	15

[요구사항]

1. 손익분기점 판매량은 얼마인가?
2. ₩12,000의 영업이익을 얻으려면 몇 개를 판매하여야 하는가?

해답

1.

조업도	CM	목표수량(Q)	적합
1~2,000	20 − 10 = 10	10Q − 25,000 = 0 ∴ Q = 2,500개	×
2,001~4,000	20 − 12 = 8	10 × 2,000 + 8 × △Q − 25,000 = 0 ∴ △Q = 625 Q = 2,000 + 625 = 2,625개	O
4,000초과	20 − 15 = 5	10 × 2,000 + 8 × 2,000 + 5 × △Q − 25,000 = 0 ∴ △Q = −2,200 Q = 4,000 − 2,200 = 1,800개	×

∴ 손익분기점 판매량(Q)은 2,625개이다.

해설

구간별로 단위당 변동비가 변동하므로 구간별로 단위당 공헌이익이 상이하다. 이 경우에는 누적공헌이익을 산출하여 누적공헌이익에서 고정비를 차감하여 영업이익을 산정한다. 또 한 가지 주의할 점은 4,000 초과 구간에서 손익분기점 판매량이 존재하지 않는 이유는 손실이 발생해서가 아니라 이 구간에서는 이익만 발생하기 때문에 손익분기점 판매량이 존재하지 않는 것이다.

2.

조업도	CM	목표수량(Q)	적합
1~2,000	20 − 10 = 10	10Q − 25,000 = 12,000 ∴ Q = 3,700개	×
2,001~4,000	20 − 12 = 8	10 × 2,000 + 8 × △Q − 25,000 = 12,000 ∴ △Q = 2,125 Q = 2,000 + 2,125 = 4,125개	×
4,000초과	20 − 15 = 5	10 × 2,000 + 8 × 2,000 + 5 × △Q − 25,000 = 12,000 ∴ △Q = 200 Q = 4,000 + 200 = 4,200개	○

∴ 목표이익 달성하기 위한 수량(Q)은 4,200개이다.

예 제 5 비선형함수의 CVP분석 : 고정비가 비선형

㈜유나는 단위당 판매가격이 ₩50이고, 단위당 변동비가 ₩30인 제품을 생산 · 판매하고 있다. 최대 조업도는 12,000개이고, 연간 고정비는 조업도에 따라 다음과 같이 달라진다.

조업도	연간 고정비
1~ 4,000	₩90,000
4,000~ 8,000	100,000
8,001~12,000	170,000

[요구사항]

1. 손익분기점 판매량은 얼마인가?
2. ₩62,000의 영업이익을 얻으려면 몇 개를 판매하여야 하는가?

해답

1.

조업도	CM	목표수량(Q)	적합
1~4,000	50 − 30 = 20	20Q − 90,000 = 0 ∴Q = 4,500개	×
4,001~8,000	50 − 30 = 20	20Q − 100,000 = 0 ∴Q = 5,000개	○
8,001~12,000	50 − 30 = 20	20Q − 170,000 = 0 ∴Q = 8,500개	○

∴ 손익분기점 판매량(Q)은 5,000개 또는 8,500개이다.

해설

구간별로 단위당 공헌이익이 동일하므로 누적공헌이익을 산출할 필요가 없다. 물론 누적공헌이익으로 접근해도 답은 같으나 시간이 많이 소요된다.

2.

조업도	CM	목표수량(Q)	적합
1~4,000	50 − 30 = 20	20Q − 90,000 = 62,000 ∴Q = 7,600개	×
4,001~8,000	50 − 30 = 20	20Q − 100,000 = 62,000 ∴Q = 8,100개	×
8,001~12,000	50 − 30 = 20	20Q − 170,000 = 62,000 ∴Q = 11,600개	○

∴ 목표이익 달성하기 위한 수량(Q)은 11,600개이다.

3. 수익함수와 원가함수가 모두 불연속일 때 CVP분석

단위당 판매가격뿐만 아니라 단위당 변동비나 총고정비가 조업 구간별로 달라지는 경우에도 앞에서 설명한 분석방법으로 접근하면 된다. 즉, 단위당 판매가격, 단위당 변동비 및 총고정비 중에 하나라도 변동하면 구간으로 세분한 후 세분된 구간별로 분석한다.

예 제 6 수익과 비용이 모두 비선형인 경우 CVP분석

㈜유나는 장난감을 생산·판매하는 회사이다. 연간 최대조업도는 5,000개이며 단위당 변동비는 ₩120으로 일정하다. 조업도에 따라 다음과 같이 단위당 판매가격과 총고정비가 달라진다.

• 단위당 판매가격

조업도	단위당 판매가격
1~3,000	₩200
3,001~5,000	160

• 총고정비

조업도	고정비
1~2,000	₩180,000
2,001~4,000	220,000
4,001~5,000	290,000

[요구사항]

1. 손익분기점 판매량은 얼마인가?
2. 최대 달성가능한 이익은 얼마인가?

해답

• 구간 세분화

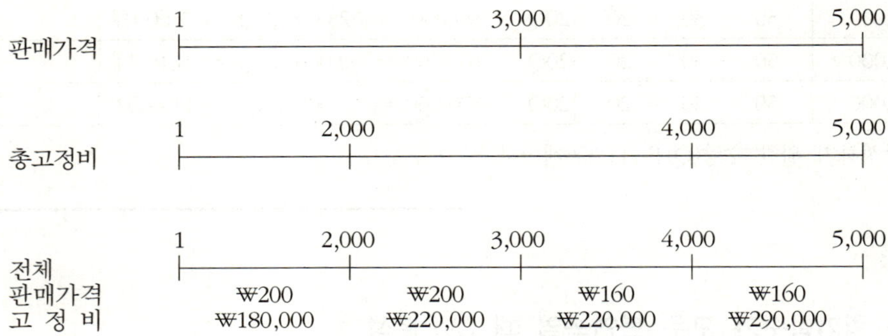

1.

조업도	CM	목표수량(Q)	적합
1~2,000	200 − 120 = 80	80Q − 180,000 = 0 ∴ Q = 2,250개	×
2,001~3,000	200 − 120 = 80	80 × 2,000 + 80 × △Q − 220,000 = 0 ∴ △Q = 750 ∴ Q = 2,000 + 750 = 2,750개	○
3,001~4,000	160 − 120 = 40	80 × 3,000 + 40 × △Q − 220,000 = 0 ∴ △Q = −500 ∴ Q = 3,000 − 500 = 2,500개	×
4,001~5,000	160 − 120 = 40	80 × 3,000 + 40 × 1,000 + 40 × △Q − 290,000 = 0 ∴ △Q = 250 ∴ Q = 4,000 + 250 = 4,250개	○

∴ 손익분기점 판매량(Q)은 2,750개 또는 4,250개이다.

2.

조업도	CM	구간별 최대이익
1∼2,000	200 − 120 = 80	80 × 2,000 − 180,000 = (−)20,000
2,001∼3,000	200 − 120 = 80	80 × 3,000 − 220,000 = 20,000
3,001∼4,000	160 − 120 = 40	80 × 3,000 + 40 × 1,000 − 220,000 = 60,000
4,001∼5,000	160 − 120 = 40	80 × 3,000 + 40 × 2,000 − 290,000 = 30,000

∴ 최대 달성가능한 이익은 ₩60,000이다.

제 4 절 전부원가계산의 CVP분석

1. 의 의

지금까지는 고정제조간접비와 고정판매관리비를 구분하지 않고 총고정비에 포함하여 당기에 전액 비용처리 되는 것으로 가정하고 손익분기점 분석을 하였다. 즉, CVP분석의 기본가정에 따라 생산량과 판매량이 동일한 것으로 가정하고 고정제조간접비는 전액 기간비용으로 처리하였다. 그러나 생산량과 판매량이 동일하지 않는 경우 변동원가계산에서는 고정제조간접비가 전액 비용처리되지만 전부원가계산에서는 판매량에 포함된 고정제조간접비만 비용처리 된다. 따라서 이 같은 상황에서는 변동원가계산과 달리 판매량뿐만 아니라 생산량도 손익분기점에 영향을 미치므로 전부원가계산에 의한 손익분기점 분석을 하여야 한다.

2. 전부원가계산의 CVP분석 모형

변동원가계산 CVP분석을 할 때 변동원가계산 손익계산서에서 출발한 것처럼 전부원가계산 CVP분석도 전부원가계산 손익계산서에서 출발하면 이해하기 쉽다. 다만, 전부원가계산에서는 생산량에 따라서 단위당 고정제조간접비가 달라지기 때문에 손익분기점도 달라진다. 즉, 판매량뿐만 아니라 생산량도 손익분기점에 영향을 미친다. 따라서 전부원가계산에서는 생산량에 따라 무수히 많은 손익분기점이 있을 수 있다. 그러므로 전부원가계산에서는 일단 생산량이 제시되어야 단일의 손익분기점을 계산할 수 있다.

전부원가계산 손익계산서에서 손익분기점을 도출하면 다음과 같다. 단, 단위당 고정제조간접비를 f라 한다.

매 출 액	=	@판매가격 × 판매량 = p × Q
− 매 출 원 가	=	@제조원가 × 판매량 = (@변동제조원가+@고정제조간접비*1) × Q
− 판매관리비	=	@변동판매관리비 × 판매량 + 고정판매관리비
영 업 이 익	=	(p−b*2−f) × Q − 고정판매관리비 = 0

*1 $@고정제조간접비(f) = \frac{고정제조간접비}{생산량}$

*2 @변동비(b) = @변동제조원가 + @변동판매관리비

$$전부원가계산의\ 손익분기점\ 판매량(Q) = \frac{고정판매관리비}{p - b - f}$$

위의 산식에서 주의할 점은 고정제조간접비는 단위당 원가로 계산되어 이미 분모에 반영되었으므로 분자에서는 고정판매관리비만 반영된다는 것이다. 다만, 실제원가계산이 아닌 경우로서 원가차이를 전액 매출원가에서 조정하는 경우에는 다음과 같이 원가차이를 반영하여야 한다. 즉, 실제원가로 전환하기 위하여 불리한 차이를 가산하여야 하고, 반대로 유리한 차이가 발생한 경우에는 차감하여야 한다. 왜냐하면 불리한 차이가 발생한 경우에는 실제원가로 전환하면 원가가 증가하고, 유리한 차이가 발생한 경우에는 원가가 감소하기 때문이다. 이를 정리하면 다음과 같다.

$$전부원가계산의\ 손익분기점\ 판매량(Q) = \frac{고정판매관리비 + 불리한차이 - 유리한차이}{p - b - f}$$

예 제 7 전부원가계산의 CVP분석

㈜유나는 수익과 원가가 다음과 같은 제품을 생산 · 판매하고 있다.

단위당 판매가격	₩40
단위당 변동제조원가	₩27
단위당 변동판매관리비	₩4

연간 고정제조간접비는 ₩60,000이고, 연간 고정판매관리비는 ₩48,000이다. 전기와 당기의 제품 단위당 원가는 동일하고 기초재고는 충분하다고 가정한다.

[요구사항]

1. 변동원가계산에서 손익분기점 판매량은 얼마인가?
2. 제품 생산량이 10,000단위, 12,000단위, 15,000단위일 경우 전부원가계산에 의한 손익분기점 판매량을 각각 구하라.

해답

1. 변동원가계산

   공헌이익 − 고정비 = 영업이익

   (40−27−4) × Q − (60,000+48,000) = 0

   ∴ Q = 12,000단위

2. 전부원가계산

   (1) 생산량이 10,000단위일 때

   • 제품 단위당 고정제조간접비 배부액 $= \dfrac{60,000}{10,000} =$ ₩6

   1법 : 전부원가계산 손익계산서에 그대로 대입한다.

매출액	−	매출원가	−	변동판관비	−	고정판관비	=	0
40Q	−	(27+6)Q	−	4Q	−	48,000	=	0

   ∴ Q = 16,000단위

   2법 : 정리된 산식에 대입한다.

   손익분기점 판매량(Q) $= \dfrac{48,000}{40 - 27 - 4 - 6} =$16,000단위

   (2) 생산량이 12,000단위일 때

   • 제품 단위당 고정제조간접비 배부액 $= \dfrac{60,000}{12,000} =$ ₩5

   1법 : 전부원가계산 손익계산서에 그대로 대입한다.

매출액	−	매출원가	−	변동판관비	−	고정판관비	=	0
40Q	−	(27+5)Q	−	4Q	−	48,000	=	0

   ∴ Q = 12,000단위

   2법 : 정리된 산식에 대입한다.

   손익분기점 판매량(Q) $= \dfrac{48,000}{40 - 27 - 4 - 5} =$ 12,000단위

(3) 생산량이 15,000단위일 때

• 제품 단위당 고정제조간접비 배부액 $= \dfrac{60{,}000}{15{,}000} =$ ₩4

1법 : 전부원가계산 손익계산서에 그대로 대입한다.

매출액	−	매출원가	−	변동판관비	−	고정판관비	=	0
40Q	−	(27+4)Q	−	4Q	−	48,000	=	0

∴ Q = 9,600단위

2법 : 정리된 산식에 대입한다.

$$손익분기점\ 판매량(Q) = \frac{48{,}000}{40 - 27 - 4 - 4} = 9{,}600단위$$

해설

변동원가계산에서는 고정제조간접비가 모두 기간비용으로 처리되므로 생산량에 관계없이 판매량에 의하여 손익분기점이 결정된다. 그러나 전부원가계산에서는 생산량에 따라 고정제조간접비 단위당 원가가 바뀌고 이에 따라 동일한 수량을 판매하더라도 매출원가를 통하여 비용처리 되는 금액이 달라진다. 따라서 전부원가계산에서는 생산량에 따라 손익분기점이 달라진다. 위 문제에서 확인할 수 있는 바와 같이 전부원가계산에서는 생산량이 많아지면 더 작은 수량을 판매하고도 손익분기점에 도달할 수 있다.

연 습 문 제

COST ACCOUNTING

문 1 현금흐름분기점 분석

인형을 생산하고 있는 ㈜태진의 원가담당자는 회계자료를 분석한 결과 다음과 같은 정보를 얻었다.

- 20×1년 예상판매량은 단위당 판매가격이 ₩3,000일 경우 연간 2,000개로 예상된다.
- 예상제조원가 및 예상판매관리비는 다음과 같다.

예상 제조원가 :	
직접재료비	₩1,200,000
직접노무비	1,500,000
변동제조간접비	300,000
고정제조간접비	1,000,000[1)]

예상 판매관리비 :	
변동비	₩600,000
고정비	800,000[2)]

1) 현금지출이 수반되지 않은 비용이 ₩40,000 포함되어 있음
2) 현금지출이 수반되지 않은 비용이 ₩20,000 포함되어 있음

[요구사항]

1. 손익분기점 판매수량은 얼마인가?
2. 안전한계 판매수량은 얼마인가?
3. 법인세가 없는 경우 현금흐름분기점 판매수량과 매출액은 얼마인가?
4. 법인세율이 20%일 경우 현금흐름분기점 판매수량과 매출액은 얼마인가?
5. 법인세율이 20%인 경우 ₩72,000의 순현금유입이 있으려면 판매수량은 얼마나 되어야 하는가?

해답

- 단위당 변동비
  ① 총변동비 : 1,200,000 + 1,500,000 + 300,000 + 600,000 = ₩3,600,000
  ② 단위당 변동비 : 3,600,000 ÷ 2,000 = ₩1,800
  ③ 단위당 공헌이익 : 3,000 − 1,800 = ₩1,200

• 총고정비

1,000,000 + 800,000 = 1,800,000

1. 손익분기점 판매수량

(3,000−1,800) × Q − 1,800,000 = 0

∴ Q = 1,500단위

2. 안전한계 판매수량

2,000 − 1,500 = 500단위

3. 법인세 없을 때

(1) 현금고정비

1,000,000 − 400,000 + 800,000 − 200,000 = ₩1,200,000

(2) 현금흐름분기점

현금유입액 = 현금유출액

매출액 = 변동비 + 현금유출 고정비

3,000Q = 1,800Q + 1,200,000

∴ Q = 1,000단위

(3) 현금흐름분기점 매출액

1,000 × ₩3,000 = ₩3,000,000

4. 법인세율 20%

(1) 현금흐름분기점

현금유입액 = 현금유출액

매출액 = 변동비 + 현금유출 고정비 + 법인세

3,000Q = 1,800Q + 1,200,000 + [(3,000−1,800)Q−1,800,000] × 0.2

[(3,000−1,800)Q−1,800,000](1−0.2) + 600,000 = 0

∴ Q = 875단위

(2) 현금흐름분기점 매출액

875 × ₩3,000 = ₩2,625,000

5. 목표 순현금유입액

현금유입액 − 현금유출액 = 목표 순현금유입액

현금유입액 = 현금유출액 + 목표 순현금유입액

매출액 = 변동비 + 현금유출 고정비 + 법인세 + 목표 순현금유입액

$3,000Q = 1,800Q + 1,200,000 + [(3,000-1,800)Q-1,800,000] \times 0.2 + 72,000$

$[(3,000-1,800)Q-1,800,000](1-0.2) + 600,000 = 72,000$

$\therefore Q = 950$단위

문 2 CVP분석 종합문제

남성용 화장품A를 판매하고 있는 꽃미남(주)의 기본 자료는 다음과 같다.

단위당 판매가격			₩800
단위당 변동비	구입원가	560	
	판매수수료	40	₩600
연간고정비	기본급료	2,460,000	
	점포임차료	750,000	
	광고선전비	310,000	
	감가상각비	680,000	₩4,200,000

회사는 위의 자료를 토대로 예상되는 여러 가지 상황을 가정하여 다양한 분석 및 의사결정을 하려고 한다. 아래의 각 상황은 가정이 없는 한 서로 독립적이다.

[요구사항]

1. 법인세율이 20%일 때, ₩200,000의 세후이익을 달성하기 위한 매출액은 얼마인가?
2. 법인세는 없는 것으로 가정할 때, 판매수수료를 지급하지 않고 그 대신 연간 ₩1,200,000의 고정급을 지급하기로 하였다. 고정급안이 유리한 판매량의 범위는 얼마인가?
3. 법인세는 없는 것으로 가정할 때, 정규의 판매수수료 이외에 손익분기점을 초과하는 판매량 1단위마다 ₩2의 특별판매수수료가 추가 지급된다면 30,000단위 판매시의 예상순이익은 얼마인가?
4. 법인세율이 20%일 때, 세후순현금유입액이 ₩100,000이 되려면 몇 단위를 판매하여야 하는가?
5. 화장품B를 추가하려 한다. 화장품B의 단위당 판매가격은 ₩1,000, 단위당 구입원가는 ₩670, 단위당 판매수수료는 ₩30이다. 화장품B를 추가 판매하는 경우에 화장품A와 B의 매출수량배합은 3 : 2가 된다.

   ① 가중평균공헌이익율을 계산하시오(소수점 둘째자리에서 반올림하시오).

   ② 손익분기점 판매수량을 계산하시오.

해답

- 자료정리

  p = 800

  b = 600

  cm = 200

  공헌이익률 = 200/800 = 0.25

1. (200×Q−4,200,000)(1−0.2) = 200,000

   ∴ Q = 22,250

   ∴ S = 22,250 × 800 = 17,800,000

> ■ **별해**
> (0.25S − 4,200,000)(1−0.2) = 200,000
> ∴ S = 17,800,000

2. 200 × Q − 4,200,000 〈 240 × Q − 5,400,000

   ∴ Q 〉 30,000

3. (30,000−21,000) × (200−2) = 1,782,000

> ■ **별해**
> 30,000×800 − 600 × 21,000 − 602 × 9,000 − 4,200,000 = 1,782,000

4. [(800−600)×Q−4,200,000](1−0.2) + 680,000 = 100,000

   ∴ Q = 17,375

5.

구 분	매출수량비율	가 격	변 동 비	공헌이익
화장품 A	3	800	600	200
화장품 B	2	1,000	700	300
꾸러미당		4,400	3,200	1,200

① 가중평균공헌이익률 $= \frac{1,200}{4,400} = 27.3\%$

② BEP(꾸러미Q) = 1,200Q − 4,200,000 = 0

∴ Q = 3,500

BEP(A) = 3,500 × 3 = 10,500개

BEP(B) = 3,500 × 2 = 7,000개

해설

현금흐름분기점은 다음과 같이 이해할 수도 있다. 2법은 따로 외울 필요 없이 일반적인 손익분기점분석 내용에 감가상각비만 가산하면 된다.

1법 : 현금흐름이 있는 것만 계산한 후에 감가상각비 절세효과를 반영한다.
현금흐름분기점 : (p×Q−b×Q−현금고정비) × (1−t) + 감가상각비 × t = 0

2법 : 발생주의 세후이익을 산정한 후에 현금유출액이 아닌 감가상각비를 가산한다.
현금흐름분기점 : (p×Q−b×Q−고정비) × (1−t) + 감가상각비 = 0

문 3 단답형 기출문제

1. ㈜유진은 제품 A와 제품 B를 생산 · 판매한다. ㈜유진은 변동원가계산방법을 사용하며 당기 예상판매 및 예상원가 자료는 다음과 같다.

구분	제품A	제품B	합 계
판매수량	300개	700개	1,000개
총매출액	₩30,000	₩42,000	₩72,000
총변동원가	15,000	21,000	36,000
총고정원가			21,600

매출배합이 일정하다고 가정하고 손익분기점을 달성하기 위한 두 제품의 판매수량은 각각 얼마인가?

2. ㈜유나는 단위당 ₩50에 제품을 생산판매한다. ㈜유나의 단위당 변동비는 직접재료비 ₩14, 직접노무비 ₩5, 변동제조간접비 ₩3, 변동판매관리비 ₩2이다. 연간 총고정비는 고정제조간접비 ₩55,000, 고정판매관리비 ₩80,200이다. ㈜유나가 단위당 판매가격을 ₩50에서 ₩48으로 인하할 경우, 기존의 연간 손익분기점 판매량을 유지하려면 연간 총고정비를 얼마나 줄여야 하는가?
3. ㈜유현은 제품의 단위당 판매가격을 ₩400으로 설정하였다. 제품을 생산하여 판매하기까지 발생하는 제품 단위당 변동비는 단위당 판매가격의 70%이며, 총고정비는 판매수량이 50,000개까지는 ₩3,000,000, 50,000개를 초과하여 90,000개까지는 ₩4,500,000, 그리고 90,000개를 초과하여 최대생산가능량인 130,000개까지는 ₩6,000,000이다. ㈜유현이 ₩9,000,000의 이익을 얻으려면 제품을 몇 개나 생산판매하여야 하는가?

4. ㈜현희는 한 가지 제품만을 생산하며 매월 생산한 제품은 당해 월에 모두 판매한다. ㈜현희의 법인세율은 40%의 단일세율이며, 20×1년도 1월과 2월의 원가자료는 다음과 같다.

구 분	1월	2월
제품 단위당 판매가격	₩500	₩450
제품 단위당 변동비	300	270
총 고정비	500,000	600,000

㈜현희의 20×1년 1월과 2월의 당기순이익이 각각 ₩60,000과 ₩72,000이라면, 1월과 2월의 제품 매출액은 각각 얼마인가?

5. ㈜태종은 냉장고를 구입하여 판매하는 회사이다. 20×1년 냉장고의 단위당 판매가격은 ₩10,000이며, 변동비율은 80%이다. 판매량이 5,000대 이하인 경우 고정판매비는 ₩8,500,000이며, 판매량이 5,000대를 초과한 경우 고정판매비는 ₩11,000,000이다. ㈜태종은 세후순이익 ₩1,450,000을 달성하기 위해서는 몇 대의 냉장고를 판매해야 하는가? 단, ㈜태종의 법인세율은 세전이익 ₩1,000,000이하까지는 25%이며, ₩1,000,000초과분에 대해서는 30%이다.

6. ㈜단짝의 차기 연간 경영활동에 관한 자료가 다음과 같다.

단위당 판매가격	₩1,000
총고정원가(감가상각비 ₩2,000,000포함)	₩5,000,000
단위당 변동원가	₩500
예상판매량	10,000개

법인세율이 20%일 경우 현금분기점 판매량은 몇 개인가? 단, 감가상각비를 제외한 나머지 수익과 비용은 모두 현금거래로 이루어진 것이며, 손실이 발생할 경우 법인세가 환급된다고 가정한다.

해답

1.

	제품A		제품B
수량배합	3	:	7
판매단가	100		60
단위당 변동비	50		30
단위당 공헌이익	50		30

set당 공헌이익 : 50 × 3 + 30 × 7 = 360

손익분기점 set 수량 : 21,600 ÷ 360 = 60

손익분기점 수량 : A = 60 × 3 = 180개, B = 60 × 7 = 420개

2.

인하전 BEP(Q) : (50−24)Q − 135,200 = 0 ∴ Q = 5,200

인하후 BEP(Q) : (48−24) × 5,200 − F = 0 ∴ F = 124,800

∴ 고정비 감소액 : 135,200 − 124,800 = 10,400

3.

단위당 공헌이익 : 400 × (1−0.7) = 120

구 간	목표이익 달성하기 위한 수량	적합여부
1 ~ 50,000	120Q − 3,000,000 = 9,000,000 Q = 100,000	×
50,001 ~ 90,000	120Q − 4,500,000 = 9,000,000 Q = 112,500	×
90,001 ~ 130,000	120Q − 6,000,000 = 9,000,000 Q = 125,000	○

∴ Q = 125,000개

4.

1월 공헌이익률 : 200/500 = 0.4

2월 공헌이익률 : 180/450 = 0.4

1월 매출액 : (0.4S − 500,000) (1−0.4) = 60,000 ∴ S = 1,500,000

2월 매출액 : (0.4S − 600,000) (1−0.4) = 72,000 ∴ S = 1,800,000

5.

- 세전목표이익 : $\dfrac{750,000}{(1-0.25)} + \dfrac{700,000}{(1-0.3)} = 2,000,000$
- 단위당 공헌이익 : 10,000 × (1−0.8) = 2,000
- 구간별 분석

구 간	목표이익 달성하기 위한 수량	적합여부
5,000이하	2,000Q − 8,500,000 = 2,000,000 Q = 5,250	×
5,001초과	2,000Q − 11,000,000 = 2,000,000 Q = 6,500	○

∴ Q = 6,500개

6. [(1,000-500)×Q−5,000,000] × (1−0.2) + 2,000,000 = 0

∴ 현금분기점 수량(Q) : 5,000개

문 4 의사결정과 복수제품의 CVP분석

㈜세무는 부산에서 공장을 운영하고 있는데, 사업확장을 위해 이번 달부터 대구에서도 공장을 운영하기로 했다. 부산공장은 한 종류의 제품인 곰인형을 생산·판매하고 있으나, 대구공장은 세 종류의 제품인 토끼인형, 거북이 인형, 그리고 호랑이 인형을 생산·판매하고자 한다. 대구공장에서 예상되는 월간 판매량은 토끼인형 200,000단위, 거북이 인형 160,000단위, 그리고 호랑이 인형 40,000단위이다. 부산공장의 월간 원가자료와 대구공장의 월간 예산자료는 다음과 같다.

〈부산공장〉

	곰인형
판매량	4,000단위
공헌이익률	60%
단위당 변동원가	₩110
고정제조간접원가	₩340,000
고정판매비와 관리비	₩200,000

〈대구공장 – 예산자료〉

	토끼 인형	거북이 인형	호랑이 인형
매출액	₩2,000,000	₩354,600	₩171,400
총변동원가	1,600,000	194,600	51,400

대구공장의 월간 총고정원가 예산은 ₩510,000이다.
다음의 각 물음은 상호 독립적이며, 재공품은 없고 생산량과 판매량이 동일하다고 가정한다.

[요구사항]

1. 부산공장은 곰인형에 들어가는 재료를 한 등급 낮추려고 고민 중이다. 재료를 변경하면 단위당 변동원가는 ₩15이 절감되지만, 제품의 품질이 다소 떨어질 가능성이 있으므로 판매량이 500단위 감소할 것으로 예상된다. 이러한 상황에서 재료를 변경하는 것과 그대로 유지하는 것 중 어느 것이 유리한지를 분석하고, 재료를 변경할 경우 부산공장의 안전한계율을 구하시오(단, 안전한계율(%)은 소수점 셋째자리에서 반올림하시오.).
2. 부산공장은 새로운 기계 도입을 검토하고 있다. 새로운 기계를 도입하게 되면 단위당 변동원가는 ₩20이 절감되지만, 총고정원가는 추가로 월 ₩10,000 증가된다. 또한 이 변화로 인해 월 매출액이 추가로 12% 증가할 것으로 기대된다. 새로운 기계 도입시 부산공장의 월간 영업이익 증가(감소)액을 구하시오.

3. 위의 대구공장에서 주어진 매출배합하에서 대구공장의 월간 손익분기점 매출액을 구하시오(단, 공헌이익률 계산시 소수점 셋째자리에서 반올림하고, 매출액은 소수점이하 절사하시오.).
4. 대구공장에서 월간 500,000단위가 판매될 경우, 이 공장의 각 제품별 공헌이익을 구하시오(단, 대구공장의 매출배합은 변동이 없다.).

해답

1.

• 자료정리

판매가격	275*2	
변동원가	110	(0.4)*1
공헌이익	165*3	(0.6)
총고정비	540,000	

*1 공헌이익률이 60%이므로 변동원가률은 40%이다.

*2 판매가격 : 110 ÷ 0.4 = 275

*3 공헌이익 : 275 − 110 = 165

(1) 재료 변경 의사결정

	변경전		변경후	
공헌이익	4,000 × 165 =	660,000	3,500 × 180 =	630,000
고정원가		540,000		540,000
영업이익		120,000		90,000

∴ 재료 변경시 이익이 ₩30,000 감소하므로 재료를 그대로 유지한다.

(2) 안전한계율

1법 : 손익분기점 판매량 : (275−95) × Q − 540,000 = 0 　∴Q = 3,000

$$\text{안전한계율} = \frac{\text{안전한계}}{\text{현재판매량}} = \frac{3{,}500 - 3{,}000}{3{,}500} = 14.29\%$$

2법 : $\text{안전한계율} = \frac{\text{영업이익}}{\text{공헌이익}} = \frac{90{,}000}{630{,}000} = 14.29\%$

2.

	도입전	도입후
공헌이익	4,000 × 165 = 660,000	4,000 × 1.12 × 185 = 828,800
고정원가	540,000	540,000 + 10,000 = 550,000
영업이익	120,000	278,800

∴ 기계 도입하면 이익이 ₩158,800 증가한다.

3.

• 자료정리

	토끼	거북이	호랑이	계
판매량	200,000개	160,000개	40,000개	
매출액	2,000,000	354,600	171,400	2,526,000
총변동원가	1,600,000	194,600	51,400	1,846,000
공헌이익	400,000	160,000	120,000	680,000

(1) 가중평균공헌이익률 : $\frac{\text{총공헌이익}}{\text{총매출액}} = \frac{680,000}{2,526,000} \fallingdotseq 0.27$

(2) 손익분기점 매출액 : 0.27S − 510,000 = 0

∴ S = 1,888,888

4.

(1) 수량배합과 단위당 공헌이익

	토끼	거북이	호랑이
판매량	200,000개	160,000개	40,000개
매출수량배합	5	4	1
총공헌이익	400,000	160,000	120,000
단위당 공헌이익	2	1	3

(2) 500,000단위 판매시 제품별 공헌이익

토　끼 : 500,000 × 0.5 × 2 = ₩500,000

거북이 : 500,000 × 0.4 × 1 = ₩200,000

호랑이 : 500,000 × 0.1 × 3 = ₩150,000

해설

1. 공헌이익률과 변동원가률
   공헌이익률은 판매가격에 대하여 공헌이익이 차지하는 비율이고, 변동원가율은 판매가격에 대하여 변동원가가 차지하는 비율이다. 판매가격에서 변동원가를 차감한 것이 공헌이익이므로 변동원가와 공헌이익의 합은 판매가격과 같다. 따라서 공헌이익률이 60%이면 변동원가율은 40%이다.

2. 안전한계율
   안전한계는 매출이 감소해도 손실이 발생하지 않는 영역(매출액 또는 판매수량)을 의미하는데, 이는 손익분기점을 넘어선 매출수량 또는 매출액을 의미한다. 안전한계율은 안전한계가 현재매출액에서 차지하는 비율을 의미한다.

3. 가중평균공헌이익률
   (1) 공헌이익률은 매출액에서 공헌이익이 차지하는 비율이다. 따라서 복수제품의 경우에도 똑같은 방법으로 주어진 매출배합이 적용된 전체 매출액에서 전체 공헌이익이 차지하는 비율로 산정하면 된다(위 문제의 풀이에 제시된 방법).
   (2) 물론 이렇게 하지 않고 각 제품의 공헌이익률을 각 제품의 매출액배합비율로 가중평균하여 산정할 수도 있다. 이때 주의할 점은 가중치로 사용하는 비율은 매출수량비율이 아니고 매출액비율이라는 것이다. 왜냐하면 공헌이익률은 매출액에 대하여 산정한 개념이므로 가중치도 매출액에 대한 개념으로 적용되어야 하기 때문이다.

문 5 비선형함수의 CVP분석

㈜우주는 제품A를 생산하여 판매하고 있다. 제품A의 생산구간별 추정 단위당 변동원가는 〈자료 1〉과 같고, 제품A의 생산구간별 추정 총고정원가는 〈자료 2〉와 같다.

〈자료 1〉 제품A의 생산구간별 추정 변동원가

생산구간	1~1,000개	1,001~3,000개	3,001~5,000개
단위당 변동원가	₩15	₩20	₩25

〈자료 2〉 제품A의 생산구간별 추정 총고정원가

생산구간	1~2,000개	2,001~5,000개
총고정원가	₩170,000	₩200,000

[요구사항]

1. 제품A의 판매가격별 제품 판매(수요)량은 아래와 같다고 예상한다. ㈜우주는 이익을 극대화하기 위해 단위당 제품 판매가격을 얼마로 설정해야 하는가?

개당 판매가격	판매(수요)량
₩200	1,000개
150	2,000개
120	3,000개
95	4,000개
80	5,000개

2. ㈜우주가 제품A의 개당 판매가격을 ₩140으로 책정할 경우, 제품A에 대한 제품 판매(수요)는 최대 5,000개라고 가정한다. 목표이익 ₩90,000을 달성하기 위해서는 제품A를 몇 개 판매해야 하는가? 단, 소수점 이하는 반올림 하시오.

해답

1.

구간	판매가격	변동비	총고정비	이익
1~1,000	200	15	170,000	185 × 1,000 − 170,000 = 15,000
1,001~2,000	150	20	170,000	135 × 1,000 + 130 × 1,000 − 170,000 = 95,000
2,001~3,000	120	20	200,000	105 × 1,000 + 100 × 2,000 − 200,000 = 105,000
3,001~4,000	95	25	200,000	80 × 1,000 + 75 × 2,000 + 70 × 1,000 − 200,000 = 100,000
4,001~5,000	80	25	200,000	65 × 1,000 + 60 × 2,000 + 55 × 2,000 − 200,000 = 95,000

∴ 이익극대화를 위한 단위당 제품 판매가격 = ₩120

2.

구간	판매가격	변동비	총고정비	이익
1~1,000	140	15	170,000	125 × Q − 170,000 = 90,000 ∴ Q = 2,080(×)
1,001~2,000	140	20	170,000	125 × 1,000 + 120 × △Q − 170,000 = 90,000 ∴ △Q = 1,125, Q = 2,125(×)
2,001~3,000	140	20	200,000	125 × 1,000 + 120 × △Q − 200,000 = 90,000 ∴ △Q = 1,375, Q = 2,375(O)
3,001~4,000	140	25	200,000	125 × 1,000 + 120 × 2,000 + 115 × △Q − 200,000 = 90,000 ∴ △Q = −652, Q = 2,348(×)
4,001~5,000	140	25	200,000	125 × 1,000 + 120 × 2,000 + 115 × △Q − 200,000 = 90,000 ∴ △Q = −652, Q = 2,348(×)

∴ 목표이익을 달성하기 위한 판매수량 = 2,375개

문 6 전부원가계산 CVP분석

㈜한국은 정상원가계산을 채택하고 있으며 20×1년의 실제자료는 다음과 같다.

단위당 판매가격	₩30
단위당 직접재료비	10
단위당 직접노무비	6
단위당 변동제조간접비(예정배부율)	1
단위당 변동판매관리비(판매단위당)	3
고정판매관리비	₩40,000
고정제조간접비	₩60,000

연간 고정제조간접비예산은 ₩60,000이고, 연간 예정조업도는 12,000단위이다.
회사의 예산자료와 제조간접비배부율은 매년 동일하며, 제조간접비 배부차이를 매출원가에서 전액 조정한다. 직접재료비와 직접노무비 단위당 원가는 매년 같다고 가정한다.

[요구사항]

1. 변동제조간접비에서는 배부차이가 발생하지 않았다. 연간 제품생산량이 10,000단위, 12,000단위, 15,000단위인 경우 각각에 대하여 다음을 구하시오. 단, 기초재고자산이 충분히 있어서 생산량이 적은 경우에도 판매는 충분히 할 수 있다고 가정한다.
   (1) 변동원가계산에 의한 손익분기점 판매량
   (2) 전부원가계산에 의한 손익분기점 판매량
2. 만약 연간 제품생산량이 15,000단위이며 이때 변동제조간접비와 고정제조간접비 실제발생액이 각각 ₩17,000, ₩63,000이라면 변동원가계산 손익분기점 판매량과 전부원가계산 손익분기점 판매량은 얼마인가? 기타의 자료는 위에 제시된 기본자료와 동일한 것으로 가정한다.

해답

1. (1) 변동원가계산 손익분기점 판매수량(Q)

$(30-20^{*}) \times Q - 100,000 = 0$

0 ∴ Q = 10,000개

* 단위당 변동비 = 10 + 6 + 1 + 3 = 20

(2) 전부원가계산 손익분기점 판매수량(Q)

전부원가계산

생　산　량	10,000개	12,000개	15,000개
실제고정제조간접비	₩60,000	₩60,000	₩60,000
고정제조간접비 예정배부액	50,000*	60,000	75,000
과소(과대)배부액	₩10,000	₩0	(₩15,000)

* 단위당 고정제조간접비 예정배부율 : $\frac{\text{고정제조간접비예산액}}{\text{예정조업도}} = \frac{₩60,000}{12,000\text{단위}} = ₩5$

∴ 예정배부액 : 10,000 × ₩5 = 50,000

① 10,000개 일 때 $= \frac{40,000 + 10,000}{30 - 20 - 5} = 10,000$개

② 12,000개 일 때 $= \frac{40,000}{30 - 20 - 5} = 8,000$개

③ 15,000개 일 때 $= \frac{40,000 - 15,000}{30 - 20 - 5} = 5,000$개

■ 별해

생 산 량	10,000개	12,000개	15,000개
매 출 액	30Q	30Q	30Q
매출원가			
차이조정전 매출원가*	22Q	22Q	22Q
제조간접비과소(과대)배부액	10,000	–	(15,000)
차이조정후 매출원가	22Q +10,000	22Q	22Q −15,000
매출총이익	8Q − 10,000	8Q	8Q + 15,000
판매관리비	3Q + 40,000	3Q + 40,000	3Q + 40,000
영업이익	5Q − 50,000	5Q − 40,000	5Q − 25,000
	∴ Q = 10,000	∴ Q = 8,000개	∴ Q = 5,000개

* 제품 단위당원가 = 변동제조원가 + 고정제조간접비배부액
= 10 + 6 + 1 + 5 = 22

2. 변동제조간접비 배부차이 : 17,000 − 15,000 × 1 = 2,000(과소배부)
고정제조간접비 배부차이 : 63,000 − 15,000 × 5 = 12,000(과대배부)

(1) 변동원가계산 손익분기점 판매수량

$(30-20) \times Q - 2,000 - 103,000^{*} = 0 \quad \therefore Q = 10,500$개

* 고정비 실제 발생액 = 40,000 + 63,000 = 103,000

변동제조간접비 과소배부액을 매출원가에서 조정하면 매출원가가 증가한다. 결과적으로 이익이 감소한다.

(2) 전부원가계산 손익분기점 판매수량

$$Q = \frac{40,000 + 2,000 - 12,000}{30 - 20 - 5} = 6,000\text{개}$$

해설

1. 변동원가계산에서는 고정제조간접비가 기간비용으로 처리되기 때문에 생산량에 관계없이 손익분기점 수량이 동일하다.

2. 전부원가계산뿐만 아니라 변동원가계산에서도 변동제조간접비는 제품원가이다. 따라서 변동제조간접비 배부차이는 매출원가에서 조정을 하여야 한다. 다만, 변동원가계산에서 고정제조간접비는 실제 발생액을 기간비용으로 처리하므로 배부차이 자체가 발생하지 않는다. 따라서 변동원가계산에서는 고정제조간접비 배부차이는 조정할 필요가 없다. 한편, 전부원가계산에서는 변동제조간접비 배부차이와 고정제조간접비 배부차이 모두를 매출원가에서 조정하여야 한다.

3. 전부원가계산에서는 생산량이 증가하면 손익분기점 판매수량이 적어진다. 즉, 판매량뿐만 아니라 생산량도 손익에 영향을 미친다.

문 7 최적생산계획

㈜태종은 폐지를 이용하여 건축용 보온단열재(ADG)를 생산하는 회사이다. 제품은 2곳의 공장(파주, 정읍)에서 생산되고 있으며, 배송은 전국적인 유통망을 가지고 있는 ㈜거미줄에 의하여 이루어지고 있다. 즉, ㈜태종이 생산 및 판매에 대한 모든 책임을 지며, ㈜거미줄은 운반비를 받고 소비자에게 제품을 배송하는 업무를 수행한다.
2곳의 공장은 자동화정도의 차이와 공장의 지리적 여건으로 인하여 제조원가나 판매관리비 등에 차이가 있다. 한편, 2곳의 공장 모두 연간 정상조업도는 250일이며 최대조업도는 300일이다. 정상조업도를 초과하는 경우에는 휴일근무를 하여야 하며 이때에는 휴일근무수당의 지급으로 인하여 단위당 변동제조원가가 증가하게 된다. 정상조업을 하든 휴일조업을 하든 관계없이 조업일 1일당 생산량은 동일하며, 회사의 방침상 야간작업은 하지 않는다. 다음은 정상조업도(250일)하의 원가자료이다.

	파주공장	정읍공장
직접재료비	@38	@36
직접노무비	@41	@30
변동제조간접비	@11	@ 9
변동판매관리비	@10	@15
연간 고정제조간접비	₩15,400,000	₩30,000,000
연간 고정판매관리비	₩8,600,000	₩9,780,000
연간 생산량	125,000단위	150,000단위

휴일근무를 하는 경우에 파주공장의 변동제조원가는 단위당 ₩10 증가하고, 정읍공장의 변동제조원가는 단위당 ₩22 증가한다. 20×1년 동안 보온단열재(ADG) 320,000단위에 대한 수요가 있을 것으로 예상되며, 단위당 판매가격은 ₩340이다.

[요구사항]

단수 발생시에는 소수점 이하 첫째자리에서 반올림하시오.

1. 파주공장의 연간 손익분기점 판매수량(변동원가계산)을 구하시오.
2. 정읍공장의 연간 손익분기점 판매수량(변동원가계산)을 구하시오.
3. 파주공장에서 연간 110,000단위를 생산하는 경우에 파주공장의 전부원가계산에 의한 연간 손익분기점 판매수량을 구하시오(원가차이는 분석할 필요 없음).
4. 20×1년 회사전체의 이익을 최대화하기 위해서 각 공장에서는 몇 단위씩 생산하여야 하는가? 예상 수요량 320,000단위에 근거하여 답하시오.
5. 물음4에서 달성가능한 최대이익은 얼마인가?

해답

• 자료정리

	파주공장	정읍공장
1일 조업량	125,000 ÷ 250 = 500단위	150,000 ÷ 250 = 600단위
정상조업량	125,000단위	150,000단위
휴일조업량	50일 × 500 = 25,000단위	50일 × 600 = 30,000단위
단위당 변동비		
┌ 정상조업도	₩100	₩90
└ 초과조업도	100 + 10 = ₩110	90 + 22 = ₩112

1. 파주공장

구 간	공헌이익	손익분기점수량
0~125,000	340 − 100 = 240	240 × Q − 24,000,000 = 0 ∴ Q = 100,000단위(적합)
125,001~150,000	340 − 110 = 230	30,000,000*1 + 230 × △Q − 24,000,000 = 0 ∴ △Q = −26,087개 ∴ Q = 125,000 − 26,087 = 98,913단위(부적합)

*1 125,000 × 240 = 30,000,000

∴ 손익분기점 판매수량 = 100,000단위

2. 정읍공장

구 간	공헌이익	손익분기점수량
0~150,000	340 − 90 = 250	250 × Q − 39,780,000 = 0 ∴ Q = 159,120(부적합)
150,001~180,000	340 − 112 = 228	37,500,000*1 + 228 × △Q − 39,780,000 = 0 ∴ △Q = 10,000단위 ∴ Q = 150,000 + 10,000 = 160,000단위(적합)

*1 150,000 × 250 = 37,500,000

∴ 손익분기점 판매수량 = 160,000단위

3.

단위당 고정제조간접비 : 15,400,000 ÷ 110,000 = ₩140

손익분기점 판매수량 : $\frac{8,600,000}{340 - 100 - 140}$ = 86,000단위

4. 조업수준에 따른 단위당 변동비

	파주공장	정읍공장
정상조업량	125,000단위까지 ₩100	150,000단위까지 ₩90
휴일조업량	25,000단위까지 ₩110	30,000단위까지 ₩112

∴ 생산우선순위

1순위 : 정읍공장 150,000단위

2순위 : 파주공장 125,000단위

3순위 : 파주공장 25,000단위

4순위 : 정읍공장 20,000단위

∴ 최적생산 계획

파주공장 생산량 = 150,000단위

정읍공장 생산량 = 170,000단위

5. 최대이익

320,000 × 340 − 125,000 × 100 − 25,000 × 110 − 150,000 × 90 − 20,000 × 112
− 63,780,000(고정비) = ₩14,030,000

■ **별해**

25,000 × 240 + 25,000 × 230 + 10,000 × 228 = ₩14,030,000

문 8 생산방법의 선택 및 자금조달 방법

(주)태종은 신제품개발에 성공하여 다음의 두 가지 생산방법 중 하나를 선택하여 생산을 하려한다. 신제품의 수요는 생산방법에 의해 전혀 영향을 받지 않는다.

	A방법	B방법
단위당 판매가격	₩100	₩100
단위당 변동비	20	50
연간 고정비	500,000	290,000

[요구사항]

1. 각 생산방법의 손익분기점 판매량을 각각 계산하시오.
2. 예상되는 신제품에 대한 수요량(판매량)에 따라 생산방법을 선택하고자 한다. 예상 수요량에 따라 어떤 생산방법을 선택할 것인지를 결정하시오. 단, 수익성이 없으면 생산자체를 포기할 수도 있다.
3. (주)태종이 A방법을 선택하였다고 가정한다. A방법으로 생산하기 위해서는 총 ₩5,000,000의 자금이 필요하며, 이 신규투자를 위한 자금조달방법을 다음 2가지 중에서 선택하려고 한다. 법인세율은 40%이다. 단, 연간 고정비 ₩500,000에는 자금조달비용이 반영되어 있지 않다.

• 방안1 : 연간 8% 이자율의 사채를 발행하는 대안
• 방안2 : 연간 6% 배당률의 우선주를 발행하는 대안

(1) 방안1로 자금을 조달하는 경우 당기에 세후이익 ₩30,000을 얻기 위한 판매량을 계산하시오.
(2) 방안2로 자금을 조달하는 경우 당기에 ₩30,000을 사내에 유보시키려면 몇 단위를 판매해야 하는지 계산하시오.

해답

1. 단위당 공헌이익 = 100 − 20 = 80

   BEP(Q)A = 80 × Q − 500,000 = 0　　　∴ Q = 6,250

   BEP(Q)B = 50 × Q − 290,000 = 0　　　∴ Q = 5,800

2. (1) 이익이 무차별한 판매량

   80 × Q − 500,000 = 50 × Q − 290,000　∴ Q = 7,000

   (2) 구간별 의사결정

구　간	의사결정
Q ≤ 5,800	생산포기
5,800 〈 Q ≤ 7,000	B방법 선택
7,000 〈 Q	A방법 선택

3. (1) (80×Q−500,000−5,000,000×0.08)(1−0.4) = 30,000　∴ Q = 11,875

   (2) (80×Q−500,000)(1−0.4) − 5,000,000 × 0.06 = 30,000　∴ Q = 13,125

해설

1. A방법과 B방법 비교

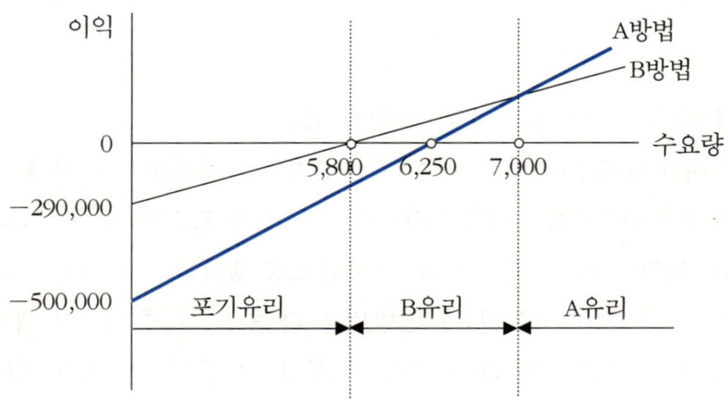

2. 이자비용은 법인세효과가 있으므로 세전이익을 구할 때 반영한다. 그러나 배당금은 세후이익을 배분하는 것이므로 세후이익을 계산한 후에 반영한다.

문 9 여행사와 항공기산업의 CVP분석

선샤인 여행사는 토론토와 자메이카 사이의 항공여행을 전문으로 하고 있으며, 다른 지역에 대한 업무는 수행하고 있지 않다. 이 여행사는 캐나다 항공에 여행객을 예약한다. 선샤인 여행사의 고정비는 매월 ₩25,000이고 변동비는 왕복티켓당 ₩60이다.

한편, 캐나다 항공은 토론토와 자메이카 사이를 왕복운항하고 있으며, 다른 지역으로는 운항을 하고 있지 않다. 캐나다 항공은 왕복티켓 가격의 10%를 선샤인 여행사에 수수료로 지급하고 있으며 왕복운항에 따른 관련 자료는 다음과 같다.

승객 1인당 왕복운항 요금	₩1,000
승객 1인당 왕복운항 변동비	200
왕복 운항 1회당 변동비	20,000
매달 고정비	400,000

〈추가자료〉

- 승객 1인당 왕복운항 변동비는 승객에게 지급되는 소모품과 식사비 및 여행사에 지급되는 수수료로 구성된다.
- 왕복 운항 1회당 변동비는 운항 횟수에 비례하여 발생하는 연료비이며, 이는 운항시 탑승하는 승객수와 무관하게 발생한다.
- 캐나다 항공이 보유한 항공기의 좌석수는 항공기 종류에 관계없이 항공기 1대당 250석이며, 좌석 등급에 관계없이 운항 요금은 동일하다.

[요구사항]

다음 물음은 각각 독립적이다.

1. 선샤인 여행사의 월간 목표영업이익이 ₩10,000인 경우 이를 달성하려면 이 여행사는 매월 항공권 몇 매를 판매해야 하는가?
2. 캐나다 항공에서 선샤인 여행사에 수수료 지급방식을 티켓 판매수량에 관계없이 월간 고정액 ₩80,000으로 변경하자는 제의를 했다. 선샤인 여행사 입장에서 월간 고정 수수료를 지급받는 것이 유리하기 위한 월간 항공권 판매수량의 범위를 구하시오. 단, 선샤인 여행사의 모든 고정비는 회피불가능하다고 가정한다.
3. 손익분기점에 도달하기 위하여 캐나다 항공은 매월 최소한 몇 번 왕복운항을 하여야 하는가? 단, 1회 운항당 평균 좌석점유율은 60%라고 가정한다.

4. 캐나다 항공은 여러 가지 제약으로 인하여 매월 5회만 왕복운항할 수 있다. 운항 횟수에 따른 1회 왕복운항당 평균승객수는 다음과 같을 것으로 예상된다.

1회 왕복운항 : 평균 250명
2회 왕복운항 : 평균 220명
3회 왕복운항 : 평균 180명
4회 왕복운항 : 평균 160명
5회 왕복운항 : 평균 130명

월간 캐나다 항공이 달성가능한 최대 영업이익은 얼마인가?

해답

1. 단위당 판매수수료 수익 : 1,000 × 0.1 = 100
(100−60) × Q − 25,000 = 10,000
∴ Q = 875매

2. 변경전 방식의 영업이익 : 100Q − 60Q − 25,000
변경후 방식의 영업이익 : 80,000 − 60Q − 25,000
∴ 100Q − 60Q − 25,000 〈 80,000 − 60Q − 25,000
∴ Q 〈 800

3. 승객 1인당 공헌이익 : 1,000 − 200 = ₩800
1회 운항당 평균 승객수 : 250 × 60% = 150명
150 × 800 × Q − 20,000 × Q − 400,000 = 0
∴ Q = 4회

4.

운항 횟수	총승객수	최대영업이익
1회	250 × 1 = 250	
2회	220 × 2 = 440	
3회	180 × 3 = 540	
4회	160 × 4 = 640	640명 × 800 − 20,000 × 4회 − 400,000 = 32,000
5회	130 × 5 = 650	

∴ 최대 달성가능 영업이익 : 32,000

운항에 따라 발생하는 변동비 ₩20,000을 회수하기 위하여 필요한 승객수는 1회 운항당 25명이다. 따라서 1회 운항당 승객수가 25명을 초과하여 증가하면 영업이익은 증가한다. 따라서 이 문제에서는 4회 운항할 때 영업이익이 가장 많다.

문 10 항공기산업의 CVP분석

㈜창공은 좌석수가 200석인 여객기 한 대를 보유하고 있으며, 이 여객기를 이용하여 서울과 부에노스아이레스를 매주 5회 왕복운항(10회 편도운항)하고 있다. 승객 1인당 편도운임은 ₩150,000이고, 승객 1인당 식사 및 소모품비는 ₩16,000이다. 연료비는 1회 편도운항당 ₩6,000,000이며 승무원 급여, 지상서비스원가, 광고선전비, 감가상각비 및 기타관리비는 주당 ₩50,000,000이다. 모든 승객은 지정된 여행사를 통해서만 항공권을 구입할 수 있으며, 매출액의 6%가 여행사에 수수료로 지급된다.

[요구사항]

다음의 각각 독립된 물음에 답하시오. 단, 아래 문제에서 탑승률은 여객기의 전체 좌석에 대한 탑승한 승객수의 비율 즉, 좌석이용률을 의미한다.

1. 매주 10회의 편도운항으로 손익분기점에 도달하기 위해서 편도 1회 운항당 평균승객수는 얼마 이상이어야 하는가?
2. 평균탑승률이 60%라고 가정할 때 매주 ₩13,000,000의 이익을 얻기 위해서는 주당 몇 회의 편도운항을 해야 하는가?
3. 현재 매주 10회의 편도운항을 하고 있으며 평균탑승률은 50%이다. 그런데 승객 1인당 편도운임을 ₩130,000으로 인하하면 평균탑승률은 60%로 증가할 것으로 예상된다. 편도운임을 인하하는 경우의 주당 증분이익 또는 증분손실은 얼마인가?
4. 기본자료와 달리 승객 1인당 편도운임은 좌석등급에 따라 다음과 같다.

좌석등급	좌석수	편도운임
퍼 스 트	40석	₩250,000
비즈니스	60석	180,000
이코노미	100석	100,000

수년 동안의 경험에 의하면 퍼스트, 비즈니스 및 이코노미 좌석에 대한 승객수기준 매출배합은 2 : 3 : 5로 일정하게 유지되고 있다. 매주 10회의 편도운항으로 주당 ₩57,388,000의 이익을 달성하기 위해서 좌석등급별 승객수는 주당 얼마나 되어야 하는가? 단, 승객 1인당 식사 및 소모품비는 좌석등급과 무관하게 동일한 것으로 가정한다.

해답

1.

• 자료정리

수익 : ₩150,000 / 승객 1인당

비용 : ₩16,000 / 승객 1인당

₩9,000 / 승객 1인당*

₩6,000,000 / 편도 1회당

₩50,000,000 / 주

* 150,000 × 6% = 9,000

(1) 승객 1인당 공헌이익 : 150,000 − 25,000 = 125,000

(2) 편도운항당 평균승객수 : Q

125,000 × Q × 10 − 6,000,000 × 10 − 50,000,000 = 0

∴ Q = 88명

2.

(1) 1회 운항당 평균승객수 : 200 × 0.6 = 120명

(2) 편도운항 횟수 : Q

125,000 × 120 × Q − 6,000,000 × Q − 50,000,000 = 13,000,000

∴ Q = 7회

3.

• 자료정리

가격인하 할 경우

수익 : ₩130,000 / 승객 1인당

비용 : ₩16,000 / 승객 1인당

₩7,800 / 승객 1인당*

₩6,000,000 / 편도 1회당

₩50,000,000 / 주

* 130,000×6% = 7,800

Ⅰ. 증분수익	
매출증가 120명 × ₩130,000 × 10회 − 100명 × ₩150,000 × 10회 =	6,000,000
Ⅱ. 증분비용	
비용증가 120명 × ₩23,800 × 10회 − 100명 × ₩25,000 × 10회 =	3,560,000
Ⅲ. 증분이익	2,440,000

4.

(1) 좌석별 승객당 공헌이익

	퍼 스 트	비즈니스	이코노미
편도운임	250,000	180,000	100,000
식사 · 소모품비	16,000	16,000	16,000
수수료(6%)	15,000	10,800	6,000
공헌이익	219,000	153,200	78,000

(2) set당 공헌이익

219,000 × 2 + 153,200 × 3 + 78,000 × 5 = 1,287,600

(3) 목표이익 달성위한 set수

1,287,600 × Q × 10 − 6,000,000 × 10 − 50,000,000 = 57,388,000

Q = 13

(4) 좌석등급별 승객수

퍼 스 트 : 13 × 10 × 2 = 260명

비즈니스 : 13 × 10 × 3 = 390명

이코노미 : 13 × 10 × 5 = 650명

PART 07 단기특수의사결정

제1절 서 론

제2절 단기특수의사결정의 유형

제7장

단기특수의사결정

제 1 절 서 론

1. 의사결정의 개념

(1) 의사결정의 의의

의사결정(decision making)은 일정한 목적을 달성하기 위해 여러 가지 선택 가능한 대안들 중에서 최적의 대안을 선택하는 과정이다. 경영자들은 계획, 실행, 통제하는 경영관리활동을 수행하는 과정에서 여러 의사결정에 직면하게 되며 그 의사결정에 따라 기업의 손익뿐만 아니라 성장과 쇠퇴가 결정된다.

(2) 단기의사결정과 장기의사결정의 구분

경영자가 직면하는 의사결정은 의사결정의 효과가 미치는 기간에 따라 단기의사결정과 장기의사결정으로 구분할 수 있다. 단기의사결정은 의사결정의 효과가 단기(보통 1년 이내)에만 영향을 미친다. 따라서 생산설비규모나 생산방식 등은 고정되어 있으며, 화폐의 시간가치는 중요하지 않는 것으로 가정한다. 한편, 장기의사결정은 생산설비의 취득이나 공장의 신축과 같이 투자에 대한 효과가 장기간에 걸쳐서 영향을 미친다. 따라서 생산설비규모나 생산방식 등이 변동될 수 있으며, 장기간을 대상으로 하므로 화폐의 시간가치가 중요하다.

단기의사결정에는 단기의 업무적인 의사결정과 단기의 특수의사결정이 있는데 전자의 예가 CVP분석이고 후자의 예가 단기특별주문이다. 단기특수의사결정을 흔히 관련원가분석이라 하는데 이와 관련된 내용은 다음 장에서 설명한다. 한 가지 주의 할 점은 단기특수의사결정에서는 이익의 크기에 관심이 있고 장기특수의사결정에서는 현금흐름의 발생시점과 크기에 관심이 있다는 것이다.

의사결정과 관련된 체계를 도표로 나타내면 다음과 같다. 단기의사결정과 관련된 내용은 본 교재에서 다루고, 장기의사결정(자본예산)과 관련된 내용은 재무관리에서 다룬다.

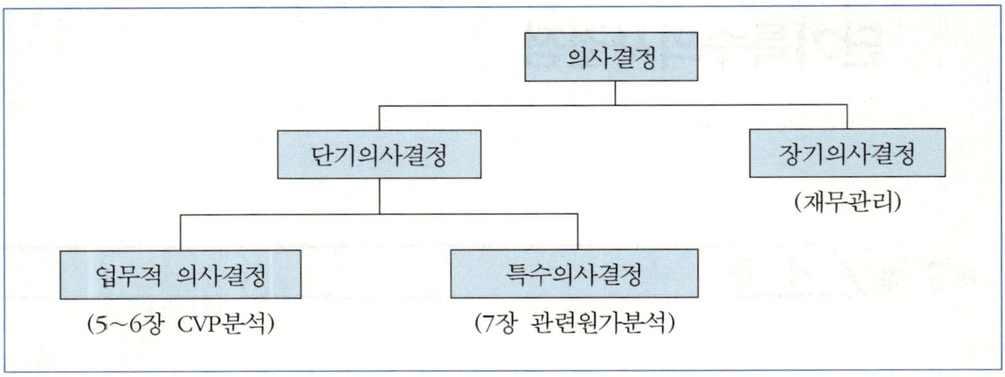

2. 의사결정의 접근방법

(1) 총액접근법

총액접근법이란 각 대안별로 모든 미래의 수익과 비용을 구하여 이익이 가장 큰 대안을 선택하는 방법이다. 즉, 각 대안별로 손익계산서를 각각 작성하여 이익이 가장 큰 대안을 선택하는 방법이다.

총액접근법은 일반적인 손익계산서작성과 동일한 방법을 적용하므로 이해하기 쉽고, 세 가지 이상의 대안을 동시에 비교 분석할 수 있다는 장점이 있다. 그러나 의사결정과 직접 관련이 없는 수익과 비용도 모두 포함시켜서 각 대안별로 이익을 계산해야 하므로 계산절차가 번거롭고, 시간이 많이 소요되며, 의사결정시 관심을 가져야 할 중요사항 즉, 대안간에 차이를 발생시키는 요소에 관심을 집중할 수 없다는 단점이 있다.

(2) 증분접근법

증분접근법은 선택 가능한 각 대안 간에 차이가 나는 증분수익과 증분비용을 비교하여 의사결정을 하는 방법으로 차액접근법이라고도 한다. 여기서 증분수익은 관련수익, 차액수익, 추가수익이라고도 하며, 증분비용은 관련비용, 차액비용, 추가비용이라고도 한다. 하지만 이하에서는 일반적으로 가장 많이 사용하는 용어로 통일하여 증분수익과 증분비용이라 한다. '증분'이란 용어는 증가액뿐만 아니라 감소액도 포함하는 개념이라는 것에 주의하여야 한다. 즉, 증분은 차액을 의미하는 것이다. 예를 들어 수익의 증가나 비용의 감소를 증분수익이라 하고, 비용의 증가나 수익의 감소를 증분비용이라 한다.

증분접근법은 두 대안 간에 차이가 나는 수익과 비용만을 고려하여 새로운 대안의 선택여부를 결정하는 방법이다. 따라서 의사결정을 할 때 시간과 비용이 절약되고 의사결정과 직접 관련이 있는 항목에 관심을 집중하도록 한다는 장점이 있다. 그러나 대안이 세 가지 이상인 경우에는 사용하기 어렵다는 단점이 있다.

예 제 1 총액접근법과 증분접근법

종로도시락은 현재 월간 1,000개의 도시락을 만들어서 판매하고 있다. 이와 관련된 수익 및 원가자료는 다음과 같다.

단위당 판매가격	₩30
단위당 변동비	12
총고정비	10,000

도시락 주문이 계속 증가하고 있기 때문에 앞으로는 월간 생산 판매량을 1,500개로 증가시킬 것을 검토하고 있다. 도시락의 생산량을 증가시킨다 하더라도 단위당 판매가격, 단위당 변동비, 총고정비는 변화가 없다.

[요구사항]

1. 총액접근법으로 분석하여 의사결정 하시오.
2. 증분접근법으로 분석하여 의사결정 하시오.

해답

1. 총액접근법

(1) 손익계산서 작성

	1,000개 일 때	1,500개 일 때
매 출 액	1,000 × 30 = 30,000	1,500 × 30 = 45,000
변 동 비	1,000 × 12 = 12,000	1,500 × 12 = 18,000
공헌이익	18,000	27,000
고 정 비	10,000	10,000
영업이익	8,000	17,000

(2) 의사결정

1,500개를 생산 · 판매하는 경우의 영업이익이 더 크므로 성산량을 증가시킨다.

2. 증분접근법

(1) 증분수익과 증분비용 분석

증분수익	500 × 30 =	15,000
증분비용	500 × 12 =	6,000
증분이익		9,000

(2) 의사결정

1,500개토 생산 · 판매량을 증가시키면 이익이 ₩9,000 증가하므로 1,500개로 생산 · 판매량을 증가시킨다.

해설

총액접근법과 증분접근법의 비교

	총액접근법		증분접근법		
	1,000개	1,500개	1,500개와 1,000개 차이		
매 출 액(@30)	30,000	45,000	수 익 증감	500 × 30 =	15,000
변 동 비(@12)	12,000	18,000	비 용 증감	500 × 12 =	6,000
공헌이익	18,000	27,000	공헌이익 증감	500 × 18 =	9,000
고 정 비	10,000	10,000	고 정 비 증감		–
영업이익	8,000	17,000	영업이익 증감		9,000

3. 원가(또는 수익)의 구분

(1) 관련수익과 관련원가

관련수익(relevant revenue)은 의사결정과 관련이 있는 수익으로 고려중인 대안 간에 차이를 발생시키는 수익을 의미한다. 새로운 대안의 선택으로 인하여 증가되는 수익뿐만 아니라 감소하는 비용도 관련수익으로 간주한다.

관련원가(relevant costs)란 의사결정과 관련이 있는 원가를 말하는 것으로 고려중인 대안 간에 차이를 발생시키는 미래원가를 말한다. 여기서 중요한 것을 다시 정리해 보면 관련원가가 되려면 고려중인 대안 간에 차이를 발생시키는 원가라야 하며, 과거에 발생한 원가가 아니고 미래에 발생할 원가라야 한다. 과거에 이미 발생한 원가는 현재 어떠한 의사결정을 하더라도 그 금액이 변하지 않을 뿐만 아니라 대안 간에 차이를 발생시키지도 못한다. 새로운 대안의 선택으로 인하여 증가되는 비용뿐만 아니라 감소하는 수익도 관련원가로 간주한다.

(2) 기회비용

기회비용(opportunity costs)은 선택가능한 대안 중에서 특정 대안을 채택했을 때 포기된 대안의 최대이익을 의미한다. 기회비용은 장부상에는 기록되지 않지만 의사결정시 반드시 고려하여야 한다. 예를 들어서 유휴설비를 임대해서 임대료 수익을 얻고 있었는데 특별주문을 수락하므로 인하여 임대료 수익을 포기한다면 임대료 수익은 특별주문 수락에 따른 기회비용이 된다.

(3) 매몰원가

매몰원가(sunk costs)는 과거의 의사결정의 결과로 이미 발생한 역사적 원가를 의미한다. 즉, 매몰원가는 역사 속에 묻혀버린 원가이다. 예를 들어 신상품을 생산할지 말지를 결정하기 위하여 시장조사를 하는데 ₩1,000이 발생했다고 하자. 이 경우 시장조사비용은 매몰원가에 해당한다. 왜냐하면 선택가능한 대안은 '신상품을 생산한다'와 '신상품을 생산하지 않는다'인데 시장조사비용은 이미 발생한 원가로서 어떤 대안을 선택하더라도 그 금액이 변하지 않고 대안간에 차이도 발생시키지 않기 때문이다. 따라서 매몰원가는 현재 어떤 의사결정을 하더라도 대안 간에 차이를 발생시키지 못하는 비관련원가이므로 증분접근법으로 의사결정할 때 별도로 고려할 필요가 없다.

예 제 2 매몰원가와 기회비용

(주)한국은 화재로 인하여 100단위의 재고자산이 파손되었다. 동 재고자산의 총제조원가는 ₩1,500,000이었다. 이 재고자산은 ₩250,000을 들여 재작업하면 ₩1,100,000에 판매할 수 있고 재작업하지 않으면 ₩700,000에 즉시 판매할 수 있다. 재작업하여 판매할 것인지 또는 즉시 판매할 것인지 고려 중에 있다.

[요구사항]

1. 매몰원가는 얼마인가?
2. 재작업시 기회비용은 얼마인가?
3. 즉시 판매시 기회비용은 얼마인가?
4. 어떤 대안을 선택할 것인가? 그 이유는 무엇인가?

해답

1. ₩1,500,000

   총제조원가 ₩1,500,000은 재작업하여 판매하든 즉시 판매하든에 관계없이 이미 발생한 원가로서 대안간에 차이를 발생시키지 못하는 매몰원가이다.

2. ₩700,000

   재작업하여 판매하는 대안을 선택하면 즉시 판매하는 대안을 포기하여야 하는데 이로 인하여 감소하는 이익이 기회비용이다.

3. ₩1,100,000 − ₩250,000 = ₩850,000

   즉시판매하는 대안을 선택하면 재작업하여 판매하는 대안을 포기하여야 하는데 이로 인하여 감소하는 이익이 기회비용이다.

4. 재작업하여 판매한다.

   재작업하여 판매하는 경우의 관련이익이 즉시 판매하는 경우의 관련이익보다 크기 때문이다. 달리 표현하면 재작업하여 판매하는 경우의 기회비용이 즉시 판매하는 경우의 기회비용보다 적기 때문이다.

	즉시판매	재작업하여 판매
이 익	₩700,000	₩850,000
기회비용	850,000	700,000

4. 의사결정할 때 유의할 사항

(1) 질적인 요소를 고려하라.

직접재료비, 직접노무비 등과 같이 화폐단위로 측정할 수 있는 것을 양적인 요소라 하고 종업원의 사기, 소비자 만족도 등과 같이 화폐단위로 측정할 수 없는 것을 질적인 요소라 한다. 의사결정을 할 때는 양적인 요소뿐만 아니라 질적인 요소도 함께 고려하여야 한다. 왜냐하면 질적인 요소도 장기적인 측면에서는 기업의 이익에 영향을 줄 수 있기 때문이다. 절적요소의 예로는 다음과 같은 것들이 있다.

- 종업원 고용, 해고, 야근 등과 관련된 노사관계
- 경기변동, 매출액 증가, 변동비 감소와 같은 제반 추정치의 불확실성
- 기업이미지, 기술절축적의 기회, 장기 가격결정에 미치는 영향 등 장기적 측면

⑵ 고정제조간접비가 단위당 원가로 주어질 때 총액으로 접근하라.

고정제조간접비는 관련범위 내에서 일정한 총액으로 발생하기 때문에 비록 단위당 원가로 자료가 주어진 경우에도 변동비처럼 취급하지 말고 총액기준으로 접근하여야 한다. 여기서 총액으로 접근하라는 의미는 고정제조간접비 총액을 구한 후에 총액이 증감하는 상황이면 관련원가이고, 증감하지 않으면 비관련원가이므로 증분접근법에서는 고려할 필요가 없다는 뜻이다.

⑶ 변동원가는 관련원가이고 고정원가는 비관련원가인가?

관련원가는 대안 간에 차이를 발생시키는 미래원가를 의미한다. 그러므로 의사결정이 무엇이냐에 따라 대안 간에 차이가 있어 관련원가가 될 수도 있고, 대안 간에 차이가 없어 비관련원가가 될 수도 있다. 일반적으로는 변동원가는 관련원가이고 고정원가는 비관련원가이지만 항상 그런 것은 아니다. 예를 들어 특정 조업도 수준을 초과하는 경우 설비를 추가 취득하여야 한다면 설비취득 원가는 고정원가이지만 대안 간에 차이를 발생시키므로 관련원가이고, 특정 조업도 수준에서 어떤 방법(A방법 또는 B방법)으로 생산하더라도 직접재료비 발생액이 동일하다면 직접재료비는 변동원가이지만 대안 간에 차이를 발생시키지 못하므로 비관련원가이다. 관련원가인지 아닌지를 결정하는 것은 원가행태가 아니라 대안간에 차이를 발생시키는 미래원가인지 여부이다.

⑷ 지출원가는 관련원가인가?

원가 중에서 미래에 현금이나 다른 자원의 지출을 필요로 하는 원가를 지출원가라 한다. 지출원가는 대부분 관련원가이다. 그러나 지출원가라 하더라도 대안 간에 차이를 발생시키지 않는다면 비관련원가이다. 예를 들어서 현금으로 지급되는 고정비는 미래에도 현금으로 일정액이 지출되므로 지출원가이다. 그러나 현금지출 고정비는 특별주문 수락여부에 따라 대안 간에 차이를 발생시키는 것이 아니므로 비관련원가이다.

제 2 절 단기특수의사결정의 유형

1. 특별주문 수락여부 의사결정

(1) 의의

기업은 종종 평소에 거래가 없던 국내의 고객이나 외국의 수입상으로부터 대량주문을 받는 경우가 있다. 이와 같이 예상치 못한 고객으로부터 비반복적인 대량주문을 요청받는 것을 특별주문(special order)이라고 한다. 이러한 특별주문은 대량의 제품을 대상으로 하며, 정상판매가격보다 낮은 가격을 제시하는 것이 일반적이다.

이와 같은 특별주문을 받는 경우에 경영자는 이를 수락할 것인지 아니면 거절할 것인지를 결정하여야 한다. 특별주문의 수락여부는 특별주문으로 인하여 증가하는 수익과 증가하는 비용을 비교하여 결정한다. 즉, 특별주문을 수락함으로써 증분수익이 증분비용보다 크다면 특별주문을 수락하고, 그 반대의 경우는 특별주문을 거절한다.

(2) 증분수익과 증분비용의 분석

특별주문으로 인한 증분수익은 특별주문량에 특별주문품의 단위당 판매가격을 곱하여 쉽게 산출할 수 있다. 그러나 기업이 보유하고 있는 생산설비의 상황에 따라 기회비용이 달라지므로 증분비용을 산출할 때는 주의를 요한다.

① 유휴생산능력이 있는 경우

유휴생산능력의 대체적인 용도가 없는 경우에는 기회비용이 발생하지 않으나 유휴생산능력의 대체적인 용도가 있는 경우에는 대체적인 용도로 사용하는 것을 포기하므로 인하여 감소하는 이익이 증분비용이 된다.

② 유휴생산능력이 없는 경우

유휴생산능력이 없는 경우에는 설비를 구입하거나 정규시장 판매를 감소시켜야 특별주문을 수락할 수 있다. 특별주문을 수락하기 위하여 설비를 추가하는 경우에는 이로 인하여 증가하는 고정비가 증분비용이 된다. 특별주문의 경우는 1회의 주문으로 거래가 종결되고 영속성이 없는 경우가 대부분이므로, 다른 사용용도가 없는 특수목적의 기계를 구입했다면 1회 주문으로 구입원가 전액을 회수하여야 하므로 설비의 감가상각비가 아닌 구입원가 전액이 증분비용이 된다는 것에 유의하여야 한다.

한편, 특별주문을 수락하기 위하여 정규시장에 판매하는 양을 감소시켜야 하는 경우에는 이로 인하여 감소하는 공헌이익이 증분비용이 된다. 순이익이 아닌 공헌이익을 기회비용으로 반영하는 이유는 고정비가 일정하다면 공헌이익만큼 이익이 감소할 것이기 때문이다.

일반모형 : 특별주문을 수락한다면

증분수익	증분비용
• 매출액 증가	• 변동비 증가 • 유휴설비의 대체적 사용 포기에 따른 기회비용 • 고정비 증가 • 외부판매 감소로 인한 기회비용

⑶ 고려해야 할 질적 요소

특별주문의 수락과 관련하여 다음과 같은 질적 요소를 고려하여야 한다.

① 특별주문 수락을 위한 추가 인력고용이나 야근과 같은 노사문제

② 제반 추정치들의 불확실성

③ 덤핑으로 인한 법적 문제, 기존고객에게 미치는 영향, 특별주문이 기업의 장기적 가격구조와 판매량에 미치는 영향 등

예 제 3 특별주문수락 의사결정

㈜태종은 A제품을 생산·판매하고 있다. 단위당 예상판매가격은 ₩150이고, 회사의 연간 최대조업도는 9,000단위이며, 금년도의 예상판매량은 7,500단위이다. 7,500단위에 근거한 단위당 변동비는 다음과 같다.

직접재료비	₩42
직접노무비	35
변동제조간접비	20
변동판매관리비	11
단위당 변동비	₩108

〈추가정보〉

① 예상판매량 7,500단위를 기준으로 한 단위당 고정제조간접비는 ₩22이며, 단위당 고정판매관리비는 ₩15이다.

② 회사가 7,500단위에 대한 예산을 작성한 후에 외국의 수입상으로부터 단위당 ₩110에 1,800단위를 구입하겠다는 특별주문을 받았다.

③ ㈜태종이 특별주문을 수락하더라도 특별주문에 대한 변동판매관리비는 발생하지 않는다. 그러나 특별판매와 관련하여 ₩4,000의 고정판매비가 별도로 발생할 것이다.

[요구사항]

1. 설비의 임차료가 연간 ₩10,000인 경우에 특별주문의 수락여부를 결정하시오..
2. 설비의 구입원가가 ₩20,000인 경우 특별주문의 수락여부를 결정하시오.
3. 유휴설비가 부족한 부분은 정규매출을 감소시켜 충당할 수 있다. 특별주문의 수락여부를 결정하시오.

해답

최대조업도는 9,000단위, 정규시장의 판매량이 7,500단위이므로 유휴설비는 1,500단위이다. 그런데 특별주문량은 1,800단위이므로 부족량 300개를 생산 · 판매하기 위해서는 설비를 임차하든지, 구입하든지, 아니면 정규매출을 감소시켜야 한다.

1. 설비를 임차하는 경우

증분수익	1,800 × 110 =		198,000
증분비용			
(1) 변동제조원가	1,800 × 97 =	174,600	
(2) 고정판매관리비		4,000	
(3) 설비의 임차료		10,000	188,600
증분이익			9,400

따라서 증분이익이 0보다 크므로 특별주문을 수락한다.

2. 설비를 구입하는 경우

증분수익	1,800 × 110 =		198,000
증분비용			
(1) 변동제조원가	1,800 × 97 =	174,600	
(2) 고정판매관리비		4,000	
(3) 설비의 구입원가		20,000	198,600
증분이익			(600)

따라서 증분이익이 0보다 작으므로 특별주문을 거절한다.

3. 정규매출을 감소시키는 경우

증분수익	1,800 × 110 =		198,000
증분비용			
(1) 변동제조원가	1,800 × 97 =	174,600	
(2) 고정판매관리비		4,000	
(3) 기회비용(정규매출감소)	300 × (150−108) =	12,600	191,200
증분이익			6,800

따라서 증분이익이 0보다 크므로 특별주문을 수락한다.

해설

물음3에 대해서 총액접근법과 증분접근법을 비교해 보고, 증분접근법의 논리를 다시 한번 이해해 보고자 한다.

총액접근법

	특별주문거절		특별주문수락		
매 출 액	7,500 × 150 =	1,125,000	7,200 × 150	+ 1,800 × 110 =	1,278,000
변동제조원가	7,500 × 97 =	727,500	7,200 × 97	+ 1,800 × 97 =	873,000
변동판매관리비	7,500 × 11 =	82,500	7,200 × 11	+ 0 =	79,200
고정제조간접비	7,500 × 22 =	165,000	165,000	+ 0 =	165,000
고정판매관리비	7,500 × 15 =	112,500	7,500 × 15	+ 4,000 =	116,500
영업이익		37,500			44,300

∴ 특별주문을 수락하는 경우의 이익이 거절하는 경우의 이익보다 ₩6,800(44,300−37,500)더 크므로 특별주문을 수락한다.

위 총액접근법을 증분개념으로 접근하는 방법에는 두 가지가 있다.

1법	증분수익			
	매출액 증가	1,800 × 110 =	198,000	
	변동제조원가 감소	300 × 97 =	29,100	
	변동판매관리비 감소	300 × 11 =	3,300	230,400
	증분비용			
	매출액 감소	300 × 150 =	45,000	
	변동제조원가 증가	1,800 × 97 =	174,600	
	고정판매관리비		4,000	223,600
	증분이익			6,800

2법	증분수익			
	매출액 증가	1,800 × 110 =		198,000
	증분비용			
	변동제조원가 증가	1,800 × 97 =	174,600	
	고정판매관리비		4,000	
	기회비용	300 × (150−97−11) =	12,600	191,200
	증분이익			6,800

적용이 간편하기 때문에 일반적으로 2법을 더 많이 쓴다. 2법에서는 특별주문 수락으로 인하여 증가하는 수량(특별주문수량)에 대하여 증분수익과 증분비용을 계산하고, 이로 인하여 발생하는 기회비용은 한꺼번에 산정한다. 기회비용에 해당하는 부분이 총액접근법과 증분접근법에서 각각 파란색 음영으로 표시되어 있다.

2. 부품의 자가제조 또는 외부구입 의사결정

(1) 의 의

기업들은 완제품 생산에 필요한 부품을 기업자체에서 생산하여 사용할 수도 있고, 외부의 공급업자로부터 구입하여 사용할 수도 있다. 이와 같이 생산에 필요한 부품들을 어떠한 방법으로 조달하여 완제품 생산에 사용하는 것이 유리한가를 결정하는 것을 부품의 자가제조 또는 외부구입 의사결정이라 한다. 일반적으로 경영자는 외부구입보다는 자가제조를 선호한다. 왜냐하면 자가제조하여야 공급부족으로 인한 생산활동상의 지장을 최소화할 수 있고, 품질관리를 보다 잘 할 수 있으며, 적시 배달이 가능하기 때문이다. 그리고 부품을 자가제조하면 장기적으로 부품 공급자에게 종속되지 않기 때문이다.

(2) 증분수익과 증분비용의 분석

부품을 자가제조하는 대신에 외부구입 하므로 인하여 증가하는 수익과 증가하는 비용을 비교하여 증분수익이 증분비용보다 크면 외부구입하고 그 반대의 경우에는 자가제조 한다. 부품을 자가제조하는 대신 외부구입하는 경우에 부품구입량에 구입단가를 곱하면 증분비용을 쉽게 구할 수 있다. 그러나 증분수익은 자가제조를 포기하므로 인하여 감소되는 원가와 유휴설비를 대체적인 용도에 사용하므로 인하여 증가하는 이익을 고려하여야 하므로 주의를 요한다. 증분수익과 관련된 항목은 다음과 같다.

① 회피가능한 원가절감액

자가제조를 포기하므로 인하여 감소하는 변동비와 고정비는 증분수익에 해당한다. 다만 고정비 중에서 자가제조를 포기해도 감소하지 않는 것은 회피불가능한 원가이므로 증분수익에 해당하지 않는다.

② 기회비용

자가제조하지 않기 때문에 발생하는 유휴설비를 임대나 타제품 생산 등에 사용하므로 인하여 수익이 증가하거나 비용이 감소할 수 있는데 이것은 증분수익에 해당한다.

일반모형 : 부품을 외부구입 한다면

증분수익	증분비용
• 변동비 감소 • 고정비 감소 • 유휴설비의 대체적 사용에 따른 수익 증가	• 외부구입원가

(3) 고려해야 할 질적 요소

부품의 외부구입과 관련하여 다음과 같은 질적 요소를 고려하여야 한다.

① 외부구입으로 인하여 종업원을 해고하거나 근무시간을 단축하는 등의 노사문제

② 제반 추정치들의 불확실성

③ 기술축적 기회의 상실, 외부 공급업자의 신뢰성, 외부구입하는 부품의 품질, 장기적인 공급 안정성 등

예 제 4 부품의 자가제조 또는 외부구입 의사결정

A회사는 완제품 생산에 필요한 부품을 자체에서 생산하고 있다. A회사가 완제품 생산에 필요한 부품 400개를 만드는 데 소요된 원가는 다음과 같다.

항 목	단위당 원가	총 원 가
변동제조원가	₩190	₩76,000
감독자급여	20	8,000
기계장치의 감가상각비	15	6,000
고정제조간접비 배부액	15	6,000
	₩240	₩96,000

B회사는 A회사에게 단위당 ₩220의 저렴한 가격으로 필요한 부품을 공급하겠다는 매력적인 제안을 해왔다. 이 제안을 받아들일 경우 외부 서비스회사 소속의 감독자는 소속회사로 복귀하게 된다.

[요구사항]

다음 각각의 상황에서는 부품의 자가제조 또는 외부구입 의사결정을 하시오.

1. 유휴설비의 대체적인 용도가 없는 경우
2. 유휴설비를 다른 회사에 ₩7,000에 임대할 수 있는 경우

해답

1. 유휴설비의 대체적 용도가 없는 경우

〈외부구입 한다면〉

증분수익		
변동제조원가 감소액	76,000	
감독자급여 감소액	8,000	84,000
증분비용		
외부구입비용	400 × 220 =	88,000
증분이익(손실)		(4,000)

외부구입하는 경우 증분손실이 발생하므로 자가제조한다.

2. 유휴설비의 대체적 용도가 있는 경우

〈외부구입 한다면〉

증분수익		
변동제조원가 감소액	76,000	
감독자급여 감소액	8,000	
임대료 수익	7,000	91,000
증분비용		
외부구입비용	400 × 220 =	88,000
증분이익(손실)		3,000

외부구입하는 경우 증분이익이 발생하므로 외부구입한다.

3. 보조부문의 유지 또는 폐지 의사결정

(1) 의 의

기업들은 생산 활동을 수행하기 위하여 각종 서비스(용역)을 필요로 한다. 이런 경우 필요한 서비스를 기업내부의 보조부문을 유지하여 조달할 수도 있고, 외부의 용역공급업자로부터 구입하여 사용할 수 있다. 예를 들어 생산에 필요한 전력을 기업 자체에서 동력부분을 운영하여 사용하든지, 아니면 필요한 전력을 한국전력공사로부터 구입하여 사용할 수 있다. 보조부문의 유지 또는 폐지 의사결정이란 기업의 생산 활동을 간접적으로 지원하는 보조부문을 계속 운영할 것인지 아니면 보조부문을 폐지하고 보조부문의 서비스를 외부 구입할 것인지에 대한 의사결정이다. 이러한 의사결정문제는 부품의 자가제조 또는 외부구입 의사결정과 본질적으로 같다. 다만, 차이점이 있다면 보조부문이 둘 이상이고 보조부문간에 서로 용역을 수수하는 경우에는 보조부문간의 용역제공정도를 고려하여 의사결정 해야 한다는 것이다.

(2) 증분수익과 증분비용의 분석

보조부문을 폐지하고 필요한 서비스를 외부구입 하므로 인하여 증가하는 수익과 증가하는 비용을 비교하여 증분수익이 증분비용보다 크면 보조부문을 폐지하고 그 반대의 경우에는 보조부문을 유지한다. 보조부문을 폐지하는 경우의 증분수익과 증분비용은 다음과 같다.

① 증분수익

폐지되는 보조부문의 원가뿐만 아니라 존속하는 보조부문의 원가 절감액도 증분수익에 포함된다. 예를 들어서 수선부문을 폐지하면 여기에 제공되던 전력도 공급할 필요가 없어지므로 수선부문의 원가 절감액뿐만 아니라 전력부문의 원가 절감액도 증분수익이 된다. 특히 보조부문의 고정비가 생산량에 따라 준고정비의 행태를 나타내면 고정비 절감액을 계산하기 위해서 존속하는 보조부문의 생산량을 산출해내야 한다. 그리고 폐지되는 보조부문을 대체적인 용도에 활용하여 수익을 증가시키거나 비용을 감소시킬 수 있다면 이것도 증분수익에 해당한다.

② 증분비용

보조부문 폐지로 인하여 발생하는 외부구입비용이 증분비용이 된다. 보조부문이 생산하던 용역의 양만큼을 구입하는 것이 아니라는 점에 주의하여야 한다. 폐지를 고려하고 있는 부문에서 자가소비하던 용역은 그 부문이 폐지되면 더 이상 필요하지 않기 때문에 외부에서 구입하는 용역의 양은 폐지되는 보조부문이 생산하던 양에서 그 부분의 자가소비 용역량을 차감한 양이 된다. 한 가지 주의할 점은 여기서 말하는 자가소비 용역량은 해당 부문에서 직접 자가소비하는 것뿐만 아니라 다른 보조부문에 제공한 것을 다시 제공받음으로 인하여 발생하는 간접 자가소비도 포함한다는 것이다.

일반모형 : 보조부문을 폐지한다면

증분수익	증분비용
• 폐지되는 부문의 비용 감소 • 다른 부문의 비용 감소 • 폐지되는 부문의 대체적 사용에 따른 수익 증가	• 외부구입원가

(3) 고려해야 할 질적 요소

보조부문의 유지 또는 폐지 의사결정에는 다음과 같은 질적 요소를 고려하여야 한다.

① 보조부문 폐지시에 발생하는 종업원 해고 등과 관련된 노사문제

② 절감원가, 외부구입 용역량 등 제반 추정치들의 불확실성

③ 기술축적 기회의 상실, 외부 공급업자의 신뢰성, 외부구입하는 용역의 품질, 장기적인 공급 안정성 등

예 제 5 보조부문의 유지 또는 폐지 의사결정

㈜태종은 제조부문인 A, B와 보조부문인 동력부문과 수선부문을 운영하고 있다. 동력부문은 동력사용량, 수선부문은 수선시간을 기준으로 보조부문원가를 배분한다. 각 보조부문에서 다른 부문에 제공할 예상용역량과 예상원가는 다음과 같다.

제공부문 \ 사용부문	제조부문		보조부문		합 계
	A	B	동력부문	수선부문	
부문원가	₩300,000	₩600,000	₩50,000	₩70,000	₩1,020,000
동력부문	200kwh	400kwh	–	400kwh	1,000kwh
수선부문	25시간	60시간	15시간	–	100시간

각 보조부문의 원가는 다음과 같이 구성되어 있다.

	변동비	고정비	계
동력부문	₩20,000	₩30,000	₩50,000
수선부문	50,000	20,000	70,000

동력부문의 고정비 중 ₩5,000은 감독자급여로 동력부문 폐지시에는 회피가능원가이며, 수선부문의 고정비는 전액이 감가상각비이다. 수선부문은 수선시간에 비례하여 동력을 사용하고 있다.

[요구사항]

㈜태종의 경영자는 최근 외부의 공급업자로부터 1kwh당 ₩35에 동력을 공급하겠다는 제의를 받았다.

1. 만약 외부에서 전력을 구입하기로 한다면 몇 kwh를 구입하여야 하는가?
2. 동력부문을 폐지하고 전력을 외부에서 구입할 경우 증분이익 또는 증분손실은 얼마인가?

해답

〈용역제공관계〉

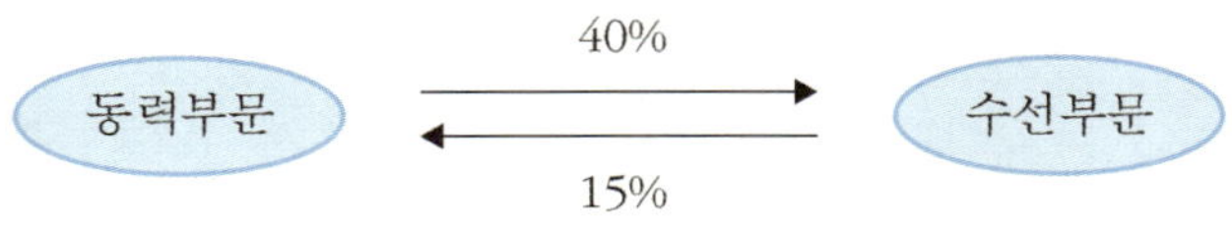

1. 동력부문의 자가소비 용역 : 1,000 × 0.4 × 0.15 = 60kwh(간접 자가소비)
   외부에서 구입해야 할 전력량 : 1,000 − 60 = 940kwh

2. 외부구입 한다면

증분수익			
동력부문 변동비 감소		20,000	
동력부문 고정비(감독자급여) 감소		5,000	
수선부문 변동비 감소	50,000 × 0.15 =	7,500	32,500
증분비용			
외부구입비용	940 × 35 =		32,900
증분이익(손실)			(400)

4. 제품라인의 유지 또는 폐지 의사결정

(1) 의 의

기업이 여러 종류의 제품라인을 가지고 있는 경우에 이익이 나는 제품라인은 계속 유지해야 하지만, 손실이 나는 제품라인은 그 제품라인을 폐지함으로써 회사 전체의 이익을 증가시킬 수 있다. 이와 같이 특정제품라인을 그대로 유지할 것인지 아니면 폐지할 것인지에 대한 의사결정을 제품라인의 유지 또는 폐지 의사결정이라 한다.

특정 제품라인에서 순손실이 발생한다고 할지라도 제품라인을 폐지하는 의사결정이 반드시 바람직한 것은 아니다. 제품라인에 배분된 회사의 공통고정비가 존재하는 경우 제품라인을 폐지하더라도 공통고정비는 계속 발생하는 회피불능원가이므로 회사 전체에 미치는 영향을 고려하여 의사결정을 하여야 한다. 또한 특정 제품라인을 폐지하는 경우에 다른 제품라인에 미치는 영향과 신제품을 추가하는 것이 유리한지 등도 검토하여야 한다.

(2) 증분수익과 증분비용 분석

① 증분수익

특정 제품라인 폐지로 인하여 감소하는 변동제조원가와 회피가능한 고정비는 증분수익이다. 특정 제품라인의 감독자 급료, 특정 제품라인에서 발생한 광고선전비 및 특정제품라인에서 발생하는 보험료 등은 일반적으로 회피가능고정비이다. 그러나 공장 전체의 임차료 배부액이나 기업 이미지 향상을 위한 광고선전비 배부액과 같이 특정 제품라인에 임의로 배분된 고정비는 특정 제품라인을 폐지하여도 계속 발생하므로 회피불능고정비이다. 그리고 특정 제품라인의 폐지로 인하여 당해 기업에서 생산하는 다른 제품의 판매가 증가하거나 폐지된 제품라인을 대체적인 용도로 사용하여 발생하는 수익은 증분수익에 해당한다.

② 증분비용

특정 제품라인 폐지로 인하여 감소하는 매출액이 증분비용이다. 그리고 특정 제품라인의 폐지로 인하여 당해 기업에서 생산하는 다른 제품의 판매가 감소하는 경우에는 그로 인한 이익 감소분도 증분비용이 된다.

일반모형 : 제품라인을 폐지한다면

증분수익	증분비용
• 폐지되는 제품라인의 비용 감소 • 다른 제품라인의 수익 증가 • 폐지되는 제품라인의 대체적 사용에 따른 수익 증가	• 폐지되는 제품라인의 매출액 감소 • 다른 제품라인의 비용 증가

(3) 고려해야 할 질적 요소

다음과 같은 질적 요소를 고려하여야 한다.

① 제품라인 폐지에 따른 종업원 감축 등의 노사문제

② 제반 추정치들의 불확실성

③ 기술축적의 기회 상실, 제품 구색 맞추기, 제품라인 폐지시 기업 이미지 등

예 제 6 제품라인의 유지 또는 폐지 의사결정

W회사는 3가지 제품 A, B, C를 생산하고 있다. 회사의 제품별 당기 손익계산서는 다음과 같다.

	A	B	C	계
매 출 액	₩2,000	₩1,200	₩800	₩4,000
변 동 비	1,500	900	750	3,150
공 헌 이 익	500	300	50	850
고 정 비	200	120	80	400
영 업 이 익	₩300	₩180	(₩30)	₩450

제품 C의 고정비 중 ₩40은 감독자급료로 당해 제품라인을 폐지하면 회피가능하다. 그러나 나머지 고정비는 공장 전체 임차료를 매출액에 따라 인위적으로 배분한 것이다. 이 회사의 경영자는 제품 C에서 손실이 발생하므로 제품 C의 폐지를 고려중이다.

[요구사항]

1. 위 자료에 근거하여 제품 C를 폐지하여야 하는지 의사결정 하시오.
2. 위 자료에 추가하여 제품 C를 폐지하면 제품A의 매출액이 10% 증가하고, 제품 C를 생산하던 설비는 다른 사업자에게 ₩20에 임대할 수 있다고 한다. 이 경우 제품 C를 폐지하여야 하는지 의사결정 하시오.

해답

1. 제품 C를 폐지한다면

증분수익		
제품 C의 변동비 감소	750	
감독자 급여 감소	40	790
증분비용		
제품 C의 매출액 감소		800
증분이익(손실)		(10)

제품 C를 폐지하는 경우 증분손실이 발생하므로 제품 C를 유지하여야 한다.

2. 제품 C를 폐지한다면

증분수익			
제품 C의 변동비 감소		750	
감독자 급여 감소		40	
제품 C 설비의 임대수익		20	
제품 A의 매출액 증가	2,000 × 0.1 =	200	1,010
증분비용			
제품 C의 매출액 감소		800	
제품 A의 변동비 증가	1,500 × 0.1 =	150	950
증분이익(손실)			60

제품 C를 폐지하는 경우 증분이익이 발생하므로 제품 C를 폐지하여야 한다.

5. 연산품의 추가가공 의사결정

(1) 의 의

기업이 연산품을 분리점에서 판매할 수도 있고 추가가공 후에 판매할 수도 있는 경우에 분리점에서 즉시 판매할 것인지 추가가공하여 판매할 것인지를 결정하는 것을 연산품의 추가가공 의사결정이라 한다. 연산품을 추가가공하여 판매하는 경우의 증분수익이 증분비용보다 크면 추가가공하고, 그렇지 않으면 분리점에서 즉시 판매하는 것이 유리하다.

(2) 증분수익과 증분비용 분석

추가가공으로 인한 매출액 증가분이 증분수익이다. 추가가공으로 인하여 판매가격만 변하고 수량이 변하지 않는 경우에는 가격차이에 수량을 곱하여 증가된 매출액을 쉽게 산출할 수 있다. 그러나 추가가공으로 인하여 판매가격과 수량이 동시에 변하는 경우에는 단가개념으로 접근하지 말고 반드시 추가가공 후의 판매가치와 추가가공 전의 판매가치를 비교하여 증분수익을 산출해야 한다. 그리고 추가가공시 증가하는 변동비와 고정비가 증분비용이다.

한편, 중간제품에 이미 배분된 원가(결합원가)는 역사적 원가로서 매몰원가이다. 결합원가는 현재 의사결정에 있어서 대안 간에 차이를 발생시키지 못하는 비관련원가이므로 추가가공 의사결정시 고려할 필요가 없다. 다만 추가가공 의사결정이 아니고 제품 생산 여부를 결정하는 상황이라면 제품 생산을 하지 않으면 결합공정에 투입될 원가 중 일부가 감소할 수 있는데 이 경우 감소되는 결합원가는 관련원가에 해당한다.

일반모형 : 추가가공 한다면

증분수익	증분비용
• 추가가공 후의 판매가치 − 추가가공 전의 판매가치	• 추가가공원가

(3) 고려해야 할 질적 요소

다음과 같은 질적 요소를 고려하여야 한다.

① 추가가공하는 경우 필요한 인력의 공급문제

② 추가가공을 위한 설비투자에 대한 자본조달 제약 문제

③ 제반 추정치들의 불확실성추가가공한 제품의 시장성 여부

예 제 7 추가가공 의사결정

(주)결합은 한 공정에서 갑 200단위, 을 300단위, 병 500단위를 생산하고 있으며, 이들에 대한 결합원가는 ₩1,000,000이다. 을과 병은 추가가공하지 않고 분리점에서 즉시 판매가 가능하며, 이들의 판매단가는 각각 ₩2,000과 ₩2,160이다. 갑제품은 추가 가공하여 슈퍼 갑으로 판매되는데, 슈퍼 갑의 판매단가는 ₩4,100이며 추가가공원가는 ₩100,000이다.

[요구사항]

1. 각 제품의 순실현가치를 기준으로 결합원가를 배분한다고 할 때, 각 제품의 단위당 제조원가를 구하시오. 단, 단수 발생시에는 소수점 둘째자리에서 반올림하시오.
2. 을을 추가가공하면 슈퍼 을을 생산할 수 있다. 이때 투입량의 20%만큼 감손이 발생한다. 슈퍼 을의 판매단가는 ₩2,800이고, 추가 가공원가가 ₩100,000이 발생 할 것으로 예측된다면 을을 추가가공 하는 것이 유리한가?
3. 병을 추가가공하면 슈퍼 병을 생산할 수 있다. 이때 투입량의 120%에 해당하는 생산량이 산출된다. 슈퍼 병의 판매단가는 ₩2,200 추가가공원가는 ₩100,000이 발생할 것으로 예측된다면 병을 추가가공 하는 것이 유리한가?

해답

1.

NRV 갑	200 × 4,100 − 100,000	=	720,000(30%)
NRV 을	300 × 2,000	=	600,000(25%)
NRV 병	500 × 2,160	=	1,080,000(45%)
			2,400,000(100%)

제품 단위당 제조원가

갑 :	(300,000+100,000) ÷ 200	=	2,000
을 :	250,000 ÷ 300	=	833.3
병 :	450,000 ÷ 500	=	900

2.

증분수익	300 × 0.8 × 2,800 − 300 × 2,000	=	72,000
증분비용			100,000
증분이익(손실)			(28,000)

∴ 추가가공하지 않는다.

3.

증분수익	500 × 1.2 × 2,200 − 500 × 2,160	=	240,000
증분비용			100,000
증분이익(손실)			140,000

∴ 추가가공 한다.

6. 제약조건이 있는 경우의 의사결정

(1) 의 의

기업들은 많은 생산요소를 투입하여 다양한 제품을 생산하여 판매하고 있다. 그런데 생산활동에 이용할 수 있는 물적자원이나 인적자원은 한정되어 있기 마련이다. 이용가능한 자원이 충분하다면 제품의 단위당 공헌이익이 가장 큰 제품을 우선적으로 생산하여 판매할 때 기업의 이익은 극대화될 것이다. 그러나 자원이 제한되어 있다면 자원을 가장 효율적으로 사용하기 위하여 한정된 자원을 어떻게 각 제품 생산에 할당할 것인지를 결정해야 한다. 만약 여러 제품을 생산할 수 있는 설비가 있는데, 그

설비의 가동시간이 제한되어 있다면 어느 제품을 먼저 생산할 것인지 어느 정도의 시간을 들여 생산할 것인지를 결정해야 한다. 이러한 의사결정을 하기 위해서는 먼저 제약조건이 몇 개인지를 검토하여야 한다.

(2) 제약조건이 하나인 경우

제약조건이 하나인 경우에는 제품 단위당 공헌이익이 아닌 제약자원당 공헌이익이 높은 제품을 생산·판매할 때 이익을 극대화할 수 있다. 예를 들어 A제품은 1개당 공헌이익이 ₩900이고, B제품은 1개당 공헌이익이 ₩800인데, 어떤 이유로 인해서 두 가지 제품 중 한 가지만 생산·판매할 수 있다고 가정하자. 당신은 어떤 제품을 생산할 것인가? 만약 자원에 대한 제약이 없다면 당연히 개당 공헌이익 높은 A제품을 생산할 것이다. 그러나 만약 사용할 수 있는 작업시간이 30시간 밖에 없는 상황에서 A제품을 1개 생산하는 데는 3시간이 소요되고, B제품을 1개 생산하는 데는 2시간이 소요된다면 의사결정은 달라질 것이다. 왜냐하면 A제품은 1개당 공헌이익은 ₩900이지만 제약조건인 시간당 공헌이익은 ₩300이고, B제품은 1개당 공헌이익은 ₩800이지만 제약조건인 시간당 공헌이익은 ₩400이기 때문이다. 즉, A제품은 사용가능한 30시간 동안 총 ₩9,000(30시간×₩300)의 공헌이익을 얻을 수 있지만, B제품은 총 ₩12,000(30시간×₩400)의 공헌이익을 얻을 수 있기 때문이다.

생산설비가 제약자원인 경우에는 생산설비의 이용시간당 공헌이익이 높은 제품을 먼저 생산하고, 진열공간이 제약자원인 경우에는 진열공간당 공헌이익이 가장 큰 제품을 먼저 진열해야 이익을 최대한 얻을 수 있다. 이 같이 제약조건이 하나인 경우에는 일반적으로 제약자원당 공헌이익이 높은 제품부터 생산하는 것이 이익을 최대화하는 방법이 된다. 제약자원당 공헌이익은 다음과 같이 산정할 수 있다.

$$\text{제약자원당 공헌이익} = \frac{\text{제품 단위당 공헌이익}}{\text{제품 한 단위 생산시 소요되는 제약자원량}}$$

(3) 제약조건이 둘 이상인 경우

제약조건이 여러 개인 경우에는 선형계획법(linear programming)을 이용하여 최적제품 배합을 결정한다. 선형계획법은 도해법(grape method)과 심플렉스법(simplex method)이 있다. 도해법은 의사결정변수가 2개인 경우에 사용하며, 심플렉스법은 의사결정변수가 3개 이상인 경우에 사용하는 방법이다. 본서에서는 도해법만 살펴보기로 한다. 도해법에서 해를 구하는 절차는 다음과 같다.

① 목적함수(이익극대화, 비용최소화 등)와 제약조건식을 수립한다.
의사결정을 할 때 수익은 최대화하고 비용은 최소화해야 한다. 따라서 수익과 관련된 의사결정이면 목적함수값을 최대화하는 의사결정을 해야 하고, 비용과 관련된 것이면 목적함수값을 최소화하는 의사결정을 해야 한다. 목적함수와 제약조건식을 수식으로 나타내면 다음과 같다.

최대화	최소화
• 목적함수 : $Max\ Z = \sum_{j=1}^{n} c_j x_j$	• 목적함수 : $Min\ Z = \sum_{j=1}^{n} c_j x_j$
• 제약조건식 : $\sum_{j=1}^{n} a_{ij} x_j \le b_j$	• 제약조건식 : $\sum_{j=1}^{n} a_{ij} x_j \ge b_j$
$x_j \ge 0$	$x_j \ge 0$

단, c_j : 단위당 기여도, a_{ij} : 기술계수
x_j : 의사결정변수, b_j : 이용가능한 자원량

② 제약조건을 그래프에 표시한 후, 실행가능영역을 도출한다.

③ 실행가능영역 중 목적함수값을 최대화 또는 최소화하는 최적해를 결정한다.
최적해는 반드시 실행가능영역상의 꼭지점에 존재한다.

예 제 8 제약조건하의 의사결정 : 제약조건이 하나

K회사는 제품A와 제품B를 생산하여 판매하고 있다. 개당 판매가격은 제품A가 ₩200이고 제품B가 ₩300이다. 개당 변동비는 제품A는 ₩140이고 제품B는 ₩180이다. 각 제품을 생산하는 데 소요되는 노동시간은 다음과 같다.

	제품A	제품B
개당 직접노동시간	2시간	6시간

[요구사항]

특별한 가정이 없는 경우 다음 각 물음은 상호 독립적인 것이다.

1. 두 제품 생산에 필요한 직접노동시간은 충분하고, 두 제품에 대한 시장수요도 충분하다. 한 가지 제품만 생산해야 한다면 어떤 제품을 생산할 것인가?
2. 두 제품 생산에 사용할 수 있는 직접노동시간이 2,400시간으로 제한되어 있으나, 두 제품에 대한 시장수요는 충분하다. 한 가지 제품만 생산해야 한다면 어떤 제품을 생산할 것인가? 이때 얻을 수 있는 최대 공헌이익은 얼마인가?
3. 두 제품 생산에 사용할 수 있는 직접노동시간이 2,400시간으로 제한되어 있으며, 제품A에 대한 시장수요는 600개이고, 제품B에 대한 시장수요는 300개이다. 이익극대화를 위한 최적제품배합은 무엇인가? 이때 얻을 수 있는 최대 공헌이익은 얼마인가?

해답

1. 제약자원이 없고, 시장수요가 충분한 경우

(1) 제품 개당 공헌이익

	제품A	제품B
개당 판매가격	₩200	₩300
개당 변동비	140	180
개당 공헌이익	₩60	₩120

(2) 최적제품배합 : 제품 개당 공헌이익이 큰 제품B만 생산한다.

2. 제약자원이 하나이고, 시장수요가 충분한 경우

(1) 직접노동시간당 공헌이익

	제품A	제품B
개당 공헌이익	₩60	₩120
개당 직접노동시간	÷ 2시간	÷ 6시간
직접노동시간당 공헌이익	₩30	₩20

(2) 최적제품배합 : 직접노동시간당 공헌이익이 큰 제품A만 생산한다.

(3) 최대 공헌이익 : 2,400시간 × ₩30 = ₩72,000

또는 (2,400시간÷2시간) × ₩60 = ₩72,000

3. 제약자원이 하나이고, 시장수요가 제한된 경우

(1) 최적제품배합

	제품A	제품B
개당 공헌이익	₩60	₩120
개당 직접노동시간	÷ 2시간	÷ 6시간
직접노동시간당 공헌이익	₩30	₩20
생산우선순위	1순위	2순위
시장수요	600개	300개
시장수요를 위한 시간	1,200시간	1,800시간
시간의 배분	1,200시간	1,200시간
최적제품배합	600개	200개

(2) 최대 공헌이익 : 600개 × ₩60 + 200개 × ₩120 = ₩60,000

또는 1,200시간 × ₩30 + 1,200시간 × ₩20 = ₩60,000

해설

1. 물음2

(1) 2,400시간 동안 제품A만 생산하면 제품A 1,200개(2,400시간÷2시간)를 생산할 수 있고, 이때의 최대 공헌이익은 ₩72,000(1,200개×₩60)이다. 이는 그냥 시간기준으로 접근하면 더 쉽게 계산할 수 있다. 즉, 2,400시간 × ₩30 = ₩72,000 이다.

(2) 만약 2,400시간 동안 제품B만 생산하면 제품B 400개(2,400시간÷6시간)를 생산할 수 있고, 이때의 최대 공헌이익은 ₩48,000(400개×₩120)이다. 이는 그냥 시간기준으로 접근하면 더 쉽게 계산할 수 있다. 즉, 2,400시간 × ₩200 = ₩48,000 이다.

(3) 위의 결과를 비교해 보면 제품A만 생산하는 것이 최적 의사결정이라는 것을 확인할 수 있다. 그리고 이익을 계산할 때는 단위를 통일해야 한다. 즉, 시간기준으로 접근하면 시간당 공헌이익을 적용하고, 수량기준으로 접근하면 개당 공헌이익을 적용한다.

2. 물음3

(1) 제약자원당 공헌이익이 높은 제품A의 시장수요를 충족할 수 있는 만큼의 시간을 제품A에 먼저 배분하고, 그리고 남는 시간이 있으면 후순위(제품B)에 배분한다.

(2) 이익을 계산할 때는 단위를 통일해야 한다. 즉, 시간기준으로 접근하면 시간당 공헌이익을 적용하고, 수량기준으로 접근하면 개당 공헌이익을 적용한다.

예 제 9 제약조건하의 의사결정 : 제약조건이 둘

K회사는 제품A와 제품B를 생산하여 판매하고 있다. 개당 판매가격은 제품A가 ₩200이고 제품B가 ₩300이다. 개당 변동비는 제품A는 ₩140이고 제품B는 ₩180이다. 각 제품을 생산하는 데 소요되는 노동시간과 기계시간은 다음과 같다.

	제품 A	제품 B
개당 직접노동시간	2시간	6시간
개당 기계작업시간	4시간	3시간

[요구사항]

두 제품 생산에 사용할 수 있는 직접노동시간은 3,600시간이고, 기계작업시간은 4,500시간이며, 각 제품의 시장수요는 충분하다.

1. 이익극대화를 위해 각 제품은 얼마나 생산하여야 하는가?
2. 제시된 상황에서 달성가능한 최대 공헌이익은 얼마인가?

해답

LP의 도해법 사용

도해법에 의한 분석단계는 ① 총공헌이익을 극대화할 수 있는 목적함수를 표시하고, ② 제약조건을 표시하고, ③ 각각의 제약조건을 그래프에 표시한 후, 이들을 모두 만족하는 실행가능영역(feasible region)을 결정한다. ④ 실행가능영역 중 목적함수 값을 최대화시키는 최적해를 결정하게 되는데, 최적해는 반드시 꼭지점(corner point)에 존재한다.

(1) 목적함수 : Max = 60A + 120B

(2) 제약조건

$2A + 6B \leq 3,600$시간(직접노동시간) …… ㉠

$4A + 3B \leq 4,500$시간(기계작업시간) …… ㉡

$A, B \geq 0$

(3) 도 해

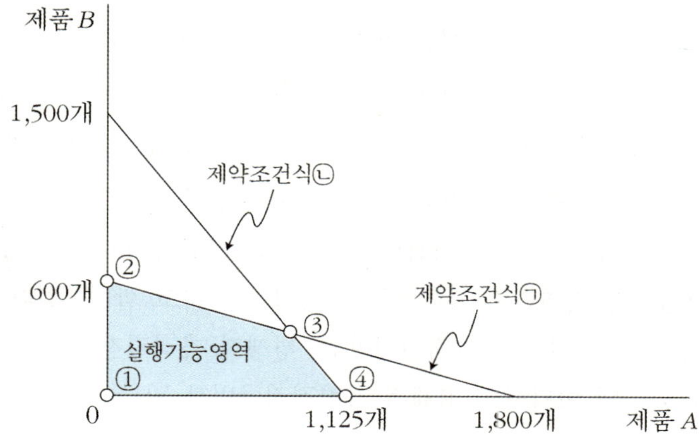

(4) 각 꼭지점에서의 총공헌이익

꼭지점	좌 표	총공헌이익
①	(0, 0)	60 × 0개 + 120 × 0개 = 0
②	(0, 600)	60 × 0개 + 120 × 600개 = 72,000
③	(900, 300)*	60 × 900개 + 120 × 300개 = 90,000
④	(1,125, 0)	60 × 1,125개 + 120 × 0개 = 67,500

* 2A + 6B = 3,600시간 … ㉠
4A + 3B = 4,500시간 … ⓛ

㉠식과 ⓛ을 연립하면 A는 900개, B는 300개이다.

(5) 최적제품배합 : 제품A 900개와 제품B 300개를 생산한다.

(6) 달성가능한 최대 공헌이익 : ₩90,000

7. 제품의 가격결정

제품의 가격결정(pricing decision)이란 가격정책과 현재의 경제상황 등을 고려하여 제품의 가격을 결정하는 것을 말한다. 여기서 가격정책(price policy)이란 기업의 목표를 고려하여 가격결정에 영향을 미치는 변수를 결정하는 것을 말한다. 그리고 제품가격에 영향을 미치는 중요한 변수로는 소비자, 경쟁업체, 원가 등이 있다.

제품가격에 의해 수요량, 생산량, 영업활동과 이익, 기업의 유지 및 성장이 결정되므로 제품가격결정은 경영자가 직면한 중요한 의사결정의 하나라고 할 수 있다. 가격결정방법에는 경제적 가격결정방법, 원가기준 가격결정방법, 경쟁적 가격결정방법, 심리적 가격결정방법 등 여러 가지가 있는데 여기서는 경제적 가격결정방법과 원가기준 가격결정방법만 소개하고자 한다.

(1) 경제적 가격결정방법

경제학에서는 수익함수와 원가함수를 알고 있다고 가정하고 이익극대화라는 목적을 달성하기 위한 최적판매량을 결정한다. 제품가격이 하락하면 판매량이 증가한다고 가정한다. 따라서 기업의 수익함수는 원점에서 출발하는 오목함수의 형태를 띤다. 그리고 단위당 변동비는 처음에는 감소하다가 생산량이 일정수준을 넘어서면 다시 상승한다고 가정한다. 이를 그림으로 나타내면 다음과 같다.

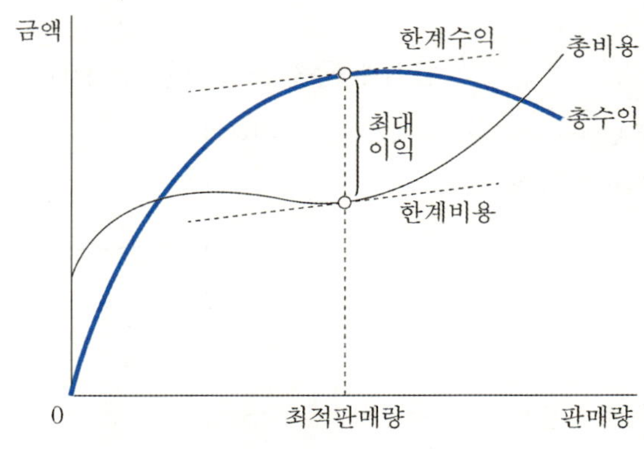

기업의 이익이 극대화되는 판매량은 총수익과 총비용의 차이가 가장 큰 점 즉, 한계수익과 한계비용이 일치하는 점이다. 이 경우에 제품의 최적판매가격은 최적판매량에서의 수익을 최적판매량으로 나누어 구하거나 판매가격 함수에 최적판매량을 대입하여 구할 수 있다. 경제적 가격결정방법은 개념적 지침으로서 논리적이지만 실제 적용하는 데는 많은 한계가 있으므로 실무에서는 거의 사용하지 않는다.

예 제 10 경제적 가격결정방법

E회사는 수익과 원가자료가 다음과 같은 제품을 생산·판매하고 있다. 단, x는 연간 판매량이다.

단위당 판매가격	₩400 − $0.01x$
단위당 변동비	₩100 + $0.01x$
연간 고정비	₩200,000

[요구사항]

1. 이익을 극대화하는 연간 판매량과 판매가격을 구하시오.
2. 달성가능한 최대이익은 얼마인가?

해답

1. $TR = \underbrace{(400-0.01x)}_{\text{단위당 판매가격}} \times \underbrace{x}_{\text{판매량}} = 400x - 0.01x^2$

   $TC = \underbrace{(100+0.01x)}_{\text{단위당 판매가격}} \times \underbrace{x}_{\text{판매량}} + \underbrace{200{,}000}_{\text{고정비}} = 0.01x^2 + 200{,}000$

   $MR = \frac{dTR}{dx} = 400 - 0.02x$

   $MC = \frac{dTC}{dx} = 100 + 0.02x$

   (1) 최적판매량

   이익을 극대화하는 연간 판매량(최적판매량)은 한계수익과 한계비용이 일치하는 점에서 결정된다.

   $\underbrace{400 - 0.02x}_{MR} = \underbrace{100}_{MC} + 0.02x^2 \quad \therefore x = 7{,}500$개

   (2) 최적판매가격

   이익을 극대화하는 단위당 판매가격(최적판매가격)은 최적판매량을 단위당 판매가격의 함수에 대입하여 구한다.

   최적판매가격 = 400 − 0.01 × 7,500개 = ₩325

2. 최대이익

   이익함수는 다음과 같다.

   이익(π) = TR − TC

   $= (400x - 0.01x^2) - (200{,}000 + 100x + 0.01x^2)$

   $= -200{,}000 + 300x - 0.02x^2$

   최대이익은 최적판매량을 이익함수에 대입하여 구한다.

   최대이익 = −200,000 + 300 × 7,500 − 0.02 × 7,500²

   = ₩925,000

(2) 원가기준 가격결정방법

원가기준 가격결정방법(cost−plus pricing method)이란 원가를 기준으로 제품의 가격을 결정하는 방법을 말한다. 제품가격은 장기적으로 생산, 판매, 관리활동에서 발생한 모든 원가를 회수할 수 있어야 하며, 아울러 투자자산에 대한 합리적인 이익을 보장할 수 있도록 결정되어야 한다. 제품의 단위당 가격은 다음과 같은 요소로 구성되어 있다.

$$\text{단위당 제품가격} = \underbrace{\text{단위당 변동비}}_{\text{변동제조원가+변동판관비}} + \underbrace{\text{단위당 고정비}}_{\text{고정제조간접비+고정판관비}} + \text{목표이익}$$

원가를 기준으로 가격을 결정할 때는 원가를 무엇으로 보느냐에 따라 다음과 같은 세 가지 접근방법이 있다.

① 공헌이익접근법

공헌이익접근법(contribution margin approach)이란 변동비를 기준으로 제품가격을 결정하는 방법을 말한다. 이 방법은 주로 단기적 이익과 관련된 가격결정방법으로 변동제조원가만을 원가에 포함시키고 고정제조간접비는 원가에 포함시키지 않는다. 그 이유는 고정제조간접비를 임의의 배부기준에 의해 배분하면 잘못된 의사결정을 내릴 수 있기 때문이다. 공헌이익접근방법에 의한 제품의 단위당 가격은 다음과 같이 결정된다.

$$\text{제품의 단위당 가격} = \text{단위당 변동비} + \underbrace{\text{단위당 변동비} \times \text{이익가산율}}_{\text{단위당 이익}}$$

여기서 단위당 변동비란 변동제조원가에 변동판매관리비를 가산한 금액을 말한다. 그리고 단위당 이익이란 고정제조간접비, 고정판매관리비를 회수하고 적정이익을 창출할 수 있는 이익을 말한다. 공헌이익접근법에서의 이익가산율은 다음과 같다.

$$\text{이익가산율} = \frac{\text{고정비} + \text{목표이익}}{\text{변동비}}$$

② 전부원가 접근방법

전부원가 접근방법(absorption−cost approach)이란 제품생산에 투입되는 모든 제조원가를 기준으로 제품가격을 결정하는 방법을 말한다. 이 방법은 주로 장기이익과 관련된 가격결정방법으로 고정제조간접비도 고려하여 제품가격을 결정한다.

그러므로 장기적인 관점에서 기업의 존속과 성장을 보장해 주는 가격결정방법이다. 전부원가 접근방법에 의한 제품의 단위당 가격은 다음과 같이 결정된다.

$$\text{제품의 단위당 가격} = \text{단위당 전부원가} + \underbrace{\text{단위당 전부원가} \times \text{이익가산율}}_{\text{단위당 이익}}$$

여기서 단위당 전부원가란 변동제조원가에 고정제조간접비를 가산한 금액을 말하며, 단위당 이익은 판매관리비를 회수하고 적정이익을 창출할 수 있는 이익을 말한다. 전부원가접근법에서의 이익가산율은 다음과 같다.

$$\text{이익가산율} = \frac{\text{판매관리비} + \text{목표이익}}{\text{전부원가}}$$

③ 총원가 접근방법

총원가 접근방법(full-cost approach)이란 총원가를 기준으로 제품가격을 결정하는 방법을 말한다. 이 방법에서는 제품의 제조원가뿐만 아니라 판매관리비까지 포함한 총원가를 원가로 본다. 총원가 접근방법에 의한 제품의 단위당 가격은 다음과 같이 결정된다.

$$\text{제품의 단위당 가격} = \text{단위당 총원가} + \underbrace{\text{단위당 총원가} \times \text{이익가산율}}_{\text{단위당 이익}}$$

여기서 단위당 총원가는 제조원가에 판매관리비를 가산한 금액을 말한다. 그리고 단위당 이익은 적정이익을 창출할 수 있도록 결정된다. 총원가접근법의 이익가산율은 다음과 같이 결정된다.

$$\text{이익가산율} = \frac{\text{목표이익}}{\text{총원가}}$$

위 세 가지 접근방법에 있어서 이익가산율은 모두 다르다. 그러나 이익가산율을 산정할 때는 일정한 논리가 있다. 즉, 이익가산율의 분모에는 각 접근방법의 원가가 들어가고, 분자에는 '목표이익 + 원가기준에 포함되지 않은 원가'가 들어간다. 그리고 어떤 방법을 적용하더라도 결과적으로 판매가격은 동일하다.

한편, 원가기준 가격결정방법은 적용하기가 쉽다는 장점이 있으나 수요량 및 경쟁기업의 대응, 자원의 대체적 이용 및 조업도의 변동 등을 고려하지 않고 가격을 결정한다는 단점이 있다.

예 제 11 원가기준 가격결정방법

㈜원가에서는 다음과 같은 원가정보를 기초로 하여 제품의 가격을 결정하고자 한다. 연간 예상 생산량 및 판매량은 10,000단위이다.

단위당 변동제조원가	₩20
단위당 변동판매관리비	4
연간 고정제조간접비	200,000
연간 고정판매관리비	100,000
연간 목표이익	180,000

[요구사항]

1. 다음 각각의 방법으로 이익가산율(mark−up)을 계산하시오.
   (1) 공헌이익접근법
   (2) 전부원가접근법
   (3) 총원가접근법
2. 위의 각 방법에 의해 제품 단위당 판매가격을 결정하시오.

해답

• 자료정리

(1) 단위당 원가와 목표이익

단위당 변동제조원가		₩20
단위당 변동판매관리비		4
단위당 고정제조간접비	200,000 ÷ 10,000 =	20
단위당 고정판매관리비	100,000 ÷ 10,000 =	10
단위당 목표이익	180,000 ÷ 10,000 =	18

(2) 제품가격 = 변동제조원가 + 변동판매관리비 + 고정제조간접비 + 고정판매관리비 + 목표이익

1. 이익가산율

(1) 공헌이익접근법 : $\frac{\text{고정비 + 목표이익}}{\text{변동비}} = \frac{20 + 10 + 18}{20 + 4}$ = 변동비의 200%

(2) 전부원가접근법 : $\frac{\text{판관비 + 목표이익}}{\text{전부원가}} = \frac{4 + 10 + 18}{20 + 20}$ = 전부원가의 80%

(3) 총원가접근법 : $\frac{\text{목표이익}}{\text{총원가}} = \frac{18}{20 + 4 + 20 + 10}$ = 총원가의 1/3

2. 단위당 판매가격

(1) 공헌이익접근법 : 변동비 + 변동비 × 이익가산율 = (20+4) + 24 × 200% = ₩72

(2) 전부원가접근법 : 전부원가 + 전부원가 × 이익가산율 = (20+20) + 40 × 80% = ₩72

(3) 총원가접근법 : 총원가 + 총원가 × 이익가산율 = (20+4+20+10) + 54 × 1/3 = ₩72

연 습 문 제

COST ACCOUNTING

문 1 특별주문 의사결정

(주)한강은 내년도에 5,000개의 제품을 생산하여 판매하려고 한다. 제품단위당 판매가격은 ₩200이며, 내년도 제조원가예산은 다음과 같다.

연간기대조업도 : 5,000개

	단위당	총원가
직 접 재 료 비	₩60	₩300,000
직 접 노 무 비	32	160,000
변동제조간접비	16	80,000
고정제조간접비	20	100,000
변동판매관리비	14	70,000
고정판매관리비	28	140,000
	₩170	₩850,000

위와 같은 예산을 편성한 이후에 외국의 수입상으로부터 제품단위당 ₩130의 가격으로 3,000개를 구입하겠다는 특별주문을 받았다. 이 회사가 특별주문을 수락하더라도 최대조업도까지는 고정제조간접비는 아무런 변동이 없다. 이 특별주문과 관련된 판매비는 총 ₩12,000이며 그 이외의 판매관리비는 발생하지 않는다. 또한 이 특별주문은 기존시장의 가격이나 원가구조에는 아무런 영향을 미치지 않을 것이다.

[요구사항]

다음 물음은 각각 독립적이다.

1. 회사의 연간 최대조업도가 8,000개라고 가정하고 특별주문의 수락여부를 결정하시오.
2. 회사의 연간 최대조업도가 7,000개라고 가정하고 아래의 각 조건에 따라 특별주문의 수락여부를 결정하시오.
   (1) 정규시장 판매량 1,000개를 감소시키는 경우
   (2) 연간 임차료 ₩50,000에 설비를 임차하여 1,000개를 생산하는 경우
   (3) 외부에서 단위당 ₩120의 가격으로 1,000개를 구입하는 경우
3. 회사의 연간 최대조업도가 6,000개라고 가정한다. 3,000개의 특별주문을 수락하려면 특별주문에 대한 단위당 최소판매가격은 얼마인가?

해답

1.

증분수익	: 3,000 × 130	=	390,000
증분비용	: 3,000 × 108[1)] + 12,000	=	336,000
증분이익(손실)	:	=	₩54,000

1) 변동제조원가 = 60 + 32 + 16 = 108

∴ 특별주문을 수락한다.

2.

(1) 증분수익	: 3,000 × 130	=		390,000
증분비용	: ① 3,000 × 108 + 12,000	=	336,000	
	② 1,000 × (200−122[2)])	=	78,000	414,000
증분이익(손실) :				(₩24,000)

2) 변동비 = 60 + 32 + 16 + 14 = 122

∴ 특별주문을 거절한다.

(2) 증분수익	: 3,000 × 130	=		390,000
증분비용	: ① 3,000 × 108 + 12,000	=	336,000	
	②		50,000	386,000
증분이익(손실)	:			₩4,000

∴ 특별주문을 수락한다.

(3) 증분수익	: 3,000 × 130	=		390,000
증분비용	: ① 2,000 × 108 + 12,000	=	228,000	
	② 1,000 × 120	=	120,000	348,000
증분이익(손실)	:			₩42,000

∴ 특별주문을 수락한다.

3.

증분수익	: 3,000 × P	=		3,000P
증분비용	: ① 3,000 × 108 + 12,000	=	336,000	
	② 2,000 × (200−122)	=	156,000	492,000
증분이익	:			3,000P − 492,000

∴ 3,000P − 492,000 ≥ 0

∴ P ≥ 164

문 2 특별주문 : 임차계약, 리스계약

(주)대한의 관리회계담당자인 나정밀씨는 MTR－2000 부품을 (주)대한에서 자체생산할 것인지, (주)선진으로부터 외부구입할 것인지 평가하고 있다. (주)선진은 (주)대한의 생산조건과 요구에 따라 단위당 ₩173에 2015년에 (주)대한이 필요로 하는 MTR－2000 32,000단위를 생산 및 공급하는 제안서를 제출하였다.

나정밀씨가 2014년에 MTR－2000 30,000단위를 생산하는데 들어간 원가에 대한 정보를 다음과 같이 수집하였다.

직접재료비	₩1,950,000
직접노무비	1,200,000
공장 임차료	840,000
기계장치 리스료	360,000
기타제조간접비	2,250,000
	₩6,600,000

나정밀씨는 MTR－2000 생산과 관련하여 다음과 같은 추가 정보를 수집하였다.

(1) 직접재료의 가격은 2015년에 8% 인상이 기대된다.

(2) 직접노무에 관한 계약에 따라 직접노무비는 2015년에 5% 인상이 기대된다.

(3) MTR－2000을 생산하지 않는다면 해당 공장은 더 이상 필요하지 않으며 어떠한 위약금 없이 공장 임차계약을 철회할 수 있다.

(4) 기계장치 리스계약은 ₩60,000의 위약금을 내고 청산할 수 있다.

(5) 기타 제조간접비의 40%는 변동원가로 간주된다.

한편, (주)대한의 공장관리 담당자인 인정상씨는 직접재료비의 상당부분이 감소할 수 있으므로 나정밀씨가 가정한 원가증가가 나타날 가능성이 낮다고 주장하고 있다. 그러나 나정밀씨는 MTR－2000을 외주하면 인정상씨의 친구 몇 명이 해고되므로 인정상씨가 외주에 대하여 우려하고 있다고 생각하고 있다.

[요구사항]

1. 나정밀씨가 수집한 정보를 토대로 (주)대한이 MTR－2000을 2015년에 자체생산해야 하는지 외부구입하여야 하는지 계산과정을 보이고 의사결정 하시오.
2. (주)선진이 제안한 가격을 받아들이기 위하여 허용할 수 있는 직접재료비의 인상율은 최소 몇 퍼센트인가? 소수점 둘째자리에서 반올림하시오.

   ㉮ 2.58% → 2.6%

해답

1. 외부구입 할 경우

증분수익				
직접재료비	1,950,000 × 1.08 × 32,000/30,000	=	2,246,400	
직접노무비	1,200,000 × 1.05 × 32,000/30,000	=	1,344,000	
공장 임차료			840,000	
기계 리스료	360,000 − 60,000		300,000	
변동제조간접비	2,250,000 × 0.4 × 32,000/30,000	=	960,000	5,690,400
증분비용				
외부구입가격	173 × 32,000	=		5,536,000
증분이익				154,400

∴ 외부구입 한다.

2.

증분수익			
직접재료비	1,950,000 × P × 32,000/30,000	=	2,080,000P
기　　타	1,344,000 + 840,000 + 300,000 + 960,000	=	3,444,000
증분비용			
외부구입가격	173 × 32,000	=	5,536,000

∴ $2,080,000P + 3,444,000 \geq 5,536,000$

　$P \geq 1.006$

∴ 직접재료비 인상률이 최소 0.6%이상이어야 외부구입 한다.

문 3 특별주문 및 기타 의사결정

(주)놀자는 아동용 완구를 생산하는 회사다. (주)놀자는 장난감 탱크를 연 100,000단위 생산하여 단위당 ₩100에 전량을 판매하고 있는데 이와 관련된 단위당 원가자료는 다음과 같다.

직접재료비	₩20
직접노무비	₩25
변동제조간접비	₩15
고정제조간접비	₩8
변동판매관리비	₩10
고정판매관리비	₩5

[요구사항]

다음 물음은 각각 독립적이다.

1. (주)놀자는 지난해에 생산한 탱크 중에 판매하지 못한 재고 200단위를 보유하고 있다. 이 재고는 판매하지 못할 경우 폐기 처분하여야 하며, 폐기비용은 단위당₩7이다. 이 재고를 정상적인 판매를 통하여 처분하고자 할 때 (주)놀자가 허용할 수 있는 단위당 최저판매가격은 얼마인가?
2. 마케팅부서의 시장조사 결과에 따르면 판매가격을 ₩5 인하하면 판매량은 15% 증가할 것이라 한다. 당신이 최고경영자라면 가격인하를 단행하겠는가?
3. 외부 공급업자가 (주)놀자가 생산하는 탱크와 동일한 제품을 제조하여 고객에게 직접 제공하겠다는 제안을 하였다. 이 경우 (주)놀자의 고정판매관리비는 영향을 받지 않지만 변동판매관리비는 20% 절감된다고 한다. 한편, 고정제조간접비는 현재 수준의 40%만 발생한다. 기존의 영업이익을 유지하면서 외부공급업자에게 지급할 수 있는 단위당 최대금액은 얼마인가?

해답

1.

증분수익 :	폐기비용 감소	7	
:	판매가격	P	
증분비용 :	변동판관비 증가	10	
증분이익 :	7 + P − 10 ≥ 0		∴ P ≥ 3

2.

총 고정제조간접비	= 100,000 × 8	=	800,000
총 고정판매관리비	= 100,000 × 5	=	500,000
현재이익	= (100−70) × 100,000 − 1,300,000	=	1,700,000
가격인하시 이익	= (95−70) × 100,000 × 1.15 − 1,300,000	=	1,575,000

∴ 가격인하하지 않는다.

3.

증분수익				
변동비 감소	100,000 × (60+10×0.2)	=	6,200,000	
고정비 감소	800,000 × 0.6	=	480,000	6,680,000
증분비용	100,000 × P	=		100,000P
증분이익				6,680,000 − 100,000P

∴ P ≤ 66.8

■ 별해1

$(100-P-10\times0.8) \times 100,000 - 800,000 \times 0.4 - 500,000 = 1,700,000$

$\therefore P = 66.8$

■ 별해2

단위당 원가 절감액만큼 지급할 수 있다.

$$20 + 25 + 15 + \frac{800,000 \times 0.6}{100,000} + 10 \times 0.2 = 66.8$$

문 4 특별주문 의사결정 : 묶음수준 변동비

한양(주)의 월간 최대조업도는 10,000개다. 현재 월간 8,000개의 제품을 생산하여 단위당 ₩150에 판매하고 있으며, 이 같은 수요는 계속 있을 것으로 예상된다. 8,000개를 생산판매하는 경우의 월간 원가자료는 다음과 같다.

생산량에 따라 변하는 변동비	
직접재료비	320,000
직접노무비	240,000
묶음(batch)수에 따라 변하는 변동비*	80,000
고정제조간접비	250,000
고정판매관리비	150,000
합 계	1,040,000

* 작업준비비, 재료처리비, 품질관리비 등

회사는 단위당 ₩100에 제품 2,000개를 구입하겠다는 특별주문을 받았다. 기존의 고객에 대해서는 한 묶음당 제품 50개를 일괄생산하고 있지만 특별주문에 대해서는 한 묶음당 제품 100개를 일괄생산한다.

[요구사항]

1. 회사는 특별주문을 수락해야 하는가?
2. 월간 생산능력이 10,000개가 아니라 9,000개라고 가정하자. 특별주문은 전체를 수락하거나 또는 거절해야 한다. 회사는 특별주문을 수락해야 하는가?
3. 기본자료와 같이 월간 생산능력이 10,000개라고 가정하자. 만약 특별주문을 수락할 경우 그 달의 모든 기존고객에 대하여 단위당 판매가격을 ₩10만큼 할인해 주어야 한다면 특별주문을 수락해야 하는가?

해답

• 자료정리

단위당 직접재료비	320,000 ÷ 8,000 =	₩40
단위당 직접노무비	240,000 ÷ 8,000 =	₩30
묶음수	8,000 ÷ 50 =	160묶음
묶음당 변동비	80,000 ÷ 160 =	₩500

1.

증분수익	2,000 × 100	=		200,000
증분비용	① 2,000 × (40+30)	=	140,000	
	② (2,000÷100) × 500	=	10,000	150,000
증분이익(손실)				50,000

∴ 수락하여야 한다.

2.

증분수익	2,000 × 100	=		200,000
증분비용	① 2,000 × (40+30)	=	140,000	
	② (2,000÷100) × 500	=	10,000	
	③ 기회비용		70,000*	220,000
증분이익(손실)				(20,000)

* 1,000 × 150 − 1,000 × 70 − (1,000÷50) × 500 = 70,000

∴ 거절하여야 한다.

3.

증분수익	2,000 × 100	=		200,000
증분비용	① 2,000 × (40 + 30)	=	140,000	
	② (2,000 ÷ 100) × 500	=	10,000	
	③ 8,000 × 10	=	80,000	230,000
증분이익(손실)				(30,000)

∴ 거절하여야 한다.

해설

1. 묶음수에 따라 변하는 변동비의 경우에는 제품수와 관계없이 묶음수에 의하여 원가가 결정된다. 즉, 개별제품수량의 수준에서 보면 이는 고정비의 성격이다. 따라서 특별주문으로 인하여 증가하는 묶음수를 산정하여야 한다.

2. 본 문제에서 특별주문에 대하여는 100개씩 일괄생산 한다고 하였으므로 묶음수는 다음과 같다. 2,000 ÷ 100 = 20묶음

문 5 자가제조 또는 외부구입 의사결정

㈜파란은 자전거를 제조하고 있다. 금년의 생산수량은 10,000단위로 예상하고 있다. 현재 ㈜파란은 자사가 설계한 자전거의 체인을 직접 제조하고 있다. 회계담당자는 10,000개의 자전거 체인(chain)을 만드는데 다음의 원가를 보고하였다.

	단위당원가	총원가
직접재료원가	₩4.00	₩40,000
직접노무원가	2.00	20,000
변동제조간접원가(전력과 공구)	1.50	15,000
검사, 작업준비, 재료처리원가		2,000
특수기계 임차료		3,000
배부된 기존설비의 원가		30,000
총원가		₩110,000

㈜파란은 개당 ₩8.20에 원하는 수량만큼 체인을 공급하겠다는 제안을 외부공급업자로부터 받았다. 추가적인 정보는 다음과 같다.

- 검사, 작업준비 그리고 재료처리에 필요한 원가는 체인이 생산되는 뱃치(batch)수에 따라 변한다. ㈜파란은 체인 1,000단위를 하나의 뱃치로 하여 일괄생산한다. ㈜파란은 10개의 뱃치로 10,000단위의 체인을 생산할 것으로 추정된다.
- ㈜파란은 기존설비 이외에 체인을 제조하는 데 필요한 특수기계를 임차하여 사용하고 있다. 만약 ㈜파란이 모든 체인을 외부의 공급업자에게서 구입한다면, 이 특수기계는 임차할 필요가 없으며 즉시 반환할 수 있다.

[요구사항]

1. ㈜파란의 예상되는 생산수량(또는 판매수량)을 10,000단위로 할 때, 외부공급업자의 제안을 받아들일 경우 증분이익 또는 증분손실은 얼마인가?
2. 체인을 외부에서 구입할 경우 기존설비를 이용하여 높이 조절장치를 추가하여 자전거를 업그레이드할 수 있다. 그 결과 자전거의 판매가격이 ₩20만큼 오를 것이다. 높이 조절장치를 추가하는 작업의 단위당 변동원가는 ₩18이며 변동원가 이외에 추가로 설계원가 ₩16,000이 발생한다. 10,000단위를 생산(또는 판매)한다는 가정하에서 ㈜파란이 체인을 외부구입하는 경우의 증분이익 또는 증분손실은 얼마인가?
3. ㈜파란의 판매담당 이사는 예산판매량 10,000단위는 너무 높으며, 단지 6,200단위만이 판매될 것이라고 걱정한다. 생산이 줄어들면 더 많은 여유 설비가 생기게 된다. 이 설비는 ㈜파란이 체인을 외부에서 구입하든 자가제조하든 관계없이 높이 조절장치를 추가하는데 활용할 수 있는 용량이다. 이러한 낮은 산출량하에서 ㈜파란은 체인을 8개의 뱃치로 775단위씩을 생산할 것이다. ㈜파란이 체인을 외부구입하는 경우의 증분이익 또는 증분손실은 얼마인가?
4. 부품의 외부구입의사결정을 할 때 고려해야할 질적요소에는 어떤 것이 있는가? 3가지만 쓰시오.

해답

- 자료정리

  단위당 변동원가 : 4 + 2 + 1.5 = ₩7.5

  뱃치당 검사원가 등 : 2,000 ÷ 10 = ₩200

  회피가능 고정원가 : ₩3,000(특수기계 임차료)

  회피불능 고정원가 : ₩30,000(배부된 기존설비 원가)

1.

증분수익 :	체인 변동원가 감소 10,000 × 7.5 =	75,000	
	검사원가 등 감소	2,000	
	특수기계 임차료 감소	3,000	80,000
증분비용 :	외부구입 원가 10,000 × 8.2 =		82,000
증분손실 :			(2,000)

2.

증분수익 :	체인 변동원가 감소 10,000 × 7.5 =	75,000	
	검사원가 등 감소	2,000	
	특수기계 임차료 감소	3,000	
	자전거 수익 증가 10,000 × 20 =	200,000	280,000
증분비용 :	외부구입 원가 10,000 × 8.2 =	82,000	
	추가 변동원가 증가 10,000 × 18 =	180,000	
	설계원가	16,000	278,000
증분이익 :			2,000

3.

증분수익 :	체인 변동원가 감소 6,200 × 7.5 =	46,500	
	검사원가 등 감소 8 × 200 =	1,600	
	특수기계 임차료 감소	3,000	51,100
증분비용 :	외부구입 원가 6,200 × 8.2 =		50,840
증분이익 :			260

☞ 높이 조절장치를 추가하는 작업은 체인의 외부구입 여부와 무관하므로 증분수익이나 증분비용으로 고려할 필요가 없다.

4. 고려할 질적요소
   (1) 노사관계 : 종업원 근무시간 단축 또는 해고의 문제
   (2) 추정치의 불확실성 : 상기 추정치의 불확실성
   (3) 장기적인 측면 : 공급받는 부품의 품질, 적시공급, 기업의 이미지

문 6 제품라인의 유지 또는 폐지 의사결정

㈜서울의 경영자는 회사의 세 가지 제품에 대한 수익성을 검토하고 있는데, 제품배합을 여러 가지로 변경시키는 제안에 대하여 대체 안들을 분석하고 있다. 요약 손익계산서와 관련 자료는 다음과 같다.

	P제품	Q제품	R제품	합계
매 출 액	₩67,500	₩30,000	₩12,000	₩109,500
변동원가	38,250	15,450	13,000	66,700
공헌이익	29,250	14,550	(1,000)	42,800
고정원가	5,000	4,000	3,600	12,600
영업이익	₩24,250	₩10,550	(₩4,600)	₩30,200
판 매 량	4,500개	1,500개	2,000개	
단 위 당 판매가격	₩15	₩20	₩6	
단 위 당 변동매출원가	8	9	5	
단 위 당 변동영업비	0.5	1.3	1.5	

[요구사항]

1. R제품 생산중단시 당기총손익에 미치는 영향은?
2. R제품 생산중단시 250개의 Q제품 판매량이 감소한다면 당기총손익에 미치는 영향은?
3. R제품의 가격을 ₩7으로 인상할 경우 판매량이 1,000개 감소한다면 당기순이익에 미치는 영향은?
4. R제품의 생산에 사용하던 설비를 S제품 생산에 그대로 이용할 수 있다고 가정하라. 이 때 S제품의 생산 및 판매량은 2,000개, 단위당 판매가격은 ₩5, 단위당 총변동원가는 ₩4.5으로 예상된다. R제품의 생산을 중단하고 S제품을 생산할 경우 순이익에 미치는 영향은?

해답

1. R제품 생산 중단시

증분수익	변동비감소	₩13,000
증분비용	매출액감소	12,000
증분이익(손실)		₩1,000

2. R제품 생산중단으로 Q제품 250개 판매감소시

증분수익	: R제품 공헌이익 증가		₩1,000
증분비용	: Q제품 공헌이익 감소	250 × (₩20−₩9−₩1.3)	(2,425)
증분이익(손실)			(₩1,425)

3. 판매가격 인상시

변경시 공헌이익	1,000 × (₩7−₩5−₩1.5)	₩500
변경전 공헌이익		(1,000)
증분이익(손실)		₩1,500

4. S제품생산으로 설비이용 전환시

증분수익		
S제품 공헌이익 증가	2,000 × (₩5−₩4.5)	₩1,000
R제품 공헌손실 감소		1,000
증분이익(손실)		₩2,000

문 7 제품라인의 폐지 의사결정

(주)종로는 A, B, C의 세 가지 제품을 생산 · 판매하고 있다. 제품별 수익과 원가자료는 다음과 같다.

	A	B	C	합 계
I 매출액	200,000	300,000	500,000	1,000,000
II 매출원가				
직접재료비	60,000	100,000	140,000	300,000
직접노무비	40,000	60,000	100,000	200,000
제조간접비	45,000	36,000	39,000	120,000
합 계	145,000	196,000	279,000	620,000
III 매출총이익	55,000	104,000	221,000	380,000
IV 판매관리비	72,000	96,000	152,000	320,000
V 영업이익(손실)	(17,000)	8,000	69,000	60,000

① 제조간접비 중에서 ₩70,000은 작업준비비이며, 나머지 ₩50,000은 공장감가상각비이다. 작업준비비는 묶음(batch)의 수에 따라 발생하며, 공장감가상각비는 회피불가능원가로서 매출액을 기준으로 각 제품에 배부된다.

② 판매관리비 중에 40%는 변동비이고 나머지는 회피불가능원가이다.

[요구사항]

1. 각 제품의 제조간접비에 포함되어 있는 작업준비비는 얼마인가?
2. 손실이 발생하고 있는 A제품의 생산라인을 폐지할 경우 증분손익을 계산하시오.
3. 만약 A제품의 생산라인을 폐지하면 C제품의 판매수량이 30% 증가되며 C제품의 묶음수는 25%증가된다고 한다. A제품의 생산라인을 폐지하여야 하는가?
4. 제조간접비와 판매관리비 전액을 고정비라고 가정하자. 회사 전체 입장에서 손익분기점에 도달하려면 각 제품의 매출액은 얼마가 되어야 하는가? 단, 매출배합은 일정한 것으로 가정한다.

해답

1.

	A	B	C	합 계
감가상각비	10,000*[1]	15,000	25,000	50,000
작업준비비	35,000*[2]	21,000	14,000	70,000
합 계	45,000	36,000	39,000	120,000

*[1] $50,000 \times \dfrac{200,000}{1,000,000} = 10,000$

*[2] $45,000 - 10,000 = 35,000$

2.

증분수익	60,000 + 40,000 + 35,000 + 72,000 × 0.4 =	163,800
증분비용		(200,000)
증분이익(손실)		(36,200)

3.

증분수익	①	163,800	
	② 500,000 × 0.3 =	150,000	313,800
증분비용	①	200,000	
	② (140,000+100,000) × 0.3 + 14,000 × 0.25 =	75,500	
	③ 152,000 × 0.4 × 0.3 =	18,240	(293,740)
증분이익			20,060

∴ 폐지하여야 한다.

4. 총공헌이익 = 1,000,000 − 500,000 = 500,000
   공헌이익률 = 500,000 ÷ 1,000,000 = 0.5
   손익분기점 매출액 = 440,000 ÷ 0.5 = 880,000
   ∴ A = 880,000 × 0.2 = 176,000
   B = 880,000 × 0.3 = 264,000
   C = 880,000 × 0.5 = 440,000

해설

1. 요구사항1을 해결하는 것이 문제적응능력이다. 작업준비비는 묶음수에 따라 발생한다고 하였으나 본 문제에는 묶음수가 제시되어 있지 않다. 따라서 다른 방법으로 역산하여야 한다. 즉, 제조간접비 ₩120,000 중 ₩50,000이 공장감가상각비이고 이는 매출액을 기준으로 각 제품에 배분한다고 하였으므로 각 제품의 제조간접비 중에서 공장감가상각비에 해당하는 부분을 계산하여 차감하면 작업준비비가 산출된다.

2. 요구사항4에서 구체적인 수량자료는 없으나 공헌이익률을 산정할 수 있으므로 손익분기점 매출액을 산정할 수 있다.

문 8 상호배분법과 부문폐쇄 의사결정

(주)백제에는 두 개의 보조부문 수선부(S_1), 동력부(S_2)와 두 개의 제조부문 P_1과 P_2가 있다. 보조부문에서 당기 중 생산하여 다른 부문에 제공한 용역은 다음과 같다.

사용부문 / 제공부문	보 조 부 문		제 조 부 문		계
	수선부(S_1)	동력부(S_2)	P_1	P_2	
수선부(S_1)	−	2,000시간	3,000시간	5,000시간	10,000시간
동력부(S_2)	2,000kwh	4,000kwh	6,000kwh	8,000kwh	20,000kwh

수선부(S_1)는 시간당 ₩5, 동력부(S_2)는 kwh당 ₩19의 변동비가 발생한다.

[요구사항]

다음 물음에 답하시오. 단, 단수 발생시에는 소수점 첫째자리에서 반올림하시오.

1. 보조부문원가를 상호배분법에 의하여 제조부문에 배분하고자 한다.
   (1) 제조부문 P_1과 P_2에 배분되는 보조부문원가는 각각 얼마인가?
   (2) 상호배분법에 의하여 보조부문비를 제조부문에 배분하는 분개를 제시하시오.

2. (주)백제의 최고경영자는 필요한 동력을 외부에서 구입할 것인가를 고려하고 있다.
   (1) 외부에서 구입해야 할 전력량은?
   (2) 외부에서 구입할 경우 원가절감액은 얼마인가?
   (3) 외부에 지불할 수 있는 kwh당 최대금액은 얼마인가?
3. 보조부문원가를 제조부문에 배분할 때, 상호배분법에서 자기부문이 소비한 용역의 비율을 무시하고 타부문에 제공하는 비율을 산정하여 보조부문원가를 배분하는 이유는 무엇인가?

해답

1.

사용부문 / 제공부문	보 조 부 문		제 조 부 문	
	수선부(S_1)	동력부(S_2)	P_1	P_2
수선부(S_1)	−	0.2	0.3	0.5
동력부(S_2)	2/16 = 0.125	−	6/16 = 0.375	8/16 = 0.5

S_1 = ₩50,000 + 0.125 × S_2 ······ ①

S_2 = ₩380,000 + 0.2 × S_1 ······ ②

①식과 ②식을 연립해서 풀면

S_1 = ₩100,000, S_2 = ₩400,000

(1)

배부원가	보조부문 S_1	보조부문 S_2	제조부문 P_1	제조부문 P_2	합계
배부전원가	50,000	380,000	?	?	?
S_1	(100,000)	20,000	30,000*1	50,000	0
S_2	50,000	(400,000)	150,000*2	200,000	0
배부후원가	0	0			

*1 100,000 × 0.3 = ₩30,000

*2 400,000 × 0.375 = ₩150,000

∴ P_1에 배분되는 원가 = 30,000 + 150,000 = ₩180,000

P_2에 배분되는 원가 = 50,000 + 200,000 = ₩250,000

(2)

(차) 제조간접비(P_1)	180,000	(대) 제조간접비(수선)	50,000
제조간접비(P_2)	250,000	제조간접비(동력)	380,000

2.

- 동력부
  - 제조부 $\left(\frac{14,000}{20,000} = 0.7\right)$
  - 수선부 $\left(\frac{2,000}{20,000} = 0.1\right)$
    - 제조부 $\left(\frac{8,000}{10,000} = 0.8\right)$
    - 동력부 $\left(\frac{2,000}{10,000} = 0.2\right)$
  - 동력부 $\left(\frac{4,000}{20,000} = 0.2\right)$

(1) 동력부를 폐쇄할 때 감소되는 전력량

경로	계산	전력량
① 동력부 ⟶ 동력부 (0.2)	20,000 × 0.2 =	4,000 kwh
② 동력부 ⟶ 수선부 ⟶ 동력부 (0.1) (0.2)	20,000 × 0.1 × 0.2 =	400 kwh
		4,400 kwh

∴ 외부구입할 전력량

20,000 − 4,400 = 15,600kwh

■ 별해

자가소비비율 = 0.2 + (0.1×0.2) = 0.22

외부구입 할 전력량 = 20,000 × (1−0.22) = 15,600kwh

(2) 외부에서 구입할 경우 원가절감액

동력부 변동원가 절감액	₩380,000
수선부 변동원가 절감액 (₩50,000×0.2)	10,000
	₩390,000

(3) 외부에 지불할 수 있는 kwh당 최대금액(P)

₩390,000 ≥ 15,600kwh × P

₩25 ≥ P

∴ 외부에 지불할 수 있는 kwh당 최대금액은 ₩25이다.

3. 자기부문소비용역은 자기부문이 제공하는 서비스를 자기부문이 소비하는 것을 말한다. 보조부문을 운영하는데 발생한 모든 원가는 궁극적으로 다른 부문에 배분된 후 제품에 배부되어야 하기 때문에 자기부문소비용역은 무시하고 용역제공비율을 계산하고 이를 기초로 보조부문원가를 제조부문에 배분한다.

해설

1. 상호배분법의 분개
   상호배분법에 의하여 보조부문원가를 제조부문에 배분하는 경우 배분 대상이 되는 원가는 제조간접비이다. 왜냐하면 직접재료비와 직접노무비는 이미 각 제품(작업)별로 집계되어 있기 때문이다. 그리고 상호배분법을 적용하는 과정에서 산출된 S1 = 100,000이나, S2 = 400,000은 실제 보조부문에서 발생한 원가가 아니다. 따라서 실제 발생한 ₩50,000과 ₩380,000을 기준으로 분개하여야 한다.

2. 외부구입할 전력량 계산
   상호배분법을 적용하기 위하여 작성한 용역제공비율표를 그대로 사용하여 외부구입량을 계산할 수도 있다.
   (1) 자가소비 전력량 = 4,000 + (16,000×0.125×0.2) = 4,400kwh
   (2) 외부구입할 전력량 = 20,000 − 4,400 = 15,600kwh

문 9 제약조건하의 의사결정

A회사는 미국의 미네소타에 소재한 기업으로 중서부 지역시장에서 양질의 프린터를 판매하고 있다. 이 기업은 L8011과 L8033이라는 두 종류의 제품을 제조하여 판매하는데 기존 고객을 대상으로 한 2014년의 예산자료 중 일부는 다음과 같다.

	L8011	L8033
단위당 원가		
직접재료비	₩300	₩375
직접노무비	400	500
변동제조간접비	500	625
고정제조간접비	400	500
	₩1,600	₩2,000
단위당 판매가격	₩2,000	₩2,500
시장수요	400단위	200단위

직접노무비는 시간당 ₩20이며, 공장의 정규생산능력은 14,000 직접노동시간이다.

[요구사항]

다음 각각의 독립된 물음에 답하시오.

1. 새 고객이 제품 L8033 40단위를 단위당 ₩2,000에 구매할 것을 제안하였다. A회사가 이 제안을 수락하면 이익은 얼마나 증가 또는 감소할 것인가?

2. 새 고객이 제품 L8033 60단위를 단위당 ₩2,000에 구매할 것을 제안하였다. A회사가 이 제안을 수락하면 이익은 얼마나 증가 또는 감소할 것인가? 단, A회사는 생산능력을 더 증가시킬 수 없다.
3. 정규생산능력을 벗어나 초과근무를 하면 직접노무비는 시간당 ₩30으로 증가하고 변동제조간접비는 정상생산 때보다 40% 더 든다. 이와 같은 상황에서 새 고객이 제품 L8033 60단위를 단위당 ₩2,000에 구매할 것을 제안하였다. A회사가 이 제안을 수락하면 이익은 얼마나 증가 또는 감소할 것인가?
4. 위에 주어진 예산자료 외에 L8011은 단위당 ₩200의 변동판매관리비가 발생하고, L8033은 단위당 ₩125의 변동판매관리비가 발생한다고 가정한다. 새 고객이 L8033 60단위를 단위당 ₩2,000에 구매할 것을 제안하였다. A회사가 이 제안을 수락하면 이익은 얼마나 증가 또는 감소할 것인가? 단, A회사는 생산능력을 더 증가시킬 수 없으며, 새 고객에 대한 판매에는 변동판매관리비가 발생하지 않는다.
5. L8033의 판매가격을 ₩50 인하하면 L8033의 시장수요는 100단위 증가할 것으로 예상된다. L8033의 판매가격을 인하하는 경우 A회사의 이익은 얼마나 증가 또는 감소할 것인가? 단, A회사는 생산능력을 더 증가시킬 수 없다.

해답

- 자료정리

	L8011	L8033
단위당 판매가격	₩2,000	₩2,500
단위당 변 동 비	1,200	1,500
단위당 공헌이익	800	1,000
단위당 소요시간	20*1	25*2
시간당 공헌이익	40	40
시장수요	400단위	200단위
필요시간	8,000시간	5,000시간

*1 400/20 = 20, *2 500/20 = 25

1.

- 필요시간 : 40단위 × 25시간 = 1,000시간(유휴시간내)
- 의사결정

증분수익	40단위 × 2,000	=	80,000
증분비용	40단위 × 1,500	=	60,000
증분이익			20,000

2.

- 필요시간 : 60단위 × 25시간 = 1,500시간
- 의사결정

증분수익	60단위 × 2,000	=		120,000
증분비용	60단위 × 1,500	=	90,000	
	500시간 × 40	=	20,000	110,000
증분이익				10,000

3.

증분수익	60단위 × 2,000	=		120,000
증분비용	40단위 × 1,500	=	60,000	
	20단위 × 2,000*	=	40,000	100,000
증분이익				20,000

* 375 + 500 × 30/20 + 625 × 1.4 = 2,000

4.

	L8011	L8033
단위당 공헌이익	800 − 200 = 600	1,000 − 125 = 875
단위당 소요시간	20	25
시간당 공헌이익	30	35
시장수요	400단위	200단위
필요시간	8,000시간	5,000시간

증분수익	60단위 × 2,000	=		120,000
증분비용	60단위 × 1,500	=	90,000	
	500시간 × 30	=	15,000	105,000
증분이익				15,000

5.

	L8011	L8033
단위당 공헌이익	800	1,000 − 50 = 950
단위당 소요시간	20	25
시간당 공헌이익	40	38
시장수요	400단위	300단위
필요시간	8,000	7,500
시간배분	8,000	6,000

증분수익	6,000시간 × 38	=	228,000
증분비용	5,000시간 × 40	=	200,000
증분이익			28,000

문 10 미사용활동능력

㈜태종은 단일제품을 전문적으로 생산하는 회사이며, 유사한 타회사 제품보다 고가로 제품을 판매하고 있다. 최근에 지금까지 전혀 거래가 없던 지역에서 2,000개를 개당 ₩85.에 구입하겠다는 특별주문을 받았다. 이 제품의 시중 판매가격은 개당 ₩100이다. 회사는 활동기준원가계산 시스템으로부터 다음과 같은 정보를 얻었다.

활 동	원 가 동 인	미 사 용 활동능력	특별주문의 자원소요량	활동률	
				고정률*	변동률*
직접재료	생 산 수 량	0	2,000	−	₩40/단위
직접노동	직접노동시간	0	400	−	₩80/시간
작업준비	작업준비시간	30	40	₩300/시간	₩80/시간
기계작업	기계작업시간	4,000	3,000	₩14/시간	₩10/시간

* 고정률은 활동생산능력 단위당 지불되는 원가를 의미하고,
변동률은 소비되는 활동자원 단위당 원가를 의미한다.

작업준비활동에 투입되는 작업자는 1인당 50시간의 작업준비시간을 감당할 수 있다. 즉, 작업준비활동의 활동능력 확대는 50시간 단위로 이루어진다. 한편, 기계작업활동의 활동능력은 5,000시간 단위로 이루어진다.

[요구사항]

1. 특별주문을 수락하는 경우의 증분이익 또는 증분손실을 계산하시오.
2. 기본자료와 달리 3,000개를 개당 ₩85에 특별주문 받았다고 가정한다. 특별주문을 수락하는 경우의 증분이익 또는 증분손실을 계산하시오. 단, 특별주문의 자원소요량은 원가동인과 주어진 자료를 이용하여 적정하게 산정하시오.
3. 기본자료에서 작업준비활동은 묶음(batch)수준의 활동이며 1회 작업준비에 2시간이 소용된다고 가정한다. 이에 근거할 때 한 묶음당 생산수량(batch size)은 몇 개인가?
4. 주어진 자료에 의할 경우 ㈜태종이 현재 취하고 있는 전략은 원가우위 전략인가 제품차별화 전략인가? 그 근거는 무엇인가?
5. 위 특별주문을 수락하는 경우 추가적으로 고려해야 할 요소를 ㈜태종이 취하고 있는 전략과 관련하여 2가지만 쓰시오.

해답

1. 2,000단위 특별주문

증분수익				
매출액증가	2,000 × 85	=		170,000
증분비용				
직접재료비	2,000 × 40	=	80,000	
직접노무비	400 × 80	=	32,000	
작업준비원가	40 × 80 + 50 × 300	=	18,200	
기계작업원가	3,000 × 10	=	30,000	160,200
증분이익(손실)				9,800

2. 3,000단위 특별주문

증분수익				
매출액증가	3,000 × 85	=		255,000
증분비용				
직접재료비	3,000* × 40	=	120,000	
직접노무비	600* × 80	=	48,000	
작업준비원가	60* × 80 + 50 × 300	=	19,800	
기계작업원가	4,500* × 10 + 5,000 × 14	=	115,000	302,800
증분이익(손실)				(47,800)

* 2,000단위에 대한 자원소비량을 3,000단위 기준으로 환산한 것이다.

☞ 작업준비활동과 관련된 원가는 미사용활동능력이 30시간이고, 50시간의 활동능력을 증가시키면 3,000단위 특별주문에 대한 자원소비량 60시간을 충족할 수 있으므로 50시간에 대해서만 고정률을 적용한다. 한편, 기계작업활동은 미사용활동능력이 4,000시간인데 특별주문에 대한 자원소비량은 4,500시간이므로 활동능력을 확대하여야 한다. 기계작업활동은 5,000시간 단위로 활동능력이 증가되므로 이에 대하여 고정률을 적용하여야 한다.

3. (2,000단위÷Q) × 2시간 = 40시간
   ∴ Q = 100단위

4. 제품차별화 전략으로 판단된다. 그 이유는 고가판매 정책을 택하고 있기 때문이다.

5. 특별주문가격이 정규시장의 판매가격보다 낮다.
   따라서 전략적인 측면에서 다음을 고려하여 한다.
   (1) 저가의 특별주문은 제품차별화 전략과 일관성이 없다.
   (2) 정규시장에서의 판매가격에 영향을 미칠 수 있다.
   (3) 기업과 제품에 대한 이미지에 부정적인 영향을 미칠 수 있다.
   (4) 고가에 당 회사의 제품을 사용하던 기존고객과의 관계에 부정적인 영향을 미칠 수 있다.

해설

원가우위 전략의 경우에는 원가절감을 통하여 가격을 낮게 책정하여 시장을 확대해 나가고, 제품차별화 전략의 경우에는 고객이 받는 가치를 증가시키고 이에 대하여 고가판매 정책을 택하는 것이 일반적이다.

문 11 다양한 성격의 고정비

(주)노송의 가구사업부는 테이블과 침대를 생산하여 판매한다. 가구사업부는 활동기준원가계산을 사용하여 2014년의 수익과 원가를 다음과 같이 추정하였다.

	테 이 블	침　대	계
생산 · 판매량	4,000개	5,000개	
매출액	₩500,000	₩1,000,000	₩1,500,000
변동제조원가	300,000	525,000	825,000
설비감가상각비	42,000	58,000	100,000
마케팅과 유통원가	70,000	135,000	205,000
수익기준으로 배분된 고정일반관리비	110,000	220,000	330,000
수익기준으로 배분된 본부고정원가	50,000	100,000	150,000
총원가	₩572,000	₩1,038,000	₩1,610,000
영업이익(손실)	₩(72,000)	₩(38,000)	₩(110,000)

① 설비는 각 제품라인에만 투입된 기계의 감가상각비이다.

② 2014년초 설비의 장부가액은 ₩100,000이며 잔존가치는 없고 사용하지 않는 모든 설비는 유휴설비가 된다.

③ 마케팅과 유통원가는 다음과 같은 방식으로 추정된 것이며, 제품라인이 유지되지 않는 경우에는 전액 회피가능한 원가이다.

테이블 : ₩40,000(고정비) + ₩750(선적횟수당) × 40회
침　대 : ₩60,000(고정비) + ₩750(선적횟수당) × 100회

④ 고정일반관리비는 개별 제품라인의 매출변동이나 생산중단여부에 따라 변화하지 않으나 해당 사업부를 폐지하는 경우에는 80%는 회피가능하다.

⑤ 본부고정원가는 개별 제품라인의 매출변동이나 생산중단여부에 따라 변화하지 않으며, 해당 사업부를 폐지하는 경우에도 회피불가능하다.

[요구사항]

1. 가구사업부는 영업손실이 많이 발생하는 테이블제품의 생산을 중단해야 하는가?
2. (주)노송의 최고경영자는 가구사업부에서 영업손실이 발생하고 있으므로 가구사업부를 폐지할 것을 고려 중이다. 가구사업부를 폐지하는 경우에 (주)노송의 손익에 미치는 영향은 얼마인가?
3. 테이블제품을 현재 추정치보다 3,000개 더 팔 수 있다면 (주)노송의 영업이익에 어떤 영향을 미치겠는가? 다만 이를 위해 가구사업부는 내용연수 1년인 설비를 ₩42,000에 추가로 취득하여야 한다. 테이블제품의 판매량이 3,000개 증가하더라도 마케팅과 유통원가 중 고정비는 변하지 않을 것이다.

해답

1. 테이블제품 생산을 중단한다면

증분수익		
변동제조원가 감소	300,000	
마케팅과 유통원가 감소	70,000	370,000
증분비용		
매출액 감소		500,000
증분이익(손실)		(130,000)

∴ 테이블제품을 계속 생산한다.

2. 가구사업부를 폐지한다면

증분수익			
변동제조원가 감소		825,000	
마케팅과 유통원가 감소		205,000	
일반고정관리비	330,000 × 0.8 =	264,000	1,294,000
증분비용			
매출액 감소			1,500,000
증분이익(손실)			(206,000)

∴ 가구사업부를 계속 유지하여야 한다.

3. 테이블제품 3,000개를 추가 생산 · 판매한다면

증분수익			
매출액 증가	(500,000÷4,000) × 3,000 =		375,000
증분비용			
변동제조원가 증가	(300,000÷4,000) × 3,000 =	225,000	
설비 취득원가		42,000	
마케팅과 유통원가 증가	750 × (3,000÷100*) =	22,500	289,500
증분이익(손실)			85,500

* 1회 선적하는 제품수량 : 4,000개 ÷ 40회 = 100개

문 12 신제품 도입 의사결정 및 CVP분석

(주)서울은 새로운 CD플레이어 신제품을 생산하여 단위당 ₩105의 가격에 연중 고르게 판매하는 방안을 고려하고 있다. 이 신제품의 판매는 추가의 고정판매비 없이 기존의 판매망을 통하여 이루어진다. (주)서울의 원가계산부서는 이 신제품의 예상 연간판매량인 120,000단위에 근거하여 아래와 같은 연간 증분원가 정보를 산출하였다.

제조원가 :	직접재료원가	₩3,600,000
	직접노무원가	2,400,000
	변동제조간접원가	1,200,000
	고정제조간접원가	2,000,000

판매관리비 :	판매수수료	매출액의 10%
	재고관리비	?

위의 판매관리비 중 재고관리비는 유지되어야 하는 평균재고자산가액(고정원가 불포함)의 12%로 추정되는데, 신제품의 도입시 유지되어야 하는 평균 재고자산 자료는 다음과 같다.

원 재 료 : 2개월 판매량
재 공 품 : 1개월 판매량
제　　품 : 2개월 판매량

단, 재공품의 재료비 완성도는 100%이고 노무비와 변동제조간접비 완성도는 50%이다.

[요구사항]

1. (주)서울이 신제품을 도입할 경우의 연간 증분원가를 구하시오.
2. (주)서울이 신제품을 도입할 경우 단위당 공헌이익이 ₩20인 기존제품의 연간 판매수량이 현재의 연 300,000단위에서 연 240,000단위로 감소한다고 할 때, 연간 순이익에 미치는 영향을 계산하시오.
3. (주)서울이 신제품을 도입할 경우 단위당 공헌이익이 ₩20인 기존제품의 연간 판매수량은 신제품이 두 단위 팔릴 때 마다 한 단위씩 감소한다고 할 때 신제품의 손익분기 판매수량을 계산하시오.

해답

1.

단위당 판매가격			₩105
단위당 변동비			
단위당 직접재료비	3,600,000 ÷ 120,000 =	30	
단위당 직접노무비	2,400,000 ÷ 120,000 =	20	
단위당 변동제조간접비	1,200,000 ÷ 120,000 =	10	
단위당 변동판매관리비	105 × 0.1 =	10.5	
단위당 재고관리비		2.25*	72.75
단위당 공헌이익			₩32.25

* 직 접 재 료	120,000 × 30 × 2/12 =	₩600,000
재 공 품	[120,000×30+120,000×0.5×(20+10)] × 1/12 =	450,000
제 품	120,000(30+20+10) × 2/12 =	1,200,000
		₩2,250,000

∴ 단위당 재고관리비 = 2,250,000 × 0.12 ÷ 120,000 = 2.25

∴ 신제품 도입할 때 연간 증분원가 = 120,000 × 72.75 + 2,000,000 = ₩10,730,000

2.

증분수익			
신제품의 공헌이익 증가	120,000 × 32.25 =		3,870,000
증분비용			
기존제품의 공헌이익 감소	60,000 × 20 =	1,200,000	
고정제조간접비 증가		2,000,000	3,200,000
증분이익			670,000

∴ 신제품을 도입할 경우 연간 ₩670,000의 증분이익이 발생한다.

3. $32.25Q - 20 \times 0.5Q - 2{,}000{,}000 = 0$

∴ Q = 89,888개

문 13 제약이론

(주)고구려는 수요가 무한한 갑제품을 다음의 두 단계를 걸쳐 생산한다. A공정에서는 수요가 무한하므로 최대생산량을 생산하고 있으며, B공정에서는 A공정의 생산량을 모두 수용할 수 있으므로 A공정에서 가공된 것을 모두 추가 가공한다. B공정 완성품의 판매가격은 단위당 ₩320이다.

	A공정	B공정
최대생산량	5,000개	7,000개
단위당 변동비	₩120	₩30
고정제조간접비	₩500,000	₩143,680
공손율	4%	5%

공손품은 완료시점에서 분리되며 모든 공손원가는 비정상공손으로 처리한다.
최대생산량에는 완성품뿐만 아니라 종점에서 발견된 공손품도 포함된다.

[요구사항]

1. 각 공정의 공손품원가를 산출하시오.
2. A공정의 반제품을 외부에서 100개를 개당 ₩200에 구입할 수 있다면 이 대안을 수락하겠는가?
3. A공정의 공손율을 4%에서 2%로 낮추는 프로그램을 실행하는데 ₩15,000이 소요된다면 프로그램을 도입하겠는가?
4. B공정의 공손율을 5%에서 2%로 낮추는 프로그램을 실행하는데 ₩20,000이 소요된다면 프로그램을 도입하겠는가?
5. 주어진 자료와 같이 A공정 공손율이 4%이고 B공정 공손율이 5%일 때, 손익분기점에 도달하기 위해서는 A공정의 총생산량(양품 + 공손품)은 몇 개라야 하는가?

해답

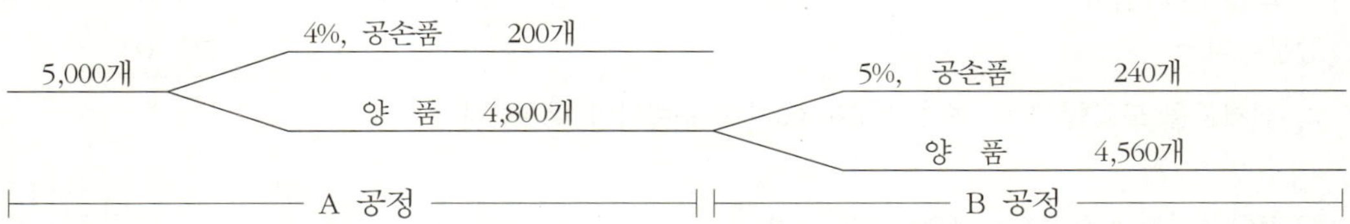

1. 각 공정의 공손원가

(1) A공정의 공손원가

공손수량 = 5,000 × 4% = 200개

공손원가 = 변동비 + 고정비

$$= (200 \times ₩120) + \frac{500,000}{5,000} \times 200 = ₩44,0C0$$

(2) B공정의 공손원가

공손수량 = (5,000 − 200) × 5% = 240개

공손원가 = 전공정비 + 변동비 + 고정비

$$= 240 \times \left(₩220^{*} + ₩30 + \frac{143,680}{4,800}\right) = ₩67,184$$

$$^{*}\ \text{A공정의 단위당 원가} = ₩120 + \frac{500,000}{5,000} = ₩220/\text{단위}$$

2. 외부구입 여부

증분수익 :	매출액증가 100 × 95% × ₩320 =		₩30,400
증분비용 :	추가가공비 100 × ₩30 =	3,0C0	
	외부구입비 100 × ₩200 =	20,000	23,000
증분이익 :			₩7,400

∴ 외부에서 구입한다.

3. 품질프로그램 도입여부

증분수익 :	매출액증가 5,000 × (4%−2%) × 95% × ₩320 =		₩30,400
증분비용 :	추가가공비 100 × ₩30 =	3,000	
	프로그램실행비	15,000	18,000
증분이익 :			₩12,400

∴ 프로그램을 도입한다.

4. 품질프로그램 도입여부

증분수익 :	매출액증가 5,000 × 96% × (5%−2%) × ₩32C =	₩46,080
증분비용 :	프로그램실행비	20,000
증분이익 :		₩26,080

∴ 프로그램을 도입한다.

5.

매출액	Q × 0.96 × 0.95 × 320 =	291.84Q
변동비	Q × 120 + Q × 0.96 × 30 =	148.8Q
공헌이익		143.04Q

∴ 143.04Q − (500,000+143,680) = 0

∴ Q = 4,500개

해설

1. 공손품은 완료시점에서 분리된다고 하였으므로 양품이 되나 공손품이 되나 당해 공정의 변동비는 모두 투입된다. 즉, A공정에서 공손품 수량이 하나 감소하고 양품수량이 하나 증가하더라도 A공정의 변동비는 동일하게 발생한다.

2. 만약 A공정에서 공손품 수량이 하나 감소하고 양품수량이 하나 증가하여 이를 B공정에서 추가가공한다면 증분수익과 증분비용은 다음과 같다.

증분수익 : 매출액 증가*1	1개 × 95% × ₩320 =	₩304
증분비용 : B공정 변동비*2	1개 × 30 =	30
증분이익 :		₩274

*1 A공정의 양품이 B공정에서 추가가공을 받으면서 5%만큼 공손이 발생하므로 최종 완성품은 1개가 아니고 0.95개이다.

*2 A공정의 변동비는 공손품이냐 양품이냐에 관계없이 모두 발생하는 것이므로 추가가공에 필요한 B공정의 변동비만 증분비용이 된다.

3. 해설2의 내용을 그대로 반영하면 요구사항2는 쉽게 해결된다. 즉, 외부에서 100개를 개당 ₩200씩에 구입하였으므로 A공정의 양품수량이 100개 증가한다. 따라서 해설2의 모형에 그대로 반영하되 외부구입원가만 증분비용에 반영하면 된다.

4. 해설2의 내용을 그대로 반영하면 요구사항3은 쉽게 해결된다. 즉, A공정의 공손율이 4%에서 2%로 낮아지면 양품수량이 5,000개 × (4%−2%) = 100개 증가한다. 따라서 해설2의 모형에 그대로 반영하되 A공정의 품질프로그램 실행비용만 증분비용에 반영하면 된다.

5. 만약 B공정에서 공손품 수량이 하나 감소하고 양품수량이 하나 증가하는 경우라면 증분수익과 증분비용은 다음과 같다.

증분수익 : 매출액 증가*3	1개 × ₩320 =	₩320
증분비용 :		0
증분이익 :		₩320

*3 B공정에서 양품이 하나 증가하면 추가가공이 없으므로 매출액은 ₩320이 발생한다. 그러나 증분비용은 없다. 왜냐하면 공손품이나 양품이나 B공정의 변동비는 모두 투입되기 때문에 증가하는 B공정의 변동비가 없고, 추가가공도 하지 않기 때문이다.

6. 해설5의 내용을 그대로 반영하면 요구사항4는 쉽게 해결된다. 즉, B공정의 공손율이 5%에서 2%로 낮아지면 양품수량이 4,800개*4 × (5%－2%) = 144개 증가한다. 따라서 해설5의 모형에 그대로 반영하되 B공정의 품질프로그램 실행비용만 증분비용에 반영하면 된다.

*4 A공정의 투입량 중에서 공손되는 부분을 제외하면 B공정의 투입량은 4,800개이다.

문 14 단답형 기출문제

1. ㈜정화는 청소기와 공기청정기를 생산하고 있다. 제품생산과 관련된 정보는 다음과 같다.

구분	청소기	공기청정기
최대 판매가능수량	6,000개	9,000개
단위당 공헌이익	₩50	₩60
단위당 소요기계시간	2시간	3시간

생산에 투입가능한 최대 기계시간이 33,000시간이라고 할 때, 추가적인 설비투자 없이 최적생산량을 생산한다면 ㈜정화가 달성할 수 있는 최대 공헌이익은 얼마인가?

2. 대한직업소개소는 현재 연간 6,000건의 직업을 소개해주고 있다. 1건의 직업소개에 소요되는 변동비는 ₩2,000이고 연간 총고정비는 ₩3,000,000으로 추정된다. 그런데 국세직업소개소에서 연간 6,000건 전부에 대한 직업소개를 대행해 주겠다고 제의를 해왔다. 이와 같이 국세직업소개소의 제의를 수락할 경우에 기존의 연간 총고정비 중 ₩1,400,000이 감소할 것으로 예상된다. 국세직업소개소는 대행수수료로서 연간 ₩13,000,000을 요구해왔다. 이와 같은 국세직업소개소의 제의를 수락하는 경우 대한직업소개소의 영업이익은 얼마나 증가 또는 감소하겠는가?

3. ㈜성준은 단위당 ₩250에 판매되는 램프를 생산·판매하고 있다. 이 제품과 관련된 변동비는 단위당 ₩150이고, 고정비는 매월 ₩35,000이 발생한다. 회사는 현재 단일제품으로 매월 평균 400단위를 생산 · 판매하고 있다. 대한회사의 판매담당 관리자는 매월 광고비를 ₩10,000만큼 증가시키면 매출액이 매월 ₩30,000만큼 증가할 것으로 기대하고 있다. 매월 광고비를 ₩10,000만큼 증가시킬 때 회사의 영업이익이 매월 얼마만큼 증감하게 될 것으로 예상되는가?

4. ㈜승우는 연간 최대생산량이 10,000단위인 생산설비를 보유하고 있으며, 당기에 제품 단위당 ₩500의 판매가격에 8,000단위의 제품을 판매할 수 있을 것으로 예상하고 있다. 현재의 생산설비에 의한 ㈜승우의 제품 단위당 변동제조원가는 ₩300이다. ㈜승우가 당기에 예상판매량을 1,000단위 줄이고 제품 3,000단위를 판매할 수 있는 특별주문을 고려한다면, 이러한 특별주문 제품의 단위당 최저판매가격은 얼마인가? 단, ㈜승우가 판매하는 모든 제품의 변동판매관리비는 단위당 ₩80이다.

5. ㈜정화는 매출을 촉진하기 위해서 판매사원이 제품 4,000단위를 초과하여 판매하는 경우에, 초과판매된 1단위당 ₩200씩 특별판매수당을 지급한다. 이러한 조건하에서 5,000단위를 판매하여 세차감후순이익 ₩1,920,000을 달성하였다. 제품의 판매단가는 ₩2,000이며, 월간 고정비는 ₩1,400,000이고 월간 최대판매수량은 8,000단위이다. 위의 조건대로 특별판매수당을 지급하고 세차감후순이익 ₩2,400,000을 달성하려면, 현재의 최대판매수량기준으로 몇 %의 조업도를 달성하여야 하는가? 단, 회사의 월초, 월말 재고자산은 없으며, 세율은 세차감전이익의 20%라고 가정한다.

해답

1.

	청소기	공기청정기
개당 공헌이익	50	60
개당 소요시간	2	3
시간당 공헌이익	25	20
생산 우선순위	1	2
최대 필요시간	12,000	27,000
시간 배분	12,000	21,000

∴ 최대 공헌이익 : 12,000시간×25 ＋ 21,000시간×20 ＝ 720,000

2.

증분수익	증분비용
변동비 감소 : 6,000 × 2,000	대행수수료 : 13,000,000
고정비 감소 : 1,400,000	

∴ 증분이익 : 400,000

3.

증분수익	증분비용
매출액 증가 : 30,000	변동비 증가 : 30,000 ÷ 250 × 150
	광고비 감소 : 10,000

∴ 증분이익 : 2,000

4.

증분수익	증분비용
매출액 증가 : 3,000 × P	변동비 증가 : 3,000 × 380
	기회비용 : 3,000 × (500−380)

∴ 증분이익 : 3,000P − 1,260,000 ≥ 0

∴ P ≥ 420

5.

- 단위당 변동비(b)

  $[(2,000-b)\times4,000+(1,800-b)\times1,000-1,400,000](1-0.2) = 1,920,000$

  ∴ b = 1,200

- 목표이익 달성을 위한 추가 판매수량(△Q)

  $[800\times4,000+600\times\triangle Q-1,400,000](1-0.2) = 2,400,000$

  ∴ △Q = 2,000

- 최대판매수량기준 조업도

  $$\frac{4,000 + 2,000}{8,000} = 75\%$$

PART 08 불확실성하의 의사결정

제8장

불확실성하의 의사결정

제 1 절 서 론

1. 의 의

의사결정이란 일정한 목적을 달성하기 위하여 여러 가지 대안 중에서 최적의 대안을 선택하는 것을 말한다. 의사결정은 의사결정과 관련된 미래 상황에 따라 확실성하의 의사결정과 불확실성하의 의사결정으로 나누어진다. 확실성하의 의사결정은 손익분기점분석이나 자본예산과 같이 미래 상황이 확정적(100%)으로 주어진 경우의 의사결정을 말하고, 불확실성하의 의사결정은 의사결정과 관련된 미래의 상황이 불확실한 경우의 의사결정을 말한다. 미래 상황의 확실성 여부에 따라 의사결정을 분류하면 다음과 같다.

- 확실성하의 의사결정 : 확정적 모형(Deterministic model)
- 불확실성하의 의사결정
  - 확률분포를 알고 있는 경우 : 확률적 모형(Stochastic model)
  - 확률분포를 모르고 있는 경우 : Maximin기준, Maximax기준, Laplace기준 등

불확실성하의 의사결정은 확률분포를 알고 있는 경우와 확률분포를 모르고 있는 경우로 구분 할 수 있는데 우리의 관심사는 확률분포를 알고 있는 경우(확률적 모형)이다.

2. 불확실성하의 의사결정절차

경영자들은 의사결정을 내리기에 앞서 여러 개의 행동대안에 대한 정보를 수집한다. 또한 대부분의 경영의사결정은 미래지향적이고 불확실성하에서 이루어진다. 여기서 불확실성은 나타날 상황(state) 또는 사상(event)이 여러 개이고 그 상황이 발생할 가능성이 확률로 주어진 것을 말한다. 불확실성하의 의사결정절차는 다음과 같다.

(1) 목적함수 설정

의사결정의 목표는 기대이익극대화나 기대비용극소화 또는 기대효용극대화이다. 이러한 목표를 구체적으로 계량화한 것을 목적함수라 한다. 경영자들은 의사결정을 내리기에 앞서 명확한 목적함수를 설정한다.

(2) 선택가능한 모든 행동대안을 파악

경영자는 목적함수를 충족시켜줄 선택가능한 모든 행동대안을 파악하여 열거한다. 어떤 대안을 선택할 것인가는 경영자의 입장에서 통제가능한 사안이다.

(3) 의사결정과 관련된 발생가능한 모든 상황을 파악

대부분의 경영의사결정에서 미래에 나타날 상황은 다수이고, 이러한 상황은 경영자의 입장에서 전혀 통제하지 못하는 요소이다. 따라서 미래에 나타날 관련된 상황를 보다 정확하게 예측할 수 있다면 경영의사결정은 한결 수월해진다. 상황의 예로는 경기상황이 호황, 보통, 불황이라든지 어떤 프로젝트의 성공, 실패 등이 있다.

(4) 미래 상황의 발생가능성에 대하여 확률을 부여

불확실성하의 의사결정에서는 미래 발생가능한 상황이 다수이고 그 상황은 확률적으로 주어진다. 확률은 불확실성의 정도를 표현하는 방법이다.

(5) 성과표를 작성

경영자가 통제할 수 있는 행동대안과 경영자가 통제할 수 없는 상황을 결합하여 얻게 될 성과(payoffs)를 계산하는 성과표(payoff table)를 작성한다. 성과표를 작성한다는 것은 위의 (2)~(4)단계의 자료를 사용하여 특정 행동대안과 특정상황의 결합에 의하여 나타날 수 있는 성과를 계산한다는 뜻이다.

성과표

	상황, 사건(State of nature)	
행 동(Action)	S_1, $P(S_1)$*1	S_2, $P(S_2)$
A_1	$X(A_1, S_1)$*2	$X(A_1, S_2)$
A_2	$X(A_2, S_1)$	$X(A_2, S_2)$

*1 $P(S_1)$는 S_1이라는 상황이 일어날 사전확률을 의미함

*2 $X(A_1, S_1)$는 행동대안 A_1과 상황 S_1이 결합할 때의 성과(이익 또는 비용)를 의미함

(6) 기대가치 계산

각 행동대안과 각 상황에서의 성과에 확률을 적용하여 행동대안별 기대가치 또는 기대효용을 계산한다.

(7) 최적 행동대안 선택

행동대안별 기대가치 또는 기대효용을 이용하여 의사결정의 목적을 달성할 수 있는 최적행동대안을 선택한다. 목적함수가 이익 극대화이면 이익이 가장 큰 행동대안을 선택하고, 목적함수가 비용 최소화이면 비용이 가장 적은 행동대안을 선택한다.

예 제 1 불확실성하의 의사결정절차

W회사의 김사장은 새로 기획한 제품을 생산할 기계장치를 구입하려 한다. 대형 기계장치 (A_1)를 구입하면 고정비는 많이 발생하지만 단위당 변동비는 적게 발생하고, 소형 기계장치 (A_2)를 구입하면 고정비는 적게 발생하지만 단위당 변동비는 많이 발생한다. W회사가 각각의 기계장치를 구입하여 신제품을 생산·판매할 경우의 영업이익은 다음과 같이 추정된다.

대형 기계장치	15X − 3,000
소형 기계장치	10X − 1,000

단, X는 수요량을 의미한다.

미래에 나타날 상황은 불경기와 호경기인데 불경기에는 연간 수요가 300단위, 호경기에는 연간 수요가 500단위가 될 것으로 예측하고 있다. 또한 이 회사는 불경기가 나타날 확률을 40%, 호경기가 나타날 확률을 60%로 추정하고 있다. 어느 대안을 선택할 것인가?

해답

1. 의사결정목표 : 기대가치극대화

2. 대안파악
   대안1(A_1) : 대형 기계장치 구입
   대안2(A_2) : 소형 기계장치 구입

3. 발생가능한 상황파악
   판매량 300단위
   판매량 500단위

4. 상황별 확률부여

판매량 300단위일 확률 40%

판매량 500단위일 확률 60%

5. 성과표 작성

	상 황	
행 동	S_1(= 300) (0.4)	S_2(= 500) (0.6)
A_1(대형 기계장치)	15 × 300 − 3,000 = ₩1,500	15 × 500 − 3,000 = ₩4,500
A_2(소형 기계장치)	10 × 300 − 1,000 = ₩2,000	15 × 500 − 1,000 = ₩4,000

6. 기대가치(EV)계산

① EV(A_1) = 1,500 × 0.4 + 4,500 × 0.6 = ₩3,300

② EV(A_2) = 2,000 × 0.4 + 4,000 × 0.6 = ₩3,200

7. 기대가치가 크게 나온 대형 기계장치(A_1)를 구입한다.

해설

실제 풀이에서는 1~4까지의 단계는 이미 기본 자료에 나타나 있으므로 생략하고 5~7까지의 단계만 작성하면 된다.

3. 최적행동대안의 선택기준

(1) 기대가치기준

기대가치기준(expected value criterion)이란 의사결정의 성과에 대한 기대값을 구하여 이를 극대화 또는 극소화시켜 주는 최적대안을 선택하는 의사결정기준을 말한다. 즉, 성과표에 나타난 특정 행동대안을 선택하는 경우에 특정 상황하에서 발생한 의사결정 결과치에 그 특정상황의 발생확률을 곱하여, 이를 모두 가산하여 기댓값을 극대화시키는 최적행동대안을 선택한다. 이 기준은 위험을 전혀 고려하지 않기 때문에 불확실성을 완벽하게 반영하지 못한다는 단점이 있다.

(2) 기대효용기준

기대효용기준(expected utility criterion)이란 각 대안별로 기대효용을 구하여 이를 극대화시켜 주는 대안을 선택하는 기준을 말한다. 효용(utility)이란 의사결정자가 재화나 용역을 획득함으로써 얻는 주관적인 만족도를 의미한다.

기대가치기준에서는 기대가치가 증가하면 효용도 이에 정비례하여 증가하는 것으로 가정하였다. 그러나 의사결정자는 특정 행동대안의 기대가치뿐만 아니라 위험요소도 고려하여 의사결정을 한다. 즉, 현실적으로는 기대가치보다는 기대가치와 위험을 동시에 고려한 기대효용에 의하여 의사결정을 한다. 부(wealth)와 효용의 관계를 함수로 나타낸 것을 효용함수라 하는데 효용함수는 의사결정자의 위험에 대한 태도에 따라 위험중립형, 위험회피형, 위험선호형으로 구분할 수 있다. 각 유형별로 효용함수를 표시하면 다음과 같다.

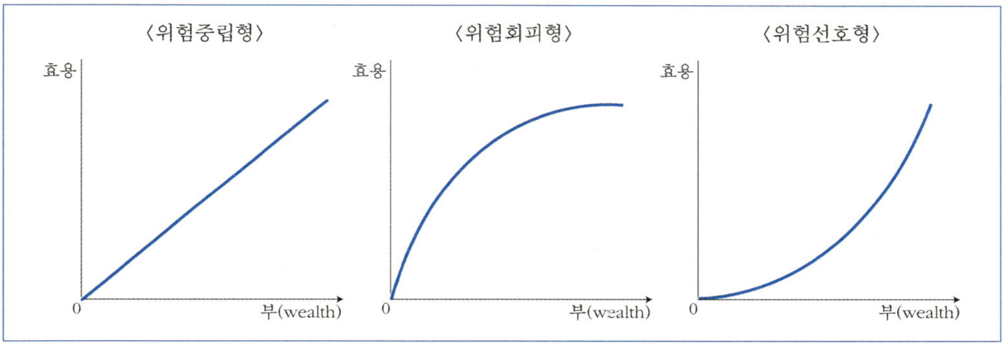

① 위험중립형

위험중립형(risk neutral) 효용함수에서는 부와 효용이 정비례한다. 즉, 한계효용이 일정한 함수이다. 따라서 의사결정자의 효용함수가 위험중립적일 때는 위험에 관계없이 부가 큰 행동대안을 선택한다. 이는 앞에서 가정한 기대가치기준과 같은 결과를 나타낸다.

② 위험회피형

위험회피형(risk averter) 효용함수에서는 부가 증가함에 따라 효용은 증가하지만 증가율은 점차 감소한다. 즉, 부가 증가함에 따라 한계효용이 체감하는 오목한 형태의 효용함수이다. 이는 동일한 조건일 경우 위험이 작은 것을 선호한다는 의미이다. 현실적으로 대부분의 의사결정자는 위험회피형 효용함수를 갖는다. 이의 대표적인 예는 루트($\sqrt{\ }$)함수이다.

③ 위험선호형

위험선호형(risk lover) 효용함수에서는 부가 증감함에 따라 효용뿐만 아니라 증가율도 점차 증가한다. 즉, 한계효용이 체증하는 볼록한 형태의 효용함수이다. 이는 동일한 조건일 경우 위험이 큰 것을 선호한다는 의미이다.

예 제 2 효용함수에 따른 최적의사결정

W회사의 김사장은 새로 기획한 제품을 생산할 기계장치를 구입하려 한다. 대형 기계장치(A_1)를 구입하면 고정비는 많이 발생하지만 단위당 변동비는 적게 발생하고, 소형 기계장치(A_2)를 구입하면 고정비는 적게 발생하지만 단위당 변동비는 많이 발생한다. W회사가 각각의 기계장치를 구입하여 신제품을 생산 · 판매할 경우의 영업이익은 다음과 같이 추정된다.

대형 기계장치　　15X − 3,000
소형 기계장치　　10X − 1,000
단, X는 수요량을 의미한다

미래에 나타날 상황은 불경기와 호경기인데 불경기에는 연간 수요가 300단위, 호경기에는 연간 수요가 500단위가 될 것으로 예측하고 있다. 또한 이 회사는 불경기가 나타날 확률을 40%, 호경기가 나타날 확률을 60%로 추정하고 있다.

[요구사항]

1. W회사 김사장의 효용함수가 위험중립형이라면 최적행동대안은 무엇인가?
2. W회사 김사장의 효용함수가 다음과 같을 경우 최적행동대안은 무엇인가?
   $U(X) = \sqrt{X}$ (단, X는 영업이익)

해답

성과표

행 동	상 황	
	S_1(= 300) (0.4)	S_2(= 500) (0.6)
A_1(대형 기계장치)	15 × 300 − 3,000 = ₩1,500	15 × 500 − 3,000 = ₩4,500
A_2(소형 기계장치)	10 × 300 − 1,000 = ₩2,000	10 × 500 − 1,000 = ₩4,000

1. 위험중립형일 때

$EU(A_1) = 1{,}500 \times 0.4 + 4{,}500 \times 0.6 = 3{,}300$

$EU(A_2) = 2{,}000 \times 0.4 + 4{,}000 \times 0.6 = 3{,}200$

∴ 대형 기계장치(A_1)를 구입한다.

2. 위험회피형일 때

$EU(A_1) = \sqrt{1{,}500} \times 0.4 + \sqrt{4{,}500} \times 0.6 = 55.74$

$EU(A_2) = \sqrt{2{,}000} \times 0.4 + \sqrt{4{,}000} \times 0.6 = 55.84$

∴ 소형 기계장치(A_2)를 구입한다.

제 2 절 완전정보의 기대가치와 불완전정보의 기대가치

불활실성하의 의사결정을 하는 경우에 미래 상황에 대하여 보다 정확한 정보를 얻을 수 있다면 그로 인하여 기대가치가 증가될 것이다. 따라서 증가된 기대가치 범위내에서는 정보에 대하여 대가를 지불할 수 있다. 정보도 일반 상품과 마찬가지로 수요와 공급에 의하여 가격이 형성되므로 정보의 취득을 위해서는 대가를 지불하여야 한다.

1. 완전정보의 기대가치

(1) 완전정보의 의의

만약에 경영자가 의사결정을 내리기 전에 미래에 나타날 상황에 대해서 확실하게 알 수 있다면 그렇지 못한 경우에 비해서 의사결정의 기대가치는 증가될 것이다. 미래 상황에 대한 불확실성을 완전히 없애 줄 수 있는 정보 즉, 미래 상황이 어떻게 될 지를 100% 확실하게 알려줄 수 있는 정보를 완전정보(perfect information)라 한다.

(2) 완전정보의 기대가치

완전정보의 기대가치는 완전정보를 얻는데 지불할 수 있는 최대금액 즉, 완전한 정보로서의 값어치를 의미한다. 바꾸어 말하면 기존정보를 이용할 때의 기대가치에 비하여 완전정보를 이용함으로써 증가되는 기대가치를 완전정보의 기대가치(EVPI : expected value of perfect information)라 한다. 이를 산식으로 나타내면 다음과 같다.

완전정보의 기대가치 = 완전정보하의 기대가치 − 기존정보하의 기대가치

여기서 완전정보의 기대가치는 완전정보를 취득할 때의 지불가능한 최대금액을 의미하고, 완전정보하의 기대가치는 완전정보를 이용할 경우의 기대성과를 의미하며, 기존정보하의 기대가치는 의사결정자의 주관적인 사전확률에 의한 기존정보를 이용할 경우의 기대성과를 말한다.

예 제 3 완전정보의 기대가치(EVPI)

W회사의 김사장은 새로 기획한 제품을 생산할 기계장치를 구입하려 한다. 대형 기계장치(A_1)를 구입하면 고정비는 많이 발생하지만 단위당 변동비는 적게 발생하고, 소형 기계장치(A_2)를 구입하면 고정비는 적게 발생하지만 단위당 변동비는 많이 발생한다. W회사가 각각의 기계장치를 구입하여 신제품을 생산·판매할 경우의 영업이익은 다음과 같이 추정된다.

대형 기계장치 15X − 3,000
소형 기계장치 10X − 1,000
단, X는 수요량을 의미한다

미래에 나타날 상황은 불경기와 호경기인데 불경기에는 연간 수요가 300단위, 호경기에는 연간 수요가 500단위가 될 것으로 예측하고 있다. 또한 이 회사는 불경기가 나타날 확률을 40%, 호경기가 나타날 확률을 60%로 추정하고 있다.

[요구사항]

1. 기존정보하의 기대가치를 구하시오.
2. 완전정보하의 기대가치를 구하시오.
3. 완전정보의 기대가치를 구하시오.

해답

• 성과표 작성

	상 황	
행 동	S_1(= 300) (0.4)	S_2(= 500) (0.6)
A_1(대형 기계장치)	15 × 300 − 3,000 = ₩1,500	15 × 500 − 3,000 = ₩4,500
A_2(소형 기계장치)	10 × 300 − 1,000 = ₩2,000	10 × 500 − 1,000 = ₩4,000

1. 기대가치(EV)계산

① $EV(A_1) = 1,500 \times 0.4 + 4,500 \times 0.6 = 3,300$

② $EV(A_2) = 2,000 \times 0.4 + 4,000 \times 0.6 = 3,200$

∴ 기존정보하의 기대가치는 ₩3,300이다.

2. 완전정보하의 기대가치

각 상황에서 최선의 행동대안을 선택하였다면 다음과 같은 성과를 기대할 수 있다.

$EV = 2,000 \times 0.4 + 4,500 \times 0.6 = ₩3,500$

3. 완전정보의 기대가치(EVPI)

완전정보하의 기대가치	₩3,500
기존정보하의 기대가치	(3,300)
완전정보의 기대가치	₩200

2. 불완전정보의 기대가치

(1) 불완전정보의 의의

미래 나타날 상황이 어떠할 지를 완전하게 안다는 것은 거의 불가능한 일이다. 그러나 의사결정자보다 미래 상황을 보다 잘 예측할 수 있는 전문가가 있다면 그 전문가가 제공하는 정보를 이용하면 기존의 정보만을 이용하는 경우보다 더 좋은 성과를 얻을 수도 있다. 불완전정보(imperfect information 또는 sample information)를 이용하면 미래의 모든 불확실성을 제거할 수는 없지만 미래 불확실성을 어느 정도 감소시킬 수는 있다.

(2) 불완전정보의 기대가치

불완전정보의 기대가치는 불완전정보를 얻는데 지불할 수 있는 최대금액을 의미한다. 바꾸어 말하면 기존정보를 이용할 때의 기대가치에 비하여 불완전정보를 이용함으로써 증가되는 기대가치를 불완전정보의 기대가치(EVSI : expected value of sample information)라 한다. 이를 산식으로 나타내면 다음과 같다.

불완전정보의 기대가치 = 불완전정보하의 기대가치 − 기존정보하의 기대가치

여기서 불완전정보의 기대가치는 불완전정보를 취득할 때의 지불가능한 최대금액을 의미하고, 불완전정보하의 기대가치는 불완전정보를 이용할 경우의 기대성과를 의미하며, 기존정보하의 기대가치는 기존정보(의사결정자의 주관적인 사전확률)를 이용할 경우의 기대성과를 말한다.

(3) 불완전정보의 기대가치(EVSI)의 계산과정

① 결합확률표를 작성한다.
불완전 정보시스템이 만들어 낼 불완전정보의 종류를 확인하고 불완전 정보의 종류별로 불완전정보를 보고받을 확률을 구한다. 즉, Y_1, Y_2를 확인하고 $P(Y_1)$, $P(Y_2)$를 구한다. 이를 나타내는 표를 결합확률표라 한다.

② 특정정보를 보고받았다고 가정할 때의 각 상황별 사전확률을 사후확률로 수정한다.
다음과 같은 베이지안정리(Baysian theorem)를 이용하여 의사결정자의 주관적인 사전확률을 사후확률로 수정한다. 사후확률이란 특정정보(Y_1)를 받았다고 가정할 때 특정사건(S_1)이 발생할 확률을 의미한다.

$$P(S_i \mid Y_j) = \frac{P(S_i \cap Y_j)}{P(Y_j)} = \frac{P(Y_j \cap S_i)}{P(Y_j)} = \frac{P(Y_j \mid S_i)P(S_i)}{P(Y_j)}$$

다만 실제 문제를 풀이할 때는 베이지안 정리를 이용하지 않더라도 결합확률표를 이용하여 구할 수 있다.

③ 각 보고서하에서 행동대안별로 사후확률을 적용하여 최적행동대안을 결정한다.

④ ③에서 구한 각 보고서하에서의 최적행동대안의 기대가치에 ①에서 구한 정보를 보고받을 확률을 적용하여 불완전정보하의 기대가치를 구한다.

⑤ 불완전정보하의 기대가치에서 기존정보하의 기대가치를 차감하여 EVSI를 구한다.

예 제 4 불완전정보의 기대가치(EVSI)

서울회사는 신기계(M_1 또는 M_2)를 구입하고 한다. 신기계를 구입할 경우 영업이익은 다음과 같다.

M_1 기계를 구입할 경우 영업이익 = 20X − 18,000

M_2 기계를 구입할 경우 영업이익 = 25X − 27,000　　　단, X = 수요량

그리고 미래에 수요량이 1,200개일 확률은 40%, 2,000개일 확률은 60%이다.

[요구사항]

1. Payoff Table(성과표)을 작성하고 의사결정을 하시오.
2. EVPI(완전정보의 기대가치)를 구하시오.
3. 경영상담자 갑씨의 비관적 보고서(수요량 1,200개)를 Y_1, 낙관적 보고서(수요량 2,000개)를 Y_2라고 할 때, 이 경영 상담자의 예측은 90% 정확하다. 이때 정보를 구입하기 위하여 지불할 최대값(EVSI)은 얼마인가?

해답

1.

행 동	상 황(수요량)		기대가치(EV)
	S_1 = 1,200개(0.4)	S_2 = 2,000개(0.6)	
A_1(M_1 구입)	6,000	22,000	15,600*1
A_2(M_2 구입)	3,000	23,000	15,000*2

*1 6,000 × 0.4 + 22,000 × 0.6 = 15,600

*2 3,000 × 0.4 + 23,000 × 0.6 = 15,000

∴ M_1기계를 구입한다.

2.

완전정보하의 기대가치	6,000 × 0.4 + 23,000 × 0.6 =	₩16,200
기존정보하의 기대가치		(15,600)
완전정보의 기대가치		₩600

3.

(1) 결합확률표

보고서	상황 S_1 = 1,200(0.4)	S_2 = 2,000(0.6)	$P(Y_i)$
Y_1(1,200)	0.9 × 0.4 = 0.36	0.1 × 0.6 = 0.06	$P(Y_1)$ = 0.36 + 0.06 = 0.42
Y_2(2,000)	0.1 × 0.4 = 0.04	0.9 × 0.6 = 0.54	$P(Y_2)$ = 0.04 + 0.54 = 0.58

해설

결합확률표 작성하는 요령

① S_1과 Y_1이 만나는 칸은 기존확률(0.4) 곱하기 90%이다. S_1과 Y_1은 실제판매량 1,200과 예측판매량 1,200이 일치하므로 90%를 적용한다. 왜냐하면 정확도가 90%이기 때문이다.

② S_1과 Y_2이 만나는 칸은 기존확률(0.4) 곱하기 10%이다. S_1과 Y_2는 실제판매량 1,200과 예측판매량 2,000이 일치하지 않으므로 10%를 적용한다.

(2) 사후확률표

보고서	상황 S_1 = 1,200	S_2 = 2,000
Y_1(1,200)	$\frac{36}{42}$	$\frac{6}{42}$
Y_2(2,000)	$\frac{4}{58}$	$\frac{54}{58}$

해설

사후확률표 작성하는 요령

결합확률표에서 각 보고서별로 전체확률에서 각 난의 확률이 차지하는 비율이 사후확률이다. 전체확률은 $P(Y_i)$이고 각 난의 확률은 $P(Y_i \mid S_i) \times P(S_i)$이다. 이를 한꺼번에 나타내면 베이지안정리가 된다. 즉, $P(Y_i \mid S_i) \times P(S_i) / P(Y_i)$이다. 실전에서 수학적인 부호를 생각하지 말고 결합확률표상에서 전체확률에 대하여 각 난이 차지하는 비율로 사후확률을 구하면 된다.

(3) 각 보고서하에서의 최적행동대안

① 보고서 (Y_1)일 때

$$EV(A_1) = 6{,}000 \times \frac{36}{42} + 22{,}000 \times \frac{6}{42} = \frac{348{,}000}{42}(\text{선택})$$

$$EV(A_2) = 3{,}000 \times \frac{36}{42} + 23{,}000 \times \frac{6}{42} = \frac{246{,}000}{42}$$

② 보고서 (Y_2)일 때

$$EV(A_1) = 6{,}000 \times \frac{4}{58} + 22{,}000 \times \frac{54}{58} = \frac{1{,}212{,}000}{58}$$

$$EV(A_2) = 3{,}000 \times \frac{4}{58} + 23{,}000 \times \frac{54}{58} = \frac{1{,}254{,}000}{58}(\text{선택})$$

(4) 불완전정보하의 기대가치

$$\left(\frac{348{,}000}{42} \times 0.42\right) + \left(\frac{1{,}254{,}000}{58} \times 0.58\right) = ₩16{,}020$$

(5) EVSI

불완전정보하의 기대가치	₩16,020
기존정보하의 기대가치	(15,600)
불완전정보의 기대가치	₩420

해설

EVSI를 계산하는 문제의 핵심은 사후확률을 구하는 것이다. 사후확률을 구하고 나면 EVPI를 계산할 때와 동일한 방법을 적용하면 EVSI가 산출된다.

제 3 절 예측오차의 원가

1. 의 의

예측오차의 원가(cost of prediction error)는 의사결정에 중요한 영향을 미치는 변수를 잘못 예측함으로 인하여 발생하는 손실로서 기회손실(opportunity loss) 또는 조건부손실(conditional loss)이라고도 한다. 'cost of prediction error'를 일반적으로 '예측오차의 원가'로 번역하고 있으나 이는 단순한 직역에 불과하고 의미상으로는 '예측오차의 손실'이다. 즉, 예측오차의 원가는 잘못된 예측(예측오차)으로 인한 손실을 의미한다.

예측오차로 인한 손실을 예방하기 위해서는 미래의 불확실성을 감소시켜 줄 수 있는 정보가 필요하다. 따라서 예측오차의 원가는 정보의 중요성을 부각시킨다. 즉, 예측오차의 원가가 클 것이라고 판단되면 추가정보를 획득하여 예측오차를 줄여야 하고 예측오차의 원가가 적으리라고 판단되면 굳이 추가정보를 입수할 필요는 없다.

2. 예측오차의 원가를 구하는 방법

예측오차의 원가는 ① 실제의사결정의 성과와 ② 정확하게 예측했을 경우의 최적의사결정의 성과와의 차이이다. 즉, 실제 선택된 행동대안의 결과인 사전적 최적의사결정의 성과와 사후적 최적의사결정의 성과와의 차이를 말한다.

> **예측오차의 원가 = 최적의사결정의 성과 − 실제 선택된 행동대안의 성과**
> (최적의사결정의 성과: 사후적 최적의사결정, 실제 선택된 행동대안의 성과: 사전적 최적의사결정)

여기서 사후적 최적의사결정이란 의사결정 이후 실제 발생한 상황을 모두 알게 된 경우 그 정보까지 처음부터 알았더라면 얻을 수 있었던 이상적인 최적의사결정을 의미한다.

예측오차의 원가는 0이 될 수는 있어도 음(−)이 될 수는 없다. 왜냐하면 실제 선택된 행동대안의 성과가 사후적인 최적의사결정의 성과보다 좋을 수는 없기 때문이다. 예측오차의 원가를 이용하여 불확실성하의 의사결정을 할 수도 있고, 완전정보의 기대가치을 구할 수도 있다. 즉, 예측오차의 원가가 가장 작은 행동대안이 최적행동대안이 되고, 최소기대기회손실이 완전정보의 기대가치가 된다.

예 제 5 예측오차의 원가

W회사의 김사장은 새로 기획한 제품을 생산할 기계장치를 구입하려 한다. 대형 기계장치(A_1)를 구입하면 고정비는 많이 발생하지만 단위당 변동비는 적게 발생하고, 소형 기계장치(A_2)를 구입하면 고정비는 적게 발생하지만 단위당 변동비는 많이 발생한다. W회사가 각각의 기계장치를 구입하여 신제품을 생산 · 판매할 경우의 영업이익은 다음과 같이 추정된다.

대형 기계장치	15X − 3,000
소형 기계장치	10X − 1,000

단, X는 수요량을 의미한다

미래에 나타날 상황은 불경기와 호경기인데 불경기에는 연간 수요가 300단위, 호경기에는 연간 수요가 500단위가 될 것으로 예측하고 있다. 또한 이 회사는 불경기가 나타날 확률을 40%, 호경기가 나타날 확률을 60%로 추정하고 있다.

[요구사항]

1. 성과표를 작성하고 기존정보하의 기대가치를 구하시오.
2. 예측오차의 원가표(기회손실표)를 작성하시오.
3. 예측오차의 원가를 이용하여 의사결정을 하고 완전정보의 기대가치를 구하시오.

해답

1.

(1) 성과표

행 동	상 황	
	S_1(=300) (0.4)	S_2(=500) (0.6)
A_1(대형 기계장치)	15 × 300 − 3,000 = ₩1,500	15 × 500 − 3,000 = ₩4,500
A_2(소형 기계장치)	10 × 300 − 1,000 = ₩2,000	10 × 500 − 1,000 = ₩4,000

(2) 기대가치(EV)계산

① $EV(A_1)$ = 1,500 × 0.4 + 4,500 × 0.6 = ₩3,300

② $EV(A_2)$ = 2,000 × 0.4 + 4,000 × 0.6 = ₩3,200

∴ 기존정보하의 기대가치는 ₩3,300이다.

2. 예측오차의 원가표(기회손실표)

행 동	상 황	
	S_1(=300) (0.4)	S_2(=500) (0.6)
A_1(대형 기계장치)	₩500*1	–
A_2(소형 기계장치)	–	₩500*2

*1 미래수요량이 300개인 상황에서 최적의사결정은 소형 기계장치를 구입하는 것이며 이때의 성과는 ₩2,000이다. 그런데 대형 기계장치를 구입한 경우에는 성과가 ₩1,500이므로 이 때의 예측오차의 원가는 ₩500이 된다.

*2 미래수요량이 500개인 상황에서 최적의사결정은 대형 기계장치를 구입하는 것이며 이때의 성과는 ₩4,500이다. 그런데 소형 기계장치를 구입한 경우에는 성과가 ₩4,000이므로 이때의 예측오차의 원가는 ₩500이 된다.

3. 기대기회손실(EOL, expected opportunity loss)

대형 기계장치의 기대기회손실 : $500 \times 0.4 + 0 \times 0.6 =$ ₩200

소형 기계장치의 기대기회손실 : $0 \times 0.4 + 500 \times 0.6 =$ ₩300

∴ 기대기회손실이 적은 대형 기계장치(A_1)를 구입한다.

∴ 완전정보의 기대가치는 최적대안의 기대기회손실인 ₩200이다.

참 고

완전정보의 기대가치는 앞에서 설명한 내용과 예측오차의 원가 개념을 이용하여 다음과 같이 이해할 수도 있다. 즉, 완전정보의 기대가치는 완전정보하의 기대가치와 기존정보하의 기대가치의 차이인 동시에 기존정보하의 기대가치가 갖는 예측오차의 원가이다.

완전정보하의 기대가치	$2,000 \times 0.4 + 4,500 \times 0.6 =$	₩3,500
기존정보하의 기대가치	$1,500 \times 0.4 + 4,500 \times 0.6 =$	(3,300)
완전정보의 기대가치	$500 \times 0.4 + 0 \times 0.6 =$	₩200

제 4 절 공정의 조사여부 의사결정

1. 의 의

경영자는 보유하고 있는 제조공정이 정상적으로 가동되고 있는 지를 수시로 조사하여 제조과정에서 비능률이 발생하지 않도록 해야 한다. 그런데 공정에 대한 조사를 하기 위해서는 조사비용이 발생한다. 조사결과 공정이 적절히 가동(통제)되고 있다면 추가적인 비용은 발생하지 않는다. 그러나 조사결과 공정이 제대로 가동되지 않는 경우에는 공정을 교정하여야 하므로 교정비용이 발생한다. 즉, 잘못된 공정을 수리하기 위하여 수리비용이 발생하게 된다.

그러나 조사를 하지 않는 경우에는 조사비용은 발생하지 않지만 공정이 적절히 가동되지 않는 것을 발견하지 못한 상태에서 제품을 제조하게 되어 재료의 낭비가 심할 뿐만 아니라 불량품이 많이 발생하므로 상당한 손실이 발생하게 된다. 따라서 공정을 조사하는 경우와 하지 않는 경우의 기대비용은 비교하여 공정의 조사여부를 결정하여야 한다.

2. 조사여부 의사결정의 모형

조사여부 의사결정의 목적은 비용최소화이다. 조사여부 의사결정에서는 상황과 행동대안이 각각 두 가지씩 이다. 즉, 상황은 통제가 되고 있는 상황(정상)과 통제가 되지 않고 있은 상황(비정상)으로 나누어지고, 행동대안은 조사한다(조사)와 조사 하지 않는다(비조사)로 나누어진다. 이를 모형으로 나타내면 다음과 같다.

행 동	상 황 정상(p)	 비정상(1−p)
A_1(조 사)	C	C + M
A_2(비조사)	0	L

C : 조사비용　　M : 교정비용　　L : 기회비용

p : 공정이 정상인 확률　　1−p : 공정이 비정상인 확률

이 모형에서 각 행동의 기대비용을 산출하면 다음과 같다.

조 사 : $E[A_1] = C \cdot p + (C + M)(1 - p)$

비조사 : $E[A_2] = 0 \cdot p + L(1 - p)$

위에서 산출된 각 행동의 기대비용에 따라서 조사여부를 결정한다. 즉, 기대비용이 적은 행동대안을 선택한다.

예 제 6 공정 조사여부 의사결정

세종(주)는 지난 달 작업에서 직접재료비 능률차이가 ₩500,000발생하였다. 이 보고를 받은 임사장은 공정이 통제되고 있는지를 조사하고자 한다. 관련 자료는 다음과 같다.

상황 : '통제가 되고 있는 경우'와 '통제가 되지 않고 있는 경우'
행동 : '조사한다'와 '조사 안 한다'.
확률 : 통제가 되고 있는 상태의 확률 = 0.8
비용 : 조사비용(C) = ₩10,000
교정비용(M) = ₩20,000
기회비용(L) = ₩80,000

[요구사항]

의사결정모형 성과표(payoff table)를 작성하고 의사결정 하시오.

해답

1. 성과표

행 동	상 황	
	정상(0.8)	비정상(0.2)
A1(조 사)	C = ₩10,000	C + M = ₩30,000
A2(비조사)	–	L = ₩80,000

2. 의사결정

$E(A_1)$ = ₩10,000 × 0.8 + ₩30,000 × 0.2 = ₩14,000

$E(A_2)$ = ₩0 × 0.8 + ₩80,000 × 0.2 = ₩16,000

∴ 목적이 비용 최소화이므로 조사한다(A1).

제 5 절 불확실성하의 CVP분석

앞에서 살펴본 CVP분석은 제품 단위당 판매가격, 제품 단위당 변동비, 고정비 등 이익에 영향을 미치는 변수들이 확실하다는 가정하에 분석을 하였다. 그러나 현실적으로는 이익에 영향을 미치는 여러 변수들은 불확실한 것이 일반적이다. 즉, 단위당 판매가격이 상승하거나 하락할 수 있으며, 단위당 변동비도 상승하거나 하락할 수 있다. 특히 판매량이 일정하지 않고 확률분포를 이루고 있다면 그에 따라 이익도 확률분포를 이루게 된다. 이하에서는 불확실성하에서 CVP분석을 할 때 활용할 수 있는 방법을 살펴보고자 한다.

1. 통제적 분석방법

CVP분석에 영향을 미치는 불확실한 독립변수가 하나이고 그것이 특정한 확률분포를 이루며 그 불확실성의 정도를 미리 할 수 있는 경우에는 통계적 분석방법을 이용하여 불확실한 독립변수가 종속변수인 이익에 미치는 영향을 분석할 수 있다. CVP분석에서 이익은 다음과 같이 산출된다.

이익 = 단위당 공헌이익 × 판매량 − 고정비

이 때 독립변수 중에 판매량만을 불확실하다고 가정한다면 판매량이 불확실하므로 이익도 불확실하게 된다. 기대판매량과 기대이익의 관계 및 판매량의 표준편차와 이익의 표준편차의 관계는 다음과 같이 나타낼 수 있다.

- 기대이익 $E(\pi)$ = 단위당 공헌이익 $(p-b)$ × 기대판매량 $E(x)$ − 고정비 a
- 이익의 표준편차 $\sigma(\pi)$ = 단위당 공헌이익 $(p-b)$ × 판매량의 표준편차 $\sigma(x)$

독립변수 중에 판매량만 불확실하고 판매량의 확률분포를 미리 알 수 있는 경우에는 확률분포의 특성을 이용하여 기대이익을 측정할 수 있다. 이하에서는 확률분포의 종류별로 설명하고자 한다.

(1) 이산확률분포

이산분포란 독립변수와 독립변수의 확률 값이 연속성을 지니지 못하고 특정 값으로 존재하는 경우의 확률분포이다. 독립변수가 특정 값을 갖게 될 확률을 이용하여 독립변수(판매량)의 기대값과 종속변수(이익)의 기대값을 산정할 수 있다.

예 제 7 이산확률분포

한국회사는 제품A를 현재의 생산라인에 추가하려고 한다. 제품 A의 판매가격은 ₩10으로 예측되며, 이 제품을 제조하는데 연간 총고정제조비용 ₩100,000이 들고, 단위당 변동제조원가는 ₩6이 들 것으로 추정된다. 20×1년의 제품 A에 대한 판매량과 그 확률분포는 다음과 같을 것으로 추정된다.

판매량	확 률
10,000단위	0.1
20,000	0.2
30,000	0.4
40,000	0.2
50,000	0.1

[요구사항]

1. 20×1년의 기대판매량은 얼마인가?
2. 20×1년의 기대영업이익은 얼마인가?
3. 손익분기점 이상의 매출을 달성할 확률은 얼마인가?

해답

1. $E(x) = 10{,}000 \times 0.1 + 20{,}000 \times 0.2 + 30{,}000 \times 0.4 + 40{,}000 \times 0.2 + 50{,}000 \times 0.1$
   $= 30{,}000$단위

2. $E(\pi) = (p-b) \times E(X) - a$
   $= (10-6) \times 30{,}000 - 100{,}000$
   $=$ ₩20,000

3. $BEP(X) = \dfrac{100{,}000}{10 - 6} = 25{,}000$단위

   ∴ 손익분기점 이상이 될 확률은 $0.4 + 0.2 + 0.1 = 0.7$이다

(2) 균등분포

균등분포(uniform distribution)는 일정한 구간내에서 각 구간의 확률값이 균등한 연속확률분포를 말한다. 이를 그림으로 나타내면 다음과 같다.

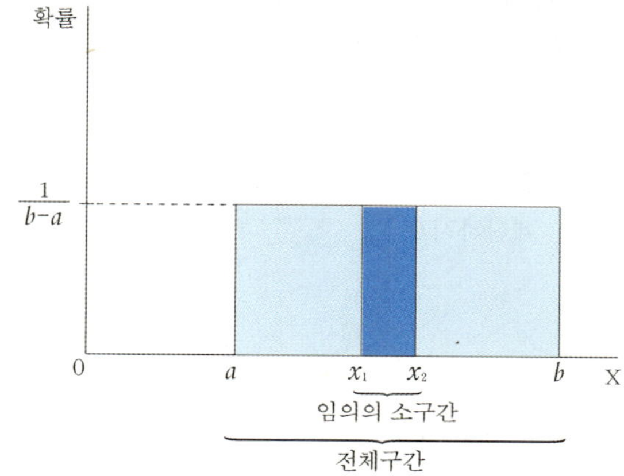

전체 확률의 합(직사각형의 넓이)이 1이므로 직사각형의 높이는 $\frac{1}{b-a}$이다. 높이가 일정하므로 변수 x가 구간 [a, b] 내에서 어느 위치에 있든지에 관계없이 소구간의 길이가 같으면 그 구간의 넓이가 같기 때문에 임의의 소구간에 속할 확률은 동일하다. 임의의 소구간 $[x_{1,}\ x_2]$에 속할 확률은 전체구간 [a, b]에서 소구간 $[x_{1,}\ x_2]$이 차지하는 비율이 된다.

$$P(x_1 \le x \le x_2) = \frac{x_2 - x_1}{b - a}$$

이러한 균등분포의 특성을 이용하여 손익분기점이나 일정한 기대이익 등을 구할 수 있다.

예 제 8 균등확률분포

(주)설악은 연구개발에 성공하여 신제품 생산에 착수하려고 한다. 제품의 단위당 변동비는 ₩120이고 연간 고정비는 ₩160,000으로 예상된다. 회사는 신제품의 가격을 결정하기 위하여 시장조사를 실시하였는데, 단위당 판매가격이 ₩200일 경우의 연간 총매출액의 확률분포는 ₩300,000과 ₩700,000 사이에서 균등한 것으로 나타났다.

[요구사항]

1. 손익분기점 이상의 매출액을 달성할 수 있을 확률을 구하시오.
2. 기대매출액과 기대이익을 계산하시오.

해답

- 자료정리
  - 단위당 공헌이익 = 200 − 120 = 80
  - 공헌이익률 $= \frac{80}{200} = 0.4$

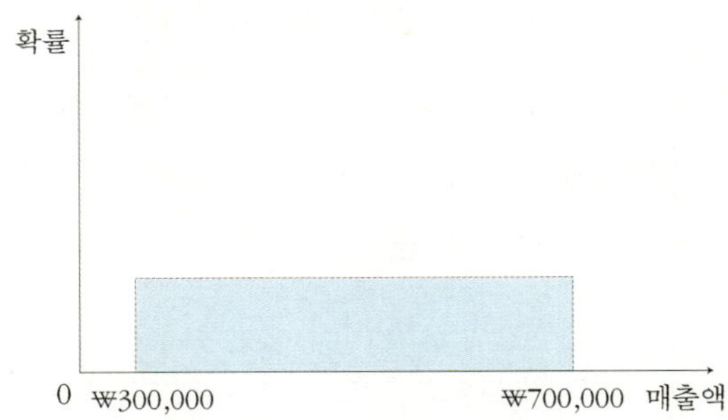

1. 손익분기점 이상일 확률

(1) 손익분기점 매출액 $= \frac{\text{고정비}}{\text{공헌이익률}} = \frac{160{,}000}{0.4} = 400{,}000$

(2) 손익분기점 이상일 확률

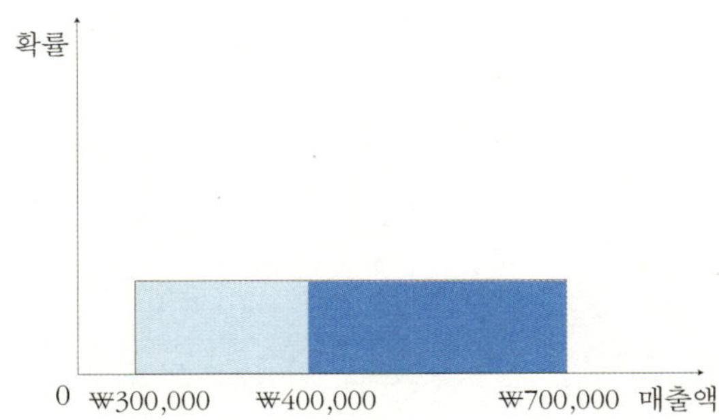

$$\frac{b - BEP(s)}{b - a} = \frac{700,000 - 400,000}{700,000 - 300,000} = 0.75(75\%)$$

2. 기대매출액과 기대이익

(1) 기대매출액

$$\frac{a + b}{2} = \frac{₩300,000 + 700,000}{2} = ₩500,000$$

(2) 기대이익 = 기대매출액 × 공헌이익률 − 고정비

$$= 500,000 \times 40\% - 160,000 = 40,000$$

(3) 정규분포

정규분포(normal distribution)는 평균과 분산에 의해 그 형태가 결정되는 연속확률분포로서 평균을 중심으로 완전대칭의 종모양 형태를 가진다. 정규분포 중에서 평균이 0이고 표준편차가 1인 정규분포를 표준정규분포(standard normal distribution)라 하는데 표준정규분포의 변수값(Z)에 대한 확률은 표준정규분포표를 이용하면 쉽게 구할 수 있다. 표준정규분포표상의 값은 다음과 같이 0에서 z까지 표준정규분포의 면적이다.

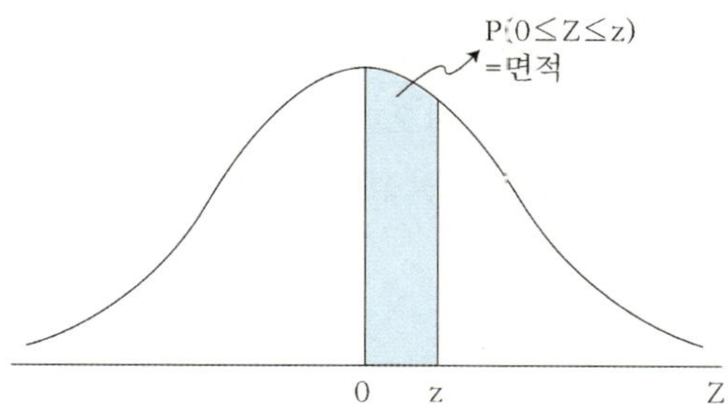

하나의 독립변수(판매량)가 불확실하고 독립변수가 정규분포를 이루는 경우에 정규분포의 특성을 이용하여 손익분기점이나 일정한 목표이익을 달성할 수 있는 확률을 구할 수 있다.

정규분포에서 일정한 목표이익을 달성할 확률을 구하는 절차는 다음과 같다.

① 연간 기대이익을 계산한다.

$$E(\pi) = (p-b) \times E(x) - a$$

② 연간 기대이익의 표준편차를 계산한다.

$\sigma(\pi) = (p-b) \times \sigma(x)$

③ 확률변수 x를 표준정규분포의 Z값으로 변환한다.

$$Z = \frac{x - E(x)}{\sigma(x)} = \frac{\pi - E(\pi)}{\sigma(\pi)}$$

④ 표준정규분포표를 이용하여 목표이익을 달성할 확률을 계산한다.

예 제 9 정규분포

(주)경기는 단위당 판매가격이 ₩100이고 단위당 변동비가 ₩50인 제품을 생산 · 판매하고 있다. 연간 고정비는 ₩40,000이다. 연간 기대판매량은 1,000단위이고 표준편차는 200단위이며 정규분포를 따른다. 관련 표준정규분포표는 다음과 같다.

z	P(0≤Z≤z)
0.5	0.1915
1	0.3413
2	0.4772

1. 연간 기대이익을 계산하시오.
2. 연간 기대이익의 표준편차를 구하시오.
3. 손익분기점을 초과할 확률을 구하시오.
4. 연간 ₩20,000 이상의 목표이익을 달성할 확률을 구하시오.

해답

1. 연간 기대이익 : $E(\pi)$

$E(\pi)$ = 단위당 공헌이익 × E(x) − 고정비
= ₩50 × 1,000단위 − ₩40,000
= ₩10,000

2. 연간 기대이익의 표준편차

$\sigma(\pi)$ = 단위당 공헌이익 × 판매량의 표준편차
= ₩50 × 200단위
= ₩10,000

3. 손익분기점을 초과할 확률 : $P(\pi \geq 0)$

$$Z = \frac{\pi - E(\pi)}{\sigma(\pi)} = \frac{0 - 10,000}{10,000} = -1$$

$$\begin{aligned} P(Z \geq -1) &= 0.5 + P(0 \leq Z \leq 1) \\ &= 0.5 + 0.3413 \\ &= 0.8413 \end{aligned}$$

■ **별해**

$\pi = 50x - 40,000$이므로 손익분기점을 초과하려면 $50x - 40,000 \geq 0$, $x \geq 800$단위이다. 따라서

$$\begin{aligned} p(x \geq 800\text{단위}) &= p(Z \geq \frac{800\text{단위} - 1,000\text{단위}}{200\text{단위}}) = p(Z \geq -1) \\ &= 0.5 + P(0 \leq Z \leq 1) \\ &= 0.5 + 0.3413 = 0.8413 \end{aligned}$$

4. 연간 ₩20,000 이상의 목표이익을 달성할 확률 : $p(\pi \geq ₩20,000)$

$$Z = \frac{(\pi) - E(\pi)}{\sigma(\pi)} = \frac{₩20,000 - ₩10,000}{₩10,000} = 1$$

$$\begin{aligned} P(Z \geq 1) &= 0.5 - P(0 \leq Z \leq 1) \\ &= 0.5 - 0.3413 = 0.1587 \end{aligned}$$

■ **별해**

$$\begin{aligned} p(\pi \geq ₩20,000) &= p(50x - 40,000 \geq 20,000) \\ &= p(x \geq 1,200\text{단위}) = p(Z \geq \frac{1,200\text{단위} - 1,000\text{단위}}{200\text{단위}}) \\ &= p(Z \geq 1) = 0.5 - p(0 \leq Z \leq 1) \\ &= 0.5 - 0.3413 = 0.1587 \end{aligned}$$

2. 의사결정수

CVP분석에 영향을 미치는 불확실한 변수가 둘 이상이고 그 불확실한 변수가 가질 수 있는 경우의 수가 소수인 경우에는 의사결정수(decision tree)를 이용하여 분석할 수 있다. 이 경우에는 불확실한 변수를 확률로 요약하여 불확실한 변수를 각각의 경우에 맞추어 가지치기를 하는 방식으로 표시하여 분석한다. 이 때 한 가지 유의할 사항은 의사결정수를 표시하는 본질적인 이유는 기대가치를 구하기 위한 것이 아니라 일정한 이익을 달성할 확률을 구하고자 하는데 있다. 왜냐하면 기대이익은 의사결정수 없이도 간단하게 계산할 수 있으며, 의사결정수에 의해 기대이익을 계산하면 지나치게 시간이 많이 걸려 비효율적이기 때문이다.

예 제 10 의사결정수

(주)제주의 제품에 대한 수요량, 단위당 공헌이익 및 고정비에 대한 확률은 다음과 같다.

수요량	확률	단위당 공헌이익	확률	고정비	확률
10,000단위	0.3	₩100	0.2	₩300,000	0.4
15,000	0.7	150	0.8	400,000	0.3
	1.0		1.0	500,000	0.3
					1.0

[요구사항]

1. 수요량이 10,000단위일 때 달성가능한 영업이익을 모두 계산하시오.
2. 영업이익이 ₩700,000일 확률을 계산하시오.
3. 기대영업이익을 계산하시오.

해답

1. 달성가능한 영업이익 : 수요량이 10,000단위인 경우

(1) 의사결정수

수요량	CM	TCM	고정비	영업이익	결합확률	예상이익
10,000(0.3)	100(0.2)	1,000,000	300,000(0.4)	700,000	0.024*	16,800
			400,000(0.3)	600,000	0.018	10,800
			500,000(0.3)	500,000	0.018	9,000
	150(0.8)	1,500,000	300,000(0.4)	1,200,000	0.096	115,200
			400,000(0.3)	1,100,000	0.072	79,200
			500,000(0.3)	1,000,000	0.072	72,000

* 0.3 × 0.2 × 0.4 = 0.024

(2) 달성가능한 영업이익

수요량이 10,000단위일 때 달성가능한 영업이익은 ₩700,000, ₩600,000, ₩500,000, ₩1,200,000, ₩1,100,000, ₩1,000,000 6가지(=2×3)가 있다.

2. 영업이익이 ₩700,000일 확률은 0.024(2.4%)이다.

3. 기대영업이익

총 경우의 수는 12가지(=2×2×3)이므로 의사결정수를 이용하여 12가지의 예상이익을 모두 합하여 기대영업이익을 구할 수 있다. 그러나 기대영업이익만 구하려면 다음과 같이 간단하게 구할 수 있다.

기대판매량	10,000개 × 0.3 + 15,000개 × 0.7 =	13,500개
단위당 기대공헌이익	100 × 0.2 + 150 × 0.8 =	₩140
기대공헌이익		₩1,890,000
기대고정비	300,000 × 0.4 + 400,000 × 0.3 + 500,000 × 0.3 =	390,000
기대영업이익		₩1,500,000

3. 민감도 분석

민감도분석이란 제품의 단위당 판매가격, 단위당 변동비, 고정비 및 판매량 등과 같은 매개변수가 불확실하고 CVP분석의 기본적인 가정이 성립되지 않는 경우에, 제변수들이 변할 때 영업이익이 어떻게 변할 것인가를 측정하기 위해 가장 보편적으로 사용되는 방법이다.

민감도분석의 예로서는 '조업도가 처음의 예측치와 차이가 있다면 영업이익은 어떻게 될 것인가?' 또는 '단위당 변동비가 10% 증가하면 영업이익은 어떻게 변화할 것인가?' 등을 들 수 있다. 민감도분석을 하게 되면 불확실성이 미치는 잠재적인 영향을 알려주므로 경영자에게 통찰력을 제공해 준다. 그러나 민감도분석은 여러 가지 상황이 발생할 때 확률을 고려하지 않으며, 독립변수들간의 상호작용을 무시한다는 단점이 있다.

예 제 11 민감도분석

(주)탐라는 단위당 판매가격이 ₩1,000이고 단위당 변동비가 ₩600인 제품을 생산·판매하고 있다. 20×1년도의 예상판매량은 500개이며 고정비는 ₩120,000이 될 것이다.

[요구사항]

예산자료 중 일부가 다음과 같이 변화한다고 가정할 때 변경 후의 영업이익을 각각 구하시오. 단, 각 문항은 서로 독립적이다.

1. 판매량이 10% 증가하는 경우
2. 단위당 변동비가 10% 감소하는 경우
3. 고정비가 20% 감소하는 경우
4. 단위당 변동비는 50% 감소하고 고정비는 10% 증가하는 경우
5. 판매가격이 20% 감소함에 따라 판매량은 10% 증가하고 고정비는 30% 증가하는 경우

해답

1. 550개 × (1,000−600) − 120,000 = ₩100,000
2. 500개 × (1,000−540) − 120,000 = ₩110,000
3. 500개 × (1,000−600) − 96,000 = ₩104,000
4. 500개 × (1,000−300) − 132,000 = ₩218,000
5. 550개 × (800−600) − 156,000 = (₩46,000)

연습문제

COST ACCOUNTING

문 1 기대가치기준과 완전정보의 기대가치

장충도시락은 도시락 전문업체로서 장충체육관 옆에서 영업을 하고 있다. 장충도시락의 주인은 며칠 후에 개최될 K2경기의 관객들에게 도시락을 판매할 예정이다. 도시락의 개당 변동비는 ₩2,600이며, 개당 판매가격은 ₩3,000이다. 그런데 장충도시락의 주인은 이익을 얻기 위해서는 정확한 수요예측이 매우 중요하다는 사실을 알고 있다. 왜냐하면 만약 팔리지 않고 남는 도시락이 있으면 이를 폐기처분해야 하기 때문이다. 장충도시락의 주인은 도시락에 예상수요량이 2,000개가 될 확률이 0.2, 3,500개가 될 확률이 0.5, 4,000개가 될 확률이 0.3이 될 것이라고 예상하고 있다.

[요구사항]

1. 조건부 성과표를 작성하시오.
2. 기대가치기준에 의하여 최적행동대안(최적생산량)을 선택하시오.
3. 장충도시락의 주인은 자신의 예측능력에는 한계가 있다는 것을 느끼고 쪽집게 도사에게 자문을 구하기로 하였다. 쪽집게 도사의 예측능력은 100% 완전하다고 가정하면, 장충도시락의 주인이 쪽집게 도사에게 지불할 수 있는 최대금액은 얼마인가?

해답

1. 조건부 성과표

	상 황		
행동대안(생산량)	S_1(2,000), 0.2	S_2(3,500), 0.5	S_3(4,000), 0.3
a_1 : 2,000개	800,000	800,000	800,000
a_2 : 3,500개	(3,100,000)*1	1,400,000	1,400,000
a_3 : 4,000개	(4,400,000)*2	100,000*3	1,600,000

*1 2,000개 × 3,000 − 3,500개 × 2,600 = ₩(3,100,000)
*2 2,000개 × 3,000 − 4,000개 × 2,600 = (4,400,000)
*3 3,500개 × 3,000 − 4,000개 × 2,600 = 100,000

2. 최적행동대안의 선택

(1) 각 대안의 기대이익

$E(a_1)$: 800,000 × 0.2 + 800,000 × 0.5 + 800,000 × 0.3 = 800,000

$E(a_2)$: (3,100,000) × 0.2 + 1,400,000 × 0.5 + 1,400,000 × 0.3 = 500,000

$E(a_3)$: (4,400,000) × 0.2 + 100,000 × 0.5 + 1,600,000 × 0.3 = (350,000)

(2) 최적행동대안 : 기대이익이 가장 큰 2,000개를 생산한다.

3. 완전정보의 기대가치(EVPI)

완전정보하의 기대가치	₩1,340,000*
기존정보하의 기대가치	(800,000)
완전정보의 기대가치(EVPI)	₩540,000

* 800,000 × 0.2 + 1,400,000 × 0.5 + 1,600,000 × 0.3 = ₩1,340,000

문 2 예측오차의 원가

(주)기념은 학교상징물을 청동으로 제작하여 판매하는 회사이다. 안암동에 있는 한국대학 학생회와 협의를 하여 대학축제기간동안 호랑이가 새겨진 기념품을 판매하려고 한다. 이 기념품의 제조단가와 판매단가 예상액은 각각 ₩100과 ₩150이다. 단, 제조단가나 판매단가나 생산량이나 판매량에 관계없이 일정하며, 제조공정의 특성상 필요량을 1회에 모두 생산하여야 한다.

축제기간동안에 판매하지 못한 기념품은 외부판매가 곤란하므로 고물상에 단위당 ₩10에 처분될 것으로 예상된다. 축제기간동안 기념품을 판매하는 권리를 얻는 대가로 학생회에 커피자판기 1대를 기부하여야 하는데 커피자판기의 구입가격은 ₩50,000이다. 수익성이 있다고 판단하여 계약을 하게 되면 커피자판기를 구입하여 즉시 설치해주어야 한다.

[요구사항]

다음 각 상황에서 예측오차의 원가를 계산하라.

1. 수요량을 2,000단위로 예측하고 2,000단위를 제조하였으나 실제수요량은 2,200단위였다.
2. 수요량을 2,000단위로 예측하고 2,000단위를 제조하였으나 실제수요량은 1,800단위였다.
3. 수요량을 2,000단위로 예측하고 2,000단위를 제조하였으나 실제수요량은 1,500단위였다.
4. 수요량을 800단위로 예측하고 계약을 포기하였는데 실제수요량은 1,200단위였다.
5. 수요량을 800단위로 예측하고 계약을 포기하였는데 실제수요량은 900단위였다.

해답

1.

최적의사결정의 성과		
2,200 × 150 − 2,200 × 100 − 50,000	=	₩60,000
실제의사결정의 성과		
2,000 × 150 − 2,000 × 100 − 50,000	=	50,000
예측오차의 원가		₩10,000

2.

최적의사결정의 성과		
$1,800 \times 150 - 1,800 \times 100 - 50,000$	=	₩40,000
실제의사결정의 성과		
$1,800 \times 150 - 2,000 \times 100 - 50,000 + 200 \times 10$	=	22,000
예측오차의 원가	=	₩18,000

3.

최적의사결정의 성과		
$1,500 \times 150 - 1,500 \times 100 - 50,000$	=	₩25,000
실제의사결정의 성과		
$1,500 \times 150 - 2,000 \times 100 - 50,000 + 500 \times 10$	=	(20,000)
예측오차의 원가		₩45,000

4.

최적의사결정의 성과	=	₩10,000
$1,200 \times 150 - 1,200 \times 100 - 50,000$		0*
실제의사결정의 성과		₩10,000
예측오차의 원가		

* $BEP(Q) = \dfrac{50,000}{150 - 100} = 1,000$단위

∴ 예상판매량이 1,000단위미만이면 계약을 하지 않는다.

5.

최적의사결정의 성과	0
실제의사결정의 성과	0
예측오차의 원가	0

문 3 최적구입량의 결정

새소식씨는 신문판매를 전업으로 하고 있다. 새벽에 신문보급소에 가서 당일 판매가능량을 구입하여 본인의 가판대에서 신문을 판매한다. 신문은 새벽에 한 번만 구입가능하며, 구입한 날에 판매하지 못한 신문은 재활용 물품을 수집하는 할아버지가 수거해 간다. 1부당 신문의 구입가격은 ₩200이고 판매가격은 ₩500이다. 신문보급소에서 신문을 구입할 때는 100부 단위로만 구입가능하다. 신문의 수요량(=판매량)은 당일의 기사내용이나 날씨 등에 따라 변화가 심하다. 하루의 수요예측과 확률은 다음과 같다.

수 요	확 률
100부	0.10
200부	0.25
300부	0.40
400부	0.25

[요구사항]

1. payoff Table(성과표)을 작성하시오.
2. 각 행동대안별로 기대이익을 계산하고 일일 최적구입 부수를 결정하시오.
3. 일일 수요량을 100% 정확히 예측할 수 있는 정보가 있다고 가정한다. 그 정보를 취득하는데 지불가능한 최대금액은 얼마인가?

해답

1.

	상 황			
행 동	S_1(100), 0.1	S_2(200), 0.25	S_3(300), 0.4	S_4(400), 0.25
a_1(100부)	30,000*1	30,000	30,000	30,000
a_2(200부)	10,000*2	60,000*3	60,000	60,000
a_3(300부)	(10,000)*4	40,000*5	90,000	90,000
a_4(400부)	(30,000)*6	20,000*7	70,000	120,000

*1 100 × 500 − 100 × 200 = 30,000

*2 100 × 500 − 200 × 200 = 10,000

*3 200 × 500 − 200 × 200 = 60,000

*4 100 × 500 − 300 × 200 = (10,000)

*5 200 × 500 − 300 × 200 = 40,000

*6 100 × 500 − 400 × 200 = (30,000)

*7 200 × 500 − 400 × 200 = 20,000

2. $E(a_1) = 30,000$

   $E(a_2) = 10,000 \times 0.1 + 60,000 \times (0.25+0.4+0.25) = 55,000$

   $E(a_3) = -10,000 \times 0.1 + 40,000 \times 0.25 + 90,000 \times (0.4+0.25) = 67,500$

   $E(a_4) = -30,000 \times 0.1 + 20,000 \times 0.25 + 70,000 \times 0.4 + 120,000 \times 0.25 = 60,000$

   ∴ 기대이익 극대화를 위해서는 300부를 구입하여야 한다.

3.

완전정보하의 기대가치 $30,000 \times 0.1 + 60,000 \times 0.25 + 90,000 \times 0.4 + 120,000 \times 0.25 =$	84,000
기존정보하의 기대가치	(67,500)
EVPI	16,500

문 4 EVPI, EVSI 및 예측오차의 원가

다음은 W회사의 신기계 구입의사결정과 관련된 자료이다.

- 의사결정기준 : 기대가치기준
- 대안 : a_1 = M_1 기계구입, a_2 = M_2 기계구입
- 영업이익 : M_1 기계를 구입할 경우 영업이익 = ₩20x − ₩15,000

  M_2 기계를 구입할 경우 영업이익 = ₩24x − ₩21,000(단, x=수요량)
- 사전확률

수요량	확 률
1,200개	0.4
2,000개	0.6
	1.0

[요구사항]

1. Payoff Table(성과표)을 작성하여 의사결정 하시오.
2. 기대가치기준에 의해 의사결정을 하였고, 실제수요량을 1,200개이었다. 이때 예측오차의 원가는?
3. 기대가치기준에 의해 의사결정을 하였고, 실제수요량은 2,000개이었다. 이때 예측오차의 원가는?
4. 완전정보의 기대가치(EVPI)를 구하시오.
5. 경영상담자 A씨의 비관적 보고서를 y_1, 낙관적 보고서를 y_2라고 할 때, 이 경영상담자의 예측은 80% 정확하다. 이때 이 정보를 구입하기 위하여 지불한 최대값은 얼마인가?
6. 비관적 보고서 y_1을 구입하기 위하여 지불할 최대값은 얼마인가?
7. 낙관적 보고서 y_2를 구입하기 위하여 지불할 최대값은 얼마인가?
8. 경영상담자 A씨의 예측이 50% 정확하다고 할 때 A씨의 정보를 구입하기 위하여 지불할 최대값은 얼마인가?

해답

1. 성과표

행동대안	상 황(수요량) S_1 = 1,200개, (0.4)	S_2 = 2,000개, (0.6)
M_1 구입(a_1)	₩9,000	₩25,000
M_2 구입(a_2)	₩7,800	₩27,000

$EV(a_1) = 9,000 \times 0.4 + 25,000 \times 0.6 = ₩18,600$

$EV(a_2) = 7,800 \times 0.4 + 27,000 \times 0.6 = ₩19,320$

∴ a_2대안이 a_1대안보다 기대값이 크므로 a_2대안(M_2 기계구입)을 선택한다.

2. 실제 선택한 대안은 a_2이다. 그러나 실제수요량이 1,200개이므로 이상적 의사결정은 a_1이다. 따라서 예측오차의 원가는 다음과 같다.

   예측오차의 원가 = 9,000 − 7,800 = ₩1,200

3. 실제수요량이 2,000개이므로 이상적인 의사결정은 a_2대안이다. 그런데 실제 의사결정도 a_2대안이므로 예측오차의 원가는 다음과 같이 없다.

   예측오차의 원가 = 27,000 − 27,000 = ₩0

4. EVPI = {(9,000×0.4) + (27,000×0.6)} − 19,320
   = ₩480

■ **별해**

EVPI를 다음과 같이 구할 수도 있다.

• 1법 : 조건부손실표 이용하는 방법

① 조건부손실표

대 안	상 황(수요량) S_1 = 1,200개, (0.4)	S_2 = 2,000개, (0.6)
M_1 구입(a_1)	−	2,000
M_2 구입(a_2)	1,200	−

② M_1의 기대기회손실 $0 \times 0.4 + 2,000 \times 0.6 = 1,200$

M_2의 기대기회손실 $1,200 \times 0.4 + 0 \times 0.6 = 480$

∴ EVPI = 480

• 2법 : 산식을 이용하는 방법

완전한 정보를 구입하기 위하여 지불할 최대값을 C라고 하면 다음과 같은 식이 성립한다.

$(9,000 - C) \times 0.4 + (27,000 - C) \times 0.6 = 19,320$

$9,000 \times 0.4 + 27,000 \times 0.6 - C = 19,320$

∴ C = 480

5. EVSI를 구하는 방법

(1) 결합확률표

보고서	상 황		P(Y_i)
	S_1 = 1,200개(0.4)	S_2 = 2,000개(0.6)	
Y_1(1,200)	0.8 × 0.4 = 0.32	0.2 × 0.6 = 0.12	0.44
Y_2(2,000)	0.2 × 0.4 = 0.08	0.8 × 0.6 = 0.48	0.56

(2) 사후확률표

보고서	상 황	
	S_1 = 1,200	S_2 = 2,000
Y_1(1,200)	32/44	12/44
Y_2(2,000)	8/56	48/56

(3) 각 보고서하에서 최적대안을 선택한다.

① signal이 y_1일 때

$$EV(a_1) = 9{,}000 \times \frac{32}{44} + 25{,}000 \times \frac{12}{44} = \frac{588{,}000}{44}\text{(선택)}$$

$$EV(a_2) = 7{,}800 \times \frac{32}{44} + 27{,}000 \times \frac{12}{44} = \frac{573{,}600}{44}$$

∴ a_1 선택, 따라서 기존대안과 다른 대안이 선택되었으므로 signal y_1은 가치가 있다.

② signal이 y_2일 때

$$EV(a_1) = 9{,}000 \times \frac{8}{56} + 25{,}000 \times \frac{48}{56} = \frac{1{,}272{,}000}{56}$$

$$EV(a_2) = 7{,}800 \times \frac{8}{56} + 27{,}000 \times \frac{48}{56} = \frac{1{,}358{,}400}{56}\text{(선택)}$$

∴ a_2 선택, 따라서 기존대안과 같은 a_2대안이 선택되었으므로 signal y_2는 가치가 없다.

③ EVSI를 구한다.

$$EVSI = \frac{588{,}000}{44} \times 0.44 + \frac{1{,}358{,}400}{56} \times 0.56 - 19{,}320 = ₩144$$

6. signal y_1의 기대가치 $= \left(\frac{588{,}000}{44} - \frac{573{,}600}{44}\right) \times 0.44 =$ ₩144(5참조)

해설

signal의 기대가치

= (각 signal하에서 선택된 대안의 기댓값 − 각 signal하에서 기존대안의 기댓값) × P(signal)

7. signal y_2의 기대가치 $= \left(\frac{1,358,400}{56} - \frac{1,358,400}{56} \right) \times 0.56 =$ ₩0(5참조)

8. A씨의 예측이 50% 정확하므로 사후확률이 사전확률과 동일하게 나온다. 따라서 A씨의 정보취득으로 인하여 어떠한 이익도 보지 못하므로 지불할 최대값은 0이다.

문 5 불확실성하의 의사결정 종합

(주)태종의 최고경영자인 신바람씨는 새로 기획한 제품을 생산할 기계장치를 구입하려고 한다. 관련 자료는 다음과 같다.

	A기계	B기계
단위당 가격	₩40	₩40
단위당 변동비	25	30
총고정비	3,000	1,000

미래에 나타날 상황은 불경기와 호경기인데 불경기에는 연간 수요가 300단위, 호경기에는 연간 수요가 500단위가 될 것으로 예측하고 있다. 또한 이 회사는 불경기가 나타날 확률을 40%, 호경기가 나타날 확률을 60%로 추정하고 있다.

[요구사항]

1. 기대영업이익을 기준으로 최적행동대안을 선택하시오.
2. 기대영업이익을 기준으로 최적행동대안을 선택하였으며, 실제수요량이 다음과 같다면 예측오차의 원가는 각각 얼마인가?
   (1) 실제수요량이 300단위인 경우
   (2) 실제수요량이 500단위인 경우
3. 완전정보의 기대가치(EVPI)를 계산하시오.
4. (주)태종의 최고경영자는 제품의 수요량에 대한 정보를 얻기 위하여 전문가에게 자문을 구하려 한다. 그러나 이 전문가의 정보는 완전하지 않기 때문에 실제로 제품수요량이 300단위일 때 70%의 확률로 정확한 예측을 하고, 제품수요량이 500단위일 때 80%의 확률로 정확한 예측을 한다. 불완전정보의 기대가치(EVSI)를 계산하시오.
5. 위 요구사항과 별도로 (주)태종의 최고경영자의 효용함수가 다음과 같은 경우 최적행동대안을 선택하시오.
   $U(X) = \sqrt{X}$ (단, X는 영업이익)
6. 요구사항5와 같은 상황에서 완전하게 수요를 예측할 수 있는 전문가의 자문료가 ₩220이라면 자문을 받을 것인가? 계산근거를 보이시오.

해답

A기계의 영업이익 = 15Q − 3,000
B기계의 영업이익 = 10Q − 1,000

1.

상황(수요량)

행 동	S_1 = 300(0.4)	S_2 = 500(0.6)
A기계	₩1,500*1	₩4,500
B기계	2,000*2	4,000

*1 15 × 300 − 3,000 = 1,500
*2 10 × 300 − 1,000 = 2,000

EV(A) = 1,500 × 0.4 + 4,500 × 0.6 = ₩3,300
EV(B) = 2,000 × 0.4 + 4,000 × 0.6 = ₩3,200
∴ A기계를 구입한다.

2. (1) 수요량이 300단위인 상황에서는 B기계가 최적대안이므로 A기계를 구입한 경우의 예측오차의 원가는 ₩500이다.
(2) 수요량이 500단위인 상황에서는 A기계가 최적대안이므로 예측오차의 원가는 ₩0이다.

3. EVPI = {(2,000×0.4)+(4,500×0.6)} − 3,300 = ₩200

4.

상 황

signal	S_1 = 300(0.4)	S_2 = 500(0.6)	P(signal)
Y_1(300)	0.7 × 0.4 = 0.28	0.2 × 0.6 = 0.12	$P(Y_1)$ = 0.28 + 0.12 = 0.40
Y_2(500)	0.3 × 0.4 = 0.12	0.8 × 0.6 = 0.48	$P(Y_2)$ = 0.12 + 0.48 = 0.60

① signal(Y_1)일 때

0.4과 0.6이라는 사전확률은 $\frac{28}{40}$ = 0.7와 $\frac{12}{40}$ = 0.3이라는 사후확률로 바뀌었다.

EV(A기계) = 1,500 × 0.7 + 4,500 × 0.3 = 2,400
EV(B기계) = 2,000 × 0.7 + 4,000 × 0.3 = 2,600(선택)

② signal(Y_2)일 때

0.4과 0.6이라는 사전확률은 $\frac{12}{60}$ = 0.2과 $\frac{48}{60}$ = 0.8이라는 사후확률로 바뀌었다.

EV(A기계) = 1,500 × 0.2 + 4,500 × 0.8 = 3,900(선택)

EV(B기계) = 2,000 × 0.2 + 4,000 × 0.8 = 3,600

③ EVSI = {(2,600×0.4+3,900×0.6)} − 3,300 = ₩80

5. 기대효용

EU(A) = $\sqrt{1,500}$ × 0.4 + $\sqrt{4,500}$ × 0.6 = 55.74

EU(B) = $\sqrt{2,000}$ × 0.4 + $\sqrt{4,000}$ × 0.6 = 55.84

∴ B기계를 구입한다.

6. 자문료에 대한 의사결정

(1) 자문을 받는 경우의 기대효용

= $\sqrt{(2,000-220)}$ × 0.4 + $\sqrt{(4,500-220)}$ × 0.6 = 56.13

(2) ₩220의 자문료를 지급하고 자문을 받는 경우의 기대효용(56.13)이 기존정보하에서의 기대효용(55.84)보다 크므로 자문을 받는다.

문 6 기대영업이익

W회사는 단일제품을 생산하는 회사로 표준변동원가계산을 하고 있는데, 20×2년의 기대이익을 계산하고자 한다. 20×1년의 이익은 다음과 같다.

매 출 수 익	20,000단위 × 25 =	₩500,000
변 동 비	20,000단위 × 15 =	300,000
공 헌 이 익		200,000
고 정 비		160,000
영 업 이 익		₩40,000

20×2년의 단위당 변동비는 20×1년보다 10% 증가하고, 고정비는 ₩15,000 증가되며 판매가격은 8% 인상될 것으로 예상된다. 다음 표는 매출수량 증가와 관련된 확률이다.

매출수량 증가율	확 률
10%	0.4
5%	0.4
0%	0.2
	1.0

[요구사항]

확률적 매출수량에 따라 20×2년의 기대영업이익을 계산하시오.

해답

(1) 매출수량의 기대증가율 : 10% × 0.4 + 5% × 0.4 + 0% × 0.2 = 6%

(2) 20×2년의 기대매출수량 : 20,000단위 × 106% = 21,200단위

(3) 기대영업이익

기대매출액	21,200단위 × 25 × 108% =	₩572,400
기대변동비	21,200단위 × 15 × 110% =	349,800
기대고정비	160,000 + 150,000 =	175,000
기대영업이익		₩47,600

해설

기대매출수량은 다음과 같이 구할 수도 있다.

판매수량	확 률
20,000 × 1.10 = 22,000	0.4
20,000 × 1.05 = 21,000	0.4
20,000 × 1.00 = 20,000	0.2

기대매출수량 = 22,000단위 × 0.4 + 21,000단위 × 0.4 + 20,000단위 × 0.2
= 21,200단위

문 7 불확실성하의 CVP분석 - 균등분포

(주)서울은 단위당 변동비가 ₩50이고 연간 총고정비는 ₩200,000인 제품을 생산, 판매하고자 한다. 판매가격 결정을 위한 시장조사결과는 다음과 같다.

① 단위당 판매가격을 ₩100으로 설정한다면 연간 총매출액의 확률분포는 ₩300,000에서 ₩600,000 사이에서 균등할 것이다.

② 단위당 판매가격으로 ₩80으로 설정한다면 연간 총매출액의 확률분포는 ₩400,000에서 ₩900,000 사이에서 균등할 것이다.

[요구사항]

1. 단위당 판매가격이 ₩100일 때 최소한 손익분기점에 도달할 확률은 얼마인가?
2. 단위당 판매가격이 ₩80일 때 최소한 손익분기점에 도달할 확률은 얼마인가?

3. 회사가 손익분기점 또는 그 이상의 이익이 발생할 확률을 극대화하기 위해서 단위당 판매가격을 얼마로 결정하여야 하는가?
4. 회사가 기대이익을 극대화하기 위해서는 단위당 판매가가격을 얼마로 결정하여야 하는가?

해답

1.

$$단위당\ 공헌이익률 = \frac{100 - 50}{100} = 0.5$$

$$손익분기점\ 매출액 = \frac{200,000}{0.5} = ₩400,000$$

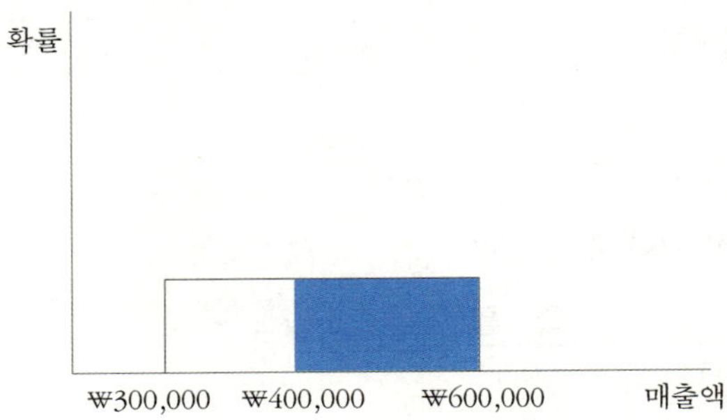

$$\therefore \frac{600,000 - 400,000}{600,000 - 300,000} ≒ 66.7\%$$

■ 별해

가격이 ₩100일 때, 매출액의 범위가 ₩300,000에서 ₩600,000이므로 매출수량의 범위는 3,000단위에서 6,000단위이다.

$$손익분기점\ 매출수량 = \frac{200,000}{50} = 4,000개$$

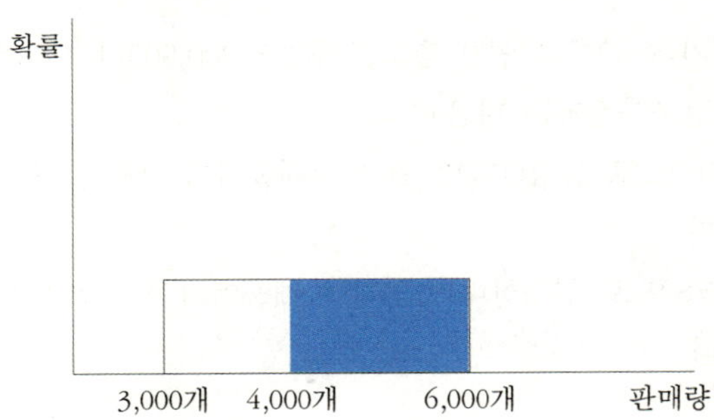

$$\therefore \frac{6,000 - 4,000}{6,000 - 3,000} = 66.7\%$$

2.

$$\text{단위당 공헌이익률} = \frac{80 - 50}{80} = 0.375$$

$$\text{손익분기점 매출액} = \frac{200,000}{0.375} = ₩533,333$$

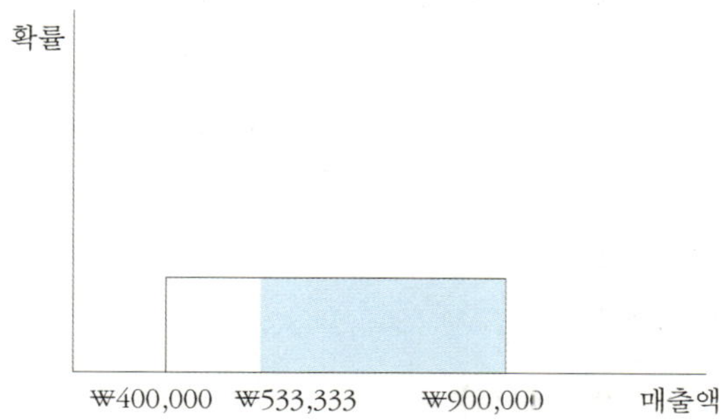

$$\therefore \ \frac{900,000 - 533,333}{900,000 - 400,000} \fallingdotseq 73.3\%$$

3. 단위당 판매가격을 ₩80으로 결정하는 경우에 이익이 발생할 확률(73.3%)이 더 높으므로 단위당 판매가격을 ₩80으로 결정한다.

4.

$$\text{단위당 ₩100일 때 기대이익} = \frac{300,000 + 600,000}{2} \times C.5 - 200,000 = ₩25,000$$

$$\text{단위당 ₩80일 때 기대이익} = \frac{400,000 + 900,000}{2} \times 0.375 - 200,000 = ₩43,750$$

∴ 판매가격을 단위당 ₩80으로 결정한다.

문 8 불확실성하의 CVP분석 : Z값 이용

W회사는 최신형 컴퓨터 A형과 B형을 제조·판매하고 있다. 단위당 판매가격은 A형이 ₩15이고 B형은 ₩20이다. 단위당 변동비는 A형이 ₩10이고 B형은 ₩12이다. 고정비는 두 제품 모두 ₩400,000이다. A형의 평균판매량은 90,000단위이고 B형의 평균판매량은 80,000단위이며 정규분포를 이룬다. 그리고 A형의 판매량에 대한 표준편차는 5,000단위이고 B형의 판매량에 대한 표준편차는 20,000단위이다.

[요구사항]

1. 이 회사는 손실이 조금이라도 발생하는 것을 원하지 않는다. 회사가 손실이 나지 않을 확률이 큰 제품을 제조 · 판매하고자 한다면 어느 제품을 선택할 것인가?
2. 이 회사는 손실이 ₩100,000 이상 발생해서는 안 된다. 그러므로 이 회사는 손실이 ₩100,000 이상 발생하지 않을 확률이 큰 제품을 우선적으로 제조 · 판매하고자 한다면 어느 제품을 제조 · 판매하여야 하는가?

해답

1. 손실이 발생하지 않을 확률이 큰 제품

(1) 각 제품의 손익분기점 판매량

$$BEP_Q(A) = \frac{400,000}{15 - 10} = 80,000\text{단위}$$

$$BEP_Q(B) = \frac{400,000}{20 - 12} = 50,000\text{단위}$$

(2) 표준정규분포의 Z값 계산

$$Z_A = \frac{80,000\text{단위} - 90,000\text{단위}}{5,000\text{단위}} = -2 \qquad \therefore P(Z_A \geq -2)$$

$$Z_B = \frac{50,000\text{단위} - 80,000\text{단위}}{20,000\text{단위}} = -1.5 \qquad \therefore P(Z_B \geq -1.5)$$

(3) 손실이 발생하지 않을 확률이 큰 제품

$P(Z_A \geq -2) > P(Z_B \geq -1.5)$이므로 A형을 제조하여 판매한다.

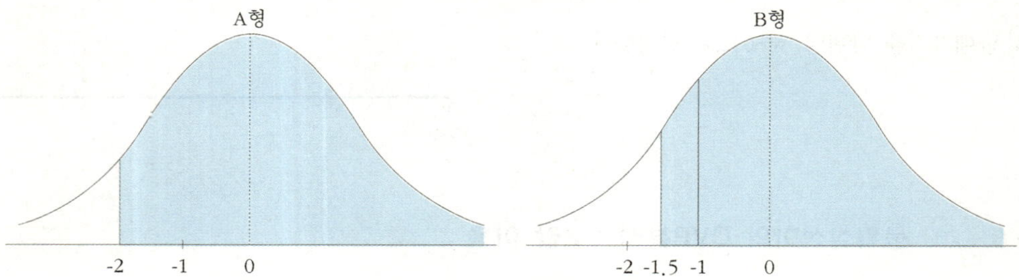

2. 손실이 ₩100,000 이상 발생하지 않을 확률이 큰 제품

(1) 손실이 ₩100,000 발생할 때의 판매량

$$BEP_Q(A) = \frac{₩300,000}{15 - 10} = 60,000\text{단위}$$

$$BEP_Q(B) = \frac{₩300,000}{20 - 12} = 37,500\text{단위}$$

(2) 표준정규분포의 Z값 계산

$$Z_A = \frac{60,000 - 90,000}{5,000} = -6 \qquad \therefore P(Z_A \geq -6)$$

$$Z_B = \frac{37,500 - 80,000}{20,000} = -2.125 \qquad \therefore P(Z_B \geq -2.125)$$

(3) 손실이 발생하지 않을 확률이 큰 제품

$P(Z_A \geq -6) > P(Z_B \geq -2.125)$이므로 A형을 제조하여 판매한다.

해설

손실이 ₩100,000 발생한다는 것은 공헌이익으로 고정비를 회수하는 데 ₩100,000이 부족하다는 의미이므로, 제품 판매로 인한 공헌이익은 ₩300,000이 될 것이다.

문 9 불확실성하의 의사결정 종합

㈜태종은 20×4년에 신상품 개발에 성공하였다. 20×5년부터 신상품을 생산하여 판매할 것을 검토하고 있다. 신상품의 단위당 판매가격은 ₩100, 단위당 변동비는 ₩60, 연간 고정비는 ₩600,000으로 예측된다. 손실이 예상되면 생산을 포기할 수 있으며 이 경우 연간 고정비는 전액 회피가능하다.

[요구사항]

다음 물음은 특별한 가정이 없는 한 각각 독립적이다.

1. 다음 각 상황별로 예측오차의 원가를 산정하시오. 다만, 신상품 생산과정상의 특성으로 인하여 예측수량 전체를 연초에 일괄(1회에 한함)하여 생산하여야 하며 당기 중에 판매되지 않는 수량은 단위당 ₩8을 투입하여 폐기처분하여야 한다.

〈상황1〉

20×5년의 판매수량이 20,000개가 될 것으로 예상하고 20,000개를 생산하였는데 실제 수요량은 22,000개였다. 기타 자료 및 예측은 정확했다.

〈상황2〉

20×5년의 판매수량이 20,000개가 될 것으로 예상하고 20,000개를 생산하였는데 실제 수요량은 19,000개였다. 기타 자료 및 예측은 정확했다.

〈상황3〉

20×5년의 판매수량이 18,000개가 될 것으로 예상하고 18,000개를 생산하였는데 실제 수요량은 16,000개였다. 기타 자료 및 예측은 정확했다.

〈상황4〉

20×5년의 판매수량이 16,000개가 될 것으로 예상하고 16,000개를 생산하였는데 실제 수요량은 17,000개였다. 그리고 실제 단위당 변동비는 ₩65이었다. 기타 자료 및 예측은 정확했다.

2. 20×5년의 판매수량은 다음과 같은 이산확률분포가 될 것으로 예상된다.

판매수량	10,000개	15,000개	18,000개	22,000개	25,000개
확　률	10%	15%	38%	20%	17%

(1) 기대이익은 얼마인가?

(2) ₩250,000이상의 영업이익을 얻을 확률은 얼마인가?

3. 20×5년의 판매수량은 10,000개에서 30,000개 사이에서 균등확률분포가 될 것으로 예상된다. 최소한 손익분기점에 도달할 확률은 얼마인가?

4. 기본자료와 달리 20×5년의 판매수량은 판매가격과 무관하게 20,000개로 예상된다. 다만 동 신상품에 대하여는 정부에서 가격을 일방적으로 규제할 것으로 보인다. 정부에서 결정할 판매가격은 ₩70에서 ₩120 사이일 것으로 예상되며 그 범위에서는 모든 가격이 결정될 확률은 균등하다. 이와 같은 상황에서 20×5년에 ㈜태종이 이익을 얻을 확률은 얼마인가?

5. 기본자료에 추가하여 20×5년의 기대판매량은 17,000개이고 표준편차는 2,000개이며 정규분포를 따른다고 가정한다. 표준정규분포표는 다음과 같다.

z	0.5	1	2
$P(0 \leq Z \leq z)$	0.192	0.341	0.477

(1) 20×5년에 이익을 얻을 확률은 얼마인가?

(2) 20×5년에 ₩120,000 이상의 이익을 얻을 확률은 얼마인가?

해답

• 자료정리

p = ₩100,　　b = ₩60,　　cm = ₩40,　　a = ₩600,000

1. 예측오차의 원가

최적 의사결정의 성과는 사후적으로 모든 정보를 정확히 알았을 경우의 성과이다.

실제 의사결정의 성과는 사전 예측에 의하여 수행한 행동에 대한 실제결과이다.

〈상황1〉

최적 DM의 성과	22,000 × 100 − 22,000 × 60 − 600,000	=	280,000
실제 DM의 성과	20,000 × 100 − 20,000 × 60 − 600,000	=	200,000
예측오차의 원가			80,000

〈상황2〉

최적 DM의 성과	19,000 × 100 − 19,000 × 60 − 600,000	=	160,000
실제 DM의 성과	19,000 × 100 − 20,000 × 60 − 1,000 × 8 − 600,000	=	92,000
예측오차의 원가			68,000

〈상황3〉

최적 DM의 성과	16,000 × 100 − 16,000 × 60 − 600,000	=	40,000
실제 DM의 성과	16,000 × 100 − 18,000 × 60 − 2,000 × 8 − 600,000	=	(96,000)
예측오차의 원가			136,000

〈상황4〉

최적 DM의 성과			0*
실제 DM의 성과	16,000 × 100 − 16,000 × 65 − 600,000	=	(40,000)
예측오차의 원가			40,000

* 17,000×100 − 17,000 × 65 − 600,000 = −5,000

☞ 처음부터 판매량이 17,000개이고 단위당 변동비가 ₩65일 것을 정확히 예측했다면 손실 ₩5,000을 예측했을 것이므로 신상품을 생산하지 않았을 것이다.

2. 이산확률분포

(1) 기대판매수량

10,000 × 0.1 + 15,000 × 0.15 + 18,000 × 0.38 + 22,000 × 0.20 + 25,000 × 0.17

= 18,740개

∴ 기대이익 : 18,740 × 40 − 600,000 = 149,600

(2) 영업이익이 ₩250,000일 판매수량(Q)

40 × Q − 600,000 = 250,000 ∴ Q = 21,250개

∴ 영업이익 ₩250,000이상일 확률 : 20% + 17% = 37%

☞ 즉, 21,250개이상 판매될 확률을 물어보는 문제이다.

3. 균등확률분포

손익분기점 판매수량(Q) : 40×Q − 600,000 = 0　　∴ Q = 15,000개

최소한 손익분기점에 도달할 확률 : $\frac{30,000 - 15,000}{30,000 - 10,000} = 75\%$

☞ 전체 범위에서 원하는 구간이 차지하는 비율이 확률이다. 최소한 손익분기점에 도달할 확률은 손익분기점 이상일 확률을 의미한다.

4. 균등확률분포

손익분기점 판매가격(P) : (P−60) × 20,000 − 600,000 = 0　　∴ P = ₩90

이익이 발생할 확률 : $\frac{120 - 90}{120 - 70} = 60\%$

5. 정규분포

(1) 손익분기점 판매량 : 40Q − 600,000 = 0　　∴ Q = 15,000개

$$Z \geq \frac{\text{손익분기점판매수량} - \text{기대판매수량}}{\text{수량의 표준편차}} = \frac{15,000 - 17,000}{2,000} = -1$$

∴ 0.341 + 0.5 = 84.1%

(2) 이익이 ₩120,000일 판매량 : 40Q − 600,000 = 120,000　∴ Q = 18,000개

$$Z \geq \frac{\text{목표이익판매수량} - \text{기대판매수량}}{\text{수량의 표준편차}} = \frac{18,000 - 17,000}{2,000} = 0.5$$

∴ 0.5 − 0.192 = 30.8%

문 10 차이조사결정(1)

W회사의 제조공정은 자동화되어 있다. 이 회사의 김사장은 제조공정이 잘 통제된 상태에 있을 확률을 80%로 보고 있다. 이 회사의 김사장은 공장장으로부터 다음과 같은 보고를 받았다.
"제조공정을 조사하는데 ₩4,000이 발생한다. 만일 공정이 비정상적인 상태에 있을 때 이를 수정하기 위한 수정비용은 ₩6,000이 발생하며 수정하지 않을 때 발생하는 손실(기회비용)은 ₩20,000이다."

[요구사항]

1. 차이조사에 대한 의사결정을 하시오.
2. 조사를 하는 것이 유리하기 위해서는 공정이 정상상태에 있을 확률이 얼마 이하이어야 하는가?
3. 조사여부가 무차별하기 위해서는 비정상적인 상태를 수정하지 않았을 경우에 발생하는 손실이 얼마이어야 하는가? 단, 다른 조건은 동일하다.
4. 공정의 통제 상태(정상, 비정상)에 대하여 완전한 정보를 제공할 수 있는 공정 전문가가 있다면 지불할 수 있는 최대금액은 얼마인가?

해답

1.

행 동	상 태	
	정상 (0.8)	비정상 (0.2)
A_1(조 사)	4,000	4,000 + 6,000
A_2(비조사)	−	20,000

조사할 경우 기대비용 : 4,000 × 0.8 + 10,000 × 0.2 = ₩5,200

조사안 할 경우 기대비용 : 0 × 0.8 + 20,000 × 0.2 = ₩4,000

∴ 조사하지 않는 것이 ₩1,200만큼 유리하다.

2. 조사할 경우 기대비용 : 4,000 × P + 1,000(1−P) = 10,000 − 6,000P

조사안 할 경우 기대비용 : 0 × P + 20,000 × (1−P) = 20,000 − 20,000P

∴ 10,000−6,000P ≤ 20,000−20,000P

14,000P ≤ 10,000

∴ P ≤ 71.4%

3. 조사할 경우 기대비용 : 4,000 × 0.8 + 10,000 × 0.2 = 5,200

조사안 할 경우 기대비용 : 0 × 0.8 + L × 0.2 = 0.2L

∴ 5,200 = 0.2L

∴ L = ₩26,000

4.

완전정보하의 기대가치	0 × 0.8 + 10,000 × 0.2 =	₩2,000
기존정보하의 기대가치		4,000
완전정보의 기대가치		₩2,000

해설

이 문제는 비용 최소화의 문제이다. 따라서 완전정보를 사용하는 경우 비용을 ₩2,000만큼 절감할 수 있으므로 완전정보의 값어치는 ₩2,000이다.

문 11 차이조사결정(2)

서울회사는 자동화된 설비로 빈 병을 세척하는 회사이다. 설비가 적절히 통제되고 있는 경우에는 세척되는 병의 평균파손율이 3%이고, 적절히 통제되고 있지 않는 경우에는 평균파손율이 5%이다. 이 설비는 매일 오후에 빈 병 200,000개를 세척하고 있으며, 빈 병의 원가는 단위당 ₩7이다. 설비의 관리자는 매일 정오에 오전의 파손율을 파악한 다음 오후 작업전에 설비에 대하여 조사할 것인지를 결정한다. 만약 설비를 조사하게 되면 조사비용이 ₩6,000 소요되며, 조사결과 설비가 적절히 통제되지 않는 것으로 확인되면 ₩4,000의 교정비용을 들여 즉시 교정한다.
경험에 의하면 어느 날 정오에 이 설비가 통제상태에 있을 확률은 70%이며, 각 상황에서 파손율의 확률분포는 다음과 같다.

통제상태		비통제상태	
파손율	확 률	파손율	확 률
4.0%	0.15	6.5%	0.10
3.5	0.20	6.0	0.25
3.0	0.30	5.0	0.30
2.5	0.20	4.0	0.25
2.0	0.15	3.5	0.10

[요구사항]

1. 관리자가 매일 정오에 오전의 파손율을 측정한 후 설비가 통제상태일 확률이 얼마 미만이면 조사를 실시하여야 하는가?
2. 오전의 파손율을 측정한 결과 3.5%였다. 설비가 통제상태에 있을 확률은 얼마인가? 이 때 조사를 실시하여야 하는가?
3. 요구사항2의 결과를 수정된 사전확률로 받아들이는 경우 다음 표본의 파손율이 4.0%라면 조사를 실시하여야 하는가?

해답

1.

행 동	상태: 정상 (P)	상태: 비정상 (1−P)
A_1(조 사)	6,000	6,000 + 4,000
A_2(비조사)	−	28,000*

* 정상일 때 파손비용	= 200,000 × 0.03 × 7 =	₩42,000
비정상일 때 파손비용	= 200,000 × 0.05 × 7 =	70,000
기회비용		₩28,000

조사할 경우 기대비용 : 6,000×P + 10,000×(1−P) = 10,000 − 4,000P

조사안 할 경우 기대비용 : 0×P + 28,000×(1−P) = 28,000 − 28,000P

∴ 10,000−4,000P < 28,000−28,000P

24,000P 〈 18,000

∴ P 〈 75%

2.

보고서	상황: S_1 = 정상, (0.7)	상황: S_2 = 비정상, (0.3)	$P(Y_i)$
Y_1(3.5%)	0.2 × 0.7 = 0.14	0.1 × 0.3 = 0.03	$P(Y_1)$ = 0.14 + 0.03 = 0.17

∴ 정상일 확률 $= \frac{0.14}{0.17} \fallingdotseq 82.4\%$

∴ 정상일 확률이 75%보다 크므로 조사하지 않는다.

3.

보고서	상황: S_1 = 정상, (0.824)	상황: S_2 = 비정상, (0.176)	$P(Y_i)$
Y_2(4%)	0.15 × 0.824 = 0.1236	0.25 × 0.176 = 0.044	$P(Y_2)$ = 0.1236 + 0.044 = 0.1676

∴ 정상일 확률 $= \frac{0.1236}{0.1676} \fallingdotseq 73.7\%$

∴ 정상일 확률이 75%보다 낮으므로 조사한다.

문 12 객관식 기출문제

1. 다음은 ㈜신혜의 매출관련 예상 자료이다.

매출액	₩240,000
총변동비	₩35,000
총고정비	₩40,000
판매량	3,000단위

추가판촉행사에 ₩10,000을 투입한다면, 예상 판매량이 400단위 증가할 확률이 60%, 200단위 증가할 확률이 40%이다. 이 판촉행사를 실시하면 영업이익의 기대치가 어떻게 변하는가?

2. ㈜정선은 갑회사로부터 유휴설비를 1년간 임대해 달라는 요청을 받았다. ㈜정선은 설비 임대료와 관련하여 다음과 같이 두 가지 대안을 제시받았다.
   - 대안 1 : 갑회사의 연간 제품판매량 × ₩40 + ₩50,000
   - 대안 2 : 갑회사의 연간 제품판매량 × ₩70

갑회사의 1년간 판매량이 1,000단위일 확률은 40%이며, 2,000단위일 확률은 60%라고 한다. ㈜정선의 입장에서 기대이익을 극대화하려면 어느 대안을 선택해야 하며, 그 기대임대료는 얼마인가?

3. ㈜은미는 한국시리즈가 진행되는 야구장에서 김밥을 판매하려고 한다. 김밥의 단위당 제조원가는 ₩400이며, 판매가격은 ₩1,000이다. 야구는 야간경기이기 때문에 야구장에서 팔고 남은 김밥은 쉬게 되어 폐기처분해야 하며, 미리 만들어 간 김밥이 다 팔린 후에는 추가로 김밥을 만들어 팔 수 없다. ㈜은미가 예상한 김밥의 판매량은 다음과 같다.

판매량	2,500개	3,000개	3,500개
확 률	0.4	0.3	0.3

김밥의 판매량에 관하여 완전한 예측을 해주는 완전정보시스템이 있다면 그러한 완전정보의 기대가치는 얼마인가?

4. A부문의 공정조사비용은 ₩50,000이고 비정상일 때 교정비용은 ₩75,000이다. 교정을 하지 않으면 ₩200,000의 손실이 발생한다. 조사하는 것이 유리하도록 하기 위해서는 공정이 정상일 확률은 몇 %이하인가?

5. ㈜경애가 개발하고 있는 신제품의 판매가격은 단위당 ₩800, 변동제조비는 단위당 ₩550, 신제품 관련 20×1년 고정제조간접비는 ₩5,000,000으로 예상된다. 신제품의 20×1년중 예상판매량은 다음과 같은 확률분포를 이룰 것으로 기대하고 있다.

판매량	10,000이상	15,000이상	20,000이상	30,000이상	40,000이상
확률	0.10	0.25	0.35	0.20	0.10

신제품의 생산 및 판매와 관련하여 한성회사가 20×1년중 이익을 보고하게 될 확률은?

6. ㈜영선은 A제품을 생산하려 한다. A제품의 예상 생산•판매량은 200단위, 단위당 변동원가는 ₩20이며, 총고정원가는 ₩16,000이이다. A제품의 단위당 예상 판매가격 범위는 ₩50~₩150이며, 예상범위 내에서 균일분포(uniform distribution)로 발생한다. A제품에서 이익이 발생할 확률은 얼마인가?

7. ㈜태종은 단위당 판매가격이 ₩100이고 단위당 변동비가 ₩50인 제품을 생산 · 판매하고 있다. 연간 고정비는 ₩40,000이다. 연간 기대판매량은 1,000단위이고 표준편차는 200단위이며 정규분포를 따른다. 관련 표준정규분포표는 다음과 같다.

z	P(0≤Z≤z)
0.5	0.1915
1	0.3413
2	0.4772

연간 ₩20,000 이상의 목표이익을 달성할 확률은 얼마인가?

해답

1.

- 단위당 공헌이익 : (240,000−135,000) ÷ 3,000 = 35
- 예상판매량의 기대증가량 : 400 × 0.6 + 200 × 0.4 = 320
- 영업이익의 증가 : 35 × 320 − 10,000 = 1,200증가

2.

• 성과표

대 안	상 태	
	S_1(1,000개)(0.4)	S_2(2,000개)(0.6)
대안1	90,000	130,000
대안2	70,000	140,000

• 기대이익

대안1 : 90,000 × 0.4 + 130,000 × 0.6 = 114,000(○)

대안2 : 70,000 × 0.4 + 140,000 × 0.6 = 112,000

3.

• 정상판매분 단위당 이익 : 1,000 − 400 = 600

폐기분 단위당 이익 : (−)400

• 성과표

	2,500개(0.4)	3,000개(0.3)	3,500개(0.3)	기대가치	
2,500개	₩1,500,000	₩1,500,000	₩1,500,000	₩1,500,000	
3,000개	1,300,000	1,800,000	1,800,000	1,600,000	←최적
3,500개	1,100,000	1,600,000	2,100,000	1,550,000	

• 완전정보하의 기대성과

1,500,000 × 0.4 + 1,800,000 × 0.3 + 2,100,000 × 0.3 = 1,770,000

• EVPI : 1,770,000 − 1,600,000 = 170,000

4.

	정상(P)	비정상(1−P)
조 사	50,000	125,000
비조사	0	200,000

50,000P + 125,000(1−P) ≤ 200,000(1−P)

∴ P ≤ 60%

5.

- BEP 판매량 $= \dfrac{5{,}000{,}000}{800 - 550} = 20{,}000$
- 이익이 발생할 확률 : $0.35 + 0.20 + 0.10 = 0.65$

  ☞ 이익을 보고할 확률은 판매량이 손익분기점보다 클 확률을 의미하며, 이는 확률분포에서 판매량이 손익분기점 판매량 20,000개보다 큰 경우를 의미한다.

6.

- 이익 $= 200 \times (P-20) - 16{,}000 > 0 \therefore P >$ ₩100
- ₩50~150사이의 균일분포에서 P > ₩100 일 확률은 50% $\left(\dfrac{150 - 100}{150 - 50}\right)$

7.

- $E(\pi) = (p-b) \times E(x) - a = 50 \times 1{,}000 - 40{,}000 = 10{,}000$
- $\sigma(\pi) = (p-b) \times \sigma(x) = 50 \times 200 = 10{,}000$
- $Z = \dfrac{x - E(x)}{\sigma(x)} = \dfrac{\pi - E(\pi)}{\sigma(\pi)} = \dfrac{20{,}000 - 10{,}000}{10{,}000} = 1$
- 확률 $= 0.5 - 0.3413 = 0.1587$

PART

09 종합예산

제9장

종합예산

제 1 절 서 론

1. 예산의 의의

기업은 성공적인 경영활동을 수행하기 위하여 계획을 수립한다. 계획을 수립하게 되면 계획수립 과정을 통하여 의견이 수렴되고 목표가 설정되며, 목표와 실제성과를 비교하여 경영활동을 통제할 수 있고, 불확실한 미래에 대처할 수 있다. 계획은 계층적 측면에서 전략적 계획과 장기계획 및 예산으로 분류할 수 있다. 전략적 계획은 최고경영층에서 작성하는 장기적인 경영정책이나 경영목표를 의미한다. 장기계획은 전략적계획을 달성하기 위하여 필요한 행동대안을 발견하고 선택하는 과정을 말하며 그 예로는 설비투자나 주요 제품도입 및 장기수요 예측 등이 있다. 그리고 예산은 기업의 전략적 계획과 장기계획을 기초로 기업 전체나 부문 또는 특정 프로젝트의 수행에 필요한 구체적인 활동계획을 화폐단위로 표현한 것이다.

예산을 작성하는 행위를 예산편성(budgeting)이라 하며, 예산에 의해 기업의 활동을 통제하는 것을 예산통제(budgetary control)라 한다.

(1) 계획과 통제

예산과 관련하여 계획과 통제라는 용어가 자주 사용되는데 계획(planning)이란 미래의 목표를 설정하고 이 목표를 달성하기 위해 다양한 예산을 작성하는 것을 뜻하며, 통제(control)란 계획단계에서 설정된 목표들이 얼마만큼 달성되었는가를 확인하고 조직의 모든 부문들이 조직의 정책과 기능을 일관되게 수행하고 있는가를 점검하는 것을 말한다.

(2) 표준원가와 예산

표준원가는 사전에 결정된 단위당 원가로서 단위당 예산개념이며 예산은 달성해야 할 목표 및 능률을 총액개념으로 표시한 총계개념이다.

2. 예산의 분류

예산은 다음과 같이 분류할 수 있다.

(1) 단기예산과 장기예산

예산기간의 장단에 따라 단기예산과 장기예산으로 분류한다. 단기예산은 예산기간을 1년으로 하여 작성되는 예산인 데 비해, 장기예산은 예산기간을 1년 이상으로 하여 작성되는 예산이다.

(2) 종합예산과 부문예산

예산대상이 되는 조직의 범위에 따라 종합예산과 부문(개별)예산으로 분류한다. 종합예산은 조직전체를 대상으로 작성되는 예산인 데 비해, 부문예산은 조직내의 하위부문을 대상으로 작성되는 예산이다.

(3) 고정예산과 변동예산

대상조업도에 따라 고정예산과 변동예산으로 분류한다. 고정예산은 예산기간 중에 계획된 특정의 단일조업도를 전제로 수립된 단일예산인 데 비해, 변동예산은 관련범위내의 조업도의 변화에 따라 세분화시켜 놓은 동태적 예산이다.

(4) 운영예산과 자본예산

예산의 성격에 따라 운영예산과 자본예산으로 분류한다. 운영예산은 영업활동에 대한 예산인데 비해, 자본예산은 영업활동에 사용할 설비자산에 대한 투자를 뜻한다.

(5) 기 타

① 계속예산(rolling budgets)

계속예산은 12개월 앞의 예산을 항상 수립하는 것으로 항상 일정한 계획기간을 갖는다. 예를 들면 1월에는 1월부터 12월까지의 예산을 작성한 후 2월에 접어들면 당년도 2월부터 내년 1월까지의 12개월 분 예산를 다시 작성한다. 계속예산은 항상 1년분에 대한 계획이 수립되어 있으므로 안정적으로 미래에 대한 계획을 수행할 수 있다.

② 원점예산(zero－base budget : ZBB)

각 조직단위는 어느 정도의 자유재량이 있다는 가정하에 전년도의 예산은 무시하고 원점에서 출발하여 각 조직단위의 예산을 편성한다. 따라서 전기대비 증감기준에 의해 작성되는 전통예산에 비해 이 기법은 각 조직단위가 진정으로 새로운 계획을 수립하도록 유도할 수 있으나 시간과 비용이 많이 든다는 단점이 있다.

③ 참여예산제도(participative budget system)

참여예산제도란 특정한 예산하에서 성과에 책임이 있는 관리자들을 예산편성의사결정에 참여하도록 하는 제도로서, 특히 편성된 예산이 관리자들의 활동을 통제하는 데에 사용되는 경우에 중요한 의미를 갖는다. 참여예산제도는 의사소통이 원활하게 이루어지는 것을 돕고, 참여의식과 책임감을 높이는데 기여한다는 장점이 있다. 그러나 예산의 달성여부가 이후 성과평가에 영향을 미치기 때문에 예산편성과정에 참여하는 관리자들이 목표를 쉽게 달성하기 위하여 예산편성시 여유치(slack)를 두는 문제가 발생할 수 있다는 단점이 있다.

3. 예산의 유용성

예산의 유용성은 다음과 같다.

① 기업의 목표 및 달성방법이 구체화 · 공식화된다.

② 경영자의 미래계획 및 목표를 전체조직에 전달하는 의사소통 수단이 된다.

③ 실적을 평가할 수 있는 기준을 제공한다.

④ 경영자가 미래에 수행해야 할 업무들에 대하여 우선순위를 결정해 준다.

⑤ 부문의 목표가 조직 전체의 목표와 일관성을 유지할 수 있도록 하여 준다.

⑥ 종업원에게 목표의식을 제공하면 동기부여의 수단이 된다.

4. 예산의 역기능

예산의 역기능은 다음과 같다.

① 단기적 목표인 예산에 지나치게 집착할 경우 기업의 장기적 목표를 저해할 수 있다.

② 종업원의 참여와 의견이 배제되어 종업원의 지지를 얻지 못할 경우, 조직구성원의 사기에 나쁜 영향을 주어 조직구성원의 행동을 제약할 수 있다.

③ 조직단위간의 과다한 경쟁으로 조직전체의 목표일치성을 달성하지 못하여 준최적화 현상이 나타날 수 있다.

④ 목표를 달성하지 못했을 경우 조직구성원이 성과를 조작할 가능성이 발생한다.

제 2 절 종합예산

1. 종합예산의 기초

(1) 종합예산의 의의

종합예산(master budget)이란 기업전체를 대상으로 하여 통상적으로 1년 단위로 편성한 예산을 말한다. 종합예산에는 기업의 모든 하부조직들이 달성해야 할 목표를 비롯하여 기업 전체적으로 달성해야 할 이익, 현금흐름, 재무상태 등에 대한 목표치가 모두 포함된다.

이러한 종합예산은 장기계획을 기초로 작성되는 것으로서 다음 연도의 영업활동에 필요한 모든 구체적인 활동에 대하여 예산을 설정한 것이다. 종합예산은 다음 연도의 판매예측에서 출발하여 추정재무제표를 작성함으로써 완결된다.

(2) 종합예산의 특징

종합예산의 특징은 다음과 같다.

① 하부조직의 활동을 빠짐없이 고려하여 작성하므로 기업전체의 목표뿐만 아니라 하부조직의 목표도 포함되어 있다.

② 장기적 계획 및 전략적 계획에서 고려하는 장기적 목표 및 설비투자는 종합예산에서 제약조건으로 작용한다.

(3) 종합예산의 구성요소

종합예산은 크게 운영예산(operating budgets)과 재무예산(financial budgets)으로 구성된다. 운영예산은 정상운영(영업)활동으로 기대되는 수익 및 비용에 관한 계획으로 판매예산, 제조예산, 제조원가예산, 매출원가예산, 판매관리비 예산으로 구성되며, 최종적으로 추정손익계산서가 작성된다. 한편, 재무예산은 기업의 자원조달활동과 투자활동에 관한 계획으로 자본예산, 현금예산, 추정재무상태표 및 추정현금흐름표 작성으로 구성된다. 이들 예산은 각각 독립적으로 편성되는 것이 아니고 유기적인 관계 속에서 편성된다. 이를 그림으로 나타내면 다음과 같다.

종합예산의 구성요소

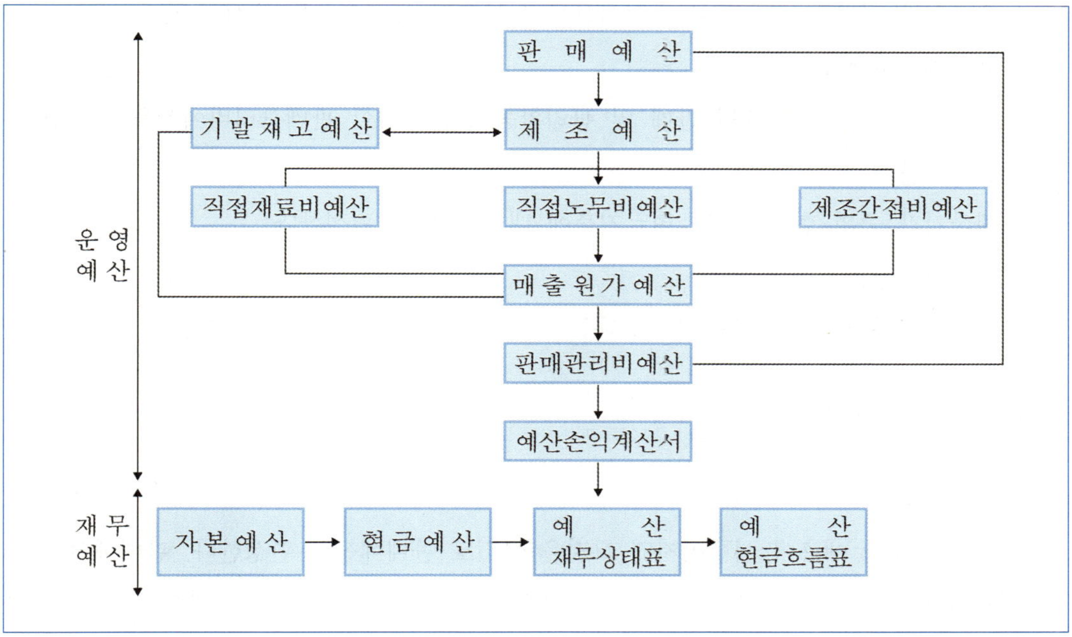

2. 종합예산의 편성절차 요약

종합예산의 편성절차는 제품원가계산절차와 정반대로 이루어진다. 즉 제품원가계산은 생산이 이루어지는 순서대로 행해지지만, 종합예산의 편성은 판매예측을 출발점으로 하여 제조예산, 제조원가계산 및 원재료예산 등의 순서로 이루어진다. 이는 제품원가계산은 과거활동의 재무적 결과를 보고하는 데 중점을 두고 있지만, 종합예산편성은 미래활동에 대한 재무적 결과의 예측에 중점을 두고 있기 때문이다.

종합예산은 판매예측에서 출발하여 추정재무제표를 작성함으로써 완결된다.

① 판매예산

판매예측에 기초하여 판매예산을 편성(외상매출과 현금으로 구분)한다.

② 제조예산(생산량예산)

판매예산이 편성되고 기말재고 보유량이 판매정책에 의해 확정된 다음에는 제조예산을 편성한다. 제조예산이란 결국 목표생산량을 결정하는 것이다.

③ 제조원가예산

제조예산에 기초하여 직접재료비예산, 직접노무비예산 및 제조간접비예산을 편성한다.

④ 매출원가예산

제조원가 자료를 이용하여 손익계산서에 보고될 매출원가를 계산한다.

⑤ 판매관리비예산

예산기간 동안에 소요될 판매 및 관리활동에서 발생할 판매관리비예산을 편성한다.

⑥ 현금예산

예산기간 중의 현금수입과 현금지출에 대한 예산을 편성한다.

⑦ 추정재무제표 작성

추정손익계산서작성, 추정재무상태표 및 추정현금흐름표를 작성한다.

3. 종합예산의 편성절차

(1) 판매예산

수요에 대한 예측이 이루어지면 그것을 근거로 판매예산을 편성한다. 판매예산(sales budget)이란 차기에 판매될 것으로 예측되는 판매량과 매출액에 대한 예산을 말하며, 판매예산이 수립되어야 이를 바탕으로 생산계획을 수립할 수 있다. 다음 기에 판매될 것으로 예상되는 수량을 예산판매량이라 하며, 예산판매량에 단위당 예산판매가격을 곱하여 산출한 것을 예산매출액이라 한다. 판매예측을 할 때는 과거 매출실적, 일반적인 경제상황, 시장진입장벽, 가격정책, 광고활동 등을 고려하여야 한다.

예산매출액 = 예산판매량 × 단위당 예산판매가격

예 제 1 | 판매예산

(주)국제의 월별 예상매출액은 경기상황에 따라 다음과 같이 예상된다. 1월부터 3월까지 월별 판매예산을 편성하시오.

경기상황	가능성	추정매출액 1월	2월	3월
호황	30%	₩90,000	₩96,000	₩116,000
보통	50%	78,000	88,000	108,000
불황	20%	70,000	86,000	106,000

해답

판매예산 = 추정매출액

1월	90,000 × 0.3 + 78,000 × 0.5 + 70,000 × 0.2	=	₩80,000
2월	96,000 × 0.3 + 88,000 × 0.5 + 86,000 × 0.2	=	90,000
3월	116,000 × 0.3 + 108,000 × 0.5 + 106,000 × 0.2	=	110,000

(2) 제조예산

판매예산이 수립되면 판매예산을 기초로 제조예산(생산량예산)을 편성한다. 제조예산(production budget)은 차기 목표생산량을 나타낸다. 차기의 목표생산량은 다음과 같이 산정할 수 있다.

차기목표생산량 = 차기예산판매량 + 차기말 목표재고량 − 당기말 실제재고량

위 산식은 별도로 외울 필요가 없다. 이는 단순히 제품계정을 산식으로 만든 것에 불과하므로, 실제 제조예산을 편성할 때는 제품별로 제품계정을 작성하면 된다.

갑제품

기 초	×××	판매량	×××
생산량	×××	기 말	×××
	×××		×××

제조기업의 경우에는 제조(생산량)예산을 편성하지만, 생산 활동이 필요하지 않은 상기업의 경우에는 생산량예산 대신에 상품구입량예산을 수립한다. 상품구입량예산의 형태는 기본적으로 제조예산과 동일하나 목표생산량 대신에 상품의 목표구입량이 사용된다는 차이점이 있을 뿐이다.

예 제 2 제조예산

W회사는 제품A를 생산·판매하고 있다. 5월 1일 현재 제품A의 재고수량은 2,000단위이다. W회사는 5월과 6월의 판매량이 각각 10,000단위와 15,000단위가 될 것으로 예상하고 있다. W회사는 다음 달 예상판매량의 20%를 월말재고로 보유하려고 한다. W회사는 5월에 몇 단위를 생산하여야 하는가?

해답

제 품

기 초	2,000	판매량	10,000
생산량	x	기 말	3,000*
	13,000		13,000

* 15,000 × 0.2 = 3,000

∴ x = 11,000단위

(3) 제조원가계산

제품의 생산예산이 편성된 다음에는 생산에 투입될 원가요소별로 제조원가예산을 편성하여야 한다. 생산에 투입될 원가요소에는 직접재료비, 직접노무비, 제조간접비가 있다.

① 직접재료비예산

직접재료예산(direct materials budget)은 목표생산량을 생산하기 위해 필요한 직접재료비에 대한 예산으로 다음과 같이 계산된다.

> 직접재료비예산 = 목표생산량 × 제품 단위당 직접재료비

직접재료비예산과 관련하여 추가적으로 분석해야 할 사항은 원재료구입예산이다. 원재료구입예산이란 목표생산량을 생산하기 위해 일정기간 동안 구입해야 할 원재료에 대한 예산으로 다음과 같이 계산된다.

> 원재료구입예산 = 원재료구입량 × 단위당 구입가격
> = (원재료사용량+기말재고량−기초재고량) × 단위당 구입가격

위 산식은 별도로 외울 필요가 없다. 이는 단순히 원재료계정을 산식으로 만든 것에 불과하므로, 실제 원재료구입예산을 편성할 때는 원재료별로 원재료계정을 작성하면 된다.

A원재료

기 초	×××	사 용 량	×××
구 입 량	×××	기 말	×××
	×××		×××

예 제 3 원재료 구입예산

W회사는 제품A를 생산 · 판매하고 있는데, 제품A 1단위를 생산하는 데에는 2kg의 원재료가 소요된다. 5월 1일 현재의 재고자산은 제품A가 3,000단위, 원재료가 3,000kg이다. W회사는 5월 한달 동안의 판매량이 10,000단위에 이를 것으로 예상하고 있다. 이 회사는 6월을 대비하여 5월말까지 제품A 5,000단위와 4,000kg의 원재료를 확보해 두기로 결정하였다.

[요구사항]

1. 5월에 몇 단위를 생산하여야 하는가?
2. 5월에 원재료를 몇 kg 구입하여야 하는가?

해답

1. 생산예산

제 품

기 초	3,000	판매량	10,000
생산량	x	기 말	5,000
	15,000		15,000

∴ x = 12,000단위

2. 원재료구입예산

원 재 료

기 초	3,000	사용량	24,000*
구입량	x	기 말	4,000
	28,000		28,000

* 12,000개 × 2kg = 24,000kg

∴ x = 25,000kg

② 직접노무비예산

직접노무비예산(direct labor budget)은 목표생산량을 생산하기 위해 필요한 직접노무비에 대한 예산으로 다음과 같이 계산된다.

직접노무비예산 = 목표생산량 × 제품 단위당 직접노동시간 × 직접노동시간당 임률

③ 제조간접비예산

제조간접비는 각기 다른 원가형태를 갖는 다양한 원가로 구성되어 있기 때문에 제품의 제조원가에서 차지하는 구성비율을 명확하게 파악할 수 없다. 그러므로 제조간접비에 대한 예산은 먼저 생산수준, 경영자의 판단, 장기의 생산설비수준, 회사정책 등과 같이 제조간접비예산에 영향을 미치는 요인들을 명확히 규정해 놓은 후에 각 원가별로 적절한 요인을 대응시켜 예산을 수립한다. 제조간접비예산(manufacturing overhead budget)은 원가행태에 의해 변동제조간접비와 고정제조간접비로 구분하여 편성한다. 원가행태의 특성상 변동제조간접비는 제품 생산량에 비례하여 발생하지만 고정제즈간접비는 제품 생산량과 무관하게 일정액으로 발생하기 때문에 둘은 구분하여 예산을 편성하여야 한다.

제조간접비예산 = 변동제조간접비예산 + 고정제조간접비예산

예 제 4 제조원가예산

W회사의 월간 정상조업도는 10,000단위이다. 이를 기준으로 설정한 제품 1단위의 표준원가는 다음과 같다.

직접재료비(2kg @₩10)	₩20
직접노무비(1작업시간 @₩15)	15
제조간접비(3기계시간 @₩5)	15
	₩50

월간 고정제조간접비 예산은 ₩100,000이며, 제조간접비는 기계시간을 기준으로 배부된다. 9월 1일의 제품재고는 1,000단위이었고, 9월말의 제품재고는 2,000단위일 것으로 추정되며 9월의 예산판매량은 10,000단위이다. 재공품재고는 없는 것으로 가정한다. 제조간접비 배부차이는 발생한 월의 매출원가에서 조정된다.

[요구사항]

1. 9월의 예상생산량은 몇 단위인가?
2. 9월의 제조원가예산을 작성하시오.

해답

1.

제 품

기 초	1,000	판매량	10,000
생산량	x	기 말	2,000
	12,000		12,000

∴ 생산량 = 11,000단위

2.

고정제조간접비 단위당 표준원가 $= \frac{100,000}{10,000} =$ ₩10

변동제조간접비 단위당 표준원가 = ₩15 − ₩10 = ₩5

제조원가예산

직접재료비	11,000 × 20 =	₩220,000
직접노무비	11,000 × 15 =	165,000
변동제조간접비	11,000 × 5 =	55,000
고정제조간접비		100,000
		₩540,000

(4) 매출원가예산

매출원가예산(cost of goods sold budget)이란 제품의 예산판매량에 대한 원가를 산정하는 것이다. 매출원가예산은 다음과 같이 계산된다.

매출원가예산 = 기초제품재고액 + 당기제품제조원가 − 기말제품재고액

예 제 5 매출원가예산

예제4에 기초하여 매출원가예산을 작성하시오.

해답

- 고정제조간접비 조업도차이

예 산		배 부
₩100,000		11,000 × 10 = ₩110,000

조업도차이 ₩10,000(유리)

- 매출원가

매출원가		
원가차이 조정전	10,000 × ₩50 =	₩500,000
조업도차이		(10,000)
원가차이 조정후		₩490,000

(5) 판매관리비예산

판매관리비예산(selling and administrative expense budget)은 예산기간동안 제조 이외의 판매 및 일반관리활동에서 발생될 수 있는 추정비용(anticipated expense)에 대한 예산으로 판매 및 일반관리활동의 각 기능별로 자료를 수집하여 이를 기초로 작성한다. 판매관리비도 제조간접비처럼 원가행태별로 구분하는 것이 좋다.

(6) 예산손익계산서

예산손익계산서(budgeted income statement)는 예산기간의 경영성과를 나타내는 표이다. 예산손익계산서에는 판매예산, 제조원가예산, 매출원가예산 및 판매관리비예산 등을 기초하여 매출액, 매출원가, 판매관리비, 이익 등에 대한 예측자료가 표시된다.

(7) 현금예산

현금예산(cash budget)은 예상되는 현금유입항목과 현금유출항목에 대한 예산을 집합시켜 놓은 것으로서, 가능한 한 짧은 기간을 단위로 작성되어야 한다. 현금이 없으면 영업활동을 정상적으로 수행할 수 없으므로 연간 현금예산뿐만 아니라 월별 또는 분기별로 작성하는 것이 좋다. 현금예산은 다음과 같은 부분으로 이루어져 있다.

기초현금잔액	전기로부터 이월된 현금잔액
현금유입	예산기간동안의 현금수입액으로 현금매출, 매출채권회수, 이자수익, 유형자산 매각 등이 포함된다.
현금유출	예산기간동안의 현금지출액으로 원재료구입, 직접노무비, 제조간접비뿐만 아니라 법인세납부액, 자본설비구입, 배당금지급 등이 포함된다
잉여(부족)현금	현금유입액과 현금유출액의 차이로서, 부족현금(현금유입액<현금유출액)이 나타나면 금융기관 등으로부터 현금을 차입하여야 할 것이며, 잉여현금(현금유입액>현금유출액)이 나타나면 이미 차입한 차입금을 상환하거나 단기투자에 사용할 수 있다.
현금조달 및 상환	예산기간동안 기대되는 현금차입과 상환 등을 나타내주며, 차입금에 대한 이자지급에 대한 계획도 포함된다.
기말현금잔액	차기로 이월되는 현금잔액

수험목적상으로는 다음과 같이 간단히 정리하여도 무관할 것으로 생각된다.

기초현금잔액 + 현금유입액 − 현금유출액 = 기말현금잔액

(8) 예산재무상태표

예산재무상태표(budgeted balance sheet)는 예산기간 말의 재무상태에 관한 정보를 얻기 위한 목적으로 작성되는 표를 말한다. 예산재무상태표는 예산기간초의 재무상태의 추정치와 예산기간 동안의 영업결과에 대한 추정치 및 자산 및 부채항목의 변동치를 결합하여 작성한다.

연 습 문 제

COST ACCOUNTING

문 1 현금예산

W회사는 10월의 현금예산을 수립하고자 한다. 다음 각 문항은 상호 독립적이다.

1. 회사의 경영자는 9월중에 2,000대, 10월중에 2,100대의 라디오를 판매할 것으로 예상하고 있으며, 라디오의 대당 가격은 ₩600이다. 매출액 중 현금매출은 30%이고 나머지는 신용매출이다. 신용매출액은 판매한 달에 40%, 그 다음달에 60%가 회수된다. 10월의 현금회수액은 얼마인가?
2. 회사의 경영자는 9월에 ₩600,000, 10월에 ₩500,000의 재고자산을 매입할 계획이다. 이 회사는 2%의 할인혜택을 얻기 위해 매입시점에 매입액의 30%를 지불하고, 나머지 70%는 그 다음달에 지불하는데 할인혜택은 없다. 10월의 현금지출액은 얼마인가?
3. 회사는 매달 ₩60,000의 임차료와 재산세를 납부하여야 하며, 수수료와 다른 판매비용은 매출액의 20%이다. 단, 9월과 10월의 매출액은 각각 ₩1,200,000과 ₩1,260,000이다. 이 회사는 이와 같이 발생된 비용의 60%는 그 달에 지불하고 나머지 40%는 다음달에 지불한다. 10월의 현금지출액은 얼마인가?
4. 경영자는 취득원가 ₩282,000의 설비자산을 처분하면 ₩40,000의 이익이 발생될 것으로 예측하고 있다. 이 설비자산의 감가상각누계액이 ₩120,000이다. 설비자산 처분으로 인한 현금수입액은 얼마인가?

해답

1. 10월의 현금회수액

(1) 현금판매와 외상판매의 구분

	9월	10월
예산매출액	2,000대 × 600 = ₩1,200,000	2,100대 × 600 = ₩1,260,000
현금판매(30%)	360,000	378,000
신용판매(70%)	840,000	882,000

(2) 10월의 현금수입액

10월 현금매출액	₩378,000
10월 외상매출금회수액 882,000 × 40% =	352,800
9월 외상매출금회수액 840,000 × 60% =	504,000
	₩1,234,800

2. 10월의 매입채무 지급액

10월 매입액	500,000 × 30% × 98% =	₩147,000
9월 매입액	600,000 × 70% =	420,000
합　계		₩567,000

3. 10월의 현금비용 지급액

임차료 등		₩60,000
수수료 등		
10월분	1,260,000 × 20% × 60% =	151,200
9월분	1,200,000 × 20% × 40% =	96,000
합　계		₩307,200

4. 설비처분으로 인한 현금수입액

(1) 설비처분시의 분개추정

(차)			(대)		
	현　　금	202,000		설비자산	282,000
	감가상각누계액	120,000		유형자산처분이익	40,000

(2) 현금수입액 : ₩202,000

문 2 판매예산, 제조예산, 현금회수금액

(주)한국은 X, Y의 두 제품을 생산, 판매하고 있다. 4월, 5월, 6월의 예산 판매가격과 판매수량은 다음과 같다.

제　품	예산 판매가격	예산 판매 수량		
		4월	5월	6월
X	₩50	50,000	70,000	80,000
Y	100	20,000	30,000	25,000

제품 재고는 각 제품별로 다음달 예상판매량의 40%를 보유할 예정이며, 매출액의 40%는 현금매출이고, 60%는 외상매출이다. 회사는 과거의 경험으로 볼 때, 외상매출의 30%는 판매당월에 회수되고 나머지 70%는 다음 달에 회수된다.

제품 X, Y를 각각 1단위씩 생산하기 위해서는 다음의 원재료가 필요하다.

원재료	X	Y
A	2	3
B	1	2

5월의 원재료에 대한 예산구입가격과 재고의 예상변화량은 다음과 같다.

원재료	구입가격	기초재고량	기말목표재고량
A	₩6	25,000	23,000
B	5	20,000	18,000

5월에 제품 X, Y를 1단위 생산하기 위하여 필요한 예상 직접노동시간과 임률은 다음과 같다.

제 품	단위당 노동시간	시간당 임률
X	2	₩3
Y	3	4

한편, 제조간접비는 직접노동시간당 ₩2의 비율로 배부된다.

[요구사항]

1. 각 제품별로 5월의 예산생산량은 얼마인가?
2. 매출과 관련하여 5월 중에 유입될 현금은 얼마인가?
3. 각 원재료별로 5월의 예산구입수량은 얼마인가?
4. 각 제품별로 5월말 예산재고금액은 얼마인가?

해답

1.

제품X

기초	28,000*1	판매	70,000
생산	74,000	기말	32,000*2

제품Y

기초	12,000	판매	30,000
생산	28,000	기말	10,000

*1 70,000 × 0.4 = 28,000

*2 80,000 × 0.4 = 32,000

∴ 제품 X = 74,000 제품 Y = 28,000

2.

4월 판매분	X = 50,000 × 50 × 0.6 × 0.7 =	1,050,000	
	Y = 20,000 × 100 × 0.6 × 0.7 =	840,000	1,890,000
5월 판매분	X = 70,000 × 50 × (0.4+0.6×0.3) =	2,030,000	
	Y = 30,000 × 100 × (0.4+0.6×0.3) =	1,740,000	3,770,000
			5,660,000

3.

원재료A

기초	25,000	사용	232,000*1
구입	230,000	기말	23,000

원재료B

기초	20,000	사용	130,000*2
구입	128,000	기말	18,000

*1 74,000 × 2 + 28,000 × 3 = 232,000

*2 74,000 × 1 + 28,000 × 2 = 130,000

∴ 원재료A = 230,000 원재료B = 128,000

4.

	제품X		제품Y	
직접재료비	2 × 6 + 1 × 5 =	17	3 × 6 + 2 × 5 =	28
직접노무비	2 × 3 =	6	3 × 4 =	12
제조간접비	2 × 2 =	4	3 × 2 =	6
		₩27		₩46

∴ 제품 X = 32,000 × 27 = 864,000

제품 Y = 10,000 × 46 = 460,000

계 ₩1,324,000

해설

제조예산은 각 제품별로 생산량을 결정하는 것이다. 따라서 각 제품별로 계정을 분석하여야 한다. 그러나 원재료 구매예산은 원재료별로 계정을 분석하여야 한다.

문 3 판매예산, 현금회수계획표, 현금예산

국제(주)는 다음의 자료를 기초로 종합예산을 편성하려 한다.

(1) 20×2년 판매예측

경기상황	가능성	추정매출액				
		1월	2월	3월	4월	5월
호 황	30%	90,000	96,000	116,000	126,000	106,000
보 통	50%	78,000	88,000	108,000	118,000	98,000
불 황	20%	70,000	86,000	106,000	116,000	96,000

(2) 20×1년 12월 31일 재무상태표

국제(주) 재무상태표 20×1. 12. 31

자산	금액	부채 및 자본	금액
현 금	15,000	외상매입금	54,000
외상매출금	60,000	미지급판매수수료	7,000
재고자산	102,000	자 본 금	160,000
고정자산(순액)	200,000	이익잉여금	156,000
	377,000		377,000

(3) 추가자료

① 매출은 판매된 달에 40%, 그 다음 달에 60% 현금회수된다.

② 매출원가는 매출액의 60%이다.

③ 매출액의 7%를 판매수수료로 판매원에게 지급하되 외상매출금에 대한 현금회수가 완료된 달에 지급한다.

④ 재고자산은 차기 2개월 간의 추정매출분만큼 보유한다.

⑤ 상품은 전량 외상으로 구입하여 대금은 매입한 달의 다음 달에 지급한다.

⑥ 고정비는 월 ₩10,000씩 발생되는데, 그 중 ₩4,000은 감가상각비이다.

[요구사항]

다음 순서에 따라 20×2년 첫 3개월 간의 각 달에 대한 종합예산을 편성하시오.

1. 판매예산
2. 현금회수액
3. 제품구매예산
4. 현금예산

해답

1. 판매예산 = 추정매출액

1월	90,000 × 0.3 + 78,000 × 0.5 + 70,000 × 0.2	=	₩80,000
2월	96,000 × 0.3 + 88,000 × 0.5 + 86,000 × 0.2	=	₩90,000
3월	116,000 × 0.3 + 108,000 × 0.5 + 106,000 × 0.2	=	₩110,000

※ 참고 4월 = ₩120,000　　5월 = ₩100,000

2. 현금회수액

		1월	2월	3월
12월 판매분	100,000(0.4, 0.6)	60,000		
1월 판매분	80,000(0.4, 0.6)	32,000	48,000	
2월 판매분	90,000(0.4, 0.6)		36,000	54,000
3월 판매분	110,000(0.4, 0.6)			44,000
		₩92,000	₩84,000	₩98,000

3. 제품구매예산

기초재고 + 매입 = 매출원가 + 기말재고

1월 : 102,000 + 매입 = 80,000 × 0.6 + (90,000+110,000) × 0.6

∴ 매입 = 66,000

2월 : 120,000 + 매입 = 90,000 × 0.6 + (110,000+120,000) × 0.6

∴ 매입 = 72,000

3월 : 138,000 + 매입 = 110,000 × 0.6 + (120,000+100,000) × 0.6

∴ 매입 = 60,000

☞ 기말재고는 차후 2개월간의 매출에 해당하는 분이다. 매출은 판매가격으로 기록되고 기말재고는 매출원가로 기록되므로 매출액을 매출원가로 환산하여 매입액을 결정하여야 한다.

4. 현금예산

	1월	2월	3월
현금유입	92,000	84,000	98,000
현금유출			
매입	(54,000)	(66,000)	(72,000)
판매수수료	(7,000)*	(5,600)*	(6,300)
고정비용	(6,000)	(6,000)	(6,000)
잉여현금	25,000	6,400	13,700
기초현금잔액	15,000	40,000	46,400
기말현금잔액	40,000	46,400	60,100

* (60,000÷0.6) × 0.07 = 7,000
80,000 × 0.07 = 5,600

문 4 종합예산

㈜한국은 제품 A를 생산·판매하는 기업이며, 다음은 20×1년 3/4분기 회사의 예산편성을 위한 자료들이다.

(1) 연초에 설정한 월간 정상조업도 1,000병을 기준으로 한 제품 A의 병당 변동표준원가는 다음과 같다.

직접재료원가 (직접재료 2.5 *l* , @₩1,200)	₩3,000
직접노무원가 (노무시간 2시간, @₩2,500)	5,000
변동제조간접원가	1,800

(2) 회사의 연간 고정제조간접원가는 ₩14,400,000으로 예상되며, 매월 균등하게 발생한다. 월간 고정제조간접원가는 당월 생산량에 정상조업도를 기준으로 한 예정배부율을 적용하여 예정배부한다. 단, 배부차이는 재고자산에 대한 평가계정으로 별도 계상하여 연말로 이연하기로 한다. 대손상각비를 포함하지 않은 변동판매관리비는 병당 ₩1,500이며, 고정판매관리비는 매월 ₩4,500,000으로 예상된다.

(3) 직접재료원가와 변동가공원가는 가공의 과정에서 평균적으로 발생한다. 고정제조간접원가에는 월 ₩400,000의 감가상각비가 포함되어 있다.

(4) 월말 제품재고는 다음 달 예산판매량의 10%를 유지하고 있으며, 월말 직접재료재고는 다음 달 예산소비량의 20%수준을 유지하기로 한다. 월말재공품은 없는 것으로 한다.

(5) 재고자산의 판매과정에서 매출액의 50%는 판매한 달에 현금으로 즉시 회수되고, 매출액의 48%는 매출이 발생한 다음 달에 회수된다. 이에 따라 매출액의 2%를 매출이 발생한 달에 대손상각비로 인식한다. 직접재료 매입대금은 매입한 달에 현금으로 즉시 지급된다.

(6) 제품 A의 병당 판매가격은 ₩20,000이며, 월별 예산판매량은 다음과 같다.

6월	7월	8월	9월
800병	900병	1,000병	1,200병

(7) 법인세율은 20%이며, 6월말 현금잔액은 ₩254,000이다.

[요구사항]

1. 7월중 직접재료의 예산매입액은 얼마인가?
2. 7월의 예산손익계산서상의 세후영업이익(전부원가계산)은 얼마인가?
3. 매년 3월에 일괄 납부하는 법인세를 제외하고 모든 비용은 발생한 달에 지급하는 것을 원칙으로 한다. 7월말 예상 현금잔액은 얼마인가?

해답

1. 구매예산

제 품(7월) - 수량

기 초*1	90	판 매	900
생 산	910	기 말*2	100

*1 900 × 10% = 90

*2 1,000 × 10% = 100

제 품(8월) - 수량

기 초	100	판 매	1,000
생 산	1,020	기 말	120

원재료(7월) - 리터

기 초*2	455	사 용*1	2,275
매 입	2,330	기 말*3	510

*1 910병 × 2.5리터 = 2,275

*2 2,275병 × 20% = 455

*3 1,020병 × 2.5리터 × 20% = 510

∴ 2,330 × 1,200 = 2,796,000

2. 예산손익계산서

매　출		18,000,000
매출원가	900 × (3,000+5,000+1,800+1,200*) =	9,900,000
매출총이익		8,100,000
판매관리비		
대손상각비	18,000,000 × 2% =	360,000
변동판관비	900 × 1,500 =	1,350,000
고정판관비		4,500,000
세전영업이익		1,890,000
법인세비용	1,890,000 × 20% =	378,000
세후영업이익		1,512,000

* 14,400,000 ÷ 12월 ÷ 1,000병 = 1,200

3. 현금예산

6월 매출 중 회수액 : 800 × 20,000 × 0.48 = 7,680,000

7월 매출 중 회수액 : 900 × 20,000 × 0.5 = 9,000,000

직접노무비 : 910 × 5,000 = 4,550,000

변동제조간접원가 : 910 × 1,800 = 1,638,000

고정제조간접원가 : 1,200,000 − 400,000 = 800,000

현　금(7월)

기 초	254,000	원재료 구입	2,796,000
6월 매출 중 회수	7,680,000	직접노무비	4,550,000
7월 매출 중 회수	9,000,000	변동제조간접원가	1,638,000
		고정제조간접원가	800,000
		변동판관비	1,350,000
		고정판관비	4,500,000
		기　말	1,300,000

문 5 종합예산(1)

㈜국세는 컴퓨터를 판매하는 소매상이다. 회사의 운영에 대한 정보가 아래에 주어져있다.

(1) 20×1년 11월의 매출은 ₩200,000이다.

(2) 20×1년 12월의 예상 매출액은 ₩220,000이고, 20×2년 1월의 예상 매출액은 ₩180,000이다.

(3) 판매대금은 판매한 달에 60%가 회수되고, 판매 다음달에 38%가 회수되며, 나머지는 회수 불가능하다. 대손비용은 매월 매출액의 2%가 인식된다.

(4) 매출총이익은 매출액의 30%이다.

(5) 판매를 위한 상품의 80%는 판매월의 전월에 구입되고, 20%는 판매월에 구입된다.

(6) 구입대금은 구입월의 다음달에 지급된다.

(7) 현금으로 지급되는 매월의 비용은 ₩23,600이다.

(8) 연간 감가상각비는 ₩156,000이다.

(9) 20×1년 11월 30일의 재무상태표는 다음과 같다.

현 금	11,200	매입채무	②
매출채권(순액)	①	자 본 금	795,000
재고자산	?	이익잉여금	?
설비자산(순액)	?		
	1,100,000		1,100,000

[요구사항]

1. 20×1년 11월 30일 재무상태표의 ①, ②에 들어갈 금액을 구하시오.
   ㈜국세는 기본자료에서 제시한 영업정책(매출, 매입, 현금지급, 대금회수 등)을 수년전부터 계속 지켜오고 있다.
2. 20×1년 12월의 예산 현금 회수액을 계산하시오.
3. 20×1년 12월 31일의 매입채무계정의 예상잔액을 계산하시오.
4. 20×1년 12월의 월간 예상영업이익을 계산하시오.

해답

1. ① ₩200,000 × 0.38 = ₩76,000

   ☞ 판매대금 중 일부는 다음달에 회수되므로 월말에 매출채권으로 남는다. 즉, 11월 판매분 중 미회수분이 11월말에 매출채권이 된다.

   ② 220,000 × 0.7 × 0.8 + 200,000 × 0.7 × 0.2 = 151,200

2. 11월 판매 : ₩200,000 × 0.38 = ₩76,000

   12월 판매 : ₩220,000 × 0.6 = ₩132,000

   ∴ 예산 현금 회수액 = ₩208,000

3. 12월 판매분 매입 : ₩220,000 × 0.7 × 0.2 = ₩30,800

   1월 판매분 매입 : ₩180,000 × 0.7 × 0.8 = ₩100,800

   ∴ 12월 31일의 매입채무 잔액 = ₩131,600

4.

매　　출		220,000
매출원가	220,000 × 0.7 =	154,000
대손상각비	220,000 × 0.02 =	4,400
현금비용		23,600
감가상각비	156,000 ÷ 12 =	13,000
영업이익		25,000

문 6 종합예산(2)

㈜태종은 5월의 예산편성을 수립하기 위하여 다음과 같은 자료를 수집하였다.

(1) 매출수량 및 매출액

	4월(실제)	5월(추정)	6월(추정)	7월(추정)
매출수량	20,000단위	30,000단위	35,000단위	25,000단위
매 출 액	₩400,000	₩600,000	₩700,000	₩500,000

(2) 모든 매출은 신용으로 이루어지며, 신용으로 판매된 금액의 40%는 판매된 달에 회수되며, 60%는 다음 달에 회수된다. 한편, 판매된 달에 회수되는 금액의 25%에 대해서는 매출할인이 3% 발생한다.

(3) 30,000단위의 월간 정상조업도하에서 단위당 표준원가는 ₩13이며 그 내역은 다음과 같다.

직접재료비 :	2kg × ₩2	=	₩4
직접노무비 :	1시간 × ₩3	=	3
제조간접비 :	1시간 × ₩6	=	6
			₩13

(4) 고정제조간접비 월간 예산은 ₩150,000이고, 변동판매관리비는 제품 단위당 ₩2이며 고정판매관리비는 월 ₩48,000이다.

(5) 매입대금은 매입시점에서 즉시 지급하며, 매입과정에서 매입할인은 없다. 그리고 제조원가와 판매관리비는 발생시점에서 즉시 지출되며, 제조원가 중 ₩30,000과 판매관리비 중 ₩12,000은 비현금지출비용이다.

(6) ㈜태종은 다음 달 제품 판매수량의 20%에 상당하는 수량을 월말 제품재고수량으로 보유하며, 원재료는 다음 달 소비량의 30%를 월말 재고수량으로 브유하는 정책을 계속 유지하고 한다.

(7) 조업도차이는 발생된 달의 매출원가에서 조정한다.

[요구사항]

1. 5월과 6월에 각각 몇 단위를 생산하여야 하는가?
2. 5월의 제조원가예산을 작성하시오.
3. 5월에 원재료는 몇 kg을 구입하여야 하는가?
4. 5월의 예산손익계산서상의 매출원가와 판매관리비를 구하시오.
5. 5월의 현금유입액은 얼마인가?
6. 5월의 현금유출액은 얼마인가?

해답

1.

(1) 5월 생산수량

월초	30,000 × 0.2 =	6,000	판매		30,000
생산		31,000	월말	35,000 × 0.2 =	7,000
		37,000			37,000

(2) 6월 생산수량

월초	35,000 × 0.2 =	7,000	판매		35,000
생산		33,000	월말	25,000 × 0.2 =	5,000
		40,000			40,000

2. 제조원가예산

고정제조간접비 단위당 원가 : 150,000 ÷ 30,000 = ₩5

변동제조간접비 단위당 원가 : 6 − 5 = ₩1

직 접 재 료 비	31,000 × 4 =	₩124,000
직 접 노 무 비	31,000 × 3 =	93,000
변동제조간접비	31,000 × 1 =	31,000
고정제조간접비		150,000
		₩398,000

3. 원재료 구입수량(kg)

월초 31,000 × 2 × 0.3 =	18,600	사용	31,000 × 2 =	62,000
구입	63,200	월말	33,000 × 2 × 0.3 =	19,800
	81,800			81,800

4.
조업도차이

예 산	배 부
150,000	31,000 × 5 = 155,000

조업도차이 5,000(유리)

(1) 5월 매출원가 : 30,000 × 13 − 5,000(유리) = ₩385,000

(2) 5월 판매관리비 : 30,000 × 2 + 48,000 = ₩108,000

5.

(1) 현금회수비율

당월 : 0.4 × 0.25 × (1−0.03) + 0.4 × 0.75 = 0.397

차월 : 0.6

(2) 5월 현금유입액

4월 매출분 :	400,000 × 0.6	=	₩240,000
5월 매출분 :	600,000 × 0.397	=	238,200
			₩478,200

6. 5월 현금유출액

매입대금지급	63,200 × 2 =	₩126,400
직접노무비	31,000 × 3 =	93,000
변동제조간접비	31,000 × 1 =	31,000
고정제조간접비		150,000
판매관리비		108,000
비현금지출		(42,000)
		₩466,400

문 7 단답형 기출문제

1. ㈜대한은 제품 단위당 4g의 재료를 사용한다. 재료 1g당 가격은 ₩0.8이며, 다음 분기 재료 목표사용량의 25%를 분기말 재고로 유지한다. 분기별 생산량은 다음과 같다. 1분기의 재료 구입액은 얼마인가?

	1분기	2분기
실제생산량(=목표생산량)	24,000	35,000

2. ㈜민국의 20×1년 1월부터 3월까지 예상 상품매출액은 다음과 같다.

월 별	예상매출액
1월	₩3,500,000
2월	4,100,000
3월	3,800,000

매월 기말재고액은 다음 달 예상매출원가의 25%이며, 상품의 매출총이익률은 30%이다. 2월의 예상 상품매입액은 얼마인가?

3. ㈜한국의 20×1년 1월 매출액은 ₩500,000이고, 2월과 3월 매출은 직전월에 비하여 각각 10%와 20%씩 증가할 것으로 예상된다. 매출은 현금매출 70%와 외상매출 30%로 구성되며, 외상매출은 판매된 달에 60%, 그 다음 달에 40%가 회수된다. 이에 따라 회사의 현금예산표상 20×1년 3월의 현금유입액을 계산하면 얼마인가?

4. ㈜한국은 한 종류의 상품을 구입하여 판매한다. 20×1년 1월의 매출액은 ₩100,000이고 2월과 3월의 매출액이 각각 ₩150,000, ₩120,000이 될 것으로 예상하고 있다. 이 회사의 매출원가는 매출액의 60%이며 상품은 현금으로 구매한다. 1월 31일의 재고자산은 ₩18,000이고 매월 말의 적정재고량은 다음 달 판매량의 20%이다. 이 회사의 매출액 중 30%는 판매한 달에 회수되고 70%는 판매한 다음달에 회수된다. 20×1년 2월에 판매관리비로 ₩8,500이 현금으로 지불된다면 2월 중 현금증가 예상액은 얼마인가?

해답

1.

재 료			1분기
기초재고 (24,000×4) × 25% =	24,000	당기사용 24,000 × 4 =	96,000
당기구입 (?)	107,000	기말재고(35,000×4) × 25% =	35,000
	131,000		131,000

∴ 1분기 재료구입액 = 107,000g × ₩0.8 = ₩85,600

2.

2월 제품계정

기초 4,100,000 × 0.7 × 0.25 =	717,500	판매 4,100,000 × 0.7 =	2,870,000
매입	2,817,500	기말 3,800,000 × 0.7 × 0.25 =	665,000

3.

	1월	2월	3월
매 출 액	₩500,000	₩550,000	₩660,000
현금매출	350,000	385,000	462,000
외상매출금 회수			
1월	90,000		
2월	60,000	99,000	
3월		66,000	118,800

∴ 3월 현금회수액 : 462,000 + 66,000 + 118,800 = ₩646,800

4.

(1) 판매예산

		1월		2월	3월
매출액		100,000		150,000	120,000
1월 회수	(0.3)	30,000			
2월 회수	(0.7)	70,000	(0.3)	45,000	

(2) 구매예산

	1월	2월	3월
매출원가	60,000	90,000	72,000
기말재고(+)	18,000	14,400	
기초재고(−)		18,000	
(현금)구매액		₩86,400	

∴ 2월 현금증가액 : 70,000 + 45,000 − 86,400 − 8,500 = ₩20,100

PART 10 책임회계와 성과평가

제10장

책임회계와 성과평가

제 1 절 서 론

1. 분권화

(1) 분권화의 의의

오늘날 조직의 규모는 비대해지고 사회구조는 전문화되고 있다. 이와 같은 상황에서 최고 경영자가 모든 업무를 관장하는 것을 사실상 불가능하다. 그 결과 신속한 의사결정과 책임소재를 명확히 하기 위하여 최고경영자에게 집중되어 있던 권한을 내부의 준독립된 조직단위에 대폭 이양하게 되었는데 이를 분권화(decentralization)라 한다. 분권화된 조직에서는 독립된 조직단위로 의사결정을 수행하며 그 의사결정에 대한 책임을 부담하게 된다. 즉, 의사결정에 대한 권한을 부여받은 만큼 권한에 상응하는 책임을 부담하게 된다. 따라서 분권화는 책임회계가 수행되기 위한 전제조건이 된다.

(2) 분권화의 장 · 단점

① 장 점

분권화를 실시하면 최고경영자가 조직전체의 중요한 전략적 의사결정에 보다 많은 시간을 투자할 수 있다. 또한 하위조직에 대하여 가장 잘 알고 있는 책임자에 의하여 하위조직과 관련된 의사결정이 이루어지기 때문에 환경변화에 신속히 대처할 수 있다.

② 단 점

분권화를 실시하게 되면 자기 부문이나 자기 사업부만을 지나치게 강조하는 경향이 있어 기업전체의 목표에 어긋나는 역기능적 의사결정을 내리는 경향이 있다. 그리고 여러 가지 관리업무가 중복될 수 있고 정보수집 및 정보처리원가가 증대될 수 있다.

2. 책임회계

(1) 책임회계의 의의

책임중심점(responsibility center)이란 한 사람의 관리자에게 권한과 책임이 부여된 조직 단위를 말한다. 그리고 책임회계(responsibility accounting)란 기업 조직내에 여러 종류의 책임중심점을 설정하고, 그 책임중심점별로 계획과 실적에 관련된 회계수치를 집계·분석 및 보고함으로써 해당 책임중심점의 관리자에 대한 성과평가를 수행하는 회계제도이다. 즉, 책임회계는 책임중심점의 계획과 실제 활동의 결과를 비교하여 성과평가를 실시하고, 그 성과평가를 통하여 하위조직의 효율성을 향상시키고자하는 회계제도이다.

(2) 책임회계의 특징

책임회계는 다음과 같은 특징이 있다.

① 관리통제시스템의 최종단계

책임회계는 각 개인 및 조직단위별로 경영계획과 통제가 이루어지는 관리통제시스템의 최종단계이다. 따라서 책임회계단계에서는 공헌이익접근법, 변동원가계산, 표준원가계산 등의 모든 관리기법이 적용된다.

② 책임소재가 분명해짐

책임회계를 도입하게 되면 전부원가회계에서는 확인할 수 없었던 책임소재를 책임중심점별로 알 수 있다.

③ 예외에 의한 관리(management by exception)

책임회계를 수행하게 되면 경영자는 각 개인 및 조직단위별로 발생한 차이 중 어떤 부분에 더 많은 관심과 노력을 투입해야 하는지를 쉽게 알 수 있어 예외에 의한 관리를 할 수 있다.

(3) 책임회계의 종류

책임중심점은 기업의 조직구조에 따라 다양하게 설정할 수 있으나 책임의 내용에 따라 다음과 같이 구분된다.

① 원가중심점

원가중심점(cost center)은 원가의 발생에 대하여만 책임을 지고 원가만을 성과평가 대상으로 삼는 책임중심점이다. 원가중심점은 오직 원가의 발생에 대하여만 책임을 지므로 수익에 대하여는 책임을 지지 않는다. 또한 특정부문의 입장에서는 원가 중에서도 통제가능한 원가에 대해서만 책임을 지므로 특정부문경영자의 성과보고서를 작성하는 경우에는 통제가능원가만을 표시한다. 원가중심점에 대한 성과평가는 실제원가와 표준원가를 비교하여 이루어진다. 원가중심점의 가장 대표적인 예는 제조부문이다.

② 수익중심점

수익중심점(revenue center)은 수익의 발생에 대하여만 책임을 지고 수익을 성과평가대상으로 삼는 책임중심점이다. 수익중심점은 오직 수익의 발생에 대하여만 책임을 지므로 이익에 대하여는 책임을 지지 않는다. 수익중심점에 대한 성과평가는 실제매출액과 예산매출액을 비교하여 이루어진다. 수익중심점의 가장 대표적인 예는 판매부문이다.

그런데 판매부문을 수익중심으로 파악하여 성과를 평가하면 오직 수익에만 관심이 있기 때문에 수익과 관련하여 발생하는 비용 등에 대하여는 전혀 관리가 되지 않을 수 있다. 즉, 매출액만이 성과평가의 대상이 된다면 그와 관련된 판매비는 전혀 관리되지 않을 수 있다. 따라서 기업 전체적인 관점에서 판매부문을 수익중심보다는 이익중심점으로 파악하여 운영하는 것이 바람직하다.

③ 이익중심점

이익중심점(profit center)은 수익과 원가 모두에 대하여 책임을 지고 이익을 성과평가대상으로 삼는 책임중심점이다. 이익중심점은 전체 조직이 될 수도 있지만 조직의 한 부분인 판매부서, 지역단위, 점포단위로 설정될 수도 있다. 이익중심점의 가장 대표적인 예는 제품별, 지역별로 설정되어 있는 판매부문이다.

④ 투자중심점

투자중심점(investment center)은 이익에 대한 책임뿐 아니라 투자에 대해서도 책임을 지는 가장 포괄적인 책임중심점이다. 자원을 얼마나 효율적으로 사용하였는지를 파악하기 위해서는 이익의 크기뿐만 아니라 투자규모도 고려해야 한다. 투자중심점의 성과평가는 투자수익률, 잔여이익 및 경제적 부가가치 등을 기준으로 이루어진다. 투자중심점의 가장 대표적인 예는 분권화된 사업부이다.

책임중심점의 구분

원가중심점	원가에 대해서만 책임을 진다.	예 생산부문
수익중심점	수익에 대해서만 책임을 진다.	예 판매부문
이익중심점	수익과 원가에 대해서 책임을 진다.	예 판매부문
투자중심점	수익, 원가 및 투자에 대해서 책임을 진다.	예 분권화된 사업부

제 2 절 고정예산, 변동예산 및 성과보고서

1. 고정예산

(1) 의 의

고정예산이란 예산기간 동안의 조업도의 변화를 고려하지 않고 특정 조업도를 기준으로 편성한 예산을 말한다. 즉, 단일조업도를 전제로 수립된 예산이므로 조업도, 원가동인 또는 기타상황이 달라지더라도 이를 고려하지 않는다. 예를 들면 종합예산에서 설정된 목표판매량을 기준으로 매출액과 변동비에 대한 예산을 편성하는 것이 고정예산이다.

(2) 장 · 단점

고정예산에서 표시하고 있는 수량과 금액은 기업이 예산기간 중에 달성해야 될 목표를 나타낸다. 따라서 고정예산은 목표달성도(효과성) 측정에 이용할 수 있으며 이익중심점인 판매부문의 성과평가에 유용하다.

고정예산은 특정의 단일조업도를 전제로 수립된 예산이다. 그러나 실제조업도는 예산조업도와 일치하지 않는 것이 일반적이므로 고정예산을 적용하면 능률(효율성)을 측정할 수는 없다. 즉, 동일한 조업도에서 원가를 비교하여야 능률을 측정할 수 있는데 고정예산은 조업도가 다른데도 불구하고 원가를 비교하기 때문에 능률을 적절하게 평가할 수 없다. 따라서 고정예산은 능률을 중요시하는 제조부문의 성과평가에는 사용될 수 없다.

2. 변동예산

(1) 의 의

변동예산은 조업도의 변화에 따라 제품의 원가 및 생산설비의 이용도가 변화된다는 가정에 의하여 여러 수준의 사후적인 실제조업도에 기준하여 예산을 편성하는 방법이다. 즉, 변동예산은 성과평가목적으로 실제액과 비교하기 위하여 실제조업도를 기준으로 사후적으로 편성한 예산이다.

(2) 장 · 단점

변동예산에서는 실제성과와 실제조업도에 허용된 변동예산을 비교하므로 효율성을 측정하기가 용이하며, 이를 통하여 적절한 원가통제를 할 수 있다. 특히 원가중심점인 생산부서의 성과평가에 유용하다. 그러나 변동예산은 단일의 조업도를 기준으로 편성된 예산이 아니므로 목표달성도(효과성) 측정에 이용될 수 없으며, 판매부서의 성과평가에 부적절하다.

고정예산과 변동예산

고정예산	목표조업도를 기준으로 사전에 편성한 예산 ⇨ 효과성 측정
변동예산	실제조업도를 기준으로 사후적으로 편성한 예산 ⇨ 효율성 측정

예 제 1 고정예산과 변동예산

W회사는 연간 제품 생산량이 5,000단위가 될 것으로 예상하고, 다음과 같이 제품 단위당 표준원가를 산정하였다.

직접재료비	2kg × ₩5	=	₩10
직접노무비	2시간 × ₩7	=	14
변동제조간접비	2시간 × ₩5	=	10
고정제조간접비	2시간 × ₩4	=	8
계			₩42

제품의 단위당 예상판매가격은 ₩100이고, 변동판매관리비는 ₩12이며, 고정판매관리비의 연간 예산액은 ₩25,000이다.

[요구사항]

1. W회사의 연간 고정제조간접비예산은 얼마인가?
2. 연간 예상 생산 및 판매량인 5,000단위를 기준으로 고정예산을 편성하시오.
3. 연간 실제 생산 및 판매량이 4,000단위인 경우 변동예산을 편성하시오.

해답

1. X ÷ 5,000단위 = ₩8

   ∴ 고정제조간접비예산(X) = ₩40,000

2.

	고정예산(5,000단위)	
Ⅰ. 매출액	5,000 × 100 =	₩500,000
Ⅱ. 변동비		
1. 직접재료비	5,000 × 10 =	50,000
2. 직접노무비	5,000 × 14 =	70,000
3. 변동제조간접비	5,000 × 10 =	50,000
4. 변동판매관리비	5,000 × 12 =	60,000
Ⅲ. 공헌이익		270,000
Ⅳ. 고정비		
1. 고정제조간접비		40,000
2. 고정판매관리비		25,000
Ⅴ. 영업이익		₩205,000

3.

	변동예산(4,000단위)	
Ⅰ. 매출액	4,000 × 100 =	₩400,000
Ⅱ. 변동비		
1. 직접재료비	4,000 × 10 =	40,000
2. 직접노무비	4,000 × 14 =	56,000
3. 변동제조간접비	4,000 × 10 =	40,000
4. 변동판매관리비	4,000 × 12 =	48,000
Ⅲ. 공헌이익		216,000
Ⅳ. 고정비		
1. 고정제조간접비		40,000
2. 고정판매관리비		25,000
Ⅴ. 영업이익		₩151,000

3. 성과보고서

책임회계에서는 책임중심점의 영업성과를 측정하여 권한에 상응하는 책임을 평가한다. 책임평가를 위한 보고서를 성과보고서(performance report)라 한다. 성과보고서를 작성하면 경영자로 하여금 차이금액에 주의를 집중시키게 하여 예외에 의한 관리가 가능하게 된다.

(1) 성과보고서의 작성원칙

① 변동원가계산에 의해 작성한다.

성과보고서는 변동원가계산(공헌이익접근법)에 따라 작성해야 한다. 왜냐하면 변동원가계산이 전부원가계산보다 경영의사결정에 보다 유용하기 때문이다.

② 통제가능성에 초점을 두고 작성한다.

각 책임중심점별로 작성되는 성과보고서에는 통제가능원가와 통제불능원가를 구분하여 표시하고, 통제가능원가만을 포함하여 성과평가를 실시한다. 왜냐하면 통제불능원가에 대하여는 권한이 없으므로 책임도 없기 때문이다.

③ 다른 부문에서 발생한 능률 또는 비능률을 제거할 수 있도록 작성한다.

제조부문의 성과보고서에 표시되는 실제변동비는 제조과정에서 실제로 발생한 변동비를 표시한다. 그러나 판매부문의 성과보고서에 표시되는 실제변동비는 판매활동과 관련된 것만 실제변동비로 표시하고, 제조활동과 관련된 것은 표준변동비로 표시한다. 그 이유는 제조부문에서 발생한 능률 또는 비능률이 판매부문의 성과에 영향을 미치지 못하도록 하기 위해서이다.

④ 성과보고서는 변동예산 또는 고정예산을 기초로 작성한다.

제조부문의 성과보고서에 표시되는 예산은 변동예산이나, 판매부문의 성과보고서에 표시되는 예산은 고정예산이다. 판매부문은 기업의 내 · 외부 환경을 종합적으로 고려하여 판매를 예측하는 주체일 뿐만 아니라 예측된 판매량 및 매출액을 달성하여야 할 책임을 지고 있는 부문이므로 판매부문의 성과보고서는 변동예산과 고정예산 모두에 기초하여 작성한다. 이에 비해 제조부문은 실제판매량에 근거하여 생산활동을 하게 되므로, 실제생산량에 근거한 변동예산을 기초로 성과보고서를 작성한다.

(2) 변동예산차이와 매출조업도 차이

종합적인 성과보고서는 다음과 같이 나타낼 수 있으며 성과보고서상의 차이는 변동예산 차이와 매출조업도차이로 구성되어 있다.

	실제성과	변동예산차이	변동예산	매출조업도차이	고정예산
판매량	실제판매량		실제판매량		목표판매량
매출액	×××	매출가격차이	×××		×××
변동비	(×××)		(×××)		(×××)
변동제조원가	(×××)	변동제조원가차이	(×××)		(×××)
변동판관비	(×××)	변동판관비차이	(×××)		(×××)
공헌이익	×××		×××	매출조업도차이	×××
고정제조간접비	(×××)	고정제조간접비차이	(×××)		(×××)
고정판관비	(×××)	고정판매관리비차이	(×××)		(×××)
영업이익	×××		×××		×××

① 변동예산차이

실제생산 및 판매량과 변동예산의 차이를 변동예산차이라 한다. 변동예산차이 중에서 매출가격차이와 판매관리비차이는 판매부문과 관련된 것이고 변동제조원가차이와 고정제조간접비차이는 제조부문의 성과평가와 관련된 것이다.

② 매출조업도차이

실제생산 및 판매량에 의한 변동예산과 고정예산의 차이를 매출조업도차이라 한다. 매출조업도차이는 변동예산상의 판매량(실제판매량)과 고정예산상의 판매량(예산판매량)이 다르기 때문에 발생하며 이는 판매부분의 성과평가와 관련된 것이다. 제조부문의 능률 또는 비능률의 영향을 받지 않고 매출조업도차이를 산정하기 위해서 매출조업도차이를 산정할 때는 변동제조원가에서는 차이가 발생하지 않은 것으로 가정한다.

예 제 2 종합적 성과보고서

W회사는 제품을 제조하여 판매하는 회사이다. 회사는 20×1년도의 예상판매량 5,000단위를 기준으로 다음과 같은 공헌이익 손익계산서를 작성하였다.

공헌이익 손익계산서

I. 매 출 액(@200)		₩1,000,000
II. 변 동 비		
1. 직접재료비	150,000	
2. 직접노무비	200,000	
3. 변동제조간접비	100,000	
4. 변동판관비	100,000	550,000
III. 공헌이익		450,000
IV. 고 정 비		
1. 고정제조간접비	250,000	
2. 고정판관비	130,000	380,000
V. 영업이익		₩70,000

20×1년도에 실제로 생산하여 판매한 제품은 4,000단위이며, 단위당 실제 판매가격은 ₩210이다. 그리고 20×1년도에 실제로 발생한 원가는 다음과 같다.

직접재료비	₩130,000	직접노무비	₩180,000
변동제조간접비	70,000	변동판관비	110,000
고정제조간접비	235,000	고정판관비	150,000

이 회사에서는 판매부문은 이익중심점, 생산부문은 원가중심점으로 설계하고 있으므로, 판매부문 경영자는 매출액과 판관비에 대하여 책임을 지며, 생산부문 경영자는 제조원가에 대하여 책임을 진다.

[요구사항]

1. 기업 전체의 종합적 성과보고서를 작성하시오.
2. 종합적 성과보고서에 나타난 판매부문의 이익차이와 생산부문의 원가차이를 구분하여, 고정예산상의 영업이익을 실제영업이익으로 전환하시오.
3. 판매부문과 생산부문에서 책임져야 할 차이는 각각 얼마인가?

해답

1. 종합적 성과보고서

종합적 성과평가에 의한 성과보고서는 실제조업도 4,000단위에 대한 실제원가와 변동예산(4,000단위)을 비교하여 변동예산차이를 분석하고, 변동예산(4,000단위)과 고정예산(5,000단위)을 비교하여 매출조업도차이를 분석한다.

성 과 보 고 서 (기업전체)

	실제성과	변동예산차이	변동예산	매출조업도차이	고정예산
판 매 량	4,000단위	–	4,000단위	1,000단위U	5,000단위
Ⅰ. 매 출 액	₩840,000	₩40,000F	₩800,000		₩1,000,000
Ⅱ. 변 동 비					
1. 직접재료비	130,000	10,000U	120,000①		150,000
2. 직접노무비	180,000	20,000U	160,000		200,000
3. 변동제조간접비	70,000	10,000F	80,000		100,000
4. 변동판관비	110,000	30,000U	80,000		100,000
	₩490,000	₩50,000U	₩440,000		₩550,000
Ⅲ. 공헌이익	₩350,000	₩10,000U	₩360,000	₩90,000U③	₩450,000
Ⅳ. 고 정 비					
1. 고정제조간접비	235,000	15,000F	250,000②		250,000
2. 고정판관비	150,000	20,000U	130,000		130,000
Ⅴ. 영업이익(손실)	₩(35,000)	₩15,000U	₩(20,000)		₩70,000

① 4,000단위 × 150,000/5,000단위 = ₩120,000

② 고정비는 변동예산에서나 고정예산에서나 항상 같다.

③ 이익에 대한 차이이므로 변동예산(좌측)이 작으면 불리한 차이(U)이다.

2. 이익차이의 조정

고정예산상의 영업이익 ₩70,000과 실제 영업손실 ₩35,000의 차이 ₩105,000을 판매부문의 이익차이와 생산부문의 원가차이로 구분하여 보면 다음과 같다.

Ⅰ. 고정예산상의 영업이익		₩70,000
Ⅱ. 차이조정		
1. 판매부문의 이익차이		
① 매출가격차이	40,000 F	
② 매출조업도차이	(90,000)U	
③ 변동판관비차이	(30,000)U	
④ 고정판관비차이	(20,000)U	(100,000)
2. 생산부문의 원가차이		
① 직접재료비차이	(10,000)U	
② 직접노무비차이	(20,000)U	
③ 변동제조간접비차이	10,000 F	
④ 고정제조간접비차이	15,000 F	(5,000)
Ⅲ. 실제 영업이익(손실)		₩(35,000)

3. 차이에 대한 책임

판매활동과 관련하여 발생한 불리한 이익차이 ₩100,000은 판매부문경영자가 책임져야 하고, 생산활동과 관련하여 발생한 불리한 원가차이 ₩5,000은 생산부문경영자가 책임져야 한다.

제 3 절 원가중심점의 성과평가

원가중심점은 원가에 대해서만 책임을 지는 중심점으로서, 생산(제조)부문이 여기에 해당한다. 제조부문의 성과평가는 제2장 표준원가계산에서 이미 살펴보았다. 총차이는 다음과 같이 세분할 수 있다.

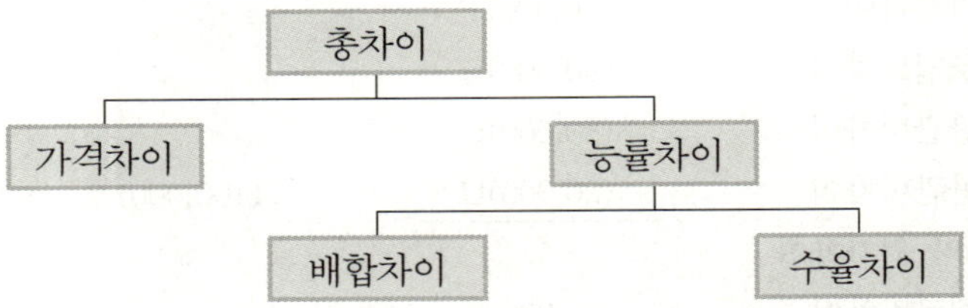

제조부문의 성과평가는 실제원가와 실제산출량에 허용된 표준원가(변동예산)를 비교하여 실시한다.

> 실제원가 < 실제산출량에 허용된 표준원가(변동예산) ⇒ 유리한 차이
> 실제원가 > 실제산출량에 허용된 표준원가(변동예산) ⇒ 불리한 차이

원가차이분석은 차이를 책임지는 부문이 다르므로 가격차이와 능률차이로 구분하여 실시한다. 차이분석 결과 유리한 차이가 발생하면 성과가 양호하고, 불리한 차이가 발생하면 성과가 불리하다고 판단한다. 그리고 원가차이에 대해 책임이 있는 경영자의 성과보고서에 반영하여 성과평가를 실시한다. 또한 경영자는 성과보고서와 원가차이분석을 통해서 문제점을 발견하고 수정조치를 취할 수 있다.

예 제 3 원가중심점의 성과평가

W회사는 단일제품을 생산하고 있으며, 제품 단위당 표준원가는 다음과 같다.

	표준수량	표준가격	표준원가
직접재료비	2kg	₩25/kg	₩50
직접노무비	3시간	3/시간	9
변동제조간접비	3시간	2/시간	6
고정제조간접비	3시간	4/시간	12
제품 단위당 표준원가			₩77

고정제조간접비예산은 연간 ₩80,000이고, 고정제조간접비 예정배부율을 산정하는데 사용된 기준조업도는 20,000직접노동시간이다. 회사는 20×1년 중 제품 5,000개를 생산하였으며, 실제 발생된 제조원가는 다음과 같다. 단, 변동제조간접비는 직접노동시간을 기준으로 배부한다.

직접재료비	12,000kg × ₩27 =	₩324,000
직접노무비	16,000시간 × ₩2.5 =	40,000
변동제조간접비		29,000
고정제조간접비		85,000
		₩478,000

[요구사항]

1. 제조부문의 성과보고서를 작성하시오.
2. 원가요소별로 변동예산차이를 자세히 분석하시오.

해답

1. 제조부문의 성과보고서

	실제성과	변동예산차이	변동예산
생 산 량	5,000개		5,000개
변 동 비			
직접재료비	₩324,000	₩74,000U	₩250,000
직접노무비	40,000	5,000F	45,000
변동제조간접비	29,000	1,000F	30,000
고 정 비			
고정제조간접비	85,000	5,000U	80,000
	₩478,000	₩73,000U	₩405,000

2. 제조원가의 차이분석

(1) 직접재료비

AQ × AP	AQ × SP	SQ × SP
12,000 × 27 = 324,000	12,000 × 25 = 300,000	5,000 × 2 × 25 = 250,000

가격차이 24,000(U)　　능률차이 50,000(U)

(2) 직접노무비

AQ × AP	AQ × SP	SQ × SP
16,000 × 2.5 = 40,000	16,000 × 3 = 48,000	5,000 × 3 × 3 = 45,000

가격차이 8,000(F)　　능률차이 3,000(U)

(3) 변동제조간접비

AQ × AP	AQ × SP	SQ × SP
29,000	16,000 × 2 = 32,000	5,000 × 3 × 2 = 30,000

소비차이 3,000(F)　　능률차이 2,000(U)

(4) 고정제조간접비

실 제	예 산
85,000	20,000 × 4 = 80,000

소비차이 5,000(U)

해설

고정제조간접비 조업도차이는 제조부문 입장에서는 통제불가능한 것이므로 제조부문의 성과보고서에는 반영하지 않는다. 즉, 제조부문의 성과평가를 위해서는 변동예산차이(소비차이)만 분석하면 된다.

제 4 절 이익중심점의 성과평가

1. 개 요

앞에서 설명한 종합적인 성과보고서를 다시 한번 살펴보면 다음과 같다.

	실제성과	변동예산차이	변동예산	매출조업도차이	고정예산
판 매 량	실제판매량		실제판매량		목표판매량
매 출 액	×××	매출가격차이	×××		×××
변 동 비	(×××)		(×××)		(×××)
변동제조원가	(×××)	변동제조원가차이	(×××)		(×××)
변동판관비	(×××)	변동판관비차이	(×××)		(×××)
공헌이익	×××		×××	매출조업도차이	×××
고정제조간접비	(×××)	고정제조간접비차이	(×××)		(×××)
고정판관비	(×××)	고정판매관리비차이	(×××)		(×××)
영업이익	×××		×××		×××

이익중심점의 대표적인 형태는 판매부문이다. 제조부문의 효율 또는 비효율이 판매부문의 성과평가에 영향을 미치지 말아야 하므로 판매부문의 성과를 평가할 때는 제조원가는 예산과 같이 발생한 것으로 가정한다. 따라서 성과보고서에서 음영으로 처리된 부분만이 판매부문의 책임하에 있는 차이들이다. 이 중 판매부문의 책임하에 있는 중요한 요인인 판매가격과 판매수량의 변화가 이익에 미치는 영향을 분석하는 것이 매출차이분석이다.

매출차이분석은 다음과 같이 세분하여 분석한다.

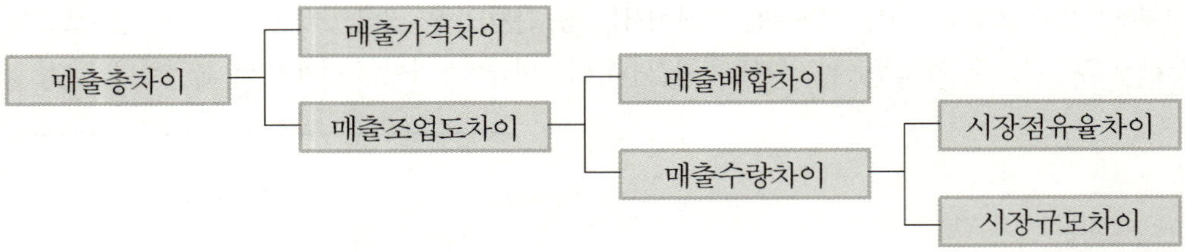

단일제품을 생산·판매하는 기업이라면 총차이를 매출가격차이와 매출조업도차이로만 분석하면 된다. 그러나 복수제품을 생산·판매하는 기업이라면 매출조업도차이를 좀더 세분하여 매출배합차이와 매출수량차이로 분석하고, 매출수량차이를 다시 시장점유율차이와 시장규모차이로 구분하여 분석한다.

2. 매출총차이

매출총차이(total sales variance)란 실제총공헌이익과 예산총공헌이익의 차이를 말한다. 이경우에 실제총공헌이익은 실제매출수량에 실제판매가격에서 표준(예산)변동비를 차감한 금액을 곱한 값으로 하고, 예산공헌이익은 예산매출수량에 예산판매가격에서 표준(예산)변동비를 차감한 값을 곱한 값으로 한다.

$$
\begin{aligned}
\text{매출총차이} &= \text{실제총공헌이익} - \text{예산총공헌이익} \\
&= AQ \times (AP - SV) - BQ \times (BP - SV)
\end{aligned}
$$

AQ : 실제매출수량　　　BQ : 예산매출수량
AP : 실제판매가격　　　BP : 예산판매가격
SV : 표준변동비

위의 계산식을 살펴보면 매출총차이를 계산할 때 변동제조원가뿐만 아니라 변동판매관리비에 대해서도 표준변동비를 적용하고 있다. 이처럼 모든 변동비에 대하여 표준변동비(SV)를 적용하는 이유는 매출총차이의 본질을 판매가격과 매출수량에 기인하여 발생하는 차이로 파악하기 때문이다. 즉, 생산부문에서 발생하는 능률 또는 비능률이 판매부문의 성과에 미치는 영향을 제거하기 위해서이다. 이러한 매출총차이는 크게 판매가격의 변동에 의한 매출가격차이와 매출수량의 변동에 의한 매출조업도차이로 구분한다. 이렇게 구분하는 이유는 실제총공헌이익과 예산총공헌이익간의 차이의 원인을 판매가격 측면과 매출수량 측면에서 각각 파악하기 위해서이다.

3. 매출가격차이와 매출조업도차이

(1) 매출가격차이

매출가격차이(selling price variance)는 제품의 수량을 실제판매량으로 고정시킨 상태에서 실제가격과 예산가격의 차이로 인한 공헌이익의 차이를 의미한다. 즉, 매출가격차이는 실제공헌이익과 예산공헌이익의 차이이다. 그러나 매출가격차이를 분석할 때는 예산상의 변동비를 적용하기 때문에 결과적으로는 실제가격과 예산가격의 차이가 매출가격차이가 된다. 매출가격차이는 다음과 같이 나타낼 수 있다.

$$\text{매출가격차이} = AQ \times (AP - SV) - AQ \times (BP - SV)$$
$$= AQ \times (AP - BP)$$

(2) 매출조업도차이

매출조업도차이(sales volume variance)는 공헌이익을 예산공헌이익으로 고정시킨 상태에서 실제매출수량과 예산매출수량의 차이로 인한 공헌이익의 차이를 의미한다. 즉, 매출조업도차이는 실제매출수량이 고정예산상의 목표매출수량을 달성하였는지를 분석하는 것이다. 매출조업도차이는 다음과 같이 나타낼 수 있다.

$$\text{매출조업도차이} = AQ \times (BP - SV) - BQ \times (BP - SV)$$
$$= (AQ - BQ) \times (BP - SV)$$

(3) 매출가격차이와 매출조업도차이의 분석모형

상기 두 식을 묶어서 하나의 표로 나타내 보면 다음과 같다.

실 제	변동예산(예산배합)	고정예산
실제매출수량 × 예산공헌이익	실제매출수량 × 예산공헌이익	예산매출수량 × 예산공헌이익
AQ × (AP−SV)	AQ × (BP−SV)	BQ × (BP−SV)

매출가격차이 (실제 – 변동예산) / 매출조업도차이 (변동예산 – 고정예산)

매출총차이 (실제 – 고정예산)

매출가격차이를 분석할 때 실제성과와 변동예산 모두에 예산상의 변동비가 적용되므로 이를 달리 표현하면 다음과 같다.

	실제성과	변동예산	고정예산
매 출 액	×××	×××	
	매출가격차이		
공헌이익		×××	×××
		매출조업도차이	

4. 매출배합차이와 매출수량차이

기업이 복수의 제품을 생산 · 판매하는 경우에는 각 제품별로 목표판매량뿐만 아니라 상대적 판매비율도 예산을 설정할 때에 이미 결정되어 있다. 그러므로 매출조업도차이에 영향을 미치는 것은 수량차이뿐만 아니라 배합차이도 있다. 따라서 매출조업도차이는 매출배합차이와 매출수량차이로 세분할 수 있다. 매출배합차이(sales mix variance)란 실제 전체 매출수량에 있어서의 실제 매출배합과 예산 매출배합과의 차이가 공헌이익에 미치는 영향을 말한다. 그리고 매출수량차이(pure sales volume variance)란 실제의 전체매출수량과 예산상의 전체매출수량과의 차이가 공헌이익에 미치는 영향을 말한다. 이를 모형으로 나타내면 다음과 같다.

변동예산(실제배합)	변동예산(예산배합)	고정예산
AQ × (BP−SV)	Total AQ × BM × (BP−SV)	BQ × (BP−SV)
매출배합차이	매출수량차이	
매출조업도차이		

5. 시장점유율차이와 시장규모차이

원가차이분석과는 달리 매출차이를 분석할 때는 시장과의 관계를 고려하여야 한다. 특정 기업의 판매량은 그 기업이 속하는 산업의 시장규모가 일정한 경우라도 그 기업의 시장점유율의 증감에 따라 영향을 받을 수 있고, 그 기업의 시장점유율이 일정한 경우라도 시장규모의 증감에 따라 영향을 받을 수도 있다. 전자를 시장점유율차이라하고 후자를 시장규모차이라 한다. 즉, 시장점유율차이(market−share variance)란 실제시장규모하에서 실제시장점유율과 예산시장점유율의 차이에 따른 예산공헌이익의 차이를 말하고, 시장규모차이(market−size variance)란 고정예산 편성시의 시장점유율이 그대로 유지된다고 가정할 때 실제시장규모와 예산시장규모의 차이에 따른 예산공헌이익의 차이를 말한다.

그런데 시장점유율차이와 시장규모차이는 개별제품별로는 분석하지 않고 같은 산업내에 속하는 제품들을 모두 묶어서 분석을 실시한다. 따라서 특정기업이 생산하고 있는 제품들의 공헌이익을 그 기업이 속한 산업내의 매출배합비율로 가중평균하여 계산한 예산평균공헌이익(budgeted average contribution margin : BACM)을 이용하여 차이분석을 한다.

> **예산평균공헌이익 = Σ(각 제품의 단위당 공헌이익×각 제품의 매출배합비율)**

시장점유율차이와 시장규모차이는 다음과 같은 모형으로 분석할 수 있다.

변동예산	변동예산	고정예산
실제규모 × 실제점유율 × BACM	실제규모 × 예산점유율 × BACM	예산규모 × 예산점유율 × BACM

시장점유율차이 (실제규모 × 실제점유율 × BACM − 실제규모 × 예산점유율 × BACM)
시장규모차이 (실제규모 × 예산점유율 × BACM − 예산규모 × 예산점유율 × BACM)
매출수량차이 (시장점유율차이 + 시장규모차이)

일반적으로 시장점유율은 기업이 어느 정도 통제할 수 있는 요소이나 산업의 총수요를 나타내는 전체시장규모는 기업의 입장에서 통제불가능한 요소이다. 그러므로 성과평가의 대상이 되는 것은 시장점유율차이이다.

6. 판매부문 차이분석의 종합모형

위에서는 판매부분의 차이분석을 요인별로 나누어서 설명하였다. 그런데 차이분석을 할 때 요인별로 서로 다른 모형을 사용하거나 공식을 이용하면 실제 문제풀이에 적용할 때 어려움이 있다. 그래서 이 같은 문제점을 해결하고자 다음과 같은 판매부문 차이분석에 대한 종합모형을 소개하고자 한다. 이는 생산부문의 원가차이 분석을 할 때 사용한 모형을 그대로 활용하는 것이므로 별도로 외우지 않아도 쉽게 적용할 수 있다.

AQ × Acm	AQ × Bcm	AQ' × Bcm	AQ" × Bcm	BQ × Bcm

매출가격차이 (AQ × Acm − AQ × Bcm)
매출조업도차이 (AQ × Bcm − BQ × Bcm)
매출배합차이 (AQ × Bcm − AQ' × Bcm)
매출수량차이 (AQ' × Bcm − BQ × Bcm)
시장점유율차이 (AQ' × Bcm − AQ" × Bcm)
시장규모차이 (AQ" × Bcm − BQ × Bcm)

AQ × Acm : 실제수량 × 실제공헌이익

AQ × Bcm : 실제수량 × 예산공헌이익

AQ' × Bcm : 총실제수량 × 예산배합비율 × 예산공헌이익

AQ" × Bcm : 실제시장규모 × 예산점유율 × 예산배합비율 × 예산공헌이익

BQ × Bcm : 예산수량 × 예산공헌이익

= 예산시장규모 × 예산점유율 × 예산배합비율 × 예산공헌이익

위 종합모형을 적용할 때 주의할 점은 판매부문의 성과를 평가하는 것이므로 공헌이익을 산정할 때 변동비는 예산상의 변동비를 적용한다는 것이다. 왜냐하면 생산부문의 성과가 판매부문에 전가되지 않도록 하기 위해서이다. 그리고 분석의 기본적인 원칙은 더 큰 것으로 묶은 뒤에 예산자료를 이용하여 세분하는 것이다. 이는 문제를 통하여 확인하기 바란다.

예 제 4 판매부문의 성과평가

W회사는 제품 A와 B를 생산 · 판매하고 있다. 20×1년 7월의 원가 및 판매와 관련된 자료는 다음과 같다.

(1) 종합예산

	제품A		제품B
매출수량	360개		240개
단위당 판매가격	₩400		₩500
단위당 변동비	₩200		₩350
고정비		₩45,000	

(2) 실제 판매상황

	제품A		제품B
매출수량	270개		405개
단위당 판매가격	₩450		₩480
단위당 변동비	₩210		₩330
고정비		₩48,000	

(3) 제품 A와 B는 동일한 산업내에서 생산 · 판매되는 제품이며, 예산상 시장규모는 7,500개였으나 실제 시장규모는 9,000개였다.

[요구사항]

1. 매출가격차이와 매출조업도차이를 구하시오.
2. 매출조업도차이를 매출배합차이와 매출수량차이로 세분하시오.
3. 매출수량차이를 시정점유율차이와 시장규모차이로 세분하시오.

해답

1. 매출가격차이와 매출조업도차이

	AQ × (AP－SV)		AQ × (BP－SV)		BQ × (BP－SV)	
제품A	270개 × (450－200) ＝	67,500	270개 × (400－200) ＝	54,000	360개 × (400－200) ＝	72,000
제품B	405개 × (480－350) ＝	52,650	405개 × (500－350) ＝	60,750	240개 × (500－350) ＝	36,000
		120,150		114,750		108,000

매출가격차이 ₩5,400F　　매출조업도차이 ₩6,750F

매출총차이 ₩12,150F

해설

생산·판매되는 제품이 A와 B 두 종류이므로 개별제품별로 매출가격차이와 매출조업도차이를 구하여 모두 합하면 기업전체의 매출가격차이와 매출조업도차이가 계산된다. 단위당 실제공헌이익은 단위당 실제판매가격에서 단위당 표준변동비를 차감하여 계산한다. 위 차이분석은 공헌이익을 분석한 것이므로 실제공헌이익이 크면 유리한 차이(F)이다.

2. 매출배합차이와 매출수량차이

	AQ × (BP－SV)		Total AQ × BM × (BP－SV)		BQ × (BP－SV)	
제품A	270개 × (400－200) ＝	54,000	675개 × 60%* × (400－200) ＝	81,000	360개 × (400－200) ＝	72,000
제품B	405개 × (500－350) ＝	60,750	675개 × 40%* × (500－350) ＝	40,500	240개 × (500－350) ＝	36,000
		114,750		121,500		108,000

매출배합차이 ₩6,750U　　매출수량차이 ₩13,500F

매출조업도차이 ₩6,750F

* A 제품 예산배합비율 : 360개/(360개＋240개) ＝ 60%
B 제품 예산배합비율 : 240개/(360개＋240개) ＝ 40%

해설

매출배합차이와 매출수량차이는 매출조업도차이를 세분한 것이므로 모두 예산상의 공헌이익을 기준으로 분석한다.

3. 시장점유율차이와 시장규모차이

실제규모 × 실제점유율 × BACM	실제규모 × 예산점유율 × BACM	예산규모 × 예산점유율 × BACM
9,000개 × 7.5%① × 180 = ₩121,500	9,000 × 8%② × 180 = ₩129,600	7,500개 × 8% × 180③ = ₩108,000

시장점유율차이 ₩8,100U　　시장규모차이 ₩21,600F

매출수량차이 ₩13,500F

① 실제점유율 : (270+405개)/9,000개 = 7.5%

② 예산점유율 : (360+240개)/7,500개 = 8%

③ 예산평균공헌이익(BACM) : (400−200) × 60% + (500−350) × 40% = ₩180

해설

시장점유율차이가 불리하게 발생한 것은 예산상의 점유율은 8%였으나 실제점유율은 7.5%이므로 나타난 차이이다. 시장규모차이가 유리하게 발생한 것은 예산상의 시장규모는 7,500개였으나, 실제의 시장규모가 9,000개로 증가하였기 때문에 유리하게 나타난 것이다.

위의 분석을 종합적 모형을 이용하여 다음과 같이 한꺼번에 분석할 수 있다.

(1) 자료정리

	실제 공헌이익	예산 공헌이익
제품A	450 − 200 = 250	400 − 200 = 200
제품B	480 − 350 = 130	500 − 350 = 150

예산 시장점유율 : (360+240개)/7,500개 = 8%

(2) 종합모형에 대입

AQ × Acm	AQ × Bcm	AQ' × Bcm	AQ" × Bcm	BQ × Bcm
270 × 250	270 × 200	675 × 360/600 × 200	9,000 × 8% × 360/600 × 200	360 × 200
405 × 130	405 × 150	675 × 240/600 × 150	9,000 × 8% × 240/600 × 150	240 × 150
120,150	114,750	121,500	129,600	108,000

- 매출가격차이 (AQ × Acm − AQ × Bcm): 5,400F
- 매출조업도차이 (AQ × Bcm − BQ × Bcm): 6,750F
  - 매출배합차이 (AQ × Bcm − AQ' × Bcm): 6,750U
  - 개출수량차이 (AQ' × Bcm − BQ × Bcm): 13,500F
    - 시장점유율차이 (AQ' × Bcm − AQ" × Bcm): 8,100U
    - 시장규모차이 (AQ" × Bcm − BQ × Bcm): 21,600F

제 5 절 투자중심점의 성과평가

특정조직의 관리자가 투자결정까지 포함한 거의 모든 면에서 독자적으로 움직일 수 있는 권한을 부여받은 책임중심점을 투자중심점이라 한다. 대표적인 투자중심점으로는 사업부제하에서의 사업부(division)를 들 수 있다. 각 사업부는 독립적 사업이 가능하도록 독자적인 생산, 마케팅 그리고 관리기능을 보유하고 있다. 투자중심점의 성과평가에 사용되는 방법으로는 투자수익률, 잔여이익률, 경제적 부가가치 등이 있다.

1. 투자수익률

(1) 의 의

투자수익률(return on investment : ROI)은 투자중심점의 영업이익과 투자자산의 상대적 비율을 나타내는 것으로서, 투하된 자본금액을 고려하여 투자액에 대한 이익의 비율을 나타내는 수익성지표이다. 투자수익률은 다음 산식과 같이 투자중심점의 영업이익을 투자중심점의 영업자산으로 나누어서 산출한다.

$$\text{투자수익률} = \frac{\text{투자중심점 영업이익}}{\text{투자중심점 영업자산}}$$

이는 투하된 자본 한 단위로 획득한 영업이익의 비율을 나타낸다. 따라서 투자수익률이 높다는 것은 투하된 자본을 효율적으로 사용하였다는 의미이고 투자수익률이 낮다는 것은 투자된 자본을 비효율적으로 사용하였다는 의미이다. 투자중심점 영업자산은 기초자산, 기말자산 또는 가중평균자산 등 여러 개념으로 평가되는데 여기서는 달리 언급이 없는 한 가중평균자산으로 평가한다. 투자수익률은 매출액이익률과 자산회전율의 두 부분의 결합으로 표현할 수 있다. 이를 산식으로 나타내면 다음과 같다.

$$\text{투자수익률} = \frac{\text{투자중심점 영업이익}}{\text{투자중심점 매출액}} \times \frac{\text{투자중심점 매출액}}{\text{투자중심점 영업자산}}$$
$$= \text{매출액이익률} \times \text{자산회전율}$$

따라서 경영자는 투자수익률을 제고시킬 수 있는 방법을 여러 가지로 생각해 낼 수 있다. 가령 매출액이익률을 높이거나, 자산회전율을 높이면 투자수익률이 높아진다. 물론 매출액이익률과 자산회전율을 동시에 올리면 투자수익률은 더 많이 올라 갈 것이다. 결국 투자수익률을 올리는 방법은 수익을 올리든지, 비용을 줄이든지, 아니면 자산을 감소시키는 것이다.

(2) 투자수익률의 장점

① 투자액과 이익을 동시에 고려하므로 투자중심 경영자의 성과평가를 하는데 있어 유용하다.

② 수익성지표와 활동성지표를 동시에 고려한 비율로 표현되기 때문에 다른 투자중심점이나 기업과의 성과를 비교하는데 유용하다.

(3) 투자수익률의 문제점

① 사업부의 성과평가가 투자수익률에 의해서만 이루어지다 보면 회사 전체 입장에서 바람직한 투자안을 기각하게 되는 준최적화(sub−optimization) 현상을 초래할 수 있다.

② 각 투자중심점이 속한 산업마다 회계이익을 결정하는 회계원칙에 차이가 있으므로 상호간 비교가능성을 갖지 못할 수 있고 발생주의회계의 문제점을 그대로 갖는다.

예 제 5 투자수익률

W회사는 지난 해 A사와 계약을 맺고 프린터사업부를 설치 운영하고 있다. 프린터사업부의 당기 영업활동에 관한 자료는 다음과 같다.

영업이익	₩20,000
매 출 액	200,000
투자자산	100,000

[요구사항]

1. 프린터사업부의 투자수익률을 구하시오.
2. 프린터사업부의 사업부장은 매출액을 ₩200,000에서 ₩250,000으로 증가시켰다. 그런데 사업부 비용의 대부분이 고정비이기 때문에 영업이익이 ₩20,000에서 ₩30,000으로 증가하였다고 가정하는 경우의 투자수익률을 구하시오.
3. 사업부장이 비용을 ₩15,600만큼 절감한 결과 영업이익이 ₩35,600이 되었다고 가정할 경우의 투자수익률을 구하시오.

해답

1. 투자수익률 $= \dfrac{20,000}{100,000} = 20\%$

참 고

매출액이익률 : $\dfrac{20,000}{200,000} = 10\%$, 자산회전율 : $\dfrac{200,000}{100,000} = 2$

투자수익률 = 매출액이익률 × 자산회전율

$= 10\% \times 2 = 20\%$

2. 매출액 증가후의 투자수익률

투자수익률 = 매출액이익률 × 자산회전율

투자수익률 $= \dfrac{30,000}{250,000} \times \dfrac{250,000}{100,000} = 30\%$

3. 비용을 절감한 후의 투자수익률

투자수익률 $= \dfrac{35,600}{200,000} \times \dfrac{200,000}{100,000} = 35.6\%$

해설

투자수익률은 사업부의 이익뿐만 아니라 투자액도 함께 고려하는 성과평가지표이기 때문에 사업부의 경영자가 투자액에 대한 통제권한을 행사할 수 있는 경우, 그 경영자의 성과를 측정하는 데에 매우 유용하다.

2. 잔여이익

(1) 의 의

잔여이익(residual income : RI)이란 투자중심점의 영업자산으로부터 획득하여야 하는 최소한의 이익을 초과하는 영업이익을 말한다. 이 때 최소한의 이익이란 투자자산에 대한 최저필수수익률(암묵적이자, 귀속이자, 부가이자)을 말한다. 이를 산식으로 나타내면 다음과 같다.

잔여이익 = 투자중심점 영업이익 − (투자중심점 영업자산×필수투자수익률)

필수투자수익률은 부가이자(imputed interest)이라고도 하는데 이는 기업전체의 자본비용에 해당 사업부의 위험정도를 추가로 반영하여 산출된다. 잔여이익으로 평가한다면 투자중심점 경영자들은 필수투자수익률보다 큰 투자수익률을 가져다주는 투자기회는 받아 들인다.

(2) 잔여이익의 장점

① 잔여이익을 사용하면 투자자금에 여유가 있는 한 최저필수수익률을 초과하는 투자안을 모두 채택하게 되므로 투자수익률을 사용할 경우 발생할 수 있는 준최적화 현상을 해소할 수 있다.

② 투자수익률과 달리 각 사업부의 위험을 반영한다. 따라서 최저필수수익률에 위험을 반영하므로 산업간의 위험 차이를 간단하게 조정할 수 있다.

(3) 잔여이익의 문제점

① 투자규모가 큰 경우에는 잔여이익이 많이 발생하는 것이 일반적이므로 규모가 상이한 투자중심점의 성과를 직접적으로 비교할 수 없다. 또한 기간별 성과평가 비교에도 문제점을 갖는다.

② 잔여이익은 회계이익을 기초로 하므로 발생주의회계의 문제점을 그대로 갖는다.

예 제 6 잔여이익

(주)청정은 규모가 다른 두 개의 사업부로 구성되어 있다. 이들은 모두 투자중심점으로 설계되어 있으며, 각 사업부와 관련된 자료는 다음과 같다.

	A사업부	B사업부
영업자산	₩100,000	₩250,000
영업이익	22,000	40,000

각 사업부에 요구되는 최저필수수익률(암묵적 이자율)은 10%이다.

[요구사항]

1. 각 사업부의 투자수익률을 계산하고 사업부간의 성과를 비교하시오.
2. 각 사업부의 잔여이익을 계산하고 사업부간의 성과를 비교하시오.

해답

1. 투자수익률기준

 투자수익률 = 영업이익 ÷ 투자액

 A사업부 : 22,000 ÷ 100,000 = 22%(1순위)

 B사업부 : 40,000 ÷ 250,000 = 16%(2순위)

2. 잔여이익기준

 잔여이익 = 영업이익 − 투자액 × 최저필수수익률

 A사업부 : 22,000 − 100,000 × 10% = 12,000(2순위)

 B사업부 : 40,000 − 250,000 × 10% = 15,000(1순위)

해설

A사업부에 비해서 B사업부의 잔여이익이 ₩3,000 많으므로 잔여이익을 기준으로 성과평가를 하는 경우에는 B사업부의 성과가 양호하다고 판단한다. 그런데 B사업부의 투자액은 ₩250,000이므로 A사업부의 투자액 ₩100,000보다 2.5배나 더 많은데, 잔여이익은 B사업부가 ₩3,000 많을 뿐이다. 이와 같은 경우 B사업부가 A사업부보다 잔여이익이 많은 것은 경영을 잘 해서가 아니라 투자규모가 컸기 때문이라고 보는 것이 옳을 것이다. 따라서 투자규모를 고려한다면 오히려 A사업부의 경영성과가 양호하다고 판단해야 할 것이다.

3. 경제적 부가가치

(1) 의 의

경제적 부가가치(economic value added : EVA)란 기업이 고유의 영업활동을 통해 창출한 순기업가치의 증가분을 의미하며, 세후순영업이익에서 투하자본에 대한 자본비용을 차감하여 산출한다. 경제적 부가가치는 영업이익에서 국가에 대한 세금, 주주에 대한 자기자본비용, 채권자에 대한 타인자본비용을 차감한 후에 위험의 최종부담자인 주주에게 귀속되는 금액을 의미한다. 따라서 경제적 부가가치가 양(+)이면 자본제공자의 기회비용을 초과하여 경제적으로 새로운 가치를 창출했다는 의미이고 음(−)이면 그렇지 못하였다는 의미이다. 경제적 부가가치는 다음과 같은 산식을 통하여 계산할 수 있다.

$$
\begin{aligned}
\text{EVA} &= \text{세후영업이익} - \text{자본비용} \\
&= \text{세전영업이익} \times (1-\text{법인세율}) - [(\text{총자산}-\text{유동부채})\times \text{WACC}] \\
&= \text{세전영업이익} \times (1-\text{법인세율}) - [(\text{비유동자산}+\text{유동자산}-\text{유동부채})\times \text{WACC}] \\
&= \text{세전영업이익} \times (1-\text{법인세율}) - [(\text{비유동자산}+\text{순운전자본})\times \text{WACC}]
\end{aligned}
$$

경제적 부가가치는 잔여이익의 특수한 형태로 생각하면 이해하기 쉽다. 잔여이익을 산출하는 식에서 투자중심점의 영업이익 대신 '세후 영업이익', 투자중심점의 영업자산 대신 '총자산에서 유동부채를 차감한 금액', 필수투자수익률 대신 '가중평균자본비용'을 사용하면 경제적 부가가치가 산출된다.

(2) 가중평균자본비용(WACC)

투하자본에 대하여 부담하는 비용은 두 종류가 있는데 하나는 부채에 대한 타인자본비용이고 나머지 하나는 자기자본에 대한 자기자본비용이다. 따라서 가중평균자본비용은 타인자본비용과 자기자본비용을 가중평균한 것이다. 이 때 총자본에 대하여 타인자본과 자기자본이 차지하는 비율이 가중치가 된다.

$$
\text{WACC} = \text{타인자본비용} \times (1-t) \times \frac{\text{타인자본}}{\text{총자본}} + \text{자기자본비용} \times \frac{\text{자기자본}}{\text{총자본}}
$$

가중평균자본비용을 계산할 때는 다음 사항에 주의하여야 한다.

① 법인세가 있는 경우에 타인자본비용(이자비용)에 대하여는 법인세절세효과를 고려하여야 한다.

② 가중치로 사용되는 타인자본(부채)과 자기자본(자본)은 장부가액이 아니고 시장가치개념이다.

(3) 경제적 부가가치의 장점

① 경제적 부가가치를 투자중심점의 성과평가지표로 사용하는 경우 주주와 경영자간의 목표를 일치시킴으로서 대리인 문제를 감소시킬 수 있다.

② 세후 영업이익을 기초로 하므로 현금흐름을 중시한다.

③ 다른 성과평가지표보다 기업의 실질가치와 더욱 밀접한 상관관계를 갖는다.

④ 총자본비용을 고려하기 때문에 투자규모가 다른 사업부의 성과평가에도 유용하다.

(4) 경제적 부가가치의 문제점

① 경제적 부가가치 계산을 위해서는 많은 항목들을 사전에 수정해야 할 필요가 있다.

② 회계처리 방법에 따라 세후 영업이익이 달라질 수 있다.

③ 기업의 인적 자산과 같은 무형의 자산에 대한 가치를 고려하지 못하고 있다.

④ 가중평균자본비용의 산정이 용이하지 않다.

잔여이익(RI)과 경제적 부가가치(EVA) 비교

	잔여이익(RI)	경제적 부가가치(EVA)
이익개념	세전영업이익	세후영업이익
투자개념	총자산	총자산−유동부채
할 인 율	최저필수수익률	가중평균자본비용
자기자본	고려 함	고려하지 않음

예 제 7 경제적 부가가치

다음 자료를 이용하여 경제적 부가가치(EVA)를 구하시오.

세전영업이익	₩1,500,000	비유동자산	₩3,000,000
유동자산	1,000,000	유동부채	500,000
부채의 이자비용	15%	자기자본비용	21%
부채의 시장가치	1,000,000	자기자본의 시장가치	2,000,000
법인세율	40%		

해답

1. 가중평균자본비용

$$= \text{타인자본비용} \times (1-\text{법인세율}) \times \frac{B}{S+B} + \text{자기자본비용} \times \frac{S}{S+B}$$

$$= 15\% \times (1-0.4) \times \frac{1,000,000}{2,000,000+1,000,000} + 21\% \times \frac{2,000,000}{2,000,000+1,000,000}$$

$$= 17\%$$

2. 경제적 부가가치

1,500,000 × (1−0.4) − (3,000,000+1,000,000−500,000) × 17% = ₩305,000

연 습 문 제

COST ACCOUNTING

문 1 판매 및 생산부문의 성과보고서

W회사는 단일제품을 제조하여 판매하는 회사이다. 이 회사는 20×1년의 예상판매량 8,250단위를 기준으로 다음과 같은 예산공헌이익 손익계산서를 작성하였다.

공헌이익 손익계산서

Ⅰ. 매 출 액(@200)		₩1,650,000
Ⅱ. 변 동 비		
1. 직접재료비	₩346,500	
2. 직접노무비	231,000	
3. 변동제조간접비	198,000	
4. 변동판매관리비	165,000	940,500
Ⅲ. 공헌이익		₩709,500
Ⅳ. 고 정 비		
1. 고정제조간접비	330,000	
2. 고정판매관리비	240,000	570,000
Ⅴ. 영업이익		₩139,500

〈추가자료〉

(1) 20×1년에 실제로 생산·판매한 제품은 7,500단위이며, 단위당 실제 판매가격은 ₩210이다.

(2) 20×1년에 실제로 발생한 원가는 다음과 같다.

직접재료비	₩327,500	직접노무비	₩215,000
변동제조간접비	204,000	변동판매관리비	159,000
고정제조간접비	310,000	고정판매관리비	250,000

(3) 회사의 판매부문은 이익중심점으로, 생산부문은 원가중심점으로 설계되어 있다. 그래서 판매부문 경영자는 매출액과 판매관리비에 대해 책임을 지며, 생산부문 경영자는 제조원가에 대해 책임을 진다.

[요구사항]

1. 제품의 생산량이 다음과 같다고 가정하고 각 생산량 수준에서의 변동예산을 편성하시오. 단, 회사의 관련범위는 5,000단위에서 10,000단위이다.
   (1) 5,000단위
   (2) 7,500단위
   (3) 8,000단위

2. 원가중심점인 생산부문의 성과보고서를 작성하시오.
3. 이익중심점인 판매부문의 성과보고서를 작성하시오.

해답

1. 변동예산의 편성

	5,000단위	7,500단위	8,000단위
I. 매 출 액	₩1,000,000	₩1,500,000	₩1,600,000
II. 변 동 비			
1. 직접재료비	210,000①	315,000	336,000
2. 직접노무비	140,000②	210,000	224,000
3. 변동제조간접비	120,000③	180,000	192,000
4. 변동판매관리비	100,000④	150,000	160,000
합 계	₩570,000	₩855,000	₩912,000
III. 공헌이익	₩430,000	₩645,000	₩688,000
IV. 고 정 비			
1. 고정제조간접비	330,000	330,000	330,000
2. 고정판매관리비	240,000	240,000	240,000
V. 영업이익(손실)	₩(140,000)	₩75,000	₩118,000

① 346,500 × 5,000단위/8,250단위 = ₩210,000
② 231,000 × 5,000단위/8,250단위 = ₩140,000
③ 198,000 × 5,000단위/8,250단위 = ₩120,000
④ 165,000 × 5,000단위/8,250단위 = ₩100,000

2. 생산부문의 성과보고서

(7,500단위) 성과보고서 (생산부문)

	실제성과	변동예산	차 이
직접재료비	₩327,500	₩315,000	₩12,500 U
직접노무비	215,000	210,000	5,000 U
변동제조간접비	204,000	180,000	24,000 U
고정제조간접비	310,000	330,000	20,000 F
합 계	₩1,056,500	₩1,035,000	₩21,500 U

3. 판매부문의 성과보고서

성과보고서 (판매부문)

	실제성과	고정예산	차 이
	7,500단위	8,250단위	750단위 U
Ⅰ. 매 출 액	₩1,575,000②	₩1,650,000	
Ⅱ. 변 동 비			
1. 표준변동제조원가	705,000①	775,500	
2. 변동판매관리비	159,000②	165,000	
Ⅲ. 공헌이익	₩711,000	₩709,500	₩1,500 F
Ⅳ. 고정판매관리비	250,000②	240,000	10,000 U
Ⅴ. 부문공헌이익	₩461,000	₩469,500	₩8,500 U

① 표준변동제조원가 : 315,000 + 210,000 + 180,000 = ₩705,000

② 매출액, 변동판매관리비 및 고정판매관리비는 모두 실제 발생액으로 표시한다.

해설

1. 각 조업도수준에서의 변동예산은 조업도에 따라 증감하는 매출액과 변동비는 실제조업도에 각각 단위당 판매가격과 단위당 변동비를 곱한 금액이 된다. 그러나 조업도에 관계없이 일정하게 발생하는 고정비는 당초의 예산원가가 그대로 변동예산에서의 예산고정비가 된다.

2. 원가중심점인 생산부문의 성과보고서는 실제성과와 변동예산을 비교하여 작성하며, 생산부문에서 책임져야 할 제조원가만을 표시한다. 이와 같이 고정예산과 비교하지 않고 변동예산과 비교하는 이유는 생산량은 생산부문 경영자 입장에서는 통제불가능한 경우가 대부분이기 때문이다.

3. 판매부문의 성과보고서는 실제성과와 고정예산(종합예산)을 비교하여 작성한다. 그리고 실제성과에 표시되는 변동제조원가는 표준변동제조원가를 표시하고, 나머지 매출액, 변동판매관리비 및 고정판매관리비는 모두 실제발생액으로 표시한다. 이와 같이 하는 이유는 판매부문의 성과보고서에서 생산부문의 비능률로 인하여 발생하는 원가차이를 제거하기 위함이다.

문 2 종합성과보고서

한국회사의 20×1년의 예산매출은 10,000개이고 예산 판매가격은 개당 ₩50이다. 표준변동제조원가 및 판매비는 개당 ₩30이다. 20×1년의 실제 판매가격은 개당 ₩55이었고, 영업이익은 고정예산보다 ₩50,000이 감소하였다.

[요구사항]

종합적인 성과보고서를 작성하고자 한다. 다음 표의 ①~⑰에 들어갈 금액을 산정하시오. ①, ⑩, ⑬은 수량으로 답하고 나머지는 금액으로 답하시오. 단, 다음 표의 물음표(?)는 풀이과정에서 모두 산출할 수 있는 것이다.

	실제	가격차이	능률차이	변동예산	조업도차이	고정예산
판 매 량	①	–	–	⑩	⑬	10,000개
매 출 액	②	⑦	–	⑪	₩100,000(U)	?
변 동 비	③	⑧	?	⑫	⑭	?
공헌이익	④	₩30,000(U)	?	?	⑮	⑯
고 정 비	⑤	–	–	₩50,000	–	₩50,000
영업이익	⑥	?	⑨	?	?	⑰

※ 참고 : U는 불리한 차이를 의미하고 F는 유리한 차이를 의미함

해답

	실 제	가격차이	능률차이	변동예산	조업도차이	고정예산
판 매 량	8,000개	–	–	8,000개	2,000(U)개	10,000개
매 출 액	440,000	40,000(F)	–	400,000	100,000(U)	500,000*1
변 동 비	290,000	70,000(U)	20,000(F)*5	240,000	60,000(F)	300,000*2
공헌이익	150,000	30,000(U)	20,000(F)*5	160,000	40,000(U)	200,000
고 정 비	50,000	–	–	50,000	–	50,000
영업이익	100,000	30,000(U)*4	20,000(F)	110,000*3	40,000(U)	150,000

해설

*1 10,000개 × 50 = ₩500,000

*2 10,000개 × 30 = ₩300,000

⑯ 500,000 − 300,000 = ₩200,000

⑰ 200,000 − 50,000 = ₩150,000

⑪ 500,000 − 100,000 = ₩400,000

⑩ 400,000 ÷ 50 = 8,000개

⑬ 10,000개 − 8,000개 = 2,000개

⑫ 8,000개 × 30 = ₩240,000

⑭ 300,000 − 240,000 = ₩60,000(F)

⑮ 100,000 − 60,000 = 40,000(U)

① 8,000개(변동예산의 수량과 동일)

② 8,000개 × 55 = ₩440,000

⑦ 440,000 − 400,000 = ₩40,000(F) 또는 8,000개 × (55−50) = ₩40,000(F)

⑧ 40,000(F) − 70,000(U) = 30,000(U)

⑥ 150,000 − 50,000 = ₩100,000

*3 160,000 − 50,000 = ₩110,000

*4 ₩30,000(공헌이익 차이와 동일)

⑨ 100,000 + 30,000(U) − 20,000(F) = ₩110,000

*5 ₩20,000(영업이익 차이와 동일)

③ 240,000 − 20,000 + 70,000 = ₩290,000

④ 440,000 − 290,000 = ₩150,000

⑤ 150,000 − 100,000 = ₩50,000

문 3 판매부분의 성과평가 : 매출조업도차이의 세분

㈜태종은 갑과 을 두 종류의 제품을 제조 및 판매하고 있다. 다음은 당사의 예산 및 실제자료이다.

예산자료

제 품	단위당 판매가격	단위당 변동비	판매량
갑	₩200	₩110	600개
을	150	80	400개

실제자료

제 품	단위당 판매가격	단위당 변동비	판매량
갑	₩180	₩100	1,000개
을	160	100	200개

한편, 갑과 을은 각각 동일 산업내에서 판매되는 제품이며 상호 대체가 가능한 제품이다. 시장규모에 대한 예산 및 실제 자료는 다음과 같다.

- 예산시장 규모 5,000개
- 실제시장 규모 6,400개

[요구사항]

차이를 산정하는 경우에는 반드시 유리 또는 불리를 밝히시오.

1. 매출가격차이와 매출조업도 차이를 구하시오.
2. 매출배합차이와 매출수량차이를 구하시오.
3. 매출배합차이가 유리하다는 것의 의미는 무엇인가? 3줄 이내로 설명하시오.
4. 시장점유율차이와 시장규모차이를 구하시오.
5. 수량차이를 시장점유율차이와 시장규모차이로 구분하는 이유는 무엇인가? 3줄 이내로 설명하시오.

해답

- 자료정리

	실제 공헌이익*	예산 공헌이익
갑	180 − 110 = 70	200 − 110 = 90
을	160 − 80 = 80	150 − 80 = 70

* 매출에 대한 성과를 평가하는 것이므로 예산상의 변동비를 적용한다.

1.

	AQ × Acm	AQ × Bcm	BQ × Bcm
갑	1,000 × 70	1,000 × 90	600 × 90
을	200 × 80	200 × 70	400 × 70
	86,000	104,000	82,000

매출가격차이 18,000(불리)　　　매출조업도차이 22,000(유리)

2.

	AQ × Bcm	AQ′ × Bcm	BQ × Bcm
갑	1,000 × 90	1,200 × 0.6 × 90	600 × 90
을	200 × 70	1,200 × 0.4 × 70	400 × 70
	104,000	98,400	82,000

매출배합차이 5,600(유리)　　　매출수량차이 16,400(유리)

3. 매출배합차이의 의미
   매출배합차이가 유리하다는 것은 단위당 공헌이익이 높은 제품을 예산보다 더 높은 비율로 판매했다는 의미이다.

4.

	AQ′ × Bcm	AQ″ × Bcm	BQ × Bcm
갑	1,200 × 0.6 × 90	6,400×0.2* × 0.6 × 90	600 × 90
을	1,200 × 0.4 × 70	6,400×0.2* × 0.4 × 70	400 × 70
	98,400	104,960	82,000

시장점유율차이 6,560(불리)　　　시장규모차이 22,960(유리)

* 예산시장점유율 = 1,000(예산판매수량) ÷ 5,000(예산시장규모) = 0.2

5. 수량차이의 세분
   개별기업의 입장에서 시장규모차이는 통제불가능한 요소이다. 성과평가를 올바르게 하려면 통제불가능한 요소를 배제하여야 하므로 수량차이를 시장점유율차이와 시장규모차이로 세분한다.

참 고

시장점유율차이와 규모차이는 가중평균공헌이익을 이용하여 다음과 같이 산정할 수도 있다.

(1) 가중평균공헌이익 = (600×90+400×70) ÷ (600+400) = 82

또는 90 × 0.6 + 70 × 0.4 = 82

(2) 차이분석

AQ′ × Bcm	AQ″ × Bcm	BQ × Bcm
6,400 × 0.1875* × 82	6,400 × 0.2 × 82	5,000 × 0.2×82
= 98,400	= 104,960	= 82,000

시장점유율차이 6,560(불리) | 시장규모차이 22,960(유리)

* 실제 시장점유율 = 1,200 ÷ 6,400 = 0.1875

(3) 평가

참고에서 소개한 방법으로 시장점유율차이와 시장규모차이를 구하는 것이 일반적이나 이는 그 동안의 풀이 방법과 상이하게 접근하고 시간도 많이 소요되므로 권장할 만한 방법은 아니다. 따라서 물음4의 해답에서 소개한 방법으로 일관성 있게 접근하는 것이 훨씬 간편하다. 즉, AQ′나 AQ″를 AQ를 세분하여 분석하는 것으로 이해하고 더 넓은 범위에서 예산배합비율이나 예산점유율을 이용하여 분석하면 된다. 예를 들어 배합차이는 실제수량 1,200개(1,000+200)를 인정하되 예산배합비율을 적용하여 산정하고, 시장점유율차이는 실제시장규모 6,400개는 인정하되 예산점유율을 적용하여 산정한다.

문 4 제품별, 지역별 손익계산서 작성

W전자는 냉장고와 비디오를 생산하여 판매하는 회사로서, 제품별로 독립된 사업부로 설계하여 운영하고 있다. 그러므로 냉장고 사업부에서는 냉장고의 판매와 관련된 책임을 지는 반면, 비디오 사업부에서는 비디오의 판매와 관련된 책임을 지고 있다. 그런데 지난해에 개발한 신형냉장고가 소비자들에게 좋은 반응을 얻고 있어서 냉장고 사업부는 상당한 이익을 달성하였다. 그러나 비디오 사업부는 경쟁업체의 등장으로 인하여 판매가 저조하여 영업성과가 부진한 상태에 있다. W전자가 20×1년 동안의 실제성과에 의하여 작성한 공헌이익 손익계산서는 다음과 같다.

공헌이익 손익계산서

	냉장고 사업부	비디오 사업부	회사전체
Ⅰ. 매 출 액	₩8,000,000	₩6,000,000	₩14,000,000
Ⅱ. 변 동 비			
1. 변동제조원가	2,100,000	2,350,000	4,450,000
2. 변동판매관리비	640,000	660,000	1,300,000
Ⅲ. 공헌이익	₩5,260,000	₩2,990,000	₩8,250,000
Ⅳ. 통제가능고정비	3,500,000	2,900,000	6,400,000
Ⅴ. 사업부 공헌이익	₩1,760,000	₩90,000	1,850,000
Ⅵ. 통제불능고정비			920,000
Ⅶ. 순 이 익			₩930,000

〈추가자료〉

1. W전자의 경영진은 비디오 사업부에 문제가 있지 않나 생각하고, 비디오 사업부에서 취급하고 있는 A형, B형, C형 비디오를 분석한 결과 다음과 같은 정보를 얻었다.

	A형	B형	C형	합 계
매 출 액	₩2,500,000	₩1,500,000	₩2,000,000	₩6,000,000
변동제조원가율	32.0%	34.0%	52.0%	
변동판매관리비율	10.6%	13.0%	10.0%	
공헌이익률	57.4%	53.0%	38.0%	
통제가능고정비	900,000	650,000	1,050,000	2,600,000
영업이익	₩535,000	₩145,000	₩(290,000)	₩390,000

2. 회사는 비디오 사업부의 개별재품에 대해서 분석한 결과 C형 제품이 손실을 발생하고 있다는 사실을 발견하였다. 그래서 그 원인을 파악하기 위하여 C형 제품과 관련된 정보를 판매지역별로 분석하여 다음과 같은 자료를 얻게 되었다.

	부산지역	서울지역	합 계
매 출 액	₩800,000	₩1,200,000	₩2,000,000
변동제조원가	52%	52%	
변동판매관리비율	16%	6%	
공헌이익률	?	?	
통제가능고정비	₩350,000	₩280,000	₩630,000

[요구사항]

1. 비디오 사업부를 중심으로 각 제품의 성과를 나타내는 제품별 손익계산서를 작성하시오.
2. C형 제품을 중심으로 각 지역의 성과를 나타내는 지역별 손익계산서를 작성하시오.
3. 상기에서 작성한 손익계산서를 이용하여 비디오 사업부의 영업성과가 부진한 이유와 비디오 사업부 경영자가 어느 지역을 집중 관리해야 하는지를 설명하시오.

해답

1. 제품별 손익계산서

제품별 손익계산서 (비디오 사업부)

	A형	B형	C형	사업부전체
Ⅰ. 매 출 액	₩2,500,000	₩1,500,000	₩2,000,000	₩6,000,000
Ⅱ. 변 동 비				
1. 변동제조원가	800,000①	510,000	1,040,000	2,350,000
2. 변동판관비	265,000	195,000	200,000	660,000
Ⅲ. 공헌이익	₩1,435,000	₩795,000	₩760,000	₩2,990,000
Ⅳ. 통제가능고정비	900,000	650,000	1,050,000	2,600,000
Ⅴ. 제품별 공헌이익	₩535,000	₩145,000	₩(290,000)	₩390,000
Ⅵ. 공통원가				300,000②
Ⅶ. 사업부영업이익				₩90,000

① 2,500,000 × 32% = ₩800,000

② 2,900,000 − 2,600,000 = ₩300,000

2. 지역별 손익계산서 : C형

지역별 손익계산서 (C형 제품)

	부산지역	서울지역	C형 전체
Ⅰ. 매 출 액	₩800,000	₩1,200,000	₩2,000,000
Ⅱ. 변 동 비			
1. 변동제조원가	416,000①	624,000	1,040,000
2. 변동판관비	128,000	72,000	200,000
Ⅲ. 공헌이익	₩256,000	₩504,000	₩760,000
Ⅳ. 통제가능고정비	350,000	280,000	630,000
Ⅴ. 지역별 공헌이익	₩(94,000)	₩224,000	₩130,000
Ⅵ. 공통원가			420,000②
Ⅶ. 영업이익			₩(290,000)

① 800,000 × 52% = ₩416,000

② 1,050,000 − 630,000 = ₩420,000

3.

(1) 비디오 사업부의 성과가 부진한 이유

① C형 제품의 변동제조원가율이 A형과 B형보다 높다.

② C형 제품의 통제가능고정비가 A형과 B형보다 높다.

③ 부산지역의 변동판관비 비율이 서울지역의 변동판관비 비율보다 높다.

④ 부산지역의 매출액은 서울지역보다 적은데도 불구하고, 통제가능고정비는 서울지역보다 오히려 많다.

(2) 집중관리해야 할 지역

이상과 같은 이유로 비디오 사업부 경영자는 부산지역을 집중 관리해야 한다.

해설

1. 비디오 사업부의 제품별 매출액이 제시되었으므로, 각 제품의 매출액에 변동제조원가율과 변동판관비율을 곱한 금액을 제품별 손익계산서에 표시한다. 그리고 각 제품의 매출액에서 변동비를 차감하면 공헌이익이 되며, 공헌이익에서 각 제품의 통제가능고정비를 차감하면 각 제품의 공헌이익이 계산된다. 그리고 사업부 전체의 통제가능고정비 ₩2,900,000에서 비디오 사업부의 제품별 통제가능고정비 ₩2,600,000을 차감한 ₩300,000이 비디오 사업부의 공통원가가 된다.

2. C형 제품의 지역별 손익계산서에는 지역별 매출액에 변동제조원가율과 변동판관비율을 곱한 금액을 지역별 손익계산서에 표시한다. 그리고 지역별 매출액에서 변동비를 차감하면 공헌이익이 계산되며, 공헌이익에서 각 지역의 통제가능고정비를 차감하면 각 지역별 공헌이익이 계산된다. 그리고 C형 제품 전체의 통제가능고정비 ₩1,050,000에서 지역별 통제가능고정비 ₩630,000을 차감한 ₩420,000이 C형 제품의 공통원가가 된다.

문 5 투자수익률과 잔여이익

(주)한국은 전자제품을 생산하여 판매하는 회사로서 분권화된 세 개의 제품별 사업부로 운영하고 있다. 이들은 모두 투자중심점으로 설계되어 있으며, 회사의 최저필수수익률은 21%이며, 각 사업부의 20×1년도의 영업자산, 영업이익 및 매출액에 관한 정보는 다음과 같다.

	TV사업부	냉장고사업부	에어콘사업부
영업자산	₩600,000	₩300,000	₩200,000
영업이익	216,000	120,000	45,000
매 출 액	3,000,000	1,200,000	600,000

[요구사항]

1. 각 사업부별로 다음을 계산하시오.
   (1) 매출액이익률
   (2) 자산회전율
2. 투자수익률 기준으로 성과평가를 하고 우선순위를 결정하시오.
3. 잔여이익 기준으로 성과평가를 하고 우선순위를 결정하시오.
4. 현재 TV사업부는 ₩200,000을 투자하면 ₩60,000의 이익을 얻을 수 있는 새로운 투자기회를 검토하고 있다. 새로운 투자에 소요되는 예산은 현재의 자본비용수준으로 조달할 수 있다. 다음 각각의 기준에 의해 투자안의 채택여부를 결정하시오.
   (1) 투자수익률기준
   (2) 잔여이익기준

해답

1. 매출액이익률, 자산회전율
   (1) 매출액이익률

	TV사업부	냉장고사업부	에어콘사업부
영업이익	₩216,000	₩120,000	₩45,000
매 출 액	÷3,000,000	÷1,200,000	÷ 600,000
매출액이익률	7.2%	10%	7.5%

   (2) 자산회전율

	TV사업부	냉장고사업부	에어콘사업부
매 출 액	₩3,000,000	₩1,200,000	₩600,000
영업자산	÷600,000	÷300,000	÷200,000
자산회전율	5회	4회	3회

2. 투자수익률 기준 : 우선순위 결정

사업부	투자수익률	순위
TV	7.2% × 5회 = 36.0%	2
냉장고	10.0% × 4회 = 40.0%	1
에어콘	7.5% × 3회 = 22.5%	3

3. 잔여이익 기준

사업부	잔여이익	순위
TV	216,000 − 600,000 × 21% = ₩90,000	1
냉장고	120,000 − 300,000 × 21% = ₩57,000	2
에어콘	45,000 − 200,000 × 21% = ₩3,000	3

4. 투자안의 채택여부 결정

(1) 투자수익률 기준

① 현재의 투자수익률 : ₩216,000 ÷ ₩600,000 = 36%

② 투자후의 투자수익률 : ₩276,000 ÷ ₩800,000 = 34.5%

∴ 투자안을 기각한다.

(2) 잔여이익 기준

① 현재의 잔여이익 : ₩216,000 − ₩600,000 × 21% = ₩90,000

② 투자후의 잔여이익 : ₩276,000 − ₩800,000 × 21% = ₩108,000

∴ 투자안을 채택한다.

해설

성과평가기준이 투자수익률인 경우에는 새로운 투자후의 투자수익률이 현재의 투자수익률보다 높으면 투자안을 채택하고 낮으면 기각한다. 성과평가기준이 잔여이익인 경우에는 새로운 투자후의 잔여이익이 현재의 잔여이익보다 크면 새로운 투자안을 채택하고 작으면 기각한다.

문 6 가격결정 : 투자수익률과 잔여이익

W회사는 다양한 완구를 생산 · 판매하고 있다. 사업부 중의 하나인 인형사업부는 인형을 제조하여 판매하고 있는데, 인형은 어린이들에게 매우 인기가 있다. 인형에 대한 수요는 상대적으로 가격에 대하여 민감하지 않다. 인형사업부는 투자중심점으로 설계되어 있으며, 최근의 투자수익률은 평균 20%이다. 다음은 인형사업부 및 그들 제품에 관한 정보이다.

연간 총고정비	₩1,000,000
인형의 단위당 변동비	300
매년 판매된 평균인형수	10,000개
사업부에 투자된 평균영업자산	₩1,600,000
최저필수수익률	15%

[요구사항]

1. 투자중심점 경영자의 성과평가가 투자수익률에 근거하여 평가된다면, 인형사업부의 사업부장이 양호한 성과평가를 받기 위해서 부과해야 하는 단위당 최소판매가격은 얼마인가?
2. 투자중심점 경영자의 성과평가가 잔여이익에 근거하여 평가된다고 가정하고 물음1에 다시 답하시오. 단, 최저필수수익률은 15%이다.

해답

1. 투자수익률 기준
   (1) 목표이익 : 1,600,000 × 20% = ₩320,000
   (2) 단위당 최소판매가격(P)
   10,000P − 10,000개 × 300 − 1,000,000 = ₩320,000
   ∴ P = ₩432

2. 잔여이익 기준
   (1) 목표이익 : 1,600,000 × 15% = ₩240,000
   (2) 단위당 최소판매가격(P)
   10,000P − 10,000개 × 300 − 1,000,000 = ₩240,000
   ∴ P = ₩424

해설

투자수익률을 기준으로 성과평가를 하는 경우에는 투자중심점의 영업자산으로부터 20%를 초과하는 투자수익률을 얻을 수 있도록 판매가격이 결정되면 된다. 잔여이익을 기준으로 성과평가 하는 경우에는 투자중심점의 영업자산으로부터 최저필수수익률을 달성할 수 있도록 판매가격이 결정되면 된다.

문 7 사업부의 성과평가와 대체가격

(주)백두는 독립된 사업부 A, B로 구성되어 있으며 각 사업부의 20×1년의 자료는 다음과 같다(단, 자산은 모두 영업자산이고 비유동부채는 모두 이자발생부채이다.).

	A사업부	B사업부	합 계
유동자산	2,000,000	4,000,000	6,000,000
비유동자산	4,000,000	8,000,000	12,000,000
합계	6,000,000	12,000,000	18,000,000
유동부채	1,000,000	2,000,000	3,000,000
비유동부채			10,000,000
자본			5,000,000
합계			₩18,000,000

	A사업부	B사업부	합 계
매출액	5,000,000	8,000,000	13,000,000
변동비	3,400,000	2,500,000	5,900,000
고정비	400,000	3,340,000	3,740,000
영업이익	₩1,200,000	₩2,160,000	₩3,360,000

〈추가자료〉

1. 비유동부채의 장부가치와 시장가치는 동일하며 이자율은 10%이다.
2. 자본의 시장가치는 ₩10,000,000이며, 자기자본비용은 12%이다.
3. 법인세율은 40%이다.
4. 사업부A는 중간제품X만 생산·판매하며 20×1년의 생산·판매량은 10,000단위였다.
5. 사업부B는 중간제품X를 이용하여 최종제품Y를 생산하고 있는데, 현재는 중간제품X를 외부시장에서 단위당 ₩480에 구입하고 있다.

[요구사항]

1. 각 사업부의 투자수익률(ROI)을 구하시오.
2. 각 사업부의 잔여이익(RI)을 구하시오. 단 최저필수수익률은 10%로 가정한다.
3. 각 사업부의 경제적 부가가치(EVA)를 구하시오.
4. 20×2년에 B사업부가 A사업부에 중간제품X, 2,000단위를 단위당 ₩460에 대체하여 줄 것을 제안하였다. A사업부가 2,000단위를 내부대체하려면 ₩800,000의 신규투자가 필요하다. 이 신규투자로 인하여 당기에 비용처리 될 금액은 ₩200,000이다. 단, 내부대체의사결정은 외부판매에는 전혀 영향이 없는 것으로 가정한다.
   ① 각 사업부가 영업이익의 크기에 따라 성과평가를 받을 경우에 사업부A는 이 제안을 받아들이겠는가?
   ② 사업부A가 위 ①의 상황에서 내부대체를 하기로 결정한 경우에 회사전체관점에서 영업이익의 증감은 얼마가 되겠는가?
   ③ 각 사업부가 투자수익률에 의하여 성과평가를 받을 경우에 사업부A는 이 제안을 받아들이겠는가? 내부대체전 투자수익률은 20%이며, 계산의 편의상 최초투자액(₩800,000)에 기초하여 투자수익률을 산정하는 것으로 가정한다.
   ④ 잔여이익으로 사업부를 평가한다면 사업부A의 경영자가 성과평가를 불리하게 받지 않기 위해서는 내부대체가격을 최소한 얼마로 책정하여야 하겠는가? 단, 최저필수수익률은 10%로 가정한다.

해답

1. $\text{ROI(A)} = \dfrac{1{,}200{,}000}{6{,}000{,}000} = 20\%$

   $\text{ROI(B)} = \dfrac{2{,}160{,}000}{12{,}000{,}000} = 18\%$

2. RI(A) = 1,200,000 − 6,000,000 × 0.1 = ₩600,000
   RI(B) = 2,160,000 − 12,000,000 × 0.1 = ₩960,000

3. $\text{WACC} = 0.1 \times (1-0.4) \times \dfrac{10{,}000{,}000}{20{,}000{,}000} + 0.12 \times \dfrac{10{,}000{,}000}{20{,}000{,}000} = 9\%$

   EVA(A) = 1,200,000 × (1−0.4) − (6,000,000 − 1,000,000) × 9% = ₩270,000
   EVA(B) = 2,160,000 × (1−0.4) − (12,000,000 − 2,000,000) × 9% = ₩396,000

4.

① 증분수익	2,000 × 460	=	920,000
증분비용	2,000 × 340 + 200,000	=	880,000
증분이익			₩40,000

② 사업부A의 증분이익			40,000
사업부B의 증분이익	(480−460) × 2,000	=	40,000
			₩80,000

■ **별해**

$$\text{최소대체가격} = 340 + \frac{200,000}{2,000} = ₩440, \quad \text{최대대체가격} = ₩480$$

∴ 회사전체이익 증가액 = (480−440) × 2,000 = ₩80,000

③ $\frac{(460-340)\times 2,000-200,000}{800,000} = 5\%$ ∴ 기각한다.

④ $[(P-340)\times 2,000-200,000] - 800,000 \times 0.1 \geq 0$ ∴ P ≥ ₩480

문 8 단답형 기출문제

1. 대한회사는 A와 B의 두 제품을 생산판매하고 있다. 예산에 의하면 제품 A의 단위당 공헌이익은 ₩20이고, 제품 B의 공헌이익은 ₩4이다. 20×1년의 예산매출수량은 제품 A가 800단위, 제품 B는 1,200단위로 총 2,000단위였다. 그러나 실제매출수량은 제품 A가 500단위, 제품 B가 2,000단위로 총 2,500단위였다. 대한회사의 20×1년 매출배합차이와 매출수량차이를 계산하면 각각 얼마인가?

2. ㈜한국은 보통과 고급의 두 가지 우산을 판매한다. 회사의 20×1년 2월의 매출에 대한 자료는 다음과 같다. 두 가지 우산의 매출수량차이는 각각 얼마인가? 단, 모든 차이는 공헌이익을 기준으로 산정한다.

고정예산 총공헌이익	₩2,800,000
2월에 판매될 예산 우산수량	2,000단위
보통우산의 단위당 예산공헌이익	₩1,000
고급우산의 단위당 예산공헌이익	₩3,000
총매출수량차이	₩700,000(불리)
보통우산의 실제 매출배합비율	60%

3. ㈜태종에는 A와 B 두 개의 사업부가 있는데, 다음은 성과평가와 관련된 자료이다.

	A사업부	B사업부
투자액	₩2,000	₩4,000
순이익	400	720

㈜태종의 자본비용은 10%이다. A사업부와 B사업부의 투자수익률과 잔여이익은 각각 얼마인가?

4. ㈜한국의 A부문의 20×1년도 회계자료는 아래와 같다.

매 출	₩1,000,000
변동비	600,000
고정비(추적가능원가)	100,000
평균투자자본	200,000
부가이자율(최저필수수익률)	6%

위의 자료에 따라 잔여이익은 얼마인가?

5. 다음은 ㈜누리의 남부사업부와 중부사업부의 재무상태표와 손익계산서 자료의 일부이다.

	남부사업부	중부사업부
총 자 산	₩2,000,000	₩10,000,000
유동부채	500,000	3,000,000
세전영업이익	250,000	2,000,000

㈜누리의 가중평균자본비용 계산에 관련된 자료는 다음과 같다.

장기부채 :	시장가치 ₩7,000,000	이자율 10%
자기자본 :	시장가치 7,000,000	자본비용 14%

법인세율은 40%이다. 남부사업부와 중부사업부의 경제적 부가가치(EVA)는 각각 얼마인가? 단, 각 사업부에는 동일한 가중평균자본비용을 적용한다.

해답

1.

	AQ×SP	AQ'×SP	SQ×SP
A	500 × 20	2,500 × 0.4 × 20	800 × 20
B	2,000 × 4	2,500 × 0.6 × 4	1,200 × 4
	18,000	26,000	20,800

배합차이 8,000불리　　수율차이 5,200유리

2.

AQ'×Bcm		EQ×Bcm	
1,500 × 0.8 × 1,000 =	1,200,000	2,000 × P × 1,000 =	1,600,000
1,500 × 0.2 × 3,000 =	900,000	2,000 × (1−P) × 3,000 =	1,200,000
	2,100,000		2,800,000

매출수량차이 ₩700,000 불리

(1) 2,000 × P × 1,000 + 2,000 × (1−P) × 3,000 = 2,800,000 ∴ P = 0.8

(2) AQ × 0.8 × 1,000 + AQ × 0.2 × 3,000 = 2,100,000 ∴ AQ = 1,500

(3) 보통우산 : 1,200,000 − 1,600,000 = ₩400,000(불리)

고급우산 : 900,000 − 1,200,000 = ₩300,000(불리)

3.

(1) 투자수익률

ROI(A) : 400/2,000 = 20%

ROI(B) : 720/4,000 = 18%

(2) 잔여이익

RI(A) : 400-(2,000×0.1) = 200

RI(B) : 720-(4,000×0.1) = 320

4.

(1) 이익 = ₩1,000,000 − 600,000 − 100,000 = ₩300,000

(2) 잔여이익 = ₩300,000 − ₩200,000 × 6% = ₩288,000

5.

가중평균자본비용 : 0.1 × (1−0.4) × 0.5 + 0.14 × 0.5 = 0.1

EVA(남부) : 250,000 × (1−0.4)−(2,000,000−500,000) × 0.1 = 0

EVA(중부) : 2,000,000 × (1−0.4) − (10,000,000−3,000,000) × 0.1 = 500,000

PART 11 대 체 가 격

제11장

대체가격

제 1 절 서 론

1. 의 의

분권화된 조직에서는 일반적으로 각 사업부가 하나의 이익중심점을 형성하며, 각 사업부간에 재화나 용역을 이전하는 경우가 빈번하게 발생한다. 이 경우 기업내부에서 사업부간에 이루어지는 재화나 용역의 이전거래를 내부거래 또는 대체거래(transfer transaction)라고 한다. 그리고 기업내의 사업부간에 대체거래가 발생하는 경우 이전되는 재화나 용역에 부여되는 가격을 대체가격(transfer price : TP) 또는 이전가격이라 한다.

이때 재화나 용역을 제공하는 사업부를 공급사업부라고 하며, 재화나 용역을 구입하는 사업부를 구매사업부라고 한다. 대체가격은 재화나 용역을 공급하는 사업부에게는 수익이 되고, 구매하는 사업부에게는 원가가 되므로 각 사업부의 성과평가와 밀접한 관계가 있다. 이러한 대체가격의 결정은 각 사업부의 이해관계를 고려하고 각 사업부의 자율성을 유지하며 동시에 기업전체의 이익을 극대화키는 방향으로 결정되어야 하는 어려운 문제이다.

공급사업부 입장에서는 특정 중간제품을 내부에 공급할 것인가 아니면 외부에 판매할 것인가를 결정하고, 구매사업부의 입장에서는 특정 중간제품을 내부에서 조달할 것인가 아니면 외부로부터 구입할 것인가를 결정하게 된다. 이 같은 사업부간의 대체 여부를 결정하는 권한은 각사업부에 위임되어 자율적으로 이루어진다고 가정한다. 하지만 지나친 각 사업부의 자율성은 각 사업부의 이익극대화에는 도움이 되나 기업 전체의 이익극대화에는 바람직하지 않은 결과를 초래할 수도 있다.

2. 대체가격 결정시 고려할 기준

대체가격은 사업부의 책임범위 결정, 성과평가 및 재고자산가액의 결정 등에 사용된다. 그러므로 대체가격을 결정할 때에는 다음과 같은 네 가지 선택기준을 신중히 고려하여야 한다.

(1) 목표일치성기준

목표일치성(goal congruence)기준은 각 사업부 경영자가 조직전체의 이익이 극대화되는 범위내에서 자기사업부의 성과가 극대화되도록 대체가격을 결정하는 기준이다. 분권화된조직의 각 사업부는 책임중심점으로 운영되기 때문에 각 사업부의 경영자들은 자신들의 성과측정치를 극대화하기 위해서 기업전체의 이익을 극대화시키지 않는 대체가격을 선택할 수도 있다. 그러나 조직을 분권화한 목적은 복잡한 환경에 보다 효과적으로 대처하여 기업전체의 목표를 극대화하는 데 있다. 따라서 최고경영자는 각 사업부의 경영자가 각 사업부의 목표와 조직 전체의 목표를 동시에 극대화시키는 의사결정을 하도록 유도하여야 한다. 목표일치성기준은 가장 상위의 기준으로서 여러 가지 기준이 서로 상충될 때 최우선적으로 고려되는 기준이다.

(2) 성과평가기준

성과평가(performance evaluation)기준은 각 사업부나 사업부경영자의 성과를 공정하게 평가할 수 있도록 대체가격이 결정되어야 한다는 기준이다. 대체거래가 발생하는 경우 대체가격이 어느 수준으로 결정되느냐에 따라 각 사업부의 이익이 영향을 받는다. 그러므로 대체가격이 합리적으로 결정되지 않으면 사업부경영자는 대체가격으로 인하여 자신의 성과평가가 공정하게 이루어지지 않으므로 성과평가에 대한 사업부경영자의 불신을 초래하고, 궁극적으로는 분권화의 목적을 달성하지 못하게 될 수가 있다.

따라서 대체가격은 사업부 경영자가 공정한 것으로 받아들일 수 있도록 설계되어야 한다. 이를 위해서는 대체거래가 이루어지기 전에 최소한 관련사업부의 경영자들이 대체가격을 협상할 수 있도록 하는 제도적인 장치가 마련되어야 한다.

(3) 자율성기준

자율성(autonomy)이란 사업부 경영자는 자기 사업부와 관련된 의사결정을 자율적으로 내릴 수 있도록 권한이 주어져야 한다는 것으로, 의사결정의 자유는 분권화의 본질이다. 자율성기준은 각 사업부 경영자들이 자기사업부에 대해 충분한 재량권(기피선언권)을 가지고 대체가격을 결정해야 한다는 기준이다. 이러한 자율성기준은 대체가격을 결정함에 있어서 사업부경영자들이 자기사업부를 분권화된 독립적 실체로서 운영할 수 있는지의 여부를 평가하는 기준이 된다.

그러나 자율성기준을 지나치게 강조하면 각 사업부는 자기 사업부의 이익을 가장 중요시하게 되므로 개별사업부 입장에서는 최적이지만, 조직 전체의 관점에서는 최적이 되지 않는 준최적화(sub-optimization)현상이 발생할 수 있다.

(4) 공기관에 대한 재정관리기준

공기관에 대한 재정관리기준은 국세청, 공정거래위원회, 물가당국 등과 같은 공기관이 기업에 미칠 수 있는 불리한 영향을 최소화하고, 유리한 영향을 최대화할 수 있도록 대체가격을 결정해야 한다는 기준이다.

예를 들어 다국적기업의 경우 각 사업부가 전 세계에 분산되어 있어 사업부마다 적용되는 법률규정이나 세율이 상이한 경우에는 대체가격이 다국적기업의 총세금 부담액에 큰 영향을 미칠 수 있다. 이런 경우 일반적으로 회사는 상대적으로 높은 세율이 적용되는 지역의 사업부에 대해서는 이익을 낮추어 보고하려 하는 반면, 그 지역의 정부는 세금을 많이 확보하기 위해서 이익을 적게 보고하려는 회사를 엄격하게 통제하려 할 것이다. 이런 경우 공기관으로부터 불리한 영향을 받지 않도록 대체가격을 결정해야 한다.

대체가격결정의 주요목표는 재화나 용역을 대체하는 각 사업부들이 자기 사업부와 기업전체의 목표를 일치시키고, 각 사업부의 성과평가를 공정하게 하고, 각 사업부가 독립된 실체로서 활동하며, 공기관과의 마찰을 최소화하는 데 있다. 그러나 위 4가지 기준은 본질적으로 서로 상충되는 경우가 많아 이를 동시에 만족시켜 주는 대체가격은 없는 경우가 대부분이다.

대체가격결정시 고려할 기준

목표일치성기준	회사 전체의 이익이 극대화되는 범위내에서 각 사업부의 성과가 극대화되도록 대체가격을 결정 ⇨ 여러 기준 상충할 때 우선고려
성과평가기준	각 사업부의 성과를 공정하게 평가할 수 있도록 대체가격을 결정 ⇨ 대체가격 결정전 사업부 경영자가 협상할 제도적 장치 필요
자율성기준	각 사업부의 경영자가 자율적으로 의사결정을 하여 대체가격을 결정 ⇨ 자율적인 의사결정을 위한 권한부여 ⇨ 준최적화 초래가능성
공기관의 재정관리기준	공기관이 미칠 수 있는 불리한 영향을 최소화하고 유리한 영향을 최대화할 수 있도록 대체가격을 결정

제 2 절 대체가격의 결정방법

대체가격에 영향을 미치는 요인은 매우 많고 또한 기업과 각 사업부의 상황에 따라서 결정방법이 각기 다르다. 대체가격을 결정하는 방법에는 시장가격에 기초한 방법, 원가에 기초한 방법, 협상 가격에 기초한 방법이 있다. 그리고 참고로 방법도 간략히 소개하고자 한다.

1. 시장가격

대체가격으로 가장 많이 이용되는 것이 공개시장에서 재화나 서비스에 부과되는 금액인 시장가격(market price)이다. 시장가격은 공급사업부가 외부 고객에게 판매할 때 받는 가격이며 동시에 구매사업부가 외부 거래처로부터 구매할 때 지불해야 하는 가격이다. 시장가격은 독립된 거래당사자들 간에 합의에 의해서 결정되기 때문에 가장 합리적이다.

시장가격은 대체가격 결정방법으로 널리 지지 받고 있지만 단점이 전혀 없는 것은 아니다. 사업부문간 거래되는 일부 제품이나 서비스는 시장이 형성되지 않아서 시장가격이 존재하지 않는 경우도 있다. 이와 같이 내부 제품이 외부에서 거래되는 제품과 다른 경우에는 제품이나 서비스의 특별한 특성을 반영하기 위해 시장가격을 적절히 조정해야 한다.

2. 원 가

시장가격기준 대체가격에 대한 대안적인 방법으로 사용할 수 있는 것은 공급사업부의 원가를 대체가격으로 사용하는 것이다. 공급사업부의 원가를 대체가격으로 사용하는 경우에는 어떤 원가를 사용할 것이냐에 따라 다음과 같은 다양한 방법이 있다.

(1) 실제원가

실제원가는 역사적 원가(historical cost)라고도 하는데 이는 제품을 생산하거나 서비스를 제공할 때 실제로 발생한 원가이다. 따라서 이해하기 쉽고 적용하기 간편하다는 장점이 있다. 그러나 공급사업부의 실제 발생원가를 구매사업부가 모두 보장하여야 하므로 원가절감에 대한 동기부여를 하지 못하며, 공급사업부의 비능률이 실제원가를 통하여 구매사업부로 이전된다는 단점이 있다.

(2) 표준원가

공급사업부의 비능률이 구매사업부로 이전되는 것을 방지하기 위한 방법 중의 하나는 표준원가를 대체가격 결정방법으로 사용하는 것이다. 이 방법의 문제점은 공급사업부가 대체가격을 위한 표준원가를 설정할 때 원가를 부풀려서 높게 정하여 높은 대체가격을 요구할 수 있다는 것이다. 이러한 문제점을 해결하기 위해서는 공급사업부가 제공한 원가자료를 구매사업부 및 기회사업부 등에서 검토하는 절차가 있어야 한다.

(3) 변동원가

공급사업부가 생산하는 재화나 서비스의 단위당 변동원가를 기준으로 대체가격을 결정하는 방법이다. 유휴설비가 있는 경우에는 변동원가만이 생산량의 변화에 따른 증분원가이므로 이 방법을 사용할 수 있으나 장기적으로는 공급사업부가 고정비만큼 손실을 부담하여야 하므로 적용하기가 곤란하다.

(4) 전부원가

이는 (1)에서 설명한 실제원가와 동일하다.

3. 협상가격

협상이전가격(negotiated transfer price)은 공급사업부와 구매사업부의 합의에 의해서 대체가격을 결정하는 방법이다. 이 방법은 시장가격이 존재하지 않는 경우에 주로 사용하며 각 사업부의 자율성을 보장해 주고 사업부간의 갈등을 해소하는데 도움이 된다는 장점이 있으나 협상에 시간과 노력이 많이 소모되며 대체가격이 각 사업부 경영자의 협상능력에 따라 민감한 영향을 받을 수 있다는 단점이 있다. 이 방법이 효과적이기 위해서는 내부 협상이 이루어지지 않는 경우에는 기업외부와 거래할 수 있는 자율성이 보장되어야 한다. 왜냐하면 자율성이 보장되지 않는 경우라면 협상가격결정시 최고경영층의 개입에 따라 이전가격이 좌지우지 될 수 있기 때문이다.

4. 기 타

(1) 목표이익

목표이익이전가격(target profit transfer price)은 어떤 원가측정치에 목표이익수준을 가산시킨 것을 기준으로 결정한다. 이는 단위당 전부원가나 단위당 변동원가에 일정한 이익을 가산하여 대체가격을 결정하는 방법이다.

(2) 이중가격

이해가 상충되는 공급사업부와 구매사업부의 이해관계를 항상 충족시킬 수 있는 방법 가운데 하나는 이중가격결정방법(dual pricing)이다. 이 방법은 단일 이전가격을 사용하는 것이 아니라 두 개의 이전가격을 적용하는 것이다. 즉, 공급사업부에서 원하는 가격으로 본부가 재화나 서비스를 구입한 다음, 구매사업부에서 원하는 가격으로 본부가 재화나 서비스를 판매한다. 이 방법은 공급사업부와 구매사업부를 모두 만족시키지만 회사전체로 보면 각 사업부를 제대로 관리할 수 없다는 단점이 있다.

대체가격 결정방법과 고려기준

기 준	시장가격	원가기준	협 상
목표일치성	경쟁시장일 때 충족	항상 충족되는 것은 아니다.	모든 부분이 이익을 얻는다면 충족
성과평가	경쟁시장일 때 충족	대체가격이 총원가보다 크지 않으면 어렵다.	충족하지만 대체가격이협상력에 영향을 받는다.
자 율 성	경쟁시장일 때 충족	정해진 규칙에 의하므로 충족하지 않는다.	충족
동기부여	동기부여 가능	예산원가에서 가능	동기부여 가능
기 타	시장이 존재하지 않거나 불완전 또는 투매시장일 수 있다.	제품의 총원가 결정에 유용하며, 적용하기 쉽다	협상에 많은 노력과 시간이 소요된다.

예 제 1 대체가격의 가준

W회사의 X부문은 가정용 노래방기계 제조에 사용되는 전자회로를 생산하고 있다. 연간 1,000단위의 전자회로를 생산하는 경우 표준원가는 다음과 같다.

직접재료원가	₩50,000
직접노무원가	250,000
변동제조간접원가	100,000
고정제조간접원가	200,000
	₩600,000

전자회로는 단위당 ₩800의 가격으로 외부에 판매할 수 있으며, 변동판매비는 단위당 ₩40이다. 전자회로는 W회사의 게임부문에서 비디오게임기의 제조에 사용될 수도 있다.

[요구사항]

게임부문이 X부문으로부터 전자회로를 구입한다고 가정할 때, 다음의 기준에 따라 전자회로의 대체가격을 결정하시오.

1. 시장가격
2. 변동판매비를 차감한 시장가격
3. 표준변동제조원가
4. 20%의 이익이 가산된 표준변동제조원가
5. 표준전부제조원가

해답

1. ₩800
2. ₩800 − ₩40 = ₩760
3. (₩50,000+₩250,000+₩100,000) ÷ 1,000 = ₩400
4. ₩400 × 1.2 = ₩480
5. (₩600,000÷1,000) = ₩600

제 3 절 자율성기준에 의한 내부대체 의사결정

각 사업부에 자율성이 주어진 경우 공급사업부와 구매사업부는 각각 자기사업부의 이익이 극대화 되도록 대체가격을 결정할 권리가 있다. 그런데 공급사업부 입장에서는 대체가격이 수익이 되므로 가능한 한 높게 설정하려 할 것이고, 구매사업부 입장에서는 대체가격이 원가(비용)가 되므로 가능한 한 낮게 설정하려 할 것이다. 그러므로 공급사업부 입장에서는 최소대체가격이 존재할 것이고, 구매사업부 입장에서는 최대대체가격이 존재할 것이다. 공급사업부와 구매사업부가 모두 수용할 수 있는 대체가격의 범위가 존재한다면 대체가 이루어지고 모두 수용할 수 있는 대체가격의 범위가 존재하지 않는다면 대체가 이루어지지 않을 것이다.

1. 공급사업부의 최소대체가격

공급사업부는 대체하지 않았을 경우의 사업부 이익보다 대체하는 경우의 사업부 이익이 크거나 같아야 대체할 것이다. 즉, 최소한 대체 전의 이익과 대체 후의 이익이 같아야만 대체에 응할 수 있다. 공급사업부가 자기사업부의 이익을 감소시키지 않으면서 대체할 수 있는 최소가격을 최소대체가격이라 하는데 최소대체가격은 대체시에 발생하는 단위당 변동비와 단위당 기회비용의 합을 의미한다. 즉, 최소한 대체시에 발생하는 추가원가와 대체로 인하여 발생하는 기회비용의 합만큼을 받아야만 이익이 감소하지 않을 것이므로 이를 최소대체가격이라 한다. 최소대체가격을 식으로 나타내면 다음과 같다.

최소대체가격 = 대체시 발생하는 단위당 변동비 + 대체시 발생하는 단위당 기회비용

(1) 유휴설비가 있는 경우

외부판매시장에 현재 방식으로 더 이상 판매할 수 없는 경우에는 유휴설비가 존재한다. 이 경우에 내부대체하게 된다면 유휴설비를 활용하게 될 것이다. 유휴설비가 있는 경우에는 일반적으로 대체로 인하여 기회비용이 발생하지 않기 때문에 대체시 발생하는 변동비(단위당 변동제조원가와 변동판매관리비)를 회수 할 수 있는 금액이 최소대체가격이 된다. 다만 유휴설비를 대체적인 용도(임대 등)에 사용할 수 있는 경우라면 대체로 인하여 이를 포기해야 하는 경우 그 이익 상실분은 기회비용이 된다. 이 경우에는 기회비용을 대체수량으로 나눈 값이 대체시 발생하는 단위당 기회비용이 된다. 주의할 점은 유휴설비가 있는 경우에는 내부대체가 외부판매에 영향을 미치지 않으므로 외부판매의 기회 상실로 인한 기회비용은 고려할 필요가 없다는 것이다.

(2) 유휴설비가 없는 경우

유휴설비가 없다는 것은 현재의 생산능력보다 외부수요가 많아서 내부대체를 하려면 신설비를 구입(임대)하던지 아니면 외부판매를 감소시켜야 한다는 뜻이다. 따라서 이때는 두 가지 방법을 고려해서 최소대체가격을 결정하여야 한다.

① 신설비를 구입(임대)하는 경우

신설비를 구입(임대)하는 경우에는 단위당 변동원가만 발생하는 것이 아니라 신설비 구입 및 임대로 인하여 고정비가 증가되므로 이 부분도 대체시 발생하는 지출원가에 반영하여야 한다.

$$\text{최소대체가격} = \text{대체시 발생하는 단위당 변동비} + \frac{\text{대체시 발생하는 고정비 증가액}}{\text{대체수량}} + \text{대체시 발생하는 단위당 기회비용}$$

② 외부판매를 감소시키는 경우

외부판매를 감소시키는 경우에는 외부판매 감소로 인한 이익감소분을 기회비용에 반영하여야 한다. 대체여부와 관계없이 외부판매가격이 변동하지 않을 때(완전경쟁시장)는 상실한 단위당 공헌이익으로 대체시 발생하는 단위당 기회비용을 구해도 되나, 대체여부에 따라 외부판매가격이 변동할 때(불완전경쟁시장)는 외부판매 감소로 인한 이익감소분을 구한 후에 대체수량으로 나누어서 단위당 기회비용을 구하여야 한다.

$$\text{최소대체가격} = \text{대체시 발생하는 단위당 변동비} + \frac{\text{외부판매 감소로 인한 이익감소분*}}{\text{대체수량}}$$

* 대체하지 않을 경우의 외부판매로 인한 이익 − 대체하는 경우의 외부판매로 인한 이익

(3) 최소대체가격 산정시 주의할 점

① 위의 내용은 일반지침일 뿐이며 실제로 대체가격을 결정하는 방법은 상황에 따라 달라질 수 있다.

② 대체가격은 다른 의사결정과 달리 단위당 개념으로 접근하는 것이 일반적이다. 왜냐하면 결정해야 할 사항이 단위당 대체가격이기 때문이다.

③ 단위당 개념으로 접근하더라도 기회비용과 관련된 것은 대체 전과 대체 후의 이익감소분을 대체수량으로 나누어주는 방식으로 접근하여야 실수를 줄일 수 있다.

④ 대체시 발생하는 단위당 지출원가를 고려한다. 따라서 대체로 인하여 변동판매관리비 중 일부가 변동하는 경우에는 이를 반영하여야 한다.

⑤ 전체수량을 한꺼번에 대체하지 않고 부분 대체가 가능한 경우에는 대체수량에 따라 최소대체가격이 달라질 수 있다. 따라서 외부수요가 있는 것과 없는 것이 혼용되어 있을 때는 반드시 외부수요가 있는 것과 없는 것을 구분하여 대체가격을 각각 구하여야 한다.

⑥ 대체가격을 결정할 때는 각 사업부가 이익중심점이라고 가정하는 것이 일반적이다. 그러나 각 사업부가 투자중심점이 되면 대체가격이 달라질 수 있다. 예를 들어 공급사업부가 이익중심점일 때는 증분이익이 발생하기만 하면 대체할 수 있으나, 투자중심점일 때는 증분이익이 발생한다고 하더라도 투자수익률이 감소하는 경우에는 대체하지 않을 수 있다.

예 제 2 최소대체가격

W회사의 A사업부는 자체 생산한 중간제품 K를 외부에 판매하거나 B사업부에 대체할 수 있다. B사업부는 중간제품K를 추가가공하여 완제품을 생산하고자 한다. B사업부가 중간제품K 300단위를 대체할 것을 A사업부에 요구하고 있다.

A사업부가 생산하는 중간제품K와 관련된 자료는 다음과 같다.

최대생산능력	900단위
중간제품K의 외부 판매가격	₩800
단위당 변동제조원가	400
외부판매시 단위당 변동판관비	100
내부대체시 단위당 변동판관비	50
단위당 고정제조간접비(기준조업도 800단위)	200

[요구사항]

다음은 각각 독립적인 상황이다. 각 상황별로 공급사업부(A사업부)가 요구할 수 있는 최소대체가격을 구하시오.

1. 충분한 유휴설비가 존재하며 유휴설비의 대체적 용도가 없는 경우
2. 충분한 유휴설비가 존재하지만 유휴설비를 외부에 ₩30,000에 임대 중이며 내부대체를 하면 유휴설비를 임대할 수 없는 경우
3. 유휴설비가 없어서 내부대체하기 위해서는 새로운 장비의 구입으로 인하여 고정비 ₩60,000이 추가로 발생하는 경우
4. 외부 수요량이 900단위인 경우
5. 현재 단위당 ₩800에 외부에 600단위를 판매할 수 있으나 단위당 판매가격을 ₩710으로 인하하면 최대생산량 900단위를 모두 외부에 판매할 수 있는 경우

해답

단위당 최소대체가격을 P라 가정한다.

1. P = 400 + 50 = ₩450

   유휴생산설비가 존재하므로 기회비용이 발생하지 않는다. 따라서 A사업부 입장에서는 대체시 발행하는 지출원가만큼 대체가격을 받으면 이익이 감소하지 않는다.

2. 내부대체를 위해 유휴설비의 임대수익을 포기해야 하므로 기회비용이 발생한다.

임대수익의 단위당 기회비용 : $\frac{30,000}{300}$ = ₩100

∴ P = 400 + 50 + 100 = ₩550

해설

증분접근법으로 다음과 같이 풀이할 수도 있다. 즉, 위에서 설명한 내용이나 산식은 사실 아래에 있는 증분접근법을 대체가격에 대하여 정리한 것에 불과하다.

증분수익		증분비용	
대체시 증가하는 수익	300P	대체시 증가하는 변동제조원가	300 × 400
		대체시 증가하는 변동판관비	300 × 50
		대체시 포기하는 임대수익	30,000

증분이익 0

300P − (300×400+300×50+30,000) = 0

P = 400 + 50 + $\frac{30,000}{300}$ = ₩550

3. 대체를 하는 경우 고정비 ₩60,000이 추가로 발생하므로 이를 포함하여 대체가격을 결정하여야 한다.

대체시 발생하는 단위당 고정비 : $\frac{60,000}{300}$ = ₩200

∴ P = 400 + 50 + 200 = ₩650

해설

증분접근법으로 다음과 같이 풀이할 수도 있다.

증분수익		증분비용	
대체시 증가하는 수익	300P	대체시 증가하는 변동제조원가	300×400
		대체시 증가하는 변동판관비	300×50
		대체시 증가하는 고정비	60,000

증분이익 0

300P − (300×400+300×50+60,000) = 0

P = 400 + 50 + $\frac{60,000}{300}$ = ₩650

4. 내부대체를 위해 외부판매량을 300단위 감소시켜야 하므로 이로 인해 상실되는 이익을 기회비용에 포함한다. 외부판매시의 단위당 공헌이익 = 800 − 400 − 100 = ₩300

$$\therefore P = 400 + 50 + \frac{900\times300-600\times300}{300} = ₩750$$

해설

증분접근법으로 다음과 같이 풀이할 수도 있다.

증분수익		증분비용	
대체시 증가하는 수익	300P	대체시 증가하는 변동제조원가	300×400
		대체시 증가하는 변동판관비	300×50
		대체시 포기하는 공헌이익	900×300−600×300

증분이익 0

$$300P - (300\times400+300\times50+900\times300-600\times300) = 0$$

$$P = 400 + 50 + \frac{900\times300-600\times300}{300} = ₩750$$

5.

- ₩800에 600단위 판매하는 경우의 외부판매 공헌이익 : (800−500) × 600 = ₩180,000
- ₩710에 900단위 판매하는 경우의 외부판매 공헌이익 : (710−500) × 900 = ₩189,000
- 내부에 300단위를 대체하는 경우 외부판매는 600단위만 가능하다. 이 경우 외부판매로 인하여 얻을 수 있는 공헌이익은 ₩189,000에서 ₩180,000으로 감소한다. 이것이 내부대체에 따른 기회비용이다.

$$\therefore P = 400 + 50 + \frac{189,000-180,000}{300} = ₩480$$

해설

위 문제는 다음과 같이 다양하게 풀이 할 수 있다. 그러나 그 본질은 동일하므로 논리를 이해하기 바란다.

1. 증분접근법

증분수익	
대체시 증가하는 수익	300P

증분비용	
대체시 증가하는 변동제조원가	300 × 400
대체시 증가하는 변동판관비	300 × 50
대체시 포기하는 공헌이익	189,000 − 180,000

증분이익 0

$$300P - (300\times400+300\times50+189,000-180,000) = 0$$

$$P = 400 + 50 + \frac{189,000-180,000}{300} = ₩480$$

2. 총액접근법

대체전 이익	
매출액	900 × 710
변동제조원가	900 × 400
변동판관비	900 × 100
고정비	800 × 200
	29,000

대체후 이익	
매출액	600 × 800 + 300 × P
변동제조원가	600 × 400 + 300 × 400
변동판관비	600 × 100 + 300 × 50
고정비	800 × 200
	300P − 115,000

∴ 29,000 = 300P − 115,000

∴ P = ₩4806

3. 공헌이익 접근법

대체를 하는 경우에도 고정비가 증가하지 않으므로 대체전후의 공헌이익이 같아지도록 대체가격(P)를 결정한다.

$$600 \times (800-400-100) + 300(P-400-50) = 189,000$$

∴ P = ₩480

2. 구매사업부의 최대대체가격

구매사업부의 입장에서는 외부에서 구입할 수 있는 가격보다 내부대체가격이 낮아야만 이에 응할 수 있다. 그러므로 구매사업부의 최대대체가격은 일반적으로 외부구입가격이 된다. 다만, 외부구입가격보다 내부대체가격이 저렴한 경우라도 추가가공을 하여 손실을 보는 경우라면 외부구입도 하지 않고 내부대체도 하지 않는 것이 좋다. 즉, 생산을 포기하는 것이 최적의사결정이 되는 경우도 있다. 따라서 최대대체가격은 추가가공을 하더라도 최소한 손실이 발생하지 않을 범위 내에서 결정되어야 한다. 이를 식으로 나타내면 다음과 같다.

$$\text{최대대체가격} = \text{Min}\left[\begin{array}{l}\text{외부구입가격}\\ \text{최종제품의 판매가격} - \text{대체받은 후 발생하는 단위당 지출원가}\end{array}\right.$$

다만, 위의 식은 일반적인 상황에서 최대대체가격을 산정하기 위한 기본적인 내용에 불과하므로 이를 모든 상황에 적용하려는 것은 무리이다. 항상 제일 중요한 것은 기본이다. 즉, 최대대체가격은 구매사업부 입장에서 이익을 감소시키지 않는 범위 내에서 최대한 지불할 수 있는 단위당 내부 구입가격이라는 것이다.

예 제 3 최대대체가격

W회사의 A사업부는 자체 생산한 중간제품K를 외부에 판매하거나 B사업부에 대체할 수 있다. 한편, B사업부는 중간제품K를 추가가공하여 완제품을 생산한 후 이를 외부에 단위당 ₩3,000에 판매할 수 있다. B사업부의 중간제품K에 대한 수요량은 300단위이며, B사업부의 고정비는 단기적으로 회피불가능하다.

[요구사항]

1. B사업부는 중간제품K에 단위당 추가가공비 ₩2,100을 투입하여 완제품을 생산할 수 있다. 이 경우 B사업부의 단위당 최대대체가격은 얼마인가? 단, 중간제품K를 외부에서 구입할 수 없다.
2. B사업부는 중간제품K에 단위당 추가가공비 ₩2,100을 투입하여 완제품을 생산할 수 있다. 이 경우 B사업부의 단위당 최대대체가격은 얼마인가? 단, 중간제품K를 외부에서 단위당 ₩800에 구입할 수 있다.
3. B사업부는 중간제품K에 단위당 추가가공비 ₩2,400을 투입하여 완제품을 생산할 수 있다. 이 경우 B사업부의 단위당 최대대체가격은 얼마인가? 단, 중간제품K를 외부에서 단위당 ₩800에 구입할 수 있다.

해답

1. 사업부 B의 최대대체가격

Min [외부구입가격 = ?
      ₩3,000 − ₩2,100 = ₩900

∴ 최대대체가격 = ₩900

2. 사업부 B의 최대대체가격

Min [외부구입가격 = 800
      ₩3,000 − ₩2,100 = ₩900

∴ 최대대체가격 = ₩800

3. 사업부 B의 최대대체가격

Min [외부구입가격 = 800
      ₩3,000 − ₩2,400 = ₩600

∴ 최대대체가격 = ₩600

해설

상황에 대한 판단과 대체가격의 결정

1. 물음2의 상황과 대체가격 결정

B사업부 입장의 손익계산서는 다음과 같다.

	외부구입	내부대체구입
매 출 액	3,000	3,000
추가가공비	2,100	2,100
외부구입가격 또는 대체가격	800	TP
공헌이익(손실)	100	900 − TP

B사업부가 중간제품K를 외부구입하여 추가가공한 후 판매하는 경우 단위당 ₩100의 공헌이익이 발생한다. 따라서 내부대체하는 경우에도 단위당 ₩100의 공헌이익이 유지되도록 대체가격이 결정되어야 하므로 최대대체가격은 ₩800(900−TP=100)이다.

2. 물음3의 상황과 대체가격 결정

B사업부 입장의 손익계산서는 다음과 같다.

	외부구입	내부대체구입
매 출 액	3,000	3,000
추가가공비	2,300	2,400
외부구입가격 또는 대체가격	800	TP
공헌이익(손실)	(100)	600－TP

물음3의 상황에서 B사업부가 중간제품K를 외부구입하여 추가가공한 후 판매하는 경우 단위당 ₩100의 공헌손실 발생한다. 따라서 이 경우에 B사업부는 외부구입하지 않을 것이므로 공헌이익은 ₩0이 된다. 한편, 내부대체하는 경우 공헌이익이 ₩0보다 커야 하므로 최대대체가격은 ₩600(600－TP＝0)이다.

3. 대체여부 의사결정이 회사전체의 이익에 미치는 영향

(1) 공급사업부의 최소대체가격이 구매사업부의 최대대체가격보다 낮은 경우

이 경우에는 공급사업부와 구매사업부 모두가 허용 가능한 대체가격의 범위가 존재하며, 공급사업부는 대체수량 한 단위에 대하여 「결정된 대체가격에서 최소대체가격을 차감한 차이」 만큼 증분이익을 얻게 되며, 구매사업부는 대체수량 한 단위에 대하여 「최대대체가격에서 결정된 대체가격을 차감한 차이」 만큼 증분이익을 얻게 된다. 회사전체의 증분이익은 두 사업부의 이익을 합한 금액 즉, 「최대대체가격과 최소대체가격의 차이에 대체수량을 곱한 금액」이 된다. 따라서 이와 같은 상황에서는 대체가 이루어져야 회사 전체적으로 유리한다.

한 가지 주의할 점은 일단 대체가격의 범위가 성립하는 경우에는 대체가격의 범위 내에서 대체가격이 얼마로 결정되느냐에 관계없이 회사전체의 이익은 영향을 받지 않는다는 것이다. 즉, 결정된 대체가격에 따라 각 사업부의 이익은 영향을 받지만 회사전체의 이익은 동일하다. 대체가격의 범위를 그림으로 나타내면 다음과 같다.

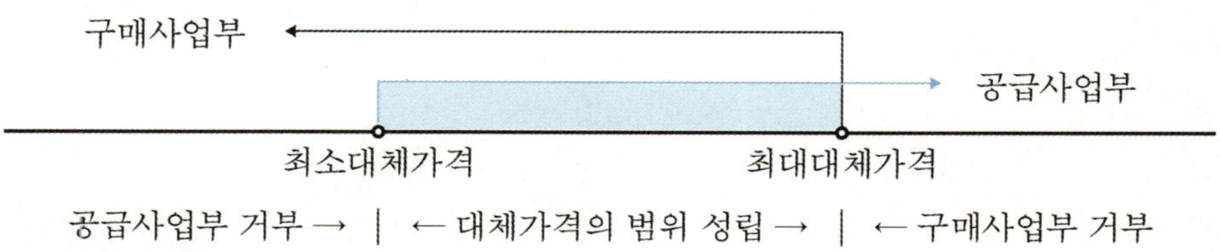

(2) 공급사업부의 최소대체가격이 구매사업부의 최대대체가격보다 높은 경우

이 경우에는 공급사업부와 구매사업부 모두가 허용 가능한 대체가격의 범위가 존재하지 않는다. 이 경우에는 자연히 대체가 이루어지지 않으며 대체가 이루어지지 않는 것이 회사 전체적인 입장에서 유리하다. 이를 그림으로 나타내면 다음과 같다.

대체가격의 범위 성립(×)

예 제 4 대체가격의 범위

W회사는 호떡사업부와 설탕사업부를 독립된 사업부로 운영하고 있다. 설탕사업부는 설탕을 생산하고 있으며 설탕의 최대생산능력은 3,000kg이고, kg당 변동비는 ₩1,000이다. 설탕은 kg당 ₩2,000에 외부에 판매될 수도 있고 적절한 가격으로 호떡사업부에 대체될 수도 있다. 한편, 호떡사업부는 설탕 1,000kg을 필요로 하고 있는데 외부에서 설탕을 kg당 ₩1,800에 구매할 수 있다. 호떡사업부는 호떡 20,000개를 생산하여 외부에 개당 ₩200에 판매할 수 있는데, 호떡 1개를 생산하기 위해서는 설탕 50g이 투입되는 것 외에 개당 ₩80의 변동비가 추가된다.

[요구사항]

다음 각각의 경우에 대체가격의 범위를 결정하고 내부대체여부가 회사전체의 이익에 미치는 영향을 계산하시오.

1. 설탕사업부가 설탕 1,000kg를 내부대체할 수 있는 충분한 유휴생산능력을 갖고 있는 경우
2. 설탕사업부가 설탕을 전량 외부에 판매할 수 있기 때문에 설탕 1,000kg을 내부대체할 유휴생산능력이 전혀 없는 경우

해답

1. 설탕사업부에 유휴생산능력이 있는 경우
   (1) kg당 최소대체가격 = 1,000(단위당 변동비) + 0(단위당 기회비용) = ₩1,000
   (2) kg당 최대대체가격 = ₩1,800

$$\text{Min}\begin{cases}\text{외부구입가격} = 1{,}800 \\ (200-80) \times \dfrac{1{,}000\text{g}}{50\text{g}} = ₩2{,}400\end{cases}$$

   (3) 대체가격의 범위 : ₩1,000~₩1,800

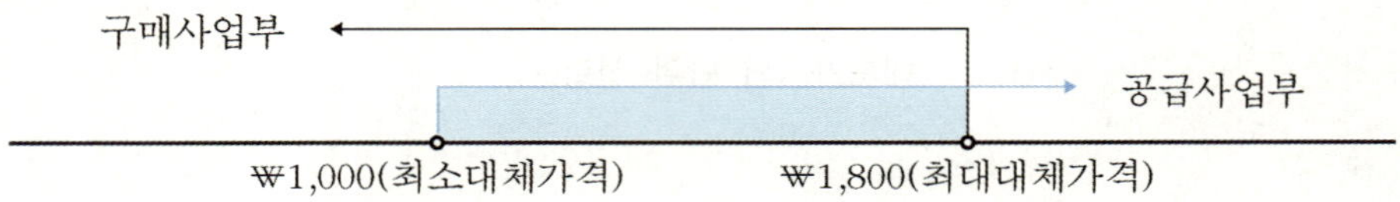

   (4) 대체가격의 범위가 성립하므로 대체하면 이익이 증가한다.
   (1,800−1,000) × 1,000 = ₩800,000
   대체하는 것이 대체하지 않는 것보다 회사전체 입장에서 ₩800,000 유리하다.

2. 설탕사업부에 유휴생산능력이 없는 경우
   (1) 최소대체가격 = 1,000 + (2,000−1,000) = ₩2,000
   (2) 최대대체가격 = ₩1,800

$$\text{Min}\begin{cases}\text{외부구입가격} = 1{,}800 \\ (200-80) \times \dfrac{1{,}000\text{g}}{50\text{g}} = ₩2{,}400\end{cases}$$

   (3) 대체가격의 범위 : 성립하지 않음

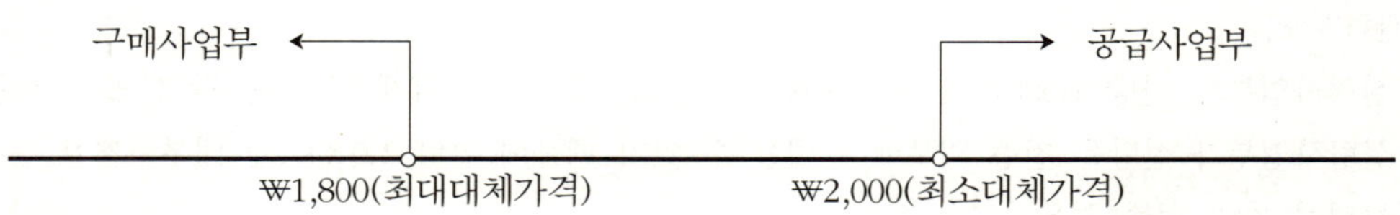

대체가격의 범위 성립(×)

   (4) 대체가격의 범위가 설립하지 않으므로 대체하지 않으면 회사전체 입장에서 이익이 증가한다.
   (2,000−1,800) × 1,000 = ₩200,000
   대체하지 않는 것이 대체하는 것보다 회사전체 입장에서 ₩200,000 유리하다.

해설

1. 설탕 1,000kg으로 호떡 20,000개를 생산하므로 하므로 설탕 1kg으로 호떡 20개를 생산할 수 있다.

2. 유휴생산능력이 없는 경우에 내부대체하려면 외부판매량을 줄여야 하므로 기회비용이 발생한다. kg당 외부판매가격이 ₩2,000이고 kg당 변동비가 ₩1,000이므로 외부판매량을 1kg 감소시키면 공헌이익이 ₩1,000 감소하는데 이것이 kg당 기회비용이다.

3. 물음1에서 대체가격을 TP라 할 때, 대체하는 경우의 회사전체 입장의 증분이익(손실)은 다음과 같다.

설탕사업부 증분이익 (TP－1,000) × 1,000 ＝	1,000TP － 1,000,000
호떡사업부 증분이익 (1,800－TP) × 1,000 ＝	1,800,000 － 1,000TP
회사전체 증분이익(손실)	800,000

설탕사업부 입장에서는 대체시 최소한 받아야할 금액이 ₩1,000이므로 TP에서 ₩1,000을 차감한 금액이 증분이익이 되고, 호떡사업부 입장에서는 대체시 최대한 줄 수 있는 금액이 ₩1,800이므로 ₩1,800에서 TP를 차감한 금액이 증분이익이 된다.

4. 물음2에서 대체가격을 TP라 할 때, 대체하는 경우의 회사전체 입장의 증분이익(손실)은 다음과 같다.

설탕사업부 증분이익 (TP－2,000) × 1,000 ＝	1,000TP － 2,000,000
호떡사업부 증분이익 (1,800－TP) × 1,000 ＝	1,800,000 － 1,000TP
회사전체 증분이익(손실)	(200,000)

설탕사업부 입장에서는 유휴설비가 없으므로 기회비용을 반영한 최소대체가격이 ₩2,000이므로 TP에서 ₩2,000을 차감한 금액이 증분이익이 되고, 호떡사업부 입장에서는 대체시 최대한 줄 수 있는 금액이 ₩1,800이므로 ₩1,800에서 TP를 차감한 금액이 증분이익이 된다.

5. 물음2의 상황은 이렇게 이해하면 된다. 설탕사업부는 설탕을 외부에 kg당 ₩2,000에 판매하고, 호떡사업부는 설탕을 외부에서 kg당 ₩1,800에 구입하면 회사 전체 입장에서는 kg당 ₩200씩 이익이 발생하는 것이다.

제 4 절 목표일치성기준에 의한 내부대체 의사결정

1. 대체가격결정

목표일치성기준에 의할 경우 대체가격이 얼마로 결정되어야 하느냐는 중요한 문제가 아니다. 왜냐하면 대체가격이 얼마로 결정되느냐는 각 사업부의 입장에서는 중요하지만, 회사전체 입장에서는 공급사업부의 수익과 구매사업부의 비용이 서로 상쇄되기 때문이다. 따라서 목표일치성기준에 의할 경우 최고경영자는 회사전체의 입장에서 대체여부에 대한 의사결정만 하여 대체가격의 상한선 또는 하한선만 결정해 주면 된다. 그리고 구체적인 대체가격은 각 사업부의 자율에 맡기고 동시에 대체로 인하여 손실을 보는 사업부에 대해서는 적절한 동기부여가 되도록 합리적인 성과평가기준을 마련하면 된다.

2. 대체여부 의사결정

조직전체의 입장에서 재화의 대체여부 의사결정은 관련원가에서 이미 공부한 「부품의 자가제조 또는 외부구입」 의사결정과 같다. 이 때 자가제조란 공급사업부에서 생산한 부품을 구매사업부로 대체하는 것이 되며, 외부구입이란 대체하지 않고 부품을 외부에서 구입하는 것이 되기 때문이다. 따라서 조직전체의 입장에서는 대체하는 경우의 증분수익이 증분비용보다 크면 대체하고, 증분수익이 증분비용보다 작으면 대체하지 않고 외부구입 한다.

예 제 5 회사전체 입장의 내부대체 의사결정

W회사는 분권화된 두 개의 사업부 A와 B가 있다. 최근 몇 년 동안 A사업부는 B사업부로부터 단위당 ₩75의 가격으로 연간 1,000단위의 부품을 구입하여 왔다. B사업부가 단위당 가격을 ₩100으로 인상하려는 계획을 세우고 있기 때문에 A사업부는 이 부품을 외부공급자로부터 단위당 ₩75에 구입하고자 한다. B사업부의 원가는 다음과 같다.

단위당 변동비	₩70
연간 고정비	₩15,000

만일 A사업부가 외부공급자로부터 부품을 구입한다면 B사업부가 이 부품을 제조하는데 이용하고 있는 설비는 유휴설비가 된다. 회사전체 관점(목표일치성 관점)에서 볼 때 A사업부는 B사업부로부터 단위당 ₩100의 가격으로 부품을 구입하여야 하는가? 또는 외부로부터 단위당 ₩75에 구입하여야 하는가?

해답

1법 : 증분접근법

내부대체하는 경우

증분수익 : A사업부의 외부구입비용 감소액	1,000 × 75 =	₩75,000
증분비용 : B사업부의 변동비 증가액	1,000 × 70 =	70,000
증분이익		₩5,000

∴ 내부대체한다.

2법 : 대체가격의 범위 이용

최소대체가격 = ₩70, 최대대체가격 = ₩75

대체가격의 범위가 성립하므로 대체를 하면 회사 전체 입장에서 이익이 증가한다.

즉, 1,000 × (75－70) = ₩5,000만큼 이익이 증가된다.

제 5 절 다국적기업의 대체가격

국내기업의 사업부간 대체가격 결정시 중점을 두는 사항은 목표일치성과 동기부여이다. 그러나 다국적 기업의 경우에는 동기부여, 성과평가, 자율성보다는 법인세비용 및 수입관세의 최소화, 인플레이션과 환위험 및 과실송금 등을 고려하여 대체가격을 결정한다. 세율이 다른 국가간에 재화의 이동이 있는 경우 다국적기업은 각 나라에서 납부해야 할 총세부담을 최소화하기 위하여 대체가격을 결정하려고 할 것이다. 이를 위한 방법은 세율이 높은 국가에 있는 기업의 소득을 적게 발생시키고 세율이 낮은 국가에 있는 기업의 소득을 많이 발생시키는 것이다 그러면 세전이익이 동일하더라도 총세부담은 최소화 된다.

결국 대체가격에 대하여 국가의 규제가 없다면 다국적기업은 법인세를 절감하기 위해 고세율국가에서 저세율국가로 이익을 이전하도록 대체가격을 조작할 것이다. 그러나 현실적으로는 법률적인 규제가 있기 때문에 그 규제의 범위내에서 대체가격을 결정하여야 한다.

예 제 6 다국적 기업의 대체거래

(주)글로벌은 한국에서 핵심부품을 제조하여 미국에 설립한 현지법인으로 수출을 한다. 미국 현지법인은 이를 추가가공하여 최종완제품으로 판매하고 있다. 한국에서 생산하는 부품의 단위당 변동비가 ₩15, 미국 현지법인의 단위당 추가가공비가 ₩20, 최종완제품의 단위당 판매가격이 ₩80이다. 한국의 세율은 40%이고, 미국의 세율은 20%이다. 한국에서 생산하여 대체하는 수량이 5,000단위이고 전량이 미국에서 최종 완제품이 되어 판매되었다.
대체가격이 단위당 ₩20일 때와 ₩25일 때에 부담할 총세금을 각각 계산하라.

해답

1. 대체가격이 단위당 ₩20일 때

	한 국		미 국	
매 출 액	5,000 × 20 =	100,000 →	5,000 × 80 =	400,000
대체가격	−			100,000
변 동 비	5,000 × 15 =	75,000	5,000 × 20 =	100,000
세전이익		25,000		200,000
세 율		40%		20%
세 금		10,000		40,000

∴ 부담할 총세금 = 10,000 + 40,000 = ₩50,000

2. 대체가격이 단위당 ₩25일 때

	한 국		미 국	
매 출 액	5,000 × 25 =	125,000 →	5,000 × 80 =	400,000
대체가격	−			125,000
변 동 비	5,000 × 15 =	75,000	5,000 × 20 =	100,000
세전이익		50,000		175,000
세 율		40%		20%
세 금		20,000		35,000

∴ 부담할 총세금 = 20,000 + 35,000 = ₩55,000

해설

세전이익은 ₩225,000으로 동일하나 세율이 다르기 때문에 부담할 총세금이 다르다. 세율이 높은 국가의 이익을 적게 발생시키도록하는 대체가격(₩20)이 총세부담을 적게한다.

연습문제

COST ACCOUNTING

문 1 대체가격의 범위와 목표일치성

태종(주)는 두 개의 사업부 A와 B를 가지고 있다. A사업부는 중간제품X를 생산하여 외부시장에 판매하고 있다. B사업부는 외부시장에서 중간제품X를 구입하여 여기에 부품W를 추가하여 완제품Z를 만들어 판매한다. 각 사업부는 독립적이며, 사업부 단위로 성과평가를 받는다. A사업부의 중간제품 X와 관련된 자료는 다음과 같다.

단위당 외부시장가격	:	₩100	연간 고정제조간접비	:	₩150,000
단위당 변동제조원가	:	50	연간 고정판매관리비	:	50,000
단위당 변동판매비	:	10	연간 최대조업도	:	10,000 단위

내부대체시 변동판매비의 20%는 절감가능하다.

B사업부는 연간 최대조업도는 5,000단위이며 완제품Z 1단위를 생산하기 위해서는 중간제품X와 부품W가 각각 1개씩 필요하며 추가가공비는 ₩90이다. 중간제품X와 부품W의 외부구입가격은 각각 단위당 ₩100과 ₩5이며, 완제품Z의 단위당 판매가격은 ₩200이다.

[요구사항]

다음 상황은 각각 독립적이다. 물음에 답하고 계산근거를 밝히시오.

1. A사업부의 현재 조업도는 5,000단위이다. 유휴설비는 ₩8,000에 외부임대하고 있다. 조업도수준이 5,000단위를 초과하는 경우에는 유휴설비를 외부임대 하는 것이 불가능해 진다. 5,000단위를 대체하는 경우의 최소대체가격과 최대대체가격을 구하시오.
2. 물음1과 같은 상황에서 ₩85에 5,000단위의 대체가 이루어진다면 회사전체 입장에서 대체로 인하여 증(감)되는 이익은 얼마인가? 이 대체가격은 올바른 대체가격인가?
3. A사업부가 생산하는 중간제품X에 대한 외부수요는 현재 7,000단위이다. 이때 B사업부가 5,000단위를 단위당 ₩72에 전량 대체해 줄 것을 제안하였다. 당신이 A사업부의 책임자라면 이 제안을 수락하겠는가? 그리고 회사전체 입장에서 이 대체가격은 올바른 대체가격인가?
4. A사업부가 생산하는 중간제품X에 대한 외부수요는 현재 7,000단위이다. 이때 B사업부가 5,000단위를 전량 대체해 줄 것을 요구하였다. 5,000단위를 전량 대체하려면 생산능력이 1,000단위인 설비를 ₩2,000에 추가로 임차하거나, 생산능력이 4,000인 설비를 ₩10,000에 추가로 임차하여야 한다. 단, 기존고객에 대한 판매수량은 계약관계로 인하여 1,000단위만 감소시킬 수 있다. 최소대체가격은 얼마인가? 단, 각 설비는 1대만 추가로 임차할 수 있다.

5. 물음4와 같은 상황에서 추가로 고려해야할 사항에는 어떤 것이 있는가? 4가지만 열거하시오.

6. 다음 표를 완성하고 그 이유를 간략히 쓰시오.

	시장가격	원가기준	협상가격
목표일치성	①	가능하나 항상은 아님	가능
자율성	가능	불가능	⑤
동기부여	②	실제원가 : ③ 표준원가 : ④	가능

해답

1.

(1) 최소대체가격 $= 50 + 10 \times 0.8 + \dfrac{8{,}000}{5{,}000} =$ ₩59.6

(2) 최대대체가격 = Min[① 200 − 5 − 90 = 105 ② 100] = ₩100

2. (100−59.6) × 5,000 = ₩202,000

₩85은 올바른 대체가격이다.

■ **별해**

A : (85−59.6) × 5,000 =	127,000
B : (100−85) × 5,000 =	75,000
	202,000

3. 최소대체가격 $50 + 10 \times 0.8 + \dfrac{7{,}000 \times 40 - 5{,}000 \times 40}{5{,}000} =$ ₩74

(1) 최소대체가격보다 대체가격이 작으므로 수락하지 않는다.

(2) ₩72은 올바른 대체가격이 아니다ㅌ.

4.

(1) $50 + 10 \times 0.8 + \dfrac{2{,}000}{5{,}000} + \dfrac{7{,}000 \times 40 - 6{,}000 \times 40}{5{,}000} =$ ₩66.4

(2) $50 + 10 \times 0.8 + \dfrac{10{,}000}{5{,}000} =$ ₩60

∴ 최소대체가격 ₩60

5.

(1) 유휴설비를 임대 가능한지의 여부

(2) 대체수량을 분할할 수 있는지의 여부

(3) 기존고객에 대한 판매량 감소에 따른 외부시장에서의 이미지

(4) 사업부와 회사전체의 이익이 상충되는 경우 조정 방법

(5) 추가 임차하는 경우의 의무임차기간

6. 대체가격 결정시 고려기준과 대체가격 결정방법

① 가능 : 시장가격으로 대체가격을 결정하면 내부거래도 외부거래와 같아지기 때문에 사업부의 목표와 기업의 목표가 일치된다.

② 가능 : 각 사업부의 성과를 올바르게 평가할 수 있으므로 동기부여가 가능하다.

③ 불능 : 실제원가를 사용하면 공급사업부의 비능률이 구매사업부로 이전되기 때문에 원가절감에 대한 동기부여가 불가능하다.

④ 가능 : 표준원가를 사용하면 공급사업부의 비능률이 구매사업부로 이전되지 않기 때문에 원가절감에 대한 동기부여가 가능하다.

⑤ 가능 : 협상가격은 각 사업부 경영자의 자율에 의해 결정된다.

해설

1. 올바른 대체가격 인지는 다음과 같이 판단한다.

① 대체가격의 범위가 성립하는 경우에는 대체를 하는 것이 기업전체의 입장에서 이익이 된다. 이때 대체가 이루어지도록 하는 가격이 올바른 대체가격이고 대체가 이루어지지 않도록 하는 가격이 올바르지 않은 대체가격이다.

② 대체가격의 범위가 성립하지 않는 경우에는 대체를 하지 않는 것이 기업전체의 입장에서 이익이 된다. 이때 대체가 이루어지지 않도록 하는 가격이 올바른 대체가격이다.

2. 요구사항2에서 대체가격의 범위가 성립하였으므로 대체가 이루어지면 기업전체에 이익이 된다. ₩85은 최소대체가격과 최대대체가격을 모두 충족하므로 대체가 이루어지도록 하는 가격이다. 따라서 올바른 대체가격이다.

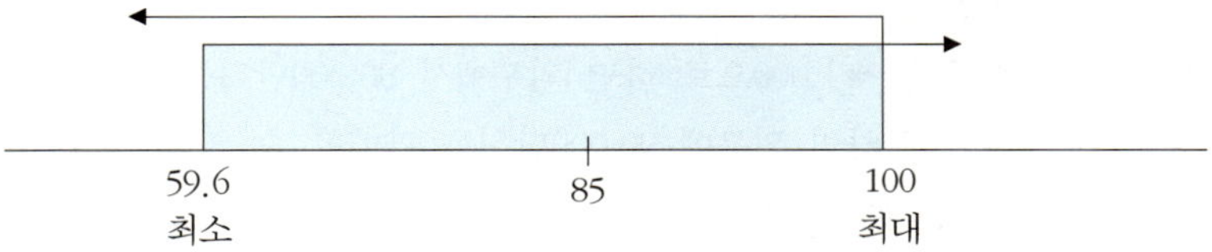

3. 요구사항3에서 대체가격의 범위가 성립하였으므로 대체가 이루어지면 기업전체에 이익이 된다. ₩72은 최소대체가격을 충족하지 못하여 대체가 이루어지지 않게 하므로 이는 올바른 대체가격이 아니다.

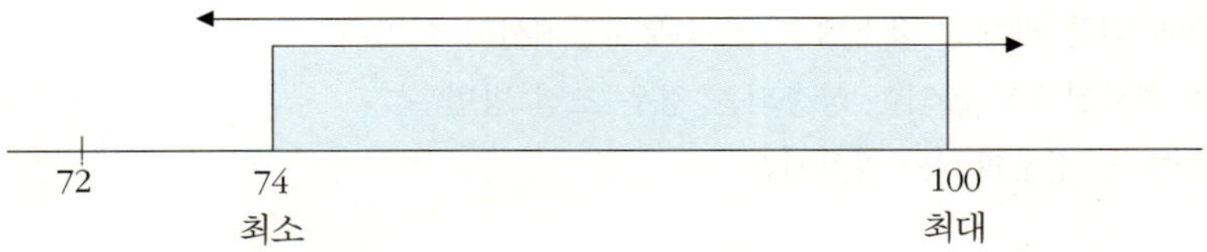

문 2 가격인하 또는 특별주문 상황에서의 대체가격

(주)서울에는 A사업부와 B사업부가 있다. A사업부는 부품을 생산하고 있으며, B사업부는 그 부품에 추가가공을 하여 완제품을 생산하여 판매하고 있다. A사업부의 원가자료는 다음과 같다.

부품의 최대생산능력	100,000단위
단위당 변동제조원가	₩200
단위당 변동판매비	₩30(외부판매시에만 발생)

한편, B사업부는 A사업부가 만드는 부품 20,000단위를 필요로 하고 있다.

[요구사항]

다음은 각각 독립된 상황이다.

1. A사업부가 부품을 단위당 ₩1,000으로 외부에 80,000단위 판매하고 있으며(외부수요는 80,000단위) 내부대체를 위하여 생산량을 100,000단위로 증가시킬 경우에는 고정비가 ₩500,000 증가한다. 20,000단위 대체시 최소대체가격은 얼마인가?
2. A사업부가 부품을 단위당 ₩1,000으로 외부에 100,000단위를 판매하고 있다. 20,000단위 대체시 최소대체가격은 얼마인가?
3. A사업부가 판매가격을 단위당 ₩1,000으로 하면 외부에서 80,000단위를 판매할 수 있으나, 판매가격을 단위당 ₩980으로 인하하면 외부에 100,000단위를 판매할 수 있다. 20,000단위 대체시 최소대체가격은 얼마인가?
4. A사업부가 판매가격을 단위당 ₩1,000으로 하면 외부에서 80,000단위를 판매할 수 있으나, 판매가격을 단위당 ₩980으로 인하하면 외부에 90,000단위를 판매할 수 있다. 20,000단위 대체시 최소대체가격은 얼마인가? 단, 외부수요가 없는 분과 외부수요가 있는 분으로 구분하여 결정하시오.

5. A사업부가 단위당 ₩1,000에 외부에 80,000단위를 판매하고 있는 상황에서 (주)전주로부터 10,000단위를 단위당 ₩900에 구입하겠다는 특별주문을 받았다. 이 특별주문에 대한 판매에는 단위당 변동판매비 ₩10만 발생한다. 특별주문을 수락할 지를 고민하고 있는 중에 B사업부로부터 20,000단위를 대체해 줄 것을 요청받았다. 다음 각각의 경우에 최소대체가격은 얼마인가?
   (1) 대체수량을 10,000단위씩 분할하여 대체할 수 있는 경우
   (2) 20,000단위 전체를 대체하여야 하는 경우
6. 요구사항1과 같은 상황에서 B사업부로부터 20,000단위를 단위당 ₩500에 대체해 줄 것을 요청받았다. 사업부A가 생산하는 부품과 동일한 부품이 외부시장에서 거래되고 있으며, B사업부는 외부시장에서 단위당 ₩950에 구입할 수 있다. 대체가 성립된다면 각 사업부의 증분손익과 회사전체의 증분손익을 계산하시오.

해답

1. $200 + \dfrac{500{,}000}{20{,}000} = ₩225$

2. $200 + \dfrac{100{,}000 \times 770 - 80{,}000 \times 770}{20{,}000} = ₩970$

> ■ **별해**
> $1{,}000 - 30 = ₩970$

3. $200 + \dfrac{75{,}000{,}000^{*} - 61{,}600{,}000}{20{,}000} = ₩870$

   * 대체 전 100,000 × 750 = ₩75,000,000
   대체 후 80,000 × 770 = ₩61,600,000

4. 외부수요가 없는 분 = ₩200

   외부수요가 있는 분 $= 200 + \dfrac{67{,}500{,}000^{*} - 61{,}600{,}000}{10{,}000} = ₩790$

   * 대체 전 90,000 × 750 = ₩67,500,000
   대체 후 80,000 × 770 = ₩61,600,000

5.

(1) 첫 번째 10,000단위 = ₩200

$$\text{두 번째 10,000단위} = 200 + \frac{(900-210)^{*}\times 10{,}000}{10{,}000} = ₩890$$

* 대체 전 80,000 × 770 + (900 − 210) × 10,000

대체 후 80,000 × 770

(2) $$200 + \frac{(900-210)^{*}\times 10{,}000}{20{,}000} = 545$$

* 대체 전 80,000 × 770 + (900−210) × 10,000

대체 후 80,000 × 770

6.

A사업부	(500−225) × 20,000	=	5,500,000
B사업부	(950−500) × 20,000	=	9,000,000
회사전체	(950−225) × 20,000	=	₩14,500,000

해설

1. 가격인하를 하는 경우에 판매량에 변화가 있다면 가격인하전과 가격인하후의 이익을 비교하여 일단 공급부서의 최대 성과를 결정한다.

2. 내부대체로 인하여 외부판매량에 변화가 발생하면 1에서 구한 최대성과와 내부대체로 인하여 변화된 외부판매성과의 차이를 기회비용으로 처리한다. 다만, 가격변화를 고려해야 한다.

3. 요구사항3에서 내부대체전 최대성과는 ₩980에 100,000단위를 판매하여 ₩75,000,000의 공헌이익을 얻는 것이었다. 그러나 내부대체를 하게 되면 외부에 80,000단위 밖에 판매할 수 없고 이 같은 상황에서는 외부판매가격을 ₩1,000으로 결정한다. 따라서 내부대체후의 외부판매로 인한 성과는 ₩61,600,000이 된다.

4. 요구사항5에서 특별주문을 수락할 수 있는 상황에서 내부대체로 인하여 특별주문을 거절해야 한다면 이로 인한 기회비용도 최소대체가격의 결정에 반영하여야 한다.

문 3 목표일치성

(주)한국은 두 개의 사업부 A와 B를 가지고 있다. 사업부 A는 주요부품을 생산하며, 사업부 B는 이 부품을 조립하여 완제품을 생산한다. 부품과 완제품은 모두 판매시장이 존재하며 각 사업부는 이익중심점으로 운영되고 있다. 관련 자료는 다음과 같다.

완제품의 최종판매가격	₩300
중간제품(부품)의 평균시장가격	200
사업부 B에서 완제품을 생산하기 위한 지출원가	150
사업부 A에서의 지출원가	120

위의 자료를 기초로 하여 사업부 B의 책임자는 다음과 같은 계산을 하였다.

완제품의 최종판매가격		₩300
내부대체가격(평균시장가격)	200	
완제품을 위한 지출원가	150	350
단위당 공헌손실		(50)

[요구사항]

특별한 가정이 없는 한 각 문제는 서로 독립적이다.

1. 사업부 A의 유휴생산능력이 없다고 가정한다.
   (1) 사업부 A와 B가 모두 수용가능한 대체가격의 범위를 구하시오.
   (2) 이 경우 시장가격이 올바른 대체가격인지를 판단하고 그 이유를 쓰시오.
2. 사업부 A의 최대생산능력은 월 1,000단위이며 현재 이 중 800단위를 외부에 단위당 ₩200에 판매하고 있다고 가정한다. 단, 사업부 A는 유휴생산능력이 존재함에도 불구하고 외부판매가격을 인하하지는 않는다.
   (1) 200단위 대체시 사업부 A와 B가 모두 수용가능한 대체가격의 범위를 구하시오.
   (2) 완제품의 시장수요는 충분하지만 판매가격이 불확실하다면 적절한 대체가격은 얼마인가?
3. 요구사항2에서 사업부 A가 200단위의 대체가격을 ₩170으로 설정하였다고 가정한다.
   (1) 만약 ₩170에 대체가 이루어졌다면 회사전체입장에서 공헌이익은 얼마나 증감하겠는가?
   (2) 당신이 사업부 B의 경영자라면 ₩170에 구입하겠는가?
4. 사업부 A가 판매가격을 ₩200으로 유지하면 외부시장에 800단위를 판매할 수 있으나 판매가격을 ₩195로 인하하면 매월 생산할 수 있는 부품 1,000단위 모두를 외부시장에 판매할 수 있다고 가정한다. 200단위 대체시 최소대체가격과 최대대체가격을 계산하고 사업부 A와 B가 모두 수용가능한 대체가격의 범위를 구하시오.

5. 사업부 A가 판매가격을 ₩200으로 유지하면 외부시장에 800단위를 판매할 수 있으나 판매가격을 ₩195으로 인하하면 매월 생산할 수 있는 부품 1,000단위 중 900단위를 외부시장에 판매할 수 있다고 가정한다. 최소대체가격과 최대대체가격을 구하고, 회사전체의 관점에서 최적행동을 결정하시오. 이때 회사전체 이익은 얼마나 증가하는가? 단, 대체는 100단위씩 이루어진다고 가정한다.

해답

1.

(1) 최소대체가격 = 120 + (200－120) = ₩200
최대대체가격 = Min{① 300－150=150, ② 200} = ₩150
∴ 모두 수용가능한 대체가격의 범위가 존재하지 않는다.

(2) 올바른 대체가격이다.
대체가격의 범위가 성립하지 않으므로 대체가 이루어지지 않아야 회사전체의 관점에서 증분이익이 발생한다. 시장가격 ₩200으로 대체가격을 결정하면 대체가 이루어지지 않아서 회사전체 관점에서 증분이익이 발생하므로 이는 올바른 대체가격이다.

2.

(1) 최소대체가격 = ₩120
최대대체가격 = ₩150
∴ 모두 수용가능한 대체가격의 범위는 ₩120에서 ₩150사이 이다.

(2) ₩120

3.

(1) (150－120) × 200 = ₩6,000 증가

■ **별해**

A : (170－120) × 200	=	10,000 증가
B : (150－170) × 200	=	4,000 감소
		₩6,000 증가

(2) 구입하지 않는다.

4. ₩195일 때 외부판매 공헌이익 = 1,000 × (195−120) = ₩75,000

   ₩200일 때 외부판매 공헌이익 = 800 × (200−120) = ₩64,000

   (1) 최소대체가격 = $120 + \frac{75,000-64,000}{200}$ = ₩175

   (2) 최대대체가격 = ₩150

   ∴ 모두 수용가능한 대체가격의 범위가 존재하지 않는다.

■ **별해 1**

대체한다면

증분수익	200 × P	=	200P
증분비용	200 × 120	=	24,000
	75,000 − 64,000	=	11,000
증분이익			200P − 35,000

∴ 200P − 35,000 > 0　　　∴ P > 175

■ **별해 2**

대체하지 않을 때 공헌이익 = 75,000

대체할 때 공헌이익 = 200 × (P−120) + 64,000

∴ 200 × (P−120) + 64,000 > 75,000

∴ P > 175

5. ₩195일 때 외부판매 공헌이익 = 900 × (195−120) = ₩67,500

   ₩200일 때 외부판매 공헌이익 = 800 × (200−120) = ₩64,000

   (1) 최소대체가격

   첫 번째 100단위의 최소대체가격 = ₩120

   두 번째 100단위의 최소대체가격 = $120 + \frac{67,500-64,000}{100}$ = ₩155

   (2) 최대대체가격 = ₩150

   (3) 모두 수용가능한 대체가격의 범위가 존재하는 최초 100단위만 대체한다.

   (4) (150−120) × 100 = ₩3,000 증가

해설

1. 요구사항2에서 대체가격의 범위는 ₩120에서 ₩150사이이다. 이 범위내에서 어떤 가격을 결정해도 두 사업부에 모두 이익이 된다. 그런데 완제품의 수요는 충분하나 판매가격이 불확실하다면 최소대체가격으로 대체가격을 결정하는 것이 합리적이다. 왜냐하면 완제품을 생산하는 구매부서(B)가 내부대체에 응하도록 하고 불확실성에 대처하기 위해서이다.

2. 요구사항5에서 다음과 같이 접근하면 그릇된 의사결정을 하게 된다.

   200개 대체시 최소대체가격 : $120 + \dfrac{67{,}500 - 64{,}000}{200} = 137.5$

   200개 대체시 최대대체가격 : 150

   200개 대체시 회사전체 이익 증가 : $(150 - 137.5) \times 200 = 2{,}500$증가

   왜냐하면 100단위만 대체하는 경우의 이익(₩3,000)이 200단위를 대체하는 경우의 이익(₩2,500)보다 크기 때문이다. 즉, 구간별로 기회비용이 다른 경우에는 구간에 따라 분할하여 대체여부를 결정하여야 한다.

문 4 유휴설비 및 목표일치성

(주)관정은 밸브 제조업체로서 이제까지 밸브를 외부에 개당 ₩70에 판매하였으며, 최대 생산능력은 연간 50,000개이다. 표준밸브의 개당 원가자료는 아래와 같으며, 고정원가는 최대 밸브 생산능력을 고려하여 계산하였다.

외부 판매가격		₩70
원가		
변동원가	42	
고정원가	18	60
영업이익		₩10

(주)관정은 최근에 펌프 제조 기업을 사들여서 밸브 사업부와 펌프 사업부로 조직을 개편하였다. 이 펌프 사업부는 이제까지 해외에서 밸브 5,000개를 개당 ₩63에 수입하여 펌프를 제조하고 있었다.

[요구사항]

1. 최근까지 밸브 사업부가 최대 생산량 전부를 판매하고 있었다고 가정하자.
   (1) 본사의 요청에 의하여 밸브 사업부는 펌프 사업부에게 수입가격보다 ₩4이 싼 ₩59에 표준 밸브 5,000개를 공급하기로 결정하였다. 이 결정이 밸브 사업부, 펌프 사업부, 본사의 총이익에 미치는 영향을 각각 계산하시오.
   (2) 위의 (1)의 상황 하에서 펌프 사업부가 추가로 고압밸브 4,000개를 주문하고자 한다. 이 고압밸브를 생산할 경우 고정원가는 ₩20,000이 증가하며, 표준밸브 생산능력이 40,000개로 감소한다. 밸브 사업부가 받아들일 수 있는 고압밸브의 개당 최저 대체가격은 얼마인가?
   (3) 펌프 사업부가 협상을 통하여 밸브 사업부로부터 표준밸브를 5,000개 구매하고자 할 때 협상이 가능한 개당 대체가격의 범위는 얼마인가?
2. 최근까지 밸브 사업부가 43,000개를 판매하고 있었다고 가정하자.
   (1) 본사의 요청에 의하여 밸브 사업부는 펌프 사업부에게 수입가격보다 ₩4이 싼 ₩59에 표준 밸브 5,000개를 공급하기로 결정하였다. 이 결정이 밸브 사업부, 펌프 사업부, 본사의 총이익에 미치는 영향을 각각 계산하시오.
   (2) 위의 (1)의 상황 하에서 펌프 사업부가 추가로 고압밸브 4,000개를 주문하고자 한다. 이 고압밸브를 생산할 경우 고정원가는 변화가 없지만 변동원가가 ₩4 증가하며, 표준밸브 생산능력이 40,000개로 감소한다. 밸브 사업부가 받아들일 수 있는 고압밸브의 개당 최저 대체가격은 얼마인가?
   (3) 펌프 사업부가 협상을 통하여 밸브 사업부로부터 표준밸크를 5,000개 구매하고자 할 때 협상이 가능한 개당 대체가격의 최소값과 최대값은 얼마인가?
   (4) 본사의 총이익 관점에서 볼 때, 위 (1)의 본사 결정 대체가격과 (3)의 협상 대체가격 중에서 어떤 대체가격이 더 좋은가?

해답

1. 유휴설비가 없을 때

(1)

① 대체가격의 범위와 본사 결정 대체가격

밸브 사업부의 최소대체가격 : 42 + (70－42) = ₩70

펌프 사업부의 최대대체가격 : ₩63

본사 결정 대체가격 : ₩59

② 본사 결정 대체가격으로 대체하는 경우 이익에 미치는 영향

밸브 사업부 : (59－70) × 5,000개 = －55,000(이익 감소)

펌프 사업부 : (63－59) × 5,000개 = ＋20,000(이익 증가)

본 사(전 체) : －55,000 ＋ 20,000 = －35,000(이익 감소)

☞ 본사(회사전체) 입장에서는 대체가격의 범위가 성립하지 않으므로 대체하지 않는 것이 이익을 극대화하는 방법이다. 이때 대체를 하게 되면 대체하지 않는 경우에 비하여 이익이 ₩35,000* 감소한다.

* (63－70) × 5,000개 ＝ －35,000

(2)

① 상황분석

	고압밸브 대체전	고압밸브 대체후
표준밸브 생산능력	50,000개	40,000개
표준밸브 외부판매	45,000개	35,000개
표준밸브 내부대체	5,000개	5,000개
고압밸브 내부대체	－	4,000개

② 고압밸브 최소대체가격

$$42 + \frac{20{,}000 + (70-42) \times 10{,}000}{4{,}000} = ₩117$$

(3) 대체가격의 범위 : 없음

2. 유휴설비가 있는 경우

(1)

① 대체가격의 범위와 본사 결정 대체가격

밸브 사업부의 최소대체가격 : ₩42

펌프 사업부의 최대대체가격 : ₩63

본사 결정 대체가격 : ₩59

② 본사 결정 대체가격으로 대체하는 경우 이익에 미치는 영향

밸브 사업부 : (59－42) × 5,000개 ＝ ＋85,000(이익 증가)

펌프 사업부 : (63－59) × 5,000개 ＝ ＋20,000(이익 증가)

본 사(전 체) : ＋85,000 ＋ 20,000 ＝ ＋105,000(이익 증가)

☞ 본사(회사전체) 입장에서는 대체가격의 범위가 성립하므로 대체하는 것이 이익을 극대화하는 방법이다. 이때 대체를 하게 되면 대체하지 않는 경우에 비하여 이익이 ₩105,000* 증가한다.

* (63－42) × 5,000개 ＝ ＋105,000

(2)

① 상황분석

	고압밸브 대체전	고압밸브 대체후
표준밸브 생산능력	50,000개	40,000개
표준밸브 외부판매	43,000개	35,000개
표준밸브 내부대체	5,000개	5,000개
고압밸브 내부대체	−	4,000개

② 고압밸브 최소대체가격

$$42 + 4 + \frac{(70-42)\times 8{,}000}{4{,}000} = ₩102$$

(3) 대체가격의 범위 : ₩42(최소값)~₩63(최대값)

(4) 무차별하다.

해설

1. 1−(2) 고압밸브 최소대체가격의 이해

	고압밸브 대체전	고압밸브 대체후	증감
표준밸브 외부판매	(70−42) × 45,000	(70−42) × 35,000	(70−42) × 10,000
표준밸브 내부대체	(59−42) × 5,000	(59−42) × 5,000	−
고압밸브 내부대체	−	(TP−42) × 4,000	(TP−42) × 4,000
총고정원가	900,000	900,000 + 20,000	20,000
	445,000	4,000TP − 23,000	

1법 : 총액접근법

밸브사업부 입장에서는 고압밸브 대체로 인하여 이익이 감소하지 않아야 하므로 고압밸브 대체후의 영업이익이 고압밸브 대체전의 영업이익보다 크거나 같아지는 대체가격을 요구한다. 따라서 최소대체가격은 다음과 같다.

$4{,}000TP - 23{,}000 \geq 445{,}000 \quad \therefore TP \geq 117$

2법 : 증분접근법

밸브사업부 입장에서는 고압밸브 대체로 인하여 이익이 감소하지 않아야 하므로 고압밸브를 대체하는 경우의 증분이익이 0보다 크거나 같아지는 대체가격을 요구한다. 따라서 최소대체가격은 다음과 같다.

$$(70-42)\times 10{,}000 + (TP-42)\times 4{,}000 - 20{,}000 \geq 0$$

$$TP \geq 42 + \frac{20{,}000+(70-42)\times 10{,}000}{4{,}000} = ₩117$$

2. 2-(2) 고압밸브 최소대체가격의 이해

	고압밸브 대체전	고압밸브 대체후	증감
표준밸브 외부판매	(70-42) × 43,000	(70-42) × 35,000	(70-42) × 8,000
표준밸브 내부대체	(59-42) × 5,000	(59-42) × 5,000	-
고압밸브 내부대체	-	(TP-42-4) × 4,000	(TP-42-4) × 4,000
총고정원가	900,000	900,000	-
	389,000	4,000TP - 19,000	

1법 : 총액접근법

밸브사업부 입장에서는 고압밸브 대체로 인하여 이익이 감소하지 않아야 하므로 고압밸브 대체후의 영업이익이 고압밸브 대체전의 영업이익보다 크거나 같아지는 대체가격을 요구한다. 따라서 최소대체가격은 다음과 같다.

$4{,}000TP - 19{,}000 \geq 389{,}000 \quad \therefore TP \geq 102$

2법 : 증분접근법

밸브사업부 입장에서는 고압밸브 대체로 인하여 이익이 감소하지 않아야 하므로 고압밸브를 대체하는 경우의 증분이익이 0보다 크거나 같아지는 대체가격을 요구한다. 따라서 최소대체가격은 다음과 같다.

$(70-42) \times 8{,}000 + (TP-42-4) \times 4{,}000 \geq 0$

$$TP \geq 42 + 4 + \frac{(70-42)\times 8{,}000}{4{,}000} = ₩102$$

3. 대체가격의 범위가 성립하는 경우에는 대체하면 회사 전체 이익이 증가한다. 따라서 대체가격의 범위가 성립하는 경우에는 협상에 의하여 대체가격을 결정하든 본사가 임의로 대체가격을 결정하든 대체가 이루어지기만 하면 대체하지 않는 경우에 비하여 회사 전체 이익은 증가한다.

문 5 최소대체가격과 목표일치성

트랙터 및 기타 농업중장비 제조업회사인 (주)영농은 분권화된 사업부를 가지고 있으며, 각 제조사업부는 별개의 이익중심점으로 운영되고 있다. 각 사업부 경영자는 사업부의 제품을 외부와 이 회사의 다른 사업부에 판매하는 것에 관한 모든 의사결정에 대해 충분히 권한을 위임받았다. 사업부 B는 과거에 항상 특정 트랙터 엔진부품의 필요량을 사업부 A로부터 구매해 왔다. 그런데 사업부 A가 엔진부품의 가격을 ₩150으로 인상한다는 소식을 듣고 사업부 B경영자는 엔진부품을 외부공급업체로부터 구입하려고 한다. 사업부 B는 그 부품을 외부시장에서 ₩135로 구매할 수 있다.

사업부 A는 최근에 고도의 전문설비를 설치했고, 그 결과 높은 감가상각비가 발생하기 때문에 가격을 인상하지 않는다면 적절한 투자수익률을 낼 수 없을 것이라고 주장하고 있다. 사업부 A의 경영자는 회사의 최고경영자에게 사업부 B와의 논쟁에 대해 지원해 줄 것을 호소하면서 다음과 같은 자료를 제공하였다.

사업부 B에서 1년간 구매하는 트랙터 엔진부품수량	1,000개
사업부 A의 트랙터 엔진부품의 단위당 변동원가	₩120
사업부 A의 트랙터 엔진부품의 단위당 고정원가	₩20

[요구사항]

특별한 가정이 없는 한 각 물음은 서로 독립적이다.

1. 사업부 A의 설비는 내부대체 이외에는 다른 용도에 사용될 수 없다고 가정한다. 사업부 B가 그 부품을 외부공급업체로부터 단위당 ₩135으로 구입한다면 회사전체의 관점에서 유익한지의 여부를 결정하시오. 사업부의 이익극대화가 회사 전체의 이익극대화가 되도록 하기 위해서는 부품의 이전가격을 얼마로 설정해야 하는가?
2. 사업부 A의 설비가 다른 용도로 사용될 수 있다고 가정하시오. 사업부 A의 설비는 사업부 B에서 필요한 1,000단위를 생산하지 않는다면 다른 생산 활동에 쓸 것이며, 연 ₩18,000의 현금을 절감할 것이다.
   (1) 사업부 A의 최소대체가격은 얼마인가?
   (2) 사업부 B가 외부에서 구입하는 것이 회사전체 이익을 얼마나 증가시키는가?
3. 사업부 A의 설비를 내부대체 이외의 다른 용도로 사용할 수 없으며, 외부의 구입가격이 ₩20 하락했다고 가정한다. 회사전체 관점에서 사업부 B가 외부구입 해야 할 것인가?
4. 사업부 A가 단위당 ₩155으로 다른 고객에게 1,000단위를 판매할 수 있다고 가정한다. 다른 고객에게 판매할 때는 단위당 변동마케팅원가 ₩5이 추가로 발생한다. 사업부 B가 1,000개의 부품을 외부공급업체로부터 단위당 ₩135에 구입하는 것이 (주)영농에 유익한지 결정하시오.

해답

1. (1) 내부대체 하는 경우(회사전체 입장)

증분수익	1,000 × 135	=	135,000
증분비용	1,000 × 120	=	120,000
증분이익			15,000

∴ 내부대체 한다.

(2) 최소대체가격 = ₩120

최대대체가격 = ₩135

∴ 이전가격의 범위 : ₩120～135

2. (1) 최소대체가격

$$120 + \frac{18,000}{1,000} = ₩138$$

(2) 내부대체 하는 경우(회사전체 입장)

증분수익	1,000 × 135	=		135,000
증분비용	1,000 × 120	=	120,000	
			18,000	138,000
증분이익(손실)				(3,000)

∴ 외부구입하면 회사전체 이익이 ₩3,000만큼 증가한다.

3. 내부대체 하는 경우(회사전체 입장)

증분수익	1,000 × (135－20)	=	115,000
증분비용	1,000 × 120	=	120,000
증분이익(손실)			(5,000)

∴ 외부구입 해야 한다.

4. 내부대체 하는 경우(회사전체 입장)

증분수익	1,000 × 135	=		135,000
증분비용	1,000 × 120	=	120,000	
	1,000 × (155－125)		30,000	150,000
증분이익(손실)				(15,000)

∴ 외부구입 하는 것이 유익하다.

■ **별해 1**

대체한다면

증분수익	1,000 × 135	=	135,000
	1,000 × 5	=	5,000
증분비용	1,000 × 155	=	155,000
증분이익			(15,000)

∴ 대체하지 않는다.

■ **별해 2**

• 대체하지 않을 때 이익

A사업부	1,000 × (155－125)	=	30,000
B사업부	1,000 × (P－135)	=	1,000P － 135,000
회사전체			1,000P － 105,000

• 대체할 때 이익

A사업부	1,000 × (TP－120)	=	1,000TP － 120,000
B사업부	1,000 × (P－TP)	=	1,000P － 1,000TP
회사전체			1,000P － 120,000

∴ 대체하지 않을 때 이익이 ₩15,000더 크다.

문 6 대체가격과 성과평가

㈜국세는 다양한 종류의 과일을 수확하여 과일주스를 생산하여 판매한다. 회사는 다양한 종류의 과일을 수확하는 청과사업부와 과일주스를 생산하는 주스사업부로 구성되어 있다. 주스사업부는 평균적으로 1킬로그램의 과일을 가공하여 0.5리터의 주스를 생산한다. 청과사업부와 주스사업부의 생산원가와 판매가격에 대한 자료는 다음과 같다.

	청과사업부	주스사업부
단위당 변동원가	₩100	₩200
연간 총고정원가	₩125,000,000	₩100,000,000
단위당 외부판매가격(시장가격)	₩600(킬로그램당)	₩2,100(리터당)

[요구사항]

1. ㈜국세가 연간 500,000킬로그램의 과일을 수확하여 이를 모두 주스로 만들어 판매하는 경우 회사 전체의 영업이익을 계산하시오.
2. ㈜국세는 각 사업부 연간 영업이익의 5%를 각 사업부의 경영자에게 보너스로 지급하고 있다. 회사는 각 사업부의 영업이익을 결정하기 위해서 청과사업부로부터 주스사업부로 내부 대체되는 과일에 대하여 다음과 같은 방법으로 결정된 이전가격을 사용할 것을 고려하고 있다.
   (1) 전부원가의 200%
   (2) 시장가격
   각각의 경우 회사가 청과사업부와 주스사업부의 경영자에게 지급해야 하는 연간 보너스금액를 계산하시오. 단, 이 경우 청과사업부의 연간 과일수확량은 500,000킬로그램이고 수확된 500,000킬로그램 과일 전량이 주스사업부로 내부 대체되어 주스로 가공되어 판매된다고 가정하시오.
3. 각 사업부의 경영자는 위의 물음2에서 제시된 두 가지의 이전가격 중에서 어느 것을 선호하겠는가? 만약 두 사업부의 경영자가 선호하는 이전가격이 상이한 경우 회사전체 입장에서 이에 대한 해결책에는 어떠한 방법이 있겠는가?
4. 회사가 청과사업부와 주스사업부를 독립된 이익중심점으로 운영하기로 결정하여 두 사업부의 구매 및 판매활동에 자율성을 허용하기로 결정하였다. 그러나 아직 분권화의 도입초기임을 고려하여 회사는 내부대체의 경우 전부원가의 200%를 이전가격으로 사용할 것을 두 사업부에 강제하기로 결정하였다. 이 경우 청과사업부는 수확된 과일의 판매(외부시장 판매 혹은 주스사업부와의 내부 판매)에 대하여, 주스사업부는 과일의 구매(외부시장으로부터의 구매 혹은 청과사업부로부터의 내부 구매)에 대하여 어떠한 반응을 보이겠는가? 또한 두 사업부의 구매 및 판매활동에 대한 이러한 행동이 회사전체의 영업이익에는 어떠한 영향을 미치겠는가?

해답

1.

매 출 액	500,000 × 0.5 × 2,100 =	525,000,000
변동원가	500,000 × 100 + 500,000 × 0.5 × 200 =	100,000,000
고정원가	125,000,000 + 100,000,000 =	225,000,000
영업이익		200,000,000

2.

(1) 전부원가의 200%

	청과사업부		주스사업부	
매 출 액	500,000 × 350 × 2 =	350,000,000	500,000 × 0.5 × 2,100 =	525,000,000
변동원가	500,000 × 100 =	50,000,000	500,000 × 0.5 × 200 =	50,000,000
				350,000,000
고정원가		125,000,000		100,000,000
영업이익		175,000,000		25,000,000
보너스	175,000,000 × 5% =	8,750,000	25,000,000 × 5% =	1,250,000

(2) 시장가격

	청과사업부		주스사업부	
매 출 액	500,000 × 600 =	300,000,000	500,000 × 0.5 × 2,100 =	525,000,000
변동원가	500,000 × 100 =	50,000,000	500,000 × 0.5 × 200 =	50,000,000
				300,000,000
고정원가		125,000,000		100,000,000
영업이익		125,000,000		75,000,000
보너스	125,000,000 × 5% =	6,250,000	25,000,000 × 5% =	3,750,000

3.

(1) 청과사업부의 경영자는 전부원가의 200%로 이전가격을 결정하길 원하고 주스사업부는 시장가격으로 이전가격을 결정하길 원한다.

(2) ① 내부대체로 인하여 발생하는 이익을 균등하게 안분할 수 있는 가격을 이전가격으로 결정한다.
② 동기부여 및 성과평가에 가장 적절한 방법인 시장가격을 기준으로 이전가격을 결정한다.

4.

(1) 청과사업부는 전부원가의 200%에 내부대체하기를 원할 것이고 주스사업부는 외부에서 구매하기를 원할 것이다.

(2) 회사전체 영업이익은 변화가 없다. 왜냐하면 전부원가의 200%로 대체가 되든지 시장가격으로 대체가 되는지 아니면 대체를 하지 않고 외부에 판매하든지 회사전체 영업이익은 동일하기 때문이다.

문 7 제약조건하의 대체가격(1)

(주)한국은 사업부 갑과 사업부 을로 구성되어 있으며, 각 사업부는 독립된 이익중심점으로 운영되고 있다. 사업부 갑은 3가지 부품을 생산하고 있으며, 관련 원가는 다음과 같다.

	A	B	C
단위당 판매가격	₩1,000	₩700	₩1,400
단위당 직접재료비	200	100	220
단위당 직접노무비	100	50	80
단위당 변동제조간접비	100	90	110
단위당 변동판매관리비	50	60	90
예상시장수요	2,000개	6,000개	5,000개

부품의 종류에 관계없이 직접노동시간당 임률은 ₩200이며, 연간 고정제조간접비는 ₩800,000이다.

[요구사항]

특별한 가정이 없는 한 물음은 상호 독립적이다.

1. 사업부 갑에서 부품생산에 투입할 수 있는 직접노동시간은 최대 5,000시간이다. 사업부 갑이 최대이익을 달성하기 위하여 어느 제품을 얼마만큼 생산하여야 하는가?
2. 요구사항1의 상황을 가정한다. (주)서울로부터 부품C 1,500개를 단위당 ₩800에 구입하겠다는 특별주문 받았다. 이를 수락하겠는가? 수락하는 경우에 회사의 손익에 미치는 영향은 얼마인가? 단, 특별주문에 대하여도 변동판매관리비는 동일하게 발생하며, 특별주문을 수락하여도 부품C의 시장수요량 5,000개에는 미치는 영향이 없다.
3. 사업부 을은 연간 1,000단위의 부품B를 외부에서 단위당 ₩600에 구입할 수 있다. 다음 각각의 경우에 각 사업부 입장에서 부품B에 대해 수용가능한 대체가격을 결정하고 기업전체의 관점에서 대체하여야 하는지를 결정하려고 한다. 이를 결정하기 위하여 다음과 같은 표를 작성할 때 ①~⑥ 들어갈 금액이나 내용을 쓰시오. 단, 내부대체시에는 변동판매관리비가 발생하지 않는다.
   (1) 사업부 갑이 이용가능한 직접노동시간이 연 5,000시간인 경우
   (2) 사업부 갑이 이용가능한 직접노동시간이 연 4,000시간인 경우
   (3) 사업부 갑이 이용가능한 직접노동시간이 연 3,000시간인 경우

	최소대체가격	최대대체가격	대체가격의 범위	기업전체 관점
(1)	①	600	① ≤ X ≤ 600	대체가 유리
(2)	②	600	③	④
(3)	⑤	600	없음	⑥

해답

1.

① 생산우선순위결정

	A	B	C
단위당 판매가격	₩1,000	₩700	₩1,400
단위당 변동비	450	300	500
단위당 공헌이익	₩550	₩400	₩900
단위당 직접노동 소요시간	0.5시간*	0.25시간*	0.4시간*
시간당 공헌이익	₩1,100	₩1,600	₩2,250
생산우선순위	3	2	1
시장수요	2,000개	6,000개	5,000개
필요한 직접노동시간	1,000시간	1,500시간	2,000시간

* 100 ÷ 200 = 0.5, 50 ÷ 200 = 0.25, 80 ÷ 200 = 0.4

② 최대이익을 달성하는 제품구성

제품	생산량	기계시간
C	5,000개	2,000시간
B	6,000개	1,500시간
A	2,000개	1,000시간
계		4,500시간

2.

증분수익	1,500개 × 800		=	1,200,000
증분비용	① 1,500개 × 500	=	750,000	
	② 100시간* × 1,100	=	110,000	(860,000)
증분이익				340,000

* 필요한 기계시간 = 1,500개 × 0.4 = 600시간

현재 유휴시간 = 5,000 − 4,500 = 500시간

A제품 생산을 감소시켜서 확보해야할 시간 = 600 − 500 = 100시간

∴ 특별주문을 수락한다. 특별주문 수락하면 회사이익이 ₩340,000 증가한다.

3.

(1) 부품B를 1,000단위 생산하기 위하여 필요한 시간은 1,000×0.25 = 250시간이며 현재 500시간의 유휴시간이 있다.

① 최소대체가격 = 100 + 50 + 90 = ₩240

(2) 현재 부품A까지 생산하고 있으므로 부품B의 대체를 위하여 부품A의 생산에 소요되는 시간을 250시간 감소시켜야 한다.

② 최소대체가격 = $240 + \frac{250\text{시간} \times 1,100}{1,000}$ = ₩515

③ 515 ≤ X ≤ 600

④ 대체가 유리

(3) 현재 부품B까지 생산하고 있으므로 부품B의 대체를 위하여 외부판매용으로 생산하는 부품B의 생산에 소요되는 시간을 250시간 감소시켜야 한다.

⑤ 최소대체가격 = $240 + \frac{250\text{시간} \times 1,600}{1,000}$ = ₩640

⑥ 대체가 불리

문 8 제약조건하의 대체가격(2)

(주)초록은 이익중심점으로 운영되는 반도체사업부와 공정통제사업부로 구성되어 있다. 반도체사업부는 첨단고품질 제품인 S칩과 기존 제품인 K칩 등 두 종류의 전자부품을 생산하는 기술진을 고용하고 있다. 이 두 제품의 원가특성은 아래와 같다.

	S칩	K칩
직접재료원가	₩2	₩1
직접노무원가	2시간 × ₩14 = 28	0.5시간 × ₩14 = 7

반도체사업부의 연간 간접원가는 ₩400,000으로 이는 모두 고정원가이다. 기술진에게 요청되는 고도의 숙련도 때문에 반도체사업부의 생산능력은 연간 50,000시간으로 제한되어 있다. 한 고객이 개당 ₩60의 가격으로 매년 최대한 15,000개의 S칩을 주문했다. 만일 (주)초록이 이 수요를 전부 충족시키지 못하면 그 고객은 자신의 생산을 축소한다. 즉, 이 고객에 대하여 일부만 판매할 수 있다. 반도체사업부 생산능력 중 나머지는 K칩 생산에 할당 된다. K칩은 개당 ₩12의 가격으로 외부시장에 얼마든지 판매할 수 있다.

공정통제사업부는 공정통제장치 하나만 생산하며 원가구조는 다음과 같다.

- 직접재료원가(회로판) ₩60
- 직접노무원가(5시간×₩10) 50

공정통제사업부의 고정원가는 연간 ₩80,000이고, 통제장치의 단위당 시장가격은 ₩132이다. 연합조사프로젝트의 조사결과에 의하면 공정통제장치를 생산하는데 현재 사용 중인 회로판을 S칩 한 개로 대체할 수 있다는 것이다. S칩을 사용하기 위해서는 통제장치 단위당 직접노동시간 1시간이 추가로 소요된다. 즉, 총 6시간이다.

[요구사항]

1. S칩과 K칩을 판매할 경우, 시간당 공헌이익을 계산하시오. 만일 S칩을 공정통제사업부에 대체하지 않는다면, 반도체사업부는 몇 개의 S칩과 K칩을 판매해야 하는가?
2. 공정통제사업부는 올해에 5,000개의 통제장치를 판매할 것으로 예상한다. (주)초록 전체적으로 볼 때, 회로판을 대체하기 위해 5,000개의 S칩을 공정통제사업부에 대체해야 하는가? 대체하는 경우에 회사전체 입장에서 이익증가액은 얼마인가?
3. 만일 공정통제사업부의 수요가 5,000개로 확실하지만 가격이 불확실할 경우, 사업부 경영자의 행동이 (주)초록 전체의 영업이익을 최대화시키도록 유도하기 위해 S칩의 이전가격을 얼마로 설정해야 하는가? (그 외의 자료는 같음)
4. 만일 공정통제의 수요가 12,000개인 경우 (주)초록 전체의 영업이익을 최대화시키려면 몇 개를 대체하여야 하는가? (그 외의 자료는 같음)

해답

• 자료정리

	S칩	K칩
판매가격	₩60	₩12
변동원가	₩30	₩8
공헌이익/개	₩30	₩4
시간/개	2시간	0.5시간
공헌이익/시간	30 ÷ 2 = ₩15	4 ÷ 0.5 = ₩8
생산순서	1순위	2순위
수요량	15,000개	무한
시간배분	30,000시간*1	20,000시간*2

*1 15,000 × 2 = 30,000시간

*2 50,000 − 30,000 = 20,000시간

1. (1) 시간당 공헌이익

S칩 = ₩15, K칩 = ₩8

(2) 생산량

S칩 = 15,000개, K칩 = 20,000시간 ÷ 0.5 = 40,000개

2. 내부대체 하는 경우(회사전체 입장)

증분수익 :	회로판 원가	5,000 × 60	=		300,000
증분비용 :	S칩 생산	5,000 × 30	=	150,000	
	직접노무원가	5,000 × 1 × 10	=	50,000	
	기회비용(K칩)	5,000 × 2 × 8	=	80,000	280,000
증분이익					20,000

■ **별해**

최소대체가격과 최대대체가격의 범위가 성립하므로 이를 이용하여 다음과 같이 산출할 수도 있다(요구사항3 참고).

(50−46) × 5,000 = ₩20,000

3.

(1) 최소대체가격 $= 30 + \frac{5{,}000\text{개} \times 2\text{시간} \times 8}{5{,}000} =$ ₩46

(2) 최대대체가격 = 60(회로판) − 10(직접노무원가 추가분) = 50

∴ ₩46

4.

내부대체 수요량	최소대체가격
10,000개 이내분(20,000시간 범위내)*	$30 + \frac{10{,}000\text{개} \times 2\text{시간} \times 8}{10{,}000} =$ ₩46
10,000개 초과분(20,000시간 초과분)	$30 + \frac{2{,}000\text{개} \times 2\text{시간} \times 15}{2{,}000} =$ ₩60

* K칩 생산에 사용하는 시간 범위내

최대대체가격이 ₩50이므로 10,000개 이내에서 대체할 경우에만 대체가격의 범위가 성립한다. 그러므로 대체가격의 범위가 성립하는 10,000단위만 대체해야 한다.

문 9 대체가격과 법인세 최소화

(주)삼삼은 한국에 본사를 설립하고 세계 곳곳에 지사를 두고 디지털 카메라를 제작·판매하는 다국적기업이다. 일본과 중국에 각각 지사가 설립되어 있으며 각 지사는 이익중심점으로 운영되고 있다. 일본지사에서는 핵심부품 A를 생산하고 있으며, 중국지사에서는 핵심부품 A를 추가가공하여 디지털 카메라를 제작하여 판매하고 있다. 일본지사에서는 20×1년에 핵심부품 A를 2,500개 생산할 계획이다. 그 중 60%는 일본시장에서 판매하고, 나머지는 중국지사로 대체 판매하려 한다. 중국지사는 아직 핵심부품 A를 자체 생산할 능력이 없으므로 일본지사에서 대체 판매하는 것을 구입하든지 아니면 외부시장에서 구입하여 추가가공하여 판매하여야 한다. 일본의 법인세율은 40%이고, 중국의 법인세율은 25%이다. 일본지사와 중국지사의 제조원가와 관련된 자료는 다음과 같다. 단, 중국지사 변동비에는 핵심부품 A의 구입가격은 포함되어 있지 않다.

	일본지사	중국지사
단위당 변동비	₩25	₩20
단위당 판매가격	70	120
연간 고정비	50,000	20,000

[요구사항]

1. 대체가격을 전부원가로 결정하는 경우 일본지사와 중국지사의 법인세차감후순이익을 각각 계산하시오.
2. 대체가격을 시장가격으로 결정하는 경우 일본지사와 중국지사의 법인세차감후순이익을 각각 계산하시오.
3. 일본지사와 중국지사의 대체와 관련하여 (주)삼삼의 기업전체의 이익을 최대화하기 위해서는 전부원가와 시장가격 중 어떤 것이 대체가격으로 결정되는 것이 바람직한가? 그 원인을 법인세율과 관련하여 설명하시오.

해답

1.

	일본지사	중국지사	합 계
매 출 액	150,000*1	120,000	270,000
대 체 가 격	–	45,000	45,000
변 동 비	62,500	20,000	82,500
고 정 비	50,000	20,000	70,000
세 전 이 익	37,500	35,000	72,500
법 인 세	15,000	8,750	23,750
세 후 이 익	₩22,500	₩26,250	₩48,750

*1 단위당 전부원가 = 25 + (50,000÷2,500) = ₩45

매출액 = 1,500 × 70 + 1,000 × 45 = ₩150,000

2.

	일본지사	중국지사	합 계
매 출 액	175,000*2	120,000	295,000
대 체 가 격	–	70,000	70,000
변 동 비	62,500	20,000	82,500
고 정 비	50,000	20,000	70,000
세 전 이 익	62,500	10,000	72,500
법 인 세	25,000	2,500	27,500
세 후 이 익	₩37,500	₩7,500	₩45,000

*2 매출액 = 2,500 × 70 = ₩175,000

3. 회사전체 입장에서는 전부원가계산으로 대체가격을 결정하는 것이 바람직하다. 왜냐하면 일본지사에 대한 법인세율이 중국지사에 대한 법인세율보다 높으므로 가능하면 일본지사의 이익은 작게 계상하고 중국지사의 이익을 많게 계상하는 것이 회사전체입장에서는 세후이익이 더 많기 때문이다.

문 10 대체가격 결정 및 합병대가 결정

B(Big)사는 외부에서 엔진을 구입하여 자동차를 조립생산하는 기업으로 자동차 엔진을 생산 · 판매하는 S(Small)사를 합병하는 안을 고려하고 있다. B사가 S사를 합병하는 경우 통합법인은 S사와 B사를 엔진사업부와 조립사업부로 각각 분권화시켜, 독립적인 투자중심점으로 활용할 계획이다. S사는 제조한 엔진을 개당 ₩40에 판매하고 있으며, 엔진의 단위당 제조원가 및 판매관리비의 합인 총원가는 다음과 같이 구분된다.

변동비	₩24
고정비(생산량 500,000개 기준)	6
총원가	₩30

S사는 매년 600,000개의 생산능력을 갖추고 있으나 현재는 500,000개만 생산하여 판매하고 있다. B사는 매년 100,000개의 엔진을 개당 ₩40에서 대량구매에 따른 할인율 10%를 적용한 가격으로 다른 회사로부터 구입하고 있다. 만일 두 회사가 합병하여 S사가 엔진을 내부이전(Transfer)하는 경우에는 개당 ₩4의 판매관리비를 절감할 수 있을 것이다. 예비 접촉에서 양사는 합병이 서로에게 유리하다는 점에 동의하고 있다. S사는 S사가 합병이후 받아들일 수 있는 연간 공헌이익의 10배를 합병가격으로 판단했다. 10배의 승수는 자본시장에서의 기업가치평가 관행에 근거하여 S사의 업종과 위험 등 기업가치평가에 영향을 미치는 여러 가지 요소들을 고려하여 계산된 값이다.

[요구사항]

다음 물음은 특별한 가정이 없는 경우 각각 독립적이다.

1. 합병이 성사되어 B사와 S사가 통합법인의 독립적인 투자중심점인 조립사업부와 엔진 사업부로 각각 분권화되었다고 가정할 때, 엔진의 내부 이전이 이루어지기 위한 내부 이전가격(transfer price)의 범위를 결정하시오.
2. 합병이 성사되어 통합법인의 독립적인 투자중심점인 엔진사업부로 통합된 S사가 연간 600,000개의 엔진을 외부에 판매할 수 있다고 가정할 때, 내부 이전가격 (transfer price)의 범위를 결정하시오.
3. 물음2와 같은 상황을 가정한다. 다만 기본자료와 달리 B사가 엔진을 외부에서 구입하지 않고 S사 엔진을 내부 이전받아 사용하는 경우에는 B사의 단위당 변동비가 ₩2 증가한다고 가정한다. 내부 이전가격(transfer price)의 범위를 결정하시오.
4. 원래 예상대로 S사가 연간 500,000개를 외부에 판매할 수 있다고 가정할 때, S사가 자신의 주주가치를 손상시키지 않도록 B사로부터 받아야 할 최소 합병가격은 얼마인가?
5. 원래 예상대로 S사가 연간 500,000개를 외부에 판매할 수 있다고 가정할 때, B사가 자신의 주주가치를 손상시키지 않도록 S사에게 지불할 수 있는 최대합병가격은 얼마인가?

해답

1.

- 최소대체가격 : 20 + 0 = 20
- 최대대체가격 : Min [40×0.9, ?] = 36
- 이전가격 범위 : ₩20 ~ ₩36

2.

- 최소대체가격 : 20 + (40−24) = 36
- 최대대체가격 : Min [40×0.9, ?] = 36
- 이전가격 범위 : ₩36

3.

- 최소대체가격 : 20 + (40−24) = 36
- 최대대체가격 : Min [40×0.9−2, ?] = 34
- 이전가격 범위 : 없음

4.

- 합병후 S사 연간 공헌이익 : [500,000×(40－24)＋100,000×(TP－20)]
- 최소 연간 공헌이익 : (TP가 ₩20일 때) ₩8,000,000
- 최소합병가격 : 8,000,000 × 10배 ＝ ₩80,000,000

5.

- 합병으로 인한 B사 연간 공헌이익 증가분 : 100,000 × (36－TP)
- 최대 연간 공헌이익 증가분 : (TP가 ₩20일 때) ₩1,600,000
- 최대합병가격 : (8,000,000＋1,600,000) × 10 ＝ ₩96,000,000

■ **별해**

- 합병전 B사 연간 공헌이익

  P × 100,000 － 36 × 100,000 ＝ 100,000P － 3,600,000
- 합병후 B사(통합법인) 연간 공헌이익

  (P×100,000＋500,00×40) － (20×100,000＋24×500,000) ＝ 100,000P ＋ 6,000,000
- 합병후 B사(통합법인) 연간 공헌이익 증가분 : 9,600,000
- 최대합병가격 : 9,600,000 × 10배 ＝ ₩96,000,000

문 11 단답형 기출문제

1. 밸브 생산능력이 연간 100,000단위인 한국회사의 수익과 원가자료는 다음과 같다.

단위당 외부판매가격	₩30
단위당 변동비	16
단위당 고정비(연간 100,000단위 기준)	9

이 회사는 밸브를 이용한 펌프 제작공장을 보유하고 있다. 이 공장은 현재 연간 10,000단위의 밸브를 단위당 ₩29에 외부에서 조달하고 있다. 회사가 생산하는 제품 전량을 외부시장에 판매할 수 있고 사내대체시 단위당 변동비 ₩3을 절감할 수 있다. 최소대체가격과 최대대체가격은 각각 얼마인가?

2. 대한회사의 부품 생산부문은 최대생산량인 360,000단위를 생산하여 외부시장에 전량 판매하고 있다. 부품생산 부문의 관련정보는 다음과 같다.

단위당 외부판매가	₩100	단위당 고정제조원가	14
단위당 변동제조원가	58	단위당 고정관리비	10
단위당 변동판매비	8		

단위당 고정비는 최대생산량 360,000단위 기준의 수치이다. 부품 생산부문의 이익을 극대화시키기 위해 사내대체를 허용할 수 있는 단위당 최소 사내대체가격은 얼마인가? 단, 사내대체물에 대해서는 변동판매비가 발생하지 않는다.

3. ㈜한국은 분권화된 사업부 갑과 을을 이익중심점으로 설정하고 있다. 사업부 갑에서 생산되는 제품A는 사업부 을에 대체하거나 외부시장에 판매할 수 있으며, 관련원가자료가 다음과 같이 제시되어 있다. 사업부 을은 제품A를 주요부품으로 사용하여 완제품을 생산하고 있으며, 공급처는 자유로이 선택할 수 있다. 현재 사업부 갑은 100,000단위의 제품A를 생산하여 전부 외부시장에 판매하고 있으며, 사업부 을에서는 연간 50,000단위의 제품A를 단위당 ₩42의 가격으로 외부공급업자로부터 구입하고 있다. 만일 사업부 갑이 제품A를 사업부 을에 사내 대체한다면 단위당 ₩8의 판매관리비를 절감할 수 있다고 할 때, 제품A의 사내대체가격은 어느 가격범위에서 결정되어야 하겠는가?

단위당 외부 판매가격	:	₩45
단위당 변동원가	:	₩30(변동판매관리비 포함)
연간고정원가	:	₩1,000,000
연간최대생산능력	:	100,000단위

4. ㈜대덕은 A사업부와 B사업부를 운영하고 있다. A사업부는 매년 B사업부가 필요로 하는 부품 1,000개를 단위당 ₩2,000에 공급한다. 동 부품의 단위당 변동원가는 ₩1,900이며 단위당 고정원가는 ₩200이다. 다음연도부터 A사업부가 부품단위당 공급가격을 ₩2,200으로 인상할 계획을 발표함에 따라, B사업부도 동 부품을 외부업체로부터 단위당 ₩2,000에 구매하는 것을 고려하고 있다. B사업부가 외부업체로부터 부품을 단위당 ₩2,000에 공급받는 경우 A사업부가 생산설비를 다른 생산활동에 사용하면 연간 ₩150,000의 현금운영원가가 절감된다.
   (1) A사업부가 부품을 B사업부에 공급하는 경우, 대체가격(transfer price)은 얼마인가? 단, 대체가격은 대체시점에서 발생한 단위당 증분원가와 공급사업부의 단위당 기회원가의 합계로 결정한다.
   (2) B사업부가 부품을 외부업체로부터 공급받는 경우, ㈜대덕의 연간 영업이익 증가(감소)는 얼마인가?

해답

1.

최소대체가격 : 16 − 3 + (30−16) = ₩27

최대대체가격 : ₩29

2.

최소대체가격 : 58 + (100−58−8) = 92

■ **별해**

최소대체가격 : 100 − 8 = 92

☞ 외부수요가 충분한 경우에는 시장가격에서 내부대체시 절감되는 단위당 원가를 차감하여 최소대체가격을 산정할 수 있다.

3.

갑사업부 최소대체가격 : 증분원가 (₩30−8)+기회원가 (₩45−30) = ₩37

을사업부 최대대체가격 : 외부구입원가 ₩42

∴ 대체가격의 범위 : ₩37 ~ ₩42

4.

최소대체가격 : $₩1,900 + \frac{150,000}{1,000} = ₩2,050$

최대대체가격 : ₩2,000

외부에서 구입하는 경우 영업이익 증가 : 1,000개 × ₩50 = ₩50,000

PART 12 기타문제와 신이론

제12장

기타문제와 신이론

제 1 절 전통적인 재고관리모형

1. 재고관리의 기초

(1) 재고관리의 의의

재고관리란 최적의 재고수준을 최소의 비용으로 유지하고자 하는 관리활동을 말한다. 재고자산을 과소 보유하면 판매기회가 상실되고 기업이미지가 실추된다. 한편, 재고자산을 과다 보유하면 재고유지비용이 증가하고 진부화의 위험이 증대된다. 따라서 재고관리의 초점은 이러한 두 가지 위험을 어떻게 조화시켜서 최소의 비용으로 적절한 수준의 재고를 유지하느냐 하는 것이다.

(2) 재고자산의 역할

기업을 경영하는데 있어서 재고자산은 다음과 같은 역할을 한다.

① 미래에 예측할 수 없는 상품의 수요와 공급의 변동으로부터 야기되는 여러 문제를 해결해 준다.

② 기업의 생산활동과 판매활동을 원활히 수행할 수 있도록 한다.

③ 적정재고는 생산활동과 판매활동의 경비를 감소시킴으로써 기업의 수익성을 향상시켜 준다.

(3) 재고수준의 결정요인

기업의 재고수준을 결정하는 요인에는 예상판매량, 생산 고정기간, 완제품의 내구성, 재료공급의 계절적 변동, 재고관리상의 여러 비용 등이 있다. 일반적으로 예상판매량이 많고 생산 공정기간이 길고, 완성품의 내구성이 좋고, 재료공급의 계절적 변동이 심하면 재고수준이 증가한다.

2. 재고관리비용

재고관리와 관련된 비용은 다음과 같다.

(1) 재고유지비용

재고유지비용(inventory holding cost)이란 매입한 재고를 유지하고 보관하는데 드는 비용으로 일반적으로 평균재고량에 비례하여 발생한다. 재고유지비용에는 보험료, 보관비, 감가상각비, 재고감모 및 평가손실 등이 있다. 총재고유지비용은 평균재고량에 단위당 연간 재고유지비용을 곱하여 구한다.

$$\begin{aligned}\text{총재고유지비용} &= \text{평균재고량} \times \text{단위당 연간 재고유지비용} \\ &= \frac{\text{1회 주문량}}{2} \times \text{단위당 연간 재고유지비용}\end{aligned}$$

(2) 주문비용

주문비용(ordering cost)이란 필요한 물품을 주문해서 입수될 때까지의 구매 및 조달에 수반되는 모든 비용을 말하며, 주문횟수에 비례하여 발생한다. 주문비용에는 통신비, 운송비, 산적 및 하역비 등이 있다. 총주문비용은 주문횟수에 1회 주문비용을 곱하여 구한다.

$$\begin{aligned}\text{총주문비용} &= \text{주문횟수} \times \text{1회 주문비용} \\ &= \frac{\text{연간 총수요량}}{\text{1회 주문량}} \times \text{1회 주문비용}\end{aligned}$$

(3) 재고부족비용

재고부족비용(shortage cost or stockout cost)이란 재고가 부족함으로써 발생되는 비용으로서 기회비용의 성격을 갖는다. 즉, 재고부족비용은 판매기회의 상실, 고객의 불신감, 생산계획의 차질 등으로 인하여 발생하는 손실이다.

3. 경제적 주문량(economic order quantity : EOQ)

(1) 의 의

경제적 주문량이란 총재고유지비용과 총주문비용의 합이 최소가 되는 1회 주문량을 말한다. 즉, 재고관리비용이 최소가 되는 1회 주문량을 말한다.

(2) 모형의 가정

EOQ모형이 성립하기 위한 가정은 다음과 같다.

① 재고자산에 대한 일정기간 동안의 사용량은 일정하다.

② 자산의 단위당 구입가격은 구매량의 크기와 상관없이 일정하다.

③ 재고자산 단위당 재고유지비용과 1회 주문비용은 알 수 있으며, 시간의 변화에 관계없이 항상 일정하다.

④ 발주시점과 인도시점 사이의 기간인 조달기간(lead time)은 일정하다.

⑤ 재고부족은 발생하지 않는다.

(3) 모형유도

총재고관리비용 = 연간 총재고유지비용 + 연간 총주문비용

$$= \frac{Q}{2} \times H + \frac{D}{Q} \times O$$

단, Q : 1회 주문량
H : 재고관리대상기간 동안의 단위당 재고유지비용
D : 재고관리대상기간 동안의 총재고사용량(수요량)
O : 1회 주문비용

총재고관리비용을 최소화시키는 Q를 구하기 위하여 총재고관리비용을 Q에 대하여 미분하여 0으로 놓고 Q를 구하면 다음과 같다.

$$Q = \sqrt{\frac{2 \cdot D \cdot O}{H}}$$

이를 그림으로 나타내면 다음과 같다.

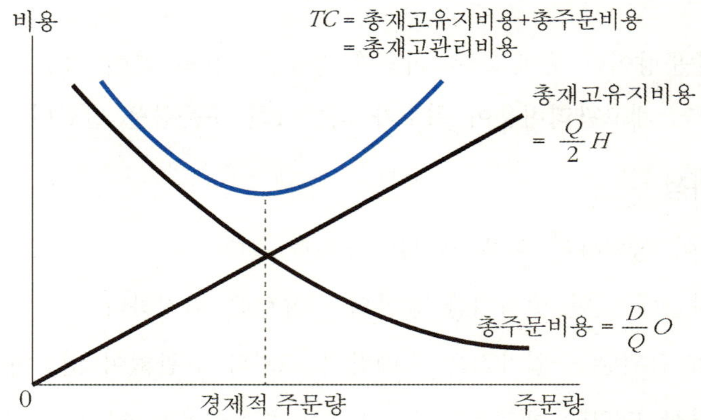

총재고관리비용이 최소가 되는 1회 주문량을 총재고유지비용과 총주문비용이 일치하는 수준의 주문량이다.

4. 재주문점(reorder point : ROP)

(1) 의 의

재주문점이란 언제 주문할 것인가와 관련된 의사결정으로 재고자산이 추가로 필요하여 재주문해야 하는 재고수준을 말한다.

(2) 확실성의 재주문점

특정기간 동안의 사용량이 일정하고 공급자로부터의 조달기간(L)도 일정한 경우에는 조달기간 동안의 사용량만큼이 남았을 때가 재주문점이 된다. 이는 다음과 같이 나타낼 수 있다.

재주문점(R) = 1일 사용량 × 조달기간

$$= \frac{D}{n} \times L$$

단, D : 재고관리대상기간 동안의 총재고사용량
n : 재고관리대상기간 동안의 재고사용일
L : 조달기간

⑶ 안전재고와 불확실성하의 재주문점

확실성하의 재주문점은 사용량과 조달기간은 알 수 있다고 가정하였으나 현실적으로 사용량과 조달기간은 불확실하다. 따라서 사용량과 조달기간이 불확실하기 때문에 재고부족이 발생하며, 이러한 재고부족으로 인하여 초래되는 기회비용을 방지하기 위해서 보유하는 여유분의 재고수량이 안전재고(safety stock)이다.

안전재고는 재고부족의 불확실성에 대비하여 여유로 보유하는 일정량의 재고로 경영자의 의사결정에 의해 결정된다. 안전재고가 있는 경우의 재주문점은 다음과 같다.

$$\text{재주문점(R)} = \text{1일 사용량} \times \text{조달기간} + \text{안전재고}$$
$$= \frac{D}{n} \times L + S$$

단, D : 재고관리대상기간 동안의 총재고사용량
n : 재고관리대상기간 동안의 재고사용일
L : 조달기간
S : 안전재고

한편, 안전재고수준의 결정요인은 다음과 같다.

① 수요예측의 불확실성이 클수록 높아지게 된다.

② 재고부족으로 인한 기회비용이 클수록 높아지게 된다.

③ 물품도착이 지연될 가능성이 클수록 높아지게 된다.

④ 재고유지비용이 낮을수록 높아지게 된다.

⑷ 안전재고와 EOQ모형

안전재고가 존재하게 되면 안전재고와 관련된 비용만큼 총재고비용은 증가하게 된다. 왜냐하면 안전재고는 여유의 재고량이므로 기본재고만을 유지할 때보다는 재고량이 증가하기 때문이다. 그러나 안전재고를 고려해도 경제적 주문량은 같아진다. 왜냐하면 경제적 주문량(EOQ)은 총재고비용을 Q에 대해 미분하여 계산하나, 안전재고로 인한 총비용의 증가는 상수에 불과하며, 상수의 미분은 0이 되기 때문에 Q에 미치는 영향이 없기 때문이다.

예 제 1 EOQ, ROP

(주)청산은 연간 10,000개의 부품이 필요하다. 부품의 단위당 구입원가는 ₩2,000이고 1회 주문비용은 ₩4,000이며, 연간 재고유지비용은 단위당 ₩320이다. 연간 작업일수는 200일이고, 부품의 정상조달기간은 10일이며, 안전재고수준은 200개이다.

[요구사항]

1. 경제적 주문량을 계산하시오.
2. 1회준문량이 다음과 같을 경우 총재고관리비용을 계산하시오.
   (1) 200개　　(2) 500개　　(3) 1,000개
3. 재주문점을 결정하시오.

해답

1. 경제적 주문량

$$EOQ = \sqrt{\frac{2DO}{H}} = \sqrt{\frac{2 \times 10{,}000\text{개} \times 4{,}000}{320}} = 500\text{개}$$

2. 총재고관리비용

총재고관리비용 = 총주문비용 + 총재고유지비용 = 주문횟수 × 1회주문비용 + 평균재고량 × 단위당 연간재고유지비용

(1) 1회주문량이 200개인 경우 : 50회 × 4,000 + 100개 × 320 = ₩232,000
(2) 1회주문량이 500개인 경우 : 20회 × 4,000 + 250개 × 320 = ₩160,000
(3) 1회주문량이 1,000개인 경우 : 10회 × 4,000 + 500개 × 320 = ₩200,000

* 주문횟수와 평균재고량은 다음과 같이 구한다.
주문횟수 = 연간사용량/1회주문량(경제적주문량), 평균재고 = 1회주문량/2

3. 재주문점

재주문점 = 조달기간 × 1일평균사용량(=연간사용량÷연간 작업일수) + 안전재고
= 10일 × 50개 + 200개 = 700개

제 2 절 적시생산시스템

1. 적시생산시스템의 기초

(1) 의 의

적시생산시스템(just－in－time production system : JIT)이란 일본의 도요다 자동차 회사가 생산공정의 부품을 필요한 때 필요한 양을 적시에 조달하기 위하여 최초로 체계화한 것으로 모든 공정이 적시에 필요한 만큼 원재료 및 부품을 공급받아 적시에 필요한 만큼 제조하여 적시에 필요한 만큼 완제품을 만들어 적시에 필요한 만큼 판매하는 시스템이다. 즉, JIT는 원재료의 구입에서부터 제조를 거쳐 판매에 이르는 전 공정의 합리화와 생산성 향상을 통해 낭비를 제거하고 필요한 시기에 필요한 양만큼을 생산할 수 있도록 통제하는 시스템이다.

(2) 특 징

① JIT시스템하에서는 원재료의 주문에서 완성품을 생산하기까지의 제조소요시간을 최대한 단축시킨다. 제조소요시간은 공정시간, 검사시간, 이동시간, 대기시간 및 저장시간 등으로 구성되는데 JIT에서는 공정시간만을 부가가치시간으로 간주하고 나머지 시간은 비부가가치시간으로 간주하여 이를 최소화하려 한다.

② 재고자산 그 자체는 기업의 부가가치에 전혀 도움을 주지 못하므로 재고자산 그 자체는 해악이며, 재고자산의 보유나 공손품 보수 등을 비부가가치 활동으로 취급한다.

③ 비부가가치 생산활동에 주의를 기울이고 그것을 제거하여 생산활동을 단순화시킨다.

④ 수요에 따라서 필요한 부품을 구입하거나 반제품을 생산하는 수요견인시스템(demand－pull system)이다. 즉, 수요에 의해 생산계획이 이루어진다.

⑤ 생산일정계획은 자기 작업에 대해 책임을 지는 종업원의 참여를 통해 이루어진다.

⑥ 종업원 참여를 전사적 품질관리(Total Quality Control)를 통해 원가관리를 한다.

(3) 목 적

JIT를 도입하고자 하는 목적을 구체적으로 살펴보면 다음과 같다.

① 원가절감을 통한 이익의 실현

JIT생산방식을 도입하게 되면 생산과정에서 과잉재고, 과다한 인력 등과 같은 불필요한 일체의 요소들을 철저히 배제하므로 원가절감이 이루어진다.

② 과잉생산으로 인한 낭비제거

JIT생산방식을 도입하게 되면 필요한 품목을 필요한 수량만큼 원하는 시점에서 생산하게 되므로 과잉생산으로 인한 낭비를 제거할 수 있다.

③ 원가절감을 위한 수량관리, 품질보증, 인간성 존중

원가절감은 JIT생산방식의 가장 기본적인 목표이므로 이를 달성하기 위해서는 수요변화에 맞추어 양과 종류를 조정하는 수량관리, 각 공정이 후속공정에 양질의 제품만을 공급하는 품질보증, 인적자원을 효율적으로 관리하고 인간성을 존중하는 등의 부차적 목표를 동시에 달성하여야 한다.

2. 적시생산시스템의 구성요소

(1) 셀방식의 공정배치

전통적인 생산공정에서는 여러 종류의 제품을 생산하는 경우에도 동일한 기능을 수행하는 기계와 이 기계에 대한 전문작업자를 배치하였다. 이와 같은 기능별 공정배치는 원재료와 재공품이 공정별로 이동하므로 재료처리비용이나 생산소요시간이 많이 발생한다.

그러나 JIT에서는 특정 제품을 생산하는데 필요한 기계를 한 곳에 모두 배치하여 효율적인 생산이 가능하도록 하는데 이를 셀방식의 공정배치라 한다. 셀방식의 공정배치에서는 각각의 제조 셀에 원재료를 보관하므로 원재료 운반이나 창고관리로 인한 비용이 절감되고 이동거리가 최소화되어 생산소요시간이 감소된다.

• 전통적 생산시스템의 공정배치(기능적 공정배치)

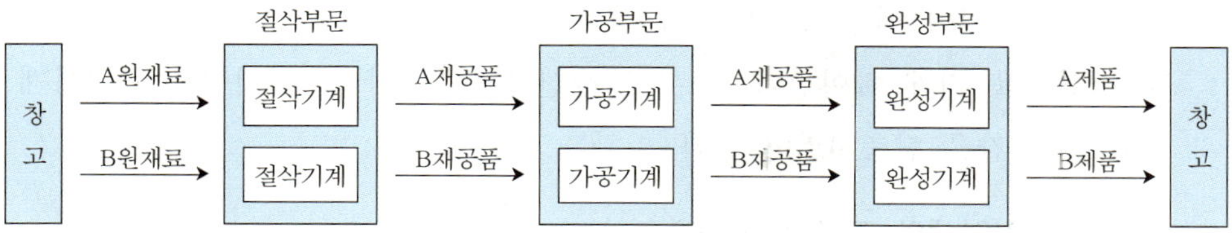

• JIT의 공정배치(셀방식 공정배치)

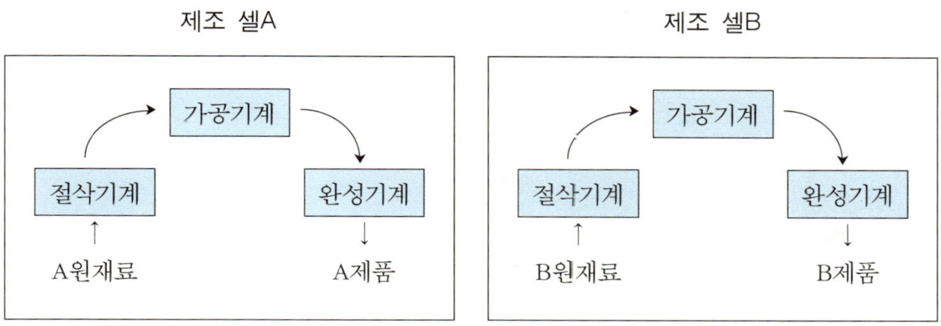

(2) **다기능공제도**

특정 셀 내에서 여러 공정이 포함되어 있으므로 작업자는 셀 내의 모든 작업공정을 수행 할 수 있도록 교육·훈련을 받는다.

(3) **간판방식**(kanban system)

모든 공정에서 필요로 하는 부품이 필요한 시간에 양만큼 생산될 수 있도록 간판을 통해 정보를 전달하는 시스템이다. 간판은 지시카드를 의미하는 일본어로 작업자는 작업에 필요한 부품이나 반제품의 양을 간판에 적어서 그 전 공정의 작업자에게 생산해 줄 것을 지시한다. 이와 같은 간판방식을 통하여 수요견인시스템이 가능해진다.

(4) **생산의 평준화**

JIT에서는 제조기간을 최소화해야 하므로 노동력이나 설비의 유휴시간을 최소화해야 한다. 유휴시간을 최소화하기 위해서는 각 공정의 작업자가 한 번의 작업에 소요되는 시간이 동일하게 유지되어야 한다. 즉, 각 공정의 작업량이 평준화 되어야 한다.

(5) 소롯트 생산

반복생산에 있어 매일 수요변동에 적응하고 불필요한 재고를 줄이기 위해서는 롯트당 생산량을 작게 해야한다. 소롯트 생산을 하면 작업준비횟수가 증가하게 되므로 작업준비시간을 단축시켜야 한다.

(6) 소수의 협력업체와 강한 유대관계

JIT에서는 수요에 따라 즉시 제품을 생산하여야 하므로 공급업체가 양질의 부품을 정시에 납품하여야 한다. 따라서 장기계약을 통하여 소수의 안정된 공급업체와 협력관계를 유지하여야 한다.

3. 적시생산시스템이 원가관리회계에 미친 영향

(1) 원가의 추적가능성 증대

JIT에서는 원재료 구매 · 취급 · 보관 등의 활동이나 설비는 단일의 생산라인을 위해 사용되고 이들 원가는 개별 생산라인의 직접비로 분류되므로 원가의 추적가능성이 증대된다.

(2) 더 정확한 제품원가계산

일부원가에 대한 직접추적가능성이 증가되고 간접원가로 분류된 몇몇 활동이 제거 혹은 감소되어 더 정확한 제품원가계산이 가능하다.

(3) 원가중심점의 감소

전통적 환경하에서는 개별적인 원가중심점이 구매, 원재료 취급, 품질검사, 창고부문 등에 대하여 설정되었으나 JIT환경하에서는 구매 · 검사 · 보관 활동 등은 비부가가치 활동이므로 제거의 표적이 되며 이에 따라 이 같은 활동을 위한 설비 및 인원은 최소화되거나 제거되어 원가단위로서의 의미를 상실한다.

(4) 재공품 평가의 단순화

JIT에서는 기초 및 기말재공품이 거의 없으므로 완성품수량과 당기작업 완성품환산량은 차이가 없게 된다. 따라서 기말재공품에 대한 평가과정을 무시할 수 있어 재공품평가를 위한 노력을 절감할 수 있다.

(5) 원가흐름의 가정의 중요성 감소

재고자산이 없거나 매우 적기 때문에 원가흐름의 가정(평균법, 선입선출법 등)에 관계없이 매출원가가 거의 같다.

(6) 구입가격차이의 감소

원재료 공급자와 장기적인 계약을 체결하여 재료를 공급받기 때문에 구입가격차이가 감소한다.

(7) 공손원가의 감소

여유재고가 없으므로 공손품이 발생하면 공정이 멈추게 되어 적시생산이 이루어지지 않는다. 따라서 적시생산을 위하여 불량률을 낮게 하면 공손원가가 감소된다. JIT에서는 대부분의 공손을 비정상공손으로 간주한다.

4. 적시생산시스템에서의 성과평가

JIT에서는 품질을 중요시하기 때문에 적시에 필요한 양을 무결점으로 생산하는 것을 높게 평가한다. JIT에서 사용되는 성과평가 측정치로는 제조주기시간, 제조주기효율성, 그리고 직진율 등이 있다.

(1) 제조주기시간

고객대응시간(customer－response time)은 생산부서가 주문을 접수한 시간부터 제품을 생산완료할 때까지 소요되는 시간을 의미한다. 고객대응시간은 다음과 같이 구성되어 있다.

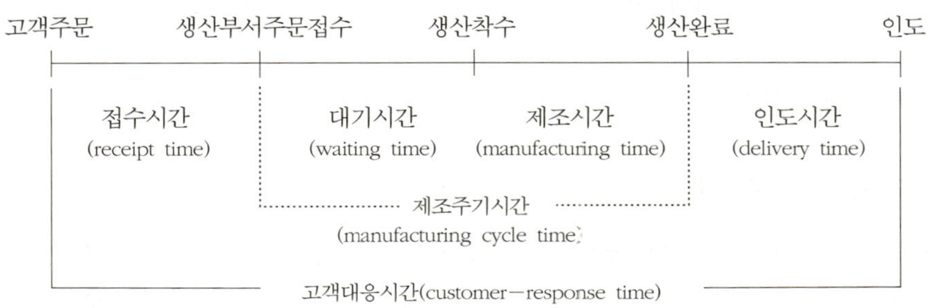

제조주기시간(manufacturing cycle time)은 가공시간(process time), 검사시간(inspection time), 이동시간(move time), 대기시간(waiting time) 등으로 구성된다. 이 중에 가공시간을 제외한 나머지 검사시간, 이동시간, 대기시간 등은 부가가치를 창출하지 않는 비부가치시간(non-value added time)이다.

$$\text{제조주기시간} = \underbrace{\text{가공시간}}_{\text{부가가치시간}} + \underbrace{\text{검사시간} + \text{이동시간} + \text{대기시간}}_{\text{비부가가치시간}}$$

(2) 제조주기효율성

제조주기효율성(manufacturing cycle efficiency : MCE)은 제조주기시간 중에서 부가가치시간이 차지하는 비율을 말한다. 제조주기시간은 0보다 크고 1보다 작은 값을 지니는데 그 값이 크다는 것은 낭비시간이 적어서 효율적이라는 의미이다.

$$\text{제조주기효율성(MCE)} = \frac{\text{부가가치시간}}{\text{제조주기시간}}$$

(3) 직진율

직진율(first pass yield)는 재작업 등을 거치지 않고 한번 작업으로 품질 등의 기준을 통과한 양품의 비율을 말한다. 예를 들어서 직진율이 95%라면 전체 생산제품 가운데 재작업을 거치지 않고 한 번에 기준을 통과한 양품은 95%이고 나머지 5%는 재작업을 거쳐서 양품으로 되거나 불량품으로 생산됨을 의미한다. 따라서 직진율이 높다는 것은 그 만큼 품질관리가 잘되고 있음을 간접적으로 시사해줌과 동시에 재작업과 불량품생산 등으로 인한 자원소모가 적음을 알려 주는 것이다.

5. EOQ모형과 JIT의 비교

(1) 재고자산에 대한 견해

EOQ모형은 재고자산을 불가피한 것으로 파악하고 있다. 즉 재고자산 보유에 따른 원가낭비를 과소평가하고 있으나, JIT는 재고자산 자체를 낭비로 보고 있다.

(2) 최적주문량

EOQ모형은 생산준비원가, 주문원가 등을 불가피하게 발생하는 원가로 보고 최적주문량에 의해 원가관리를 한다. 이에 반해 JIT에서는 생산준비시간과 주문시간을 극도로 단축시킴에 따라 생산준비원가와 주문원가 등을 무시할 수준에 이르게 한다. 따라서 생산준비원가와 주문원가 등이 무시할 정도가 됨에 따라 그때 그때의 수요량이 바로 최적주문량이 된다. 즉, EOQ모형과 같은 고정된 최적주문량은 존재하지 않고 동적인 개념에 의해 수요량 자체를 최적주문량으로 본다.

(3) 제조시간

EOQ모형은 고정된 최적주문량이 존재함에 따라 결과적으로 전체 제조시간이 길어지게 되나, JIT는 비부가가치 활동을 제거하여 제조시간을 단축시킨다.

예 제 2 JIT

프린터를 생산하는 (주)삼원은 회사 재고비용의 절감차원에서 JIT시스템의 도입을 고려하고 있다. JIT시스템의 도입에 따른 효과가 다음과 같을 때 JIT시스템의 도입여부를 결정하시오.

① 창고의 임대료가 매년 ₩1,700,000 줄어든다. 또한 창고 담당자가 불필요하여 연간 ₩800,000의 임금이 절약된다.

② 평균재고가 연간 ₩2,000,000에서 ₩150,000으로 줄어든다. 회사의 재고투자에 대한 연간 요구수익률은 8%이다.

③ JIT시스템은 (주)예림에서 리스하여 사용하는데 연간 리스료는 ₩1,800,000이며, 시스템의 유지 및 보수에 따라 발생하는 비용은 연간 ₩400,000이다.

④ JIT의 도입에 따라 연간 10,000개의 부품에 대한 초과생산이 필요하다. 초과생산에 대한 작업수당은 총 ₩800,000이다.

⑤ 회사는 정부의 "중소기업 IT 30,000" 도입에 따른 정부지원의 혜택을 받아 연간 ₩500,000의 절세혜택을 받을 수 있다.

해답

JIT시스템을 도입한다고 가정할 경우

증분이익		
창고임대료 감소	₩1,700,000	
창고담당자 임금 감소	800,000	
재고투자비용	1,850,000 × 8% = 148,000	
절세효과	500,000	₩3,148,000
증분비용		
시스템 리스료	1,800,000	
시스템 유지·보수비용	400,000	
초과작업수당	800,000	(3,000,000)
증분이익		₩148,000

∴ JIT 시스템을 도입한다.

제 3 절 역류원가계산

1. 의 의

전통적 원가시스템에서는 원재료를 구입하고, 원가요소를 재공품에 투입하고, 재공품이 완성되어 제품이 생산되고, 제품이 판매되어 매출원가가 되는 순차적인 과정에 따라 회계처리를 하였다. 그런데 JIT에서는 상이한 제품군을 소규모의 롯트로 빈번하게 생산하기 때문에 거래량이 많아서 전통적 원가시스템과 같이 회계처리하는데 많은 비용이 든다. 따라서 JIT에서는 기록유지를 단순화시키고 JIT에 적합하지 않은 계정들을 제거하기 위해서 역류원가계산(backflush costing)을 사용한다. 역류원가계산은 산출물에 초점을 맞추고 생산순서의 역순으로 판매된 제품과 기말재고자산에 제조원가를 배분하는 단순화된 표준원가계산제도이다.

2. 회계처리

거래를 인식하여 분개하는 시점을 회계기장시점(trigger point)이라 하는데 역류원가계산은 회계기장시점을 어디까지 지연시키느냐에 따라 다음 세 가지 유형으로 구분된다.

	분개 시점	적용 상황
유형 1	원재료 구입시와 제품 완성시	재공품이 거의 없는 경우
유형 2	원재료 구입시와 제품 판매시	재공품과 제품이 거의 없는 경우
유형 3	제품 완성시	원재료와 재공품이 거의 없는 경우

유형1이 가장 일반적인 형태이고, 유형2는 가공비가 재고자산에 포함되지 않고 기간비용으로 처리되므로 초변동원가계산과 그 내용이 일치한다.

한편, 역류원가계산에서는 원재료를 구입과 동시에 공정에 투입하므로 원재료계정과 재공품계정을 통합하여 재공원재료계정을 사용한다. 따라서 재고자산계정은 재공원재료계정과 제품계정 둘 뿐이다. 그리고 역류원가계산에서는 일반적으로 직접노무비의 비중이 작기 때문에 직접노무비를 별도로 추적하지 않고 제조간접비와 합쳐서 가공비계정에 포함시킨다.

각 유형에 따른 회계처리를 예시하면 다음과 같다. 다만 원가차이는 불리한 것으로 가정하며 원가차이는 매출원가에서 전액 조정한다.

시점 \ 유형	유형 1	유형 2	유형 3
원재료 구입시	(차) 재공원재료 AQ×SP 재료구입가격차이 xxx (대) 매입채무 AQ×AP	(차) 재고자산 AQ×SP 재료구입가격차이 xxx (대) 매입채무 AQ×AP	분개 없음
가공비 발생시	(차) 가 공 비 AQ×AP (대) 제 좌 AQ×AP	좌 동	좌 동
제품 완성시	(차) 제품(표준) xxx (대) 재 공 원 재 료 SQ×SP 가 공 비 SQ×SP	분개 없음	(차) 제품(표준) xxx 재료구입가격차이 xxx 재료수량차이 xxx (대) 매 입 채 무 AQ×AP 가 공 비 SQ×SP
제품 판매시	(차) 매출원가(표준) xxx (대) 제 품(표준) xxx	(차) 매출원가(표준) xxx (대) 재 고 자 산 xxx 가 공 비 xxx	(차) 매출원가(표준) xxx (대) 제 품(표준) xxx

재고실사후 장부가액비교	(차) 재료수량차이 xxx (대) 재공원재료 xxx	(차) 재료수량차이 xxx (대) 재고자산 xxx	분개 없음
원가차이 조정	(차) 매출원가 xxx (대) 재료구입가격차이 xxx 재료수량차이 xxx 가공비 xxx	좌 동	좌 동

예 제 3 역류원가계산

(주)한강은 단일제품을 생산하고 있다. 기초재고는 없고 표준원가는 다음과 같이 설정하고 있다.

직접재료비	₩20
가공비	10
단위당 표준원가	₩30

(주)한강의 최근 한 달간 활동에 관한 자료는 다음과 같다.

(1) 원재료 외상구입액은 ₩2,000,000이었다.

(2) 제품 90,000단위를 생산하는데 표준가액으로 ₩1,800,000의 원재료가 직접재료로 투입되었다.

(3) 제품 90,000단위을 생산하는데 가공비 ₩960,000이 발생하였다.

(4) 제품 90,000단위가 완성되었으며 그 중 80,000단위를 단위당 ₩50에 판매하였다.

[요구사항]

(주)한강은 역류원가계산을 하고 있다. 다음 각 방법(유형)에 따라 필요한 회계처리를 제시하시오.

1. 유형1 : 원재료 구입시점과 제품 완성시점에서 분개
2. 유형2 : 원재료 구입시점과 제품 판매시점에서 분개
3. 유형3 : 제품생산 완성시점에서 분개

해답

1.

(1) 원재료 구입

(차) 재공원재료	2,000,000	(대) 매입채무	2,000,000

(2) 가공비 발생

(차) 가 공 비	960,000	(대) 제 좌	960,000

(3) 제품 완성시점

(차) 제품(30×90,000)	2,700,000	(대) 재공원료	1,800,000
		가공비(10×90,000)	900,000

(4) 제품의 판매

(차) 매출원가(30×80,000)	2,400,000	(대) 제 품	2,400,000
매출채권(50×80,000)	4,000,000	매 출	4,000,000

(5) 초과(또는 부족)배부가공비의 조정

(차) 매출원가	60,000	(대) 가 공 비	60,000

2.

(1) 원재료 구입

(차) 재고자산	2,000,000	(대) 매입채무	2,000,000

(2) 가공비 발생

(차) 가 공 비	960,000	(대) 제 좌	960,000

(3) 제품 완성시점

분개 없음

(4) 제품의 판매

(차) 매출원가(30×80,000)	2,400,000	(대) 재고자산(20×80,000)	1,600,000
		가 공 비(10×80,000)	800,000
(차) 매출채권(50×80,000)	4,000,000	(대) 매 출	4,000,000

(5) 초과(또는 부족)배부가공비의 조정

(차) 매출원가	160,000	(대) 가 공 비	160,000

3.

(1) 원재료 구입

분개 없음

(2) 가공비 발생

(차) 가 공 비	960,000	(대) 제 좌	960,000

(3) 제품 완성시점

(차) 제 품(30×90,000)	2,700,000	(대) 매입채무	1,800,000
		가공비(10×90,000)	900,000

(4) 제품의 판매

(차) 매출원가(30×80,000)	2,400,000	(대) 제 품	2,400,000
매출채권(50×80,000)	4,000,000	매 출	4,000,000

(5) 초과(또는 부족)배부가공비의 조정

(차) 매출원가	60,000	(대) 가 공 비	60,000

제 4 절 전략적 원가관리

1. 의 의

기업간 경쟁이 심화되고, 소비자의 욕구가 다양해짐에 따라 양질의 제품이나 서비스를 보다 낮은 가격에 제공하지 않으면 기업은 지속적으로 성장하거나 존속하지 못하게 되었다. 이와 같은 소비자 중심의 시장구조에 대응하기 위하여 혁신적인 관리회계방법이 고안되었는데 이를 전략적 원가관리(strategic cost management)라 한다. 전략적 원가관리는 제품 및 서비스의 원가를 절감하면서 동시에 높은 수준의 품질을 유지하여 고객의 욕구변화에 지속적으로 대응하는데 중점을 두고 있다. 전략적 원가관리의 주요 기법으로는 가치사슬분석, 제품수명주기원가계산, 목표원가계산, 카이젠원가계산, 품질원가계산 등이 있다. 전략적 원가관리 기법들을 기업의 제품수명주기와 관련시키면 다음 그림과 같다.

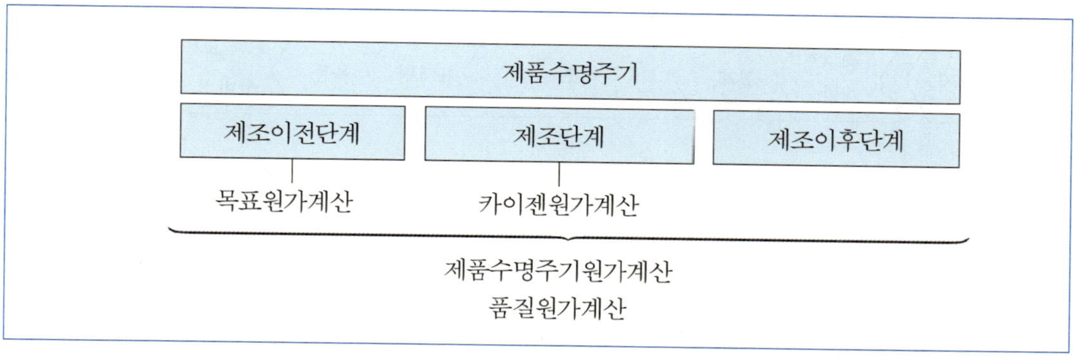

2. 가치사슬분석

(1) 의 의

기업이 제공하는 제품이나 서비스에 대해 가치를 제공하는 모든 기능들은 상호 관련된 활동들의 사슬을 형성하는데 이러한 기능들의 사슬을 가치사슬이라 부른다. 즉, 가치사슬(value chain)은 조직의 제품 또는 용역에 유용성을 더해가는 일련의 비즈니스 기능(business function)을 말하며, 가치사슬분석은 기업의 전략적 입지(positioning)를 강화하기 위하여 각 단계의 내부 연계성을 평가하고 이용하는 것을 말한다. 가치사슬개념에서는 기업의 원가계산과 각종 의사결정을 할 때 단지 제조단계의 원가만을 고려하는 것이 아니라 제조이전의 연구개발과 제품설계 및 제조이후의 마케팅, 유통, 고객서비스 활동까지를 포함한다.

가치사슬을 분석하면 특정기업이 경쟁우위에 있는 능력이 무엇인지를 파악할 수 있다. 가치사슬을 그림으로 나타내면 다음과 같다. 특정제품이나 서비스와 관련된 이러한 가치사슬기능의 원가를 측정 보고하는 것을 가치사슬원가계산(value chain costing) 또는 제품수명주기원가계산(product life cycle costing)이라 부른다.

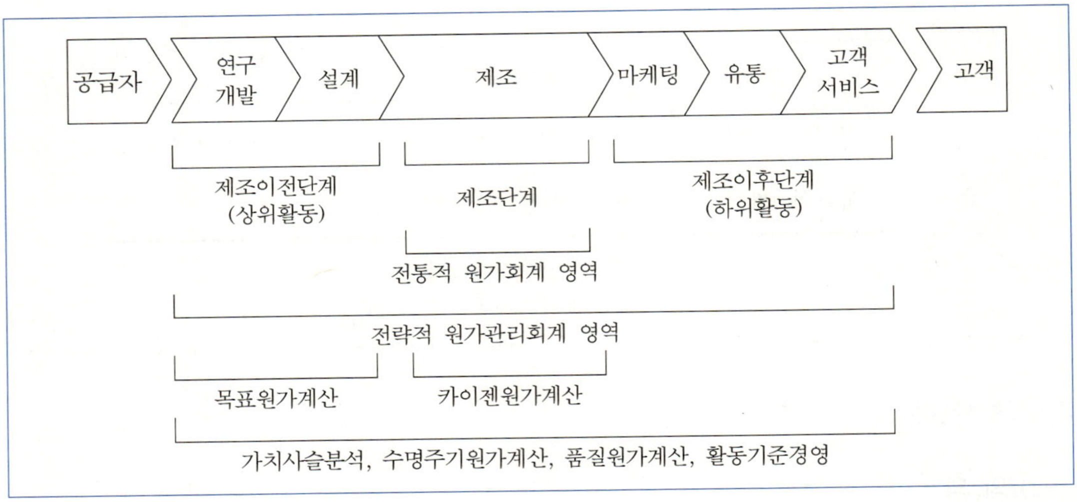

(2) 상위원가와 하위원가

제조이전 단계인 연구개발과 제품설계 등의 활동을 상위활동이라 하고 이러한 단계에서 발생한 원가를 상위원가(upstream costs)라 한다. 반면 제조이후 단계인 마케팅, 유통, 고객서비스 등의 활동을 하위활동이라 하고 이러한 단계에서 발생한 원가를 하위원가(downstream costs)라 한다. 전통적인 원가계산에서는 상위원가를 개별제품에 배분하지 않았다. 보통 상위원가는 기능별로 분류되어진 다음에 회계기간 중에 전액 비용화되었다.

그러나 최근에 경영자들은 어떠한 제품은 다른 제품보다 상위원가를 상당히 많이 소비한다는 사실을 인식하기 시작하였다. 상위원가에 따라 제조원가나 하위원가가 많은 영향을 받기 때문에 원가절감 노력은 상위활동에서부터 이루어져야 한다.

참 고

공급사슬(supply chain)은 기업 내·외부를 포함하여 원재료 조달부터 제품을 고객에게 전달할 때까지의 재화 또는 용역 및 정보의 흐름을 말하며, 공급사슬분석을 통하여 각 당사자의 활동을 조정하고 정보를 공유함으로써 많은 이득을 볼 수 있다.

원재료 공급업체 ⇨ 제조업체 ⇨ 유통업체 ⇨ 고 객

일반적으로 가치사슬은 하나의 기업을 대상으로 하는 기업내부의 가치창출활동을 말하고, 공급사슬은 최초의 원재료 공급업체로부터 최종소비자에 이르기까지의 기업간의 가치창출활동을 말한다.

3. 제품수명주기원가계산

(1) 의 의

제품수명주기원가계산이란 원가계산이나 수익성분석 및 가격결정 등을 할 때 제조이전 단계부터 제조이후단계까지 발생하는 모든 원가를 고려하여 원가계산 및 의사결정을 하는 것을 말한다. 제품수명주기원가계산에서는 원가의 분석대상을 단순히 제조과정에서 발생하는 원가로 한정 짓지 않고 제품의 개발에서부터 제품의 폐지에 이르는 제품수명주기 동안 발생하는 모든 원가를 분석한다. 이와 같은 분석을 통하여 단계별로 어떠한 원가가 발생하며 어떠한 활동이 비부가가치활동인지를 구분하여 합리적인 의사결정을 하는 것이다.

유의할 사항은 제품수명주기원가의 80~85%는 제품수명주기의 초기단계에서 결정되어 진다는 것이다. 그러므로 경영의 중점 또는 제품수명주기원가의 절감은 초기의 의사결정에 달려 있다. 제품수명주기의 원가결정비율은 다음과 같다.

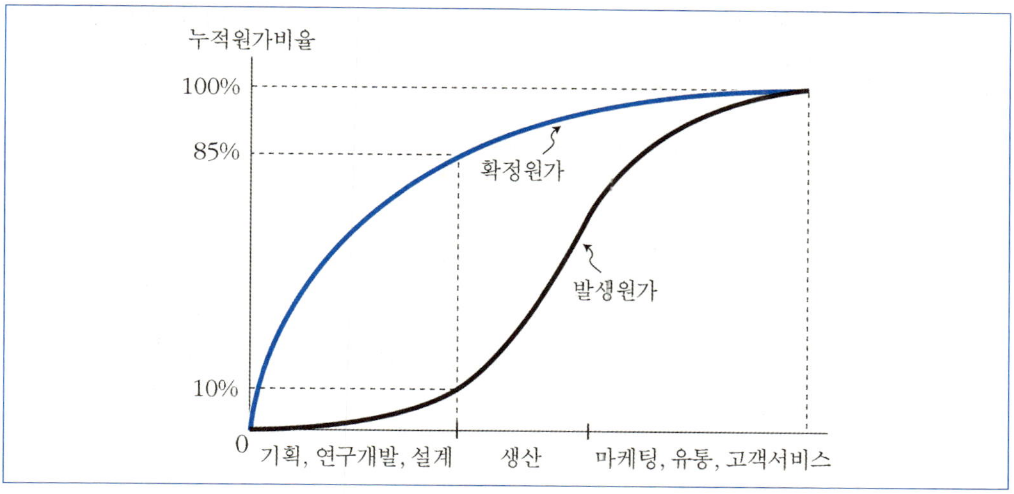

(2) 전통적 원가계산의 비교

전통적 원가계산은 단지 제조과정에서 발생하는 원가만을 분석대상으로 하여 그 범위가 좁으나 제품수명주기원가계산의 경우 제품과 관련된 모든 원가를 고려하므로 그 분석대상이 훨씬 포괄적이라고 할 수 있다. 이러한 제품수명주기원가는 원가계산의 정확성과 개념적 타당성을 위해 제품의 수명주기가 짧은 고기술 생산업종에 적합하다.

(3) 제품수명주기관리

현대적 의미의 제품수명주기는 연구개발에서 제조·판매에 이르는 전통적인 수명주기에 유지·보수·폐기처분에 이르기까지의 기간을 모두 포함하는 것을 말한다.

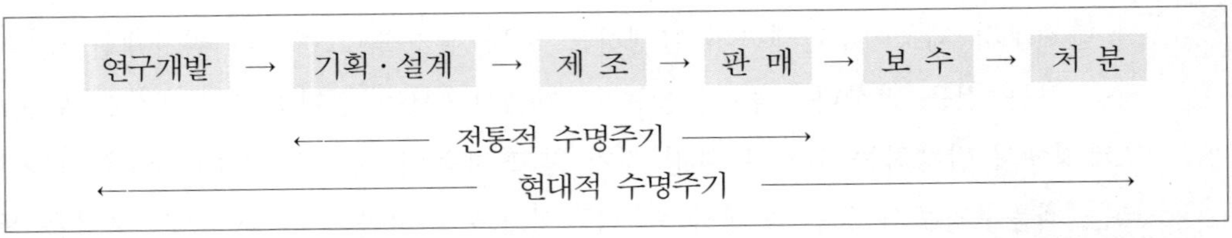

일반적으로 제품의 수명은 도입기, 성장기, 성숙기 및 쇠퇴기라는 4단계를 거쳐 시장에서 사라지는 것으로 구분하는데, 이러한 제품수명 전 과정에서 이익을 최대화하려는 것을 제품수명주기관리라고 한다. 기업은 각 제품의 수명주기를 감안하여 이익최적화를 검토할 필요가 있으며 이러한 관점에서 제품수명주기관리가 매우 중요하다.

마케팅, 생산자, 소비자 및 사회적 관점에서 제품수명주기관리가 어떻게 이루어지는지를 요약하면 다음과 같다.

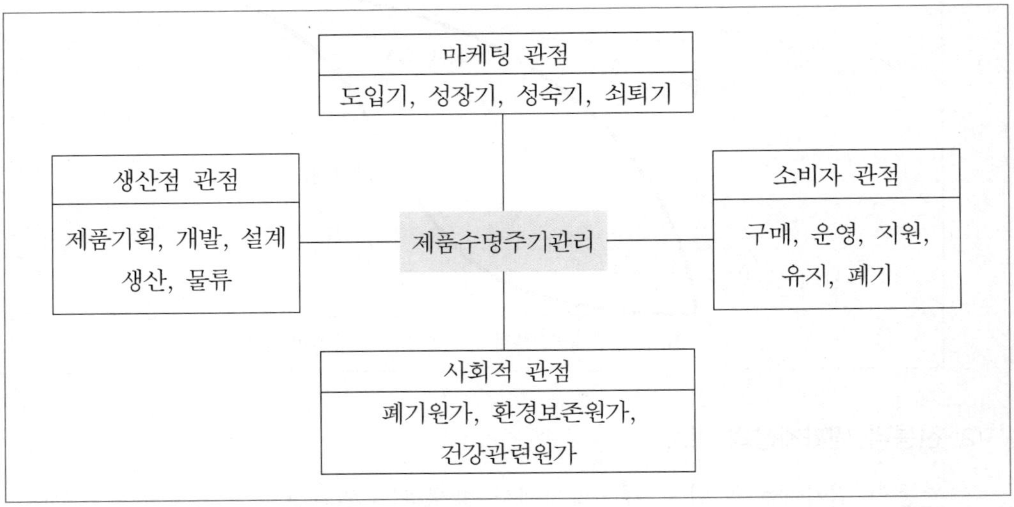

(4) 제품수명주기 원가의 유용성

① 제품과 관련된 모든 원가를 수명주기 관점에서 분석· 관리하므로 원가계산이 합리적이다.

② 합리적인 원가계산을 바탕으로 관리적 차원에서 합리적인 의사결정이 가능하다.

③ 경영자에게 품질에 대한 경각심을 유발시킨다.

④ 제품수명주기 동안 발생한 상호간의 관계를 파악하여 향후 원가 절감의 기회를 제공한다.

예 제 4 제품수명주기원가계산

(주)환희의 제품 중 제품 A는 1년여에 걸쳐 개발되어 시장에 출시되었다. 회사는 제품 A의 수익성을 분석하려고 한다. 전통적 원가계산에 따른 제품 A의 제조원가보고서와 손익계산서가 다음과 같다.

제조원가보고서	제품 A
생 산 량	25,000단위
직 접 재 료 비	₩1,500,000
직 접 노 무 비	200,000
제 조 간 접 비	800,000
총 제 조 원 가	₩2,500,000

손익계산서		제품 A
매 출	25,000개 × 150 =	₩3,750,000
매 출 원 가	25,000개 × 100 =	2,500,000
매 출 총 이 익		₩1,250,000

제조원가 이외의 발생원가는 다음과 같다.

연구개발	₩400,000
설계	200,000
판매	350,000
고객서비스	450,000

[요구사항]

1. 제품수명주기원가계산에 의해서 수익성을 분석해보고 단위당 판매가격이 적절한지 평가해보라. 적절하지 않다면 최소한 얼마 이상이어야 하는가?
2. 회사가 단위당 제품수명주기원가의 20%를 이익으로 한다면 단위당 판매가격은 얼마이어야 하는가?

해답

1. (1)

제품수명주기 손익계산서

I. 매 출			₩3,750,000
II. 수명주기원가 :			
1. 제조이전원가(상위원가)			
연 구 개 발	₩400,000		
설 계	200,000	₩600,000	
2. 제조원가		2,500,000	
3. 제조이후원가(하위원가)			
판 매(마케팅)	350,000		
고객서비스	450,000	800,000	3,900,000
III. 영 업 이 익			₩(150,000)

(2) 제품 A는 수명주기동안 이 회사에 ₩150,000의 손실을 가져다 주므로 단위당 판매가격이 과소책정 되었다고 할 수 있다. 따라서 최소한 판매가격은 ₩156(=₩3,900,000÷25,000단위)가 되어야 한다.

2. 단위당 판매가격 = 단위당 제품수명주기원가 × (1+20%)
 = ₩156 × 1.2 = ₩187.2

4. 목표원가계산

(1) 의 의

목표원가계산은 제품의 개발 및 설계단계에서부터 소비자의 제품에 대한 욕구와 수용가능한 가격을 파악하여 목표이익을 확보할 수 있도록 목표원가를 설정하는 것을 말한다. 즉, 소비자들이 원하는 목표가격에서 목표이익을 차감하여 목표원가를 설정하고 그 목표원가를 달성할 수 있도록 제품을 설계하고 생산하는 것이다. 목표원가계산은 제품의 기획, 설계 등 제조 이전단계에서 수행되는 것이 일반적이며, 이는 단순한 원가의 통제가 아닌 이익 및 원가의 종합적인 관리기법이라 할 수 있다.

(2) 전통적 원가계산과의 차이점

전통적 원가계산에서는 추정제품원가에 추정이익(마진)을 더하여 제품의 판매가격을 결정하나 목표원가계산에서는 제품의 목표판매가격을 결정한 후 목표이익을 차감하여 목표원가를 산정하고, 목표원가를 달성하도록 제품설계를 한 후에 제품생산을 한다. 이로 인하여 전통적 원가계산과 목표원가계산은 많은 차이점이 있다. 이를 정리하면 다음과 같다.

	전통적 원가계산	목표원가계산
기업의 과제	고객의 욕구에 맞는 제품개발	고객의 욕구와 고객이 원하는 가격에 맞는 제품개발
주 요 관 점	기술적 관점의 제품개발	기술적 관점과 재무적 관점의 제품개발
접 근 순 서	① 소비자 욕구파악 ② 제품설계 ③ 예상원가산정 및 가격결정 ④ 제품생산	① 소비자 욕구와 수용가능가격 파악 ② 목표가격과 목표원가의 설정 ③ 제품설계 ④ 제품생산
원 가 절 감	제조단계에서 원가절감 노력	제조이전 단계에서 원가절감 노력

(3) 목표원가의 달성방안

목표원가를 달성하기 위한 방안에는 저원가설계와 운영통제가 있다. 저원가설계는 제품이나 서비스를 저원가로 공급할 수 있게 재설계하는 방안이다. 그리고 운영통제는 새로운 제조기술이나 발전된 원가관리기법을 도입하거나 조직재편성을 통하여 생산성을 향상하는 방안이다.

목표원가를 달성하는 구체적인 방법은 가치공학(value engineering : VE)이다. 가치공학이란 공학적 관점에서 제품의 기능과 총제품원가의 관계를 분석하여 제품의 설계, 소재, 생산기술, 생산공정 등을 검토하고 개선하여 제품의 일정한 품질수준을 유지하면서 원가를 절감하는 방법을 모색하는 것이다.

(4) 목표원가계산의 문제점

① 생산담당자들이 목표원가를 달성하기 위해 과도한 압력을 받을 수 있다.

② 하청업자에게 원가절감압력을 가하기 때문에 관계가 악화될 수 있다.

③ 목표원가를 달성하기 위해 과다한 개발시간이 소요되는 경우 제품의 시장진입시기를 놓쳐 판매기회를 상실할 수 있다.

예 제 5 목표원가계산

혁신(주)에서는 신제품A를 개발하여 판매하고자 한다. 신제품A를 개발하는데 다음과 같은 원가가 발생할 것으로 예상된다.

연구단계의 원가 :	₩13,000,000
개발단계의 원가 :	₩18,000,000
제조단계의 원가 :	₩112,000,000

[요구사항]

1. 혁신(주)는 제품원가에 20%의 이익을 가산하여 판매가격을 결정하고 있다. 신제품A에 대한 수요량이 80,000단위로 예상된다면 단위당 판매가격은 얼마가 되어야 하는가?
   단, 동 회사는 개발단계와 제조단계에서 발생한 원가를 제품원가의 구성요소로 보고 있다.
2. 위 기본문제와 달리 혁신(주)가 목표원가관리기법을 도입하기로 하였다. 신제품A와 관련된 자료가 다음과 같을 때 물음에 답하시오.

고객이 원하는 신제품A의 단위당 가격 :	₩2,000
신제품A의 예상수요량 :	80,000단위
신제품A와 관련된 고정원가 :	₩56,000,000

(1) 매출액의 20%가 목표이익인 경우에 단위당 목표원가는 얼마인가?

(2) 단위당 목표원가를 고정원가와 변동원가로 구분하시오.

해답

1. 단위당 판매가격 $= \dfrac{18{,}000{,}000 + 112{,}000{,}000}{80{,}000} \times 1.2 =$ ₩1,950

2. 목표원가
   (1) 목표원가 = 2,000 × (1−0.2) = ₩1,600
   (2) 목표원가의 구성
   단위당 고정원가 = 56,000,000 ÷ 80,000 = ₩700
   단위당 변동원가 = 1,600 − 700 = ₩900

5. 카이젠원가계산

(1) 의 의

카이젠원가계산(kaizen costing)은 혁신을 통해서가 아니라 지속적이고 점진적인 공정개선을 통하여 원가 절감을 이루려는 개선원가계산을 의미한다. 카이젠원가계산은 원가절감을 목표로 한다는 점에 목표원가계산과 유사하나 목표원가계산은 연구개발이나 설계단계와 같이 제조과정 이전단계에서 시행되는 반면 카이젠원가계산은 주로 제조과정에서 시행된다는 점에서 차이가 있다.

(2) 전통적인 표준원가와 카이젠원가의 비교

전통적인 원가통제방법에서는 경영자나 공학자들이 원가분석을 하여 표준원가를 설정하고 그 표준원가를 달성하고자 노력하는 것을 통하여 원가절감을 이루려 하였다. 반면, 카이젠원가계산에서는 제조과정에서 직접 작업을 수행하는 작업자들이 원가절감의 주체가 되어 원가절감을 이루려한다. 표준원가와 카이젠원가의 차이점을 정리하면 다음과 같다.

	표준원가	카이젠원가
원가절감의 주체	경영자나 공학자	작업자
시스템 운영 목적	원가통제	원가절감
공정에 대한 가정	기존공정의 안정을 가정	공정의 지속적인 개선을 가정
차 이 분 석	표준원가와 실제원가의 비교	목표원가절감액과 실제원가절감액을 비교
차 이 조 사	표준원가의 미달성시 차이조사	목표원가절감액의 미달성시 차이조사

(3) 카이젠원가계산의 문제점

카이젠원가계산에서는 작업자들이 가중한 원가절감의 압력을 받게 된다. 현업에서는 이러한 문제를 방지하기 위해 신제품이 개발되어 양산되기 전까지 원가유지기간을 인위적으로 설정하여 이 기간 동안 원가절감의 방법을 습득할 수 있도록 하고 있다.

예 제 6 카이젠원가계산

(주)튼튼은 트럭용 상판을 생산하는 회사이다. 1월에 상판 500개를 생산하는데 투입된 직접재료비와 직접노무비는 다음과 같다

직접재료비 500개 × 20kg × ₩4,000 = ₩40,000,000

직접노무비 500개 × 6시간 × ₩9,000 = ₩27,000,000

회사는 2월부터 카아젠원가를 도입하였으며 매월 원가절감목표를 2%로 설정하였다. 한편, 2월에 상판 500개를 생산하기 위하여 실제로 발생한 원가는 다음과 같다.

직접재료비 500개 × 19.5kg × ₩4,000 = ₩39,000,000

직접노무비 500개 × 5.9시간 × ₩9,000 = ₩26,550,000

[요구사항]

1. 2월의 직접재료비와 직접노무비의 목표카이젠원가를 계산하시오.
2. 2월의 직접재료비와 직접노무비의 원가차이를 분석하시오.

해답

1. 목표카이젠원가

(1) 직접재료비 = 500 × 20 × (1−0.02) × 4,000 = ₩39,200,000

(2) 직접노무비 = 500 × 6 × (1−0.02) × 9,000 = ₩26,460,000

2. 원가차이분석

(1) 직접재료비

(AQ×AP)	(AQ×SP)	(SQ×SP)
₩39,000,000	500 × 19.5 × 4,000 = ₩39,000,000	₩39,200,000

가격차이 0		능률차이 200,000 F

(2) 직접노무비

(AQ×AP)	(AQ×SP)	(SQ×SP)
₩26,550,000	500 × 5.9 × 9,000 = ₩26,550,000	₩26,460,000

가격차이 0		능률차이 90,000 U

6. 품질원가계산

(1) 의 의

원가절감은 단순히 제품설계비용을 절감시키기 위한 방법을 모색하는 것으로 끝나는 것이 아니다. 원가절감 노력의 기저가 되는 전제는 제품품질을 유지하거나 향상시키면서 원가를 감소시키는 것이다. 일정 수준의 품질을 유지하기 위해서는 여러 가지 비용이 발생하는데 이를 품질원가라 한다. 즉, 제품의 품질에 문제가 발생하지 않도록 예방하고, 품질에 문제가 있는지를 검사하고, 문제가 발생한 경우에는 이를 사후적으로 해결하기 위하여 발생하는 모든 원가가 품질원가이다. 품질원가는 제품의 전 수명주기에 걸쳐서 적용되며 기업간 경쟁심화로 인하여 그 중요성이 더 높아져가고 있다.

(2) 품질원가의 분류

품질원가는 다음과 같이 4가지 범주로 분류할 수 있다. 예방원가와 평가원가는 사전품질 원가 또는 통제원가라 하고, 내부실패원가와 외부실패원가는 사후품질원가는 또는 실패원가라 한다.

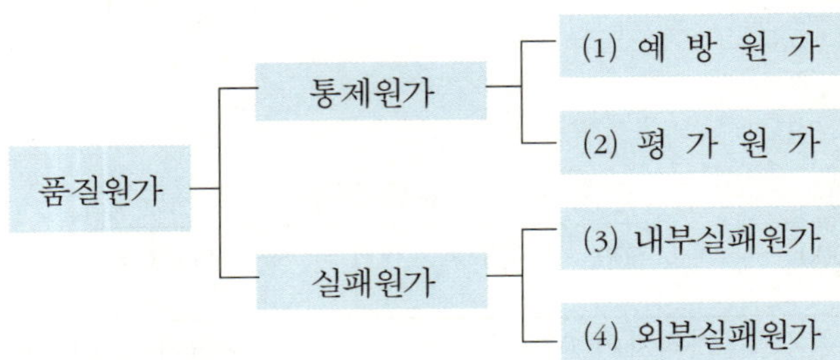

① 예방원가

예방원가(prevention costs)는 기업이 품질표준에 따라 제품을 생산하는 것을 확실히 하기 위해 발생되는 원가이다. 즉, 제조과정에서 불량이나 품질상의 결함이 나타나지 않도록 노력하는 활동과 관련된 모든 원가를 말한다. 품질관리기획, 품질관리교육 및 훈련, 예방적 설비보수 및 유지활동과 관련된 비용이 예방원가의 예가 된다. 또한 예방원가는 공급업체들이 불량품 없는 부품이나 재료를 공급할 수 있도록 하기 위한 공급업체의 훈련 및 인증 등도 포함한다.

② 평가원가

평가원가(appraisal costs)는 기업이 제조하는 제품이나 서비스가 품질표준을 충족하는지를 검사하고 평가하기 위하여 발생하는 원가를 말한다. 제품품질검사, 부품검사, 공정평가, 검사장비의 유지활동과 관련된 비용이 평가원가의 예가 된다.

③ 내부실패원가

내부실패원가(internal−failure costs)는 검사의 결과 발견된 제품의 결함이나 불량품을 고객에게 인도하기 전에 제거하고 처리하기 위한 활동과 관련된 원가를 말한다. 불량품의 재작업원가, 폐기비용, 품질결함으로 인한 공정중단비용이 내부실패원가의 예가 된다. 한편, 부품조달과정에서 발생한 문제를 해결하기 위한 반품, 재주문비용도 내부실패원가에 속한다.

④ 외부실패원가

외부실패원가(external−failure costs)는 제품이 고객에게 인도된 후에 발생한 결함을 해결하기 위한 활동과 관련된 원가를 말한다. 제품의 수선, 보증원가, 서비스를 위한 전화, 그리고 손해배상소송 문제를 해결하기 위해 발생된 모든 원가가 외부실패원가의 예가 된다. 외부실패원가는 감소시켜야 하는 가장 중요한 원가이다. 왜냐하면 외부실패로 인해 단기적으로 문제를 해결하는 데만 비용이 소요되는 것이 아니라 장기적으로는 기업의 고객만족과 명성에 좋지 못한 영향을 미치게 되기 때문이다.

위에서 설명한 품질원가의 범주와 개념 및 사례를 정리하면 다음과 같다.

품질원가의 범주별 정의와 사례

범 주		개 념	사 례
통제원가 (사전품질원가)	예방원가	제품이나 서비스의 불량을 예방하기 위하여 발생하는 원가	• 고객요구사항 조사비용 • 공급업체 평가비용 • 품질을 위한 작업자 훈련비용 • 예방적 설비보수 및 유지비용
	평가원가	제품이나 서비스의 질이 표준에 부합하는지를 평가하기 위하여 발생하는 원가	• 구입재료의 검사비용 • 제품의 품질검사비용 • 검사장비의 유지보수비용 • 품질검사사업부의 인건비
실패원가 (사후품질원가)	내부실패원가	판매, 선적 등 외부로 유출되기 전에 발견된 불량의 처리와 관련된 원가	• 불량 제품의 폐기비용 • 공손관련 재작업비용 • 불량품으로 인한 기계의 중단 • 불량재료의 반품비용
	외부실패원가	판매, 선적 등 외부로 유출된 후에 발견된 불량의 처리와 관련된 원가	• 보증책임 이행비용 • 손해배상소송 비용 • 반품 및 제품회수 비용 • 명성의 실추로 인한 기회비용

품질원가 예산편성 및 성과평가에 있어 유형별 균형에 관한 절대적인 규칙은 없지만 유형별 품질원가의 크기에 대한 일반적인 균형은 다음과 같다.

예방원가 > 평가원가 > 내부실패원가 > 외부실패원가

(3) 품질원가의 관리

통제원가와 불량률은 반비례관계에 있고, 실패원가와 불량률은 비례관계에 있다. 즉, 통제원가가 증가하면 불량률은 감소하고 불량률이 감소하면 실패원가도 감소한다. 이는 예방과 평가활동을 많이 수행하면 통제원가는 증가하나 이로 인하여 불량률은 감소되고 불량률이 감소되면 실패원가(내부실패원가 및 외부실패원가)가 감소한다는 뜻이다. 품질원가의 발생수준을 관리하는 방법은 다음과 같다.

① 허용품질수준 관점(acceptable quality view)

허용품질수준 관점에서는 통제원가와 실패원가 사이에 반비례관계가 있으므로 그 합이 최소화되도록하며 그 수준의 불량률을 허용한다.

② 무결점수준 관점(zero−defects view)

무결점수준 관점에서는 통제원가와 실패원가 사이에 반비례관계가 존재하나 통제원가의 지출이 많아져 불량이 발생하지 않으면 통제원가 자체도 감소하여 총품질원가가 감소하므로 불량률이 '0'이 되도록 하여야 한다.

이들 관계를 그림으로 나타내면 다음과 같다.

• 허용품질수준관점

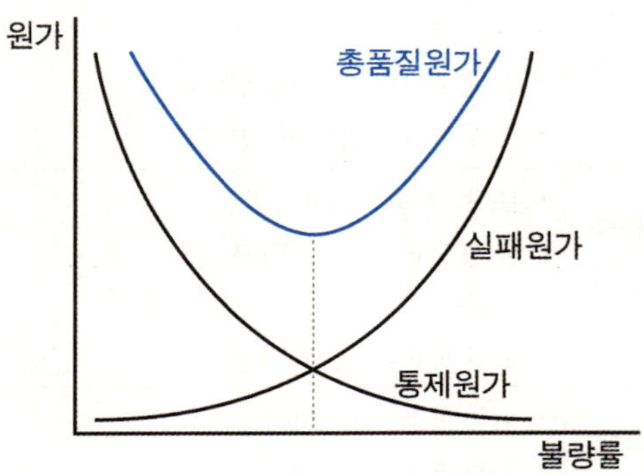

• 무결점수준관점

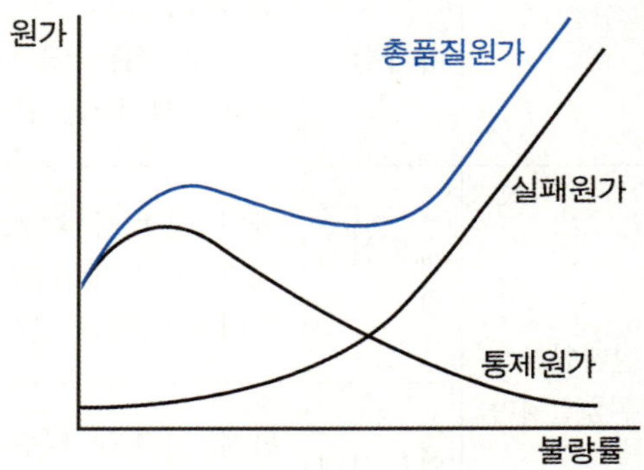

(4) 품질원가계산 적용시 유의할 사항

품질원가계산을 적용할 경우에는 다음 사항에 유의하여야 한다.

① 품질향상의 노력은 단기간에 성과가 나타나는 것은 아니므로, 품질원가의 보고에 있어서 노력과 성과 사이에 시차(time lag)가 있을 경우에는 그것을 충분히 고려해야 한다.

② 품질원가의 판정에는 주관적 판단이 개입되기 쉬우므로 확실한 기준을 설정해야 한다.

③ 직접적인 품질원가 뿐만 아니라 기업의 회계제도에서 얻을 수 없는 간접적인 품질원가(예를 들면 보증기간 후에 발생한 수선비용이나 고객의 불만으로 인하여 발생하는 원가 등)도 충분히 고려해야 한다.

(5) 품질원가계산의 문제점

① 품질원가의 범주별 구분이 불명확한 경우가 많다.

② 품질원가를 측정 · 분석 할 수 있는 전문인력이 부족하다.

③ 품질원가의 집계 및 분석이 어렵다.

예 제 7 품질원가계산

태종(주)는 품질관리와 관련하여 다음과 같은 활동을 수행하였다.

① 제품검사활동	⑧ 예방적 설비보수활동
② 제품보증활동	⑨ 종업원 품질교육활동
③ 설계엔지어링활동	⑩ 검사장비의 유지보수활동
④ 기계고장수리활동	⑪ 반품의 재작업활동
⑤ 소비자불만처리활동	⑫ 공손품의 재작업활동
⑥ 구입재료검사활동	⑬ 부품공급업체의 평가활동
⑦ 원재료의 반품활동	⑭ 공정평가활동

각 활동에서 발생한 원가를 예방원가, 평가원가, 내부실패원가, 외부실패원가로 구분하시오.

해답

예 방 원 가 : ③, ⑧, ⑨, ⑬
평 가 원 가 : ①, ⑥, ⑩, ⑭
내부실패원가 : ④, ⑦, ⑫
외부실패원가 : ②, ⑤, ⑪

7. 제약이론

(1) 의 의

제약이론은 골드렛(Eliyahu M. Goldratt)박사에 의하여 개발된 조직경영이론이다. 이는 성공적인 조직경영의 장애요인이 되는 제약자원을 확인하고 관리하여 생산능력을 증대시킴으로써 이익을 극대화시키고자 하는 관리기법이다.

기업내에 제약자원이 존재하는 경우에는 이로 인하여 병목공정(bottleneck operations)이 생기게 되고, 병목공정에 의하여 기업전체의 생산능력이 결정되기 때문에 병목공정의 생산능력을 증대시켜야 기업전체의 생산능력이 증대되어 이익이 증대된다.

(2) 제약자원관리의 절차

제약자원관리의 절차는 다음과 같다.

① 조직의 목표를 명확히 하고 조직의 목표를 달성하는데 장애가 되는 모든 요인(자원)을 확인한다. 예를 들어 어느 공정에서 어떤 요인으로 인하여 병목현상이 발생하는지 확인한다.

② 제약자원을 관리하고 완화할 수 있는 단기적인 방안을 모색한다. 예를 들어 병목현상이 발생하는 공정의 유휴시간을 제거하거나 비제약공정에서 제약공정을 지원한다.

③ 병목현상이 없는 모든 자원을 병목현상을 일으키는 제약자원의 요구에 귀속시킨다. 예를 들어 제약공정의 시간당 생산량이 5개라면 비제약공정에서도 5개만 생산하여 재공재고를 최소화한다.

④ 제약자원을 관리하고 완화할 수 있는 장기적인 방안을 모색한다. 예를 들어 생산시설을 증가하거나 종업원의 채용 등을 통하여 제약자원의 능력을 향상시킨다.

⑤ 상기 과정을 반복한다. 즉 상기 과정을 통하여 제약요소가 해소되면 다시 ①단계로 돌아가서 다른 제약요소를 파악하여 동일한 과정을 반복한다.

(3) 현금창출회계(cash throughput accounting)

제약이론의 목표는 양질의 제품을 저가에 공급하고 소비자의 요구에 신속하게 반응하는 것이다. 이를 위해서는 제약요소를 관리하고 현금창출능력을 증대시켜야 한다. 현금창출회계는 이미 제7장에서 학습한 스루풋회계(초변동원가계산)를 의미한다. 현금창출회계의 기본개념은 다음과 같다.

① 재료처리량 공헌이익(현금창출공헌이익)

매출액에서 직접재료비를 차감한 것을 재료처리량 공헌이익이라 하는데 이는 매출을 통하여 외부로부터 벌어들인 현금을 의미한다. 스루풋회계에서는 단기적으로 직접재료비만 순수한 변동비이다.

② 운영비용

직접재료비를 제외하고 재료처리량 공헌이익을 얻기 위하여 발생한 모든 비용을 운영비용이라 한다. 노무비, 감가상각비, 임차료 등 기업의 운영 및 유지활동에서 발생하는 모든 비용이 운영비용에 해당한다.

③ 재고투자(inventory or investment)

재고투자란 미래의 판매목적으로 투자한 것으로 기업내부에 잠겨져 있는 현금총액이다. 이는 재고자산과 설비자산 및 연구개발비를 포함한다.

제약이론의 목적인 이익극대화를 달성하려면 재료처리량 공헌이익을 증대시키고 운영비용과 재고투자를 감소시켜야 한다.

예 제 8 제약이론

(주)대한은 수요가 무한한 갑제품을 다음의 두 단계를 걸쳐 생산한다. A공정에서는 수요가 무한하므로 최대생산량을 생산하고 있으며, B공정에서는 A공정의 생산량을 모두 수용할 수 있으므로 A공정에서 가공된 것을 모두 추가 가공한다. B공정 완성품의 판매가격은 단위당 ₩320이다.

	A공정	B공정
최 대 생 산 량	5,000개	7,000개
단 위 당 변 동 비	₩120	₩30
고 정 제 조 간 접 비	₩500,000	₩143,680
공 손 율	4%	5%

공손품은 완료시점에서 분리되며 모든 공손원가는 비정상공손으로 처리한다.
최대생산량에는 완성품뿐만 아니라 종점에서 발견된 공손품도 포함된다.

[요구사항]

1. A공정의 반제품을 외부에서 100개를 개당 ₩200에 구입할 수 있다면 이 대안을 수락하겠는가?
2. A공정의 공손율을 4%에서 2%로 낮추는 프로그램을 실행하는데 ₩15,000이 소요된다면 프로그램을 도입하겠는가?
3. B공정의 공손율을 5%에서 2%로 낮추는 프로그램을 실행하는데 ₩20,000이 소요된다면 프로그램을 도입하겠는가?

해답

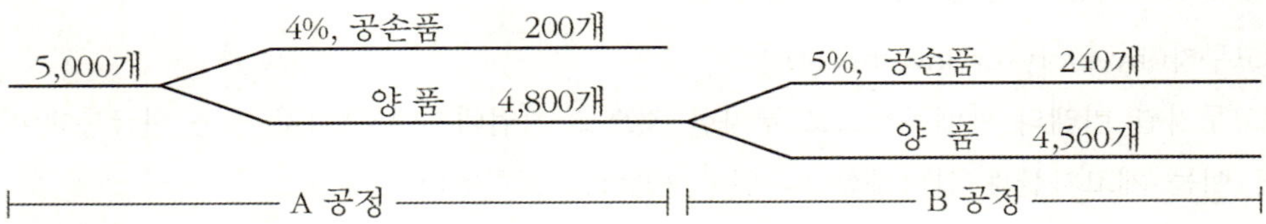

1. 외부구입 여부

증분수익 :	매출액증가	100 × 95% × ₩320 =		₩30,400
증분비용 :	추가가공비	100 × ₩30 =	3,000	
	외부구입비	100 × ₩200 =	20,000	23,000
증분이익 :				₩7,400

∴ 외부에서 구입한다.

2. 품질프로그램 도입여부

증분수익 :	매출액증가	5,000 × (4%−2%) × 95% × ₩320 =		₩30,400
증분비용 :	추가가공비	100 × ₩30 =	3,000	
	프로그램실행비		15,000	18,000
증분이익 :				₩12,400

∴ 프로그램을 도입한다.

3. 품질프로그램 도입여부

증분수익 :	매출액증가 5,000 × 96% × (5%−2%) × ₩320 =	₩46,080
증분비용 :	프로그램실행비	20,000
증분이익 :		₩26,080

∴ 프로그램을 도입한다.

제 5 절 활동기준경영(ABM)

1. 기 초

활동기준경영(ABM)이란 기업에서 수행하고 있는 활동을 관리함으로써 고객가치 증대와 원가절감을 통한 이익의 증대를 추구하는 체계적이고 통합적인 관리기법을 말한다. 활동기준경영은 원가에 대한 직접적인 통제보다는 활동의 통제에 초점을 두며, 책임중심점별 성과평가보다는 기업 전체의 성과향상을 강조한다. 활동기준경영의 주요수단은 공정가치분석(process value analysis)이며, 공정가치분석은 원가동인분석, 활동분석 및 성과평가로 구성된다. 이때 필요한 정보는 주로 활동기준원가계산(ABC)에서 얻어진다. 활동기준원가계산(ABC)과 활동기준경영(ABM)을 비교하면 다음과 같다.

	활동기준원가계산	활동기준경영
목 적	정확한 원가배부를 통한 정확한 원가계산	활동과 프로세스개선을 통한 기업전체 성과개선
정보활용	원가정보의 전략적 활용 • 수익성분석 • 가격결정 • 투자타당성 분석 • 목표원가관리 등	원가정보의 운영적 활용 • 프로세스원가관리 • 비부가가치활동원가 • 원가동인관리 • 성과평가 등

2. 활동분석

활동분석(activity analysis)은 활동을 구분하여 파악하고 그 활동의 효율성과 필요성을 평가하는 과정이다. 활동은 부가가치활동과 비부가가치활동으로 구분할 수 있다. 부가가치활동(value－added activities)은 기업이 제품이나 서비스에 대한 고객가치를 창출하기 위하여 반드시 수행한 필요가 있는 활동을 말한다. 그리고 부가가치활동을 효율적으로 수행하기 위하여 발생하는 원가를 부가가치원가(value－added cost)라 한다. 한편, 비부가가치활동(nonvalue－added activities)은 고객가치 창출에 기여하지 못하는 활동이나 비효율적으로 수행되는 활동을 말하며, 이로 인하여 발생하는 원가를 비부가가치원가(nonvalue－added cost)라 한다. 비부가가치원가의 예로는 작업계획(scheduling), 이동(moving), 대기(waiting), 검사(inspecting), 저장(storing) 등이 있다.

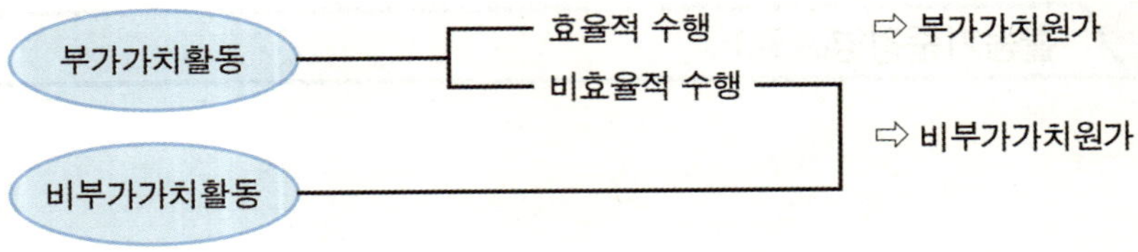

활동분석을 통하여 원가를 절감하는 방법에는 활동제거, 활동선택, 활동감소 그리고 활동공유가 있다.

활동제거(activity elimination)	비부가가치활동의 제거
활동선택(activity selection)	여러 대안 중 원가최소화 활동이 포함된 대안 선택
활동감소(activity reduction)	활동수행에 필요한 시간과 자원을 줄여 효율성 제고
활동공유(activity sharing)	기존활동을 이용하여 새로운 활동의 발생을 억제

3. 활동원가차이분석

활동원가차이분석은 활동의 효율성을 재무적으로 측정하는 대표적인 방법이다. 이 분석에서 달성하여야 할 궁극적인 목표는 부가가치표준(value-added standards)으로 표시된다. 부가가치표준은 불필요하거나 비능률적으로 수행되는 비부가가치활동을 완전히 제거한 상태를 말한다. 비부가가치활동은 전량 제거되어야 하므로 비부가가치활동의 부가가치 표준수량은 0이다.

부가가치표준원가	부가가치표준수량 × 원가동인의 단위당 표준원가 = SQ×SP
비부가가치원가	(실제사용량-부가가치표준수량) × 단위당 표준원가 = (AQ-SQ)×SP

위 표에서 실제사용량은 필요할 때마다 취득하는 변동자원은 활동동인의 실제사용량을 말하고, 사전에 미리 취득된 고정자원은 활동동인의 실제사용가능량을 말한다. 활동원가차이분석의 기본모형은 다음과 같다.

(1) 변동활동원가

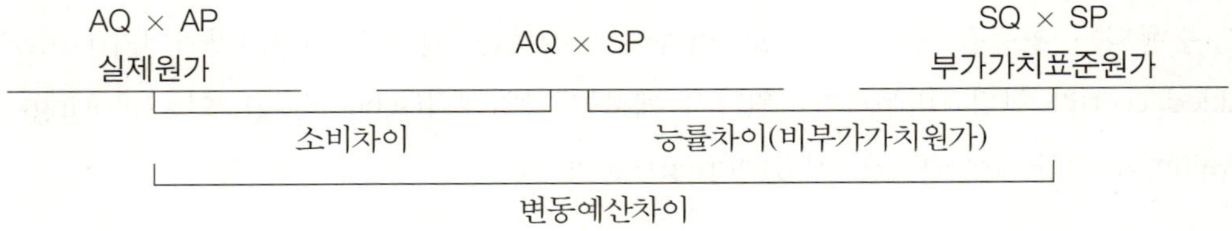

(2) 고정활동원가

AQ × AP 실제원가	변동예산 획득된 원가동인수 × SP	SQ × SP 부가가치표준원가
소비차이	조업도차이(비부가가치원가)	

참 고

고정활동원가는 변동활동원가와 달리 실제취득한 활동수량과 실제 사용한 활동수량이 일치하지 않을 수 있다. 기업이 사용 전에 미리 취득한 활동의 실제사용가능수량과 활동의 실제사용수량의 차이에 표준가격을 곱한 것을 미사용활동차이라 한다.

제 6 절 균형성과표(BSC)

1. 의 의

오늘날 기업들은 정보화 및 지식기반시대의 경영환경 속에서 경쟁하고 있다. 이러한 환경에서는 유형자산뿐만 아니라 지식이나 핵심역량과 같은 무형자산의 효과적 활용이 기업의 생존에 있어서 중요한 요소이다. 경영성과 측정에 있어서 재무적 성과에만 치우진 기존의 성과평가도구는 새로운 환경변화에 적합하지 않다는 비판을 받아왔다. 따라서 경영성과 측정에 있어서 무형자산의 가치를 제대로 반영하고 피드백할 수 있는 새로운 성과측정지표의 개발이 요구되고 있다. 이를 고려하여 과거 성과에 대한 재무적 측정지표와 미래 성과에 대한 비재무적 측정지표를 모두 포함하고 있는 성과평가 시스템이 바로 균형성과표(BSC : balanced scorecard)이다.

균형성과표에서 균형이란 단기적 지표와 장기적 지표, 재무적 지표와 비재무적 지표, 과거 성과지표와 미래 성과지표, 선행지표와 후행지표 사이의 균형을 의미한다. 이러한 균형성과표 속의 측정지표들은 기업조직의 비전과 전략으로부터 도출되는 것이다. 따라서 세부적 측정지표들은 해당 기업의 비전과 전략에 따라 선정된다.

2. 균형성과표의 네 가지 관점

BSC의 4가지 영역에는 재무적 관점, 고객 관점, 학습 및 성장관점 그리고 내부프로세스 관점이 있다. BSC는 학습 및 성장을 통하여 조직의 내부프로세스를 개선하고 이러한 개선으로 인하여 고객이 만족하게 되면 결과적으로 재무성과가 개선된다고 가정한다.

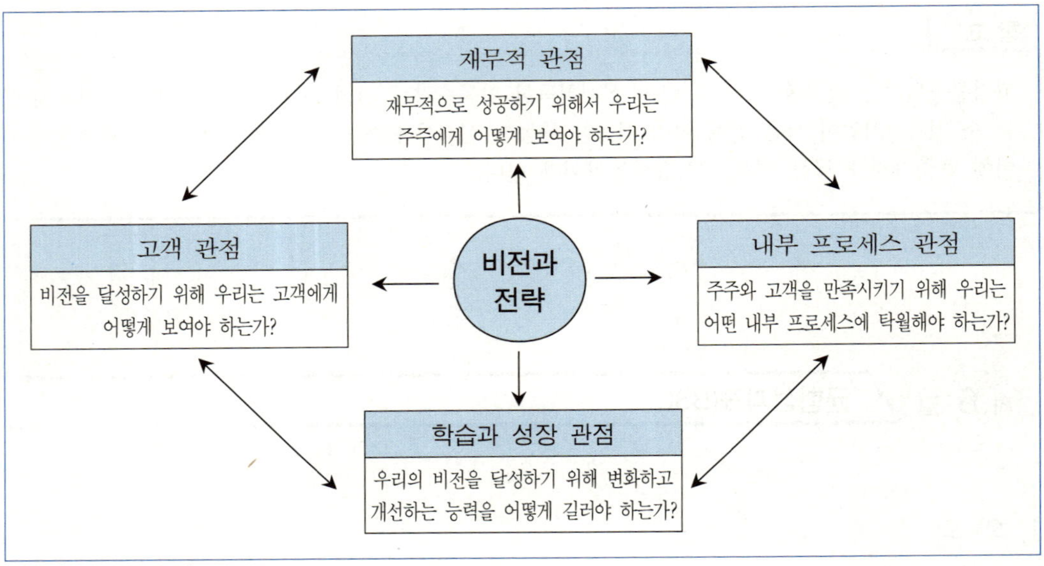

* Robert S. Kaplan and David P. Norton, "Using the Balanced Scorecard as a Strategic Management System," Harvard Business Review, January－February 1996, P.76(수정).

(1) 재무적 관점

재무적 성과지표들은 기업의 전략과 실천이 손익 개선에 기여하는지를 보여준다. 대표적인 재무적 측정지표로는 투자수익률(ROI), 잔여이익(RI), 경제적 부가가치(EVA), 매출총이익률, 현금흐름 등을 들 수 있다.

(2) 고객 관점

고객을 고려하지 않는 기업은 지속적 성장이 불가능하다. 따라서 고객의 입장에서 조직을 바라보고 고객의 요구사항을 적극 수용하는 것이 미래 기업의 가치를 향상시키는 것이다. 고객 관점에서의 대표적 측정지표로는 시장점유율, 고객확보율, 고객수익성, 고객유지율, 고객만족도, 신규고객 확보율 등이 있다.

(3) 내부프로세스 관점

고객관점에 기반을 둔 측정지표를 토대로 하여 자사가 고객들의 기대에 부응하여 내부적으로 무엇을 해야 하는가에 대한 측정지표를 구해야 한다. 균형성과표에서 내부프로세스 관점은 혁신 프로세스, 운영 프로세스, 판매후 프로세스를 포함한다.

① 혁신 프로세스

혁신 프로세스는 현재와 미래의 고객 욕구를 파악하고 그 욕구를 충족시킬 수 있는 제품과 서비스를 기획, 창출하는 가치사슬의 첫 번째 과정을 말한다.

② 운영 프로세스

운영 프로세스는 창출된 제품과 서비스를 제조하여 고객에게 전달하는 가치사슬의 두 번째 과정을 말한다.

③ 판매후 프로세스

판매후 프로세스는 고객욕구를 충족시켜 주기 위해 판매후 고객에게 각종 부대 서비스를 제공하는 가치사슬의 마지막 과정을 말한다.

대표적인 내부 프로세스 지표로는 신상품 판매비율, 적시 배송율, 배송시간, 고객당 수익성, 교차판매비율, 서비스완료시간, 불량품 교체시간 등이 있다.

(4) 학습 및 성장관점

학습 및 성장관점에서는 부족한 조직 역량을 개선시키기 위해 조직의 학습과 성장을 실행시키기 위한 목표와 측정지표를 개발한다. 학습과 성장은 주요한 세 가지 원천인 사람, 시스템, 그리고 조직의 각종 절차로부터 나온다. 학습과 성장관점의 대표적인 지표로는 직원 만족도, 종업원 1인당 수익, 지식지수, 핵심인력 유지율 등을 들 수 있다.

3. 성과측정지표와 연계

균형성과표 4가지 관점은 서로 독립적인 것이 아니며 인과관계를 갖고 있다. 이러한 4가지 관점에 의한 측정지표는 결과적으로 기업의 전략과 연결시켜야 한다. 균형성과표의 다양한 영역들은 분리되어 측정되는 것이 아니라 서로 연계되어 인과관계를 가지며, 서로를 강화시켜 주고 이는 궁극적으로 재무성과로 연결되어야 한다.

BSC의 기본전제는 '학습과 성장 → 내부프로세스(process)개선 → 고객만족 향상 → 재무성과 개선'이다. 그리고 성과측정지표들은 전략 수행에 도움이 되도록 관점별 목표 달성 여부를 잘 보여 주는 핵심성과지표(KPI, key performance indicator)들로 구성되어야 한다. 성과측정지표의 예는 다음과 같다.

성과측정지표

관점	지표
재무적 관점	투자수익률, 잔여이익, EVA, 매출총이익률, 현금흐름, 품질원가
고객 관점	고객만족도, 고객충성도, 신규 고객확보율, 시장점유율
내부프로세스 관점	신제품수, 신제품 개발시간, 불량률, 수율, 불만처리 소요시간
학습과 성장 관점	종업원 만족도, 교육정도, 종업원당 제안수, 정보시스템의 활용도

4. 균형성과표의 유용성

① 재무적 측정치와 비재무적 측정치간의 균형있는 성과평가를 할 수 있다.

② 단기적 성과와 장기적 성과간의 균형을 이룰 수 있다.

③ 기업 전체의 최적화에 장애를 가져오는 준최적화 현상을 방지할 수 있다. 한 관점에서 향상이 다른 관점을 희생시키면서 성취된 것이 아닌지를 파악할 수 있다.

④ 기업이 경쟁력을 재고하는데 신경을 써야할 여러 가지 핵심요소를 한꺼번에 고려한 단일의 경영보고서를 보여 준다.

예 제 9 BSC

(주)고려는 생산부서 담당 이사의 상여금을 수년간 아래와 같은 함수에 의하여 지급해 왔다.

상여금 = ₩50,000 + 0.5% × 직접노무비 절감액 + 0.2% × 제조간접비 절감액

그러나 당해연도부터는 고객만족도, 품질향상, 종업원 성취도 등과 같은 다양한 목표를 설정하고 이에 따른 상여금 지급을 고려하고 있다. 회사는 목표달성을 위하여 상여금 지급방법을 다음과 같이 변경하였다.

- 제품배달시간이 감소할 경우 상여금에 반영한다.
- 불량품 수량이 감소할 경우 상여금에 반영한다.
- 종업원의 업무만족도 향상을 상여금에 반영한다.

변경된 성과평가방법의 장점은 무엇인가?

해답

과거의 성과평가방법은 가공비 절감액에 의해서만 성과평가를 하였기 때문에 단기적인 결과에만 치중하였다. 그러나 새로운 성과평가방법은 장기적으로 중요한 고객만족, 품질, 종업원 업무만족도 등을 포함하고 있으므로 다음과 같은 장점이 있다.

① 재무적 측정치와 비재무적 측정치간의 균형 있는 성과평가를 할 수 있다.
② 단기적 성과와 장기적 성과간의 균형을 이룰 수 있다.
③ 재무적 측정치뿐 아니라 비재무적 측정치도 고려하므로 회사전체의 관점에서 준최적화를 방지할 수 있다.
④ 조직구성원이 구체적으로 무엇을 하여야 하는지를 제시하여 조직 전체의 전략수행을 돕는다.

연습문제

COST ACCOUNTING

문 1 경제적 주문량과 재주문점

㈜대한은 산업용과 일반소비자용 직물을 판매하고 있다. 그 제품 중의 하나가 청바지와 여행용가방에 사용되는 가죽이다. ㈜대한은 가죽에 대한 경제적주문량과 재주문점을 결정하고자 한다. 가죽과 관련된 자료는 다음과 같다.

① 가죽의 연간사용량은 24,000단위이며, 단위당 구입가격은 ₩200이다.
② 1회주문당 주문비용은 ₩240이다.
③ 가죽의 조달기간은 6일이며 연간 조업일수는 300일이다.
④ 재고유지비용은 재고자산에 투하된 자본의 이자비용과 보험료로 구성되어 있다.
⑤ ㈜대한의 자본비용은 10%이며 보험료는 재고단위당 ₩12이다.

[요구사항]

1. 경제적 주문량(EOQ)은 몇 단위인가?
2. 연간 총주문비용과 연간 총재고유지비용은 각각 얼마인가?
3. 연간 총재고비용은 얼마인가?
4. 재주문점(ROP)은 몇 단위인가?
5. 경제적 주문량과 JIT재고시스템과의 관계를 설명시오.

해답

1. 경제적 주문량(EOQ)

$$EOQ = \sqrt{\frac{2DO}{H}} = \sqrt{\frac{2 \times 24{,}000\text{단위} \times 240}{32^*}} = 600\text{단위(1회 주문량)}$$

* 200 × 10% + 12 = ₩32

2. 연간 총주문비용과 연간 총재고유지비용

(1) 연간 총주문비용 = 주문횟수 × 1회주문비용

$$= \frac{24{,}000\text{단위}}{600\text{단위}} \times 240 = ₩9{,}600$$

(2) 연간 총재고유지비용 = 평균재고량 × 단위당 연간 재고유지비용

$$= \frac{600\text{단위}}{2} \times 32 = ₩9{,}600$$

3. 연간 총재고비용 = 총주문비용 + 총재고유지비용
   = 9,600 + 9,600 = ₩19,200

4. 재주문점(ROP) = 조달기간 × 1일평균사용량

$$= 6일 \times \frac{24{,}000단위}{300일} = 480단위$$

5. 경제적 주문량과 JIT시스템과의 관계
   JIT재고시스템은 EOQ모형의 기존전제와 배치되지 않으며, 효율적으로 운영될 경우 주문비용은 현저히 감소됨과 동시에 변동비가 된다. 즉 JIT재고시스템하에서는 EOQ를 달성하기 위하여 재고유지비용이 감소하는 반면에, 주문횟수의 증가로 인한 주문비용이 증가하게 된다. 따라서 주문비용의 감소를 위한 제반수단을 강구하게 되며, 극단적으로 주문비용을 "0" 에 접근시킴으로써 "EOQ = 0" 에 접근시키게 된다. 결론적으로 JIT재고시스템을 성공적으로 적용하기 위해서는 주문비용의 감소가 필수불가결한 요소이다.

해설

재고자산관리란 적시에 적량의 재고수준을 최소의 비용으로 유지하고자 하는 활동을 말한다. 그러므로 재고자산관리와 관련하여 공부할 사항은 경제적 주문량의 결정, 재주문점, 안전재고수준의 결정 정도를 잘 정리해 두기 바란다.

문 2 EOQ모형과 예측오차의 원가

삼일씨는 자동검수기 부품에 대하여 경제적 주문량을 사용하고 있다. 그는 자동검수기 부품의 연간 수요를 3,000개, 단위당 구입가격을 ₩50, 1회 주문원가를 ₩100으로 예측하였다. 연간 단위당 재고유지원가는 단위당 ₩5에 단위당 구입가격의 10%를 더한 것이다.

[요구사항]

1. EOQ를 계산하라.
2. 삼일씨의 모든 예측은 정확하였으나 단위당 구입가격에 대해서만 예측이 잘못되었다. 단위당 실제구입가격은 연초에 ₩30으로 하락하고 연간 변화가 없었다. 예측오차의 원가는 얼마인가?

해답

1. $EOQ = \sqrt{\frac{2 \times 3{,}000 \times 100}{10^*}} = 244.95$개

   $* \ 5 + 50 \times 0.1 = ₩10$

2. ① 연간 단위당 실제재고유지원가 $= 5 + 30 \times 0.1 = ₩8$

   ② 이상적 의사결정하의 $EOQ = \sqrt{\frac{2 \times 3{,}000 \times 100}{8}} = 273.86$개

   ③ 이상적 의사결정하의 $TC = \frac{Q}{2} \times H + \frac{D}{Q} \times O$

   $$= \frac{273.86}{2} \times 8 + \frac{3{,}000}{273.86} \times 100 = ₩2{,}190.89$$

   ④ 실제 의사결정하의 $TC = \frac{244.95}{2} \times 8 + \frac{3{,}000}{244.95} \times 100 = ₩2{,}204.54$

   ∴ 예측오차의 원가 $= 2{,}204.54 - 2{,}190.89 = ₩13.65$

문 3 JIT system의 원가흐름

종로산업은 반도체칩 생산업체로서 JIT생산시스템을 운영하고 있으며 5월의 원가자료는 다음과 같다. 기초재고는 없으며 기말재공품도 없다.

원재료 구입	₩400,000
사용된 원재료	₩310,000
직접노무비 발생액	₩145,000
제조간접비 발생액	₩290,000
완성된 제품	₩745,000
매 출 원 가	₩600,000

회사는 제조간접비를 직접노무비의 200%로 배부하며, 배부차이는 연말에 매출원가에서 조정한다.

[요구사항]

1. 전통적인 원가시스템하에서 행할 분개를 제시하시오.
2. 역류원가계산시스템하에서 행할 분개를 제시하시오. 단, 재고자산은 원재료구입시와 제품완성시에 인식한다.
3. 역류원가계산시스템의 장·단점은 무엇인가?

해답

1. 전통적인 원가시스템

(1) 원재료 구입시점

(차) 재 공 원 재 료	2,000,000	(대) 매 입 채 무	2,000,000

(2) 원재료 사용시점

(차) 재 공 품	310,000	(대) 원 재 료	310,000

(3) 직접노무비 발생시점

(차) 재 공 품	145,000	(대) 미 지 급 비 용	145,000

(4) 제조간접비 발생시점

(차) 제 조 간 접 비	290,000	(대) 제 좌	290,000

(5) 제조간접비 배부시점

(차) 재 공 품	290,000*	(대) 배부제조간접비	290,000

*145,000 × 200% = 290,000

(6) 완성품 대체시

(차) 제 품	745,000	(대) 재 공 품	745,000

(7) 매출원가 대체시

(차) 매 출 원 가	600,000	(재) 제 품	600,000

2. 역류원가계산시스템

(1) 원재료 구입시점

(차) 재 공 원 료	400,000	(대) 머 입 채 무	400,000

(2) 원재료 사용시점 분개 없음

(3) 직접노무비 및 제조간접비 발생시점

(차) 가 공 비	435,000	(대) 미 지 급 비 용	145,000
		제 좌	290,000

(4) 제품의 완성시점

(차) 제 품	745,000	(대) 재 공 원 료	310,000
		배 부 가 공 비	435,000

(5) 제품의 판매시점

(차) 매 출 원 가	600,000	(대) 제 품	600,000

3. 역류원가계산의 장 · 단점
   (1) 장점 : 원가계산절차가 단순하며 비용이 적게 든다.
   (2) 단점 : 정보가 빈약하다.

문 4 제품수명주기와 성과평가

(주)한국전자는 핸드폰을 생산 · 판매하고 있다. (주)한국전자는 신제품 개발담당 경영자인 김이사의 주도하에 디지털 카메라의 기능이 부가된 카메라폰에 새로운 통역기능이 추가된 통역 카메라폰(일명 A제품)의 개발을 고려하고 있다. 김이사는 20×1년도에 연구개발을 시작하여 20×5년도에 시장에서 쇠퇴하는 A제품의 수명주기 예산자료를 다음과 같이 작성하였다.

A제품의 수명주기 예산자료

구 분	20×1년	20×2년	20×3년	20×4년	20×5년
생산 · 판매량(단위)		5,000	15,000	25,000	10,000
단위당 판매가격		100	80	60	50
연구개발 설계원가	170,000				
단위당 제조원가		40	30	20	16
단위당 고객서비스원가		45	41	34	27

모든 현금유입과 유출은 연중 계속하여 발생하지만 계산상의 편의를 위해 매년말 시점에 발생하는 것으로 가정한다. 또한 위의 모든 수익과 비용은 현금수익과 현금 비용이며, 화폐의 시간가치, 세금 및 인플레이션효과는 무시한다.

[요구사항]

1. A제품에 대한 20×5년까지 연도별 예산누적현금흐름을 계산하시오.
2. 신제품 개발팀에서는 A제품 이외에 또 다른 방안으로 B제품의 개발도 함께 고려하고 있다. B제품의 요약된 수명주기 예산자료는 다음과 같다.

B제품의 수명주기 예산자료

구 분	20×1년	20×2년	20×3년	20×4년	20×5년
현금수입		773,000	1,570,000	947,000	570,000
현금비용	187,000	703,000	1,450,000	730,000	490,000

(1) 한편, (주)한국전자와 김이사의 고용계약 만기는 20×3년말이며, 20×0년말 현재로서는 고용계약을 연장할 계획은 없다. 김이사의 성과보상은 매년 순현금흐름(현금 수입−현금비용)의 일정 비율에 의해 결정된다. 이러한 상황하에서 자신의 성과보상을 극대화하려는 김이사는 두 가지 대안 중에서 어떤 제품을 개발해야 한다고 주장하겠는가?

(2) 20×0년도에 CPA자격증을 획득하고 입사한 정회계사는 회사입장에서 보다 유리한 투자안을 선택하려고 한다. 정회계사의 선택이 김이사의 선택과 일치하겠는가?

(3) 만일 두 사람의 의견이 일치한다면 그 원인은 무엇이며, 서로 의견이 다르다면 그 원인은 무엇인가?

해답

1.

	현금흐름			누적현금흐름
20×1년			−170,000	−170,000
20×2년	5,000 × (100−85)	=	75,000	−95,000
20×3년	15,000 × (80−71)	=	135,000	40,000
20×4년	25,000 × (60−54)	=	150,000	190,000
20×5년	10,000 × (50−43)	=	70,000	260,000

2.

(1)

	현금흐름			누적현금흐름
20×1년			−187,000	−187,000
20×2년	773,000 − 703,000	=	70,000	−117,000
20×3년	1,570,000 − 1,450,000	=	120,000	3,000
20×4년	947,000 − 730,000	=	217,000	220,000
20×5년	570,000 − 490,000	=	80,000	300,000

∴ 김이사의 입장에서는 고용계약기간말(20×3년)까지의 누적현금유입이 큰 A제품을 개발해야 한다고 주장한다.

(2) 회사입장에서는 제품수명주기 전체기간에 대한 누적현금유입이 더 큰 B제품이 유리하다. 그러므로 김이사와 정회계사의 의견이 서로 다르다.

(3) 김이사와 정회계사의 의사결정 기준이 다르기 때문에 의견이 다르다. 즉, 김이사는 자신의 성과보상을 극대화하는 대안을 선택하려하고 정회계사는 회사전체 성과를 극대화하는 대안을 선택하려하기 때문에 의견이 다르다.

문 5 제품수명주기와 가격결정

서울(주)는 두 개의 신제품 A, B를 개발하려고 한다. 두 제품의 제품수명주기는 2년이며 2년 동안의 예산은 다음과 같다.

	신제품 A		신제품 B	
	20×1년	20×2년	20×1년	20×2년
연도별 생산 · 판매량	500단위	1,750단위	1,200단위	1,550단위
단위당 판매가격	₩200	₩200	₩100	₩100
수명주기원가				
1. 연구개발 및 설계원가	144,000	–	50,000	–
2. 제조원가	13,000	41,000	20,000	20,000
3. 마케팅원가	42,000	30,000	40,000	35,000
4. 유통원가	20,000	26,800	10,000	15,000
5. 고객서비스원가	18,000	25,200	25,000	35,000

[요구사항]

다음 물음에 답하시오. 단, 화폐의 시간가치는 무시하시오.

1. 각 제품별로 제품수명주기 손익계산서를 작성하시오.
2. 각 단계의 원가가 총 수명주기원가에서 차지하는 비율을 구하시오.
3. 물음1과 2에서 구한 자료를 바탕으로 어느 제품의 수익성이 더 좋은지, 그 이유는 무엇인지 간략히 설명하시오.
4. 위 기본 자료와 달리 아직 판매가격이 결정되지 않았다고 가정한다. 그리고 서울(주)는 제품원가에 20%의 이익을 가산하여 판매가격을 결정한다고 가정한다. 다음 각 방법에 의하여 제품A의 단위당 판매가격을 결정하시오.

   ① 제조원가를 기준으로 판매가격을 결정하는 방법

   ② 제품수명주기원가를 기준으로 판매가격을 결정하는 방법

해답

1. 제품수명주기 손익계산서

	신제품 A		신제품 B	
매출액	2,250 × 200 = 450,000		2,750 × 100 = 275,000	
원가				
연구개발 등	144,000		50,000	
제조	54,000		40,000	
마케팅	72,000		75,000	
유통	46,800		25,000	
고객서비스	43,200	360,000	60,000	250,000
영업이익		90,000		25,000

2. 원가구조는 다음과 같다.

	신제품 A	신제품 B
연구개발등	144,000(40%)	50,000(20%)
제조	54,000(15%)	40,000(16%)
마케팅	72,000(20%)	75,000(30%)
유통	46,800(13%)	25,000(10%)
고객서비스	43,200(12%)	60,000(24%)
합계	360,000(100%)	250,000(100%)

3.

① 각 제품의 수익성(영업이익률)

$A = \frac{90,000}{450,000} = 20\%$　　　$B = \frac{25,000}{275,000} = 9.1\%$

∴ 신제품 A의 수익성이 더 좋다.

② 예상원가자료를 기초로 할 때 신제품 B의 경우에는 연구개발 및 제품설계원가가 적게 발생하였으나 그 결과 품질이 저하되어 고객서비스원가가 증가될 것으로 예상된다. 따라서 상대적으로 신제품 A의 수익성이 더 좋을 것으로 예상된다.

4. 단위당 판매가격의 결정

① 제조원가 기준 $= \frac{54,000 \times 1.2}{2,250} =$ ₩28.8

② 제품수명주기원가 기준 $= \frac{360,000 \times 1.2}{2,250} =$ ₩192

문 6 목표원가계산

㈜대한은 반도체 생산업체로서 D-RAM과 S-RAM을 생산한다. 당사의 생산활동과 판매활동에 관한 자료는 다음과 같다.

	D-RAM	S-RAM	계
생산 · 판매량	50,000개	25,000개	75,000개
판 매 단 가	₩450	₩750	
제 조 원 가			
직접재료비	8,000,000	6,500,000	14,500,000
직접노무비	2,500,000	2,000,000	4,500,000
제조간접비			
설비원가	1,500,000	1,000,000	2,500,000
작업준비원가			8,610,000
검사원가			4,875,000
부품관리			4,500,000
제조원가 총계			39,485,000

원가부서에서 원가를 분석한 결과 직접재료비와 직접노무비는 생산량에 비례하여 발생한다. 설비원가는 연간 일정액으로 발생하는 고정비이므로 원가계산을 위하여 임의적으로 배분한다. 기타제조간접비는 다음과 같이 원가동인이 상이하며 원가동인에 비례하여 발생한다. D-RAM은 625개씩 묶음(batch)생산하며, S-RAM은 200개씩 묶음 생산한다. 각 제품의 묶음당 작업준비시간은 20시간으로 동일하다.

활 동	원가동인	D-RAM	S-RAM
작 업 준 비	작 업 준 비 시 간	?	?
검 사	검 사 시 간	2.5시간/개	4.75시간/개
부 품 관 리	부 품 종 류	17종	28종

한편, 경쟁심화로 인하여 회사는 D-RAM의 설계변경 및 공정재설계를 통하여 판매단가가 ₩438인 H-RAM의 생산을 고려하고 있다. H-RAM의 생산량도 50,000개이며, 신제품 H-RAM의 재설계와 관련된 자료는 다음과 같다.

- H−RAM의 직접재료비는 단위당 ₩5 감소될 것이다.
- H−RAM의 직접노무비는 단위당 ₩3 감소될 것이다.
- H−RAM은 1,000개씩 묶음(batch)생산 할 수 있으며, 묶음당 작업준비시간은 20시간으로 동일하다.
- H−RAM의 검사시간은 단위당 0.5시간이 감소될 것이다.
- H−RAM은 16종의 부품을 사용하여 생산한다.

원가동인당 배부율은 신제품의 경우에도 동일한 것으로 가정한다.

[요구사항]

1. D−RAM과 S−RAM의 단위당 제조원가를 구하시오.
2. 원가의 20%의 이익률을 달성하기 위한 H−RAM의 단위당 목표원가를 구하시오.
3. H−RAM은 물음2의 목표원가를 달성할 수 있는가? 계산내역을 보이시오.

해답

- 자료정리

원가동인당 배부율

활 동	원가집계	원가동인수	배부율
작 업 준 비	8,610,000	1,600*1 + 2,500*2 = 4,100	2,100
검 사	4,875,000	50,000 × 2.5 + 25,000 × 4.75 = 243,750	20
부 품 관 리	4,500,000	17 + 28 = 45	100,000

*1 50,000 ÷ 625 = 80묶음, 80 × 20 = 1,600시간

*2 25,000 ÷ 200 = 125묶음, 125 × 20 = 2,500시간

1. 단위당 제조원가

	D−RAM	S−RAM
직접재료비	₩8,000,000	₩6,500,000
직접노무비	2,500,000	2,000,000
제조간접비		
설 비 원 가	1,500,000	1,000,000
작 업 준 비 원 가	3,360,000*1	5,250,000
검 사 원 가	2,500,000*2	2,375,000
부 품 관 리	1,700,000*3	2,800,000
제조원가 총계	19,560,000	19,925,000
단위당 제조원가	₩391.2	₩797.0

*1 1,600 × 2,100 = 3,360,000

*2 125,000 × 20 = 2,500,000

*3 17 × 100,000 = 1,700,000

2. 목표원가를 Y라 하면

$Y \times (1+0.2) = 438 \qquad \therefore Y = 365$

3. H−RAM의 단위당 제조원가

직접재료비	(8,000,000÷50,000) − 5 =	₩155
직접노무비	(2,500,000÷50,000) − 3 =	47
제조간접비		
설 비 원 가	1,500,000 ÷ 50,000 =	30
작 업 준 비 원 가	(50묶음×20시간×2,100) ÷ 50,000 =	42
검 사 원 가	2시간 × 20 =	40
부 품 관 리	(16회×100,000) ÷ 50,000 =	32
단위당 제조원가		₩346

∴ 목표원가(₩365)를 달성할 수 있다.

문 7 품질원가의 구체적인 계산

화서(주)는 두 종류의 컴퓨터를 생산하고 있다. 품질원가에 대한 전반적인 자료를 수집하여 요약한 결과는 다음과 같다.

구 분	A형 컴퓨터	B형 컴퓨터
생산 및 판매수량	10,000단위	5,000단위
단위당 판매가격	₩200	₩100
단위당 변동원가	₩120	₩60
설계개선에 소요된 시간	6,000시간	1,000시간
단위당 품질검사시간	1시간	0.5시간
재작업수량비율	4%	10%
제품당 재작업원가	₩50	₩40
고객의 요구에 따른 수선비율	3%	8%
제품당 수선원가	₩40	₩50
불량품으로 인하여 상실된 추정매출수량	−	25단위
손해배상추정액	₩10,000	₩5,000

품질관리와 관련하여 설계개선에 참가한 직원과 품질검사원의 임률은 각각 다음과 같다.

(1) 설계개선에 참여한 직원 : 시간당 ₩8

(2) 품질검사원 : 시간당 ₩4

[요구사항]

1. 각 제품에 대하여 품질원가를 4가지 범주로 구분하고 4가지 범주의 품질원가가 매출액에서 차지하는 비율을 계산하시오.
2. 매출액 대비 각 범주별 품질원가의 비율에 기초하여 두 제품에 대한 품질원가를 비교 설명하시오.
3. 전사적인 품질관리(TQC)관점에서 비재무적인 요소로 고려할 항목에는 어떤 것이 있는가? 그 예를 4가지만 쓰시오.
4. 다음은 품질원가의 최적분포에 대한 전통적인 관점(허용품질수준 관점)과 현대적인 관점(무결점수준 관점)을 나타내는 도표이다. 도표에서 곡선(①~③)이 나타내는 것은 무엇인가?

〈허용품질수준관점〉

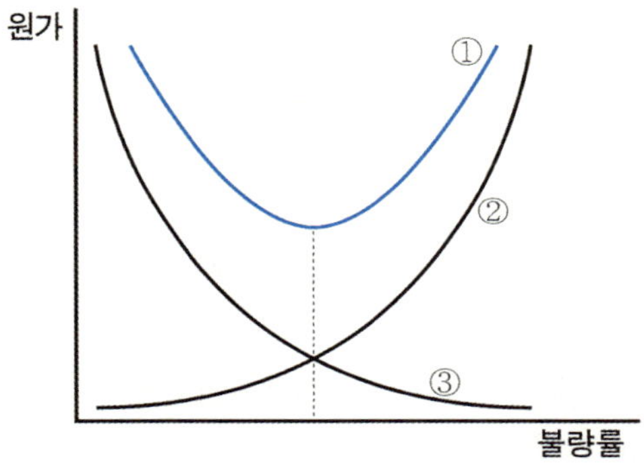

〈무결점수준관점〉

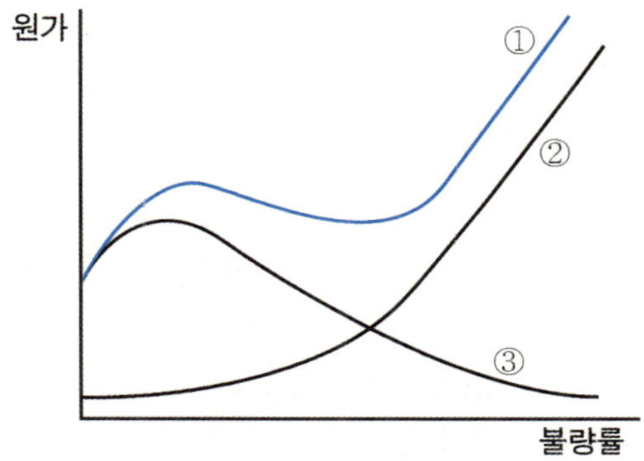

해답

1.

	A형 컴퓨터		B형 컴퓨터	
① 예방원가				
설계개선비	6,000 × 8 =	48,000 (2.4%)	1,000 × 8 =	8,000 (1.6%)
② 평가원가				
품질검사비	10,000 × 1 × 4 =	40,000 (2%)	5,000 × 0.5 × 4 =	10,000 (2%)
③ 내부실패원가				
재작업원가	10,000 × 4% × 50 =	20,000 (1%)	5,000 × 10% × 40 =	20,000 (4%)
④ 외부실패원가				
수선비	10,000 × 3% × 40 =	12,000	5,000 × 8% × 50 =	20,000
기회비용		−	25 × (100−60) =	1,000
손해배상비		10,000		5,000
		22,000 (1.1%)		26,000 (5.2%)
총품질원가		130,000 (6.5%)		64,000 (12.8%)
매출액		2,000,000		500,000

2. A형은 B형에 비하여 예방원가와 평가원가가 많이 지출되었으므로 내부실패원가와 외부실패원가가 상대적으로 작으며 결과적으로 A형의 매출액 대비 품질원가의 비율이 B형에 비하여 작다.

3. 비재무적 요소
   산출물의 수율, 반품비율, 적시 납품율, 종업원이직률 등

4. ① 총품질원가 ② 실패원가 ③ 통제원가

문 8 JIT 시간기준 성과와 의사결정

㈜초록은 A39제품을 만들기 위해 주입식 주물기계를 사용하고 있으며 고객으로부터 주문을 받은 후에만 제품을 생산한다. ㈜초록은 다음 해에 A39의 주문을 50회(1회 주문당 주문수량 1,000개) 받을 것으로 추정하고 있다. A39제품 1회 주문당 제조시간은 80시간이며, 연간 기계가동능력은 5,000시간이다. ㈜초록이 A39제품만 생산하는 경우의 주문당 평균대기시간은 160시간이다.

제조주기시간(manufacturing cycle time)은 대기시간(waiting time)과 제조시간(manufacturing time)의 합으로 계산되며, 제조주기시간은 제조소요시간 또는 생산리드타임(manufacturing lead time)이라고도 한다. 한편, 제조주기시간 이외의 시간 즉, 접수시간(receipt time)과 배송시간(delivery time)은 없는 것으로 가정한다.

[요구사항]

1. A39제품만 생산할 경우 다음 해에 ㈜초록은 총기계가동능력의 몇 %를 사용할 것으로 예상되는가?
2. ㈜초록은 신제품 B28의 도입을 검토하고 있다. 다음 해에 B28제품의 주문을 25회(1회 주문당 주문수량 200개) 받을 것으로 추정된다. B28제품 1회 주문당 제조시간은 20시간이며, B28제품의 도입이 A39제품의 수요에는 영향을 미치지 않을 것으로 예상된다. B28을 도입하여 A39와 B28을 동시에 생산하는 경우 주문당 평균대기시간은 얼마인가? 단, 관리부서에서는 대기시간을 산출할 수 있는 다음과 같은 산식을 개발하였다. 이를 이용하여 평균대기시간을 산정하시오.

$$\text{주문당 평균대기시간} = \frac{(AQ \times AMT2) + (BQ \times BMT2)}{2 \times [MCT - (AQ \times AMT) - (BQ \times BMT)]}$$

AQ : A제품의 제조주문횟수
BQ : B제품의 제조주문횟수
AMT : A제품의 1회 주문당 평균제조시간
BMT : B제품의 1회 주문당 평균제조시간
MCT : 연간 기계가동시간

3. (물음2에 계속하여) B28제품 도입에 대한 의사결정을 하기 위하여 다음과 같은 자료를 추가로 입수하였다.

	주문당 평균판매가격			
	주문당 제조주기 320시간 이하일 때	주문당 제조주기 320시간 초과할 때	주문당 변동원가	주문별 시간당 재고유지원가
A39	₩27,000	₩26,500	₩15,000	₩0.75
B28	8,400	8,000	5,000	0.20

(1) A39만 생산·판매하는 경우에 비하여 두 제품을 동시에 생산·판매하는 경우 회사의 매출액은 얼마나 증가 또는 감소하는가?

(2) A39만 생산·판매하는 경우에 비하여 두 제품을 동시에 생산·판매하는 경우 회사의 원가는 얼마나 증가 또는 감소하는가?

해답

1. 제조시간 : 50회 × 80시간 = 4,000시간

   사용비율 : 4,000 ÷ 5,000 = 80%

2. 주문당 평균대기시간

$$\frac{(50\times80^2)\ +\ (25\times20^2)}{2\times[5{,}000-(50\times80)-(25\times20)]}=\frac{330{,}000}{1{,}000}=330$$

3.

• 자료정리

		대기시간	제조시간	제조주기시간
A만 생산	A	160	80	240
A, B 동시생산	A	330	80	410
	B	330	20	350

(1) A만 생산시 매출액 : 50 × 27,000 = 1,350,000

A, B 동시생산시 매출액 : 50 × 26,500 + 25 × 8,000 = 1,525,000

매출액 증가 : ₩175,000

(2) A만 생산시 원가 : 50 × 15,000 + 50 × 240 × 0.75 = 759,000

A, B 동시생산시 매출액 : 50 × 15,000 + 50 × 410 × 0.75 + 25 × 5,000 + 25 × 350 × 0.2 = 892,125

원가 증가 : ₩133,125

문 9 활동기준경영과 균형성과표

한라전자는 고성능 PC인 HDC를 생산하여 판매하는 회사로 단위당 직접비는 다음과 같다.

- 직접재료비 : 단위당 ₩10
- 직접노무비 : 단위당 0.5시간, 직접노무비 임률은 시간당 ₩20

한라전자의 생산담당이사인 박이사는 HDC의 직접비 이외에 제조간접비를 추정하기 위해서 지난 수개월 간의 제조간접비을 측정하여 다중회귀분석을 한 결과 다음과 같은 제조간접비 다중회귀추정식을 도출하였다.

- 제조간접비 = ₩50,000 + ₩50 × 직접노동시간 + ₩10,000 × lot수

고성능 PC의 1lot는 1,000단위로 생산하고 있으며 제조간접비 중 원가동인에 비례하지 않는 원가는 고정비로 간주한다.

[요구사항]

1. 회사는 외부로부터 HDC제품 1,000단위를 단위당 ₩45에 납품해 달라는 특별주문을 받았다. 회사의 유휴설비는 충분하며 위의 회귀추정식에 따른다면 회사는 특별주문을 수락할 것인가? 만약 수락한다면 회사의 영업이익은 얼마나 증가 또는 감소하는가?
2. 생산담당부장인 권부장은 회사의 제조간접비에 대해 박이사와 다르게 직접노동시간만을 독립변수로 하여 다음과 같은 회귀추정식을 도출했다.

   - 제조간접비 = ₩80,000 + ₩40 × 직접노동시간

   권부장의 회귀추정식을 사용할 경우에 위 요구사항 1의 특별주문은 수락할 것인가?
   수락한다면 회사의 영업이익은 얼마나 증가 또는 감소하는가?
3. 특별주문을 수락하여 실제로 발생한 제조간접비는 박이사가 추정한 회귀추정식에 의해 산출된 것과 같았으며 이외의 직접비 실제발생액은 다음과 같았다.

   - 직접재료비 : 단위당 ₩11
   - 직접노무비 : 단위당 0.56시간, 직접노무비 임률은 시간당 ₩20

   이 특별주문을 수락하여 한라전자의 실제 영업이익은 얼마나 증가 또는 감소하였는가?

※ 위 기본자료와 별도로 다음 자료에 의하여 이하의 요구사항에 답하시오.
한라전자는 지난 수년간 생산담당이사의 상여금을 아래와 같은 방법으로 지급해 왔다.

- 상여금 = ₩150,000 + 원가절감액 × 2% + 영업이익 × 1%

최근에 한라전자는 고객만족도, 품질향상, 종업원성취도 등과 같은 다양한 목표를 설정하고 그 성과를 상여금에 반영하려고 한다.
회사는 이를 위해 상여금 지급방법을 다음과 같이 변경하였다.

- 정시납품률이 증가하는 경우 상여금을 추가지급한다.
- 제품배달시간이 감소할 경우 상여금을 추가지급한다.
- 불량품수량 감소에 따른 재작업원가 절감액의 5%를 상여금에 가산한다.
- 종업원의 업무만족도에 증가하는 경우에 상여금을 추가지급한다.

해답

1. 특별주문을 수락한다면

증분수익		
매출액증가	₩45 × 1,000단위 =	₩45,000
증분비용		
직접재료비	₩10 × 1,000단위 =	10,000
직접노무비	₩20 × (1,000단위×0.5시간) =	10,000
제조간접비	₩50 × (1,000단위×0.5시간) + ₩10,000 × 1lot =	35,000
증분이익		₩(10,000)

∴ 특별주문을 거절한다.

2. 특별주문을 수락한다면

증분수익		
매출액증가	₩45 × 1,000단위 =	₩45,000
증분비용		
직접재료비	₩10 × 1,000단위 =	10,000
직접노무비	₩20 × (1,000단위×0.5시간) =	10,000
제조간접비	₩40 × (1,000단위×0.5시간) =	20,000
증분이익		₩5,000

∴ 특별주문을 수락한다.

3. 특별주문을 수락한다면

증분수익		
매출액증가	₩45 × 1,000단위 =	₩45,000
증분비용		
직접재료비	₩11 × 1,000단위 =	11,000
직접노무비	₩20 × 1,000단위 × 0.56시간 =	11,200
제조간접비	₩50 × (1,000단위×0.56시간) + ₩10,000 × 1lot =	38,000
증분이익		₩(15,200)

문 10 단답형 종합문제

다음은 각각 독립된 사례이다. 요구사항에 답하시오.

〈사례1〉

㈜태종은 생산공정을 개선하기 위하여 JIT시스템을 도입하였으며 동 시스템의 효과를 제조주기효율성(MCE)을 통해 검증하고자 한다. 관련 자료는 다음과 같다.

	JIT 도입 전	JIT 도입 후
접수시간	20분	10분
검사시간	50분	10분
이동시간	150분	60분
대기시간	250분	50분
가공시간	150분	120분
인도시간	30분	20분

JIT 도입 후의 다음을 각각 구하시오.

1. 제조주기시간(manufacturing cycle time)
2. 고객대응시간
3. 제조주기효율성(MCE)는 각각 얼마인가?

〈사례2〉

한성회사는 다음 4가지 활동에 대해 부가가치표준을 설정했으며 그에 관한 자료는 다음과 같으며 실제가격은 표준가격과 같다.

활 동	활동동인	표준수량	실제수량	표준가격
부품입고	주문건수	1,000	1,400	₩150
부품검사	검사시간	−0−	8,000	15
부품이동	이동회수	−0−	800	100
부품조립	작업시간	20,000	24,000	12

회사는 부품검사를 위해서 2014년 초 현재 4명의 검사원을 고용하고 있으며 각 자의 연간 급여는 ₩30,000이다. 각 검사원은 연간 2,000시간을 검사할 수 있다. 2014년에 회사는 5,000시간만 검사하였다.

1. 비부가가치원가는 얼마인가?
2. 부품검사원가 차이분석를 하여 소비차이, 활동량차이, 미사용활동능력차이를 산출하시오.

해답

〈사례1〉

1. 제조주기시간 : 10 + 60 + 50 + 120 = 240분
2. 고객대응시간 : 10 + 240 + 20 = 270분
3. $\text{MCE} = \dfrac{120}{10 + 60 + 50 + 120} = 50\%$

〈사례2〉

1.

부품입고	₩150 × (1,400−1,000) =	₩ 60,000 U
부품검사	₩15 × (8,000−0) =	120,000 U
부품이동	₩100 × (800−0) =	80,000 U
부품조립	₩12 × (24,000−20,000) =	48,000 U
		₩308,000 U

2.

AQ × AP	AQ × SP	SQ × SP
8,000 × ₩15	8,000 × ₩15	0 × ₩15
= ₩120,000	= ₩120,000	= ₩0

소비차이 ₩0　　　　활동량차이 ₩120,000 U

AQ × SP	AU × SP
8,000 × ₩15	5,000 × ₩15
= ₩120,000	= ₩75,000

미사용활동능력차이 ₩45,000 F

☞ 미사용활동능력차이는 경영자의 비부가가치원가 절감노력의 정도를 나타내므로 유리한 차이가 된다.

문 11 단답형 기출문제

1. ㈜한국은 품질원가의 측정을 위해 품질관련 활동원가를 계산하고 있다. 다음 나열된 품질관련 활동원가 중 예방원가와 외부실패원가에 포함되어야 할 금액은 각각 얼마인가?

활 동	활동원가	활 동	활동원가
품질방침기획/선포활동	₩10	제품품질검사/시험활동	₩60
선적전 불량품 재작업활동	20	원자재공급사 평가활동	70
반품 재작업활동	30	반품 재검사활동	80
예방적 설비보수/유지활동	40	품질교육/훈련활동	90

2. ㈜대전은 20×1년 품질과 관련된 원가를 분류한 결과 다음과 같은 항목을 파악하였다.

- 반품재작업 ₩100억
- 설계 개선작업 ₩200억
- 사후수리(A/S) ₩150억
- 완성품검사 ₩50억
- 불량재공품재작업 ₩100억
- 고객 불량품 피해 손해배상 ₩150억
- 품질교육 ₩100억

㈜대전의 원가담당자는 위의 항목들을 예방원가, 평가원가, 내부실패원가, 외부실패원가로 재분류한 후 구체적으로 분석한 결과, 현재 예방원가에 사용된 자원의 50%만큼을 추가로 투입하는 경우 내부실패원가를 50%, 외부실패원가를 40%씩 절감할 수 있다고 주장하였다. 원가담당자의 주장을 수용하는 경우 이익은 얼마나 증가하는가?

3. ㈜태종은 신제품을 위한 다양한 제품 사양을 개발하였다. ㈜태종은 개발한 제품 사양이 모두 포함된 신제품 A를 제조할 것인지 아니면 제품 사양들 중 일부가 제외된 신제품 B를 제조할 것인지를 결정하고자 한다. 어느 신제품을 생산하여 출시하더라도 생산 및 판매와 관련된 예상고정원가 총액은 ₩2,000,000이며, 신제품의 목표이익률은 판매가격의 30%이다. 관련된 추가 자료가 다음과 같다.

활 동	신제품 A	신제품 B
단위당 예상판매가격	₩5,000	₩4,000
단위당 예상변동원가	2,500	1,900
예상생산 · 판매량	?	2,500단위

신제품 A와 B의 단위당 목표원가와 신제품 A의 예상생산 · 판매량은?

해답

1.

활 동	예방원가	평가원가	내부 실패원가	외부 실패원가
품질방침기획/선포활동	₩10			
선적전 불량품 재작업활동			₩20	
반품 재작업활동				₩30
예방적 설비보수/유지활동	40			
제품품질검사/시험활동		60		
원자재공급사 평가활동	70			
반품 재검사활동				80
품질교육/훈련활동	90			
	₩210	₩60	₩20	₩110

2.

• 품질원가의 분류

예 방 원 가	200(설계) + 100(교육) =	300
평 가 원 가		50
내 부 실 패 원 가	불량재공품재작업	100
외 부 실 패 원 가	100(반품재작업) + 150 + 150 =	400

• 증분이익

증분수익	증분비용
내부실패원가 감소 : 100 × 0.5	예방원가 증가 : 300 × 0.5
외부실패원가 감소 : 400 × 0.4	

∴ 증분이익 : 60

3.

• 신제품 A의 목표원가 : 5,000 − 5,000×0.3 = 3,500
• 신제품 B의 목표원가 : 4,000 − 4,000×0.3 = 2,800
• 신제품 A의 예상생산 · 판매량(Q) : $2{,}500 + \frac{2{,}000{,}000}{Q} = 3{,}500$ ∴ Q = 2,000단위

MEMO

MEMO

MEMO

■ 임 태 종

〈약　　력〉

- 서강대학교 대학원 경영학 박사
- 태종세무사아카데미 원장
- LG 인화원 주임교수
- 국세청 인트라넷 원가관리회계 교수
- 공무원, 공사, 세무사 등 출제위원
- 한국회계정책학회 부회장
- 한국관리회계학회 상임이사
- 한국회계정보학회 상임이사
- 기획재정부 장관상 수상
- 현, 삼육대학교 경영학과 교수
  삼육대학교 경영대학원장

〈주요저서〉

- 원가관리회계, 도서출판 홍.
- 재무회계 Ⅰ·Ⅱ, 한성문화.
- 원가관리회계, 샘앤북스.
- IFRS 회계원리, 샘앤북스.
- 원가회계, 샘앤북스.
- 호모 에타쿠스, 삼육대학교.
- 원가관리회계, 홍문사. 외 다수

〈주요논문〉

- 국내 관리통제시스템 연구의 동향과 제언
- 지속가능성 리더십, SMCS, 의사소통 그리고 경영성과 간의 관계
- 예산시스템의 상호작용적 이용, 환경혁신, 그리고 환경성과 간의 관계
- 유기적 혁신문화와 예산시스템의 상호작용적 이용이 혁신에 미치는 영향
- 리더십, PMS의 피드백 및 피드포워드 이용, 혁신, 그리고 조직성과 간의 관계에 관한 연구
- 진성리더십이 참여예산과 예산슬랙 간의 관계에 미치는 영향
- 참여예산, 보상갈등, 예산슬랙 그리고 관리적 성과 간의 관계
- 환경불확실성과 관리통제시스템이 전략변화에 미치는 영향
- 경영전략, 성과측정시스템의 이용, 그리고 조직역량 간의 관계
- MCS의 상호작용적 이용이 절차공정성, 상사신뢰, 그리고 관리적 성과에 미치는 영향
- PMS의 상호작용적 이용이 보상갈등, 조직시민행동, 그리고 조직성과에 미치는 영향
- 성과측정시스템의 이용방식이 혁신유형과 조직성과에 미치는 영향 외 다수

관리회계 - 1st Edition

지 은 이 · **임태종**
발 행 인 · **이낙규**
발 행 처 · ㈜샘앤북스
신고 제 2013-000086 호
서울시 영등포구 양평로22길 21, 선유도코오롱디지털타워 310호
Tel. 02-323-6763 / Fax. 02-323-6764
www.sambook.co.kr / E-mail. wisdom6763@hanmail.net

2021. 12. 01. 초판 발행

정가 29,000원

ISBN 979-11-5626-367-8 93320